Gonglu Huapo Bengta Dizhi Zaihai Yuce
公路滑坡崩塌地质灾害预测
yu Kongzhi Jishu
与控制技术

佘小年　傅鹤林　罗　强　谭捍华　等著

人民交通出版社

内 容 提 要

本书在多项课题研究及实体工程的实施基础上，通过滑坡现场相似模拟试验、室内崩塌模拟试验，对崩塌的机制及块体理论稳定性，滑坡、崩塌成灾机制与规律等，进行了理论性分析，详细探讨了崩塌潜在危害性，全面总结了公路滑坡、崩塌监测、预测预报及控制技术。

本书可供从事公路工程地质灾害科研人员，公路工程施工人员、管理人员使用，也可作为相关专业研究生参考。

图书在版编目（CIP）数据

公路滑坡崩塌地质灾害预测与控制技术/佘小年等著.—北京：人民交通出版社，2010.7
ISBN 978-7-114-08474-4

Ⅰ.①公… Ⅱ.①佘… Ⅲ.①公路路基－滑坡-地质灾害-防治 Ⅳ.①U418.5②P642

中国版本图书馆 CIP 数据核字（2010）第 134126 号

书　　名：公路滑坡崩塌地质灾害预测与控制技术
著 作 者：佘小年　等
责任编辑：丁润铎　贾秀珍
出版发行：人民交通出版社
地　　址：(100011) 北京市朝阳区安定门外外馆斜街 3 号
网　　址：http://www.ccpress.com.cn
销售电话：(010) 59757969，59757973
总 经 销：人民交通出版社发行部
经　　销：各地新华书店
印　　刷：北京鑫正大印刷有限公司
开　　本：787×1092　1/16
印　　张：26.25
字　　数：659 千
版　　次：2010 年 7 月　第 1 版
印　　次：2010 年 7 月　第 1 次印刷
书　　号：ISBN 978-7-114-08474-4
印　　数：0001－2000 册
定　　价：60.00 元

前　言

我国西部地区地质环境复杂，在各种地质营力作用下或地质环境异常变化的情况下，使得西部成为我国地质灾害多发区，崩塌、滑坡、泥石流(即崩滑流)尤为严重。

作为地质灾害主要类型的崩、滑、流，具有突发性强、分布范围广和一定的隐蔽性等特点，对公路交通基础设施危害极大。在地质灾害多发地区修建公路、桥梁或隧道给公路基础设施建设、运营带来严重的威胁，制约了公路交通持续稳定的发展。尽管改革开放以来，我国依靠科技进步和引进先进技术提高了公路勘察设计、施工和运营阶段管理的水平，取得了很多经验，但从西部地区开发公路建设的条件和环境需求来看，还不能适应。如全长259km的贵阳至新寨公路，在建设过程中，发现崩塌、滑坡等地质灾害点210余处，处理费用高达3亿元，并且多处滑坡路段的治理工程成为整条路的“卡脖子”工程，严重影响施工工期。该公路投入运营3年，先后多处又发生崩塌、滑坡、泥石流等地质灾害，造成较大的经济和财产损失。又如贵州已建成的其他高等级公路，包括已通车12年的贵黄公路，崩塌、滑坡、泥石流等地质灾害仍时有发生，地质灾害和大雾、冰冻一样，已经成为高速公路是否关闭的重要影响因素。目前贵州在建的水黄公路、关兴公路、崇遵公路、玉三公路、三凯公路的崩塌、滑坡、泥石流等地质灾害造成的事故和处置困难，已成为影响公路投资和建设工期的主要因素之一。

随着国家建设战略重点向西部地区转移，将在西部地区新建大量的公路，对环境的改造更加强烈，需对公路地质灾害的地质环境规律、公路构造物与地质环境互馈效应、公路地质灾害评级与预报、公路数字地质灾害预报系统等进行研究。因此，加强公路地质灾害的监测与预报，减轻和防治公路地质灾害是西部地区特别关注的重大研究项目之一。

由于我国高等级公路的修建起步较晚，对公路地质灾害存在一个认识的过程，高速公路的崩塌、滑坡、泥石流灾害问题，不仅出现在勘察设计阶段、施工阶段，而且还会出现在运营阶段。不同阶段，监测预报的内容和方法、模型、判据也有所不同；同一个阶段，因为地质灾害的类型、规模大小、影响因素等的不同，监测预报的内容和方法、模型、判据也各异。由于我国对高速公路崩塌、滑坡、泥石流灾害监测预报的研究工作进行得很少，研究成果十分有限，根本不能满足公路交通持续稳定发展的需要，虽然水利、矿山、国土资源、城建、铁路等部门有一些好的经验，但公路有其自身的特点，如有完整的养护系统；公路线路长；除有路基边坡外，还有桥基边坡、隧道进出口边坡；地质体除受静载作用外，还受循环往复的汽车动载作用；地质体的破坏，除与岩土体强度、水文密切相关外，还受疲劳荷载的影响等。因此，对公路地质灾害的成灾活动规律、监测预报研究更为复杂，需要对公路岩(土)体斜坡在降雨、人为活动诱发下产生的崩塌、滑坡、泥石流灾害的成灾活动规律、监测预报技术进行研究。

为此，交通运输部和湖南省交通运输厅积极开展了地质灾害预测与控制技术研究。通过研究，变被动为主动，即实现公路勘察设计阶段、施工阶段和运营阶段地质灾害的监测预报，进而采取相应措施进行处理，做到有的放矢，既节省大量的人力、物力、财力，又消除地质灾害对高速公路施工阶段和运营阶段管理的安全隐患，同时人机交换，实现监测仪器化，决策科学化。

在此基础上，优化地质灾害整治技术，确保勘察设计阶段设计方案经济合理、施工阶段防治措施安全有效，最终达到行车安全的目的，对于我国公路建设具有深远意义。

本书历时十多年的联合攻关和集成创新，先后依托国家自然科学基金项目、湖南省自然科学基金项目、交通运输部西部项目、人力资源和社会保障部项目、教育部项目、湖南省交通厅项目及一系列具体工程项目，并将研究成果在各实体工程（三凯高速公路、贵新高速公路、郑胜高速公路、贵毕公路、衡炎高速公路、郴州兴旺花园滑坡、郴州金苑阁花园滑坡、岳阳电华能厂灰坝滑坡、郴州烟厂万花冲滑坡）中得到成功推广应用。本书是在完成下面项目及实体工程的基础上，为解决地质灾害预测与控制技术中存在的问题写成的。

(1)国家自然科学基金项目(50878213)：基于能量渐进耗散的流固耦合作用下土石混合体滑坡演化机制研究；

(2)湖南省自然科学基金项目：膨胀土路基稳定的分形正交研究；

(3)人力资源和社会保障部海外优秀留学回国人员择优资助项目：膨胀土路基病害整治的固化剂研制；

(4)教育部留学归国人员科研启动基金课题：膨胀土路基病害整治技术研究；

(5)湖南省交通厅课题：衡炎高速公路崩塌、滑坡地质灾害预报与控制技术研究；

(6)交通运输部重点攻关项目：西部地区公路地质灾害监测预报技术研究；

(7)郴州烟厂万花冲宿舍4-7栋西滑坡体加固设计；

(8)石长铁路某膨胀土边坡加固设计；

(9)开元西路护坡检测及评估；

(10)华能岳阳电厂滑坡处理技术研究；

(11)湖南省有色地质勘查局一总队滑坡的鉴定；

(12)铁道部课题：降雨时边坡稳定的分形研究；

(13)郴州兴旺花园滑坡加固设计；

(14)郴州金苑阁花园滑坡加固设计；

(15)长沙市蔡家冲路K1＋580～640段滑坡勘察；

(16)张沅公路滑坡加固设计；

(17)四川理县林业局后山滑坡、营盘街小学后山滑坡，薛城中学后山滑坡和看守所崩塌加固设计。

通过项目研究，先后有20多名博士生、硕士生参与课题并完成了相关论文，取得的系列研究成果简述如下。

(1)降雨型滑坡的机理为：降雨使土体的含水率增加，并向坡脚汇集，大大降低了滑面的抗剪强度，同时在静水压力与动水压力作用下，触发了滑坡。开挖诱发滑坡的机理：自然的山体在长期的各种营力作用下保持一定程度的平衡，由于开挖临空，打破了这种平衡，应力随之进行重分布，如果岩体抗滑指标小于应力调整过程中产生的综合效应的致滑指标，加之由于重力的影响，产生了滑坡。

(2)通过对贵州残坡积层研究，在相同地质条件下，开展人工降雨模拟试验和机械开挖模拟试验，揭示了触发因素对滑坡成灾机制和运动规律的影响，为滑坡的时间、空间和强度预报，提供了可靠的理论依据，对指导工程实践具有十分重要的意义。

(3)崩塌的室内试验表明：土质边坡崩塌的发生，主要受到坡度、土质、降雨量的影响。坡度提供了崩塌的能量（势能）；土质决定土体的强度、渗透系数、孔隙率，从而影响土体的孔隙水压力；降雨量是触发因子，一般情况下，其大小决定崩塌的规模和起崩数量。

(4)岩石边坡的崩塌，是应力释放和摩擦运动的过程，并伴随着声音。其能率（大事件频次）的大小与岩体所处的状态有关。能率大，大事件频次多，发生崩塌的概率大。

(5)声发射仪应用于岩质滑坡、崩塌监测，具有直观有效、快捷等特点。岩体结构面声发射事件、能率随时间变化的曲线可以分为4种类型，即上升型、单峰型、双峰型、多峰型。这4种曲线类型分别反映了不同岩体结构面变形或破坏时的声发射规律，可以指导崩塌现场声发射监测工作，作为崩塌预报的依据。

(6)通过野外判识，属于稳定状态的边坡可不监测，基本稳定状态的边坡宜进行地表巡视，潜在不稳定状态边坡和不稳定状态边坡应进行专业监测。通过计算，确定滑坡、崩塌的稳定性系数K。若$K<0.95$，应重点跟踪监测；$0.95\leqslant K\leqslant 1.05$，应加强监测；$1.05<K\leqslant 1.25$，应进行地表巡视；$K>1.25$，可不监测。

(7)开发了自动监测系统，数据采集仪自动采集监测仪器传感器的数据之后，存储于数采仪的存储单元内，数采仪与DTU传输单元连接后，借助于GSM卡GPRS功能，将存储单元内的监测数据通过Internet网络远程传输到数据处理中心并存入计算机内，实现了实时监控的目的。

(8)总结提出了模型与判据确立的原则：应结合实际地质环境条件、主要触发因素、变形破坏机制、变形破坏阶段进行综合研究，进行多模型、多判据预报，并综合分析选择建立适宜的、有效的监测预报模型，不应单一地采用理论预报模型进行预测预报；提出了获得判据的方法为相似模拟试验和工程类比分析法。

(9)以实际滑坡的监测数据为依据，对多种模型的预报精度进行检验分析，总结了其优缺点和适用条件。

(10)提出了公路地质灾害监测预报机构的建设方案、预警系统实施要则和信息反馈机制。为了避免地质灾害的危害，必须在管理方面保证地质灾害监测预报系统有效高效地运行，真正做到"统一部署、集中管理、提高实效、确保安全"。

(11)提出了公路建设各阶段的运行模式：在勘察设计阶段，应采用监测技术，准确、快速地查明滑坡的特征和性质，为灾害治理设计提供可靠的基础资料，保证方案的经济合理，避免盲目性；在施工阶段，由业主、设计单位、监理单位、施工单位等联合组成"××公路地质灾害工作组"，明确各自职责，负责该公路建设期间的地质灾害排查、咨询、宣传、预警、应急处理和抢险勘察设计工作；在运营阶段，主要依托"公路地质灾害预测预报信息管理系统"，将野外调查、巡查获得的资料及勘察设计阶段、施工阶段相关资料按格式要求录入管理系统，并通过设计院（专业监测单位）将公路边坡划分为"一般边坡"和"重点边坡"两类。对"重点边坡"进行专业监测，对"一般边坡"则以群防群测为主，当"一般边坡"情况恶化，则上升为"重点边坡"，并进行相应的管理和专业监测。

(12)通过板岩的水理机理研究，揭示了板岩开挖后崩裂、失稳的力学特性，为板岩边坡的失稳预测与控制奠定了技术基础。

本书由佘小年、傅鹤林、罗强等共同完成编写，引用了佘小年、傅鹤林、罗强、龙万学、谭捍华、周勇、赵杰华等的科研课题的部分研究成果，引用了傅鹤林所指导的博士研究生和硕士研究生董辉、周中、田卿燕、李昌友、周宁、郭建峰、张卫国、卜翠松、陈芬、聂春龙的学位论文的部分研究成果。硕士生谭鑫、吴小策等在文稿整理过程中进行了校对、绘图、打印工作。该书在完成过程中得到了国家自然科学基金委、交通运输部西部项目管理中心、教育部、铁道部、湖南省交通运输厅、湖南省高速公路管理局、贵州省交通运输厅、贵州省交通规划勘察设计院、湖南省自然科学基金委员会、中南大学及其他合作单位的悉心指导与大力支持，并得到了衡炎高速公路、郑胜高速公路、三凯高速公路等项目公司及施工单位的大力配合；第三章引用了徐永年、匡尚富等《边坡形状与崩塌的关系》一文的部分内容，在此一并感谢！

随着公路建设的飞速发展，地质灾害问题的研究也日新月异，地质灾害涉及面广、内容丰富、技术深奥、发展迅速，加之作者水平有限，书中难免有不当之处，热忱期待各界同仁批评指正。

作　者

2010 年 4 月

目　　录

1 国内外研究概况

19世纪80年代，瑞士就开始了滑坡地表位移的长期监测工作，主要是为了掌握滑坡的动态规律，1953年在瑞士召开的第三届国际土力学和基础工程会议上，提出的许多关于滑坡与边坡稳定的报告，差不多都是以长期观测为题材。自20世纪60年代以来，以美国为代表开展了以防灾减灾为主要目的的地质灾害监测预报技术研究。通过对滑坡、泥石流等10种自然灾害的研究工作，使减灾工作提高到前所未有的高度。美国、西欧等国家采用遥感、GPS卫星定位技术、气象雷达及微振技术等监测手段，通过自动记录、储存、计算机处理和信息远程传输，实现对滑坡、泥石流等地质灾害的实时监测及预报。

滑坡、崩塌作为一种自然地质灾害，常常会造成巨大的生命财产损失，其危害性已经成为仅次于地震的第二大自然灾害。而滑坡、崩塌之所以往往给人类造成严重损失，究其原因是人们难以事先准确知道其发生的地点、时间、强度和影响，也就预先难以防范。所以对于滑坡、崩塌灾害，重在预测。自20世纪60年代以来，滑坡、崩塌的预测预报问题越来越受到人们的重视。它包括空间预报和时间预报两个方面。空间预报是确定不稳定边坡所在位置，时间预报是在空间预报的基础上确定滑坡、崩塌可能发生的时间。由于滑坡、崩塌问题的复杂性，滑坡、崩塌时间预报至今还是一个世界性的难题。几十年来，国内外岩土界的专家学者在滑坡、崩塌预报的理论研究和实际工作方面都做了大量的工作，取得了显著的成绩，经历了20世纪60～70年代现象预报和经验式预报、20世纪80年代的位移—时间统计分析预报及20世纪90年代以后的现代科技全新预报的历程。

滑坡、崩塌预报是建立在预测科学和滑坡学的基本理论基础上的。预测科学把事物的过去、现在和将来看成一个连续的、不断发展变化的辩证统一体，从客观事物的过去和现在的已知信息中，分析和研究预测规律，从而利用预测规律进行科学预测。预测科学的发展为滑坡预报提供了理论基础、技术方法及手段。滑坡学研究了滑坡孕育、发展、变形破坏的过程、规律及其影响因素等，为滑坡预报提供了专业理论基础，并为滑坡预报信息的收集、预报模型的建立和应用提供了充实的依据。

1）人工降雨触发滑坡的研究方面

为了研究降雨诱发滑坡的机理和过程，国内外研究者相继开展了一些现场斜坡人工降雨试验。20世纪90年代，Lim等在新加坡南洋理工大学校园内进行了残积土斜坡人工降雨试验，获得了土中基质吸力变化过程的详细资料，并对比了有无植被保护及人工防渗盖布的影响。

张家发在强风化花岗岩斜坡上进行了人工降雨入渗试验。

21世纪以来，长江科学院包承纲教授等与香港科技大学吴宏伟博士等合作，在湖北枣阳一处膨胀土渠坡对其在人工降雨前后性状的变化过程开展了长期监测，仪器埋设考虑周到，测试研究成果丰富。

中科院武汉岩土所陈善雄等，在湖北襄荆高速公路膨胀土路堑边坡试验段，开展了人工降雨诱发滑坡试验，用数码相机记录了降雨诱发土坡浅层滑动的过程。

胡明鉴等在研究云南东川蒋家沟滑坡泥石流形成机理时，进行了现场砾质土斜坡人工降雨试验，发现试验条件下有明显的滑坡与泥石流共生现象。

国内一些高等院校和科研单位，对开展人工降雨试验的文献有所报道，但研究的主要目的并不是降雨诱发滑坡的机理和过程。

2)机械开挖触发滑坡的研究方面

到目前为止，国内外有关机械开挖试验的文献报道很少，这也反映了这种试验困难较大。1993 年，成都理工大学黄润秋等进行过机械开挖试验的一些理论探讨。

20 世纪 70 年代以前，我国的地质灾害研究，主要局限于对灾害分布规律、形成机理、趋势预测等方面的分析，基本属于水文地质工程地质学科的范畴。70 年代以后，地质灾害已涉及国土资源、铁路、水利水电、矿山、公路、城建等多个领域。为了减少地质灾害造成经济损失，我国各部门都开展了广泛研究，在地质灾害的基础理论、勘察技术、评估技术、监测预报技术以及地质灾害预防整治技术等方面，取得了一系列的研究成果。

2 滑坡现场相似模拟试验

2.1 试验目的及意义

滑坡、崩塌预报是一个非常复杂的过程，要实现准确预报，监测数据的准确性和代表性、预报模型及理论、成灾的内在机制与规律三个方面尤其重要。

为此，我们在镇宁至胜境关高速公路晴隆滑坡体上，开展了人工降雨和机械开挖致滑的现场模拟试验，对西部地区有代表性的残坡积层滑坡机制与规律进行了系统的对比研究。其意义如下：

(1)该判据直接应用于该滑坡的预报实践工程中，确保了滑坡设计的合理性和施工安全。

(2)判据可供其他类似滑坡参考使用。

(3)本次试验，证明了在滑坡监测预报中，通过现场相似模拟试验获得滑坡判据是可行的、必要的，为工程实践和推广应用提供了示范。

(4)研究在降雨、开挖条件下滑坡的机理。

(5)通过监测获得滑动面的空间形态，从而可以准确推算出滑面的抗剪强度指标，直接应用于该滑坡设计。

2.2 模拟试验场地

2.2.1 工程概况

贵州省镇宁至胜境关高速公路是国家高速公路网上海至瑞丽高速公路中的一段，全长198km，于2003年开工建设。试验区地貌及开展情况见图2.2-1和图2.2-2。

图2.2-1 试验区地貌

图2.2-2 试验区开展情况

2.2.2 地质概况

人工降雨试验、机械开挖试验的场地均选在镇胜公路第十八合同段YK85＋650～＋690

段(晴隆滑坡),两者相距约 10m(图 2.2-3)。为了工程和研究的需要,首先进行了详细的工程地质勘察(其物理力学性质指标见表 2.2-1),并取样进行渗透性能试验的研究,在此基础上开展相关试验研究工作。

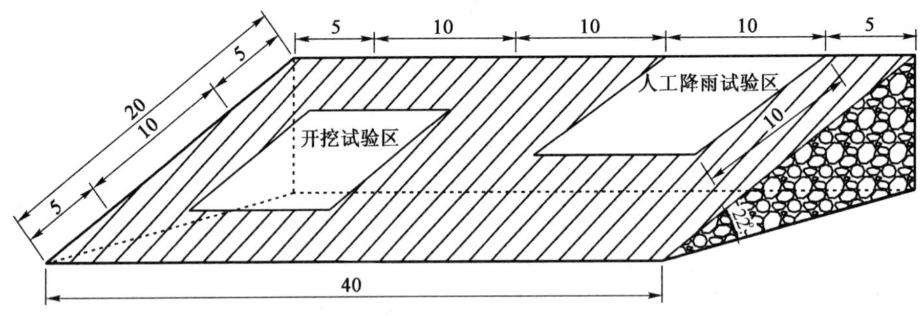

图 2.2-3 现场试验布置图(尺寸单位:m)

基本物理力学性质指标 表 2.2-1

试验内容	含水率 w (%)	湿密度 ρ (g/cm³)	干密度 ρ_d (g/cm³)	饱和度 S_r (%)	孔隙比 e	液限 w_L (%)	塑限 w_P (%)	液性指数 I_L
指标	21	1.73	1.43	62	0.94	58.2	28.5	−0.02
试验内容	塑性指数 I_P	渗透系数 K (cm/s)	最优含水率 w_{CP} (%)	最大干密度 ρ_{dmax} (g/cm³)	比重 G_s (kN/m³)	凝聚力 c (kPa)	内摩擦角 φ (°)	压缩模量 E_s (kPa)
指标	29.7	4.2×10^{-3}	18	1.73	2.78	6.5	25.5	19 800

试验区即为高速公路路基通过的区域,上覆地层主要为第四系残坡积层(Q^{dl+el}),厚 10~30m、平均 20m 深的碎石土层,局部夹亚黏土,结构松散、稍湿。基岩为上二迭系龙潭组(P_{21})煤系地层,由泥质粉砂岩、炭质泥岩、粉砂质泥岩组成。试验区位于一山体中部,水文地质条件简单,主要靠大气降水补给,受季节影响较大。试验区内地下水主要为基岩裂隙水,地下水埋藏较深。勘察期间,钻孔内未见地下水。试验区工程地质剖面见图 2.2-4。

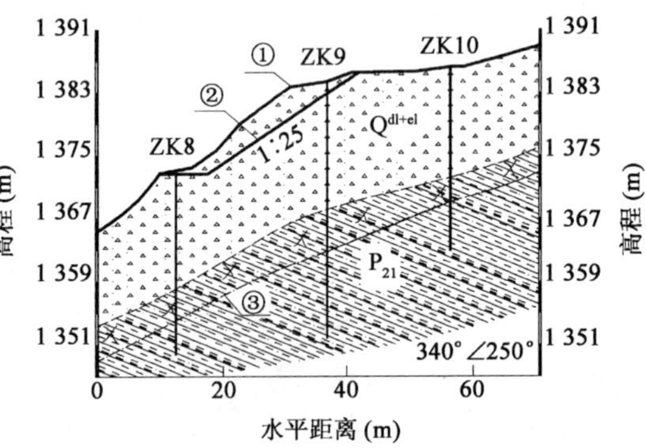

图 2.2-4 试验区工程地质剖面图

①-原地面线;②-刷坡后的地面线(试验区);③-强风化带下限;Q^{dl+el}-第四系残坡积层;P_{21}-上二迭系龙潭组煤系地层

取样颗粒分析试验共做 15 组,平均级配的特征值为:黏粒(<0.005mm)含量为 0.95%,粉粒(0.05~0.005mm)含量为 8.88%,砾石(>5mm)含量为 47.49%。不均匀系数 C_u 为 12.31,说明土样中包含的粒径级数较多,粗细粒径之间差别较大,颗粒级配曲线的曲率系数 C_c 为 1.59,级配优良。可以看出,该土料含砾量高,黏粒含量低,渗透系数偏大,塑性较差。

试验区地形见图 2.2-5。

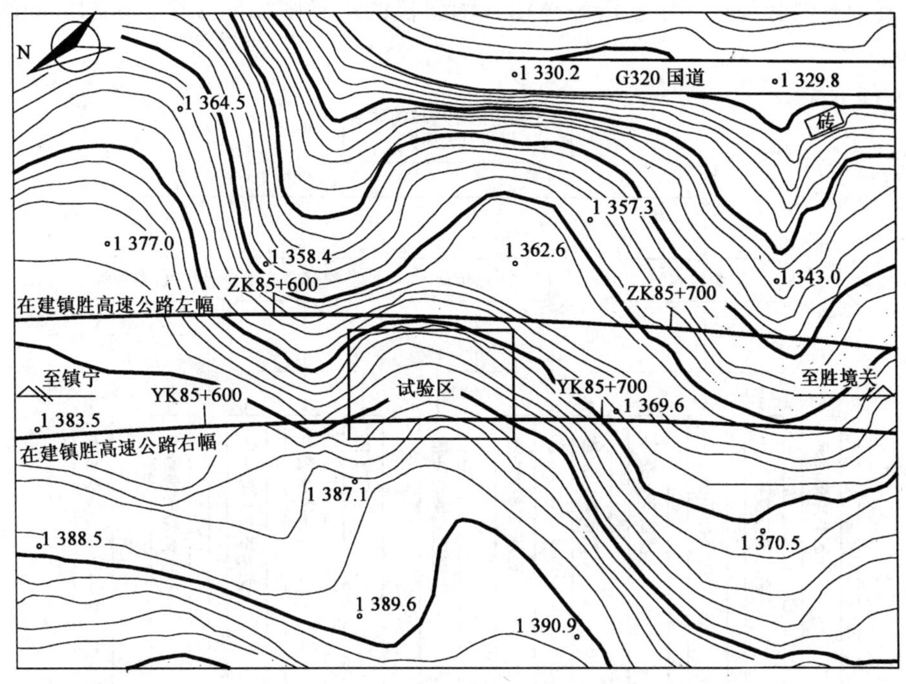

图 2.2-5　试验区地形图(高程单位:m)

2.3　人工降雨触发滑坡的现场模拟试验

2.3.1　目的

(1)获得在降雨情况下,边坡滑动的 V_{cr}(判据)值。

(2)通过准确的滑动面反演滑坡 c、φ 值。

(3)在静水压力与动水压力的共同作用下,获得边坡的稳定系数。

(4)为依托工程设计提供依据。

(5)为课题的监测预报技术研究提供依据。

2.3.2　实施过程和内容

监测内容包括:坡面裂隙监测、土体深部位移监测、孔隙水压力监测、降雨强度及地表径流五项,其实施过程和内容见图 2.3-1。

2.3.3　监测方法及仪器

1)坡面裂隙监测

坡面裂缝测量采用简单的测量方法,在进行地表巡视时,采用钢卷尺对滑坡体主要裂缝宽度进行测量。

2)坡体深部位移监测

坡体深部位移采用测斜仪进行监测。测斜装置由测斜管、测斜仪、数字式测读仪三部分组成，其中测斜管埋设固定于滑坡体内。测斜仪的示意图如图 2.3-2 所示。测斜原理见 8.2.2 节。

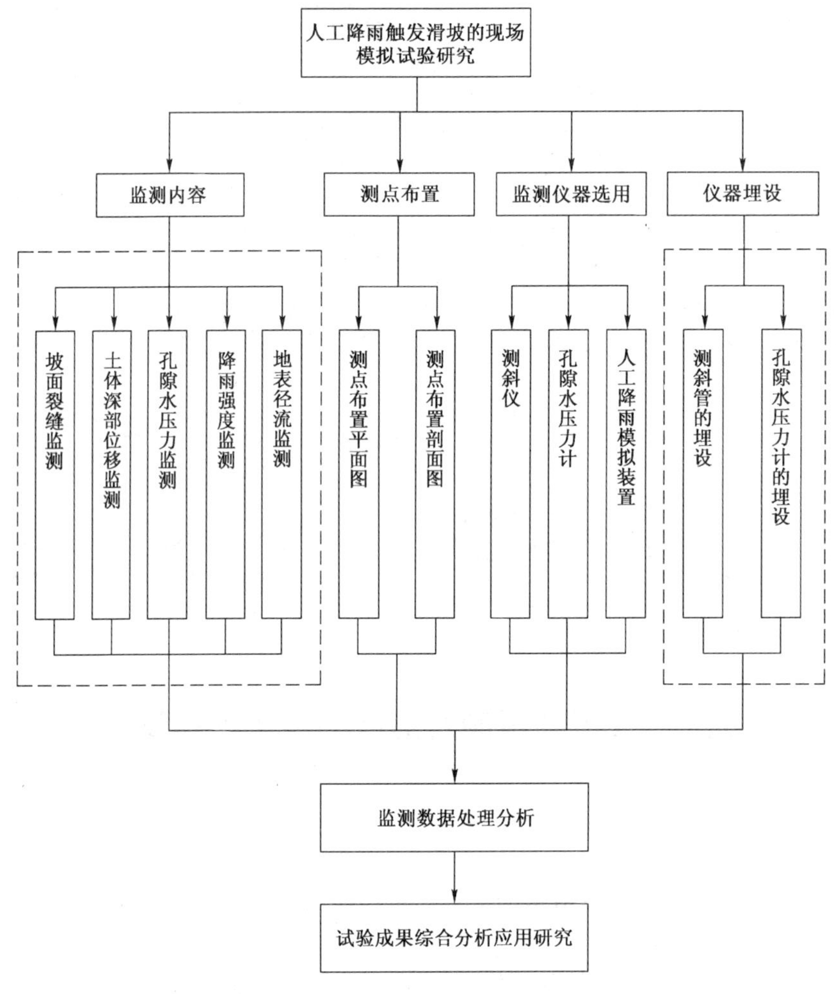

图 2.3-1　实施过程和内容

3)孔隙水压力监测

孔隙水压力由孔隙水压力计进行监测(图 2.3-3)。孔隙水压力探头分为钢弦式、电阻式和气动式三种类型，探头由金属壳体和透水石组成。孔隙水压力计的工作原理是把多孔元件(如透水石)放置在土中，使土中水连续通过元件的孔隙(透水后)，把土体颗粒隔离在元件外面而只让水进入有感应膜的容器内，再测量容器中的水压力，即可测出孔隙压力。孔隙水压力计的量程应根据埋置位置的深度、孔隙水压力变化幅度等确定埋设孔隙水压力计的量程。

土体的孔隙水压力传感器 KYJ—30 型振弦式孔隙水压力计，其量程是 0～200kPa。同时配置 ZXY—2 型振弦频率测定仪一台，测量范围：频率 f=500～5 000Hz，频率模数显示值 $F=f^2\times10^{-3}$；测量精度±0.008Hz，分辨率±0.1Hz；灵敏度：接受信号≥300μV，持续时间≥500ms，连续振荡的工作方式，功耗极小，使用简便。

本次测试采用振弦式孔隙水压力计，在微幅振动下，钢弦的自振频率与应力之间的关系为：

$$f=\sigma^{1/2}/(2L\times\rho^{1/2}) \qquad (2.3\text{-}1)$$

式中：L——弦的振动部分的长度，cm；

σ——弦所受的力，MPa；

ρ——弦材料的质量密度。

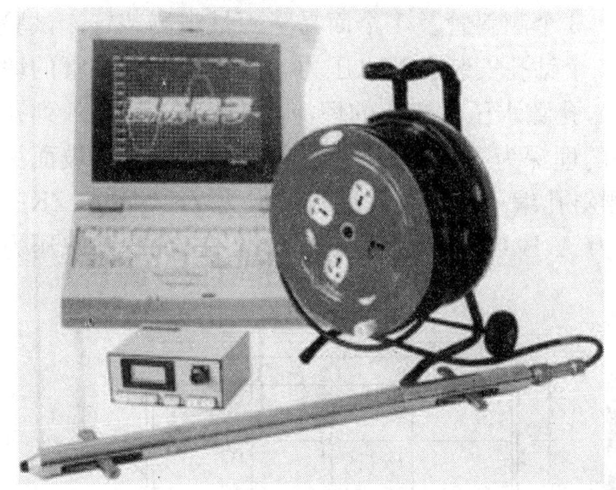

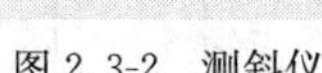

图 2.3-2　测斜仪

图 2.3-3　孔隙水压力计

当压力计受压后，钢弦的自振频率会发生相应变化，频率的平方与力是线性关系。每个压力计出厂时，都附有可靠的力—频率标定数据，根据标定数据用最小二乘法整理出如下算式：

$$P_{\mathrm{i}} = k(f_0^2 - f_{\mathrm{i}}^2 - b) \tag{2.3-2}$$

式中：P_{i}——第 i 次测量的孔隙水压力，$i=1,2,3\cdots$；

f_0——初始频率；

f_{i}——实测频率；

b——截距；

k——孔隙水压力计系数。

如果压力计的零点频率发生了漂移，计算后应把漂移后的零点频率作为 f_0 直接代入上式。

4)降雨强度及地表径流监测

试验区内总的降雨量由人工降雨模拟装置主供水管上的流量表记录，再将每单位时段的降雨量除以试验区面积 100m^2，即可求出单位时段的降雨强度。地表径流由试验区下方的集水渠收集到集水槽中，再由水泵回收到试验区上方的蓄水池内。单位时段的地表径流量由与水泵相连的流量表量测。

2.3.4　测点布置

1)测点布置平面图

试验区面积为 10m×10m，坡比为 1：2.5，如图 2.3-4 所示。试验区的上左右三面开挖宽 0.3m，深 0.5m 的隔离带，并用宽 1.5m 的白铁皮将试验区与周围土体隔离，以免雨水渗入周围土体。白铁皮压入土中，坡面上留 5cm 高。试验区的下部修建宽 0.5m，深 1m 的集水渠，并引出可能的滑动区域外与集水槽相连。集水渠

图 2.3-4　试验区钻孔

除靠近坡体的一面外，其余各面采用水泥护面，以免雨水的流失。集水槽为长宽各 1m，深 1.5m的方形槽。为防止雨水的渗漏，集水槽需用水泥护壁。试验区附近选一合适位置开挖一个 5m×4m，深 2m 的蓄水池，先用砖砌，并用水泥护壁。

本试验区总共安装了 12 个孔隙水压力计，3 个测斜管及 1 个简易降雨量观测装置。试验区一共钻孔 9 个，其中 3 个钻孔安装测斜管，6 个钻孔安装孔隙水压力。测斜管和测水管的埋深为 8m。L1 列孔隙水压力测孔的深度为 4m，孔隙水压力探头的埋深为 1m 和 3m。L3 列孔隙水压力测孔的深度为 5m，孔隙水压力探头的埋深为 2m 和 4m，埋设仪器后的试验区坡面见图 2.3-5。图 2.3-6 为监测点平面布置图。测斜孔编号从坡顶到坡脚依次为 ZK7、ZK8、ZK9，R1、R2、R3 横断面处孔隙水压力的编号依次为 A、B、C，埋深为 1m、2m、3m、4m 的孔隙水压力计分别编为 A1、A2、A3、A4。

图 2.3-5　埋设仪器后的试验区

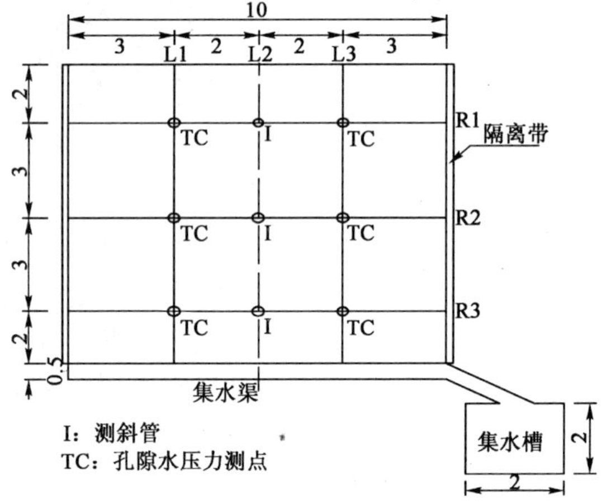

图 2.3-6　监测点平面布置图(尺寸单位：m)

2)测点布置剖面图

L1 列的纵断面图和 R1 行的横断面图分别如图 2.3-7 和图 2.3-8 所示。

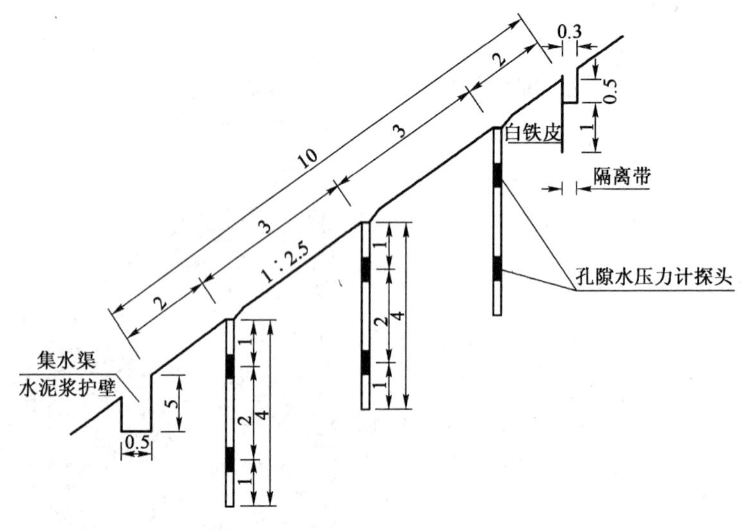

图 2.3-7　纵断面 L1 测点布置图(尺寸单位：m)

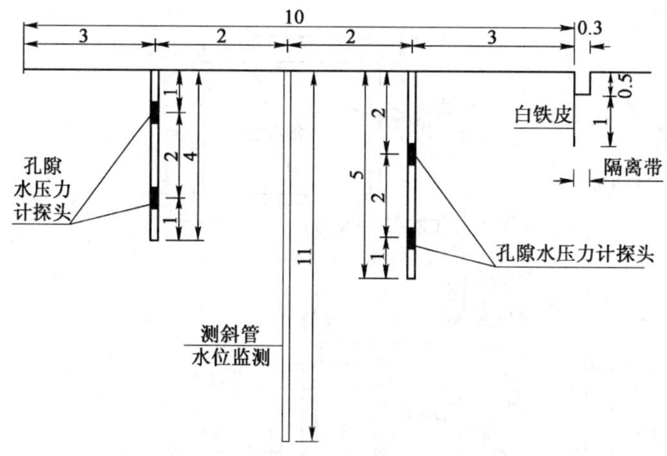

图 2.3-8　横断面 R1 测点布置图(尺寸单位:m)

2.3.5　人工降雨模拟装置

参照中科院水利部水土保持研究所研制的 SR 型野外人工降雨模拟装置,自制一个专门的人工降雨模拟装置。本装置由水泵、水表、控制阀、水压表、喷头、主管、支管、两通管、三通管及四通管组成。主管和支管由长为 1m 或 2m 的短管经两通管、三通管或四通管组装而成,通过调节控制阀可以产生多级降雨强度。人工模拟降雨装置效果图及示意图见图 2.3-9 和图2.3-10。人工降雨试验开始之前用拉水车将蓄水池蓄满水,蓄水池的蓄水量为 5m×4m×2m。本试验采用的降雨强度为 60mm/h,在停雨期间监测降雨强度及地表径流量。

图 2.3-9　人工模拟降雨实景

试验过程中所用的监测仪器汇总于表 2.3-1。

模拟降雨试验监测仪器表

表 2.3-1

序号	监测项目	仪 器 类 型	厂　家	数量	测 量 范 围
1	孔隙水压力	KYJ—30 型孔隙水压力计	金坛土木工程仪器厂	12 个	0～200kPa
2	频率仪	ZXY—2 型振弦频率读数仪	金坛土木工程仪器厂	1 台	500～5 000Hz
3	测斜管	高精度 ABS 测斜管	金坛市绿盛土工材料厂	102m	
4	测斜仪	100 型测斜仪	美国 Sinco 公司	1 台	0～±53°
5	坡面裂隙	钢卷尺	普通	1 个	
6	人工降雨	人工降雨模拟装置	自制	1 台	10m×10m
7	降雨强度	水表	成都曙光水表厂	2 只	0.01m³
8	地表径流	集流槽和集流桶	自制	1 个	
9	蓄水池	5m×4m×2m	自制	1 个	

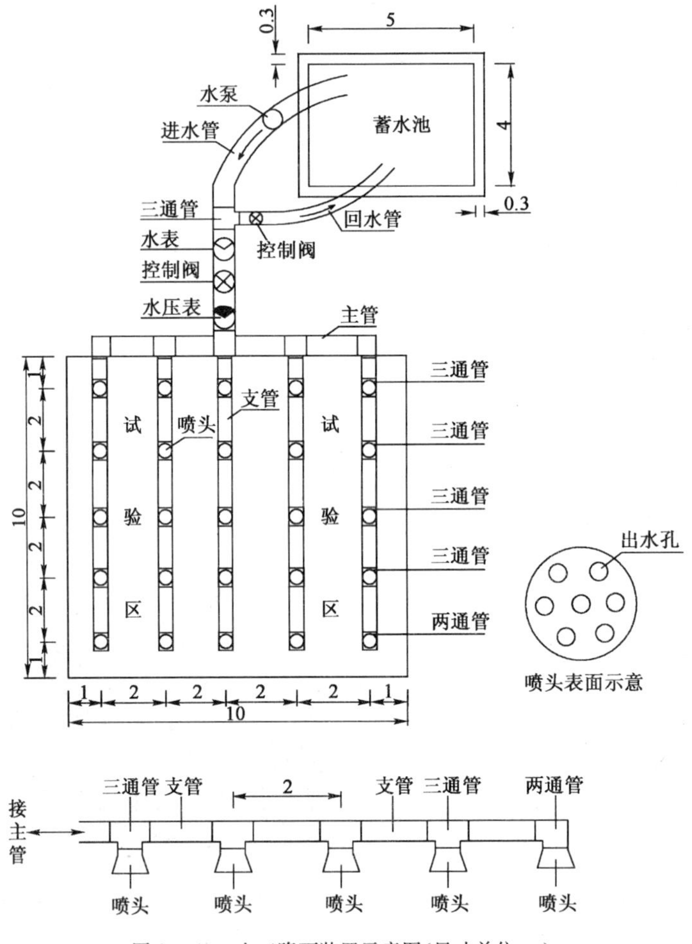

图 2.3-10 人工降雨装置示意图(尺寸单位:m)

2.3.6 监测仪器的埋设

1)测斜管的埋设

在试验区的 L2 断面总共安装了 3 个测斜管,埋设于图 2.3-6 所示的 I 点。测斜管的埋深为 11m,见图 2.3-11。

测斜仪安装时,先钻 1 个直径为 110mm 的钻孔,钻孔深度为 11m。钻孔结束后,用清水将孔底残渣清洗干净。钻孔清洗后,将绑有灌浆管的测斜仪套管放入孔底中,且测斜仪套管的十字内槽应与边坡的开挖面平行。十字内槽的方向是通过罗盘确定的。套管与孔壁间用干净细砂填实,然后用清水冲洗孔底,以防泥浆堵塞测孔,保证水路畅通。测管高出地面约 200mm,上面加盖,不让雨水进入,并做好观测井的保护装置。

2)孔隙水压力计的埋设

在试验区的 L1 及 L3 断面上 6 个钻孔内总共安装了 12 个孔隙水压力探头,每个钻孔内安装 2 个孔隙水压力探头,其中 L1 断面孔隙水压力探头的安装深度分别为 1m 及 3m,L3 断面孔隙水压力探头的安装深度分别为 2m 及 4m。孔隙水压力仪安装开始时,要对其初始值进行量测。孔隙水压力计的安装与埋设应在水中进行,滤水时不得与大气接触,一旦与大气接触,滤水时应更新排气。安装时,先在坡顶钻一个直径为 ϕ110mm 的钻孔,L1 断面的钻孔深度为 4m，L3 断面上的为 5m。由于同一钻孔安装了 2 个孔隙水压力探头，因而孔隙水压力探头之间必须有良好的滞水层。钻孔结束后用清水将孔底残渣清洗干净。钻孔清洗后，将灌浆管放入孔底，然后灌一定体积的黏土水泥浆至一定深度，黏土水泥浆的质量配比是黏土：水泥：水＝3：1：6。待黏土水泥浆稳定约 5h 后，将黏土球放入孔底至钻孔一定深度，然后加水使黏土球膨胀一段时间(约 3h)。黏土球膨胀稳定后，将孔隙水压力探头放入钻孔设计深度，然后向孔底放过滤砂约 20cm，将孔隙水压力探头包裹。接着再将黏土球放入钻孔约 20cm 深，然后加水使黏土球膨胀一段时间(约 3h)。至此单个孔隙水压力探头的安装基本完成，见图 2.3-11。为使孔隙水压力计测得的是该高程土层的孔隙水压力，其技术关键在于保证探头周围垫砂渗水流畅，其次是断绝钻孔上部水的向下渗漏。另一个孔隙水压力探头的安装方法同单个的安装基本相同，待第二个孔隙水压力探头安装结束后，在黏土球层与地面之间须加灌一层黏土水泥浆。

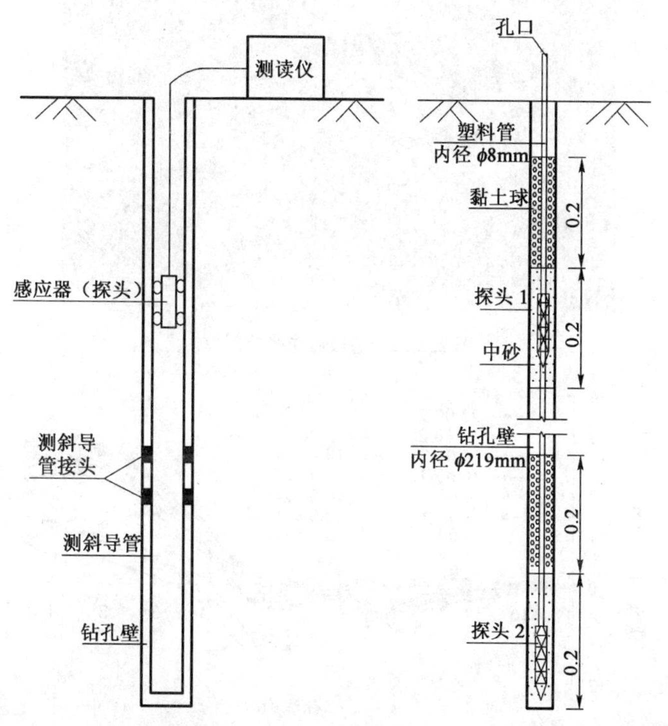

图 2.3-11 测斜仪、孔隙水压力计埋设科(尺寸单位：m)

2.3.7 监测周期和频率

待埋设仪器与周围土体调整稳定后，测定各仪器的初始读数，随后连续实施人工降雨一直到边坡滑塌为止。每小时的降雨强度为 60mm/h，每降雨 2h 停 1h，在停雨期间进行各项监测的读数。初步拟定每 3h 记录一次各测点的孔隙水压力、坡面裂隙、深部位移、实际的降雨强度及地表径流量。若观测到边坡将要失稳，应加大观测密度。

2.3.8 试验成果分析

1)坡面裂隙监测

试验期间，坡面位移不大，2005 年 4 月 30 日 16:30，发现边坡后缘张拉微裂隙，宽 1～2mm，长 3m。滑坡后缘张拉裂隙，如图 2.3-12 所示。

2)深部位移监测

钻孔、埋管两周之后，测斜管与周围土体达到协调稳定，测量各测斜管的初值，并于2005年4月25日15:00开始实施人工降雨，之后每降雨2h，停1h，测读一次数据。将各孔的测斜数据整理分析并绘制成图。绘制各测斜孔的顺坡向累计位移与孔深关系曲线、横坡向累计位移与孔深关系曲线及累计合位移与孔深关系曲线，各钻孔的水平位移曲线分别如图2.3-13～图2.3-21所示。从图2.3-13～图2.3-21可以看出：各钻孔位移以顺坡向为主，各监测孔均有一个明显的滑面位置，试验监测到的ZK7、ZK8、ZK9处滑动面位置分别为4.5m、3.5m和2.5m；从图中可以看出位移变形区基本上发生在地表以下0～4.5m的范围内，位移随深度的增加而减小，坡面变形最大。

图2.3-12　边坡后缘张拉裂隙

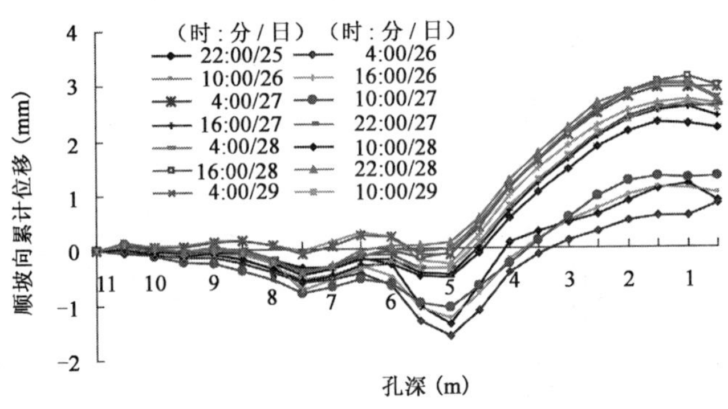

图2.3-13　ZK7顺坡向累计位移与孔深关系曲线

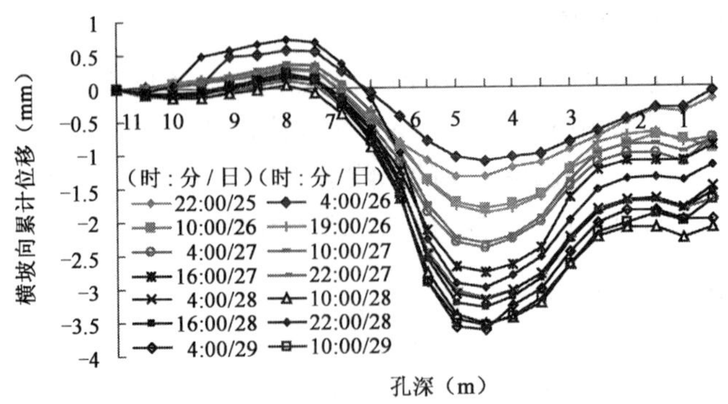

图2.3-14　ZK7横坡向累计位移与孔深关系曲线

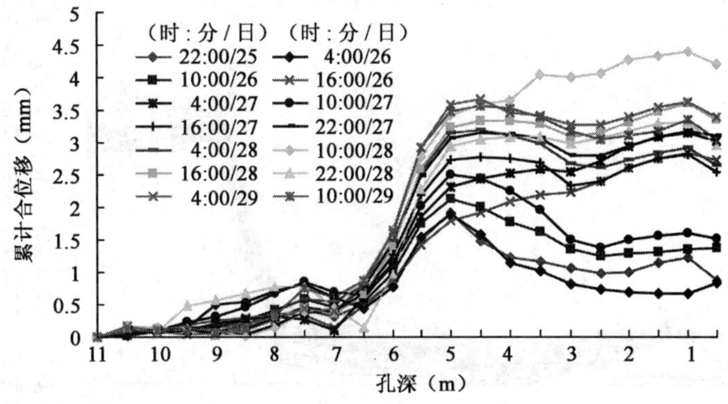

图 2.3-15　ZK7 累计合位移与孔深关系曲线

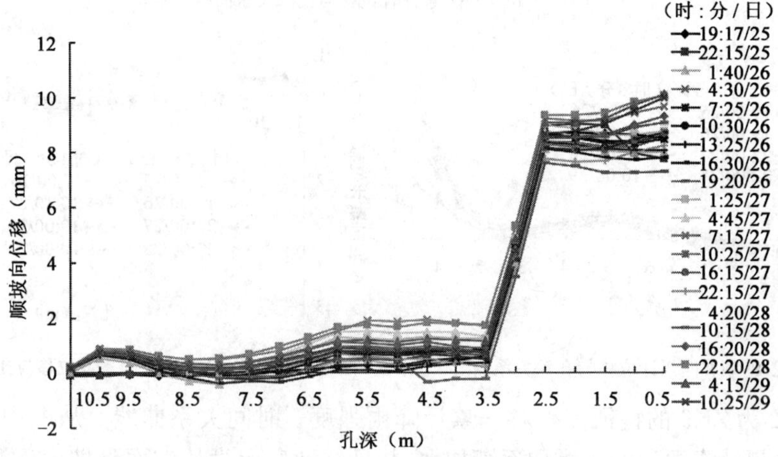

图 2.3-16　ZK8 顺坡向累计位移与孔深关系曲线

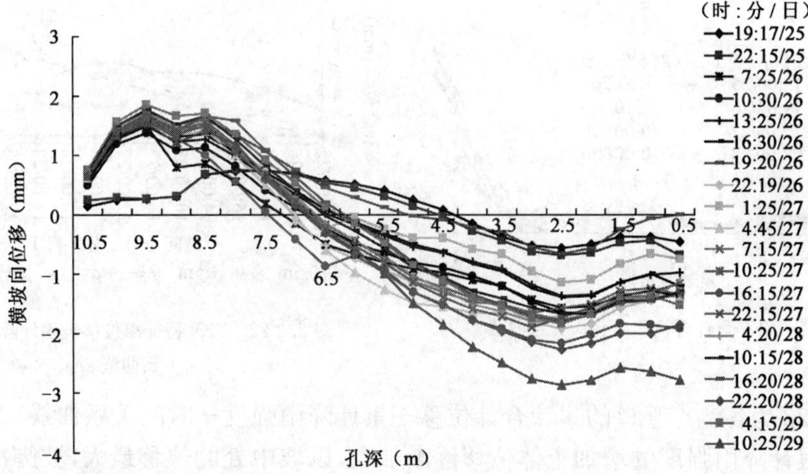

图 2.3-17　ZK8 横坡向累计位移与孔深关系曲线

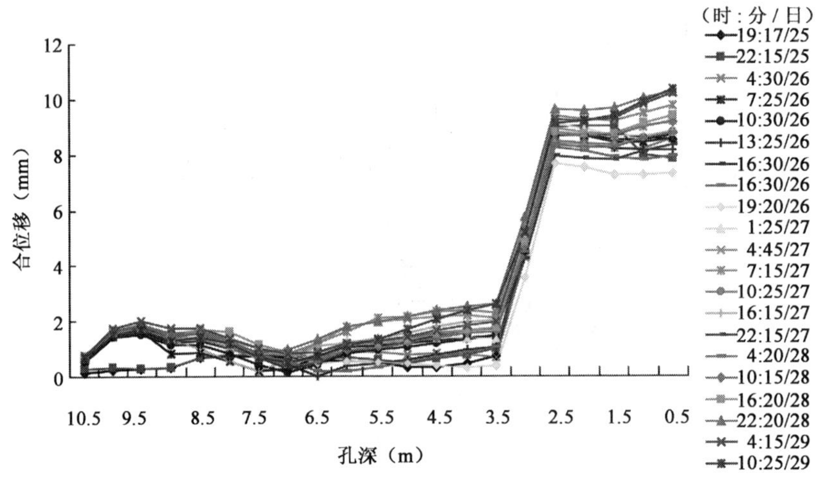

图 2.3-18　ZK8 累计合位移与孔深关系曲线

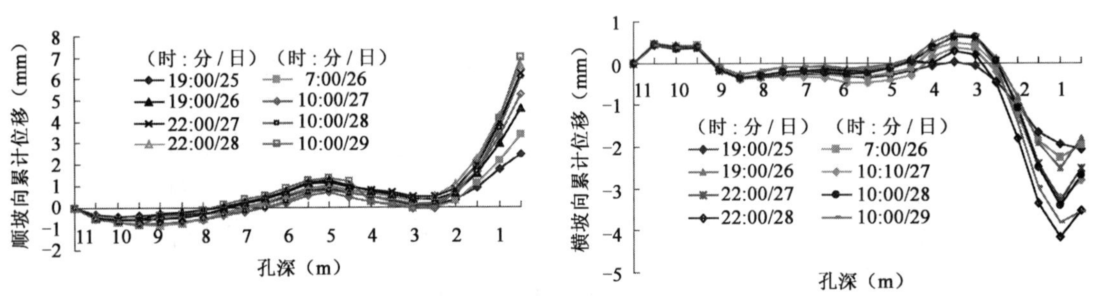

图 2.3-19　ZK9 顺坡向累计位移与孔深关系曲线　　图 2.3-20　ZK9 横坡向累计位移与孔深关系曲线

图 2.3-22 为 ZK9 的特征点位移—累计降雨强度—时间关系曲线。从图中可以看出，特征点位移随着累计降雨强度的增加逐渐加大，并且这种变形为从坡面到坡内逐渐减小的松弛形变形，0.5m 处的位移基本相当于 1.5m 处位移的 2 倍，而 4m 处基本没有位移。数值上的微小变化只是由测量误差引起的。

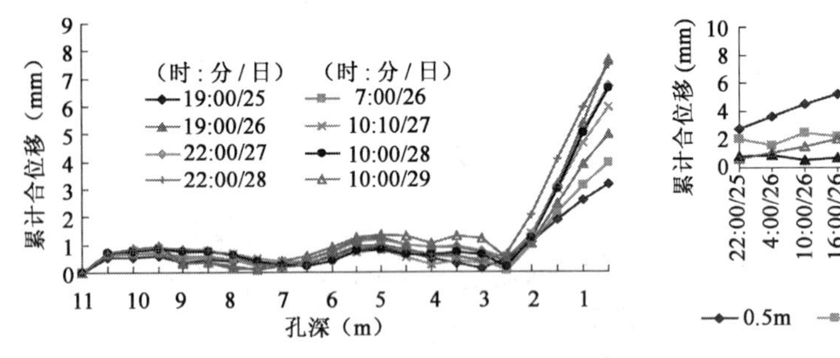

图 2.3-21　ZK9 累计合位移与孔深关系曲线

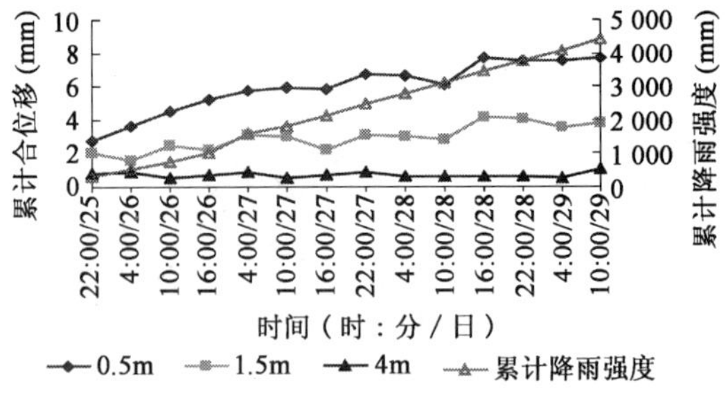

图 2.3-22　ZK9 特征点位移—累计降雨强度—时间关系曲线

图 2.3-23 为各测点管口的累计合计位移—累计降雨强度—时间关系曲线。从图中可以看出，随着累计降雨强度的增加土体位移逐渐加大，以坡中处的位移最大，坡脚次坡顶最小；ZK7～ZK9 管口处的最大合位移分别为3.36mm、10.37mm 和 7.67mm。

从图 2.3-23 可以计算出，在每小时降雨强度达到 60mm，入渗量达到 75mm 时，在降雨达到 1.3h 后，表面出现异常，是降雨后地表径流影响的结果；经过 5h 后，滑动面出现贯通的趋势，属于蠕动变形，但地表不明显；经过 115h 后，即 4 月 30 日 16：30 时后缘出现裂缝，其间最大变形速率为 25.6mm/d。

3)孔隙水压力监测

表 2.3-2 为孔隙水压力计的基本参数表。

孔隙水压力计基本参数表　　表 2.3-2

编　号	埋深(m)	标定系数 K(kPa)	初值 $F_0(F)$
A1	1	0.128 8	3 039
A2	2	0.136 6	3 056
A3	3	0.120 6	3 053
A4	4	0.129 3	3 100
B1	1	0.159 6	3 095
B2	2	0.119 5	2 892
B3	3	0.129 9	3 109
B4	4	0.117 9	2 964
C1	1	0.130 3	3 133
C2	2	0.119 0	3 274
C3	3	0.112 6	3 145
C4	4	0.123 0	2 855

注：F 为仪器上显示孔隙压力的读数。

将各个横断面不同埋深处孔隙水压力随时间的变化绘制成图，如图 2.3-24～图 2.3-26 所示。以下以 R2 断面为例加以分析。从图 2.3-25 中可以看出，在降雨入渗初期，土体的渗透性较强，孔隙水压力较低。随着降雨的进行，孔隙水压力急剧增大，并达到稳定值。从图中还可以发现，1m、2m 处的孔隙水压力趋近于 0，3m、4m 处的孔隙水压力平均为 16.2kPa 和 19.2kPa，相当于 1.65m 和 1.96m 水柱压力。其原因是试验采用的降雨强度较大，土体吸水饱和后渗透性降低的情况下，排水不畅，形成暂态的滞水层，滞水层大约在 4m 左右，这一结论也得到了测斜成果的验证，此处的滑面位置为坡面下 3.5m。滞水层的存在对残坡积层边坡的稳定极为不利。首先，滞水层的形成导致了土体中孔隙水压力的增加，有效应力降低，从而导致土体抗剪强度的降低；其次，滞水层的形成使得原来非饱和土体充分吸水膨胀而发生软化，也导致了土体抗剪强度的降低。降雨入渗的这一双重效应是降雨诱发残坡积层边坡失稳的主要原因之一。

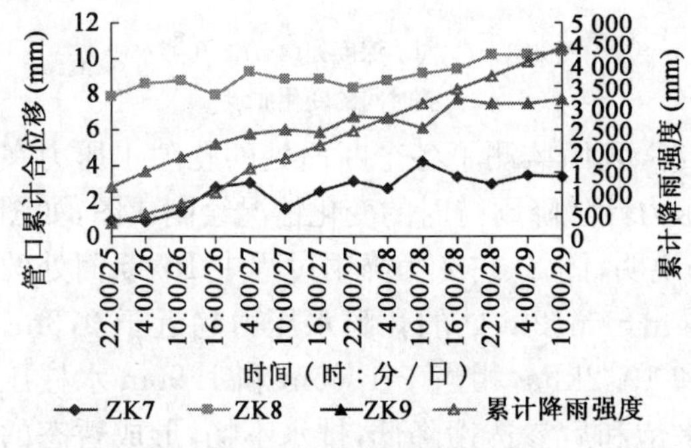

图 2.3-23　各测点管口的累计合位移—累计降雨强度—时间关系曲线

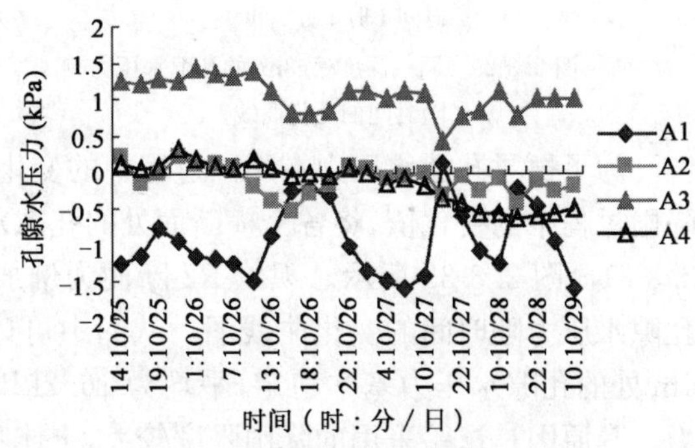

图 2.3-24　R1 断面处的孔隙水压力随时间的变化曲线

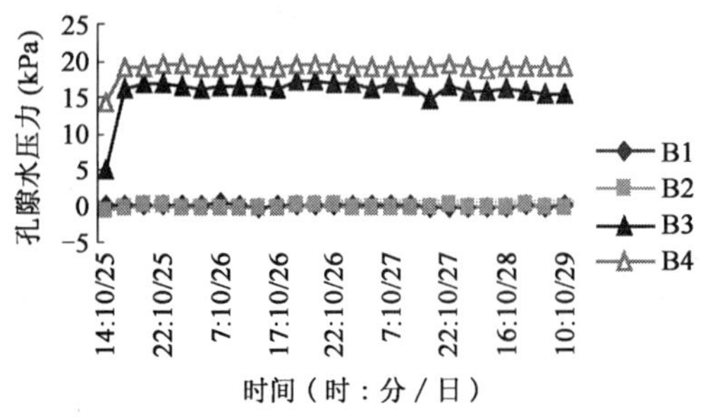

图 2.3-25　R2 断面处的孔隙水压力随时间的变化曲线

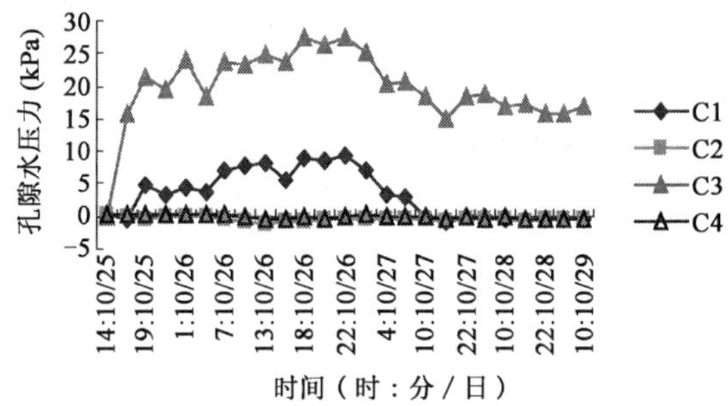

图 2.3-26　R3 断面处的孔隙水压力随时间的变化曲线

将各个断面同一埋深处孔隙水压力随时间的变化绘制成图，研究同一深度处的孔隙水压力沿坡面的变化规律，如图 2.3-27～图 2.3-30 所示。现以埋深为 3m 的孔隙水压力计为例加以说明，图 2.3-29 为同一深度处(3m)的孔隙水压力随时间的变化曲线图。从图中可以看出，孔隙水压力从坡顶到坡脚逐渐增大，坡脚处的孔隙水压力最大，坡顶处的孔隙水压力基本为零。

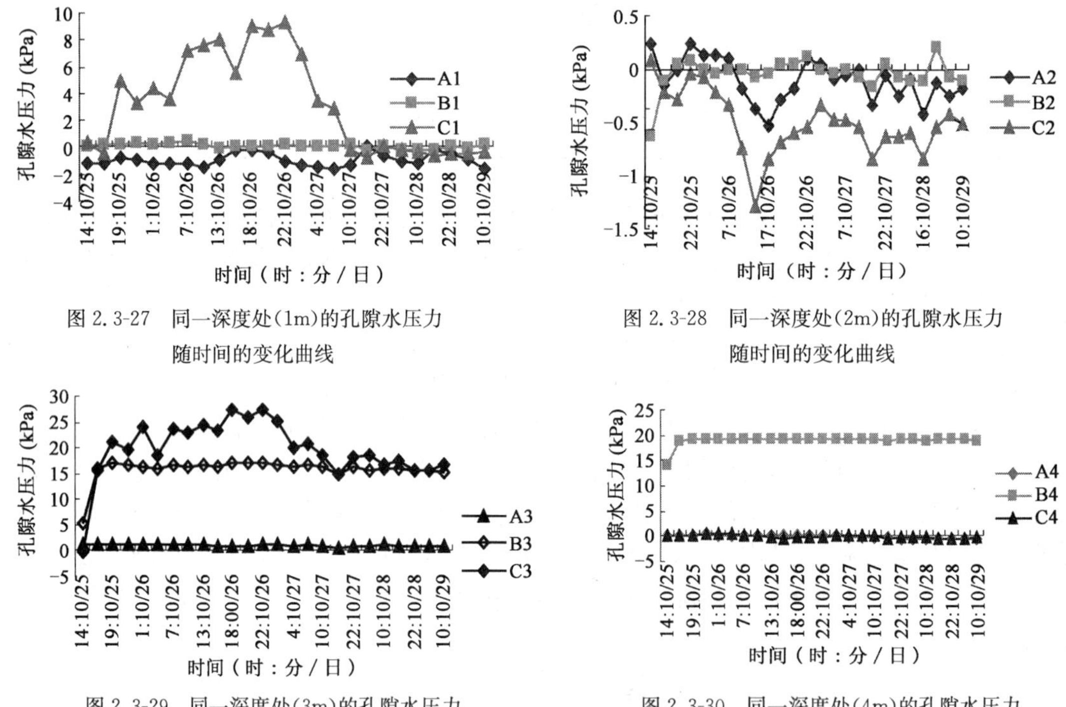

图 2.3-27　同一深度处(1m)的孔隙水压力随时间的变化曲线

图 2.3-28　同一深度处(2m)的孔隙水压力随时间的变化曲线

图 2.3-29　同一深度处(3m)的孔隙水压力随时间的变化曲线

图 2.3-30　同一深度处(4m)的孔隙水压力随时间的变化曲线

为了探寻孔隙水压力在降雨过程中的变化情况，我们监测了各个断面处的孔隙水压力在降雨过程中的变化值，将各个横断面处的孔隙水压力计随降雨持时的变化情况绘制成图，如图 2.3-31～图 2.3-33 所示。现以 R2 断面为例加以说明，图 2.3-32 为降雨过程中 R2 断面处的孔隙水压力随时间的变化曲线图。从图中可以看出，1m、2m 处的孔隙水压力趋近于 0，3m、4m 处的孔隙水压力基本稳定，平均为 16.2kPa 和 19.2kPa，相当于 1.65m 和 1.96m 水柱压力。其原因是试验采用的降雨强度较大，土体吸水饱和后渗透性降低，排水不畅，形成暂态的滞水层，滞水层大约在 4m 左右。这一结论也得到了测斜成果的验证，此处的滑面位置为坡面下 3.5m。降雨过程中孔隙水压力的监测结果与前面所监测的成果相似。

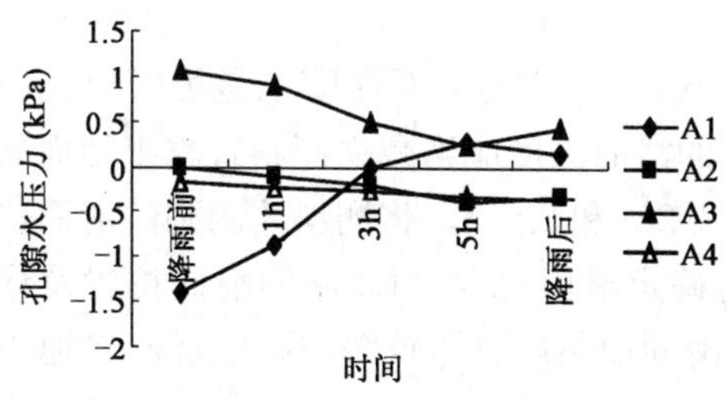

图 2.3-31　降雨过程中 R1 断面处的孔隙水压力随时间的变化曲线

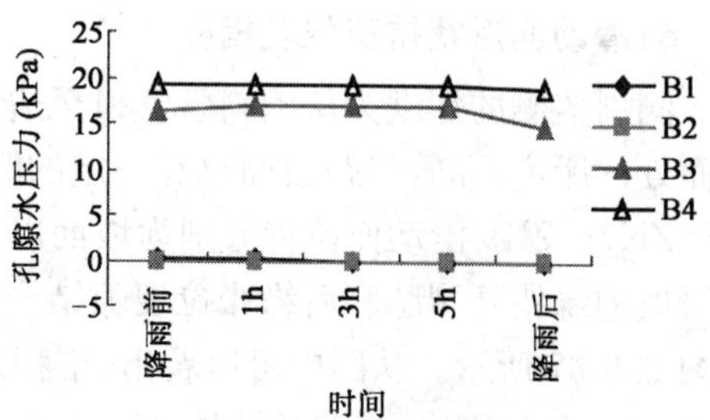

图 2.3-32　降雨过程中 R2 断面处的孔隙水压力随时间的变化曲线

4)降雨强度及地表径流监测

试验区内总的降雨量，由人工降雨模拟装置主供水管上的流量表记录，再将每单位时段的降雨量除以试验区面积 100m^2，即可求出单位时段的降雨强度。地表径流由试验区下方的集水渠收集到集水槽中，再由水泵回收到试验区上方的蓄水池内。单位时段的地表径流量由与水泵相连的流量表量测。图 2.3-34 中的曲线表示降雨期间的每小时平均降雨入渗百分率与时间的关系，是根据降雨强度和地表径流的量测结果计算得到的。可以看到，在实施降雨的前 2h，平均入渗率为 86%，2h 之后，入渗率由于地表径流的增加而随时间逐渐减少。6h 之后，入渗率降到一个相对稳定值(50%)，有一半的降雨变成了地表径流。降雨入渗率的降低可能是由于边坡土体吸水膨胀使原来张开的裂隙闭合的结果。

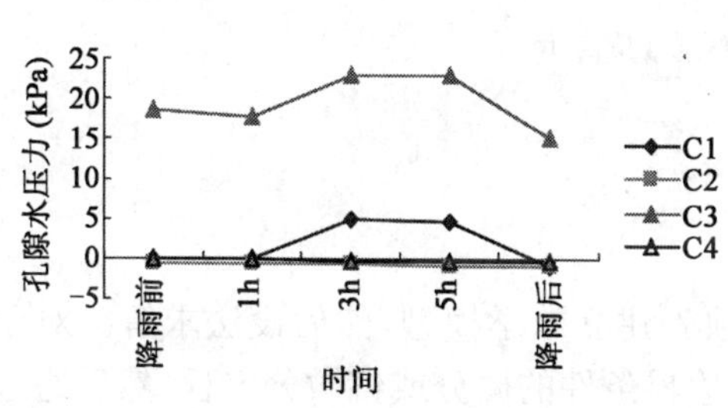

图 2.3-33　降雨过程中 R3 面处的孔隙水压力随时间的变化曲线

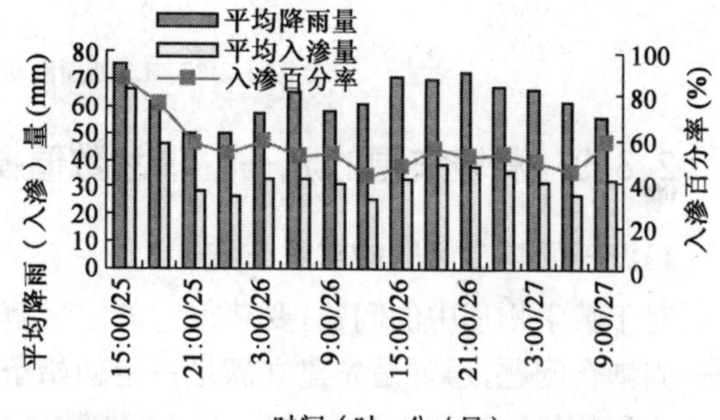

图 2.3-34　每小时平均降雨量(入渗量)及降雨入渗百分率

图 2.3-35 和图 2.3-36 分别为降雨强度及入渗强度对比分析图和累计降雨强度曲线图。从图 2.3-35 可以看出，降雨强度基本上是入渗强度的 2 倍；累计降雨强度基本保持直线上升的趋势。

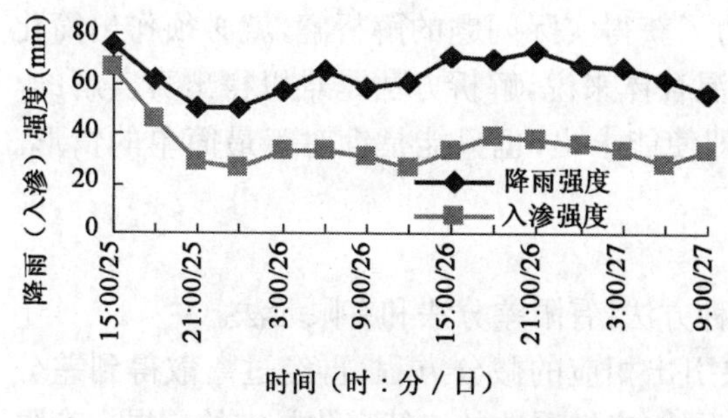

图 2.3-35　降雨强度和入渗强度曲线图对比分析图

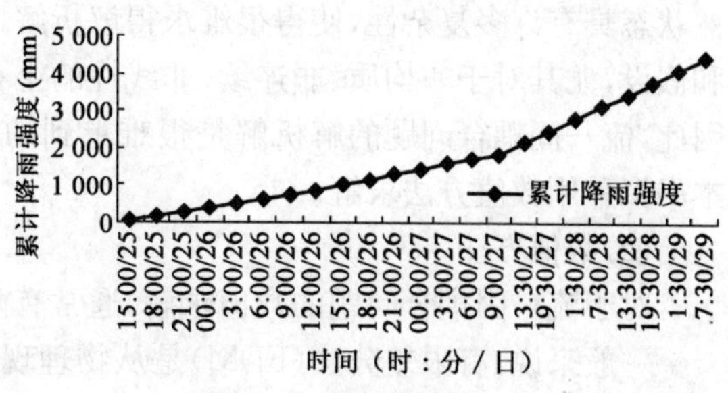

图 2.3-36　累计降雨强度曲线图

5)滑动面形状抗剪强度指标

测斜监测的深度为从测斜管管口至边坡内部 11m,所监测的滑面深度也是由管口记起到滑面处的距离,而管口距坡面也有一定的距离,实际的滑面深度应当减去测斜管露出地面的部分。ZK7～ZK9 滑动面位置分别为坡面以下 4.2m、3.2m 和 2.2m。将测斜监测到的滑面位置同滑坡前缘错开裂隙和后缘张拉裂隙结合起来即可确定滑面位置。L2 断面滑面位置及形状如图 2.3-37 所示。从图中可以看出,堆积层滑坡的滑动面角度总体较缓,深度较浅,在地表以下 3～4m 的范围内,属浅层滑坡。

采用图 2.3-37 滑动面反算得到 c、φ 值:c=12.5kPa,φ=9.2°。

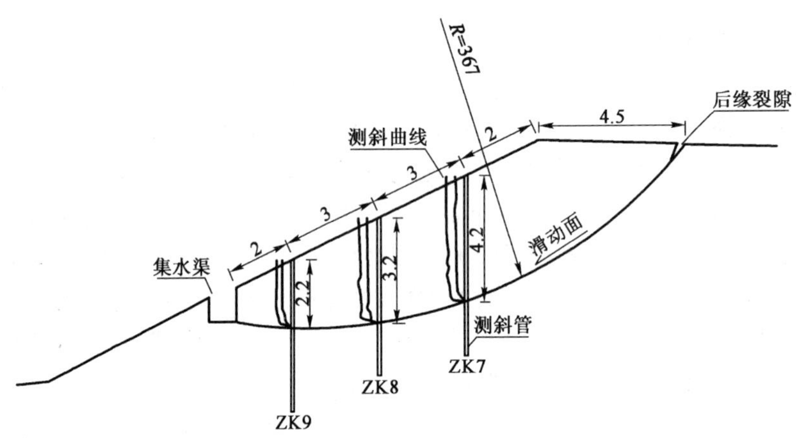

图 2.3-37 L2 断面滑动面位置(尺寸单位:m)

2.3.9 滑坡失稳的流—固耦合数值模拟

1)流—固耦合问题的求解方法

对于数学物理中的问题,要获得它的定量解,必须先建立数学模型,然后设法求解。对于流—固耦合问题,通常是先建立满足一定初始条件和边界条件的微分或偏微分方程,然后通过解析法和数值计算的方法来求出精确解或数值解。

(1)解析方法

对于流—固耦合问题,比较直接的方法是利用解析法来求解。Biot(1956 年)得到了 Biot 方程的一般解。Detournay 和 Cheng(1988 年)得到了平面应变条件下井眼应力分布的流—固耦合解析解。Lubinski(1954 年)、Kojic 和 Cheatham(1974 年)、Risnes(1982 年)以及 Wang 和 Dusseault(1991 年)、徐曾和(1999 年)都用解析法研究过这样类似的问题。但地质体的天然状态具有许多复杂性,使得很难求得解析解,为了获得实际问题的解析解,就必须作出简化和假设,尤其对于非均质、非连续、非线性的土石混合体来说,解析方法是难以得出真实解的。因此,流—固耦合问题的解析解是很难求到的,即使能求出,也只能是针对于最简单的情形。本书拟采用数值方法求解。

(2)数值方法

对于流—固耦合问题的数值求解,通常有两种方法:有限差分法和有限元法。

一般来说,有限差分法(FDM)是从物理现象引出相应的微分方程,再经过离散得到差分方程。也就是说,是以系数的差分公式解微分方程的,未知系数的连续变化是它的前提。有限差分方法主要成功之处在于将数学离散与偏微分方程的物理演化过程及特征很好地结合起来，发展出了一套技术相对成熟、高效的算法。而且已经取得了众多的研究成果，大部分的商用有偿数值模拟软件多采用有限差分方法。而有限元法(FEM)是以能量原理为基础，把问题转化为数学问题(即求泛函的极值问题)，再经离散化得到计算格式求解，并假设单元与单元之间不连续变化。从数学的角度来讲，FDM 的近似程度比 FEM 高一些，而在应用上，后者远比前者简单、灵活。有限元法不仅能适应各种复杂的几何形状和各种类型的边界条件，而且能处理各种复杂的材料性质问题，另外还能解决非均质连续介质的问题，其应用范围极为广泛。对于固体力学和结构力学来说，非线性问题的有限元分析方法日臻成熟，而且从国外引进了一些大型的通用程序供工程界使用。随着计算机技术的飞速发展，使得有限元法在解决工程实际问题中发挥了重要的作用。利用有限元法可以解决许多传统方法难以或无法解决的实际问题。

就耦合方式来讲，流—固耦合可分为完全耦合、显式迭代耦合、隐式迭代耦合和解耦耦合，就此，Settari(1999 年)等人进行了归纳总结。

①完全耦合

用矩阵表示完全耦合：

$$\begin{bmatrix} K & L \\ L^{\mathrm{T}} & E \end{bmatrix}\begin{bmatrix} \Delta_t \delta \\ \Delta_t P \end{bmatrix} = \begin{bmatrix} F \\ R \end{bmatrix} \tag{2.3-3}$$

式中：K——刚度矩阵；

δ——位移向量；

L——耦合流体未知量的矩阵；

E——流动矩阵；

P——未知向量(压力、饱和度和温度)；

F——力的边界条件；

R——流动方程的右边项；

Δ_t——对时间的差分：

$$\Delta_t \delta = \delta^{n+1} - \delta^n \tag{2.3-4}$$

$$\Delta_t P = P^{n+1} - P^n \tag{2.3-5}$$

②显式耦合

通过时间滞后一个步长来确定，首先应用上一时步的应力应变计算渗流问题：

$$[T - D]\Delta_t P^{n+1} = Q - TP^n - L^{\mathrm{T}}\Delta_t \delta^n \tag{2.3-6}$$

应用渗流结果计算应力解：

$$K\Delta_t \delta^{n+1} = F - L\Delta_t P^{n+1} \tag{2.3-7}$$

③迭代耦合

在每一时间步长内需迭代计算流体渗流和应力方程，直到满足要求的精度，再进行下一时步计算。

$$[T - D]\Delta_t P^{n+1} = Q - TP^n - L^{\mathrm{T}}\Delta_t \delta^n \tag{2.3-8}$$

$$K\Delta_t \delta^{n+1} = F - L\Delta_t P^{n+1} \tag{2.3-9}$$

④解耦耦合

先由固相方程求得固体变形，然后由压力方程求得压力分布，再顺次求得饱和度分布。

$$[T - D]\Delta_t P = Q - TP^n \tag{2.3-10}$$

$$K\Delta_t \delta = F - L\Delta_t P \tag{2.3-11}$$

上述四种方法有其各自的特点。第四种方法是较低级的耦合，实际上现在基本不用。显式耦合方法的优点主要有两个：一个是选择时间步来完成地质力学计算，这是因为流体流动和固体变形耦合模型计算的大部分时间耗费在计算位移上；另一个是使用这种技巧能非常直接地耦合已存在的孔隙流动模拟器或已存在的地质力学模拟器。但其缺陷是计算的稳定性和精度不够，因而耦合的显式性可能因施加的时间步限制了计算速度。但对于许多沉降和断层动态问题需要的时间步较小，可用显式耦合方法计算。

迭代耦合法的优点：一是如果使用相同的收敛准则，迭代耦合方法能产生与完全耦合方法相同的结果；二是能直接耦合已存在的孔隙流动模拟器和已存在的地质力学模拟器。缺陷是迭代耦合方法在非线性迭代中可能只有一阶收敛性，对于较为复杂的问题将需要大量的迭代计算，因而适合较小规模问题的计算。

完全耦合方法是几种计算方法中最为稳定的，且对于非线性迭代具有二阶收敛性。缺陷是不能直接耦合已存在的孔隙流动模拟器或已存在的地质力学模拟器，需要编制大量的程序，对一些问题的计算比显式耦合法和迭代耦合法慢，因而对于解决压实驱动问题完全耦合法更合适。本书选择完全耦合的计算方式。

流—固耦合就流体相的不同，研究了单相气体、单相液体以及多相流体；就岩土体的力学性质而言，已考虑了弹性、弹塑性；就渗储空间而言，有单孔介质和双重介质；就使用的数值分析方法而言，已采用了有限差分法、有限元法以及两者联合使用的方法。

2)土石混合体边坡失稳的流—固耦合数学模型

土石混合体属于典型的多孔介质。经典渗流力学一般假定流体流动的多孔介质是完全刚性的，即在孔隙流体压力变化过程中，固体骨架不产生任何弹性或者塑性变形，这时可将渗流视为非耦合问题来研究。而实际上，土石混合体为可变形体，在实际的渗流过程中，由于孔隙流体压力的变化，一方面要引起土石混合体骨架有效应力变化，由此导致固体骨架特性比如渗透率、孔隙率等的变化；另一方面，这些变化又反过来影响孔隙流体的流动和压力的分布。因此，在许多情况下，必须考虑孔隙流体在土石混合体中的流动规律及其对土石混合体本身的变形或者强度造成的影响，即考虑土石混合体内应力场与渗流场之间的相互耦合作用。

(1)基本假定

本书建立的可压缩土石混合体边坡失稳的流—固耦合模型基于以下假定：

①土石混合体是完全饱和各向同性线弹性体(也可以是弹塑性、黏弹性等其他本构关系，为描述简单起见，此处假定为各向同性线弹性体)。

②固体颗粒和孔隙水可以压缩。

③固体骨架的变形遵从 Terzaghi 有效应力原理：

$$\sigma_{ij} = \sigma'_{ij} + p\delta_{ij} \tag{2.3-12}$$

$$p = \rho_w g(H - z) \tag{2.3-13}$$

式中：σ_{ij} ——总应力张量；

σ'_{ij} ——有效应力张量；

p——孔隙水压力；

ρ_w ——水的密度；

g——重力加速度；

H——水头高度(由浸润线位置确定)；

z——位置坐标；

δ_{ij} ——Kronecker 符号，定义为：

$$\delta_{ij}=\begin{cases}0 & i\neq j\\ 1 & i=j\end{cases} \tag{2.3-14}$$

④孔隙水渗流服从 Darcy 定律，即：

$$q_i=\frac{K_i}{\mu\gamma}p_i \tag{2.3-15}$$

式中：q_i ——水渗流速度；

K_i ——渗透系数；

μ——液体的黏度；

γ——液体的重度。

⑤岩土质点在渗流过程中要发生位移，包括刚性位移和变形位移，因而质点具有一定的速度。

⑥土石混合体的孔隙率 n 和渗透系数 K 是动态变化的，渗透系数是孔隙率的函数。

(2)孔隙率 n 和渗透系数 K 的动态计算模型

对于土石混合体流—固耦合渗流孔隙率 n 和渗透系数 K 等物性参数是动态变化的，因此在建立数学模型的过程中，务必考虑这些因素。而目前诸多流—固耦合渗流文献[149-151]所采用或者建立的模型中都忽略了这个重要的事实，即没有考虑孔隙率和渗透系数的动态变化，这可能是因为受到经典渗流力学的影响疏忽所致。在经典渗流力学中认为，固体骨架不产生任何弹性或者塑性变形，自然不必考虑孔隙率和渗流系数的动态变化。

实现流—固耦合渗流数值模拟的关键问题之一是如何建立流—固耦合作用下的物性参数动态模型。

①孔隙率 n 动态计算模型的分析推导[2]

土石混合体固体骨架(Skeleton)体积用 V_s 表示，其变化用 ΔV_s 表示；土石混合体观体积(Bulk Volume)用 V_b 表示，其变化用 ΔV_b 表示；土石混合体孔隙体积(Pore Volume)用 V_p 表示，其变化用 ΔV_p 表示。

根据孔隙率的定义，有：

$$\begin{aligned}n=\frac{V_{p0}+\Delta V_p}{V_{b0}+\Delta V_b}&=1-\frac{V_{s0}+\Delta V_s}{V_{b0}+\Delta V_b}=1-\frac{V_{s0}(1+\Delta V_s/V_{s0})}{V_{b0}(1+\Delta V_b/V_{b0})}\\&=1-\frac{(V_{b0}-V_{p0})}{V_{b0}(1+\Delta V_b/V_{b0})}(1+\Delta V_s/V_{s0})\\&=1-\frac{(1-n_0)}{1+\varepsilon_V}(1+\Delta V_s/V_{s0})\end{aligned} \tag{2.3-16}$$

在假定固体颗粒是弹性变形的条件下，考虑孔隙流体压力对颗粒体积变形的影响。因孔隙流体压力变化而引起的固体颗粒体积变化为：

$$\Delta V_s/V_{s0}=-\Delta p/E_s$$

式中：E_s ——骨架颗粒的弹性模量。

因热弹性膨胀引起的应变增量为：

$$\Delta V_s/V_{s0}=\beta_s\Delta T$$

式中：β_s ——骨架颗粒的热膨胀系数；

ΔT ——温度增量。

综合以上两者因素，有：

$$\Delta V_s/V_{s0} = -\Delta p/E_s + \beta_s \Delta T \tag{2.3-17}$$

将式(2.3-17)代入式(2.3-16),得:

$$n = 1 - \frac{(1-n_0)}{1+\varepsilon_V}(1+\Delta p/E_s + \beta_s \Delta T) \tag{2.3-18}$$

假定地层为等温,那么有:

$$n = \frac{n_0 + \varepsilon_V + (1-n_0)\Delta p/E_s}{1+\varepsilon_V} \tag{2.3-19}$$

式(2.3-19)即为可压缩土石混合体孔隙率 n 的动态计算模型。

②渗透系数 K 的动态计算模型

同理,土石混合体绝对渗透率 K 并不是常数,在流—固耦合渗流过程中,是受诸多因素制约并不断变化的。从 Darcy 定律的理论推导或量纲分析,可将渗透系数表示为:

$$k = K\frac{\rho g}{\mu} = K\frac{\gamma_w}{\mu} = K\frac{g}{\nu} \tag{2.3-20}$$

式中:k——水力传输系数(Hydraulic Conductivity),LT^{-1};

K——渗透系数或物理渗透性(Permeability 或 Physical Permeability),L^2;

γ_w——水的重度;

μ——水的绝对黏度;

ν——运动黏滞系数。

从式(2.3-20)中可以看出,影响土的渗透性的两个主要因素,即流体性质和骨架性质,前者以 γ/μ 的形式表示,后者体现于土石混合体渗透系数,其仅与骨架性质有关,取决于介质的三个更基本的性质:孔隙率、平均传导率及平均参数。通常,孔隙率的影响作用最大,经试验研究证明,土体的渗透系数可表示为孔隙率的函数,引入作者土石混合体室内正交试验成果式:

$$K_0 = C_s \cdot d_{20}^2 \cdot C_c \cdot \frac{e_0^3}{1+e_0} = C_s \cdot d_{20}^2 \cdot C_c \cdot \frac{n_0^3}{(1-n_0)^2} \tag{2.3-21}$$

式中:K_0——土石混合体的初始渗透系数;

C_s——颗粒的形状系数,m^{-3};

d_{20}——等效粒径,小于该粒径的土重占总土重的 20%,m;

C_c——颗粒级配曲率系数,$C_c = \frac{d_{30}^2}{d_{10} \cdot d_{60}}$;

e_0、n_0——初始孔隙比、孔隙率。

根据式(2.3-19)和式(2.3-21),可以推导出土石混合体渗透系数 K 的动态计算模型为:

$$K = \frac{K_0}{1+\varepsilon_V} \cdot \frac{[n_0(1-\Delta p/E_s) + \varepsilon_V + \Delta p/E_s]^3}{n_0^3(1-\Delta p/E_s)^2} \tag{2.3-22}$$

(3)渗流场影响下的应力场方程

对透水介质进行应力场分析计算时,水的影响应以渗透体积力和渗透压力两种形式考虑,但目前常用的计算方法中忽略渗流场的影响,将水的影响近似地用静水压力和扬压力来表示。即便是众多基于 Biot 固结理论的流—固耦合模型,无论该类模型以各向同性还是各向异性土体为分析对象,其共同的分析原理都是注重研究外荷载下孔隙水压力与有效应力(或总应力)及相应的变形之间的关系。因而这种分析方法其实与渗透力无关,所探讨的渗流场其实是孔隙水压力分布场,并不是渗流作用下所形成的渗透力场。事实上,流—固耦合作用下土石混合体渗流场是通过渗透体积力对应力场产生影响的。

①本构关系

线弹性有效应力应变本构关系方程为：

$$\sigma'_{ij}=D_{ijkl}\varepsilon_{kl}=\lambda\varepsilon_V\delta_{ij}+2\mu\varepsilon_{ij} \tag{2.3-23}$$

式中：ε_V——骨架体积应变。

令固体骨架三个方向的位移分别为W_x,W_y,W_z，则：

$$\varepsilon_V=\nabla\cdot\vec{W}=\frac{\partial W_i}{\partial x_i}=\frac{\partial W_x}{\partial x}+\frac{\partial W_y}{\partial y}+\frac{\partial W_z}{\partial z} \tag{2.3-24}$$

②几何方程

$$\varepsilon_{ij}=\frac{1}{2}(W_{j,i}+W_{i,j}) \tag{2.3-25}$$

即：

$$\begin{cases}\varepsilon_x=-\dfrac{\partial W_x}{\partial x}\\ \varepsilon_y=-\dfrac{\partial W_y}{\partial y}\\ \varepsilon_z=-\dfrac{\partial W_z}{\partial z}\\ \gamma_{xy}=-\left(\dfrac{\partial W_x}{\partial y}+\dfrac{\partial W_y}{\partial x}\right)\\ \gamma_{yz}=-\left(\dfrac{\partial W_z}{\partial y}+\dfrac{\partial W_y}{\partial z}\right)\\ \gamma_{zx}=-\left(\dfrac{\partial W_z}{\partial x}+\dfrac{\partial W_x}{\partial z}\right)\end{cases}$$

③应力平衡方程

假如已计算出某种情况下边坡中的水头分布为$H(x,y,z)$，则可以据此计算出某作用面上的孔隙水压力(渗透压力)p分布为：

$$p=\gamma(H-z) \tag{2.3-26}$$

也可以计算出渗流区域渗透体积力f的分布，并由水力学原理可知，渗流体积力与水力梯度成正比，即：

$$\begin{Bmatrix}f_x\\ f_y\\ f_z\end{Bmatrix}=-\begin{Bmatrix}\gamma_w\dfrac{\partial H}{\partial x}\\ \gamma_w\dfrac{\partial H}{\partial y}\\ \gamma_w\left(\dfrac{\partial H}{\partial z}-1\right)\end{Bmatrix}=\begin{Bmatrix}\gamma_w J_x\\ \gamma_w J_y\\ \gamma_w J_z\end{Bmatrix} \tag{2.3-27}$$

$$f=\sqrt{f_x^2+f_y^2+f_z^2} \tag{2.3-28}$$

式中： f——渗流产生的体积力；

γ_w——水的重度；

f_x、f_y、f_z——分别为渗透体积力f在x、y、z方向上的分力；

J_x、J_y、J_z——分别为单元在x、y、z方向的水力坡降。

对于二维渗流问题，渗流体积力的计算取式(2.3-24)的第一项和第三项。

将渗透体积力引入固体骨架的应力平衡方程得：

$$\sigma_{ij,j}+f_i+T_i=0 \tag{2.3-29}$$

式中：f_i——渗透体积力；

T_i——体力。

联立式(2.3-12)、式(2.3-29)：

$$\sigma'_{ij,j} + (p\delta_{ij})_{,j} + f_i + T_i = 0 \tag{2.3-30}$$

将式(2.3-23)代入上式，便可以得到以 W_x、W_y、W_z、n、p 基本未知量为变量的平衡方程：

$$\begin{cases}(\lambda+\mu)\dfrac{\partial\varepsilon_V}{\partial x}+\mu\nabla^2W_x+\dfrac{\partial p}{\partial x}+\dfrac{\partial f_x}{\partial x}=0\\(\lambda+\mu)\dfrac{\partial\varepsilon_V}{\partial y}+\mu\nabla^2W_y+\dfrac{\partial p}{\partial y}+\dfrac{\partial f_y}{\partial y}=0\\(\lambda+\mu)\dfrac{\partial\varepsilon_V}{\partial z}+\mu\nabla^2W_z+\dfrac{\partial p}{\partial z}+\dfrac{\partial f_z}{\partial z}+T'_z=0\end{cases} \tag{2.3-31}$$

式中：$T'_z=\dfrac{\partial F_z}{\partial z}=[(1-n)\rho_s+n\rho_w]\cdot g$；

∇^2——拉普拉斯算子，$\nabla^2=\dfrac{\partial^2}{\partial x^2}+\dfrac{\partial^2}{\partial y^2}+\dfrac{\partial^2}{\partial z^2}$。

对于各向同性弹性体，有

$$\lambda=\frac{E\nu}{(1+\nu)(1-2\nu)},G=\mu=\frac{E}{2(1+\nu)}$$

式中：E、ν——分别为固体骨架的弹性模量和泊松比。

则 $\lambda+\mu=\dfrac{G}{(1-2\nu)}$，代入式(2.3-31)：

$$\begin{cases}\dfrac{G}{(1-2\nu)}\dfrac{\partial\varepsilon_V}{\partial x}+G\nabla^2W_x+\dfrac{\partial p}{\partial x}+\dfrac{\partial f_x}{\partial x}=0\\\dfrac{G}{(1-2\nu)}\dfrac{\partial\varepsilon_V}{\partial y}+G\nabla^2W_y+\dfrac{\partial p}{\partial y}+\dfrac{\partial f_y}{\partial y}=0\\\dfrac{G}{(1-2\nu)}\dfrac{\partial\varepsilon_V}{\partial z}+G\nabla^2W_z+\dfrac{\partial p}{\partial z}+\dfrac{\partial f_z}{\partial z}+F'_z=0\end{cases} \tag{2.3-32}$$

式(2.3-32)即为可压缩土石混合体流—固耦合分析时渗流场影响下的应力场方程。

(4)应力场影响下的渗流场方程

如前所述，渗流场产生的渗流体积力作用于固体骨架，会使土石混合体应力场和位移场发生变化；土石混合体应力状态的变化将改变其渗流性质，即应力场、位移场的改变使得土石混合体的孔隙比、孔隙率发生变化；同时由于土石混合体的渗透系数与其孔隙的分布情况关系很大，孔隙比、孔隙率的变化必然引起介质渗透性能即渗透系数的改变，土石混合体的渗流场受到影响也会因此发生改变。所以说，土石混合体渗流性质的变化又将改变渗流分布规律，同时也改变了土石混合体的渗透力；应力场对渗流场影响的实质，是应力场改变了土石混合体中孔隙的分布状况，从而改变了土石混合体的渗透性特征。

对于饱和土石混合体的流—固耦合问题，其分析研究的基本方程除了渗流场影响下的力的平衡方程、本构方程、几何方程外，还必须引入：①考虑流体、固体骨架分担荷载的有效应力原理；②孔隙流体平衡方程；③孔隙流体连续性方程。

由于渗流发生在可变形的土石混合体中，因而不但流体具有一定的渗流速度，而且骨架颗粒也具有一定的运动速度，所以流体质点的速度为：

$$\vec{V}_f=\vec{V}_r+\vec{V}_s \tag{2.3-33}$$

$$\vec{V}_s = \frac{\partial \vec{W}}{\partial t}$$

$$\vec{V}_r = \frac{\vec{V}_{jD}}{nS_j}$$

式中：$\vec{V}_f$ ——流体运动的绝对速度；

$\vec{V}_s$ ——骨架颗粒运动的绝对速度；

$\vec{V}_r$ ——流体相对于骨架颗粒的速度；

j——代表流体相；

S_j ——土石混合体的饱和度；

$\vec{V}_{jD}$——j 相流体速度。

根据 Darcy 定律，有：

$$\vec{V}_{jD} = -\frac{K_j}{\mu_j} \nabla (p_j - \rho_j g H) \tag{2.3-34}$$

式中：K_j——j 相流体的渗透渗透系数；

μ_j——j 相流体的绝对黏度；

H——水头高度。

对于本书，因为假定为单相流体（饱和土石混合体），所以有 $S_j = 1$，进而有：

$$\vec{V}_r = -\frac{K}{n\mu} \nabla (p - \rho_f g H) \tag{2.3-35}$$

式中：K——土石混合体渗透系数[式(2.3-22)]；

ρ_f ——流体密度。

土石混合体骨架的连续性方程为：

$$\nabla \cdot [\rho_s (1-n) \vec{V}_s] + \frac{\partial [\rho_s (1-n)]}{\partial t} = 0 \tag{2.3-36}$$

式中：ρ_s ——固体骨架密度。

孔隙流体（不考虑源汇项）的连续性方程为：

$$\nabla \cdot (\rho_f n \vec{V}_f) + \frac{\partial (\rho_f n)}{\partial t} = 0 \tag{2.3-37}$$

化简以上两式，得到：

$$\rho_s (1-n) \nabla \cdot \vec{V}_s + (1-n) \frac{\partial \rho_s}{\partial t} - \rho_s \frac{\partial n}{\partial t} = 0 \tag{2.3-38}$$

$$\rho_f n \nabla \cdot \vec{V}_r + \rho_f n \nabla \cdot \vec{V}_s + n \frac{\partial \rho_f}{\partial t} + \rho_f \frac{\partial n}{\partial t} = 0 \tag{2.3-39}$$

将以上两式两边分别除以 ρ_s、ρ_f，并相加得到可压缩土石混合体流—固耦合渗流场连续性方程：

$$n \nabla \cdot \vec{V}_r + \nabla \cdot \vec{V}_s + \frac{(1-n)}{\rho_s} \frac{\partial \rho_s}{\partial t} + \frac{n}{\rho_f} \frac{\partial \rho_f}{\partial t} = 0 \tag{2.3-40}$$

通常而言，流体在等温条件下的状态方程可以采用下式表达：

$$\rho_f = \rho_0 e^{[(p-p_0)/E_f]} \tag{2.3-41}$$

式中：E_f ——孔隙流体的体积弹性压缩模量。

所以有：

$$\frac{1}{\rho_f}\frac{\partial \rho_f}{\partial t}=\frac{1}{E_f}\frac{\partial p}{\partial t} \tag{2.3-42}$$

同理，对于固体骨架，也有：

$$\frac{1}{\rho_s}\frac{\partial \rho_s}{\partial t}=\frac{1}{E_s}\frac{\partial p}{\partial t} \tag{2.3-43}$$

式中：E_s ——土石混合体骨架固体颗粒的体积弹性压缩模量。

而且 $\nabla \cdot \vec{V}_s=\nabla \cdot\left(\frac{\partial \vec{W}}{\partial t}\right)=\frac{\partial(\nabla \cdot \vec{W})}{\partial t}=\frac{\partial \varepsilon_V}{\partial t}$，将式(2.3-42)、式(2.3-43)、式(2.3-35)代入式(2.3-40)，得到可压缩土石混合体流—固耦合渗流场微分方程：

$$-\nabla \cdot\left[\frac{K}{\mu}(\nabla p-\rho_f g \nabla H)\right]+\frac{\partial \varepsilon_V}{\partial t}+\left(\frac{1-n}{E_s}+\frac{n}{E_f}\right)\frac{\partial p}{\partial t}=0 \tag{2.3-44}$$

上式中，土石混合体渗透系数 K 并不是常数，具体用式(2.3-22)描述。

式(2.3-19)、式(2.3-32)和式(2.3-44)就构成了描述饱和土石混合体流—固耦合渗流的数学模型。该模型共有 5 个方程，求解变量为 W_x、W_y、W_z、n、p（总计 5 个），可见控制方程组是封闭的。

(5)定解条件

对于上述控制方程组，应该补充以适当的边界条件和初始条件，才能构成定解问题。由于该模型包含渗流场方程和应力场方程，所以必须提供各自对应的边界条件。对于应力场方程，根据弹塑性力学基础知识，应该提供应力边界和位移边界；而对于渗流场方程，应该提供渗流边界。试验或计算开始时，渗流场内整个流动状态或流动支配条件（如孔压分布等）则称之为初始条件。边界条件和初始条件统称为定解条件。

定解条件对流动过程起决定性作用，通常由野外观测资料或试验确定。寻求一函数[如水头函数 $h(x,y,z)$]，使其在满足微分方程的同时又满足定解条件的问题称为定解问题。定解条件和微分方程也就构成了求解渗流场、应力场的数学模型。

①渗流场定解条件

a. 边界条件

边界条件可区分为流场的几何边界性状位置与边界上起支配作用的条件。按描述流动的数学模型，通常有下面三类边界条件。

A. 第一类边界条件（已知水头边界条件）

指边界上给定位势函数或水头分布，又称水头边界条件，是最常见的情况。如稳定渗流场中淹没水中的渗流边界为等势面或等水头面，即 $h=$ 常数；边坡坡面的自由渗出段和自由面边界，其水头应与位置高度相等，即 $h^*=z$；排水沟管井孔为已知水头值等，均属于这一类边界条件。

对于非稳定渗流，边界条件与时间 t 有关，整个过程中边界条件的变化可用下式表示：

$$H|_{\Gamma_1}=H_1(x,y,z,t) \qquad (x,y,z)\in \Gamma_1 \tag{2.3-45}$$

式中：Γ_1 ——区域内水头已知的边界集合。

B. 第二类边界条件（流量边界条件）

其指边界上位势函数或水头的法向导数已知或可以用确定的数表示，也称流量边界条件。流量边界条件在数学上可以表述为：

$$\left.\frac{\partial h}{\partial n}\right|_{\Gamma_2} = -v_n/k = f_2(x,y,z,t) \tag{2.3-46}$$

考虑土的各向异性时，还可写为：

$$k_x \frac{\partial H}{\partial x}\cos(\vec{n},x) + k_y \frac{\partial H}{\partial y}\cos(\vec{n},y) + k_z \frac{\partial H}{\partial z}\cos(\vec{n},z) = q \quad (x,y,z) \in \Gamma_2 \tag{2.3-47}$$

式中：q——边界流量；

Γ_2——区域内法向流速已知的边界集合；

$\cos(\vec{n},x)$、$\cos(\vec{n},y)$、$\cos(\vec{n},z)$——边界面外法线方向的方向余弦。

对于稳定流，流量补给或出流边界上的流量 q 为常数或相应 $\frac{\partial h}{\partial n}$ 为常数。不透水层面和对称流面以及稳定渗流的自由面，均属于该类边界条件，即 $\frac{\partial h}{\partial n} = 0$。

非稳定渗流过程中，变动的自由面边界除应符合第一类条件 $h^* = z$ 外，还应满足第二类边界条件的流量补给关系。如图2.3-38所示，自由面在经过 Δt 时间降落到一定位置，取微元体$q \cdot d\Gamma \cdot dt$，若取外法向为正，则在自由面下降时可认为由边界流进的单宽流量为：

$$q = \mu \frac{\partial h^*}{\partial t}\cos\theta \tag{2.3-48}$$

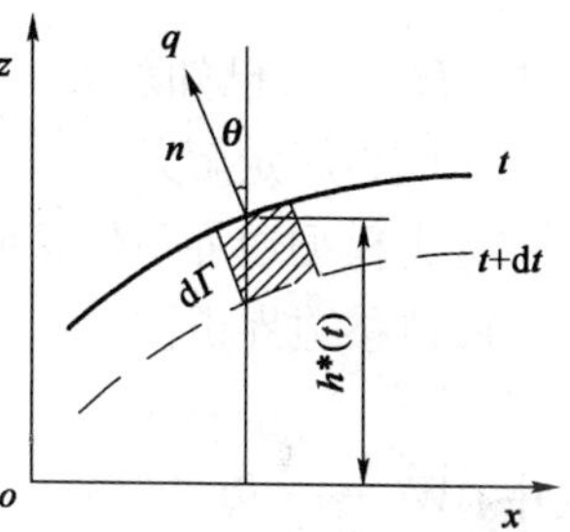

图 2.3-38　自由水面降落时流量补给边界示意图

当渗流自由面上有降雨入渗时，则上式变为：

$$q = \mu \frac{\partial h^*}{\partial t}\cos\theta - w \tag{2.3-49}$$

式中：h^*——自由边界上的水头；

w——入渗量；

μ——自由面变动范围内的给水度；

θ——自由面法线与铅直线夹角。

又因 $q = v_n = -k\frac{\partial h^*}{\partial n} = -k\frac{\partial h}{\partial z}\cos\theta$，故式(2.3-48)可变为：

$$\frac{\mu}{k}\frac{\partial h^*}{\partial t} = -\frac{\partial h^*}{\partial z} \tag{2.3-50}$$

C. 第三类边界条件(混合边界条件)

这类边界条件为混合边界条件，是指含水层边界的内外水头差和交换的流量保持一定的线性关系，即：

$$h + a\frac{\partial h}{\partial n} = \beta \tag{2.3-51}$$

式中：a、β——边界各点的已知数。

计算时需进行迭代，以满足水头 h 和 $\frac{\partial h}{\partial n}$ 间的已知关系。研究大地区地下水流运动，含水层边界溢出水量受水位变化影响时，会碰到此类边界条件。河床面淤堵、井壁以及含水层中存在弱透水薄层的越流等情况中，也含有此类边界条件。

以上三类边界条件在数学上依次称为狄利克雷(Dirichlet)条件、诺依曼(Neumann)条件、傅里叶(Fourier)条件。

以土石混合体边坡现场试验的简化模型(图 2.3-39)为例，其边界条件分别为：1—2、2—3、

5—6是等水头面，$h = p/\gamma + z =$ 常数，第一类边界条件；3—4是自由渗出段，$h = z$，第一类边界条件；6—7、7—1是不透水层，是第二类边界条件，$\frac{\partial h}{\partial n} = 0$；4—5是地下水位线（浸润线）位置，在稳定渗流时是第二类边界条件，$\frac{\partial h}{\partial n} = 0$，并因 $\frac{p}{r} = 0$，故还得符合条件 $h^* = z$，而在非稳定渗流时，自由面不是第二类边界条件，应符合式(2.3-48)的流量补给边界条件。

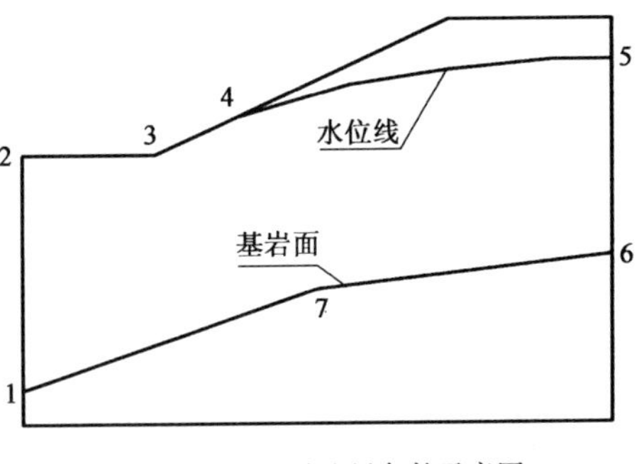

图 2.3-39　边坡边界条件示意图

b. 初始条件

通常，其指初始时刻或者从某一时刻起渗流场水头的原始分布。初始条件是第一类边界条件，即渗流场的水头分布，其在开始时刻 $t = 0$ 时，对整个流场起支配作用。因而在进行非稳定渗流计算或试验时，可先求得开始时刻稳定渗流场的水头分布，以之作为初始条件（此开始时刻的流场通常是稳定渗流场）；也可取任一渗流状态作为初始条件。只有在特殊情况下，初始条件才会是第二、第三类边界条件。

$$H(x,y,z,t_0) = H_0(x,y,z,t_0) \tag{2.3-52}$$

式中：H_0 ——已知水头。

②应力场定解条件

应力模型边界条件有应力边界条件和位移边界条件。

a. 位移边界条件：

$$\vec{W}|_{边界} = \vec{W}_1 \tag{2.3-53}$$

式中：$\vec{W}_1$ ——边界上的位移。

b. 应力边界条件：

$$\sigma'_{ij} \cdot \vec{n}_j|_{边界} = T_i \tag{2.3-54}$$

式中：T_i ——应力边界上的面力。

(6)流—固耦合方程的有限元算法

式(2.3-19)、式(2.3-32)和式(2.3-44)以及定解条件式(2.3-45)～式(2.3-54)便构成了完整的单相流体流—固耦合渗流的数学模型。理论上，通过联立求解上述各式能得到同时满足渗流场孔压分布 $p(x,y,z)$ 与应力场分布 $\sigma_{ij}(x,y,z)$ 的土石混合体边坡渗流场与应力场耦合分析的精确解。但事实上，对于工程实际中有着复杂边界条件的渗流场或应力场，单独求解渗流场或应力场的解析解是不可能的，联合求解更是难上加难。因而，只有采用数值解才可进行耦合分析。对于此数学模型，可以采用有限差分、有限元等数值方法进行离散求解，从而求解出渗流场孔压 (p)、孔隙率 (n) 以及位移场 (W_i) 的分布。

①耦合方程组的矩阵表示

将线弹性各向同性土石混合体的本构方程式(2.3-23)、几何方程式(2.3-25)、平衡方程式(2.3-29)和有效应力原理方程式(2.3-12)用矩阵形式来表达，由此推出用位移和孔压表示的平衡矩阵方程式(2.3-32)如下：

$$[\partial]^T[D][\partial][W] - [\partial]^T[M]P - [G] = 0 \tag{2.3-55}$$

式中：$[D]$ ——弹性矩阵；

$[W]$ ——位移矩阵；

$[M]$——孔隙水压力分布矩阵；

$[G]$——常数项矩阵(包括由重力引起的体力和渗透体积力)。

同样，得出用位移和孔压表示的渗流矩阵连续性矩阵方程如下：

$$[M]^{\mathrm{T}}[\partial][K][M]P-\frac{\partial}{\partial t}[M]^{\mathrm{T}}[\partial][W]=0 \tag{2.3-56}$$

式中：$[K]$——渗透系数矩阵。

式(2.3-55)和式(2.3-56)就是耦合模型方程组的微分算子(矩阵)方程。

②耦合方程组的空间离散

根据有限单元法的基本原理，需要建立方程(2.3-55)和式(2.3-56)的近似解 $\widetilde{W}$、$\tilde{p}$。用8节点等参元进行离散，设土体区域 Ω 被分割成有限个子区域 Ω^1、Ω^2、…、Ω^n($\Omega=\sum\limits_{e}\Omega^e$)，子区域 Ω^e 的边界面记为 Γ^e。按照 Galerkin 变分原理，式(2.3-55)变为：

$$\iiint\limits_{\Omega^e}[\partial]^{\mathrm{T}}([D][\partial][\widetilde{W}]-[M]\widetilde{P})N_i\mathrm{d}x\mathrm{d}y\mathrm{d}z=\iiint\limits_{\Omega^e}[G]N_i\mathrm{d}x\mathrm{d}y\mathrm{d}z \tag{2.3-57}$$

将式(2.3-57)具体化，整理得出单元结点位移和孔压表示的平衡方程空间离散代数方程组：

$$[K_e]\{\delta\}^e+[K_c]\{p\}^e=[R_f]^e \tag{2.3-58}$$

式中：$[K_e]$——单元刚度矩阵，$[K_e]=\iiint\limits_{\Omega^e}[B]^{\mathrm{T}}[D][B]\mathrm{d}x\mathrm{d}y\mathrm{d}z$；

$[K_c]$——单元耦合矩阵，$[K_c]=\iiint\limits_{\Omega^e}[B]^{\mathrm{T}}[M][\overline{N}]\mathrm{d}x\mathrm{d}y\mathrm{d}z$；

$[R_f]^e$——单元等效节点载荷矩阵，$[R_f]^e=\iiint\limits_{\Omega^e}[G^e]^{\mathrm{T}}\mathrm{d}x\mathrm{d}y\mathrm{d}z+\iint\limits_{\Gamma^e}[N^{\mathrm{T}}]\{F\}\mathrm{d}s$。

同理，渗流连续性方程式(2.3-56) Galerkin 变分方程为：

$$\iiint\limits_{\Omega^e}\left([M]^{\mathrm{T}}[\partial]\frac{\partial\widetilde{W}}{\partial t}-[M]^{\mathrm{T}}[\partial][K][M]\widetilde{P}\right)N_i\mathrm{d}x\mathrm{d}y\mathrm{d}z=\iiint\limits_{\Omega^e}[G]N_i\mathrm{d}x\mathrm{d}y\mathrm{d}z \tag{2.3-59}$$

将式(2.3-59)具体化，得出单元结点位移和孔压表示的渗流连续性方程空间半离散方程组：

$$[K_c]\{\dot{\delta}\}^c-[K_s]\{p\}^e=[R_q]^e,\{\dot{\delta}\}^e=\frac{\partial\{\delta\}^e}{\partial t} \tag{2.3-60}$$

式中：$[K_c]$——单元耦合矩阵，$[K_c]=\iiint\limits_{\Omega^e}[B]^{\mathrm{T}}[M][\overline{N}]\mathrm{d}x\mathrm{d}y\mathrm{d}z$；

$[K_s]$——单元渗流矩阵，$[K_s]=\iiint\limits_{\Omega^e}[B_s]^{\mathrm{T}}[K][B_s]\mathrm{d}x\mathrm{d}y\mathrm{d}z$；

$[R_q]^e$——单元等效节点流量矩阵，$[R_q]^e=\iint\limits_{\Gamma^e}[\overline{N}]V_n\mathrm{d}s$。

③耦合方程组的时域离散

方程组(2.3-60)含结点位移关于时间 t 的微分项 $\{\dot{\delta}\}^e$，还需要进一步对时间 t 域上离散，设 t_n 和 t_{n+1} 为时间域上两点，相应于 t_n 时刻的单元结点位移和孔压分别为 $\{\delta\}_n^e$ 和 $\{p\}_n^e$，时段 $\Delta t_n=t_{n+1}-t_n$ 内的单元结点位移和孔压增量分别为 $\{\Delta\delta\}^e$ 和 $\{\Delta p\}^e$，时刻 t_{n+1} 的结点位移和孔压表示为：

$$\begin{cases}\{\delta\}^{e}_{n+1}=\{\delta\}^{e}_{n}+\{\Delta\delta\}^{e}\\ \{p\}^{e}_{n+1}=\{p\}^{e}_{n}+\{\Delta p\}^{e}\end{cases} \tag{2.3-61}$$

由此将空间离散平衡方程组(2.3-58)写成增量形式，即：

$$[k_e]\{\Delta\delta\}^e+[k_c]\{\Delta p\}^e=[\Delta R_f]^e \tag{2.3-62}$$

将连续性方程组(2.3-60)两边关于 t 从 t_n 到 t_{n+1} 积分，即：

$$\int_{t_n}^{t_{n+1}}[k_c]\{\dot{\delta}\}^e dt-\int_{t_n}^{t_{n+1}}[k_s]\{p\}^e dt=\int_{t_n}^{t_{n+1}}[R_q]^e dt \tag{2.3-63}$$

利用积分近似计算式 $\int_{t_n}^{t_{n+1}}\{p\}^e dt\approx\Delta t(\{p\}^e_n+\theta\{\Delta p\}^e)$ 和 $\int_{t_n}^{t_{n+1}}[R_q]^e dt\approx\Delta t[R_q]^e$ 替代，从而上式变为：

$$[k_c]\{\Delta\delta\}^e-\theta\Delta t[k_s]\{\Delta p\}^e=[\Delta R_p]^e \tag{2.3-64}$$

$$[\Delta R_p]=\Delta t([R_q]^e+[k_s][p]^e_n)\ \frac{1}{2}<\theta<1$$

式(2.3-62)和式(2.3-63)为空间离散和时间离散后的可压缩土石混合体流—固耦合方程组，合并这两个方程组，即得有限元方程组：

$$[k][\Delta u]^e=[\Delta R]^e \tag{2.3-65}$$

式中：$[k]$ ——单元流—固耦合矩阵；

$[\Delta u]^e$ ——单元结点未知量增量列阵；

$[\Delta R]^e$ ——单元等效结点荷载、流量、重力和渗透力增量列阵。

$$[K_{ij}]=\begin{bmatrix}K_{eij} & K_{cij}\\ K_{cij} & -\theta\Delta t K_{ij}\end{bmatrix} \tag{2.3-66}$$

$$[\Delta U_i]=\begin{Bmatrix}\Delta W_{xi}\\ \Delta W_{yi}\\ \Delta W_{zi}\\ \Delta p_i\end{Bmatrix} \tag{2.3-67}$$

$$[\Delta R_i]=\begin{Bmatrix}\Delta R_{xi}\\ \Delta R_{yi}\\ \Delta R_{zi}\\ \Delta R_{pi}\end{Bmatrix} \tag{2.3-68}$$

用有限元法求解离散方程组(2.3-65)时，需要计算出单元流—固耦合矩阵 $[k]$ 和等效结点荷载、流量、重力和渗流增量列阵 $[\Delta R]^e$，再求解方程组(2.3-65)。

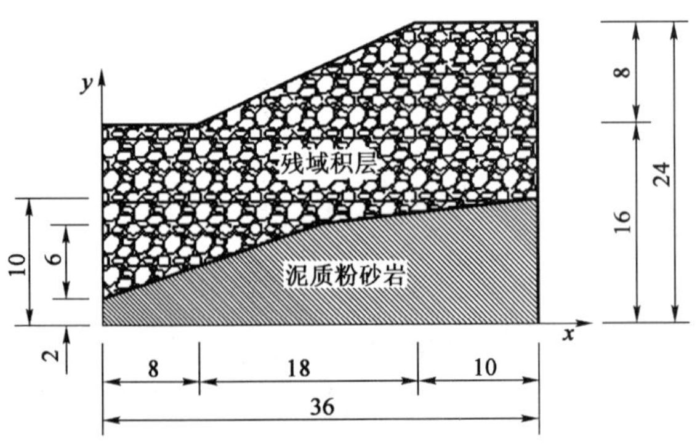

图 2.3-40　计算模型尺寸(尺寸单位:m)

3)数值分析模型及计算条件

(1)计算模型

计算所使用的坐标系垂直方向为 y 轴，水平方向为 x 轴，简化后的计算模型尺寸如图 2.3-40 所示。坡高 8m、水平距离 18m，水平方向上的计算范围为 2 倍坡宽(36m)，计算深度为 3 倍坡高(24m)。土层分为上下两层，上层系以第四系松散堆积物(Q^{dl+el})为主体的残坡积层,厚 12～16m,下层基岩系以中风化泥质粉砂岩为主体的上二迭系龙潭组(P_{21})煤系地层。在室内外试验及现场勘察资料的基础上,选取边坡岩土力学参数如表 2.3-3 所示。

岩土力学参数 表 2.3-3

试验内容	含水率 w (%)	湿密度 ρ (g/cm³)	干密度 ρ_d (g/cm³)	饱和度 S_r (%)	孔隙比 e	液限 w_L (%)	塑限 w_p (%)	液性指数 I_L
指标	21	1.73	1.43	62	0.94	58.2	28.5	−0.02
试验内容	塑性指数 I_p	渗透系数 K (cm/s)	最优含水率 w_{cp} (%)	最大干密度 ρ_{dmax} (g/cm³)	重度 G_s (kN/cm³)	凝聚力 c (kPa)	内摩擦角 φ (°)	压缩模量 E_s (kPa)
指标	29.7	4.2×10^{-3}	18	1.73	2.78	6.5	25.5	19 800

材料的本构模型采用 Mohr-Coulomb 弹塑性模型。由于所选取的边坡计算范围较大,可忽略圣维南效应对边坡稳定性分析的影响,并且,因边坡的变形和破坏主要发生在坡体的浅部,构造应力在长期的地质过程中已经消失殆尽,因此模型边界不考虑构造应力的作用,只考虑自重应力作用,边坡左右边界的地应力按静止土压力计算。计算模型所采用的位移边界条件:基底采用刚性边界,同时约束水平方向、竖直方向的位移;左右边界采用水平约束,约束水平方向的位移,只允许竖向沉降;地表边界为自由边界。渗流边界条件:模型两侧及底面假定为不透水边界;坡面为自由透水面。初始应力场为自重应力场,初始渗流场由钻孔地下水位资料选取,初始地下水位面取为基岩面。计算网格图见图 2.3-41,模型共划分为 72×48 个单元,73×49 个节点。为了便于分析边坡的应力、变形及速率发展趋势,沿坡面从坡肩到坡脚依次选取Ⅰ(17,48)、Ⅱ(17,44)、Ⅲ(17,40)、Ⅳ(17,36)四点作为观测点,并以各点竖直向下的剖面线作为观测线,监测边坡位移、速率及主应力发展变化情况。

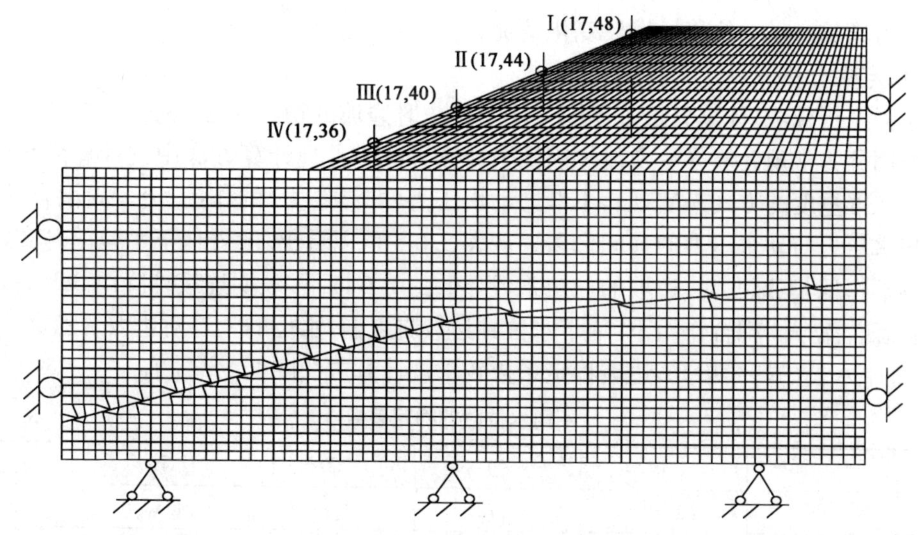

图 2.3-41 边坡剖面有限元网格划分

(2)模拟降雨过程

人工模拟降雨试验的监测数据显示,在降雨强度为 60mm/h,每降雨 2h,停雨 1h(实际降雨强度为40mm/h)的情况下,约50%的降雨量以地表径流的形式流失,实际的入渗强度为

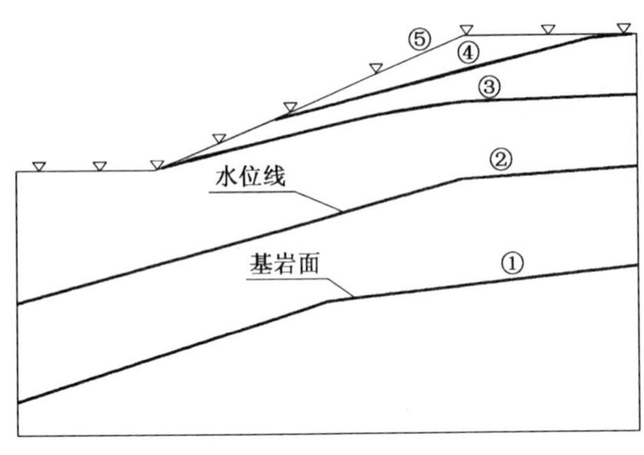

图 2.3-42　不同时刻地下水浸润面

20mm/h。根据现场试验监测数据，本数值分析中模拟的降雨强度为 40mm/h，入渗强度为 20mm/h，以基岩面为暂态地下水位面，忽略基岩的渗透性，在残坡积层天然密度及饱和密度已知的情况下，容易算出浸润面每上升 1m 需降雨 9h。地下水位位置参考 Hoek 和 Bray (1981 年)边坡水位工况图，共分为 5 种工况，如图 2.3-42 所示。其中，工况①为基岩面(不透水面)，即初始地下水位面，作为初始状态，工况⑤为完全饱和状态。不同工况对应的降雨强度及降雨持时见表 2.3-4。

不同工况时的降雨强度及降雨持时　　表 2.3-4

工　况	①	②	③	④	⑤
水位升距(m)	0	6	10	12	14
降雨持时(h)	0	12	20	24	28
累计降雨量(mm)	0	480	800	960	1 120
累计入渗量(mm)	0	240	400	480	560

4)模拟计算结果分析

随着降雨的持续进行，边坡地下水位逐渐升高，模拟分析不同工况时，残坡积层边坡在渗流场与应力场的相互作用下的边坡位移及应力的发展趋势，探寻残坡积层边坡失稳的流—固耦合作用机理。根据流—固耦合的计算原理及上述计算模型，首先模拟边坡的自重应力场和初始渗流场，将历史位移初始化为零，再计算分析不同水位时流—固耦合作用下，边坡的稳定性能及应力场、渗流场、位移场发展变化情况。

(1)稳定性分析

基于强度折减法，计算分析了不同工况(水位)时边坡的稳定系数，见表 2.3-5。关于边坡中水的作用分为常规计算方法及流—固耦合计算方法。常规计算方法中仅计算静水压力(通过对材料取浮重度的方式来实现)，不考虑动水压力(即渗透力)的作用；流—固耦合计算方式则考虑静水压力与动水压力的共同作用。从表 2.3-5 可以看出，随着地下水位的升高，边坡稳定系数逐渐降低，工况⑤时，边坡的稳定系数降低到 1.0 以下，表明连续性降雨 28h 后，边坡达到失稳状态。流—固耦合作用下，地下水位到达坡脚之前，水位的上升对边坡的稳定性没有影响，随着地下水位的持续抬升，边坡稳定系数较常规计算方法降低 5%左右。

不同水位时的稳定系数　　表 2.3-5

工　况	①	②	③	④	⑤
常规	1.72	1.72	1.37	1.07	0.94
流—固耦合	1.72	1.72	1.31	1.02	0.89

(2)应力场分析

通过对流—固耦合作用下残坡积层边坡应力场的数值模拟，得到最大不平衡力的历程曲线、初始状态及完全饱和状态时的最大剪应变增量、完全饱和状态时的塑性区分布及最大主应力分布，如图 2.3-43～图 2.3-47 所示。

从流—固耦合作用下边坡最大不平衡力的演化历程曲线(图 2.3-43)，计算初始阶段，首先达到初始应力场的平衡，随后引入渗流场，每一个渗流循环后跟着足够的力学循环，在不同的计算时步内交替进行渗流场和应力场分析，如此反复迭代，直至相邻两次渗流场和应力场求解结果的差值都满足精度要求(即收敛)为止。

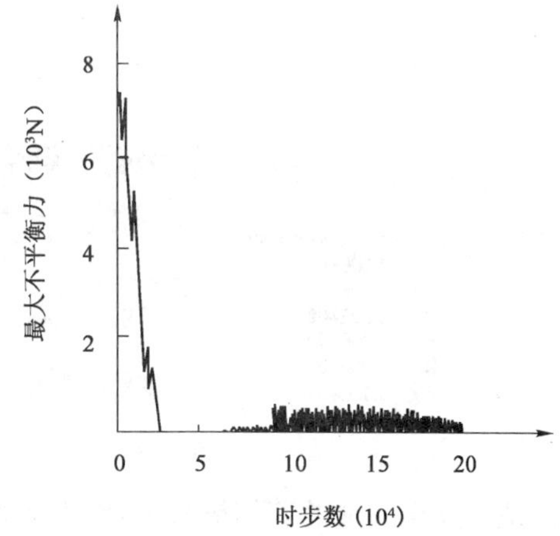

图 2.3-43　流—回耦合作用下边坡最大不平衡力的历程曲线

对比分析初始状态(工况①)及完全饱和状态(工况⑤)时的最大剪应变增量变化图(图 2.3-44 与图 2.3-45)，可以发现初始状态时，仅在坡脚附近形成了剪应变集中，没有形成剪切滑移带，表明边坡处于稳定状态；完全饱和状态时，从坡肩到坡

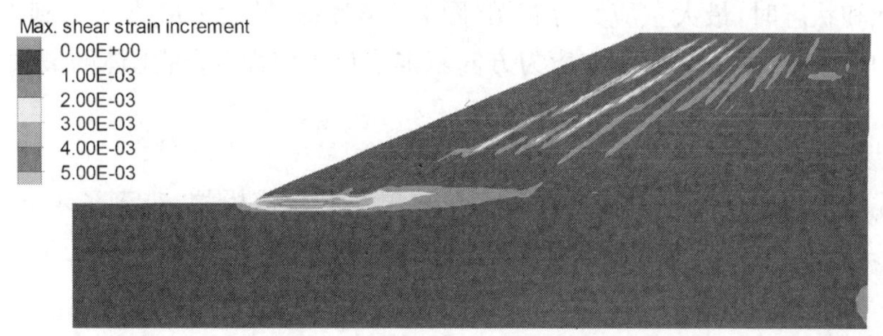

图 2.3-44　初始状态最大剪应变增量分布(m)

图 2.3-45　完全饱和状态时，最大剪应变增量(mm)

图 2.3-46　完全饱和状态时，塑性区分布图

图 2.3-47　完全饱和状态时，最大主应力云图(Pa)

脚形成了完全贯通的剪切滑移带，滑面形状近似圆弧状，边坡进入失稳状态。

图 2.3-46 为完全饱和状态迭代计算结束后，塑性区分布图。从图中可以看出，边坡塑性区主要分布于滑动体内，以剪切破坏为主，中间零星分布有拉应力区，边坡已处于不稳定状态。

从完全饱和状态时，最大主应力分布图(图 2.3-47)看，最大主应力从上到下逐渐增大，在渗透力的影响下，地表附近的最大主应力方向基本平行于坡面，深部土体的最大主应力方向以铅直向为主。

(3)渗流场分析

经过对残坡积层边坡流—固耦合作用下的渗流场的数值模拟，得到了不同水位时的孔隙水压力分布、完全饱和状态时渗流场矢量场及水头分布图(图 2.3-48～图 2.3-50)。

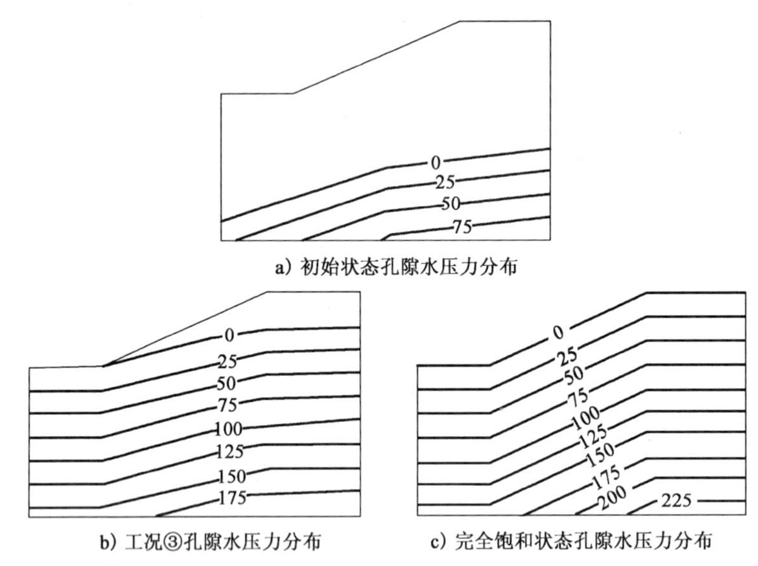

图 2.3-48　不同水位时，孔隙水压力变化图(10^5Pa)

图 2.3-48 给出了不同水位时，孔隙水压力分布，图中孔隙水压力等于零处即是浸润线位置。可以看出，随着降雨的持续，浸润线逐渐升高，坡内孔隙水压力逐渐升高，更加不利于边坡的稳定。

从完全饱和状态时，渗流场矢量图(图 2.3-49)可以看出，坡肩土体以向下运动为主，从坡肩到坡脚逐渐转化为向坡外移动的趋势，渗流速度也逐渐加大，并在坡脚处形成出水口。由渗流的方向可以看出，因渗流产生的渗透动水压力增大了边坡的下滑力，降低了安全系数，这一

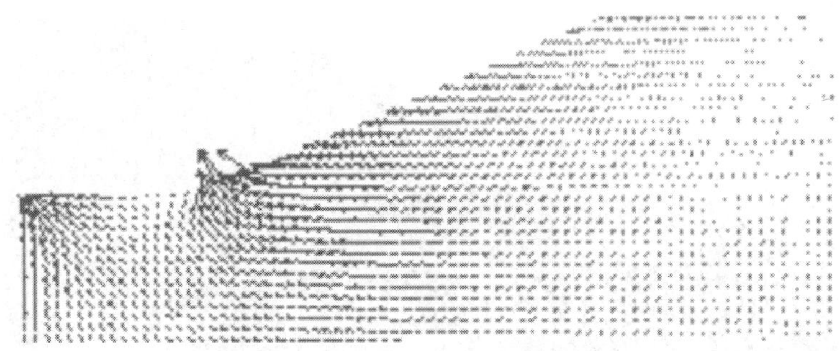

图 2.3-49　完全饱和状态时，渗流矢量场

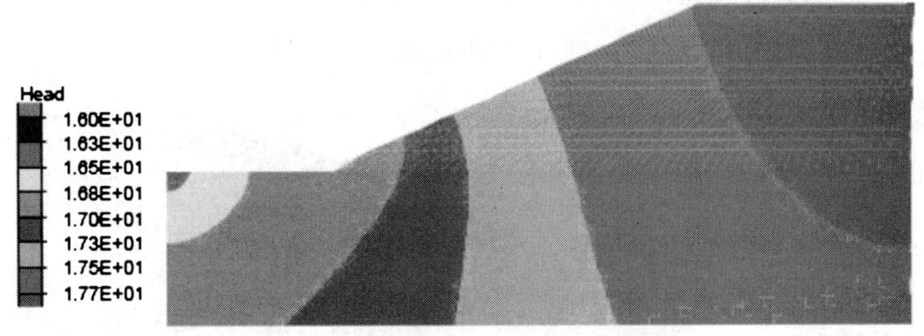

图 2.3-50　完全饱和状态时，水头分布图(m)

点也由边坡的稳定性分析中得到了验证。

图 2.3-50 给出了完全饱和状态(工况⑤)时，水头分布图，以边坡左上角处水头值最大，为 1.77m，边坡土体的渗流方向即为由高水头流向低水头。

(4)位移场分析

流—固耦合作用下，不同工况时，残坡积层边坡坡体、监测点及观测线的位移、速率变化情况分别如图 2.3-51～图 4.3-54 所示。

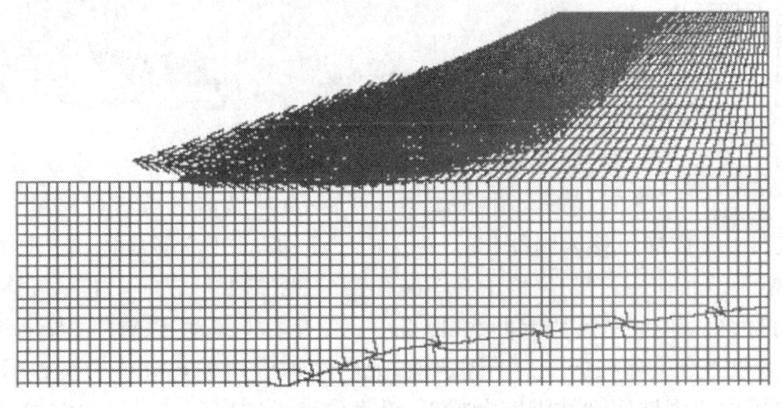

图 2.3-51　完全饱和状态时，位移矢量图

由完全饱和状态时，滑坡的位移矢量图(图 2.3-51)可见，滑体形状清晰可辨，位移量以坡脚处最大，坡肩土体以向下运动为主，从坡肩到坡脚逐渐转化为向坡外移动的趋势，最大位移量为 56mm。速率矢量图(图 2.3-52)的性质和方向与位移矢量图基本一致，最大速率为 0.001 26mm/s，塑性区分布图的形状也与位移、速率矢量图的形状基本一致。

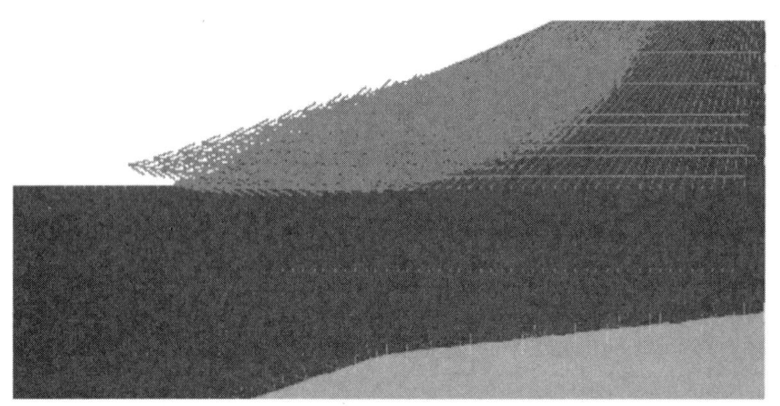

图 2.3-52　完全饱和状态时，速率矢量图

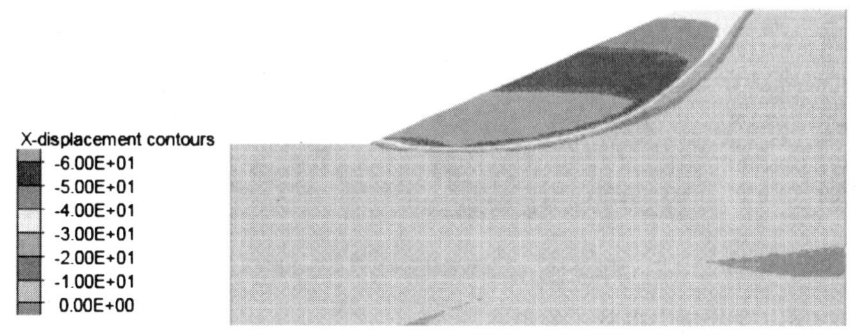

图 2.3-53　完全饱和状态时，x 方向位移云图(mm)

图 2.3-54　完全饱和状态时，y 方向位移云图(mm)

完全饱和状态时，x 方向位移云图(图 2.3-53)显示，从坡肩到坡脚位移量逐渐加大，方向为水平指向坡外。y 方向位移云图(图 2.3-54)显示，以坡肩处位移最大，方向为铅直向下；边坡中下部，因挤压鼓胀作用，y 向位移量逐渐减小，并在坡脚处形成向上的正位移。

从工况④时，x、y 位移全程跟踪曲线(图 2.3-55、图 2.3-56)可以看出，当计算迭代至 2 200 步时，水平位移和铅直位移趋近于某一固定值，说明边坡经过变形和应力调整后，又重新达到稳定状态。水平位移由坡肩到坡脚依次减小，铅直位移由坡肩到坡脚依次增加。

从完全饱和状态(工况⑤)时，x、y 位移全程跟踪曲线(图 2.3-57、图 2.3-58)可以发现，坡面各监测点的水平位移及铅直位移持续不断增大，并且没有稳定的趋势，表明边坡已有失稳的可能。稳定性分析结果显示，此时的稳定系数为 0.89。

对比分析图 2.3-59 及图 2.3-60 可以看出，工况④时跟踪点 I(17,48)x 方向及 y 方向的速率经过一段时间振荡变化后，最后趋于零，这与水平位移趋于某一固定值是相对应的，说明边坡经过变形和应力调整后，又重新达到稳定状态；工况⑤时跟踪点 I(17,48)x 方向及 y 方向的速率，一直在变化中，并不断增大，而没有趋于零的趋势，表明此时边坡已经失稳。

由不同水位时坡面各点的水平位移及铅直位移变化图（图 2.3-61、图 4.3-62）可以看出，随着地下水位的升高坡面各点的位移量逐渐加大，并且水平位移量由坡肩到坡脚逐渐加大，铅

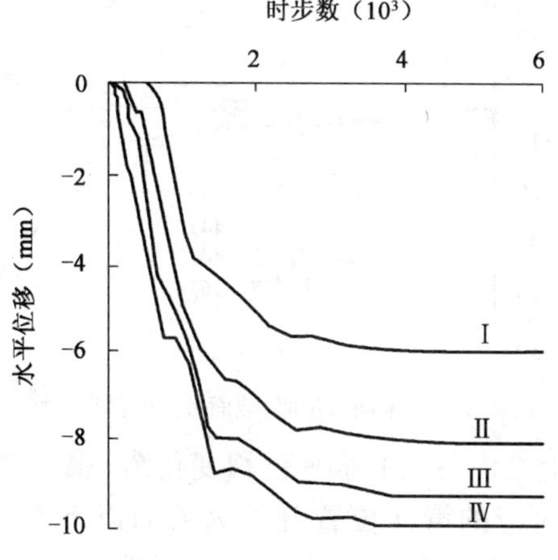

图 2.3-55　工况④时，x 位移全程跟踪曲线

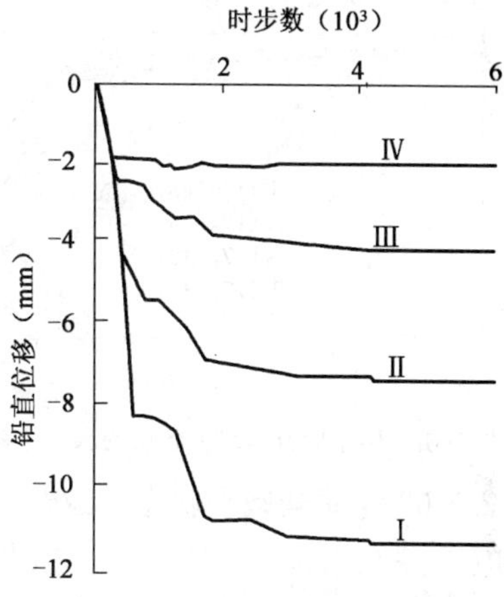

图 2.3-56　工况④时，y 位移全程跟踪曲线

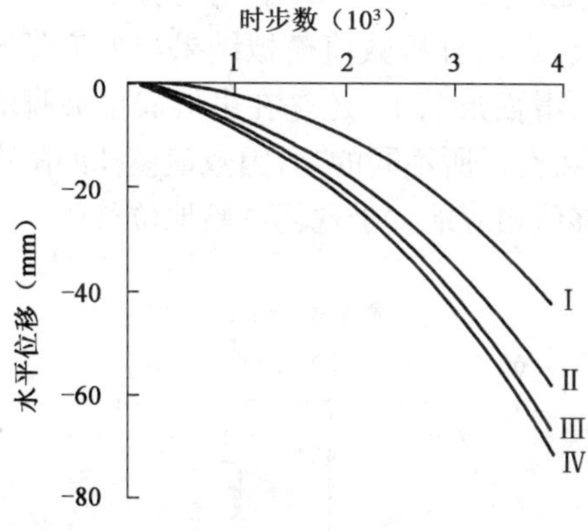

图 2.3-57　工况⑤时，x 位移全程跟踪曲线

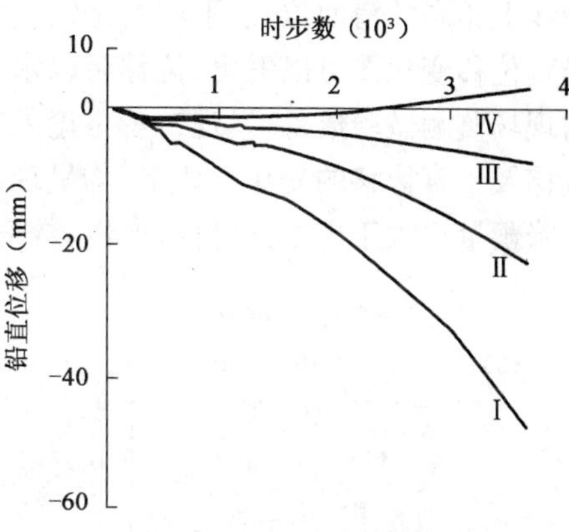

图 2.3-58　工况⑤时，y 位移全程跟踪曲线

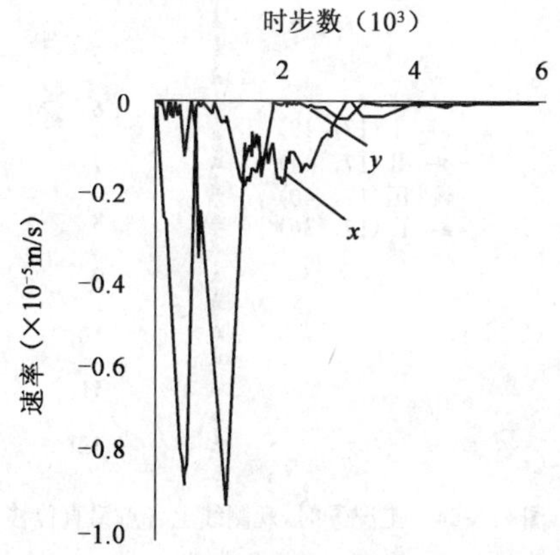

图 2.3-59　工况④时，点 I(17,48)速率历程曲线

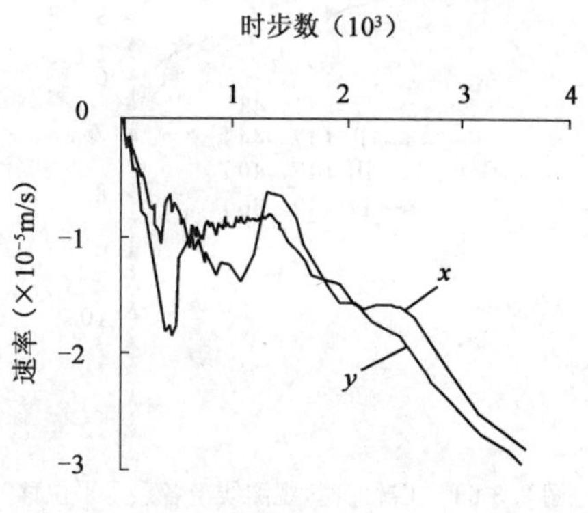

图 2.3-60　工况⑤时，点 I(17,48)速率历程曲线

直位移量由坡肩到坡脚逐渐减小，因坡脚受到推挤，位移有向上鼓胀抬升的趋势。由工况①到工况④位移量发展缓慢，当水位到达工况⑤时，水平位移激增。边坡的稳定性分析结果也表明，由工况④到工况⑤，正是边坡从稳定到失稳的转折点。

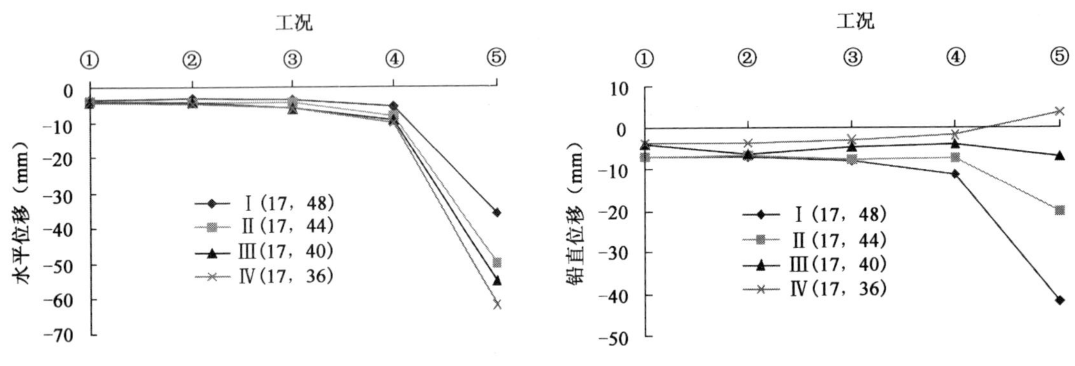

图 2.3-61　不同水位时，坡面各点的水平位移

图 2.3-62　不同水位时，坡面各点的铅直位移

图 2.3-63 为完全饱和状态（工况⑤）时，观测线上坡内各点的水平位移变化图。图中拐点位置对应于潜在滑动面部位，Ⅰ、Ⅱ、Ⅲ、Ⅳ观测点对应的滑面位置分别为坡面以下 6.5m、6.0m、5.0m、3.5m，由坡肩到坡脚滑面深度逐渐减小。最大水平位移发生在坡脚距坡面 1m 处，达到 55mm。由工况⑤时观测线上坡内各点的铅直位移变化图（图 2.3-64）上可以得到各观测线上相同的滑面位置，不同的是铅直位移以坡肩处最大，达到 33mm。对比分析水平位移与铅直位移变化图可以看出，位移量以水平位移为主。对比分析数值模拟结果与人工降雨致滑的现场监测试验成果，发现二者不论是在滑面深度、滑面形状上，还是在由坡肩至坡脚的水平位移及铅直位移的变化规律上，均呈现出较好的一致性。所不同的是，因数值模拟的降雨面积及降雨量均大于现场试验值，所以，数值模拟的位移值相应地大于现场试验地位移值。

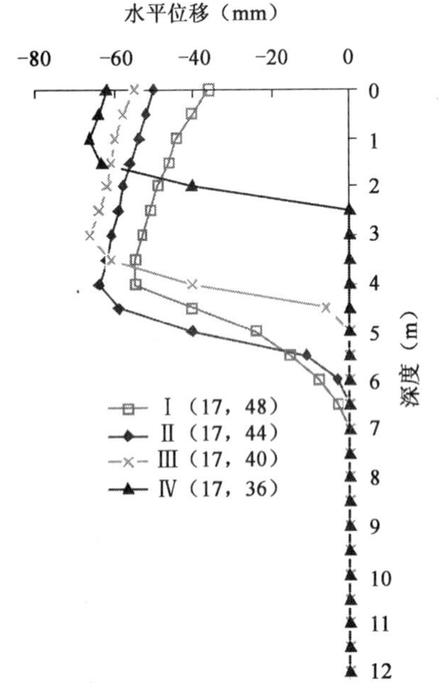

图 2.3-63　工况⑤时，观测线上各点水平位移随深度的变化曲线

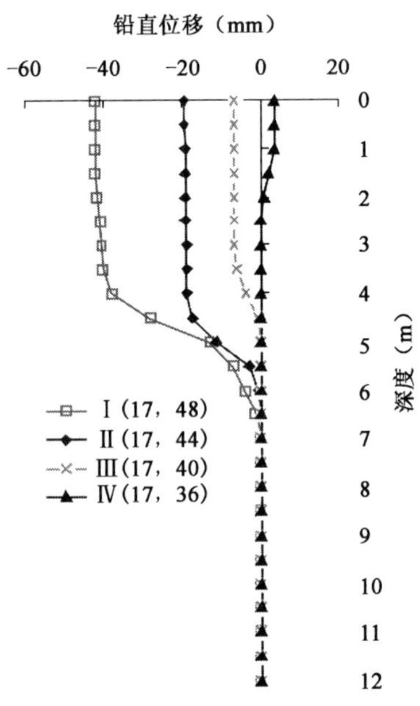

图 2.3-64　工况⑤时，观测线上各点铅直位移随深度的变化曲线

2.4　机械开挖诱发滑坡的现场模拟试验

2.4.1　目的及实施内容

自然边坡是经长期地质时期的改造作用而处于相对稳定状态。开挖打破了这种相对平衡状态，造成边坡岩体向临空面方向发生卸荷回弹变形，变形的进一步加大，就会引起滑坡，这是公路滑坡的重要触发因素之一。本试验的目的及内容如下：

(1)在开挖临空的情况下，求取边坡滑动的 V_{cr}(判据)值。

(2)通过准确的滑动面抗剪强度反演，求取滑坡 c、φ 值。

(3)为依托工程设计提供依据。

(4)为课题的监测预报技术研究提供依据。

2005 年 4 月，试验开始。实施过程和内容如下。

2.4.2　试验设计

地点：在人工降雨试验区的左侧 10m。

面积：10m×10m。

监测内容：坡体深部位移、坡面裂隙。

仪器：美产 Sinco 测斜仪(与降雨试验相同)。

监测断面：2 个(图 2.4-1)。

监测点：6 个(图 2.4-2)。

监测频率：6h/次。

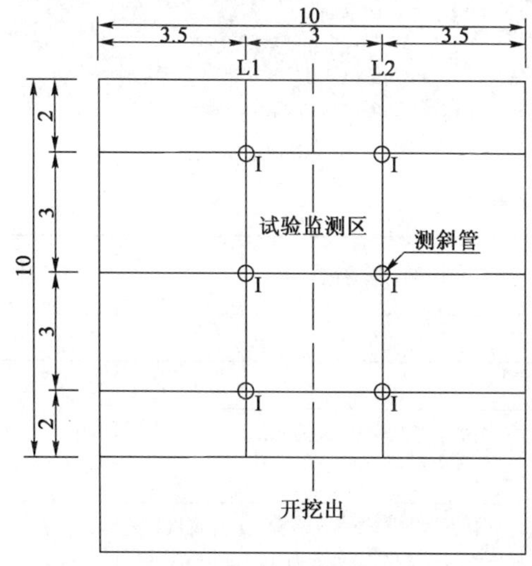

图 2.4-1　监测点平面布置图(尺寸单位：m)

图 2.4-2　开挖试验测点布置

2.4.3　开挖顺序

设置好测斜管及地表位移监测点后，为使测斜管与周围土体达到平衡稳定，需静置一个星期左右。考虑到机械开挖的危险性，本次试验采用挖掘机进行开挖(图 2.4-3)。开挖顺序如图 2.4-4 所示，由第①块土体到第④块土体依次进行，直到边坡滑塌为止。每天 13:30～14:00

点实施开挖，开挖深度为 2m。监测频率为每天 4 次，每隔 6h 测读一次，测读时间为每天的 4:00、10:00、16:00 和 22:00，临滑前增加测读次数。

图 2.4-3　机械开挖

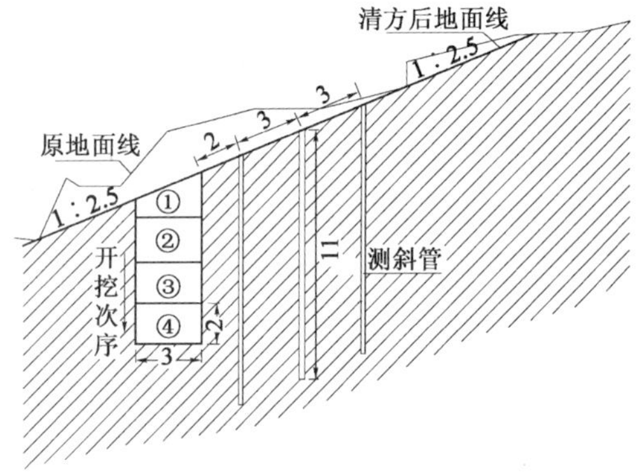

图 2.4-4　L1 断面的开挖顺序（尺寸单位：m）

2.4.4　滑坡发展过程

钻孔、埋管之后一周，测斜管与周围土体达到平衡稳定，测量各测斜管的初值。之后实施分级开挖，坡体逐步变形破坏（图 2.4-5、图 2.4-6）。整个历程如表 2.4-1 所示。

图 2.4-5　滑坡完全变形破坏

图 2.4-6　滑坡前缘错开裂隙

滑 坡 历 程 表　　　　表 2.4-1

序　列	时间（2005 年 4 月）		事 件 描 述	备　注
1	16 日	13:30～14:00	首次开挖	
2	17 日	13:30～14:00	继续开挖	
		16:30	发现滑坡后缘裂隙，宽 1～3mm，长 6m	
3	18 日	13:30～14:00	继续开挖	
		22:00	发现横跨临空面的边坡前缘错开裂隙，错开宽度5～8mm，长 9m，如图 2.4-5 和图 2.4-6 所示	
4	19 日	10:00	ZK6 号测斜管在 4m 处受挤压变形错位，探头受阻，无法监测	
		16:00	ZK3 号孔变形错位，无法监测	
		22:00	ZK2 号孔变形错位，无法监测	
5	20 日	4:00	ZK4 号孔变形错位，无法监测	
		10:00	ZK1 和 ZK5 号孔发生完全滑动	

2.4.5 试验成果分析

将各孔的测斜数据整理分析，并绘制成图。绘制各测斜孔的顺坡向累计位移与孔深关系曲线、横坡向累计位移与孔深关系曲线及累计合位移与孔深关系曲线，各钻孔的水平位移曲线如图 2.4-7～图 2.4-24 所示。从图 2.4-7～图 2.4-24 可以看出，各钻孔位移以顺坡向为主，各监测孔均有一个明显的滑面位置，试验监测到的 ZK1～ZK6 处滑动面位置分别为 3.5m、3.5m、4m、4m、4m 和 4m；从图中还可以看出，位移变形区基本上发生在地表以下 0～4m 的范围内，位移随深度的增加而减小，坡面变形最大。其中 ZK1 管口变化情况为顺坡向最大位移达到 32.94mm，横坡向最大位移为 13.73mm，方向为边坡的右侧，最大累计合位移为 35.69mm，方向为边坡的右下方 22.63°。

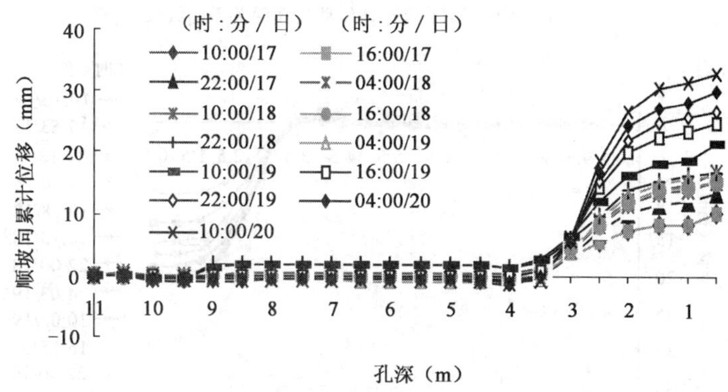

图 2.4-7　ZK1 顺坡向累计位移与孔深关系曲线

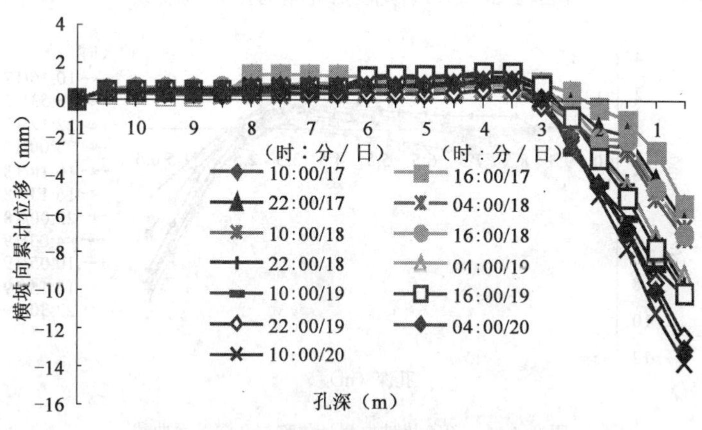

图 2.4-8　ZK1 横坡向累计位移与孔深关系曲线

图 2.4-25 为 ZK1 的位移特征点位移—开挖深度—时间关系曲线。从图中可以看出，随着开挖深度的增加，测斜管位移逐渐加大，19 日 4:00 之后位移发展速度明显加大，0.5m 处的平均位移速率达到了 0.552mm/h。从图中还可以看出，此种变形为从表到里逐渐减小的松弛型变形，0.5m 处的位移基本相当于 2.5m 处位移的 2 倍，而 5m 处基本没有位移，数值上的微小变化只是由测量误差引起的。

图 2.4-26 为各测点最后一次测量的累计合位移与孔深关系曲线。从图中可以看出，各测点的变形区基本上发生在 0～4m 的范围内，变形由坡表到内部逐渐减小，各测斜管监测到的

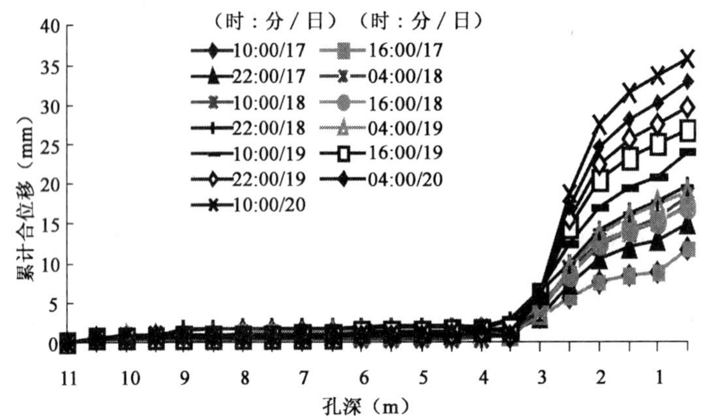

图 2.4-9　ZK1 累计合位移与孔深关系曲线

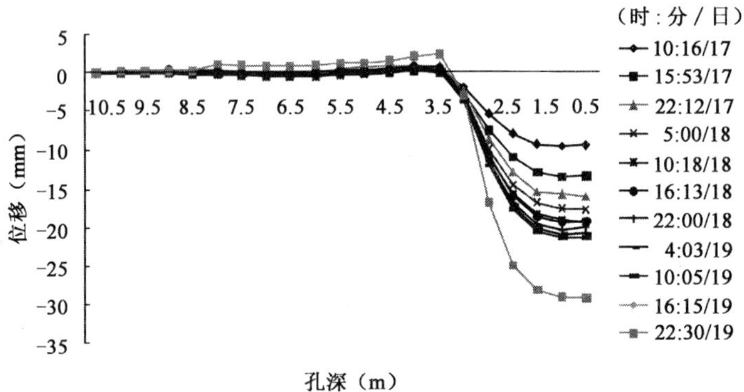

图 2.4-10　ZK2 顺坡向累计位移与孔深关系曲线

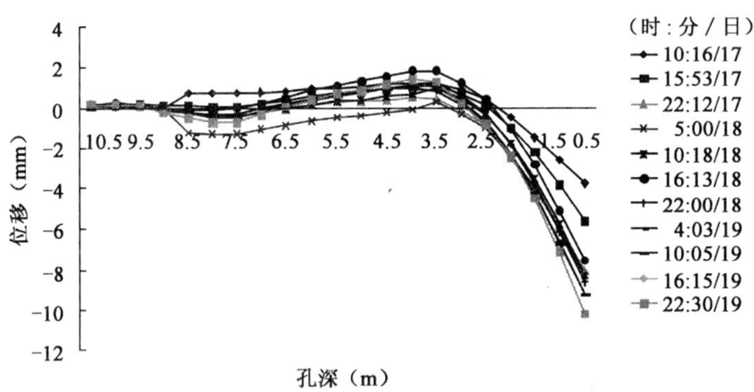

图 2.4-11　ZK2 横坡向累计位移与孔深关系曲线

最大位移分别为 35.39mm、31.01mm、35.47mm、71.63mm、74.75mm 和 87.02mm。图 2.4-27为各测点管口的累计合计位移—开挖深度—时间关系曲线。从图中可以看出，随着开挖深度的增加，土体移逐渐加大，并且越接近临空面处的土体位移越大，例如 19 日 4:00 时，ZK1～ZK6 管口处的位移分别为 18.83mm、22.91mm、34.18mm、39.95mm、44.16mm 和 87.02mm。图 2.4-28 为 ZK1 特征点位移速率—开挖深度—时间关系曲线。

测斜监测的深度为从测斜管管口至边坡内部 11m，所监测的滑面深度也是由管口记起到滑面处的距离，而管口距坡面也有一定的距离。实际的滑面深度应当减去测斜管露出地面的

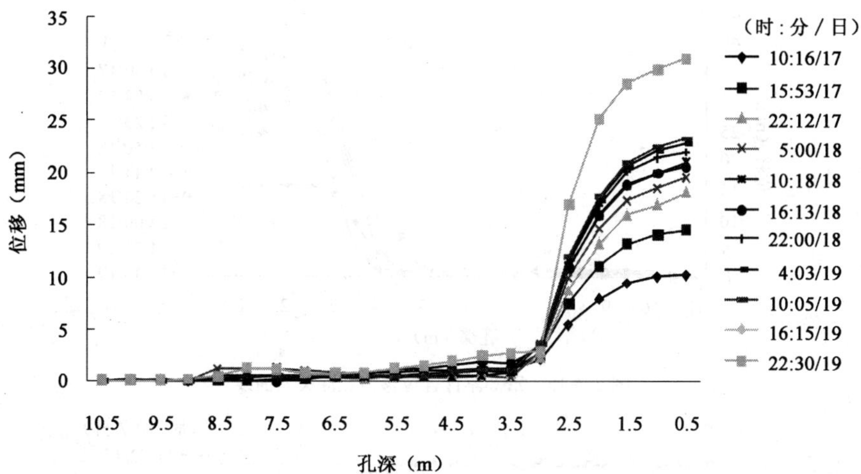

图 2.4-12　ZK2 累计合位移与孔深关系曲线

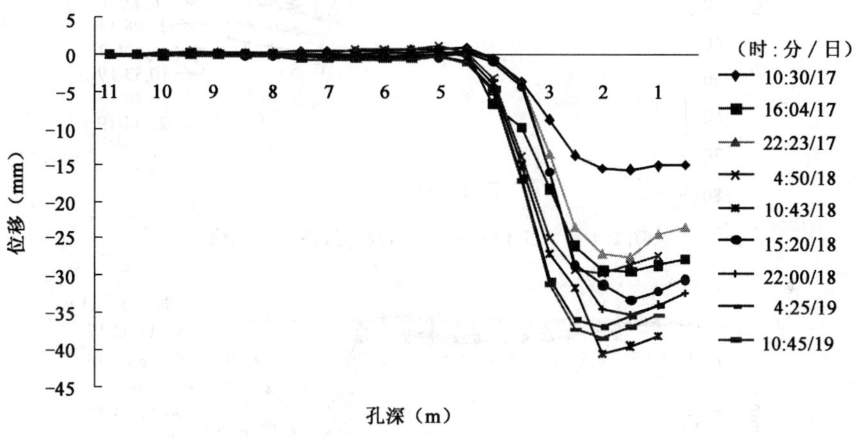

图 2.4-13　ZK3 顺坡向累计位移与孔深关系曲线

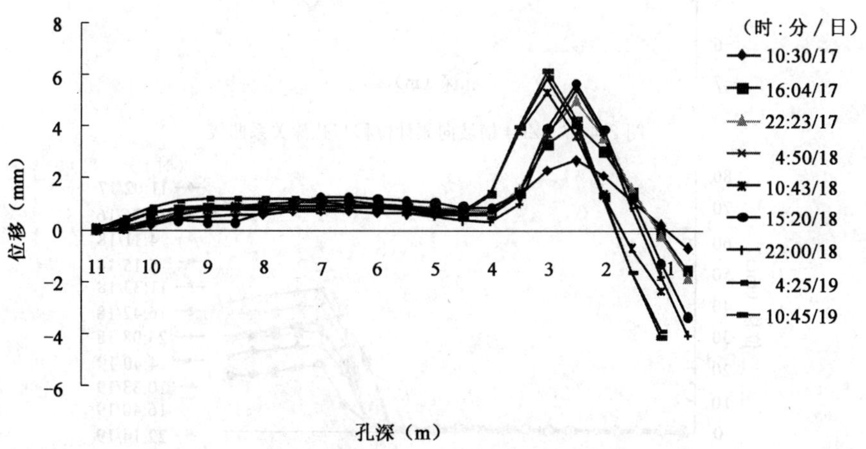

图 2.4-14　ZK3 横坡向累计位移与孔深关系曲线

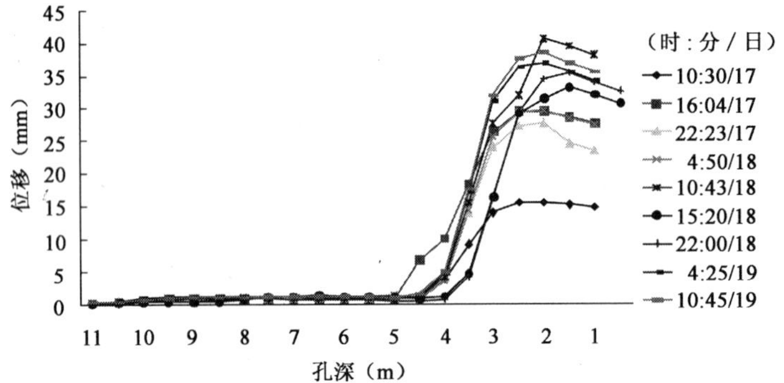

图 2.4-15　ZK3 累计合位移与孔深关系曲线

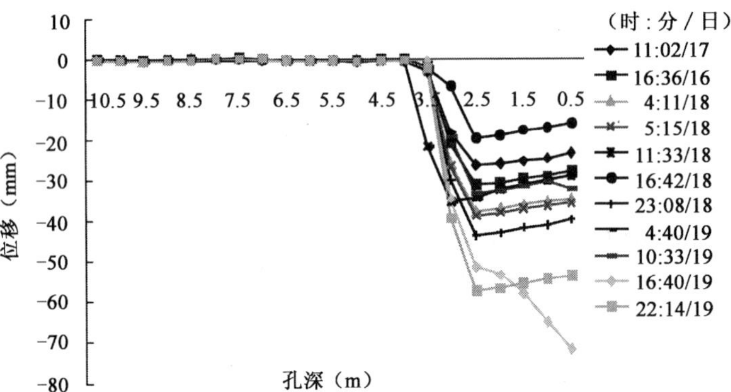

图 2.4-16　ZK4 顺坡向累计位移与孔深关系曲线

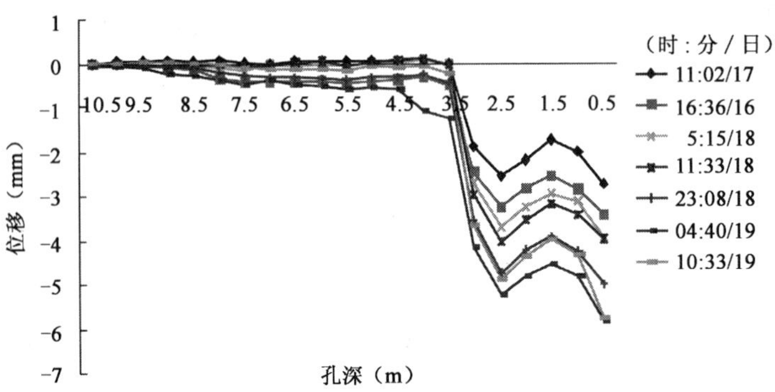

图 2.4-17　ZK4 横坡向累计位移与孔深关系曲线

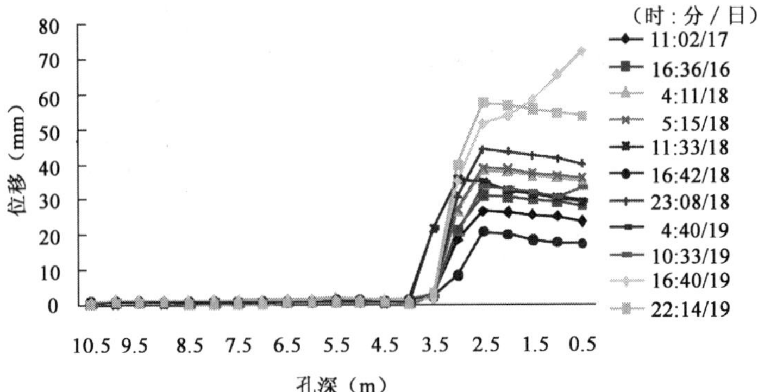

图 2.4-18　ZK4 累计合位移与孔深关系曲线

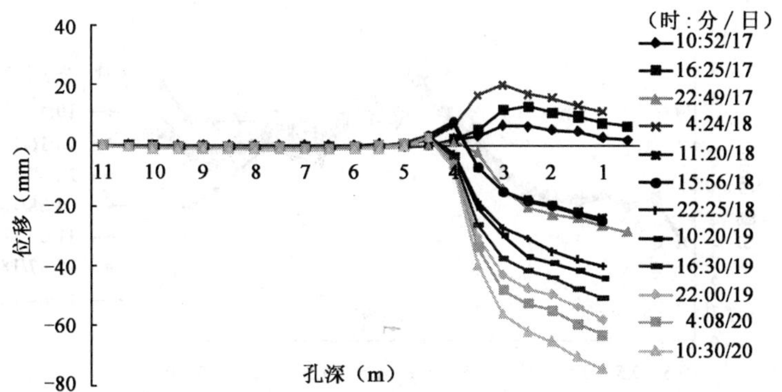

图 2.4-19 ZK5 顺坡向累计位移与孔深关系曲线

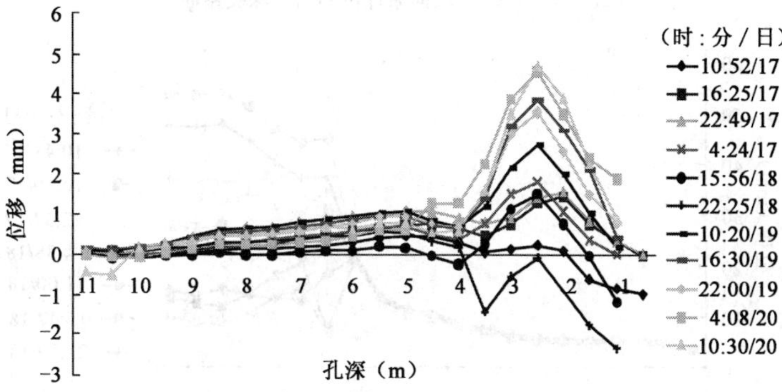

图 2.4-20 ZK5 横坡向累计位移与孔深关系曲线

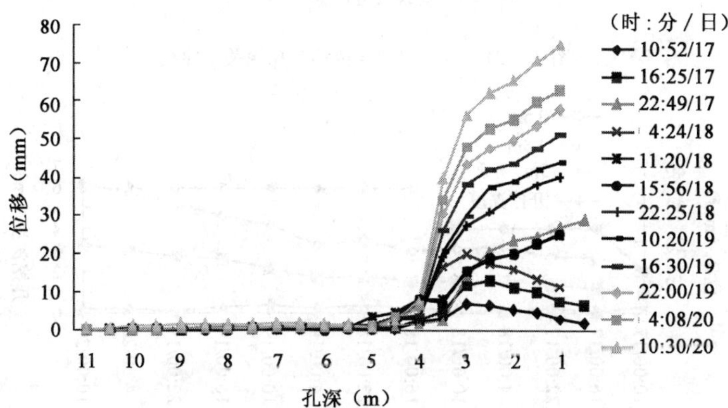

图 2.4-21 ZK5 累计合位移与孔深关系曲线

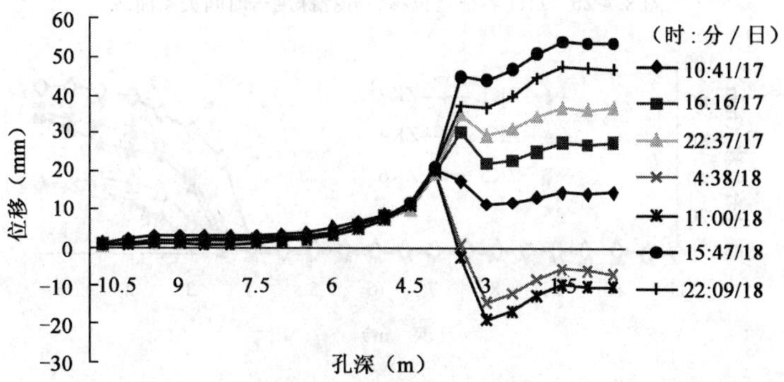

图 2.4-22 ZK6 顺坡向累计位移与孔深关系曲线

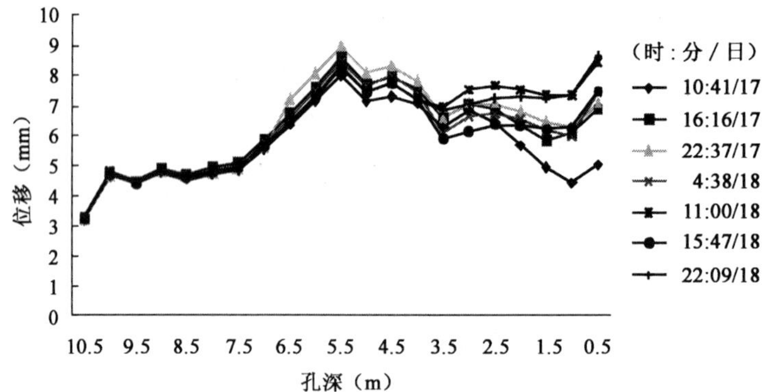

图 2.4-23　ZK6 横坡向累计位移与孔深关系曲线

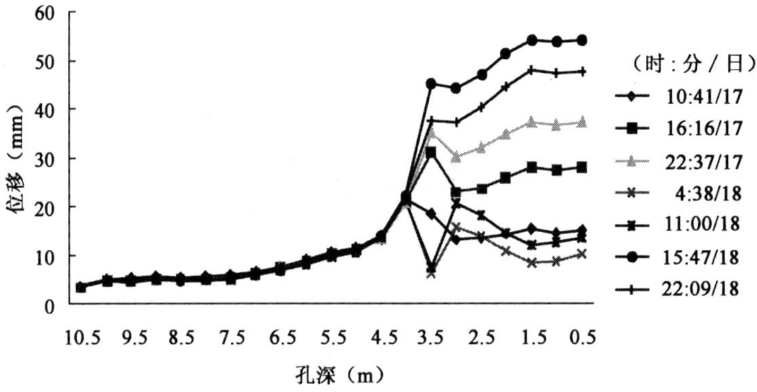

图 2.4-24　ZK6 累计合位移与孔深关系曲线

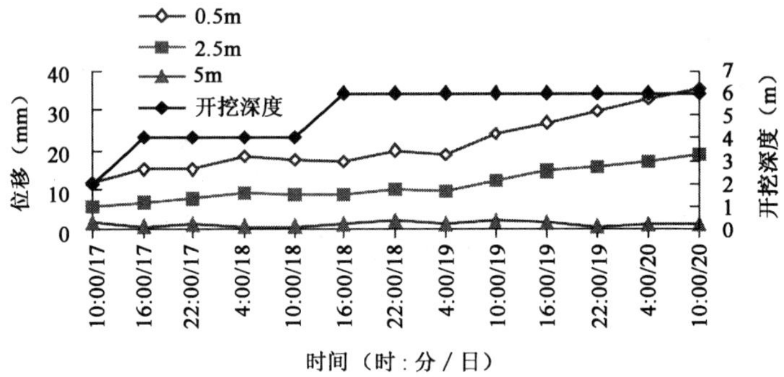

图 2.4-25　ZK1 特征点位移—开挖深度—时间关系曲线

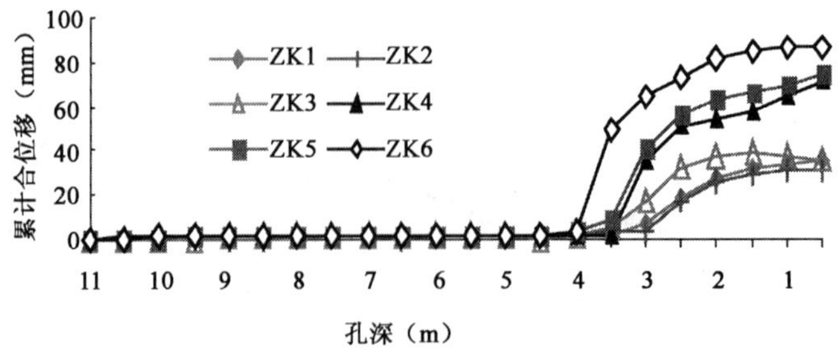

图 2.4-26　各测点最终的累计位移与孔深关系曲线

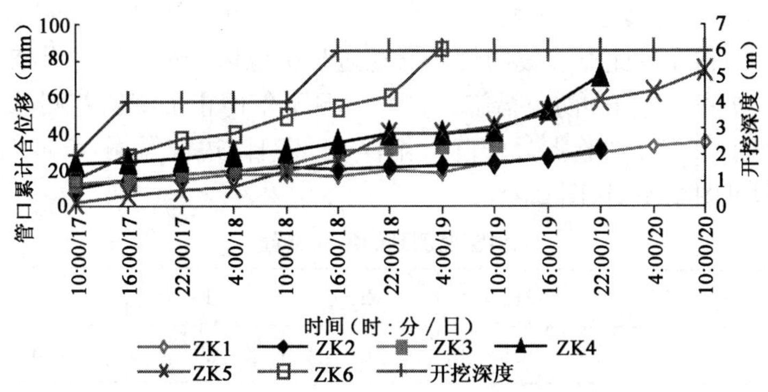

图 2.4-27　各测点管口的累计位移—开挖深度—时间关系曲线

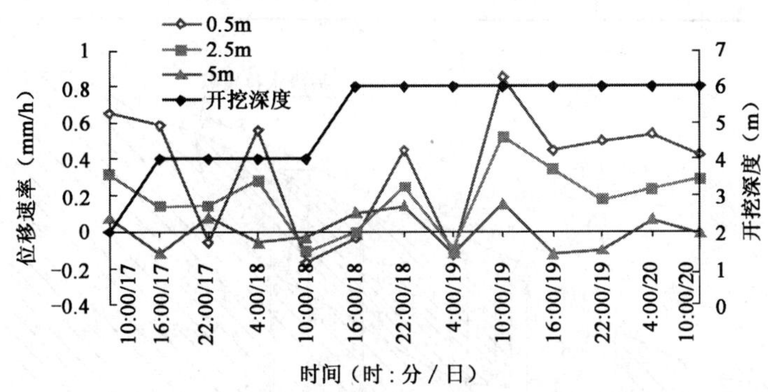

图 2.4-28　ZK1 特征点位移速率—开挖深度—时间关系曲线

部分。各测斜管监测到的滑面深度列于表 2.4-2。将测斜监测到的滑面位置同滑坡前缘错开裂隙和后缘张拉裂隙结合起来即可确定滑面位置，L1、L2 滑面位置及形状如图 2.4-29、图 2.4-30 所示。从图 2.4-29、图 2.4-30 可以看出，堆积层滑坡的滑动面很浅，滑动面深度均在地表以下 3～4m 的范围内，属浅层滑坡；从图中还可以看出，滑动变形区的纵向坡面距离大致相当于边

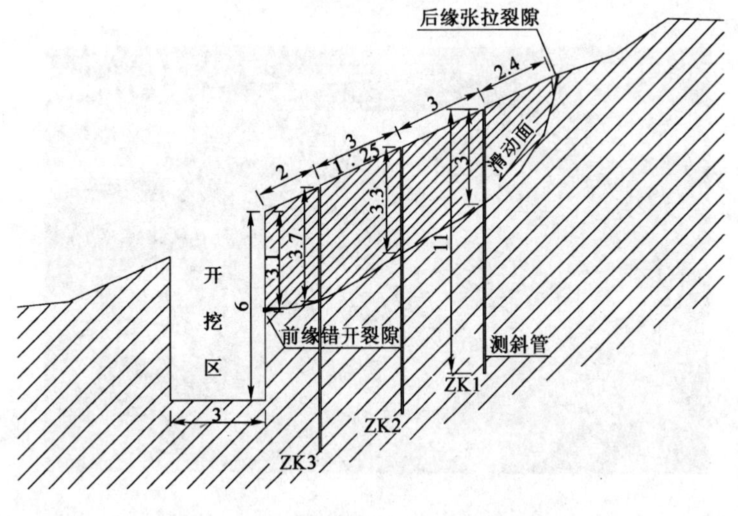

图 2.4-29　L1 断面滑动面位置(尺寸单位:m)

坡前缘临空面的横向宽度，滑动变形区的坡面形状近似半圆形，滑动变形区的三维空间形状近似簸箕形；滑坡前缘的错开裂隙均在坡面之下 3m 左右处，也就是说，此类边坡临空高度超过 3m 时可能引起滑坡，在今后此类边坡的切坡开挖过程中应以 3m 作为警界临空高度，临空高度超过 3m 的边坡应采取适当的防范措施。4 月 20 日下午停止了测斜监测，试验区不再用彩条布覆盖。4 月 23 日、24 日试验点处连降大雨；4 月 25 日，边坡滑塌，滑坡前缘开挖槽被掩埋，测斜管被折断，见图 2.4-31、图 2.4-32。

测斜管监测到的滑面位置 表 2.4-2

钻 孔 标 号	ZK1	ZK2	ZK3	ZK4	ZK5	ZK6
滑面距管口距离(m)	3.5	3.5	4.0	4.0	4.0	4.0
管口距坡面距离(m)	0.5	0.2	0.3	0.2	0.2	0.3
滑面距坡面距离(m)	3.0	3.3	3.7	3.8	3.8	3.7

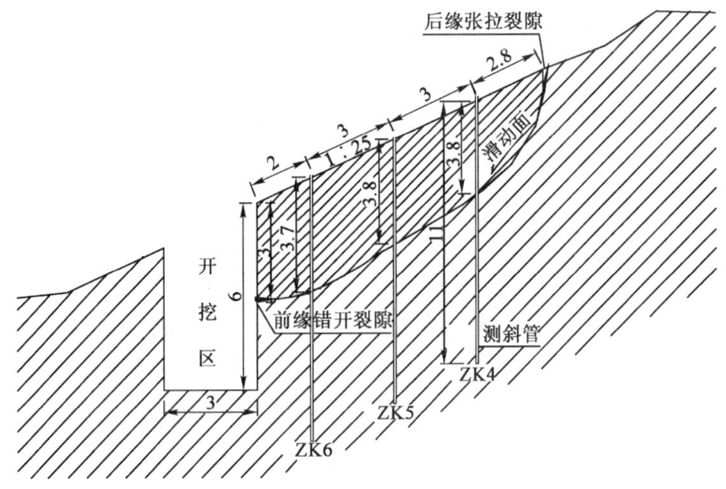

图 2.4-30 L2 断面滑动面位置(尺寸单位:m)

图 2.4-31 滑塌后的图(一)

图 2.4-32　滑塌后的图(二)

2.5 主要结论

在镇宁至胜境关高速公路，成功进行了边坡的人工降雨及开挖致滑的现场模拟试验，通过对监测数据的处理分析，运用 FLAC 流—固耦合计算模型，分析动水压力对边坡稳定性的影响。采用预测模型计算程序，并对滑坡进行了检验性预测预报研究，取得了以下成果：

(1)完成的五种工况(水位)的数值模拟分析，所得结果规律性良好，清晰合理地模拟了应力场、渗流场、位移场发展变化情况，并且与人工降雨致滑的现场监测成果基本相符。

(2)边坡在动水压力作用下，其稳定系数比常规情况降低 6%左右。

(3)降雨型滑坡的机理为：降雨使土体的含水率增加，并向坡脚汇集，大大降低了滑面的抗剪强度，同时在静水压力与动水压力作用下，触发了滑坡。开挖诱发滑坡的机理为：自然的山体在长期的各种营力作用下保持一定程度的平衡，由于开挖临空，打破了这种平衡，应力随之进行重分布。如果岩体抗滑指标小于应力调整过程中产生综合效应的致滑指标，加之由于重力的影响，产生了滑坡。

(4)滑面强度指标：人工降雨 $c=12.5\text{kPa}, \varphi=9.2°$；开挖 $c=8.3\text{kPa}, \varphi=17.7°$。

(5)临界滑动速度：人工降雨 $V_{cr}=25.6\text{mm/d}$；开挖 $V_{cr}=13.3\text{mm/d}$。

(6)人工降雨滑坡的滑动面为 $R=367\text{m}$ 的圆弧，滑面较缓；开挖诱发滑坡的滑动面基本呈直线，滑面较陡。

(7)在相同地质条件下，开展人工降雨模拟试验和机械开挖模拟试验，揭示了触发因素对滑坡成灾机制和运动规律的重大影响，为滑坡的时间、空间和强度预报提供了可靠的理论依据，对指导工程实践具有十分重要的意义。

3 崩塌的机制及块体理论稳定性分析

3.1 崩塌地质灾害的产生机制

3.1.1 崩塌的定义

崩塌也叫崩落、垮塌或塌方，是指陡峻边坡所发生的一种突然而又急剧的动力地质现象。即在地势陡峻、地质条件复杂的边坡上，其岩体、土体在自重和外力的支配下，突然脱离母岩(土)体而急剧地倾倒，呈翻滚、跳跃状破坏。崩塌后，变形体各部分的相对位置紊乱，互无联系，较小的块体翻滚较近，较大的块体翻滚较远，堆积成倒石锥或岩锥。

3.1.2 崩塌与滑坡的区别

崩塌与滑坡的区别主要表现在以下四个方面：

(1)崩塌发生之后，崩塌物常堆积在山坡脚，呈锥形体，结构零乱，毫无层序。而滑坡堆积物常具有一定的外部形状，滑坡体的整体性较好，反映出层序和结构特征，也就是说，在滑坡堆积物中，岩体(土体)的上下层位和新老关系没有多大的变化，仍然是有规律的分布。

(2)崩塌体完全脱离母体(山体)，原来的整体性遭到完全破坏。而滑坡体则很少是完全脱离母体的，多数仍保留原来相对的整体性。

(3)崩塌发生之后，崩塌物的垂直位移远大于水平位移，其重心位置降低了很多。而滑坡则不然，通常是滑坡体的水平位移大于垂直位移，多数滑坡体的重心位置降低不多，滑动距离却很大，同时，滑坡下滑速度一般比崩塌缓慢。

(4)崩塌堆积物表面基本上不见裂缝分布。而滑坡体表面，尤其是新发生的滑坡，其表面有很多具有一定规律性的纵横裂缝。比如，分布在滑坡体上部(也就是后部)的弧形拉张裂缝；分布在滑坡体中部两侧的剪切裂缝(呈羽毛状)；分布在滑坡体前部的横张裂缝，其方向垂直于滑坡方向，即受压力的方向；分布在滑坡体中前部，尤其是以滑坡舌部为多的扇形张裂缝，或者称为滑坡前缘的放射状裂缝。

3.1.3 崩塌的分类

崩塌，俗称“石头开花”。它是原有的岩体在自然界的各种风化作用和人为的开山、爆破等作用下，造成的岩石开裂，坠落。目前崩塌的分类方法有四种[103、104]，按崩塌发生的地点分为山崩和岸崩；按其物理特征分为岩层崩塌、土体崩塌、混合体崩塌和雪崩；按其发生的原因分为断层崩塌、节理裂隙崩塌、风化碎石崩塌和硬软岩层接触带崩塌四类；按其变形破坏方式可分为倾倒式崩塌、滑移式崩塌、鼓胀式崩塌、拉裂式崩塌、错断式崩塌(常见的崩塌以倾倒式和滑移式破坏为主)。具体的分类见表 3.1-1。

崩塌分类表 表 3.1-1

类 型	岩 性	结构面	地 貌	崩塌体形状	受力状态	起始运动形式	失稳主要因素
倾倒式崩塌	黄土、石灰岩及其他直立岩层	多为垂直节理、柱状节理、直立岩层面	峡谷、直立岸坡、悬崖等	板状、长柱状	主要受倾覆力矩作用	倾倒	静水压力、动水压力、地震力、重力
滑移式崩塌	多为软硬相间的岩层，如石灰岩夹薄层页岩	有倾向临空面的结构面（可能是平面、楔形或弧形）	陡坡通常大于 55°	可能组合成各种形状，如板状、楔形、圆柱状等	滑移面主要受剪切力	滑移	重力静水压力、动水压力
鼓胀式崩塌	直立的黄土、黏土或坚硬岩石下有较厚软岩层	上部垂直节理、柱状节理，下部为近水平的结构面	陡坡	岩体高大	下部软岩受垂直挤压	鼓胀，伴有下沉、滑移、倾斜	重力、水的软化作用
拉裂式崩塌	多见于软硬相间的岩层	多为风化裂隙和重力拉张裂隙	上部突出的悬崖	上部硬岩层以悬臂梁形式突出来	拉张	拉裂	重力
错断式崩塌	坚硬岩石或黄土	垂直裂隙发育，通常无倾向临空面的结构面	大于 45° 的陡坡	多为板状、长柱状	自重引起的剪切力	错断	重力

3.1.4 崩塌发生的影响因素

引起崩塌发生的因素很多，一般大致可分为内因和外因。内因是指边坡本身具有潜在造成崩塌的因素，大致可将其分为岩土类型、地质构造和地形地貌三大因素；外因则是指直接引发崩塌的环境因素，如岩层风化、连续降雨、地震、人为因素等。根据 2005 年《中国地质环境公报·地质灾害》，突发性地质灾害的诱发因素有自然因素和人为因素，其中 96.6%的地质灾害是由自然因素引起的，3.4%的地质灾害是由于不合理的人类工程活动引起的。在自然因素中，降雨是突发性地质灾害最主要的诱发因素。

1)形成崩塌的内在条件

(1)岩土类型岩。土是产生崩塌的物质条件。一般而言，各类岩、土都可以形成崩塌，但不同类型所形成崩塌的规模大小不同。通常，岩性坚硬的各类岩浆岩、变质岩及沉积岩类中的碳酸盐岩、石英砂岩、砂砾岩，初具成岩性的石质黄土、结构密实的黄土等，形成规模较大的崩塌，页岩、泥灰岩等互层岩石及松散土层等往往以小型坠落和剥落为主。

(2)地质构造。地质构造，如断层、褶皱、破裂面与层面等对崩塌亦有相当程度的影响。一般而言，断层带附近的岩土透水性差，常阻滞地下水流而增加局部水压，降低断层带之剪力强度，容易发生滑动。同时，断层带大多由松软、破碎的物质组成，除强度较弱外，也容易被压缩。褶皱则主要是影响地形的发育，造成岩层倾斜及产生岩体之破裂面等。岩体中各种不连续面的存在是产生崩塌的基本条件。当各种不连续面的产状和组合有利于崩塌时，就成为发生崩塌的决定性因素。产生破裂面的原因很多，不管其成因为何，破裂面的发育对边坡稳定性的影响多是负面的，如降低岩体强度、造成沉陷现象、提供滑动面、造成岩体破碎等。此外，其裂隙使水分容易进入岩体中，不但增加空隙水压，也加速了风化作用。坡体中裂隙越发育，越易产生崩塌，与坡体延伸方向近于平行的陡倾构造面，最有利于崩塌的形成。

(3)地形地貌。江、河、湖(水库)、沟的岸坡及各种山坡、铁路、公路边坡、工程建筑物边坡及其各类人工边坡都是有利崩塌产生的地貌部位，坡度大于 45°的高陡斜坡、冲蚀岸坡、孤立山嘴或凹形陡坡，均为崩塌形成的有利地形。

岩土类型、地质构造、地形地貌三个条件，又统称地质条件，它是形成崩塌的基本条件。

2)影响崩塌的外部因素

一个潜在崩塌体，如果没有外力作用和其他因素的影响，也不会发生崩塌。实际上，任何一个潜在崩塌体都经受着各种复杂因素的长期作用。这些因素中以大气降雨、地表水、风化作用、地震和人为因素较为重要。查清这些因素及其对潜在崩塌体的影响程度无疑是重要的。

能够诱发崩塌的外界因素很多，主要如下。

(1)地震。地震引起坡体晃动，破坏坡体平衡，从而诱发崩塌。一般烈度大于 7 度以上的地震都会诱发大量崩塌。

(2)暴雨是诱发地质灾害的催化剂。暴雨的冲刷、淋漓和渗透，一方面降低了岩土体的抗剪强度，特别是降低地质体结构面的抗滑强度，使其发展成为滑动面和崩塌界面；另一方面增加了岩土体的自重、并增大了地下水的动压力和静压力，进一步降低了斜坡的稳定性，进而诱发崩塌。另外，崩塌体和滑坡体在高强度水流作用下形成泥石流。

(3)地表水的冲刷、浸泡。河流等地表水体不断地冲刷坡脚或浸泡坡脚，削弱坡体支撑或软化岩、土，降低坡体强度，也能诱发崩塌。

(4)不合理的人类活动。如开挖坡脚、地下采空、水库蓄水、泄水等改变坡体原始平衡状态的人类活动，都会诱发崩塌活动。

还有一些其他因素，如冻胀、昼夜温差变化等，也会诱发崩塌。

3)边坡形状与崩塌的关系

影响边坡崩塌的因素很多，大致可分为内因和外因两种。内因是指边坡本身具有潜在造成崩塌的因素，外因则是指直接引发崩塌的环境因素。根据具体的实际条件，我们重点分析边坡形状对崩塌的影响。边坡形状是边坡崩塌发生的最基本条件，表征地形的主要指标是坡度和坡高及表面形态。为此，研究坡形对崩塌产生的影响，有助于认识崩塌形成的条件和机理以及认识过度开发陡坡地的危害性。

(1)边坡崩塌的形式

自然界形成的边坡呈现各种形态，按边坡上部有无土层可分为半无限边坡和有限边坡。半无限边坡常见的崩塌形式有三种，第一是受平行基岩面的限制，破坏面为沿基岩的平面，如图 3.1-1a)所示；第二种是受上下基岩面的限制，破坏面呈现圆弧状，如图 3.1-1b)所示；第三种是均质边坡上发生的圆弧状破坏，如图 3.1-1c)所示。

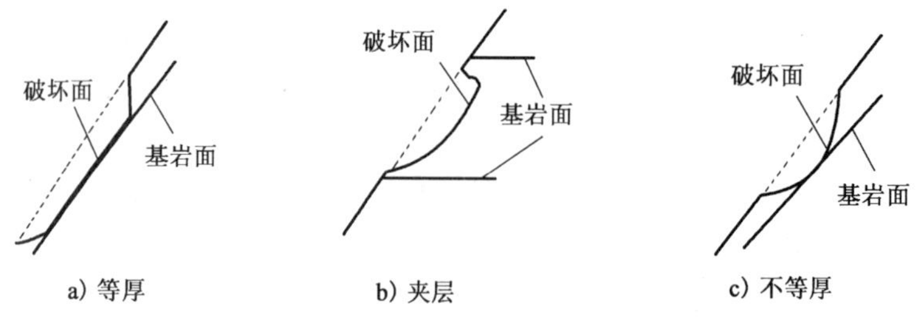

图 3.1-1　半无限边坡上的崩塌形式

当然，也存在破坏面介于上述崩塌形式之间的复合破坏面。而有限边坡常见的破坏形式也有三种，第一是均质边坡上的平面型崩塌，如图 3.1-2a)所示；第二种是单斜基岩面上的圆弧状崩塌，如图 3.1-2b)所示；第三种是复合基岩面上的圆弧状崩塌，如图 3.1-2c)所示。通常崩塌的部位在沟谷或山坡上，如图 3.1-3 所示。

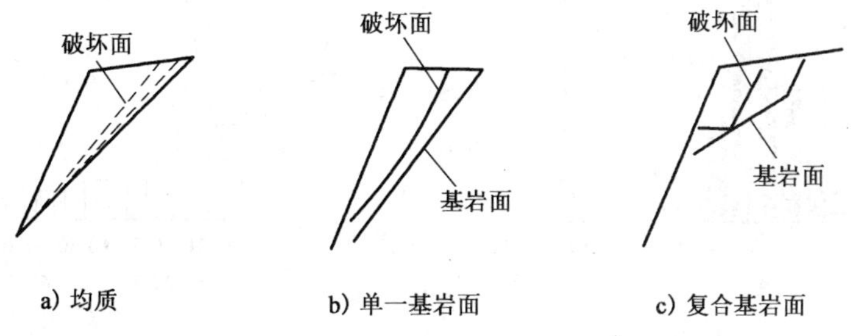

图 3.1-2　有限边坡上的崩塌形式

(2)坡度对边坡崩塌的影响

山地灾害就是边坡失去塑性平衡，产生破坏、位移和堆积，使人类活动、土地利用受到影响。据四川攀西调查资料，在其境内土方量在 $10\times10^4\mathrm{m}^3$ 以上的滑坡和崩塌有 816 处，按平均坡度分级进行统计得出，坡度在 36°～45°之间，边坡发生破坏的类型多为崩塌性滑坡。一般崩塌多数出现在坡度大于 30°的边坡。为了掌握边坡崩塌现场实际情况，文献[86]对过去 30 年间的 2 238 处崩塌资料进行了统计，大约 80%的崩塌事例的坡度为 30°～50°，其中边坡坡度在 40°时最多，如图 3.1-4 所示。根据统计资料表明，多数崩塌都发生在坡度 30°～50°的陡峻边坡上，从构成边坡的土体性质分析，一般土质边坡的坡度要缓于岩质边坡，且土质边坡崩塌时的坡度多数为 30°～40°，而岩质边坡崩塌时坡度为 30°～50°之间。

(3)坡高对边坡崩塌的影响

根据统计资料表明，绝大多数崩塌发生在坡高大于 20m 的边坡上，坡高越高，崩塌的概率越大。表 3.1-2 为凤州工务段崩塌次数与坡高的关系。日本就坡高对崩塌的影响也进行了统计，资料表明：坡高为 10～20m 的边坡发生崩塌的概率最大，占总数的 32.9%，其次是 20～30m 的占 15.8%，平均坡高 35.5m，如图 3.1-5 所示。从表 3.1-2 和图 3.1-5 可知，不同地区出现崩塌的坡高不一样，这主要与土质状况有关，岩质边坡高而陡，土质边坡低而缓。

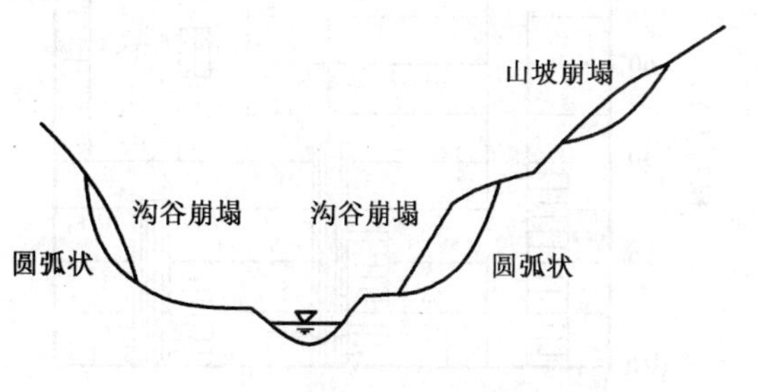

图 3.1-3　边坡崩塌的位置示意图

崩塌次数与坡高的关系　表 3.1-2

坡高(m)	崩塌(次)	比例(%)
<20	2	3.5
>20	11	19.3
>30	10	17.5
>40	11	19.3
>50	23	40.4

(4)坡面形态对边坡崩塌的影响

崩塌块体的运动与滑坡有差别，崩塌体从地面开裂，向临空面倾倒，到瞬间撕裂、脱离母体、高速运动，整个运动过程表现出自由落体、滚动、跳跃、碰撞和推动等多种方式并存。运动中

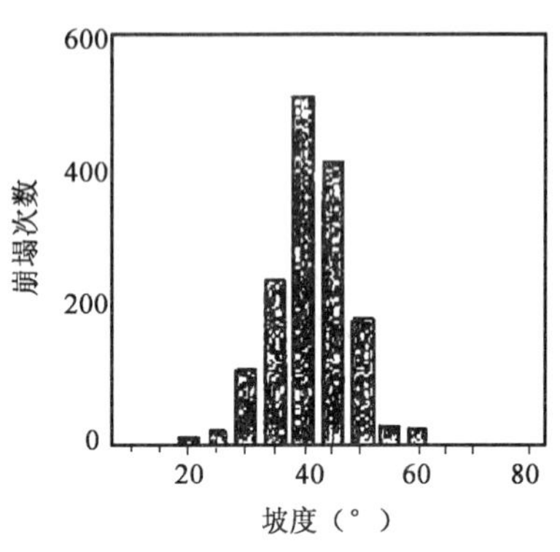

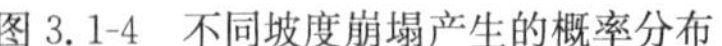

图 3.1-4　不同坡度崩塌产生的概率分布

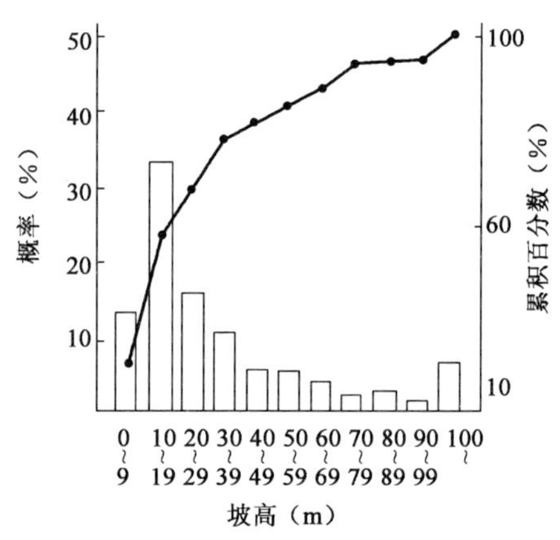

图 3.1-5　不同坡高崩塌产生的概率分布

由于跳跃、碰撞，使大的岩土块碎裂，解体成小块。一般山地坡面的形态呈凹凸不平的不规则形状，但不管怎样复杂的地形都可分为平面、凹面、凸面三种最基本的情况，由于纵横断面凹凸变化以及不同曲率半径的组合，可以形成各种各样的边坡。但基本的坡面形态可分为九种，其中有三种组合在现场出现的概率较小或者没有出现。根据文献，可将常用的六种坡面分为平面型、上升型、下降型、溪沟型、脊梁型、集水型。日本对坡面形态观测得非常细，分别调查了纵向断面和横向断面为各种形态时出现崩塌的概率，如图 3.1-6 及表 3.1-3 所示。但需说明的是，统计资料既有自然边坡，也有人工整治后的边坡，从表 3.1-3 可知，横断面形状为平面型时，出现崩塌的概率有 60.1%，大于溪沟型和脊梁型。这是由于统计资料中人工整治过的平面型边坡较多的原因，如去除人为因素的话，文献中也进行统计，从三个不同区域比较了横断面形态对边坡崩塌的影响，其结果如图 3.1-7 所示。结果表明，溪沟型出现崩塌概率最高，脊梁型略多于平面型边坡崩塌的概率。

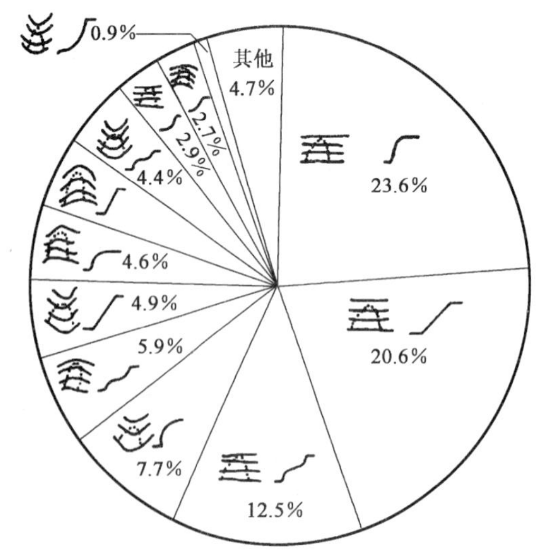

图 3.1-6　各种形态时出现崩塌的概率

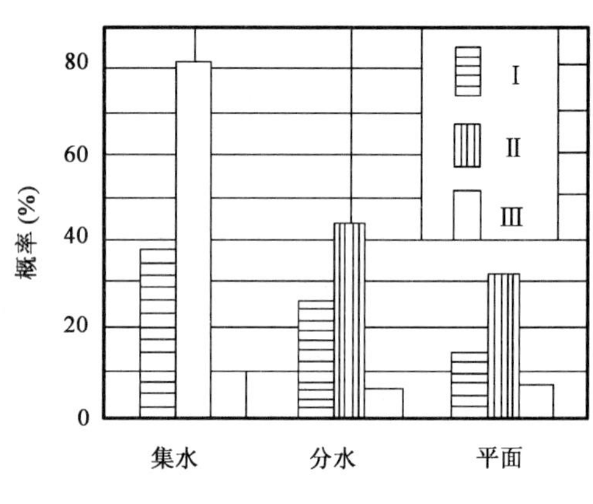

图 3.1-7　横断面形态对边坡崩塌的影响

断面形状出现崩塌的概率(%) 表 3.1-3

纵断面				横断面			
下降型	平面型	复合型	上升型	平面型	溪沟型	脊梁型	其他
36.1	32.6	24.3	7.0	60.1	18.1	17.8	4.0

自然界的坡面形态多种多样,边坡纵向形态上有凸形坡(脊梁型)、凹形坡(溪沟型)和顺直坡(平面型)之分。其中,凸形坡较陡峭,利于崩塌的发育;凹形坡大多是古崩塌的残留后壁,利于地表水、地下水汇集,易诱发边坡崩塌。许多冲沟源头沟掌地形也属从缓坡到陡坡(下降型),由于强烈的沟头溯源侵蚀作用,使沟掌地极易产生滑动,而从陡坡到缓坡(上升型)是河流宽谷段典型的坡面形态,一般不会有大量的崩塌发生。不同形态的坡面产生崩塌的时机和规模是不一样的,同样各种坡面形状能否产生崩塌的概率也大不一样,根据资料统计分析,基本坡面形态中有三种坡面出现崩塌的概率很小,如表 3.1-4 所示。

坡面的基本形状 表 3.1-4

基本形状		横向		
		平面	凹形	凸形
纵向	平面	Ⅰ	Ⅳ	Ⅶ
	概率	常见	常见	常见
	凹形	Ⅱ	Ⅴ	Ⅷ
	概率	常见	常见	很少见
	凸形	Ⅲ	Ⅵ	Ⅸ
	概率	常见	很少见	几乎没有

从表 3.1-4 中可知,九种坡型中容易出现崩塌的坡面形态有六种。

Ⅰ平面型坡面:坡面和基岩面都为平面且平行。

Ⅱ上升型坡面:坡面和基岩面的纵断面都为凹面,从最低处向上,坡度越来越大。

Ⅲ下降型坡面:坡面和基岩面的纵断面都为凸面,从最高处向下,坡度越来越大。

Ⅳ溪沟型坡面:坡面和基岩面的横断面为凹面,这种形态类似溪沟的形状。

Ⅴ脊梁型坡面:坡面和基岩面的横断面为凸面,这种形态类似山坡的脊梁。

Ⅵ集水型坡面:坡面和基岩面的纵断面、横断面均为凹面,这种形状形成集水坑。

4)崩塌模拟

(1)崩塌模拟试验设计

为了研究边坡产生崩塌的可能性,利用变坡试验槽进行了模拟(徐永年等在已有条件基础上进行过类似试验,这里将其引用)。设计变坡试验槽长 6m、宽 2m、高 1.2m,在上方设有降雨装置,设置最大降雨强度为 100mm/h,雨量可以调节。人工降雨模拟试验槽如图 3.1-8 所示。试验用砂是 2mm 以下的天然砂与粉黏土(黏土含量约为 24%)按一定比例混合而成。按黏土含量 4%、8%、12%的比例配制试验用沙,河砂、粉黏土及黏土含量为 8%的试验用砂的颗粒级配曲线如图 3.1-9 所示。

由于土质边坡最容易崩塌,且出现崩塌时坡度为 30°～40°,在坡面形态为平面情况下,选取坡度 30°、35°、40°进行坡度对崩塌的影响的试验。并在坡度为 35°的情况下进行了 6 种不同坡面形态的试验。3 种坡度和 6 种坡形,由于一种重合,试验进行了 8 组。其他条件如

表3.1-5 所示。

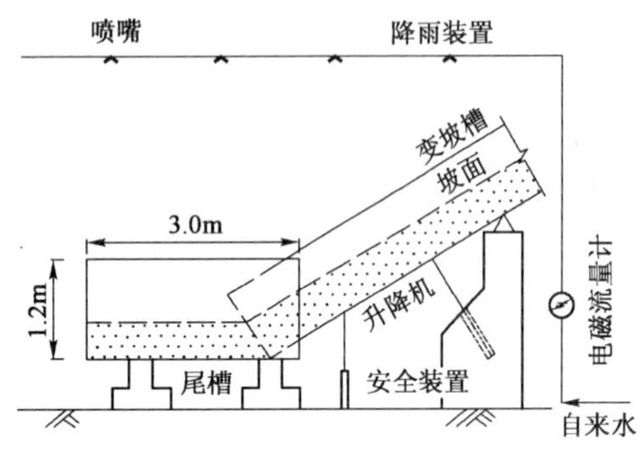

图 3.1-8 人工降雨模拟试验水槽

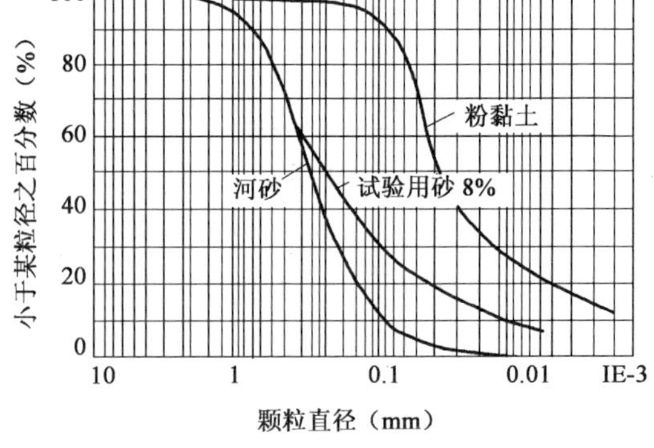

图 3.1-9 试验用砂的级配曲线图

试验条件汇总表 表 3.1-5

试验组次	坡面形状	纵向形状	纵向曲率	横向形状	横向曲率	坡度(°)	干密度(g/cm^3)	黏粒含量(%)	雨强(mm/h)
No.1	平行	平面	$R=\infty$	平面	$R=\infty$	30	1.55	4	40
No.2	平行	平面	$R=\infty$	平面	$R=\infty$	35	1.65	8	60
No.3	平行	平面	$R=\infty$	平面	$R=\infty$	40	1.75	12	80
No.4	下降	凸面	15m	平面	$R=\infty$	30	1.65	12	60
No.5	上升	凹面	15m	平面	$R=\infty$	35	1.65	4	80
No.6	溪沟	平面	$R=\infty$	凹面	2m	35	1.75	12	40
No.7	脊梁	平面	$R=\infty$	凸面	2m	35	1.55	8	80
No.8	集水	凹面	5m	凹面	5m	35	1.55	12	60

试验过程中测量了孔隙水压力、土体移动量随累积雨量的变化规律。孔隙水压计探头设置在变坡槽中心线、末端以上 1.5m 处、距槽底 5cm 的地方，位移计设置在变坡槽中心线、末端以上 4.0m 处、距槽底 40cm 的地方，如图 3.1-10、图 3.1-11 所示。

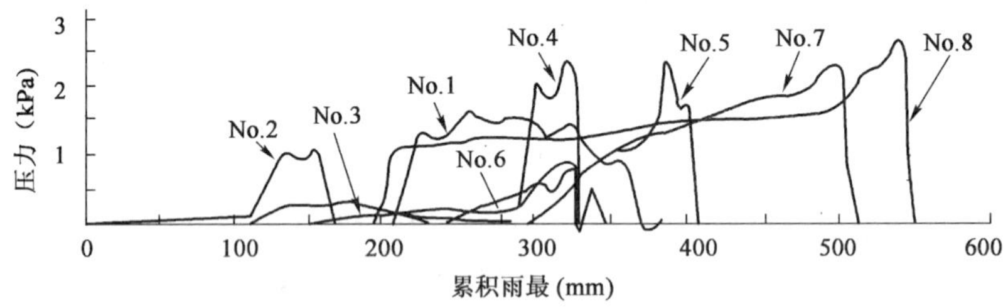

图 3.1-10 各组试验的孔隙水压力随累积雨量变化

(2)崩塌试验结果

①边坡崩塌的部位

边坡崩塌的部位与各种坡面形态有必然的联系。上升型坡面崩塌位于上半部，下降型坡面崩塌位于下部，溪沟型坡面崩塌位于上半部两侧，脊梁型坡面崩塌位于下部两侧。

②边坡崩塌的形式

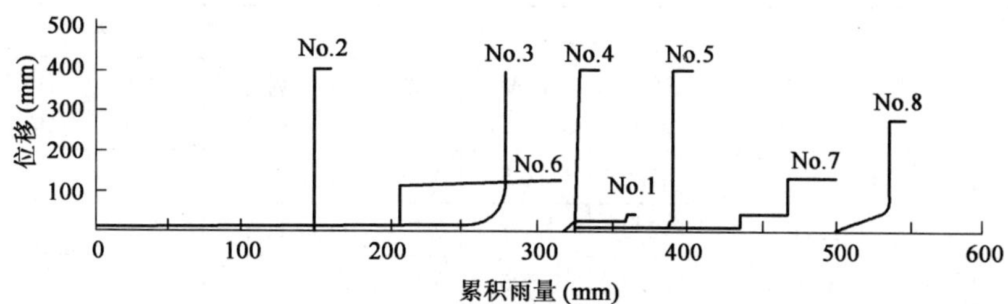

图 3.1-11 各组试验的土体位移量随累积雨量变化

下降型坡面的崩塌过程首先从底部开始，然后渐渐向上方发展，从崩塌后的形态分析，可以认为是台阶形崩塌；脊梁型坡面中间较高，具有散水的作用，两侧首先局部崩塌，然后中间再崩塌，可称为八字形崩塌；溪沟型坡面由于中间低，具有集水的作用，中间先局部崩塌，然后两侧再崩塌，可称树枝形崩塌；而集水型坡面由于四周高，中间低，水流向中间聚集，崩塌形态类似勺状；上升型坡面由于上部的坡度大于下部，崩塌从上部开始，崩塌后的形态有点像马蹄的形状；平面型坡面由于表面平整，崩塌后的形态接近平面形状，如图 3.1-12 所示。

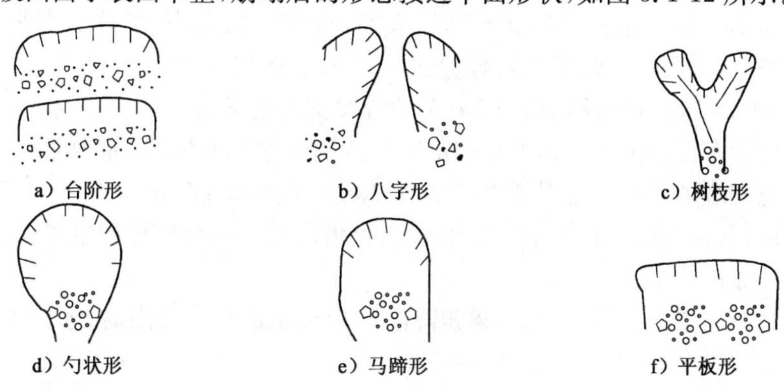

图 3.1-12 边坡崩塌形式

③边坡崩塌的速度及崩塌量

边坡崩塌不但与构成边坡土体的物质密切相关，而且与累积雨量有关。雨水入渗后土体内产生孔隙水压力，当孔隙水压力达到一极限时，土体失去平衡而破坏。崩塌的规模是由于崩塌层的厚度及位置的不同而变化，但崩塌规模直接影响治理方案。试验中利用摄像机观测雨水下渗状况、崩塌过程以及崩塌位置。各组试验崩塌的时机和规模如表 3.1-6 所示。表中峰值孔隙水压力是设置在变坡槽中心线、末端以上 1.5m、距槽底 5cm 处的探头的最大值；崩塌时间按设置在变坡槽中心线、末端以上 4.0m、距槽底 40cm 处的位移计计算。崩塌规模按试验结束时崩塌范围和平均深度估算，崩塌类型按崩塌体积大小分类，小于 1.0m^3 为局部崩塌，小于 3.0m^3 为表层崩塌，大于 3.0m^3 为整体崩塌。

边坡崩塌时机及规模统计表 表 3.1-6

试验次数	峰值水压力			崩塌时机		崩塌规模				
	雨量 (mm)	水位 (cm)	渗速 (cm/s)	雨量 (mm)	速度 (cm/min)	范围 (m)	宽度 (m)	深度 (m)	体积 (m^3)	崩塌类型
No.1	256.4	21.4	2.5×10^{-3}	—	—	1.5～3.0	2.0	0.2	0.6	局部崩塌
No.2	230.0	15.7	4.3×10^{-3}	225.0	37.8	0.0～4.0	2.0	0.4	3.2	整体崩塌

续上表

试验次数	峰值水压力			崩塌时机		崩塌规模				
	雨量(mm)	水位(cm)	渗速(cm/s)	雨量(mm)	速度(cm/min)	范围(m)	宽度(m)	深度(m)	体积(m^3)	崩塌类型
No. 3	—	—	—	207.0	32.5	0.0～5.0	1.0	0.3	1.5	表层崩塌
No. 4	320.0	28.9	2.7×10^{-3}	342.0	38.8	0.0～4.0	2.0	0.5	4.0	整体崩塌
No. 5	387.0	29.0	6.3×10^{-3}	389.3	35.0	0.0～4.0	2.0	0.2	1.6	表层崩塌
No. 6	319.7	14.5	2.9×10^{-3}	206.0	33.0	0.0～4.5	2.0	0.3	2.7	表层崩塌
No. 7	500.0	28.2	1.0×10^{-3}	468.0	12.2	0.0～6.0	2.0	0.6	7.2	整体崩塌
No. 8	530.0	28.6	1.1×10^{-3}	536.0	9.8	0.0～6.0	2.0	0.1	0.7	局部崩塌

从崩塌模拟试验结果和现场观测资料分析可知：

①No. 1 坡度为 30°的试验过程中只有局部崩塌，而 No. 2 坡度为 35°产生了整体崩塌，这说明了坡度越大，越容易产生崩塌；而 No. 3 坡度虽为 40°，由于干密度和黏土含量都大，雨水不易入渗，尽管没有产生孔隙水压力，由于坡度较陡，还是产生了表层崩塌。

②各种坡面形态对崩塌影响的试验结果表明，对于相同大小、相等曲率半径(平面型除外)、相同土质条件的不同边坡，其危险性是：No. 4 的下降型＞No. 5 的上升型，No. 2 的平面型＞No. 8 的集水型，No. 6 的溪沟型与 No. 7 的脊梁型相差不大。

③边坡崩塌大多都是由于土体内孔隙水压力达到最大时发生的，如 No. 2 和 No. 4～No. 8，孔隙水压力急剧增加是产生崩塌的内在动力；No. 1 虽然有孔隙水压力，但由于坡度为 30°，所以没有产生崩塌；而 No. 3 虽没有孔隙水压力，但坡度为 40°，所以也产生了崩塌。可见坡度也是边坡稳定的关键因子。

④土体位移量与累积降雨有关，当累积降雨达到或超过某一极限时，才使土体失去稳定，产生崩塌。

⑤对于溪沟型坡面和脊梁型坡面来说，溪沟型坡面由于中间低，具有集水的作用，脊梁型坡面中间较高，具有散水的作用。从崩塌形式上观测，溪沟型坡面中间先局部崩塌，两侧后崩塌，而脊梁型坡面两侧首先局部崩塌，中间后崩塌。

3.1.5 崩塌发生时间的规律性

崩塌发生的时间，大致有以下规律。

(1)崩塌一般发生在降雨量较多的雨季，图 3.1-13 显示的是 2005 年主要突发地质灾害发生的时间(2005 年崩塌的比例为 43.2%)，以及 2007 年 1～9 月地质灾害与月降雨量间的关系。

(2)在每次降雨过程之中或稍微滞后将会发生崩塌。这里说的降雨过程主要指特大暴雨、暴雨、较长时间连续降雨。这是出现崩塌最多的时段。

(3)强烈地震过程之中。主要指在震级 6 级以上的强震过程中，震中区(山区)常有崩塌集中出现。地震过程之后发生崩塌很少。

(4)开挖坡脚过程之中或滞后一段时间。因工程(或建筑场)施工开挖坡脚，破坏了上部岩体(土体)的稳定性，常常发生崩塌。崩塌的时间有的就在施工中，这以小型崩塌居多。较多的崩塌发生在施工之后一段时间里。

(5)水库蓄水初期及河流洪峰期。水库蓄水初期或库水位的第一个高峰期，库岸岩土体首次浸没(软化),上部岩土体容易失稳产生崩塌。

(6)强烈的机械施工及大爆破之后。

由此可见,崩塌的发生主要受制于地层岩性、构造分布、植被覆盖、地形地貌以及大气降水强度等要素。一般情况下,岩性脆弱、构造发育、植被稀疏、地形陡峻的地段,在强降水过程中容易发生崩塌。

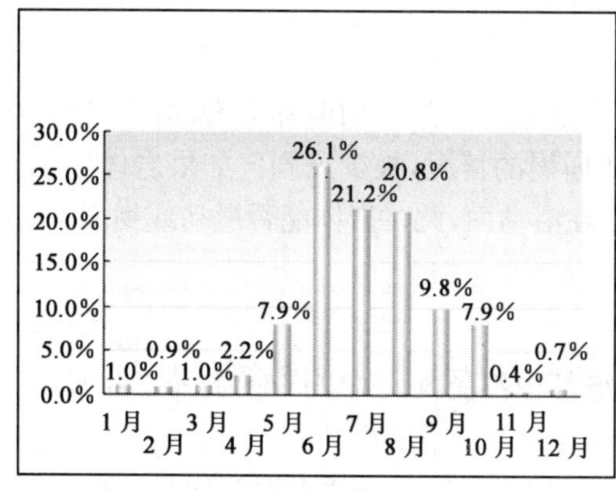

a)2005年主要突发地质灾害发生的时间分布

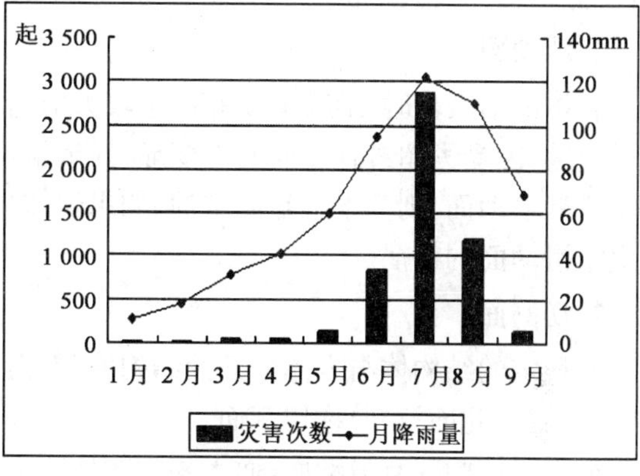

b)2007 年地质灾害与月降雨量间的关系

图 3.1-13 地质灾害发生时间与月降雨量关系图

3.2 滑移式崩塌块体理论的稳定性分析

岩质边坡主要产生倾倒式和滑移式破坏。本书主要以滑移式崩塌为研究对象,运用块体理论对其稳定性进行分析。

3.2.1 滑移式崩塌稳定性分析原理

滑移式崩塌方向、范围及体积大小常受节理裂隙切割影响。边坡岩体稳定性的定性研究是整个稳定性分析中不可缺少的步骤,与定量计算比较,它是基础,对定量计算常具有指导意义。没有定性评价指导的定量计算,常常是脱离实际和无意义的。定性评价方法包括工程地质条件分析法、工程地质比拟法和图解法[106-108]。本书主要运用近年发展起来的基于图解法和矢量分析法基础上的块体理论分析法。

在一个具体的可能崩塌的工点,要对潜在崩塌体进行稳定性分析,必须先查清该工点的工程地质条件和影响崩塌的因素,最后对工点发展趋势及其稳定性作出分析评价。

查清依托工程的工程地质条件是稳定性分析的基础,任何不良物理地质现象都以一定的工程地质条件为基础。众多的崩塌形成条件中,最主要的是:

①高陡的地形地貌条件;

②特定的岩体结构条件(潜在崩塌体为各种不稳定结构面切割的条件)。

潜在崩塌体有了这两条,就具备了崩塌的可能。相反,如果不具备这两条,岩体就不可能崩塌。这两条是判断潜在崩塌体的必要条件。

根据工程地质条件和影响因素,考虑潜在崩塌体的现存状态,可以对它的发展趋势进行判断。例如,对一条公路上的潜在崩塌体,如果发现降雨是影响它稳定性的主要因素,在查清工程地质条件的情况下，只要弄清这个地区的气候现象、降雨分布和雨量大小等，就能对它的发展趋势及其稳定性进行判断。

边坡稳定性问题的实质，主要是应力应变关系上表现为滑动与抗滑之间的矛盾。岩体力学分析，就是要定量地考察其两者对立统一的关系及其转化条件。岩质边坡的崩塌就是一部分不稳定的结构体，沿着某些结构面拉开，并沿着另一些结构面向一定的空间移动的结果。因此，部分结构体失去平衡而滑动或崩塌的主要边界条件如下。

1)滑动面

岩体滑动破坏时，沿其滑动并产生较大的剪应力及摩阻力的结构面称为滑动面。完好的岩质边坡，因受力超过强度而发生变形，导致滑动或崩塌的情况，极少见到。如果岩体中无先期的可能滑动面，则基本上是稳定的；如果岩体中存在滑动面，此时岩体能否滑动或崩塌，主要取决于滑动面的特征。

2)切割面

不稳定的结构体与岩体分开的结构面(在滑动破坏中不受较大的法向应力，不产生显著的摩阻力，仅沿此面拉开)称切割面。

如果岩体中仅有滑动面，而无相应的切割面，则滑动或崩塌仍不能形成。但是，就一般情况而论，由于岩体常常受到多组结构面的切割，故切割面易于形成。有时切割面上也产生一定的摩阻力，但仍不是主要的滑动面，此时的切割面称切割滑动面。自然界的岩体被结构面切割成不同形状的结构体，但是只有被切割面和滑动面所切割的结构体，才是不稳定的滑动体或崩塌体。

基于以上因素，选用块体理论对块裂崩塌体的稳定性进行分析。

3.2.2 块体理论的基本概念

在坚硬和半坚硬的地层中，岩体被结构面切割成各种类型的空间镶嵌体。在自然状态下，这些空间块体处于静力平衡状态，当岩体被开挖后，会造成某些岩块首先沿着结构面滑移，进而发生连锁反应，造成整个工程的破坏。块体理论是借助于拓扑学、集合论、几何学和矢量代数学，对块裂岩体稳定性进行分析的新方法。

1)块体理论的基本假定

(1)结构面为平面并贯穿所研究的岩体。

(2)结构体为刚体。

(3)岩体失稳首先是岩体在各种荷载作用下首先沿着结构面产生剪切位移。

块体理论根据这些假定，首先将结构面和开挖临空面看成空间平面，将结构体看成凸体，将各种作用荷载看成空间向量，进而应用几何方法详尽研究在已知各空间平面条件下，岩体将构成多少块体类型及其可动性，并给予严格的数学证明。

2)块体理论的特点

(1)块体理论完全是三维的。

(2)块体理论的核心是寻找开挖临空面上的关键块体。对于需要保持开挖稳定的岩体工程，则需要在开挖过程中，在关键块体完全暴露之前，加以工程处理。

(3)块体理论研究的对象是具有明显滑动面的空间岩体运动，只考虑结构面的抗剪强度，不考虑岩体本身的强度破坏和变形。

(4)与其他分析方法一样，块体理论分析成果的可靠性取决于分析参数取值的准确程度，首先取决于结构的力学参数 c、φ 值的准确性，其次取决于结构面产状的准确性。

3)块体的基本类型

块体可分为有限块体和无限块体两大类。有限块体又可分为不可动块体和可动块体；可动块体又可分为稳定块体、可能失稳块体和关键块体，如图 3.2-1 所示。

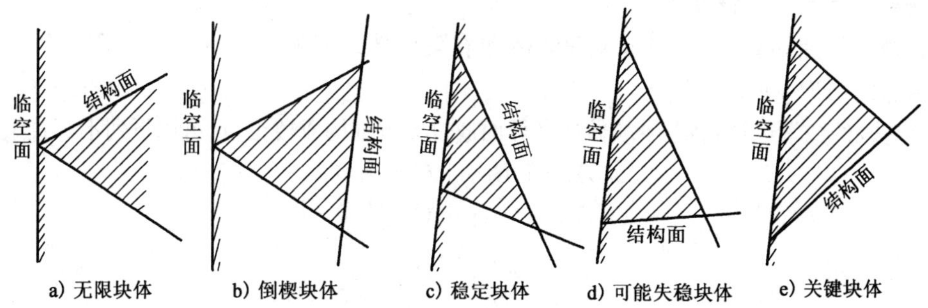

图 3.2-1 块体类型的二维示意图

块体，泛指被各类结构面和临空面所切割的岩体。

无限块体，未被结构面和临空面完全切割成孤立的块体，见图 3.2-2。

有限块体，被结构面和临空面完全切割成孤立的块体，见图 3.2-3。

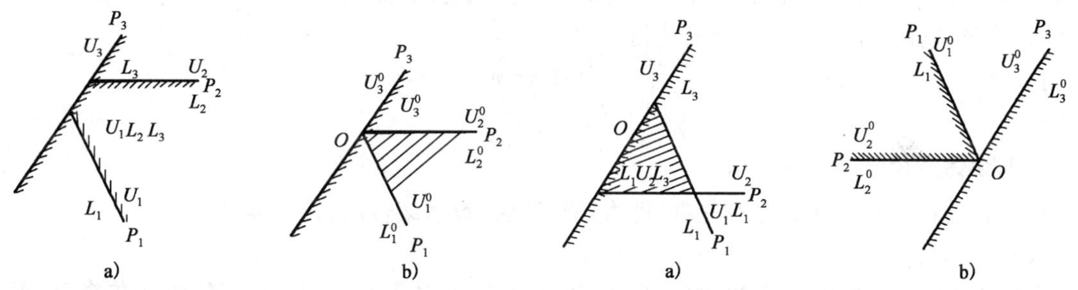

图 3.2-2 块体无限性二维示意图　　图 3.2-3 块体有限性二维示意图

不可动块体，这类块体沿空间任何方向移动皆受相邻块体所阻。如果相邻块体不发生运动，则这类块体将不可能发生运动。

稳定块体，是在工程中和自重作用下，由于滑动面的抗剪强度等于零而仍然保持稳定的块体。

可能失稳块体，是在工程作用力和自重作用下，由于滑动面上的抗剪强度降低，这类块体可失稳。

关键块体，是在工程作用力和自重作用下，由于滑动面上的抗剪强度不足难以抵御滑动力，若不采取加固措施，理论上必将失稳的块体。

块体理论的研究方法就是首先通过几何分析，排除所有的无限块体和不可动块体；然后通过运动学分析，找出在工程作用力和自重力作用下有可能失稳的块体；最后，根据滑动面的物理力学特性，确定工程开挖面上的关键块体，并采取相应的工程加固措施。

4)棱锥的类型

如果将空间各结构面和临空面平移，使之通过原点，则各空间平面将构成以坐标原点为顶点的一系列棱锥。棱锥有以下几种。

裂隙锥:仅以结构面为界的岩体半空间所构成的棱锥,符号 JP。

开挖锥:仅以临空面为界的岩体半空间所构成的棱锥,符号 EP。

空间锥:开挖锥以外的空间的锥体,符号 SP。

块体锥:由一个以上临空面和若干个结构面为界的岩体半空间所构成的棱锥,符号 BP。

5)块体有限与可动性原理

岩体被结构面切割后,将形成无限块体和有限块体。人们感兴趣的是有限块体。块体有限定理为:$\mathrm{JP}\cap\mathrm{EP}=\phi$,$\phi$ 为空集。

块体有限的数学运算判别:令块体的各界面通过原点则构成棱锥,它可用下列不等式组表达:

$$
\begin{aligned}
A_1x+B_1y+C_1z &\geqslant 0\\
A_2x+B_2y+C_2z &\geqslant 0\\
&\cdots\cdots\\
A_nx+B_ny+C_nz &\geqslant 0
\end{aligned}
\tag{3.2-1}
$$

若式(3.2-1)存在唯一解(0,0,0),则块体锥为空集,相应的块体为有限;反之,若式(3.2-1)有非 0 解,则块体锥为非空集,相应的块体为无限。

6)块体可动判别原理

若由结构面和临空面共同组成的块体为有限,而仅由结构面构成的裂隙块体为无限,则该块体为可动;若由结构面和临空面共同构成的块体为有限,而仅由结构面构成的裂隙块体亦为有限,则该块体为不可动。数学表达为:

$$
\begin{aligned}
\mathrm{JP} &\neq \phi\\
\mathrm{EP}\cap\mathrm{JP} &= \phi
\end{aligned}
\tag{3.2-2}
$$

7)块体或棱锥的标注方法

块体或棱锥的标注方法有三种,即直观标注法、数字编号法、符号编号法。

(1)直观标注法

以 U_i 表示平面 P_i 的上半空间,以 L_i 表示平面 P_i 的下半空间。设岩体中存在着 P_1、P_2、P_3、P_4 和 P_5 各组结构面和临空面。若块体 B_1 由 P_1、P_2 和 P_3 的下半空间以及 P_4 的上半空间构成,则 B_1 可标注为 $L_1L_2L_3U_4$;若块体 B_2 由 P_1 的上半空间以及 P_3、P_5 的下半空间构成,则 B_2 可标注为 $U_1L_3L_5$。这种标注方法比较直观,但不适合于分析和运算。

(2)数字编号法

以 0、1、2 和 3 四个数字表示岩体中各结构面、临空面与块体的相互关系。其中,“0”表示块体在该平面的上半空间;“1”表示块体在该平面的下半空间;“2”表示该平面不是块体的界面;“3”表示该平面构成块体的相互平行的一对界面。采用数字标号法,可以清楚地将岩体各结构面、临空面所有可能的组合标注出来,以便进行分析。

(3)符号编号法

为便于上机进行逻辑运算,以“+1”表示上半空间,以“-1”表示下半空间,以“±1”表示该平面组成块体的一对平行界面。

8)裂隙块体总数的确定

岩体受结构面切割以后,形成了裂隙块体,其中大部分为无限块体,少数部分为有限块体。表 3.2-1 为若干种情况下裂隙块体的总数、无限裂隙块体数以及有限块体数的计算公式。

3.2.3 块体理论的矢量判别步骤

采用矢量分析法来判别裂隙块体的基本步骤如下：

(1)设有 n 组结构面，由各组结构面 P_i 的产状，即倾角 α_i 和倾向 β_i，求出 P_i 的向上单位为法线矢量 $\hat{n}_i$。

$$\hat{n}_i = (A_i, B_i, C_i) = (\sin\alpha_i \sin\beta_i, \sin\alpha_i \cos\beta_i, \cos\alpha_i) \tag{3.2-3}$$

(2)求出各结构面的交线，即棱矢量 $\vec{I}_{ij}$。

$$\vec{I}_{ij} = \vec{n}_i \times \vec{n}_j = \begin{vmatrix} x & y & z \\ A_i & B_i & C_i \\ A_j & B_j & C_j \end{vmatrix} = [(B_iC_j - B_jC_i), (A_jC_i - A_iC_j), (A_iB_j - A_jB_i)] \tag{3.2-4}$$

式中：$\hat{n}_i = (A_i, B_i, C_i)$

$$\hat{n}_j = (A_j, B_j, C_j) \tag{3.2-5}$$

棱矢量的总数为 C_n^2，即 $n!/[(n-2)!2!]$(表 3.2-1)。

裂隙块体的总数、无限裂隙块体数以及有限块体数的计算公式 表 3.2-1

平行结构面的组数	裂隙块体总数	无限块体总数	有限块体总数	条　件
各组结构面互不平行	2^n	n^2-n+2	$2^n-(n^2-n+2)$	$n\geqslant 1$
一组确定的平行结构面	2^{n-1}	$2(n-1)$	$2^{n-1}-2(n-1)$	$n\geqslant 2$
任意一组平行结构面	$n2^{n-1}$	$2n(n-1)$	$n[2^{n-1}-2(n-1)]$	$n\geqslant 2$
二组确定的平行结构面	2^{n-1}	2	$2^{n-2}-2$	$n\geqslant 3$
任意二组平行结构面	$n(n-1)2^{n-3}$	$n(n-1)$	$n(n-1)(2^{n-3}-1)$	$n\geqslant 3$
m 组确定的结构面	2^{n-m}	0	2^{n-m}	$n\geqslant m\geqslant 3$
任意 m 组平行结构面	$C_n^m 2^{n-m}$	0	$C_n^m 2^{n-m}$	$n\geqslant m\geqslant 3$

对结构面的各种可能的相交组合，计算其各棱 $e_{\vec{ij}}$ 是否为该棱锥的真实棱。当某个矢量与某平面的向上法线矢量的点积大于零时，说明该矢量在上半空间；反之，若点积小于零，则说明该矢量在下半空间。

为便于分析运算，引入方向参量 I_k^{ij} 的概念：

$$I_k^{ij} = \mathrm{sign}[(\hat{n}_i \times \hat{n}_j) \cdot \hat{n}_k] \quad (i \neq j) \tag{3.2-6}$$

式中：当函数

$$L = \begin{cases} >0 \\ =0 \text{时}, \\ <0 \end{cases} \mathrm{sign}(L) = \begin{cases} +1 \\ 0 \\ -1 \end{cases} \tag{3.2.-7}$$

因此，方向参量具体含义为：

$$I_k^{ij} = \begin{cases} +1，\text{说明棱矢量 } I_k^{ij} \text{在界面 } P_k \text{上半空间}； \\ 0，\text{说明棱矢量 } I_k^{ij} \text{恰在界面 } P_k \text{上}； \\ -1，\text{说明棱矢量 } I_k^{ij} \text{在界面 } P_k \text{下半空间} \end{cases}$$

各方向参量组成一个方向参量矩阵 $[I_k^{ij}]_{C_n^2 \times n}$，将某块体的符号编号 $D_s = [I(a_1), I(a_2), \cdots,$

$I(a_n)$]编成如下的块体符号编号矩阵[D]：

$$[D]_{n\times n}=\begin{vmatrix} I(a_1) & & 0 \\ & I(a_2) & \\ 0 & & \\ & & I(a_n) \end{vmatrix} \tag{3.2-8}$$

因此，可建立块体的判别矩阵[T]：

$$[T]_{C_n^2\times n}=[I]_{C_n^2\times n}\cdot[D]_{n\times n} \tag{3.2-9}$$

据式(3.2-8)有：

$$\begin{aligned} T_k^{ij}&=I_k^{ij}\cdot I(a_k)=[\mathrm{sign}(\vec{I}_{ij}\cdot\hat{n})]\cdot I(a_k)\\ &=\mathrm{sign}[\vec{I}_{ij}\cdot(I(a_k)\cdot\hat{n_k})]\end{aligned} \tag{3.2-10}$$

于是可以得到某 BP 的判别矩阵[T]，见表 3.2-2。

BP 的判别矩阵[*T*] 表 3.2-2

[T]中某行元素 I_{ij}	棱 I_{ij} 的情况判定
皆为“0”或同时含“+1”和“−1”	I_{ij} 不是 BP 的棱，块体可动
皆为“0”和“+1”	I_{ij} 是 BP 真实棱，块体不可动
皆为“0”和“−1”	I_{ij} 为 BP 真实棱，块体不可动

$\hat{n}_k$ 为界面 P_k 的向上法线矢量，$\hat{v}_k=I(a_k)\cdot\hat{n}_k$ 则为界面 P_k 的指向 BP 内部的法向矢量。

(3)块体可动性的矢量运算判别方法。

块体可动性的充分必要条件是 JP≠ϕ，且 JP∩EP=ϕ，或 JP⊂SP。

如图 3.2-4 所示，作用于块体上的力有：

①主动力合力 $\vec{r}$，即由块体自重、外水压力、惯性力以及锚杆加固力构成的主动力合力。

②滑动面上的法向反作用力 $\vec{N}$：

$$\vec{N}=\sum_l N_l\hat{v}_l \tag{3.2-11}$$

式中：N_l——作用于滑动面 l 上的法向反作用力，因假定结构面不具抗拉强度，故 $N_l\geqslant0$；

$\hat{v}_l$——结构面 l 指向块体内部的单位法线矢量。

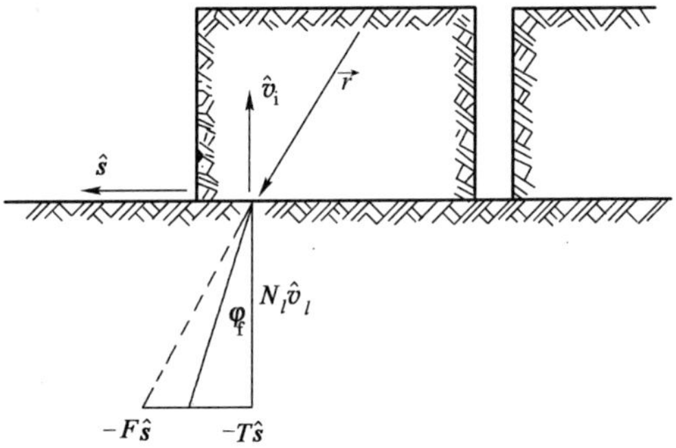

图 3.2-4 作用于可动块体上的力

③滑动面上的切向摩阻力合力 $\vec{T}$：

$$\vec{T}=\sum_l N_l\tan\varphi_l\hat{s} \tag{3.2-12}$$

式中：φ_l——结构面 l 的内摩擦角；

$\hat{s}$——块体的运动方向。

块体状态的判定：设滑动面上虚设切向力 $\vec{F}$，块体的平衡方程为：

$$F\hat{s}=\vec{r}+\sum_l N_l\hat{v}_l-T\hat{s} \tag{3.2-13}$$

因此，由式(3.2-13)可以判断：若 $F>0$，说明块体为关键块体；$F=0$，块体处于极限平衡状态；$F<0$，说明块体处于稳定状态。

块体的运动形式有三种，即脱离岩体(掉落或上托)运动、沿单面运动以及沿双面运动，具体见图 3.2-5。

①脱离岩体运动

若可动块体运动方向 $\hat{s}$ 与各结构面皆不平行，则该块体满足平衡方程(3.2-13)的充分必要条件是运动方向与主动力合力方向一致，即：

$$\hat{r}=\hat{s} \tag{3.2-14}$$

②沿单面滑动

若可动块体运动方向 $\hat{s}$ 与某一结构面 i 平行，则该块体满足平衡方程(3.2-13)的充分必要条件是：

$$\hat{s_i}=\hat{s}\text{，且 }\hat{v}_i\cdot\vec{r}\leqslant 0 \tag{3.2-15}$$

其中，$\hat{s_i}$ 为在 $\vec{r}$ 在平面 i 上的投影。

③沿双面滑动

若可动块体同时沿平面 i 和 j 运动，则该块体满足平衡方程(3.2-13)的充分必要条件为：

$$\hat{v_i}\cdot\hat{s_j}\leqslant 0,\hat{v}_j\cdot\hat{s}_i\leqslant 0 \tag{3.2-16}$$

且

$$\hat{s}=\frac{\hat{n_i}\times n_j}{|n_i\times n_j|}\mathrm{sign}[(\hat{n}_i\times\hat{n}_j)\cdot\vec{r}] \tag{3.2-17}$$

其中，$\hat{s}_i$和$\hat{s}_j$为 $\vec{r}$ 在平面 i 和 j 上的投影。

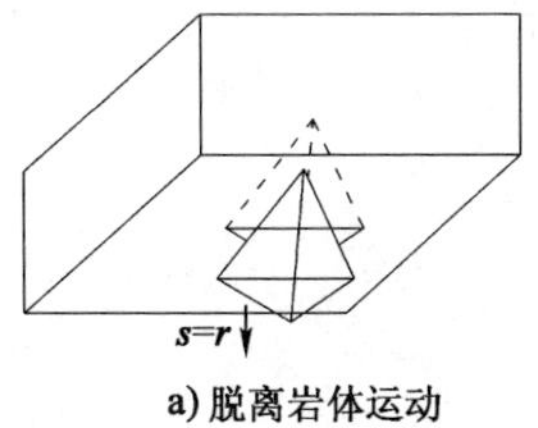

a) 脱离岩体运动

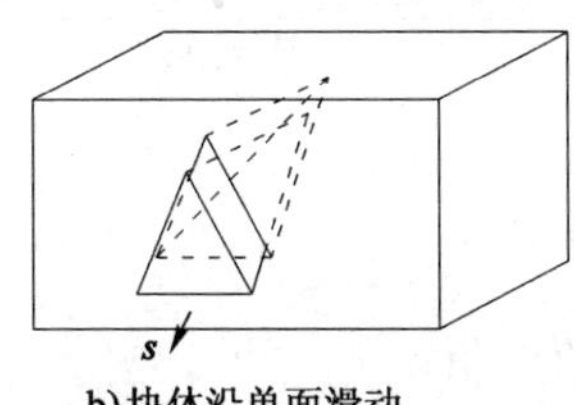

b) 块体沿单面滑动

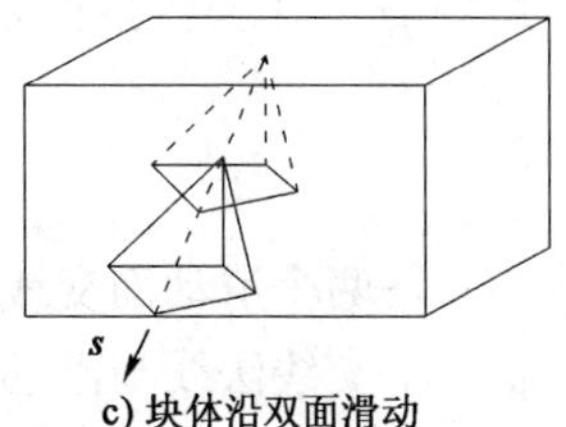

c) 块体沿双面滑动

图 3.2-5 块体运动示意图

3.2.4 可动块体的稳定系数计算

1) 可动块体重力的计算

在判断出块体为可动块体后，有必要进行稳定系数计算，以确定是失稳块体还是稳定体。可动块体可以划分为若干个四面体，只要能计算出四面体的体积，就可求出可动块体的体积，进而求出其重力。设四面体四个角点的坐标(x_i, y_i, z_i)，则其体积为：

$$V=\frac{1}{6}\begin{vmatrix} x_2-x_1 & y_2-y_1 & z_2-z_1 \\ x_3-x_1 & y_3-y_1 & z_3-z_1 \\ x_4-x_1 & y_4-y_1 & z_4-z_1 \end{vmatrix} \tag{3.2-18}$$

而四面体的顶点(x_i, y_i, z_i)可由构成四面体的结构面的方程求解。设结构面为P_i，P_j，P_k，其方程为：

$$\begin{cases} A_i x + B_i y + C_i z = D_i \\ A_j x + B_j y + C_j z = D_j \\ A_k x + B_k y + C_k z = D_k \end{cases} \tag{3.2-19}$$

由上式便可求出(x_i, y_i, z_i)，于是可以求解出块体重力W：

$$W = \sum V_i \gamma \tag{3.2-20}$$

式中：γ——岩体重度。

2)块体稳定系数计算

在求出滑落体重量及判断出可能的滑动模式后，便可进行稳定系数计算。

(1)可动块体直接崩塌时

稳定系数：

$$K = 0 \tag{3.2-21}$$

(2)单面滑动时

$$K = \frac{W\cos\alpha\tan\varphi + c\Delta}{W\sin\alpha} \tag{3.2-22}$$

式中：W——可动块体重力；

α——滑动面倾角；

c、φ——滑动面黏聚力和内摩擦角；

Δ——滑动面面积。

(3)双面滑动时

$$K = \frac{W\cos\alpha(\sin\alpha_2\tan\varphi_1 + \sin\alpha_1\tan\varphi_2) + (c_1\Delta_1 + c_2\Delta_2)\sin(180^\circ - \alpha_1 - \alpha_2)}{W\sin\alpha} \tag{3.2-23}$$

式中：α——两个滑动面交线的倾角；

α_1——交线法线与滑动面P_1的夹角；

α_2——交线法线与滑动面P_2的夹角；

其余符号含义同前。

3.2.5 块体理论的修正

在一般块体理论中，假定节理贯穿所研究的岩体，也可以说节理是无限长的，这与实际情况极不相符，因为工程中揭露的节理迹线长度是有限的。由于节理长度有限，没有把块体完全切割下来，有时无法构成裂隙块体，使用块体理论确定的一部分有限块体将变成无限块体，因此，实际工程中开挖岩体的关键块体数目大为减少。此外，由平行结构面组组成关键块体组，尽管各关键块体的体积不一，但稳定系数大小相同，而工程开挖过程中，有的关键块体出现滑落，有些则不破坏，说明块体理论对结构面的有些因素未考虑全面。因此，有必要对块体理论进行修正。

对岩体节理问题，前人已经进行过许多研究。根据 Chowdhury 的研究成果，可以得到：

(1)节理迹线服从于负指数分布；

(2)节理所处的位置与块体棱所处的位置一致。

节理迹长服从负指数分布，其概率分布的密度函数为：

$$f(x) = \mu e^{-\mu x} \tag{3.2-24}$$

式中：μ——节理迹线端点密度，为迹线长度的倒数。

其累积概率为：

$$F(x) = 1 - e^{-\mu x} \tag{3.2-25}$$

现以三棱锥为例，分析关键块体滑落的概率。

假定三棱锥某棱 I 的长度为 a，则构成棱锥包含棱 I 的结构面的长度必须大于 a，否则将不能构成棱锥。因此，可以把棱锥出现的概率看成是各节理面长度大于 a，且同时出现的概率，也就是滑落关键块体的概率，应等于构成块体的各节理面的各节理长度大于块体棱长出现的概率的乘积。

由式(3.2-25)计算出的是累计概率值，即节理长度小于 x 的概率值，如果要计算迹线长度大于 x 的概率 $F_1(x)$，则由式(3.2-25)有：

$$F_1(x) = 1 - F(x) = e^{-\mu x} \tag{3.2-26}$$

如果三组节理中，每组节理的迹线端点密度分别为 μ_1、μ_2、μ_3，则三组节理面构成的三棱锥其三条棱的长度分别大于 x_1、x_2、x_3 的概率值，三条节理长度同时大于 x_1、x_2、x_3 的概率值为：

$$F_2(x) = e^{-(\mu_1 x_1 + \mu_2 x_2 + \mu_3 x_3)} \tag{3.2-27}$$

由式(3.2-27)可以求出三棱锥的滑落关键块体出现的概率。

把(3.2-27)式推广到四棱锥或更多节理面组成的棱锥体，设每组节理迹线的端点密度分别为 μ_1、μ_2、μ_3、…、μ_n，那么，由 n 个面组成的棱锥的每个棱长分别为 x_1、x_2、x_3、…、x_n 的关键块体变成滑落块体的概率则为：

$$F_2(x) = e^{-(\mu_1 x_1 + \mu_2 x_2 + \ldots + \mu_n x_n)} \tag{3.2-28}$$

由式(3.2-28)可以得到，当结构面越长，亦即 μ 越小，则关键块体成为滑落块体的概率 $F_2(x)$ 就越大。如果 μ 不变，即结构面长度不变，则块体的棱长 x 越小，关键块体成为滑落块体的概率 $F_2(x)$ 就越大，亦即体积越小的关键块体，越易成为滑落关键块体。组成棱锥的面越少，则滑落关键块体产出的概率越大。

3.2.6 块体理论的赤平投影作图法

如前所述，崩塌的破坏形态主要受结构面控制。把握结构面的几何特征，是正确判断边坡可能失稳模式的关键。在工程地质界，常用结构面的倾向和倾角表现结构面空间形态。采用赤平投影技术，可以合理地在一个平面上同时显示倾向和倾角两个参数。

运用赤平投影方法很容易直观地判别出边坡内的所用可动块体，其作图和判别方法如下。

(1)选择参照圆半径 R 并绘出参照圆；

(2)根据各结构面 P_i 的倾角 α_i 和倾向 β_i，绘出相应的投影大圆，绘制方法如下：赤平投影图直角坐标系以参照圆圆心为原点，正东为 x 轴，正北为 y 轴，则：

$$r = R/\cos\alpha \tag{3.2-29}$$

$$x = R\tan\alpha\sin\beta \tag{3.2-30}$$

$$y = R\tan\alpha\cos\beta \tag{3.2-31}$$

式中：r——投影圆半径；

x、y——投影圆圆心坐标。

(3)进行 JP 编号，各投影大圆将赤平投影平面划分成许多小区域，各区域相应于一个非空 JP。具体编号方法参考有关文献。

(4)按步骤(2)给出各临空面的投影大圆，找出相应的 SP 区域，凡完全包括在 SP 区域内的各 JP 即相应于可动块体。

3.2.7 块体理论程序的编制

块体理论计算过程中涉及大量的矩阵运算，而 Matlab[130] 的所有数值计算功能都是以矩阵为基本单元进行的。Matlab 对矩阵的运算功能可谓最全、最强。另外，其还有以下优点：简洁、紧凑，使用方便灵活，库函数丰富、可靠；运算符丰富，提供了几乎和 C 语言一样多的运算符；具有结构化的控制语句；面向对象编程的特性；语法限制不严格，程序设计自由度大；程序的可移植性很好；图形功能强大；具有功能强劲的工具箱。基于此，对块体理论选择了 Matlab 编制其分析程序，程序框图如图 3.2-6 所示。

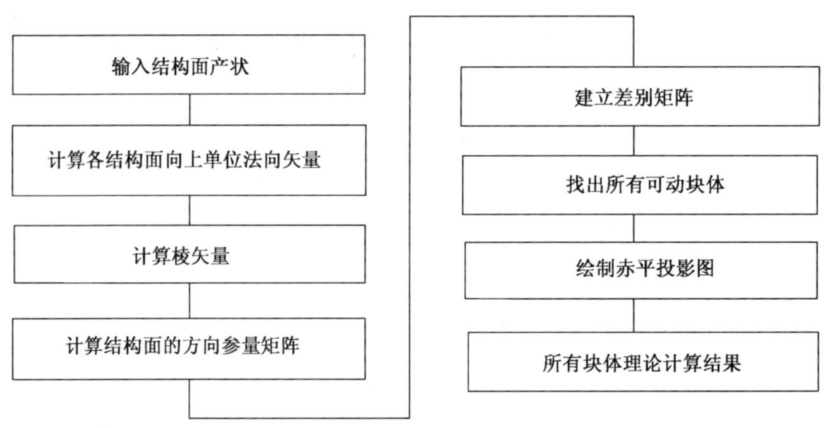

图 3.2-6 程序框图

3.3 潜在崩塌体稳定性检算

3.3.1 基本假设

(1)在崩塌发展过程中，特别是在突然崩塌运动以前，把崩塌体运动视为整体。

(2)把崩塌体复杂的空间运动问题，简化为平面问题，即取单位宽度的崩塌体进行检算。

(3)崩塌体两侧和稳定岩体之间，以及各部分崩塌体之间均无摩擦作用。

3.3.2 基本图式、受力分析和稳定性检算

根据表 3.1-1 分类中五种崩塌类型分别进行受力分析和稳定性检算。

1)倾倒式崩塌

倾倒式崩塌的基本图式如图 3.3-1 所示。从图 3.3-1a)中可以看出,不稳定岩体的上下各部分和稳定岩体之间均有裂隙分开。其一旦发生倾倒,将以 A 点为转点发生转动。在稳定性检算时,应考虑各种可能的附加力的最不利组合。在雨季,张开裂缝可能为暴雨充满,应考虑静水压力;VII 度以上地震区,地震力的几率问题也可考虑,受力图式见图 3.3-1b)。如果不考虑其他力,则崩塌体的抗倾覆稳定性系数 K 可按下式计算:

$$K = \frac{6aW}{10h_0^2 + 3Ph} \tag{3.3-1}$$

式中:W——崩塌体重力,kN;

P——水平地震力,kN;

a——转点至重力延长线的垂直距离,这里为崩塌体宽的一半,m;

h_0——水位高,m;

h——岩体高,m。

2)滑移式崩塌

滑移式崩塌可按滑动稳定检算,并可按照块体理论中的方法进行稳定性计算。

3)鼓胀式崩塌

这类崩塌体下部较厚的软弱岩层常为断层破碎带、风化破碎岩体及黄土等。在水的作用下,这些软弱岩层先行软化,在上部岩体压力作用下,如果压应力大于软弱岩层的无侧限抗压强度,则软弱岩层将被挤出,即发生鼓胀。上部岩体可能产生下沉、滑移或倾倒,直至发生突然崩塌,其情况如图 3.3-2 所示。因此,鼓胀是这类崩塌的关键。所以,稳定系数可以用下部软弱岩层的无侧限抗压强度(雨季用饱和水抗压强度)与上部岩体在软岩顶面产生的压应力的比值来计算:

$$K = \frac{R_n}{\frac{W}{A}} = \frac{A \cdot R_n}{W} \tag{3.3-2}$$

式中:W——上部岩体重力,kN;

A——上部岩体的底面积,m^2;

R_n——下部软岩在天然状态下的(雨季为饱水的)无侧限抗压强度。

4)拉裂式崩塌

拉裂式崩塌的典型情况如图3.3-3所示。以悬臂梁形式突出的岩体,在AC面上承受最

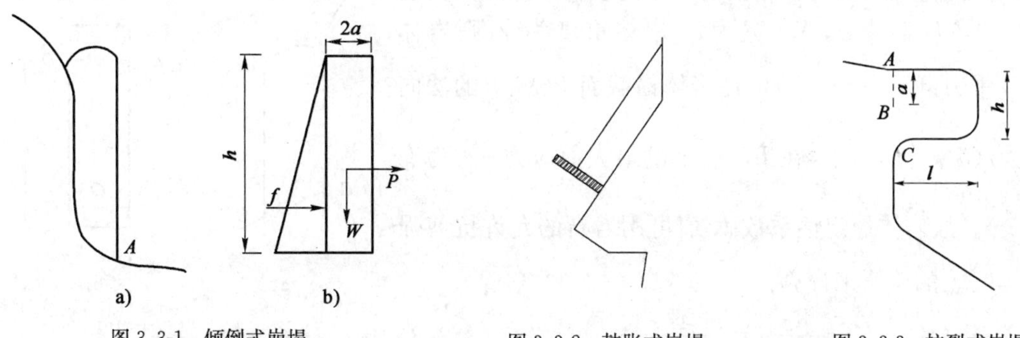

图 3.3-1 倾倒式崩塌

图 3.3-2 鼓胀式崩塌

图 3.3-3 拉裂式崩塌

大的弯矩和剪力，岩层顶部受拉，底部受压。A 点附近的拉应力最大。在长期重力作用下与长期的风化作用下，A 点附近的裂隙逐渐扩大，并向深处发展。拉力将越来越集中在尚未裂开的部位，一旦拉应力超过岩石的抗拉强度时，上部岩体就发生崩塌。因此，这类崩塌的关键是最大弯矩截面 AC 上的拉应力能否超过岩石的抗拉强度。故可以用拉应力与岩石允许抗拉强度的比值进行稳定性检算。

假如突出的岩体长度为 l，岩体等厚，厚度为 h，宽度为 1m(取单位宽度)，岩石重度为 γ。

当 AC 断面尚未出现裂缝时，则 A 点上的拉应力为：

$$\sigma_{A拉} = \frac{M \cdot y}{I} \tag{3.3-3}$$

式中：M——AC 面上的弯矩，$M=\frac{l}{2}\gamma h$；$y=\frac{h}{2}$；

I——AC 截面的惯性矩，$I=\frac{h^3}{12}$；

γ——岩石的重度。

整理得：

$$\sigma_{A拉} = \frac{3l^2\gamma}{h} \tag{3.3-4}$$

稳定性系数 K 值可用岩石的允许抗拉强度与 A 点所受的拉应力之比求得：

$$K = \frac{[\sigma_{拉}]}{\sigma_A} \tag{3.3-5}$$

如果 A 点处已有裂缝，裂缝深度为 a，裂缝最低点为 B，则 BC 截面上的惯性矩 $I=\frac{(h-a)^3}{12}$，$y=\frac{h-a}{2}$，弯矩 $M=\frac{l^2\gamma h}{2}$，则 B 点所受的拉应力为：

$$\sigma = \frac{\frac{l^2\gamma h}{2} \cdot \frac{h-a}{2}}{\frac{(h-a)^3}{12}} = \frac{3l^2\gamma h}{(h-a)^2} \tag{3.3-6}$$

稳定性系数：

$$K = \frac{[\sigma_{拉}]}{\sigma_{B拉}} \tag{3.3-7}$$

5)错断式崩塌

图 3.3-4 所示为错断式崩塌的一种情况，取图中可能崩塌的岩体 $ABCD$ 来分析。如图所示，潜在崩塌体和稳定岩体直接相连。如果不考虑水的压力、地震力等附加力，在岩体自重 W 作用下，与铅直方向成 45°角的 EC 方向上将产生最大剪应力。如果 CD 高为 h，AD 宽为 a，岩体重度为 γ，则岩体 $AECD$ 重力 $W=a(h-\frac{a}{2})\gamma$，在岩体横截面 FOG 上的法向应力为$\gamma(h-\frac{a}{2})$，所以，在 EC 面上的最大剪应力 τ_{max} 为$\frac{\gamma}{2}(h-\frac{a}{2})$。故岩体稳定性系数 K 值可用岩石的允许抗剪强度$[\tau]$与 τ_{max}的比值来计算：

$$K = \frac{[\tau]}{Z_{max}} = \frac{4[\tau]}{\gamma(2h-a)} \tag{3.3-8}$$

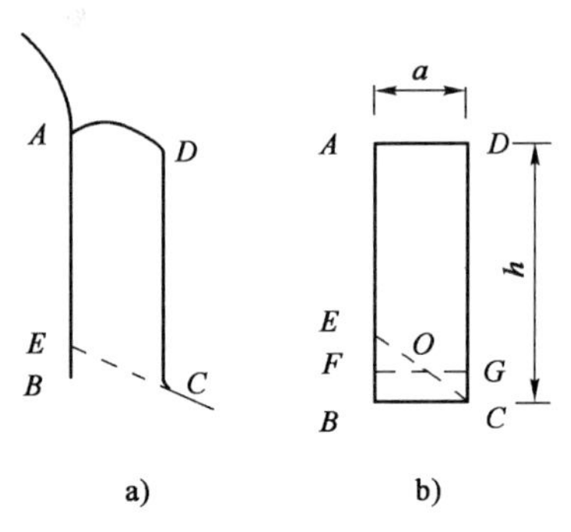

图 3.3-4　错段式崩塌

式中：$[\tau]$——岩石容许抗剪强度，kPa；

γ——岩石重度，kN/m^2；

h——岩体高度，m；

a——岩体宽度，m。

3.4 本章小结

(1)通过对边坡崩塌产生的内因和外因分析，探讨了崩塌地质灾害产生的机制，总结了崩塌发生的时间规律。

(2)介绍了一般块体理论分析岩质边坡稳定性的前提、基本理论和方法，运用块体理论方法分析了边坡中潜在崩塌块体的稳定性，用Matlab编制了块体理论稳定性分析程序，从而可以较方便地找出影响边坡稳定性的可动块体，绘制由各结构面的赤平投影图，确定边坡潜在崩塌区域。

(3)块体理论是分析崩塌岩体稳定性行之有效的方法，但由于其基本假设为节理贯穿所研究的岩体，使块体的研究只能停留在定性分析阶段。实际工程中，节理的迹长是有限的，因此考虑节理迹长的有限性后，使得块体理论分析岩质边坡稳定性的精度更高，更有针对性。

(4)根据节理面迹长概率分布模型分析得知：体积较大的关键块体，崩塌的可能性较小；当结构面越长，亦即 μ 越小，则关键块体成为滑落块体的概率 $F_2(x)$ 就越大。如果 μ 不变，即结构面长度不变，则块体的棱长 x 越小，关键块体成为滑落块体的概率 $F_2(x)$ 就越大，亦即体积越小的关键块体，越易成为滑落关键块体；组成棱锥的面越少，则滑落关键块体产出的概率越大。

(5)推导了单面与双面崩滑模式的稳定计算公式。将崩塌分为倾倒式崩塌、滑移式崩塌、鼓胀式崩塌、拉裂式崩塌、错断式崩塌五种变形破坏形式，介绍了各种破坏形式崩塌体的稳定性检算方法。

4 崩塌潜在危害性预测

4.1 引 言

边坡发生崩塌破坏后，崩塌的岩石沿边坡坡面滚落或飞落，最后堆积于坡脚，严重影响行车和建筑物的安全。崩塌体的危害性研究，是一类重要的边坡工程问题。但是一直以来对于边坡问题的研究主要是以边坡整体的稳定问题为主，对于边坡落石问题却研究得较少。随着国民经济建设的快速发展，崩塌落石问题越来越突出。崩塌潜在危害性预测的研究，对进一步研究它的破坏力和防治对策有重要意义。对崩塌落石运动进行分析，关键在于确定落石运动速度及其运动轨迹和破坏力，为防护设计提供可靠的依据。

4.2 崩塌潜在危害性预测的研究方法

对崩塌潜在危害性预测，就是对边坡落石运动问题的研究。目前，对于边坡落石运动问题的研究分析方法可以归纳为两类，即以试验研究为主的经验方法[131-135]和以理论推导为主的理论方法[136]。前者主要包括现场试验研究以及室内模拟模型试验研究。试验研究的方法是确定基本物理力学参数，深入理解边坡落石问题的重要方法。试验研究的数据具有准确、客观、综合的特点。毫无疑问，一定数量的试验数据是研究落石问题不可或缺的，也是正确理解落石问题的基础。但是试验研究的数据缺乏系统性，并且具有区域局限性强的特点，这使得试验方法的结果不具备广泛的工程意义。理论推导的方法，主要是以运动学和动力学理论为基础，建立合理的数学计算模型。随着计算机技术的发展，在落石研究方面计算机辅助分析方法有了很大的发展，国外在 20 世纪 80 年代已开始这方面的研究，目前仍在深入[137-141]。CRSP (Colorado Rockfall Simulation Program)就是开发的一种比较好的计算机辅助分析系统。

了解崩塌落石发生的原因，掌握其本身可能的运动特征，是成功设计防治措施的前提。其中最重要的设计参数是崩塌落石的冲击能和运动轨迹，可以通过理论计算、数值模拟或现场试验确定落石动能和弹跳高度，用来选择防治措施。这样做，对保证施工安全、降低工程造价、提高线路质量效果均较好。通常采取以避、护、顶、锚、拦为主，以排水、植被绿化等为辅的工程措施防治崩塌落石，以确保行车安全。

出于建模上简化的考虑，对于边坡落石问题，作以下的假设：

(1)简化落石运动为二维运动问题，忽略落石之间的相互影响。

(2)假设边坡坡面形状已知，坡面方程为 $f(x,y)=0$；落石运动的初始条件由现场调查确定，在推导中作为已知条件。

(3)只考虑落石为球体的情况，球体在二维坐标下退化为圆，并且假设落石的质量均匀分布，落石绕其圆心转动。

(4)落石的运动分为几个主要的运动形式，每一种运动形式都有其特点和假设，实际的运动形式可以归纳为这几种运动形式的一种或者几种运动形式的组合。

4.3 落石的运动方程及参数确定

边坡落石运动的形式主要有五种：(1)落石的坠落；(2)落石的滑动；(3)落石的自由飞落；(4)落石的碰撞弹跳；(5)落石的滚动(图 4.3-1)。对于某一具体的边坡，落石的这几种运动形式可能兼而有之，这取决于边坡的形状、边坡坡面的地质力学特点以及落石的力学性质等因素。下面对这五种运动形式分别进行阐述。

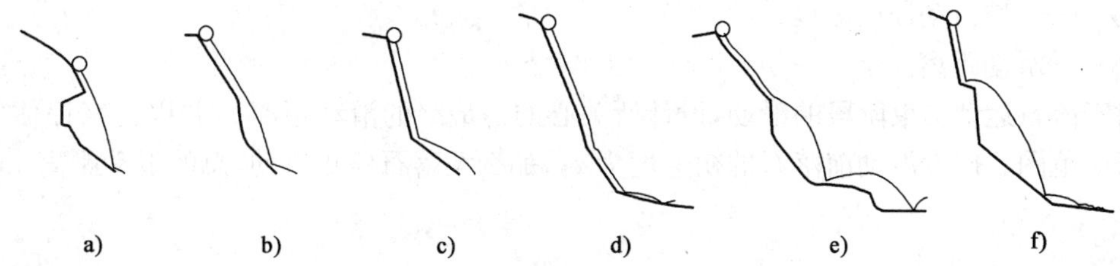

图 4.3-1 边坡落石运动各种形式

4.3.1 落石的坠落

坠落是因岩层受风化、侵蚀之后分解成较小的岩块或岩屑，一旦雨水持续冲刷，岩块或岩屑便会崩落造成落石。体积大小不一的岩块或土石，受重力影响以自由落体的方式从陡峭边坡或悬崖掉落。落石经常发生于地形较陡峭的山坡地或窄小、高峭的道路边坡。由于落石冲击力很大，常会摧毁道路边的结构物，掩埋房舍，阻塞交通，造成人员伤亡事故。

前已述及，崩塌运动的特点是质点位移矢量中垂直分量大大超过其水平分量，而且崩塌体完全与母体脱离。在悬崖峭壁的情况下，块体位移服从自由落体运动规律，因此它的下落速度取决于开始崩落的高度，速度表达式为：

$$v=\sqrt{2gh} \tag{4.3-1}$$

式中：v——岩块的直落速度；

g——重力加速度；

h——崩塌时坠落的高度。

如果在崩落过程中不与突出岩体相撞，它将铅直下落。它的破坏能力可用其动能来衡量。根据运动学知识可得其落地时的动能为：

$$P=\frac{1}{2}mv^2 \tag{4.3-2}$$

式中：P——岩块的破坏力(即落地时的能量)；

m——直落岩块的质量；

4.3.2 落石的滑动

在落石运动的开始和结束阶段，特别是在边坡坡度较缓且坡面光滑的坡段上，可能会发生落石的滑动。这种边坡一般较平整，不很陡，滑动的距离从几厘米到几米不等。由于滑动摩擦力的存在，滑动阶段落石的速度往往很低，能量损耗较大。

对于落石运动开始阶段的滑动，设计所关心的是滑动结束时的速度(也即是后面落石自由飞落的初始速度 v_0)。假设落石在重力作用下由静止开始滑动，则滑动结束时的速度为：

$$v=\sqrt{2g(\sin\alpha-\mu\cos\alpha)s} \tag{4.3-3}$$

式中：g——重力加速度；

μ——滑动摩擦系数，可以由现场的摩擦试验或经验取值；

α——边坡滑动段的坡度；

s——滑动距离。

对于落石运动结束阶段的滑动，设计所关心的是最终的滑动距离 s，并以此来评估落石灾害的影响范围。假设滑动前落石的初速度为 v_0，那么至落石停止滑动，总的滑动距离 s 可由下式估算：

$$s=\frac{{v_0}^2}{2g\cdot(\sin\alpha-\mu\cos\alpha)} \tag{4.3-4}$$

其中，各参数含义同前。

4.3.3 落石的自由飞落

落石能否发生自由飞落与边坡剖面的形状、落石的初始运动形式等有关。在边坡角变化的地方，以及碰撞发生后(图 4.3-2)，往往会形成落石的飞落。在重力作用下，落石的重力势能转换为动能。忽略落石飞行时空气阻力的影响，落石的自由飞落可以描述为一种简单的斜(平)抛运动，运动轨迹为一系列碰撞点之间的抛物线。对于落石的自由飞落，设计所关心的是碰撞点的位置、碰撞的入射速度以及在防护结构设置处落石的撞击速度和高度。

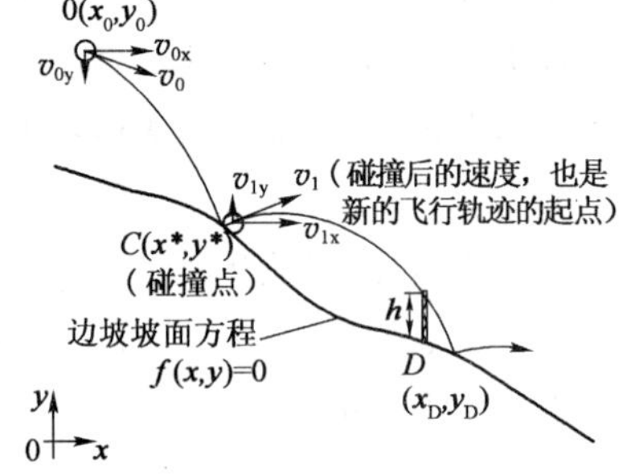

图 4.3-2　落石自由飞落模型

如图 4.3-2 所示，在 $t=t_0$ 时刻，假设落石位于图中 0 点 (x_0,y_0)，速度为 v_0，则在 $t=t_0+\Delta t$ 时刻，落石的坐标 (x,y) 为：

$$x=v_{0x}\cdot\Delta t+x_0 \tag{4.3-5a}$$

$$y=-\frac{1}{2}g\Delta t^2-v_{0y}\cdot\Delta t+y_0 \tag{4.3-5b}$$

消去上两式中的 Δt，可以得到落石自由飞落的运动轨迹方程：

$$\frac{2{v_{0x}}^2}{g}(y-y_0)+(x-x_0)^2+\frac{2v_{0x}v_{0y}}{g}(x-x_0)=0 \tag{4.3-6}$$

边坡坡面方程：

$$f(x,y)=0 \tag{4.3-7}$$

联立式(4.3-6)和式(4.3-7)求解方程就可以得到碰撞点 C 的坐标(x^*,y^*)。同时很容易得到在碰撞点 C 处落石的入射速度 v_i：

$$v_i = \sqrt{v_{0x}{}^2 + \left(v_{0y} + g\frac{x^* - x_0}{v_{0x}}\right)^2} \tag{4.3-8}$$

一旦碰撞点的位置和碰撞的入射速度确定以后，就可以进一步分析落石的碰撞以及后续的运动轨迹了。

就设计而言，除了要知道碰撞点的位置和入射速度，还要知道落石在防护结构设置处的撞击速度和高度。知道了落石的撞击速度，可以进一步分析落石对防护结构的撞击能量，并以此为依据合理设计防护结构；知道了撞击高度，可以合理设计防护结构的高度，避免落石飞越防护结构而使防护结构失效。如图4.3-2所示，假设防护结构设置在边坡坡面上的D点，坐标为(x_D, y_D)，受起点位于碰撞点C的飞行轨迹控制，将$x_0 = x^*$，$y_0 = y^*$，$v_{0x} = v_{1x}$，$v_{0y} = v_y$，$x = x_D$代入式(4.3-5a)和式(4.3-5b)，很容易得到：

$$h = -\frac{1}{2}g\cdot\left(\frac{x_D - x^*}{v_{1x}}\right)^2 - v_{1y}\cdot\left(\frac{x_D - x^*}{v_{1x}}\right) + y^* - y_D \tag{4.3-9}$$

$$v = \sqrt{v_{1x}{}^2 + \left(v_{1y} + g\frac{x_D - x^*}{v_{1x}}\right)^2} \tag{4.3-10}$$

式中：h——落石在防护结构设置处的撞击高度；

v——落石在防护结构设置处的撞击速度。

4.3.4 落石的碰撞弹跳

落石在自由飞落过程中，一旦遇到边坡坡面的阻挡，就会发生碰撞弹跳。碰撞弹跳是落石运动过程中最复杂、最不确定的一种运动。碰撞可能是近乎完全弹性碰撞，也可能是完全的非弹性碰撞，这取决于落石和边坡岩、土的物理力学性质，碰撞时的入射角，落石的质量和入射速度等诸多因素。我们采用恢复系数法来描述落石碰撞的问题，把落石的碰撞问题当成刚体碰撞，通过恢复系数来考虑碰撞过程中的能量损失，避免了对落石碰撞过程中非线性变形以及摩擦问题的直接讨论。

早在牛顿时代，恢复系数就用来描述物体的碰撞问题。恢复系数表示物体碰撞后速度恢复的程度，也表示变形恢复的程度，并反映出碰撞过程中机械能损失的程度。最常用的恢复系数是分别定义法向和切向恢复系数，即定义：

$$R_n = \frac{v_{rn}}{v_{in}} \tag{4.3-11}$$

$$R_t = \frac{v_{rt}}{v_{it}} \tag{4.3-12}$$

式中：R_n、R_t——法向和切向速度恢复系数；

v_{in}、v_{it}——碰撞前法向和切向速度大小；

v_{rn}、v_{rt}——碰撞后法向和切向速度大小。

R_n和R_t为1时，碰撞过程中无摩擦阻尼作用，碰撞为完全弹性碰撞；R_n和R_t为0时，为完全黏滞阻尼状态，碰撞为完全非弹性碰撞。目前，很多学者都采用这种定义。对于落石的碰撞，设计所关心的是碰撞后的速度和碰撞后的滚动问题。

如图 4.3-3 所示,落石碰撞的入射速度 v_i 已经由前面的计算确定了,这里当成已知条件使用。

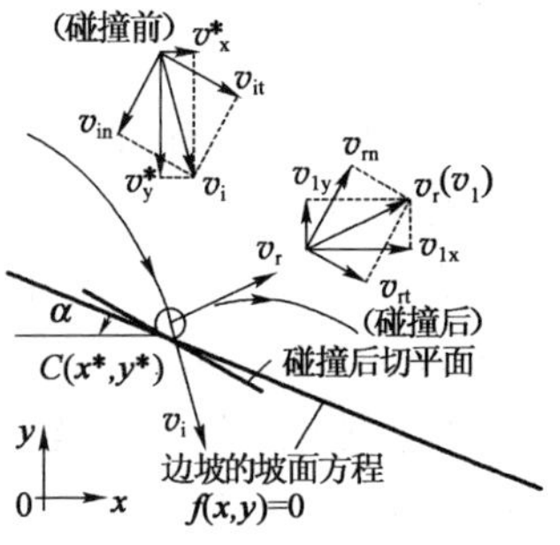

图 4.3-3 落石碰撞弹跳模型

按照速度矢量的分解有:

$$\begin{cases} v_{it} = v_x{}^* \cdot \cos\alpha + v_y{}^* \cdot \sin\alpha \\ v_{in} = - v_x{}^* \cdot \sin\alpha + v_y{}^* \cdot \cos\alpha \end{cases} \tag{4.3-13}$$

$$\begin{cases} v_{rt} = v_{1x} \cdot \sin\alpha + v_{1y} \cdot \cos\alpha \\ v_{rn} = v_{1x} \cdot \cos\alpha - v_{1y} \cdot \sin\alpha \end{cases} \tag{4.3-14}$$

式中:v_{it}、v_{in}——碰撞前落石速度的切向和法向的分量;

v_{rt}、v_{rn}——碰撞后落石速度的切向和法向的分量;

v_{1x}、v_{1y}——碰撞后落石速度的水平和竖直分量;

α——碰撞切平面和 x 轴的夹角,α 的大小为 $\arctan\left(\left|\dfrac{f'_x}{f'_y}\right|_{(x^*,y^*)}\right)$,式中 $f'_x = \dfrac{\partial f}{\partial x}$ 和 $f'_y = \dfrac{\partial f}{\partial y}$,$f$ 为坡面方程。

联合式(4.3-11)~式(4.3-14)可得碰撞后落石速度的水平和竖直分量 v_{1x}、v_{1y} 以及 v_r:

$$v_{1x} = [R_t\cos^2\alpha - R_n\sin^2\alpha] \cdot v_x{}^* + (R_t + R_n) \cdot \sin\alpha \cdot \cos\alpha \cdot v_y{}^* \tag{4.3-15a}$$

$$v_{1y} = -(R_t + R_n) \cdot \sin\alpha \cdot \cos\alpha \cdot v_x{}^* + [-R_t\sin^2\alpha + R_n\cos^2\alpha] \cdot v_y{}^* \tag{4.3-15b}$$

$$v_r = \sqrt{v_{1x}{}^2 + v_{1y}{}^2} \tag{4.3-16}$$

落石碰撞恢复系数 R_n 和 R_t 是正确估算落石运动轨迹的两个重要的参数。这两个参数与边坡的坡度、边坡坡面覆盖层的地质力学性质、落石自身的大小等因素有关。室内试验表明,随着边坡坡度的增加,法向恢复系数略有增加,但是对于切向恢复系数的影响却不是很明显[55];边坡坡面覆盖土越松散,碰撞就越趋向完全非弹性碰撞,相应的法向和切向恢复系数就越小;相反,边坡坡面出露的基岩越硬,碰撞就越趋向弹性碰撞,相应的法向和切向恢复系数就越大[60];小质量的落石比起在同一边坡上大质量的落石的碰撞恢复系数要大[57]。恢复系数的取值直接关系到在此基础上估算的落石运动轨迹的可靠度。而由于落石问题的复杂性,使得落石碰撞的恢复系数非常离散,而不像一般的物体间的碰撞,可以通过试验得到一个较为准确的可以推广的恢复系数参考值。所以要得到可靠的落石碰撞恢复系数,必须依赖于试验,在试验的基础上通过反分析得到恢复系数。

目前,尚没有规范明确给出 R_n 和 R_t 的取值范围。实践经验表明,落石碰撞的法向恢复系数在 0.2~0.5 之间,切向恢复系数在 0.4~0.9 之间。一般边坡坡面有基岩出露时,取大值;坡面为没有植被覆盖或有少量植被覆盖的砾岩或硬土时,取中间值;坡面为松散残积土或黏土时,取小值[56]。表 4.3-1 和表 4.3-2 给出了铁道部运输局推荐的法向和切向恢复系数的取值。

法向恢复系数(铁道部运输局推荐) 表 4.3-1

坡面特征	法向恢复系数 R_n	坡面特征	法向恢复系数 R_n
光滑而坚硬的表面和铺砌面,如人行道或光滑的基岩面	0.37~0.42	硬土边坡	0.30~0.33
多数为基岩和砾岩区的斜面	0.33~0.37	软土边坡	0.28~0.30

切向恢复系数(铁道部运输局推荐)　　表 4.3-2

坡面特征	切向恢复系数 R_t	坡面特征	切向恢复系数 R_t
光滑而坚硬的表面和铺砌面，如人行道或光滑的基岩面	0.87～0.92	植被覆盖的斜坡和有稀少植被覆盖的土质边坡	0.80～0.83
多数为基岩和无植被覆盖的斜坡	0.83～0.87	灌木林覆盖的土质边坡	0.78～0.82
多数为有少量植被的斜坡	0.82～0.85		

另一个与碰撞有关的重要问题是碰撞后落石运动动能的估算问题。定义 $\beta=\dfrac{E_r}{E_v}$，其中 E_r 为落石的运动动能，E_v 为落石的平动动能。β 称为落石运动动能与平动动能的比例因子。在理论上很难给出 β 的准确解答，一般都是按照经验来取值。日本公路协会(JRA)，在近 60 个现场试验的基础上，建议落石的运动动能取为平动动能的 0.1，即取 $\beta=0.1$。铁道部运输局建议用 β 取 0.2 来考虑落石的运动动能。

4.3.5 落石的滚动

这里所说的滚动是指落石紧贴着边坡坡面的滚动。在自然界中，这种滚动其实是很少见的，更常见的是一种短距离的弹跳模式，往往形成一系列连续的、弹跳距离很小的、弹跳高度很低的抛物线。落石滚动的状态与边坡坡面的不规则程度、落石的大小、落石的运动速度、落石与边坡之间摩擦力的大小有关。根据试验观察，一般当落石的尺寸比边坡坡面不规则程度小时，落石主要作一种小的弹跳和滑移运动。当落石的尺寸比坡面不规则程度大时，落石作一种有滑动的滚动。一般只有速度较低的球状、柱状以及饼状的落石，在坡度较缓、坡面较光滑的边坡上，才会有滚动发生。

为了避免复杂的分析，可将落石的滚动模型简化为圆形刚体在斜面上的有摩擦滚动，将所有复杂的控制因素归结到滚动摩擦系数中加以概化考虑。落石的滚动主要发生在运动的开始和结束阶段，在一些坡度较陡的坡段，也有可能发生滑动滚动(图 4.3-4)。研究所关心的是，落石在运动过程中什么时候进入滚动状态，以及滚动的最终距离。

这里定义 $\tan\gamma=\dfrac{v_m}{v_{rt}}$，其中 v_m 和 v_{rt} 分别为碰撞后落石弹跳速度的法向和切向分量，γ 称为落石碰撞反弹角。落石碰撞后，当 $\tan\gamma<\xi_\gamma$(其中 ξ_γ 为一任意大于 0 的无穷小的数，可根据计算精度确定其大小)时，可以认为落石进入滚动状态，而没有反弹；否则，继续按照弹跳来分析计算。

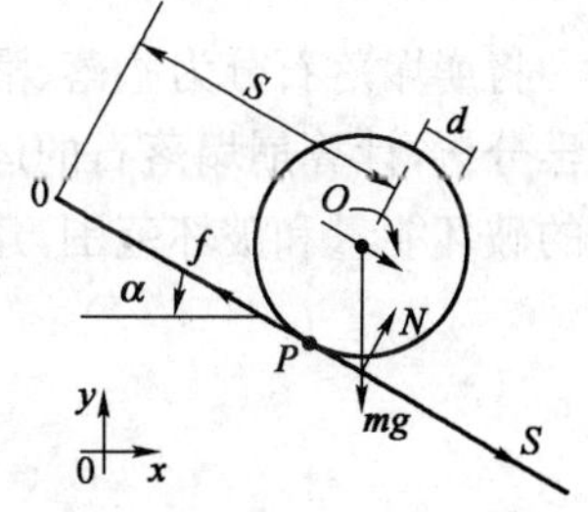

图 4.3-4　落石滚动模型

对于落石的滚动分析，如图 4.3-4 所示，假设落石在 O 点进入滚动状态，此时 $t=t_0$，$v=v_0$，$S=0$。

则任意时刻 t 时，由动态平衡方程可得：

$$N-mg\cdot\cos\alpha=0 \tag{4.3-17a}$$

$$m\cdot\ddot{s}=mg\sin\alpha-f \tag{4.3-17b}$$

$$I\cdot\frac{\ddot{s}}{R}=f\cdot R-N\cdot d \tag{4.3-17c}$$

式中：N——坡面对落石的支撑力；

f——坡面对落石的摩擦力；

m——落石的质量；

R——落石的半径；

$\ddot{s}$——落石的位移矢量。

由式(4.3-17a)、式(4.3-17b)、式(4.3-17c)可得：

$$\ddot{s} = \frac{m}{m + \frac{I}{R^2}} \cdot g \cdot \left(\sin\alpha - \cos\alpha \cdot \frac{d}{R}\right) \tag{4.3-18}$$

定义 $B = \dfrac{m}{m + \frac{I}{R^2}}$，$B$ 为与落石质量和形状有关的常数；定义 $\mu_r = \dfrac{d}{R} = \tan\beta_r$，称为滚动摩擦系数，$\beta_r$ 称为滚动摩擦角。

有 $a = \ddot{s} = B \cdot g \cdot \cos\alpha \cdot (\tan\alpha - \tan\beta_r)$

所以可得任意位置 s 的速度 v：

$$v = \sqrt{{v_0}^2 + 2B \cdot g \cdot \cos\alpha \cdot (\tan\alpha - \tan\beta_r) \cdot s} \tag{4.3-19}$$

如果 $a < 0$，即 $\tan\alpha < \tan\beta_r$ 时，落石作减速滚动，并最终在滚动摩擦作用下停止，停止时的位移 s 为：

$$s = \frac{{v_0}^2}{2B \cdot g \cdot \cos\alpha \cdot (\tan\alpha - \tan\beta_r)} \tag{4.3-20}$$

此式可以用来评估崩塌落石灾害的影响范围。同时有：

$$\mu_r = \tan\beta_r = \tan\alpha - \frac{(v^2 - {v_0}^2)}{2 \cdot B \cdot g \cdot \cos\alpha \cdot s} \tag{4.3-21}$$

如同恢复系数 R_t 和 R_n 一样，滚动摩擦系数 μ_r 也是正确估算落石运动轨迹的一个重要参数。滚动摩擦系数与落石的大小、形状、速度以及边坡的坡度、坡面地质力学性质有关。在有充分试验资料的情况下，可以由式(4.3-21)反算 μ_r 的值。现场试验的结果显示，落石滚动的摩擦系数 μ_r 在 0.3～1.0 之间（β_r 在 16°～45°之间）。

4.4 本章小结

将崩塌落石分为坠落、滑动、自由飞落、碰撞弹跳、滚动五种运动形式，分别对其进行了运动学分析，计算崩塌落石的运动速度、运动轨迹及其破坏力，确定了可动块体一旦发生崩塌产生的破坏能量和破坏范围，建立了一种评估崩塌落石灾害影响范围的研究方法。

5 室 内 试 验

5.1 室内崩塌模拟试验结论

在第3章的有关崩塌试验基础上,可以得到如下结论:

(1)No.1坡度为30°的试验过程中只有局部崩塌,而No.2坡度为35°产生了整体崩塌,这说明了坡度越大越容易产生崩塌,而No.3坡度虽为40°,由于干密度和黏土含量都大,雨水不易入渗,尽管没有产生孔隙水压力,由于坡度较陡,还是产生了表层崩塌。

(2)各种坡面形态对崩塌影响的试验结果表明:对于相同大小、相等曲率半径(平面型除外)、相同土质条件的不同边坡,其危险性是:No4的下降型>No.5的上升型,No.2平面型>No.8的集水型,No.6的溪沟型与No.7的脊梁型相关不大。

(3)边坡崩塌大多都是由于土体内孔隙水压力达到最大时发生的,如No.2和No.4～No.8,孔隙水压力急剧增加是产生崩塌的内在动力,No.1虽然有孔隙水压力,但由于坡度为30°,所以没有产生崩塌,而No.3虽没有孔隙水压力,但坡度为40°,所以也间生了崩塌,可见坡度也是边坡稳定的关键因子。

(4)土体位移量与累积降雨有关,当累积降雨达到某一极限时才使土体失去稳定产生崩塌。

(5)对于溪沟型坡面和脊梁型坡面来说,溪沟型坡面由于中间低,具有集水的作用,脊梁型坡面中间较高,具有散水的作用。从崩塌形式上观测,溪沟型坡面中间先局部崩塌,两侧后崩塌,而脊梁型坡面两侧首先局部崩塌,中间后崩塌。

5.2 室内声发射试验

为了确保取得较好的监测结果,首先在现场取包含结构面的岩样,经过加工后在室内做结构面力学特性试验和声发射特性试验,获得岩体结构面的声发射规律,以指导现场的声发射监测工作,并作为现场崩塌预报的依据。另外,在块体理论分析的基础上,建立贵毕线K79＋380～K79＋500段边坡的崩塌监测网和监测制度。

5.2.1 试验过程

1)岩样的取样和加工

从贵毕线K79＋380～K79＋500段边坡崩塌地段看,岩体节理裂隙特别发育,边坡岩体呈破碎岩块。使用的岩体结构面均取自贵毕线K79＋380～K79＋500段边坡崩塌地段。为了获取结构面的内摩擦角和黏聚力,在室内进行了直剪和倾斜压模试验。

在直剪试验中,试件加工的尺寸为10cm×10cm×10cm,用52.5级水泥拌制的水泥砂浆浇灌成15cm×5cm×5cm的方形试件。水泥河砂之比为1∶1;结构面位于中间部位,平行于上下两个面;盒分为上下两个盒,其高分别为7.5cm;上下两盒(平行于结构面)的砂浆接触面处留有 6～8mm 的间隙，使实际的剪切面全为结构面。

在倾斜压模试验中，试件尺寸为 5cm×5cm×5cm，样品在 10～110℃恒温箱内保持 24h，然后取出做试验。

考虑到现场情况拟采用 YSS 地音仪进行监测。YSS 地音仪的测试参数只有大事件、总事件数及能率三个指标。而室内采用 SFS—4B 型声发射仪，因此在室内试验也只测试这三个指标，以便现场应用。

2）直剪试验

试验时，垂直荷载从小到大逐级加载，每次加到应加的荷载时，停止垂直加载，然后再加水平荷载，直至剪断；此后换另一试件，增大到另一规定值后，再加水平荷载，直至剪坏。多个试件的测试数据经过分析处理后，得到各结构面的 c_j、φ_j 值。

3）倾斜压模试验

在进行倾斜压模试验的同时，将声发射换能器安装在试件上，随着压力升高，记录模具角度和结构面声发射大事件、总事件数及能率等参数。根据不同荷载和角度，计算结构面上的正应力和剪应力，最后进行回归试验，得到各结构面的 c_j、φ_j 值。将直剪和倾斜压模试验进行对比，最后确定了结构面的 c_j、φ_j 值，见表 5.2-1。

各种结构面的 c_j，φ_j 值 表 5.2-1

结构面序号	凝聚力(c_j)	内摩擦(φ_j)
1	0	32.7
2	0	28.5
3	0	31.6
平均	0	30.9

4）室内声发射测试

室内声发射测试系统如图 5.2-1 所示。

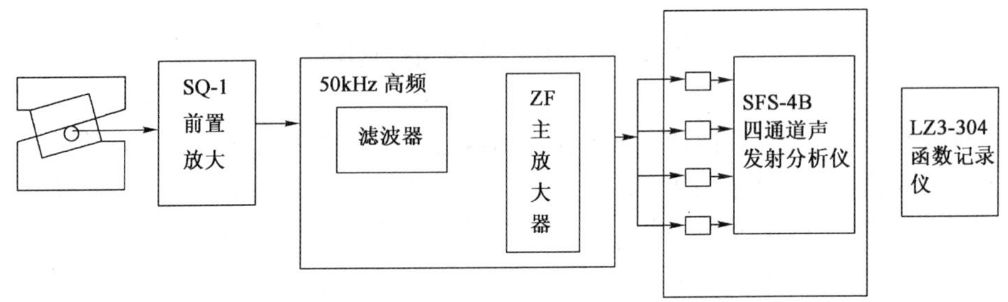

图 5.2-1 室内声发射测试系统框图

本次室内所用的声发射信息分析仪为沈阳市电子研究所生产的 SFS-4B 型四通道信息分析仪，该仪器为 20 世纪 90 年代产品，ZF 单元有四个独立的主放通道，主放增益 0～60dB，每 1dB 可调，最到输出幅度为±4V。该仪器可对声发射事件、能量、铃长、振铃等 7 个参数计数(考虑到现场采用的地音仪为 YSS 型，本次试验中只探讨大事件、总事件数及能率 3 个参数)，并有线性累计、线性增量、对数累计、对数增量四种输出形式。该仪器还配有前置放大器，增益 40dB，实测频响在 0.7～1 200kHz 范围内平坦，频响效应<3dB。换能器采用 1.2MHz。根据情况，不同主放采用 10dB、20dB、30dB。门槛电压为 0.3V。死时间采用 0.1ms 或 0.5ms。考虑到调查的结构面的倾角为 20°～35°之间，因此采用的压模倾角为 25°、30°、34°、39°、45°。在测试系统中，还增设了

X—Y 函数记录仪,记录了岩块结构面受载后的声发射频率、能率随时间的变化曲线。

本次采集的结构面样,全系天然的,几乎全是无厚度节理。其间几乎没有充填物,即使有一点充填物,其厚度也极薄。节理呈张开型,结构面比较平整光滑,只有一部分表面有突起现象,突出体大小高低都不一样,因而起伏角度也不一样。在进行剪切试验时,力学效应呈现一定程度的不同,其发声率、能率值随时间变化有一定不同,对于现场用声发射监测崩塌增大了一定难度,但总体还是有规律的。

5.2.2 试验分析

1)试验结果

本次试验共有试样 12 个。试验结果见表 5.2-2 和图 5.2-2～图 5.2-5。

结构面声发射率、能率随时间变化的曲线　　表 5.2-2

曲线类型 / 结构面编号	上升型	单峰型	双峰型	多峰型
	曲线数(%)	曲线数(%)	曲线数(%)	曲线数(%)
1	20			
2			35	
3				43
4			37	
5			33	
6		23		
7				60
8			41	
9				72
10			45	
11				67
12			34	
小计(%)	8	8	50	34

2)试验结果分析

由图 5.2-2～图 5.2-5 看出,结构面声发射特性呈现上升型、单峰型、双峰型和多峰型,12 个岩样中,所占的比例分别为 8%、8%、34%、50%。各自主要特征分析如下。

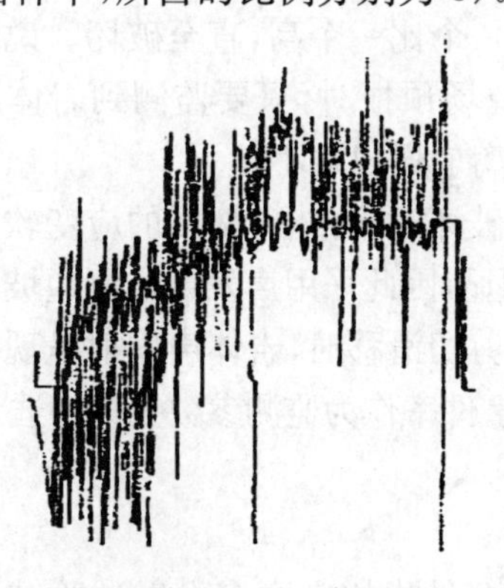

图 5.2-2　上升型

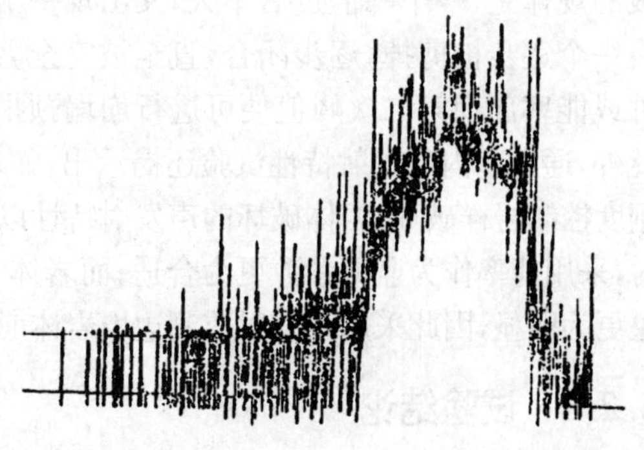

图 5.2-3　单峰型

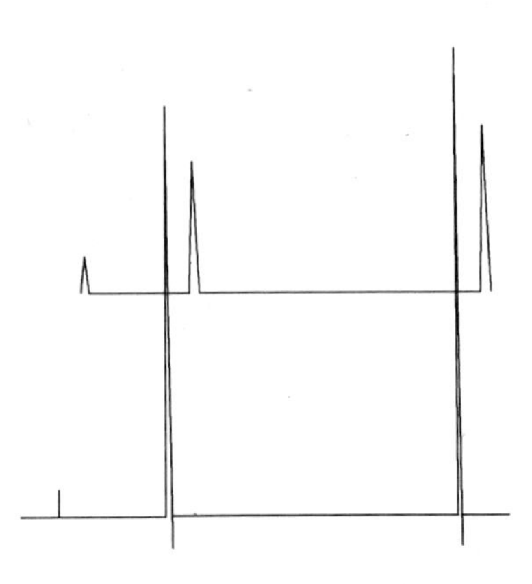

图 5.2-4　双峰型

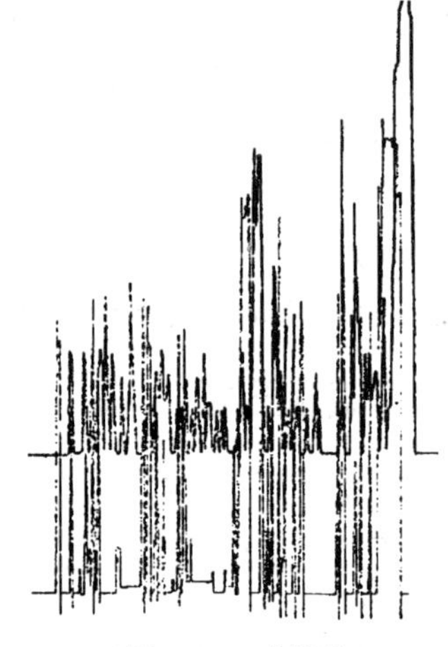

图 5.2-5　多峰型

(1)当结构面光滑且闭合紧密时，结构面声发射特性呈现上升型。此时，无论是能率还是声发射事件率随时间的变化曲线，其包络线的坡度比较平缓，但始终保持上升趋势，破坏发生在曲线的上升段；另外，无论是声发射事件率还是能率曲线，在上升过程中都有不大的起伏，这是这类曲线的特点；此类曲线表明，结构体发生沿结构面的剪切破坏时，多发生在能率和声发射率最大值时，而不发生在下降段。因而现场预报时，只要监测到岩体的声发射事件或能率出现峰值，便可进行崩塌预报。

(2)当结构面较光滑且闭合紧密，但有一个突出体时，结构面声发射特性呈现单峰型。与上升型的不同之处，在于其破坏发生在曲线的下降段。这类曲线随着时间的推移与剪力的不断增大，曲线的总趋势是上升的，但能率和声发射率达峰值时，岩块并没有沿结构面发生剪切滑移，而是曲线在下降到一定值时才破坏。因而现场预报时，只要监测到岩体的声发射事件或能率出现峰值便可进行崩塌预报，因为此时离崩塌出现不远了。

(3)当结构面较粗糙且闭合紧密，有两个突出体时，结构面声发射特性呈双峰型。声发射事件率的总趋势呈上升趋势，然而局部的起伏则经常出现，这一现象的出现，是由于剪切一些小的突出体形成的。剪切掉一个突出体时，出现第一次峰值，随后闭合，继续剪切，当剪掉第二个突出体时，出现第二次峰值。因而现场预报时，只要监测到岩体声发射事件或能率出现第二次峰值便可进行崩塌预报。

(4)当结构面粗糙且闭合不紧密，但有多个突出体时，结构面声发射特性呈现多峰型。能率曲线的规律是，一个峰值过后不久，又出现一个峰值，而且一个比一个高，直至破坏。说明突出体有一个逐步被剪掉，逐步闭合，直至被完全剪坏。因而现场预报时，只要监测到岩体声发射事件或能率出现第二次峰值便可进行崩塌预报，因为此时离崩塌出现不远了。

此外，通过室内声发射特性试验还揭示出：如岩样为挤压破坏时，岩体破坏后的应变软化和系统刚度控制岩样破坏，岩体破坏的声发射特性以能率更为明显，因此采用声发射监测边坡岩体崩塌时，采用能率作为监测参数更为合适；而岩体为沿弱面的剪切滑移时，岩体声发射呈现事件率现象更为明显，因此采用声发射监测边坡岩体崩塌时，采用事件率作为监测参数更为合适。

5.2.3　试验结论

通过对贵毕公路 K79＋380～K79＋500 边坡崩塌路段 12 件岩样室内声发射试验结果分析，岩体结构面声发射事件、能率随时间变化的曲线可以分为 4 种类型，即上升型、单峰型、双峰型、多峰型，这 4 种曲线类型分别反映了不同岩体结构面变形或破坏时的声发射规律。这个规律，可以指导崩塌现场声发射监测工作，作为崩塌预报的依据。

(1)当结构面光滑且闭合紧密时，曲线为上升型。只要监测到岩体的声发射事件率或能率出现峰值便可以发出崩塌预报。

(2)当结构面较光滑且闭合紧密时，曲线为单峰型。只要监测到岩体的声发射事件率或能率出现峰值便可以发出崩塌预报。

(3)当结构面较粗糙且闭合紧密时，曲线为双峰型。只要监测到岩体声的发射事件率或能率出现第二次峰值时便可以发出崩塌预报。

(4)当结构面粗糙且闭合不紧密时，曲线为多峰型。只要监测到岩体声的发射事件率或能率出现第二次峰值时便可以发出崩塌预报。

(5)当岩体为挤压破坏时，声发射特性以能率更为明显，崩塌声发射监测宜采用能率作为预报参数；而岩体沿软弱面剪切滑移破坏时，声发射特性事件率更为明显，因此崩塌声发射监测宜采用事件率作为预报参数。

5.3 现场岩石声发射特征实验

5.3.1 实验目的与方法

为了研究岩石在变形破坏时，声发射的频次与岩石强度、岩体完整性之间的关系，课题组选择了正在开挖的隧道进行了研究(因为隧道开挖后，围岩存在一个应力调整的过程，而这个过程与崩塌极为类似)。

5.3.2 研究过程与分析

(1)在隧道开挖的掌子面上，监测声发射的频次 N，并调查隧道的地质概况。

(2)采用地质雷达测定隧道岩体中的纵波波速 v_1，并取样试验获得岩石的波速 v_2，由此计算岩体的完整性系数 $\mu=\left(\frac{v_1}{v_2}\right)^2$。

(3)将声发射频次 N、完整性系数 μ、岩石抗压强度 R_a 列于表 5.3-1 中。

岩体综合指标表

表 5.3-1

参数项目 隧道名称	大事件频次 N (次/5min)	完整性系数 μ	岩石抗压强度 R_a(MPa)	施工开挖情况 (监测时间)	地质概况
南环线毛栗坡隧道	8	0.22	28	爆破后出渣完毕时监测	白云质灰岩，节理裂隙发育，偶夹泥
都新线腊芒隧道	14	0.41	43	爆破后	白云质灰岩，节理裂隙发育，局部岩溶发育
都新线省界隧道	11	0.40	49	爆破后 2h	白云质灰岩，完整，岩溶发育
都新线新和隧道	0	0.28	62	爆破后 25d 监测	灰岩，较完整，岩溶发育
都新线黄家山隧道	1	0.74	40	爆破后 7d 监测	白云质灰岩，岩体较完整
都新线大坪隧道	10	0.28	40	爆破后出渣完毕时监测	白云岩，节理裂隙发育

5.3.3 实验结论

(1)岩体的完整性系数越大,岩石破坏前释放的能量越大,能率(大事件频次)越多。

(2)岩体内部积蓄的能量(应力)释放后,其声发射特征表现为不明显。

(3)全强风化层岩石、土层的滑动,未测到其声发射特征。

5.4 主要结论

课题组开展了室内崩塌模拟试验,并进行了岩石声发射特征的研究,取得了以下成果。

(1)土质边坡崩塌的发生,主要受到坡度、土质、降雨三个因子的影响。坡度提供了崩塌的能量(势能);土质决定土体的强度、渗透系数、孔隙率,从而影响土体的孔隙水压力;降雨是触发因子,一般情况下,其大小决定崩塌的规模和起崩数量。

(2)岩石边坡的崩塌,是应力释放和摩擦运动的过程,并伴随着声音,其能率(大事件频次)的大小与岩体所处的状态有关。能率大,大事件频次多,发生崩塌的概率大。

(3)声发射仪应用于岩质边坡滑坡、崩塌监测,具有直观有效、快捷等特点,是滑坡、崩塌启动的信号,据此可以进行准确预警。

(4)通过对贵毕公路 K79+380~K79+500 边坡崩塌路段 12 件岩样室内声发射试验结果分析,岩体结构面声发射事件、能率随时间变化的曲线可以分为 4 种类型,即上升型、单峰型、双峰型、多峰型,这 4 种曲线类型分别反映了不同岩体结构面变形或破坏时的声发射规律,可以指导崩塌现场声发射监测工作,作为崩塌预报的依据。

6 滑坡、崩塌成灾机制与规律

6.1 发育特征

6.1.1 公路滑坡的发育特征

公路滑坡在各种地质灾害中,危害性最大,分布最广,受滑坡体的组成物质、空间形态以及成因的影响很大。滑坡的类型主要有岩质滑坡和残坡积层滑坡,其中岩质滑坡又可分为破碎岩石滑坡和顺层岩石滑坡。

1)破碎岩石滑坡

其特征为坡体由因构造、风化作用而破碎、松散的岩石组成,岩层产状紊乱,岩体内结构面发育,但仍保持岩石原有岩层结构特点,常常位于断层附近,数量集中;其变形范围多由风化深度和开挖面控制,常有多层滑带,滑动带的倾角陡缓不一,但主滑段倾角一般较陡(多为 25°～35°),滑坡的规模大。

变形机制为:坡体由变质岩组成,岩石较硬、脆,受地质构造影响,坡体内发育各种泥化夹层、层间错动带、劈理面和顺坡断层等软弱带,延伸长且倾向线路,路堑边坡开挖或隧道掘进后,引起坡体卸荷松弛,加之坡体岩石破碎,地表水易下渗至坡体内的软弱带,导致其抗剪强度降低,当软弱带的抗剪强度不足以抵挡坡体的下滑力时,坡体就沿软弱面产生剪切破坏,形成滑坡。

2)顺层岩质滑坡

岩层倾向临空面,倾角较缓,在砂、泥岩接触面或砂、页岩互层发育有泥化夹层,即是依附泥化夹层错动带发育形成。

变形机制为:组成坡体的岩层内存在软弱夹层,线路基本与岩层走向平行,边坡开挖后,形成新的临空面,改变了原有坡体内地应力的平衡状态并使之释放,卸荷使坡体内岩层的结构面、节理面和裂隙松弛、张开,地表水更易渗入坡体内,使坡体内的软弱夹层和层间错动带进一步软化,抗剪强度降低。当某一软弱带的抗剪强度不足以抵挡坡体的下滑力时,坡体就沿该层产生剪切破坏,形成滑坡。

3)残坡积层滑坡

其特征是自然山坡具有明显的圈椅状外貌,坡面较为平缓,滑体以土石混杂为主,多分布在山坡低洼处或山间沟谷出口,滑带多依附于基岩顶面,地下水较多,滑带倾角较缓,抗剪强度低,一般曾发生过多次滑动,处于极限平衡状态,变形时滑动速度缓慢。

变形机制为:线路于滑坡前部或中部通过,路堑边坡开挖切除或削弱了滑坡的抗滑段,改变了滑坡原有的稳定或极限平衡状态,使下滑力大于抗滑力,引起滑坡复活。

6.1.2 崩塌的发育特征

其特征是由构造破碎的岩体组成自然斜坡产生崩塌,堆积在坡脚形成松散堆积体,无原岩结构,结构松散,碎块石含量大,底界面一般为较完整的基岩。

其变形机制为:路堑边坡开挖后,如所形成坡面的坡率陡于碎块石的休止角,在坡体松弛范围内岩土结合强度不足时,则坡面会发生逐步的、由外至内的坍塌变形;坡体内无贯通的软弱带,变形时也没有固定的破坏面,坍塌后的形态是上部较陡,下部较缓,坡面略带内凹弧形。

6.1.3 危险斜坡的发育特征

此类灾害在边坡开挖后,如坡体内发育软弱带,则转化为滑坡;如坡体无明显的软弱带,则形成高边坡。一般为岩石高边坡,只是风化深度不同。在变形模式上可分两种。

一是坡体由破碎、风化程度强的岩石组成,此时表现出来的岩土特性类似于碎石土,如坡率陡于其自身的稳定坡率,发生变形时以大规模坍塌为主。

二是坡体由相对完整、风化程度轻的岩石组成,坡体内发育不甚贯通的各种不利结构面,发生变形时以局部块状滑塌为主。

其变形机制为:边坡开挖后,坡体内原有的力学平衡状态被打破,在开挖影响区内,应力发生调整,坡体由表及里的不同位置产生不同的位移,有些地方因应力调整过大出现较大位移而发生破坏,随着开挖的进行,这些局部破坏的地方会扩展形成宏观的破坏面,形成潜在滑带。在坡面至潜在滑带之间的岩(土)体因发生过大变形,质点间黏结力减小甚至消失,在自重应力或水的作用下,沿潜在滑带发生滑移破坏。

6.2 公路地质灾害的形成条件

研究区地质灾害的形成是在一定的环境条件下形成的,是各种自然因素和人为因素共同作用的结果。西部地区多为地形切割强烈,山高坡陡,沟壑纵横,地质构造强烈,基岩节理裂隙发育,山体边坡稳定性差;气候湿润多雨,降雨集中,雨源性水系发育,水土流失严重;上述自然地理、地质构造、气候环境客观上决定了西部地区地质灾害的多发区。近年来,随着水利工程、矿山开发、公路、铁路及城市建设的日益兴盛,各种自然因素和人为因素造成的地质灾害频频发生。

6.2.1 地质条件

在断裂破碎带内,滑坡、崩塌、泥石流成群出现。特别是近期滑坡、崩塌等地质灾害的分布格局在很大程度上受构造体系的影响。

地质灾害的发生与岩体岩性及结构关系密切。统计表明:90.5%的滑坡和几乎所有的泥石流发生在软质岩及软硬相间层状结构岩体中,相反,崩塌则易发生在碳酸盐岩地区或软硬相间的层状结构岩体中。

三凯高速公路经过的区域出露的地层基本为地质年代较早的、浅变质的软岩,主要是中薄层的变余砂岩、板岩和页岩,物理力学性质差,强度低,易风化。区域断裂及其次生断裂发育,断裂破碎带及其影响带宽,部分路段位于断裂交汇处或影响带内,在地质构造的作用下,岩体极度破碎,坡体内构造面、小断层发育,风化后形成软弱带,为灾害的发生提供了物质基础。

6.2.2 地形条件

西部地区地形切割强烈,山高坡陡,沟壑纵横,这种地表形态为斜坡上岩土体的运动创造了条件。研究表明:滑坡、崩塌灾害主要发生在坡度大于25°的斜坡上。

6.2.3 诱发条件

人工活动是贵州省公路崩塌滑坡地质灾害发生的最主要诱发因素，加上贵州降雨丰富，降雨等诱发因素的影响加剧了公路崩塌滑坡地质灾害的发生。人工活动包括机械开挖、爆破和堆载等，其中以机械开挖引起的公路崩塌滑坡最为常见。

1)降雨

降雨是贵州省地质灾害发生的主要诱发因素。研究区的大部分地质灾害均是由降雨触发引起。

(1)降雨不仅增加了斜坡上岩土体的荷载，而且润湿软化软弱结构面，降低岩土体的凝聚力，破坏了斜坡上岩土体原有的力学平衡，从而诱发了滑坡、崩塌等地质灾害的发生。

(2)水压作用。由于地下水补给的激增(如特大暴雨、山洪等)或排泄水位异常变动(如河、库水位波动或排泄通道堵塞等)，引起滑坡体中岩(土)体水动力条件的剧变，动水压力和孔隙水压力启动滑坡。

由于长期地下水作用，坡体内部遭受渗透变形(或溶蚀作用)形成的疏松架空带，或某些变形体的剪动扩展空隙带，它们往往是地下水的富集带。若某种原因(如变形跃变或震动诱发等)，突然陷落压密，则可激发很高的超孔隙水压力(或气垫效应)，使压密带抗剪强度急剧降低而导致斜坡失稳。

2)爆破引振机制

(1)累积效应。频繁的小振对斜坡累进性破坏起着十分重要的作用，其累积效果使影响范围内岩体结构松动，结构面强度降低。

(2)触发(诱发)效应。高陡的陡倾层状体斜坡，振动可促进陡倾结构面(裂缝)的扩展，并引起被分割岩体的微动，从而激活孔隙水压力的增加，导致变形与破坏。碎裂状或碎块状斜坡，强烈的人工爆破振动可使整体溃散，发展为滑塌式滑坡。

(3)结构疏松饱水的砂土或敏感黏土受振液化，也可导致上覆土体产生滑坡。

3)开挖触发机制

自然的山体在长期的各种营力作用下保持一定程度的平衡，也就是应力的平衡，由于工程活动，如公路路基的开挖、基坑开挖等，打破了这种平衡，在周围其他条件不变的情况下，山体必然进行自身稳定的调整，应力随之进行重分布。如果岩体抗滑指标小于应力调整过程中产生综合效应的致滑指标，加之由于重力的影响，产生了滑坡。

6.3 主要结论

(1)对公路滑坡、崩塌的发育特征进行了分析总结，研究了西部地区分布较多的残坡积层滑坡、破碎岩石滑坡和顺层岩石滑坡的机制。

(2)通过对公路滑坡、崩塌形成条件的分析，提出了降雨和人工活动是公路滑坡形成的重要触发因素。

7 地质基础

7.1 滑坡、崩塌监测预报地质工作

在开展公路地质灾害监测预报之前，以收集资料为主，但必须进行一定深度的地质勘察工作。有条件的情况下，可以进行初步或详细工程地质工作，其要求按照现行《公路工程地质勘察规范》(JTJ 068—98)执行。其目的为：

(1)为监测网的布置、监测方法数量的确定提供依据。

(2)为监测预报提供宏观地质数据和必要的物理力学参数。

(3)为预报的综合分析评价提供依据。

其内容为：

(1)水文地质与工程地质条件，包括：自然地理，地形地貌，地层岩性，地质构造，地震和新构造运动，水文地质条件等。

(2)公路滑坡、崩塌的特征与成因，包括：规模、类型和一般特征，形成条件和发育过程，变形或活动特征等。滑坡、崩塌的一般分类见表 7.1-1 和表 7.1-2。

崩塌(危岩体)一般分类表 表 7.1-1

划分依据	类　型	特征说明
破坏方式	滑移式崩塌	危岩沿软弱面滑移，于陡崖(坡)处塌落
	倾倒式崩塌	危岩转动倾倒塌落
	坠落式崩塌	悬空或悬挑式岩块拉断、折断塌落
危岩体体积	小型危岩	$<1\times10^4m^3$
	中型危岩	$1\times10^4\sim10\times10^4m^3$
	大型危岩	$10\times10^4\sim100\times10^4m^3$
	特大型危岩	$>100\times10^4m^3$
危岩体顶端距陡崖(坡)脚高度	低位危岩	≤15m
	中位危岩	15～50m
	高位危岩	50～100m
	特高位危岩	>100m

滑坡一般分类表 表 7.1-2

划分依据	名称类别	特征说明
物质组成	土质滑坡	发生在冲积、洪积、坡积、崩积、残积等松散层中的滑坡
	岩质滑坡	发生在基岩中的滑坡
滑面与岩层面关系	顺层滑坡	沿层面滑动的滑坡，发生在岩层倾向与坡向一致，且倾角<坡角；残、坡积物顺着下伏基岩层面滑动的滑坡，亦属顺层滑坡
	切层滑坡	滑动面与岩层面相切，常沿倾向山外的一组软弱结构面发生，多发育在逆向坡或近水平岩层的斜坡中

续上表

划分依据	名称类别	特征说明
滑体厚度	浅层滑坡	滑坡体厚度≤10m
	中层滑坡	滑坡体厚度 10～25m
	深层滑坡	滑坡体厚度 25～50m
	超深层滑坡	滑坡体厚度>50m
始滑部位及运移形式	推移式滑坡	始滑部位位于滑坡后缘，主要动力来自滑坡后部的自重或加载
	松脱(牵引)式滑坡	始滑部位在滑坡前缘，主要原因是坡脚受河流冲刷或机械开挖临空前缘卸荷、拉张、松脱
	混合式滑坡	始滑部位前、后缘结合，共同作用
诱发因素	工程滑坡	由施工开挖，或建筑物或人工堆积加载，或水库蓄水等，工程活动引起的滑坡
	自然滑坡	由自然地质作用形成的滑坡
形成年代	新滑坡	全新始以来，有历史记载或滑坡形迹清晰、保存完好的滑坡
	老滑坡	晚更新世以来，无历史记载或滑坡形迹不清晰的滑坡
	古滑坡	晚更新世以前形成的滑坡(距今 12.5 万年以前)
滑体体积	小型滑坡	$\leqslant 10\times10^4 m^3$
	中型滑坡	$10\times10^4\sim100\times10^4 m^3$
	大型滑坡	$100\times10^4\sim1\,000\times10^4 m^3$
	特大型滑坡	$>1\,000\times10^4 m^3$
滑坡期次	复活型滑坡	古滑坡、老滑坡整体或局部再次活动
	新生型滑坡	初次发生的滑坡

(3)滑坡、崩塌的稳定性评价，包括：岩土物理力学参数，稳定性计算、试验成果和综合评价，进一步可能变形破坏或活动的方式、规模和主要诱发因素与影响因素等。

(4)对公路、村寨或其他构造物、附属设施的影响范围和程度。

(5)能满足监测点、网布设的地形图、地质图(含平面图和剖面图)和附近建设现状与规划图。

7.2 公路滑坡、崩塌的稳定性评价

7.2.1 公路滑坡稳定性评价

滑坡稳定性评价一般可采用野外定性判别、极限平衡分析、模糊神经网络综合评判等方法，野外定性判别标准如下。

(1)稳定状态：滑坡外貌特征后期改造很大，滑坡洼地基本难以辨认，滑体地面坡度平缓(≤10°)，前缘临空低缓(一般<5m，坡度<15°)，滑体内冲沟切割已至滑床；滑面起伏较大，且倾角平缓(≤10)，滑面饱和阻抗比>0.8；滑坡残体透水性良好，剪出口一带泉群分布且流量较大；滑距较远，能量已充分释放，残体处于稳定状态；滑坡周边没有新的堆积物加载来源，滑坡前缘已形成河流侵蚀的稳定坡型或有河流堆积。经分析和实地调查，找不出可导致整体复活的主要动力因素，人为动力因素很弱或不存在。

(2)基本稳定状态：滑坡外貌特征后期改造较大，滑坡洼地能辨认但不明显或略有封闭，滑体地面平均坡度较缓(10°～20°)，滑坡前缘临空比较低缓(高度 15～30m，坡度 15°～20°)，滑体内沟谷已切至滑床；滑面形态起伏，滑面平均倾角≤20°，滑面阻抗比 0.6～0.8；滑坡残体透水性良好；滑距较远，能量已充分释放；滑坡周围无新的堆积物加载来源，滑坡前缘已形成河流侵蚀的稳定坡型。经分析和实地调查，在特殊工况条件下，其整体稳定性有所降低，但仅可能产生局部变形破坏。

(3)潜在不稳定状态：滑坡外貌特征后期改造不大，后缘滑坡洼地封闭或半封闭；滑体平均坡度中等(20°～30°)，滑坡前缘临空面较陡(高度 30～50m，坡度 20°～30°)，滑体内沟谷切割中等；滑面形态为靠椅状或平面状，滑面平均倾角 20°～30°，滑面阻抗比 0.4～0.6；滑坡残体透水性一般，滑距不太远，能量释放不充分，滑坡后缘有加载堆积或有一定数量的危岩体为加载来源，滑坡前缘受冲刷尚未形成稳定坡型，且有局部坍塌产生，整体尚无明显变形迹象。经实地调查和定性分析，在一般工况条件下是稳定的，但安全储备不高，在特殊工况条件下有可能整体失稳。

(4)不稳定状态：滑坡外貌特征明显，滑坡洼地一般封闭明显；滑体坡面平均坡度较陡(>30°)，滑坡前缘临空面较陡(高度>50m，坡度>30°)，滑体内沟谷切割较浅。滑面呈靠椅状或平面状，滑面平均倾角>30°，滑面阻抗比<0.4；滑体结构松散，透水性差；滑距短，滑坡残体保留较多，剪出口以下脱离滑床的体积较少；滑坡有加载来源；滑坡前缘受冲刷，有坍塌产生；滑体上近期有明显变形破坏迹象。变形迹象为滑坡变形配套产物；后缘弧形裂缝或塌陷，两侧羽状开裂，前缘膨胀、鼓丘等。经实地调查和分析，滑体目前接近于临界状态，且正在向不稳定方向发展，在特殊工况条件下，有可能大规模失稳。

通过以上工作，属于稳定状态的边坡可不监测；基本稳定状态的边坡宜进行地表巡视；潜在不稳定状态边坡和不稳定状态边坡应进行专业监测。

7.2.2 公路崩塌稳定性评价

(1)崩塌体的稳定状况可由下式初步决定：

$$K = \frac{\tan\varphi}{\tan\alpha} \tag{7.2-1}$$

式中：α——崩塌体滑移面倾角，(°)；

φ——崩塌体内摩擦角，(°)。

(2)对一般倾倒式崩塌危岩体，其抗倾覆稳定性系数按下式计算：

$$K = \frac{W \cdot a}{f_w \cdot \frac{h_0}{3} + P \cdot \frac{h}{2}} \tag{7.2-2}$$

$$f_w = \frac{\gamma_w h_0^2}{2}, P = k_H \cdot C_Z \cdot \eta \cdot W$$

式中：W——崩塌危岩体重力，kN；

a——崩塌危岩体倾倒前外侧下端处至重力延长线的垂直距离，m；

h_0——水位高，暴雨时取岩体高度，m；

h——岩体高度，m；

f_w——静水压力，kN；

P——水平地震力，kN；

k_H——地震水平系数，烈度为 7 度时取 0.1，烈度为 8 度时取 0.2，烈度为 9 度时取 0.4；

η——地震加速度分布系数，对崩塌取 1.0。

通过以上崩塌的稳定性计算和采用极限平衡法计算滑坡的稳定系数，对于 $K<0.95$，应重点跟踪监测；$0.95\leqslant K\leqslant 1.05$，应加强监测；$1.05<K\leqslant 1.25$，应进行地表巡视；$K>1.25$，可不监测。

7.3 主要结论

(1)提出了滑坡、崩塌监测预报地质工作的目的和内容，为滑坡、崩塌的监测预报提供必要的基础资料，为滑坡、崩塌的综合预测预报提供条件。

(2)通过野外判识，属于稳定状态的边坡可不监测；基本稳定状态的边坡宜进行地表巡视；潜在不稳定状态边坡和不稳定状态边坡应进行专业监测。

(3)通过计算滑坡、崩塌的稳定性系数 K，若 $K<0.95$，应重点跟踪监测；$0.95\leqslant K\leqslant 1.05$，应加强监测；$1.05<K\leqslant 1.25$，应进行地表巡视；$K>1.25$，可不监测。

8 公路滑坡、崩塌监测技术

随着国民经济和社会的发展，需要开挖和填筑大量的边坡，例如，高速公路路堑和路基边坡。它往往在一定程度上破坏或扰动原来较为稳定的岩体，或形成新的人工边坡，因而普遍地存在着边坡稳定问题。因此，对于具有潜在滑动倾向的较大边坡进行监测，对于确保边坡工程满足安全和经济要求具有十分重要的意义。

由于边坡岩土体的地质条件在前期勘察工作中难以认识透彻，且边坡的稳定性又受环境因素的影响而具有动态变化的特点，因此加强监测对及时准确地评价边坡的稳定性，制订经济合理、安全可靠的边坡加固工程处理方案具有重要意义。因现场监测结果直观可靠，因而利用监测结果对边坡过程的稳定性进行分析，已成为岩性特殊或重大边坡工程中稳定性评价极其重要的一环。

8.1 边坡信息化监测概述

边坡稳定问题一直是岩土工程界关注的焦点之一，长期以来，研究者们对此问题进行了大量的研究，但至今仍未找到十分准确的评价理论与方法。目前，处理边坡稳定问题较合理的方法是将理论分析、专家决策及监测控制的分析结果有效结合的综合判断法。可见，边坡监测及其反馈分析是边坡工程问题中的重要一环。边坡监测及其预测预报是确保边坡工程施工、运营安全必不可少的技术措施，同时，边坡监测又是完善边坡工程设计方案及施工技术决策的重要依据。因此，边坡监测技术得到了迅速的发展和广泛的应用。美国垦务局认为，对边坡进行长期和系统的监测，是诊断、改进、预测和研究等方面的需要。

1)诊断的需要

边坡监测的主要目的是为边坡的稳定性评价提供可靠资料，进而有利于新施工技术的评估及改进，有利于安全隐患的及早发现。

2)改进工程设计的需要

监测除表明边坡的“健康状况”外，通过研究监测数据还有助于边坡工程设计的修改。通过监测数据与理论分析结果的比较，评价设计的合理性。

3)预测预报的需要

通过监测资料的长期积累，掌握边坡各项参数的变化规律，对边坡的工作性状作出及时有效的预测预报。

4)研究的需要

工程设计及理论研究需要根据岩土材料特性及结构性能的保守假定对边坡进行复杂的力学分析，而监测资料能在一定程度上真实反映边坡的工作性状，为设计及分析提供宝贵的定量信息，有助于深入了解边坡的破坏机理，从而进一步完善分析技术，使设计更加安全、经济。

正是基于这些需求，边坡的安全监测工作越来越受到重视，使其成为工程建设和管理工作中的重要组成部分。

8.1.1 监测目的

(1)通过监测可及时掌握滑坡、崩塌变形破坏的特征信息,分析其动态变化规律,进而正确评价其稳定性,预测预报滑坡、崩塌灾害发生的空间、时间及规模,为防灾、减灾提供可靠的技术资料和科学依据。公路建设各阶段监测的目的如表 8.1-1 所示。

(2)为修改设计和指导施工提供客观标准。

(3)为工程岩土体力学参数的反演分析提供资料。

(4)为掌握滑坡、崩塌变形特征和规律提供资料,指导在滑坡发生严重变形条件下的应急处理。

各阶段监测的目的 表 8.1-1

阶 段	目 的
勘察设计阶段	结合地质勘察进行,为设计、施工提供资料,即通过对滑动面的确定,反算 c、φ 值,达到治理设计经济、可靠、对症下药的目的
施工阶段	为动态法设计提供数据,为施工提供安全保障
运营阶段	保障车辆、生命财产的安全,发现隐患,及时处治

8.1.2 监测基本原则

边坡信息化监测必须建立在对边坡稳定性进行详细工程地质研究的基础之上。通过对上述各种监测方法的简要概括,可以看出不同类型滑坡监测方法的确定,不仅应以各种监测方法的基本特点及适用条件为依据,而且要充分考虑各种监测方法的有机结合,才能获得最佳的监测效果。因此,边坡监测一般要遵循以下基本原则。

(1)监测方法应充分考虑边坡特征、地质条件及监测外部环境,选择合适的监测方法,做到土、洋结合,仪器监测和宏观监测相结合,人工监测和自动监测相结合。应通过各种方案的比较,使监测工作既经济安全,又实用可靠,避免单方面追求高精度、自动化、多参数,而脱离工程实际的监测方案。在选择监测方法时,尽量做到宁可少而精,勿要大而全,以适合我国国情。

(2)监测仪器选择应做到电子仪表和机械仪表相结合,高精度仪表和低精度仪表相结合,以便互为补充、校核,提高监测资料可靠度,不要片面追求高、精、尖、多、全。考虑到边坡工程的监测环境条件较差,工程边坡施工时的振动干扰大,为了提高监测成果的可靠度,监测设备应选用抗干扰和恶劣环境能力强的光学设备、机械设备或电子设备。仪器的布置力求少而精,其数量应在保证实际需要的前提下尽可能少。专作施工期监测的仪器,其精度要求可以稍低,也可采用简易的仪器。长期监测的仪器一般应适应较大的变形,并符合 3R 原则,即:精确度(Resolution),可靠度(Reliability),耐用度(Ruggedness)三项要求,统筹考虑安排。为了提供足够的资料,便于分析,仪器不宜在较大的区域分散布置,而要集中布置。

(3)监测内容应根据边坡的地质结构、空间形态及所处阶段,选择关键的监测部位,本着少而精的原则,选择监测参数,注意突出重点,兼顾整体,合理布置监测网点,力求地表监测与深部监测相结合,岩土监测与承载体系监测相结合,机械测试与电子测试相结合,效应量监测与环境量监测相结合,几何量监测与相关物理参数相结合,形成点、线、面结合的立体交叉监测网络系统。

(4)监测精度往往以国内外同类型滑坡的监测精度作为借鉴，结合实地踏勘、滑坡滑史、形成机理、重要程度、变形发展趋势及监测仪器精度等指标综合分析，来确定适当的监测精度。在滑坡形成的不同时期，不同部位，变形监测有不同的精度要求，监测的重点也需作相应的调整。一般精度较高的仪表适用于监测变形量小的滑坡，而对处于速变、临滑状态的滑坡，精度可视其变化的具体情况适当放宽，灵活掌握。按照误差理论，观测误差一般应为变形量的1/10～1/5，一般通过一段时间(1～2年)的监测实践及观测资料分析，预测滑体所处的变形状态及发展趋势对监测精度作适当调整，以完善监测计划。

(5)监测周期主要根据滑体所处的变形阶段及不同监测方法的性质确定。一般在滑坡未进入速变状态且变形量较小时，观测周期较长，观测精度也较高；在滑坡变形速率加大或出现异变时，应缩短观测周期，加密观测次数，精度可适当放宽。在降雨量较大的雨季，也应适当调整监测周期，以便及时提供准确、可靠的信息。

总之，边坡监测既要针对边坡的整体稳定性状况，也要注意对边坡局部稳定性的监测。通过监测资料的及时反馈，分析局部稳定性与整体稳定性间的关系和相互影响，并通过监测信息指导下的合理控制和及时施工，使局部稳定问题得到解决，从而有利于边坡的整体稳定性。边坡监测必须贯穿工程活动的全过程，为此，监测工作最重要的一点就是及时，即及时监测、及时分析、及时反馈和及时决策。这四个环节中任何一环的疏忽，都会降低或失去监测工作的意义，甚至会给工程或人民生命财产带来不可弥补的损失。因此，做好边坡信息化监测工作是边坡工程的重要环节，应谨慎对待，使边坡工程的建设更加安全、经济、有效。

8.1.3 边坡监测技术的要求

1)监测的针对性

边坡的监测设计应根据工程的地质条件、设计、施工和加固的需要，有针对性地进行。通常应根据边(滑)坡变形的工程地质条件和形状，预测边(滑)坡的变形和破坏机理，根据边(滑)坡的变形和破坏机理，预测监测参数的大小，据此选择监测项目和仪器。

2)监测的阶段性

监测设计应区分阶段，不同阶段，监测项目不同。边坡工程以安全为主的监测从开挖开始就同时进行，甚至在施工之前还有前期监测；整治期间，还应进行安全和检验整治效果的监测；且施工期的监测和运行期的监测同样重要，这不仅因为施工期的安全问题更为突出、重要，而且监测的初始值应在施工期尽早建立。

3)监测的及时性

监测实施好坏的关键之一在于监测实施的各个环节是否及时。这些环节包括：监测反馈、监测信息收集。保证施工安全是监测的目的，其余的各个环节则是达到目的的手段。

4)监测设计的指导性

设计要根据边(滑)坡工程的固有特点和要求进行。如滑坡上的倾斜仪钻孔要求穿过预测滑动面以下的滑动基岩，但边坡的钻孔一般要求穿过下一个台阶；否则，钻孔会离边坡面很远，起不到应有的监测作用。水常常是诱发边(滑)坡失稳的因素，越是下雨，越要及时监测，但在降雨区或能见度低的大气下，经纬仪较难施测，所以边(滑)坡监测还要同时采用其他不受这些条件影响的监测手段。

8.2 主要监测仪器

目前，国内外滑坡监测技术方法已发展到一较高水平。由过去的人工用皮尺地表量测等简易监测，发展到仪器仪表监测，现正逐步实现自动化、高精度的遥测系统。如表8.2-1所示，其监测内容丰富，监测方法多，监测仪器多种多样。它们分别从不同侧面反映了滑坡的动态信息，以及与滑坡变形息息相关的其他信息。随着电子技术与计算机技术的发展，监测方法及所采用的仪器设备也不断得到发展与完善，监测内容更加丰富。

国内外滑坡监测方法一览表　　表8.2-1

内容		主要监测方法	监测方法的特点	适用性评价
地表变形	大地测量法（三角交会法、几何水准法、小角法、测距法、视准线法）	经纬仪、水准仪、测距仪	投入快，精度高，监控面广，直观，安全，便于确定滑坡位移方向及变形速率	适应于不同变形阶段的位移监测，受地形通视和气候条件影响，不能连续观测
	近景摄影法	全站式速测仪、电子经纬仪等	精度高，速度快，自动化程度高，易操作，省人力，可跟踪自动连续观测，监测信息量大	适应于不同变形阶段的位移监测，受地形通视条件的限制
	GPS法	GPS接收机	精度高，投入快，易操作，可全天候观测，不受地形通视条件限制，目前成本较高，发展前景可观	适应于滑坡体不同变形阶段地表三维位移监测
	测缝法（人工测缝法、自动测缝法、遥测法）	钢卷尺、游标卡尺、裂缝量测仪、伸缩自记仪、测缝计、位移计等	人工、自记测缝法投入快，精度高，测程可调，方法简易直观，资料可靠；遥测法自动化程度高，可全天候观测，安全，速度快，省人力，可自动采集、存储、打印和显示观测值，远距离传输，精度相对低，一般仪器易出故障，长期稳定性差，资料需要用其他监测方法校核后使用	人工、自记测缝法适应于裂缝两侧岩土体张开、闭合、位错、升降变化的监测；遥测法适用于加速变形阶段及施工安全的监测，后者受气候等外界因素影响较大
地下变形	测斜法（钻孔测斜法、竖井测斜法）	钻孔倾斜仪、多点倒锤仪等	精度高，效果好，易遥测，易保护，受外界因素干扰少，资料可靠；测程有限，成本较高，投入慢	主要适用于滑坡体变形初期，在钻孔、竖井内测定滑体内不同深度的变形特征及滑动面位置
	测维法（竖井）	多点位移计、井壁位移计、位错计等	精度较高，易保护，投入慢，成本高，仪器、传感器易受地下水浸湿、锈蚀	一般用于监测竖井内多层堆积物之间的相对位移。目前多因仪器性能、量程所限，主要适应于初期变形阶段，即小变形、低速率、观测时间相对短的监测

续上表

内　　容		主要监测方法	监测方法的特点	适用性评价
地下变形	重锤法	重锤、极坐标盘坐标仪、水平位错计等	精度高，易保护；机测直观、可靠；电测方便，量测仪器便于携带，但受潮湿、强酸、碱、锈蚀等影响	适用于平洞内上部危岩相对下部稳定岩体的水平剪切位移监测
	沉降法	下沉仪、收敛仪、静力水准仪、水管倾斜仪等		适用于平洞内上部危岩相对下部稳定岩体的下沉变化及软层或裂缝垂直向收敛变化的监测
	测缝法（平硐）	单向、双向、三向测缝计、位移计、伸长仪等		适应于平洞内危岩裂缝的三维（X、Y、Z 三方向）监测和危岩体界面裂缝沿硐轴方向位移的监测
地声	地音量测法	声发射仪、地音探测仪	可连续观测，监测信息丰富，灵敏度高，省人力；测定的岩石微破裂声发射信号比位移信息超前 3～7d	适宜于岩质边坡中后期变形阶段的监测，危岩加固跟踪安全监测，为预报岩石的破坏提供依据
应变	应变量测法	管式应变计	主要适宜测定滑坡体不同深度的位移量和滑面位置	
水文	地下水位	水位记录仪	适应于滑坡体不同变形阶段的监测，其成果可作基础资料使用	
	孔隙水压	孔隙水压计、钻孔渗压计		
	泉流量	三角堰、量杯		
	河水位	水位标尺等		
环境	降雨量	雨量计	适应于不同类型滑坡体及其不同变形阶段的监测，为滑坡的分析评价提供基础资料	
	地湿	温度记录仪		
	地震	地震监测仪		

监测技术方法的发展，拓宽了监测内容，由地表监测拓宽到地下监测、水下监测等，由位移监测拓宽到应力应变监测、相关动力因素和环境因素监测。

监测技术方法的发展，很大程度上取决于监测仪器的发展。随着电子摄像激光技术、GPS技术、遥感遥测技术、自动化技术和计算机技术的发展，滑坡监测手段将更为完善。

8.2.1　地表位移监测仪器

滑坡地表裂缝的观测，既要观测滑动体的主裂缝，亦要观测次生的裂缝。弄清裂缝的来源、分清裂缝的种类，摸索出滑坡受力情况，滑动的性质和动态，推断滑动的原因。

对滑坡体裂缝的调查观测时应记录：滑坡裂缝的形状、长短、方向和位置；裂缝的宽度，可见深度，有无填充物及向深部发展的情况，裂缝端的性质；裂缝壁和裂缝唇的性质及裂缝唇相互位置；顺裂缝的水文地质意义和地质条件的关系；以及对裂缝来源成因等的推断。

1)直角观测尺

在滑坡裂缝两侧地面上分别打一标有刻度的水平尺和直立尺（木质或金属的均可），并使其相互垂直、密贴。直角观测尺可检查裂缝水平方向的扩大和垂直方向的沉落。测量不同时期两尺交点处的读数及其变化即可获得裂缝变化及地面升降的真实资料。

埋设方法:在裂缝的上侧不动体上打木桩一个,桩顶露出地面 70mm,在裂缝下侧也打一木桩,桩顶露出地面 100～150mm,两桩连线必须与裂缝走向垂直,下侧木桩之顶高于上侧木桩之顶 30～80mm,然后将有刻度的木尺钉于两木桩上。水平和垂直尺要相互紧贴,并成直角,在两尺交接处用红油漆做好标记,将水平和垂直尺上的尺度读数记入观测检查记录簿内,作为第一次记录资料,以后裂缝变化时,其读数与第一次观测读数的差值,即为裂缝变化值。

2)滑板观测尺

在陡坡设置直角观测尺观测山体裂缝有困难时,可用滑板观测尺,其原理是使用一带刻度的直板,当裂缝扩大时,下侧木桩移动,牵动滑板向上滑动,记录其移动数字,这种方法不能将移动数字分为水平向和垂直向,没有直角观测法的精确。

3)观测桩

(1)直线法

在裂缝上部不动体上打两个木桩,在裂缝下部打一个木桩,使三个桩成一直线,并与裂缝方向垂直,各木桩顶面均打入铁钉,如图 8.2-1 所示。测量三个木桩相互间的距离,记入记录表,多次记录后,可反映裂缝变化的速度。

(2)三角法

在裂缝上部不动体上打一个木桩,在裂缝下部打两个木桩,使三个桩成三角形,可以利用不同时期该三点相对距离的变化来确定该处地面的真实位移和方向。

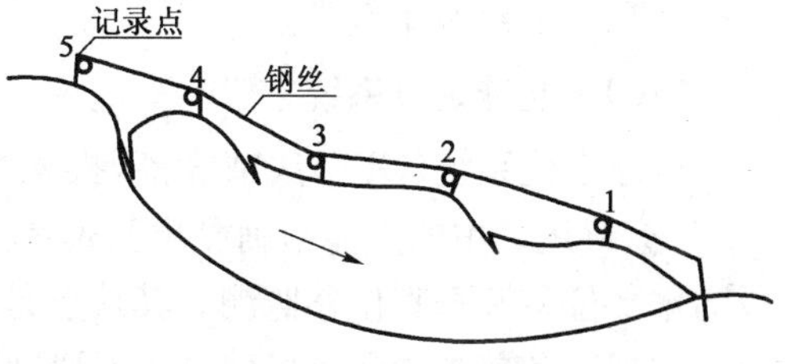

图 8.2-1　直线法示意图

4)应变测量计

原始的机械应变计的结构十分简单,它实际上就是一条两端固定的钢丝绳。钢丝绳的一端被固定在滑坡某处,而另一端则位于滑坡之外,连接在安装于滑轨上的重物上。滑坡的移动将牵动重物在标有刻度的滑轨上移动。移动量及移动速率可通过人工测量得到。

该仪器非常廉价,但若数据的采集不及时,很可能会遗漏滑坡发展的重要信息。此外,仪器还很容易被人为或动物损坏。

应变计还可使用电位计测量位移。如同电动汽车模型中的变阻式控制一样,应变计采用可变电阻机件来测量移动量。滑动臂在固定电阻条上形成电触点,整个电路的总电阻决定于滑动臂在固定电阻条上的位置。当应变仪被加上一个稳定的直流电流后,地面移动弓陷滑动臂在固定电阻条上产生位移,由此引起输出电压的相应变化。

仪器的配线以及敏感元件还可被埋藏在地下,防止外力损坏。

5)伸缩计

伸缩计(又称滑坡记录仪、滑坡计):其特点是原位记录,用于滑坡地表裂缝和位移的监测,可以直接得到连续变化的位移—时间曲线,能满足野外条件下工作的长期性、稳定性、可靠性、坚固性要求,全机械式,但在滑动出现险情时,有人员不宜接近的缺点。本仪器传感、记录、速率检知均为机械式,故特别适用于野外长期工作,记录到的数据曲线直观、干扰少、可信度高,因此应用非常广泛。

设置方式:沿滑坡主轴方向,一字形安装数台记录仪,第一台记录仪设在后缘的稳定体上,以下接连设置，用铟钢丝将仪器同木桩连接起来，仪器与桩的距离以 10～15m 为宜，仪器底座及桩均需要水泥砂浆固定，铟钢丝用保护管保护好，以防人为活动的影响。

6)全站型电子速测仪

通常又称为“电子全站仪”，以其自动化快速三维坐标测量与定位功能，数据采集方面的自动数据流实现外业数据的电子记录，以及从外业到内业一体化的自动流程这两大特点，而在近 10 年来备受人们的青睐。

电子全站仪，作为一种光电测距与电子测角和微计算机综合的外业测量仪器，其主要的精度指标是测距标准差 m_1 和测角标准差 m_2。测距标准差，即光电测距的精度，按国家技术监督局发布，在 1991 年 1 月起实施的“光电测距仪试行检定规程”，分为三个等级：

Ⅰ级仪器	$\|m_1\|<5\text{mm}$
Ⅱ级仪器	$5\text{mm}<\|m_1\|<10\text{mm}$
Ⅲ级仪器	$10\text{mm}<\|m_1\|<20\text{mm}$

式中：$m_1=\pm(a+b\cdot D\cdot 10^{-6})$，$a$、$b$ 分别为仪器标称精度的固定误差系数与比例误差系数。式中的 $|m_1|$ 则为当测距 $D=1\text{km}$ 时，其标准差的绝对值。现在国内外新生产的测距仪(包括全站仪的测距单元)其标称精度，都已等于或优于 $\pm(5\text{mm}+5\cdot D\cdot 10^{-6})$，即 $|m_1|<10\text{mm}$，属于Ⅱ级及Ⅰ级类别。

7)GPS 全球定位系统

全球定位系统(GPS)法精度高，投入快，易操作，可全天候观测，可同时测出三维位移量 X、Y、Z，对运动中的点能精确测出其速率，且不受条件限制，能连续监测，适用于不同变形阶段的水平位移和垂直位移监测。其缺点是成本较高。我国已经在京津唐地壳活动区、长江三峡工程坝区和首都国际机场建立了 GPS 监测网，并将 GPS 技术应用在三峡库区滑坡、链子崖危岩体变形监测以及铜川市川口滑坡治理效果监测。

针对常规 GPS 全球定位系统应用中成本较高的问题，近年来又提出了 GPS 多天线数据采集与控制系统，实现了一机对多点的监测。实验和实际应用表明，该系统对 GPS 信号的衰减、GPS 测量精度几乎没有影响。该技术使得 GPS 监测局部区域人工和自然结构形变(如大坝、建筑等)的监测费用大大降低，具有重要的实用价值。

我国应用 GPS 进行变形、滑坡监测并实现自动化监控管理的已有多个实例。其中湖北清江隔河岩水电站大坝变形监测是最为成功的例子之一。正如有关学者指出的，GPS 仪器费用太高，大大制约了 GPS 在变形监测、预防、减少地质灾害方面的应用。自 1999 年开始，南京航空航天大学、香港理工大学联合导航研究中心，开始对如何降低 GPS 使用成本展开研究，设计出了国家专利(专利号：ZL00219891.6)成果——GPS 多天线技术，即一个 GPS 接收机接多个天线，不同的天线在不同的时间内与接收机相连。这样，一个接收机可以对多个监测点进行监测。价格昂贵的 GPS 接收机阵列，变成了 GPS 天线阵列，价格成倍降低。现在一个接收机可以连 4～16 个天线。利用多天线技术，可以对可能发生滑坡、崩塌、泥石流等地质灾害区域进行不间断的连续监控。

8)TCA2003 全站仪

TCA2003 全站仪是一种高精度测距仪，测距标称精度为 $\pm(1\times10^{-6})\text{mm}$，其上装备有绝对编度盘的电子经纬仪(测角标称精度为 $\pm0.5''$)和较大容量的计算机。该仪器由伺服马达驱动，在机载系统软件控制下，完成自动识别目标、测量(水平角、垂直角和距离)目标和记录观测数据。因此，TCA2003 全站仪不仅具有一般全站仪的测角（水平角、竖直角）、测距和自动记录的功能，而且在仪器的结构和功能上，有以下几方面较大的改进和发展：

（1）安置了精密伺服马达，在测量水平角或竖直角时，可人工揿键，也可由编程控制，伺服马达将按需要转动仪器照准部进行观测。

（2）在望远镜中安装有同轴自动目标识别装置（ATR），可自动识别目标（棱镜）、自动瞄准棱镜进行测量，从而可编程，实现人工智能采集观测数据；接收系统采用 CCD 元件，在 LOCK 模式下会自动识别目标和锁定目标，不受其他杂散光源干涉，能进行跟踪测量；有完善的 On-lCXKe 指令，用户可根据实际需要方便地运用 VB、VC、PASCAL 等编程语言编程，在 On-lCXKe 模式下，以一定的通信方式能方便地用 PC 机控制仪器，完成各种自动测量；采用国际个人计算机标准存储卡 PCM-CIA 卡做载体记录数据，也可记录在仪器的内存中，通过 RS-232 接口将数据传输到 PC 机上，进行观测数据的后处理。

TCA2003 全站仪的测量原理可简单表述为：在测量前，向仪器安置测站点和观测点的坐标参数，由仪器自动反算，完成测站点至各监测点的方位角。在测站上瞄准观测点的起始方向，仪器在 0.1 功能下，将自动依序按方位角差的大小，由小到大按序进行目标（棱镜）识别、瞄准。仪器瞄准目标后，向目标（棱镜）发射激光，激光被棱镜反射回来，由 CCD 相机捕获，计算出反射光的中心位置，并换算成水平角（或垂直角）改正数，根据改正数由伺服马达步进到棱镜的中心位置，精确瞄准、自动记录观测数据。

TCA2003 全站仪为了针对大坝变形监测网的应用，开发设计了外业机载 IspectorV1.0 数据采集软件。该软件的基本功能可概括为：在 TCA2003 全站仪上建立实测大坝变形监测网工作基点及各监测点的概略坐标数据库，当 TCA2003 全站仪安置在测站点上并完成起始方向和度盘定向后，仪器按外业机载 IspectorV1.0 软件预先在该点设定的观测点集、观测顺序以及规定的等级测回数，依次对观测目标进行自动搜索，锁定目标，并测角、测边；TCA2003 全站仪实时地将观测结果记录到 PCM-CIA 存储卡的文件中，且将采集的数据与安置的各项规范限差自动进行对比，当出现超限值时便自动报警，再以人工方式干预返工重测，直至最终获得合格的外业观测数据文件。

9）遥感 RS 法和近景摄影法

遥感 RS 法和近景摄影法适用于大范围、区域性滑坡体监测。根据遥感图片，进行滑坡判断，根据不同时期图像变化了解滑坡的变化情况；利用高分辨率遥感影像对地质灾害动态监测：随着遥感传感器技术的不断发展，遥感影像对地面的分辨率越来越高。例如：美国 LANDSAT 卫星的 TM 遥感影像对地面的分辨率为 29m，法国 SPOT 卫星全波段影像对地面的分辨率达 10m，而美国 IKNOS 卫星影像对地面的分辨率高达 1m。利用卫星遥感影像所反映的地面信息丰富，并能周期性获取同一地点影像的特点，可以对同一地质灾害点不同时期的遥感影像进行对比，进而达到对地质灾害动态监测的目的。近景摄影法用陆摄经纬仪等进行监测，其特点是监测信息量大，省人力，投入快，安全；但精度相对较低，主要适用于变形速率较大的滑坡水平位移和危岩陡壁裂缝变化的监测，受气候条件影响较大。如用于三峡库区大型滑坡体易发区段的划分和预测，以及西藏波密易贡高速巨型滑坡分析预测。

8.2.2 深部位移监测仪器

1）电阻应变计管

将电阻丝片按一定间距（一般可采用 20～30mm，在可疑滑动面附近可减小间距，一般可采用 5～10mm)，沿滑坡滑动方向，对称贴在置于钻孔中的硬质聚氯乙烯塑料管之前后两壁，用半桥连接。每一电阻丝片分别用细电线连接并引至地面。当滑坡移动时，塑料管及其所贴的电阻丝片产生变形，于是引起各电阻丝片所反映的电阻值产生变化，其值可用静态电阻应变仪测得。因滑动面附近土体变形最为明显，故相应部位的电阻丝片所感受的电阻值变化也最大。据此，可以换算成不同深度滑坡位移量并推算滑动面位置。

2)电容式滑面测定计

其原理是：将 1 000μF 的电容器用两根铜导线并联，间距 20cm，装入 12mm、内径 10mm、长 1m 的玻璃管内，用环氧树脂类黏结剂黏牢，放入钻孔中推断的滑面位置。滑坡移动时，玻璃管和导线产生位移并在滑面处被剪断，引起电容量变化，由此测定滑面位置。

3)短路式滑面测定计

将一根导线作母线，若干根导线作子线，在母线上每隔 20cm 焊接一根子线，构成一个导线束，配置在一块窄长的玻璃板上，装入外径 18mm、内径 15mm 的玻璃管内，用环氧树脂黏结剂固定，放入钻孔中。当滑坡移动时，玻璃管和导线产生位移并在滑面处被剪断造成断路，电阻成为无穷大。由此确定滑动面的位置。

4)测斜仪

测斜仪最初是用来测量钻孔倾斜的，后来在滑坡研究中应用其原理，通过测量不同深度的钻孔倾斜量，利用电子计算机将其值转换为位移量，同时判断滑动面的位置。

测斜仪是测土中位移和滑面位置比较有效的一种仪器。就其结构形式来说，有机械的、电阻应变式的、滑线电阻式的，以及陀螺定向的几种。机械式的比较简单，但只能测数米的深度。电阻应变式的是将一重锥固定在一贴有电阻丝片的弹簧片上，钻孔倾斜时，重锥引起的弹簧片变形，反映为电阻的变化而测得。滑线电阻式，系一摆锥和一个电阻线圈相接触，由电阻变化测出倾角的变化。

(1)测斜监测原理

测斜仪的工作原理是量测仪器轴线与铅垂线之间的夹角变化量，进而计算出岩、土体不同高程处的水平位移。采用适当的方法在岩、土体内埋设一垂直、并有四个导槽的测斜管，当测斜管受力发生变形时，测斜仪便能逐段(一般 50cm 一个测点)显示变形后测斜管的轴线与垂直线的弧度偏移夹角 θ_i。按测点的分段长度，分别求出不同高程处的水平位移增量 Δd_i，即：

$$\Delta d_i = \sum l \sin\theta_i \tag{8.2-1}$$

由测斜管底部测点开始逐段累加，可得任一高程处的实际水平位移，即：

$$b_i = \sum_{i=1}^{n} \Delta d_i \tag{8.2-2}$$

式中：Δd_i——测量段内的水平位移增量；

l——测量点的分段长度，一般取 0.5m(探头上下两组滑轮间距离一般为 0.5m)；

θ_i——测量段内管轴线与铅垂线的夹角；

b_i——自固定点的管底端以上 i 点处的位移；

n——测孔分段数目，$n=H/0.5$，H 为孔深。

测斜仪的工作原理如图 8.2-2 所示。

(2)监测数据处理

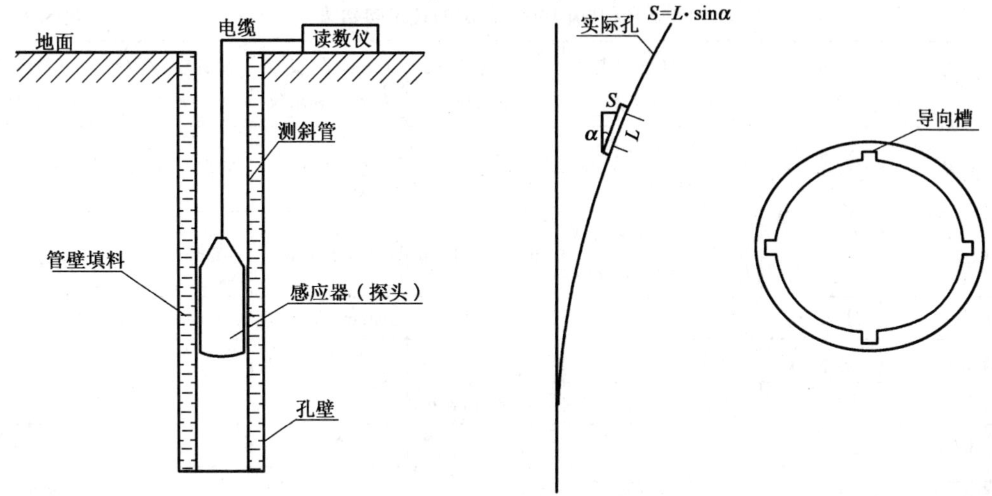

图 8.2-2　测斜仪工作原理

利用测斜仪测读设备读取的数据，进行位移、倾角的物理量量测。水平位移计算公式如下：

AO 方向位移：
$$\Delta A_{0i}=L\left(\frac{A_{0i}-A_{180i}}{2}\right)\bigg/25\,000 \tag{8.2-3}$$

BO 方向位移：
$$\Delta B_{0i}=L\left(\frac{B_{0i}-B_{180i}}{2}\right)\bigg/25\,000 \tag{8.2-4}$$

任一高程处实际合成水平位移：

$$d_i=\sqrt{\left[\left(\sum_{i=1}^{n}\Delta A_{0i}\right)^2+\left(\sum_{i=1}^{n}\Delta B_{0i}\right)\right]} \tag{8.2-5}$$

任一高程处实际水平位移：

$$\begin{cases}AO_i=\sum_{i=1}^{n}\Delta A_{0i}\\ BO_i=\sum_{i=1}^{n}\Delta B_{0i}\end{cases} \tag{8.2-6}$$

式中：AO_i、BO_i——各测点分段长度 AO 方向、BO 方向的水平实际位移，mm。

常见的几种国内外测斜仪的技术参数如表 8.2-2 所示。

5）TDR

测斜仪普遍存在的问题是监测数据的采集需要人工定期到现场进行，这就使得滑坡监测缺乏实时性。此外，在很多情况下，不稳定滑坡处于边远地区，人员很难到达，甚至可能存在危险，数据采集无法及时完成。相比之下，基于 TDR 技术的滑坡监测系统具有突出的优势。

TDR 是时域反射法（Time DomaCXK Reflectometry）的简称，它是一种远程电子测量技术。最早被应用于电力和通信工业上，用于确定通信电缆和输电线路的故障与断裂。在 20 世纪 70 年代后期和 80 年代美国矿业局广泛采用 TDR 技术来寻找长墙煤矿中的塌陷层。90 年代以后，在欧美等发达国家，TDR 技术已开始在滑坡监测中得到广泛应用。

常见几种国内外测斜仪的技术参数表 表 8.2-2

测斜仪型号	BC-10 应变测斜仪	GC-1 伺服加速度式测斜仪	SX-20 伺服式测斜仪	CX-01 伺服加速度计测斜仪	垂直双向数字式测斜仪	FD 806B 测斜仪
测定范围	±10°	±20°（特种规格±60°）	±10°	0～±50°	垂直方向±53°	±87.16mm/m
灵敏度		F_1=0.02mm/0.1mV F_2=8.4mm/0.1mV	1m 挡 0.01mm	0.02mm/8″	0.02mm/500mm	0.01mm/m
线性误差	≤±1%$F\cdot S$	≤1%	<1.5%$F\cdot S$	±4mm/15m 深度	±6mm/25m 深度	
温漂			≤1.7×10^{-5}/℃			
时漂			≤0.02mm/d			
测头质量(kg)		4.8	4.3	2.5	1.8	
绝缘电阻	≥200MΩ	≥50MΩ				≥50MΩ
变换方式	应变计式弹性摆	石英刚性摆	石英刚性摆	伺服加速度计	数字式加速计	差动变压器
测头尺寸	ϕ36×650mm	ϕ38×720mm	ϕ40.1×640mm	ϕ32×660mm	ϕ26×660mm	ϕ32×1000mm
导轮间距	500mm	500mm	445mm	500mm	500mm	
配用测斜管尺寸	ϕ64mm 左右	内径 53～60mm	内径 45～85mm	40～70mm	85mm	ϕ82mm 左右
制造厂商	南京水科院自动化设备厂	南京水科院自动化设备厂	同济大学南京高旺电子仪器厂	航天部第 33 研究所(北京)	美国 slope dicator 公司	日本坂田电机株式会社

注：$F\cdot S$ 为漂移值。

(1)TDR 技术监测滑坡的原理

一个完整的 TDR 滑坡监测系统一般由 TDR 同轴电缆、电缆测试仪、数据记录仪、远程通讯设备以及数据分析软件等几部分组成。

在使用 TDR 系统进行滑坡监测时，首先需要在滑坡的某个位置钻孔，并将 TDR 同轴电缆安放在钻孔中。然后，将 TDR 电缆与电缆测试仪相连。电缆测试仪作为信号源，发出步进的电压脉冲通过电缆进行传输，同时反映从电缆中反射回来的脉冲信号。数据记录仪连接到电缆测试仪之上，它对电缆测试仪起控制作用，记录和存储从电缆中反射回来的脉冲供以后分析。

此外，数据记录仪还可连接远程通信设备如移动电话或是短波无线电装置等，将收集的数据发送到远处。TDR 系统中还可配备多路复用器，以对多点进行同时监测。

简单地说，TDR 的原理与雷达相似。在 TDR 滑坡监测系统中，同轴电缆是直接与滑坡产生接触的部分，可以将其看做是一个特殊的传感器。同轴电缆的特性阻抗是由自身的材料组成及结构决定的。当电缆发生形变时，内层与外层导体间的距离也发生改变，从而使得电缆的阻抗和反射的电压脉冲发生变化。

滑坡的发展将使电缆产生各种形变，例如出现弯皱、扭折、渗水或是断裂，电缆的特性阻抗就会发生相应的变化，它反射的电压脉冲的波形也将改变。此时，电缆测试仪将反射脉冲与发射脉冲进行比较后即可确定电缆形变点的反射特性。具体而言，发送的脉冲以及从电缆变形处反射回来的脉冲之间的时延决定了损伤发生的位置。反射脉冲的波形、范围以及强度则反映了电缆变形的类型和变形程度。通过读取电缆反射波形的数据，就可以监测地层的移动。随着反射波形的强度增加，就可以预测某个区域的地层可能会发生断裂。

(2)TDR系统的优点及不足

应用于滑坡监测时，TDR系统与倾斜仪等传统监测仪器相比有很多优点。

①价格低廉。与昂贵的倾斜仪外壳相比，TDR电缆的价格优势十分明显。

②检测时间短。可以在不到5min的时间内了解TDR电缆的信号状况，而读出一个倾斜仪的数据则需要0.5～1h的时间。

③可远程访问。TDR系统可以与数据记录器、普通电话或便携式电话相连，从而方便地实现遥测。

④数据提供快捷。TDR不需要先将数据从读数显示箱下载到计算机内，然后再绘制出结果。电缆测试仪的屏幕可以直接显示电缆的信号。

⑤安全性高。使用TDR，数据的采集就可以在安全的位置进行。技术人员不再需要冒着滑坡和岩崩的危险亲临不稳定的滑坡进行数据采集。

但与传统监测仪器相比，TDR系统也存在不足之处。首先，TDR系统不能用于需要监测倾斜情况但不存在剪切作用的区域；其次，它无法确定滑坡移动量和滑坡移动的方向。因此，当前国外在进行滑坡监测时广泛采用的做法是以TDR系统为主监测仪器，辅以倾斜仪等传统监测设备，从而达到更好的滑坡监测效果。

8.2.3 其他辅助监测仪器

1)间隙水压力计

在国外，应用间隙水压力计进行滑坡监测已较普遍，但国内尚未普及使用。技术关键是如何实测滑动带中的真实孔隙水压力值，为此牵连到很多安装埋设的工艺技术问题。几十年来，各国先后研制了各种形式的间隙水压力测量仪器，如开口立管式、卡隆格兰德型、气动型、液动型和电动型的探头等。国土资源部地质技术方法研究所也研制了相应的监测仪器和方法。该方法对于降水引起的滑坡的监测具有非常重要的作用。

2)降雨量监测仪器

最常用的降雨量监测仪器是翻斗式雨量器。当仪器中注入的雨水或融雪达到一定的水平时，雨量器中的小翻斗就会发生倾斜，相连的磁铁使开关闭合。

翻斗排空后回到它的初始位置再次接受注入，此时开关开启。数据记录仪或其他记录设备可统计开关的闭合次数，翻斗的容积乘以开关的闭合次数就是降雨量。

3)地下水位监测仪器

为了监测滑坡内的地下水位，最简便的方法是在滑坡上钻孔并加固，然后将测尺沿钻孔下放，从而确定水面的位置。此方法对于简单的水位监测是适用的，但如果需要对更为复杂的情形进行监测，则必须采用其他方法如水压测量仪。

水压测量仪通常被用在需要经常测量地下水位的场合，例如，在地下水位快速变化的地点或是在重大事件(暴雨、水坝开闸)中需要对地下水位进行测量时，使用水压测量仪是非常理想的。

4)孔隙水压力计

孔隙水压力量测是推算饱和土体中某点的有效应力的有效途径，比三轴试验计算出的孔隙水压力更符合实际情况。孔隙水压力计(或称孔隙压力计)的基本工作原理,是把多孔元件放置在土中,使土中水连续通过元件的孔隙(透水区),把水收集在一个容器中,再量测容器中水的水位或水压力,即可测出孔隙水压力。

孔隙水压力计大致分为:①气压式;②水管式;③电测仪器。目前较常用的是水管式孔隙水压力计和电测仪器。水管式孔隙水压力计,构造简单,使用方便,耐久性好,适于长期观测,如 SKY 型双管式孔隙水压力计。电测仪器与测土压力的传感器相似,只要加上透水后,就可以圈定孔隙水压力,如 TK 型电阻应变式孔隙水压力计,GKD、JXS、LXS、YCK、KXR 型钢弦式孔隙水压力计等。

8.3 常用监测方法

国内外滑坡监测主要采用了宏观地质观测法、简易观测法、设站观测法、仪表观测法及自动遥测法等 5 种类型的监测方法。

但是,对一个具体的滑坡而言,如何针对其特征,如地形地貌、变形机理及地质环境等,选择合适的监测技术、方法,确定理想的监测方案,正确地布置监测点,则是一个值得不断探索的课题。应通过各种方案的比较,使监测工作做到既经济安全,又实用可靠,避免单方面追求高精度、自动化、多参数而脱离工程实际的监测方案。在选择监测技术方法时,尽量做到宁可少而精,勿要大而全,以适合我国国情。

由于滑坡体类型较多,其特征各异,变形机理和所处的变形阶段不同,监测的技术方法也不尽相同。故对现有各种监测方法的应用范围、功能及适用条件进行分析很有必要(表 8.3-1)。

各种监测方法及适用性分析表 表 8.3-1

序号	方　法	主要监测内容	基本特点	适用条件
1	宏观地质观测法	地表周界裂缝发生、扩展,地面鼓胀、沉降、坍塌及建筑物变形与地下水、动物异常等	监测内容丰富、面广,获取的前兆信息直观可靠、可信度高,监测方法简易经济、实用性强	适用于各种滑坡监测,便于普及推广应用,群测群防
2	简易观测法	滑坡地表周界裂缝及建(构)筑物变形特征	操作简单,直观性强,观测数据可靠,可测定裂缝变化速率;监测内容单一,精度相对低	适用于崩塌或滑坡处于加速变形、临滑状态时裂缝变化监测及交通不便、经济困难的山区普及推广应用,群测群防
3	设站观测法	滑坡体地表三维(X、Y、Z)位移变化	技术成熟,监控面广,精度较高,成果资料可靠,可测定位移方向及变形速率,受地形通视及气象条件的影响	适用于不同类型崩塌或滑坡及其发展演变过程中三维位移变化的长期监测
4	仪表观测法	滑坡体地表及深部的位移、倾斜变化,裂缝变化及地声、应力应变等物理参数与环境因素	监测内容丰富,精度高,仪器便于携带,机测仪表简易直观;电测仪表使用方便,可定时巡回检测,资料基本可靠;后者仪器长期稳定性差,传感器易受潮锈蚀	精度高的仪表适用于滑坡体初期变形监测;精度相对低的仪表适合于速变及临滑状态时的监测;机测仪表适合于长期监测,电测仪表适合于短期或中期监测

续上表

序号	方　法	主要监测内容	基 本 特 点	适 用 条 件
5	自动遥测法	基本同上	监测内容丰富,自动化程度高,可全天候连续观测、自动采集、存储观测值,并远距离传输,省时省力。受外界因素干扰,传感器、仪器易出故障,长期稳定性差。观测资料需其他监测手段校核后使用	适合于滑坡变形体处于速变及临崩临滑状态时的短、中期监测及防治施工安全监测

8.3.1 宏观地质观测法

1)监测内容与方法

所谓宏观地质观测法,是用常规地质调查方法,对滑坡的宏观变形迹象(如裂缝发生及发展、地沉降、下陷、坍塌、膨胀、隆起、建筑物变形等)和与其有关的各种异常现象(如地声、地下水异常、动物异常等)进行定期的观测、记录,以便随时掌握滑坡的变形动态及发展趋势,达到科学预报的目的。

2)特点及适用范围

该方法具有直观性、动态性、适应性、实用性强的特点,不仅适用于各种类型滑坡体不同变形发展阶段的监测,而且监测内容比较丰富、面广,获取的前兆信息直观可靠,可信度高。据此结合仪器监测资料综合分析,可初步判定滑坡体所处的变形阶段及中短期滑动趋势,作为临崩、临滑的宏观地质预报判据。

方法简易经济,便于掌握和普及推广应用,适合群测群防。宏观地质观测法可提供滑坡短临预报的可靠信息,即使是采用先进的仪表观测及自动遥测方法监测滑坡体的变形,该方法仍然是不可缺少的。

宏观地质调查的内容受变形阶段的制约。但与变形有关的异常现象(如地声、动物异常等)属于滑坡短临前兆,具有准确的预报功能,应予以足够的重视。

8.3.2 简易观测法

1)方法原理

是在滑坡变形体及建筑物裂缝处设置骑缝式简易观测标志,使用钢尺测量是直接测量裂缝变化与时间关系的一种简易观测方法。

2)监测的内容及方法

在滑坡体裂缝处埋设骑缝式简易观测桩;

在建(构)筑物(如房屋、挡土墙、浆砌块石沟等)裂缝上设简易玻璃条、水泥砂浆片,贴纸片;

在岩石、陡壁面裂缝处用红油漆画线作观测标记;

在陡坎(壁)软弱夹层出露处设简易观测标桩等,定期用各种长度量具测量裂缝长度、宽度、深度变化及裂缝形态、开裂延伸的方向。

该方法监测内容比较单一，观测精度相对较低，劳动强度较大，但是操作简易，直观性强，观测数据资料可靠，适合于交通不便、经济困难的山区普及推广应用。

适用于滑坡体处于速变、剧变状态时的动态变化监测，即使在有精密仪器观测的条件下，也可进行一些简易观测，以相互核对。

8.3.3 设站观测法

1)方法原理

该方法是在滑坡地质调查、勘察的基础上，于危岩、滑坡变形区设变形观测点(成线状、网格状等)，在变形区影响范围之外稳定地点设置固定观测站，用仪器(经纬仪、水准仪、测距仪、摄影仪及全站型电子速测仪、GPS 接收机、近景摄影、卫星遥感影像等)定期监测变形区内网点的三维(X、Y、Z)位移变化，是一种行之有效的监测方法，即主要泛指大地测量、近景摄影测量及 GPS 测量与全站式电子速测仪设站观测滑坡形成过程中的地表三维位移方法，是一种绝对位移监测方法。

2)主要方法

(1)大地测量法

①常用大地测量法主要有：两方向(或三方向)前方交会法，双边距离交会法，视准线法，小角法，测距法及几何水准测量法，精密三角高程测量法等。其中，常用前方交会法、距离交会法监测滑坡变形的二维(X、Y 方向)水平位移；视准线法、小角法、测距法观测滑坡的水平单向位移；几何水准测量法、精密三角高程测量法观测滑坡的垂直(Z 方向)位移，常用高精度测角、测距的光学和光电测量仪器观测。

②一般常用高精度测角、测距的光学仪器和光电测量仪器。

③特点及适用范围：

观测点之间无需通视，选点方便，可全天候观测。

观测点的三维坐标可以同时测定，对于运动中的观测点，还能精确测出其速度。

在测程大于 10km 时，其相对精度可达到 $5\times10^{-6}\sim1\times10^{-6}$km，甚至能达到 10^{-7}km，优于精密光电测距仪，在控制网和基准网的建设中具有相当大的优势。

大地测量法有三个突出的优点：

一是能确定滑坡范围。滑坡监测既要突出重点，又要兼顾整体。但是监测的重点部位往往难以确定，甚至事与愿违，埋设了监测仪器的地方无变形，没有埋设仪器的地方反而不稳定。因而对于滑坡地面变形监测，确定滑坡的范围就显得十分重要，往往采用大地测量方法奏效。滑坡范围确定不准或失误，往往给工程带来不可估量的损失。大地测量方法不仅可以对重点部位进行定点变形监测，而且监控面积大，可以有效地确定滑坡范围及变形状态。

二是量程不受限制。采用仪表观测法埋设的仪器都存在受量程限制问题，当变形量较大时，往往超过仪器的量程，使得监测中断。这种情况在滑坡监测中时有发生。而采用大地测量方法不受量程的限制，因为大地测量法是设站观测，仪器量程满足滑坡变形监测，可以观测到滑坡发展演变的全过程。

三是能观测到滑体的绝对位移量。采用仪表观测法埋设仪器所获取的观测数据之间是相互独立的(互相之间没有联系)和相对的，缺乏整体概念，给评价滑坡的安全度造成困难。而应用大地测量方法是以滑坡区外稳定的测站为基准(或参照物)进行滑坡区不稳定区域的监测，能够直观测定滑体的绝对位移量，掌握滑坡整体变形状态，为评估滑坡的稳定性提供可靠依据。正因为大地测量方法有上述优点，故在滑坡监测中占有主导地位，备受监测人员的重视。大地测量法的基本特点是技术成熟、精度较高、监控面广、成果资料可靠，便于灵活地设站观测，确定滑坡变形范围、位移方向及其速率变化等。但也往往受到地形通视条件限制和气象条件（如风、雨、雾、雪等）影响，外业量大，周期较长，不能连续观测。大地测量法适用于不同类型崩塌或滑坡及其发展过程中三维位移的长期监测。

(2)GPS（全球定位系统）测量法

GPS是为军事服务的一项高科技，是由美国国防部负责发射的，其投资额仅次于美国阿波罗登月和航天飞机项目，是美军方的一个重要系统工程。现在已发射25颗GPS卫星，在地球上任何地点，任何时刻，在高度角20°以上天空能同时观测到4～6颗卫星。用户在地面用GPS接收机接收4颗以上卫星发射来的信号，测定接收机天线至卫星的距离，经技术处理后，即可得到待测点的三维坐标，可用于导航与定位。由于GPS可全天候作业，同时不受通视条件的限制，在滑坡变形监测中有着广泛的应用前景。基本原理是用GPS卫星发送的导航定位信号进行空间后方交会测量，确定地面待测点的三维坐标。

①GPS用于滑坡监测优点及适用范围

观测点之间无需通视，选点方便。

观测不受天气条件的限制，可以进行全天候的观测。

观测点的三维坐标可以同时测定，对于运动的观测点还能精确测出它的速度。

在测程大于10km时，其相对精度可达到$5\times10^{-6}\sim1\times10^{-6}$，甚至能达到$10^{-7}$，优于精密光电测距仪。

适用于滑坡体地表的三维位移监测，特别是适合处于地形条件复杂、起伏大或建筑物密集，通视条件差的滑坡监测。

GPS接收机发展很快，十年更新三代。新一代的GPS接收机具有质量轻、体积小、耗电少、智能化的快速静态定位特点。其发展趋势是仪器的质量、测量精度将不断提高，数量将不断增加，价格将不断下降，应用面将不断扩大。目前，虽然GPS接收机价格较昂贵，不完全适合我国国情国力，但在我国近几年来也掀起了GPS的热潮，引进、消化、开发、应用GPS定位技术的势头发展很快，已经从理论研究走向实用阶段。已在京津唐地壳活动区，首都国际机场及长江三峡工程坝区建立了GPS监测网；并首次将GPS技术应用于新滩链子崖滑坡的变形监测和铜川市川口滑坡治理效果监测，证实GPS定位精度可达毫米级，完全可用于滑坡的位移监测，并有着广阔的应用前景。

②用GPS长期监测滑坡时应注意以下问题

所选觇标必须能反映周围地区的一般特征，选择仅显示自身运动的点是不可取的；

应避开树冠、建筑物及其他影响接收卫星信号的障碍物；

标记测点时，用坚固的觇标比较合适，如在岩石刻痕、打钢针；

将滑坡区外的多个观测点列入控制网内应很方便，这些点的连续测量，将反映监测装置（包括基点稳定性）的实际可靠性；

为了使测量结果更合理，可采用不同的方法，在不同时或日进行重复观测，最好用不同的卫星。

(3)近景摄影测量法

①近景摄影测量法是通常把近景摄影仪安置在两个不同位置的固定测点上，同时对崩塌体

观测点摄影构成立体像对，利用立体坐标仪量测相片上各观测点三维坐标进行测量的一种方法。

②特点及适用范围

摄影（周期性重复摄影）方便，外业省时省力，可以同时测定许多观测点在某一瞬间的空间位置。

获得的相片资料是滑坡变化的实况记录，并可随时进行比较。目前采用近景（一般指100m以内的摄影距离）摄影方法进行滑坡变形时，在观测的绝对精度方面还不及某些传统的测量方法，而在相对精度方面，可以满足滑坡体处于速变、剧变阶段的监测要求，即适合于危岩临空陡壁裂缝变化（如链子崖陡壁裂缝）或滑坡地表位移量变化速率较大时的监测。

由于设站受到地形条件限制，内业工作量较大，专业化程度较高及摄影仪有待改进等，故在滑坡的位移监测中应用还不够广泛，仅大量应用于高层建筑物（如高塔、烟囱、房屋等）、船闸高边坡的变形监测。

(4)遥感(RS)法

适用于大范围、区域性滑坡体监测。根据遥感图片，进行滑坡判释，根据不同时期的图像变化了解滑坡的变化情况；利用高分辨率遥感影像对地质灾害动态监测；随着遥感传感器技术的不断发展，遥感影像对地面的分辨率越来越高，例如：美国 landsat 卫星的 TM 遥感影像对地面的分辨率为 29m，法国 SPOT 卫星全波段影像对地面分辨率达 10m，而美国 IKNOS 卫星影像对地面的分辨率高达 1m。利用卫星遥感影像所反映的地面信息丰富，并能周期性获取同一地点影像的特点，可以对同一地质灾害点不同时相的遥感影像进行对比，进而达到对地质灾害动态监测的目的。

8.3.4 仪表观测法

1)方法原理

用精密仪器仪表对变形斜坡进行地表及深部的位移，倾斜（沉降）动态，裂缝相对张、闭、沉、错变化及地声、应力应变等物理参数与环境影响因素进行监测。按所采用的仪表可分为机械式传动仪表观测法（或简称机测法）和电子仪表观测法（或简称电测法）两类。其共性是监测的内容丰富，精度高（灵敏度高），测程可调，仪器便于携带。仪表观测法是一种相对位移监测方法，主要用于对裂缝、滑坡带、采空区顶底板等部位的监测，是滑坡监测的主要内容和重要内容之一。

2)特点及适用范围

机械式仪器原理简单，结构不复杂，便于操作，投入快。

成果资料直观可靠。

仪器稳定性好，抗潮防锈，适用于地下潮湿不良环境。

机测法适用于各种滑坡监测。

3)主要方法

(1)机测法

①方法原理

是在斜坡变形部位埋设测座，采用有百分表、千分表、游标刻度、水准气泡、齿轮传动装置的仪表人工到实地直接观测的一种方法。

②特点及适用范围

其原理、结构简单，安装测试简便，投入快，成本相对较低。

仪表受外界因素影响小，适应性强，便于携带、保护，能避免现场恶劣环境对测试仪表的损害。

观测成果资料直观、可靠度高。

适用于斜坡变形的中、长期监测。

③主要方法

机测法主要有地面倾斜监测法和地下（钻孔）倾斜监测。

a. 地面倾斜监测法

适用范围：

对滑坡地质体有变形机制和变形阶段的选择性；

顺层滑动的滑坡不宜采用；

主要用于倾斜式崩塌、拉裂式崩塌、滑移式崩塌之蠕滑—拉裂型滑坡中的切层滑坡、滑移—弯曲型滑坡。

对于滑坡初期阶段的危岩体（开裂岩土体），当以角变位和倾摆变形为主时，有条件的情况下，可投入精度高的地表倾斜监测。

b. 地下（钻孔）倾斜监测

常用的仪器：

常用的仪器主要有美制垂直双向数字式测斜仪，灵敏度 8″即 0.02mm/500mm，总精度±6mm/25m，量程 0～±53°。国产 CX-01 型伺服加速度计式数显测斜仪，探头灵敏度 8″即±0.02mm/500mm，总精度±4mm/15m，量程 0～±50°。

特点及适用范围：

精度高，性能可靠，稳定性好，测读方便。

在岩土体钻孔内进行岩土体深部变形监测，具有很大的应用优势，适用于所有的滑坡体的监测。

在目前条件下，由于仪器量程的限制，使之受到变形阶段性的限制，适合于滑坡体缓慢、匀速变形阶段的监测。当变形加剧或局部突发事件发生时，由于变形量大，挤压测斜管急剧变形使探头无法通过而无法继续监测，需重新钻孔埋管等。由于其成果直观、可靠、精密，是一种值得推广的监测方法。

(2)电测法

①主要方法

往往采用传感器的电性特征或频率的变化来表征裂缝的变化，采用二次仪表（电子仪表）进行测试，即采用电子元件制作的传感器（探头）埋设于斜坡变形部位，使用能将传感器电信号转换成人们所熟识信息的电子仪表（如频率计之类）观测。

②常用仪器

AFD-1 型电感调频式位移计，精度 0.03～0.07m，量程 50mm，分辨率 1Hz，可有线传输。配套 MFT-1 型多功能频率测试仪及 AFD-30 型位移自动巡回检测系统，可定时自动对 30 个测点进行巡回检测读数。

③适用范围

其技术比较先进，原理、结构比机测仪表复杂，监测内容比机测法丰富，仪表灵敏度高，易于遥测，适用于斜坡变形的短期或中期监测。

就适用条件而言，电子仪表往往不适应在潮湿、地下水浸湿、酸性及有害气体等恶劣环境条件下工作。

在选用电测仪表时，一定要具有防风、防雨、防腐蚀、防潮、防振、防雷电干扰等性能，并与监测的环境相适应，以保障仪器仪表的长期稳定性及监测成果资料的可靠度。其主要原因，一是传感器长期置于野外恶劣环境中工作，防潮防锈蚀问题未能完全解决；二是测试仪表电子元件易老化，长期稳定性差，携带防振性差。

观测的成果资料可靠度没有机测高。

一般而言，精度高、测程短的仪表适用于变形量小的斜坡变形监测，精度相对低、测程大、可调的仪表适用于斜坡变形处于加速变形或临崩、临滑状态时的监测。为增加可靠性、直观性，机测法与电测法相结合使用，互相补充、校核，效果最佳。

8.3.5 自动遥测法

随着电子技术及计算机技术的发展，各种先进的自动遥控监测系统相继问世，为滑坡的自动化连续遥测创造了有利条件。前述用电子仪表观测的内容基本上能实现连续观测、自动采集、存储、打印和显示观测数据。远距离无线传输是自动遥测法最基本的特点，由于自动化程度高，可全天候连续观测，故省时、省力、安全，是当前和今后一定时期滑坡监测发展的方向。

但是据目前已有部分遥测警报装置使用情况，初步反映出了自动遥测的突出弱点：传感器质量还不过关，仪器的组装工艺和长期稳定性较差，运行中故障率较高，不能适应野外恶劣的监测环境（如雨、风、地下水侵蚀、锈蚀、雷电干扰、瞬时高压等），遥测数据时有中断，可靠度也难以使人置信，至少在短期内尚难以适用于滑坡的监测。

8.3.6 其他监测法

1)声发射监测

声发射仪性能比较稳定，灵敏度高，操作简便，能实现有线自动巡回检测。一般来说，岩石破裂产生的声发射信号比观测到位移信息超前 7d～2s，因此，适用于岩质斜坡处于临崩、临滑阶段的短临前兆性监测，对于处于蠕动变形阶段和匀速变形阶段的滑坡体，可以不采用。

2)应力监测

应力计是以测量变形为基础反算应力值的一种监测仪器，其监测值并不真正代表岩土体内的地应力，监测方法实际仍是应变监测法。由于使用该仪器监测可以区分压力区和拉力区，一般可用于滑移式的土体滑坡及岩体滑坡监测，另外，可用于隧洞开挖型山体开裂底部压力监测和鼓胀式崩塌挤出带应力监测。

3)地下水监测

(1)监测方法

利用监测盅、水位自动记录仪、孔隙水压计、钻孔渗压计、测流仪、水温计、测流堰、取样等，监测泉、井、坑、钻孔、平斜硐、竖井等地下水露头。

(2)适用范围

地下水监测不具普遍性。当滑坡变形破坏与地下水具有相关性，而且在雨季或地表水位抬升时滑坡体内具有地下水时，应予以监测。一般认为，滑移式崩塌、倾倒式崩塌、鼓胀式崩塌、洞掘式崩塌、水库型崩塌、降雨型滑坡、渗漏型滑坡、水库型滑坡等需进行监测。

4)地表水监测

(1)监测方法

利用水位标尺、水位自动记录仪、测流堰等进行监测。

(2)适用范围

需进行地下水监测的滑坡体，而且地表水和地下水有水力联系时，如冲蚀型滑坡、水库型滑坡等需进行监测。

5)地震监测

(1)监测内容及仪器

由于地震力是作用于滑坡体的特殊荷载之一，对滑坡体的稳定性起着重要作用，应采用地震仪等监测区内及外围发生的地震强度、发震时间、震中位置、震源深度，分析区内的地震烈度，评价地震作用对滑坡体稳定性的影响。

(2)适用范围

地震监测适用于所有的滑坡监测。基于我国地震台及专业地震监测队伍的分布，所以应以收集地震资料为主，一般不宜自行设站监测。对于十分重要的滑坡体，场地地震烈度及其岩土体峰值加速度取值范围应由地震部门予以确定。

6)人类相关活动监测

(1)监测内容

由于人类活动如洞掘、削坡、爆破、加载及水利设施的运营等，往往造成人工型地质灾害或诱发产生地质灾害，在出现上述情况时，应予以监测并停止某项活动。对人类活动监测，应监测对滑坡体有影响的项目，监测其范围、强度、速度等。

(2)适用范围

当区内人类活动影响滑坡体的稳定性时，应予以监测并建议其停止。对于洞掘型、明挖型、爆破型、加载型、渗漏型等滑坡，应予以监测并通过政府职能使相关活动降低强度，暂缓或停止实施。

8.4 综合监测网点的布置

综合监测网由不同功能的监测网、监测线(即监测剖面，以下简称测线)和监测点(以下简称测点)组成的三维立体监测体系，各类监测点的编号见表 8.4-1。

各类监测法的编号表 表 8.4-1

监测法	编号	监测法	编号	监测法	编号
地表巡视	DBX	声发射监测法	SFS	简易监测法	JYJ
自动监测	ZDJ	沉降法	CJF	地表倾斜法	BQX
地震监测	DZJ	重锤法	ZCF	遥感 RS 法	YGF
气象监测	JYL	测缝法	CFF	近景摄影测量法	JSY
水质动态监测	SDT	地下测斜法	DXC	全球定位系统测量法	QQD
地表水动态监测法	BSD	TDR 监测法	TDR	大地测量(全站仪)	DBW
地下水动态监测法	DXS	钻孔测斜法	CXK	大地测量(经纬仪)	DDC
深部横向推力监测法	TLJ	电测法	DCF		
应力应变监测法	YLB	机测法	JCF		

注:本表适用监测网或监测线的编号。

8.4.1 监测网型

(1)十字形。纵向、横向测线构成十字形，测点布设在测线上。测线两端放在稳定的岩土体上并分别布设为测站点(放测量仪器)和照准点。在测站点上用大地测量法监测各测点的位移情况。这种网型适用于范围不大、平面狭窄、主要活动方向明显的滑坡。当设一条纵向测线和若干条横向测线，或设一条横向测线和若干条纵向测线时，网型变成“丰”字形、“卄”字形或“卅”字形等。

(2)方格形。在滑坡范围内，多条纵向、横向测线近直交。组成方格网，测点设在测线的交点上(也可加密布设在交点之间的测线上)。测站点、照准点布设同十字网形。这种网形测点分布的规律性强，且较均匀，监测精度高，适用于滑坡地质结构复杂，或群体性滑坡。

(3)三角(或放射)形网。在滑坡外围稳定地段设测站点，自测站点按三角形或放射状布设若干条测线，在各测线终点设照准点，在测线交点或测线上设测点。在测站点用大地测量法等监测测点的位移情况。对测点进行三角交会法监测时，可不设照准点。这种网形测点分布的规律性差，不均匀，距测站近的测点的监测精度较高。

(4)任意形。在滑坡范围内布设若干测点，在外围稳定地段布设测站点，用三角交会法、GPS 法等监测测点的位移。适用于自然条件、地形条件复杂的滑坡的变形监测。

(5)对标型。在裂缝、滑动等两侧，布设对标或安设专门仪器，监测对标的位移情况，标与标可不相联系，后缘缝的对标中的一个尽可能布设在稳定的岩土体上。在其他网型布设困难时，可用此网型监测滑坡重点部位的绝对位移和相对位移。

(6)多层型。除在地表布设测线、测点外，利用钻孔、平硐、竖井等地下工程布设测点，监测不同高程、层位坡体的变形情况。

8.4.2 监测剖面

(1)监测剖面是监测网的重要构成部分，每条监测剖面要控制一个主要变形方向，监测剖面原则上要求与勘察剖面重合(或平行)，同时应为稳定性计算剖面。

(2)监测剖面不完全依附于勘察剖面，应具有轻巧灵活的特点，应根据崩滑体的不同变形块体和不同变形方位进行控制性布设。当变形具有 2 个以上方向时，监测剖面亦应布设 2 条以上；当崩滑体发生旋转时，监测剖面可呈扇形布置。在有条件的情况下，应照顾到崩滑体的群体性特征和次生复活特征，兼顾到主崩滑体以外的小型崩滑体及次生复活的崩滑体的监测。

(3)监测剖面应充分利用勘察工程的钻孔、平硐、竖井布设深部监测，尽量构成立体监测剖面。

(4)监测剖面应以绝对位移监测为主体，在剖面所经过的裂缝、滑带上布置相对位移监测及其他监测，构成多手段、多参数、多层次的综合性立体监测剖面，达到互相验证、校合、补充并可以进行综合分析评判的目的。剖面两端要进入稳定岩土体并设置大地测量用的永久性水泥标桩，作为该剖面的观测点和照准点。

(5)监测剖面布设时，可适当照顾大地测量网的通视条件及测量网形(如方格网)，但仍以地质目的为主，不可兼顾时应改变测量方法以适应监测剖面。

(6)当滑坡位于路基的一侧或路基从滑坡体上通过，应对路基及其两侧进行监测。

8.4.3 监测点

(1)监测点的布设首先应考虑勘察点的利用与对应。勘察点查明地质功能后,监测点则应表征其变形特征。这样有利于对崩滑机理的认识和变形特征的分析。同时利用钻孔或平硐、竖井进行深部变形监测。孔口建立大地测量标桩,构成绝对位移与相对位移连体监测,扩大监测途径。

(2)监测点要尽量靠近监测剖面,一般应控制在5m范围之内,若通视条件不好或受其他条件限制,亦可单独布点。

(3)每个监测点应有自己独立的监测功能和预报功能,应充分发挥每个监测点的功效。这就要求选点时应慎重,有的放矢,布设时应事先进行该点的功能分析及多点组合分析,力求达到最好的监测效果。

(4)若在构造物上布置监测点,同时应在其附近也布设一定数量、相同监测方法的监测点,以便对比分析。

(5)监测点不要求平均分布,对崩滑带,尤其是崩滑带深部变形监测,应尽可能布设。对地表变形剧烈地段和对整个崩滑体稳定性起关键作用的块体,应重点控制,适当增加监测点和监测手段,但对于崩滑体内变形较弱的块体段也必须有监测点予以控制并具代表性。

(6)位于不动体作为监测站和照准点绝对位移监测桩点,选点时要慎重,要尽量避免因地质判断失误选在崩滑体或其他斜坡变形体上,同时应避开临空小陡崖和被深大裂隙切割的岩块,以消除卸载变形和局部变形的影响。

8.5 监测时限和频率

公路滑坡、崩塌监测预报分为短期、中期和长期,应用于勘察设计、施工和运营阶段。各阶段的监测频率应根据监测目的和灾害体的动态进行实时调整,见表8.5-1。

监测时限和频率表 表8.5-1

阶段	监测时限		正常情况	雨季监测频率	汛期监测频率	有活动异常监测频率
勘察设计阶段	短期监测(几天~1年)(可延至施工、运营阶段)	确定最深层滑动面或确定崩塌的松动范围即可停止,一般为1~6个月	7~15d/1次	1~7d/1次	数小时~1d/1次	1~7d/1次
施工阶段	中期监测(1~2年)(可延至运营阶段)	开工~竣工验收	1~7d/1次	1d/1~2次	1d/2次	连续跟踪
运营阶段	长期监测(2年以上)	直至安全、稳定	7~15d/1次	1~7d/1次	1~7d/1次	连续跟踪

8.6 深层位移曲线的类型及分析

根据对大量实际监测曲线的总结，滑坡深部位移曲线有 V 形、D 形、B 形、r 形、钟摆形及复合形等几种。

1)V 形(图 8.6-1)

曲线特点表现为，底部位移很小，而上部位移较大，中间没有较明显的波峰和波谷(滑动面)，表明滑坡该部位还没有形成明显的滑动面，处于剪切蠕变阶段，但随着时间的推移，有可能在最薄弱的地方形成滑动面。

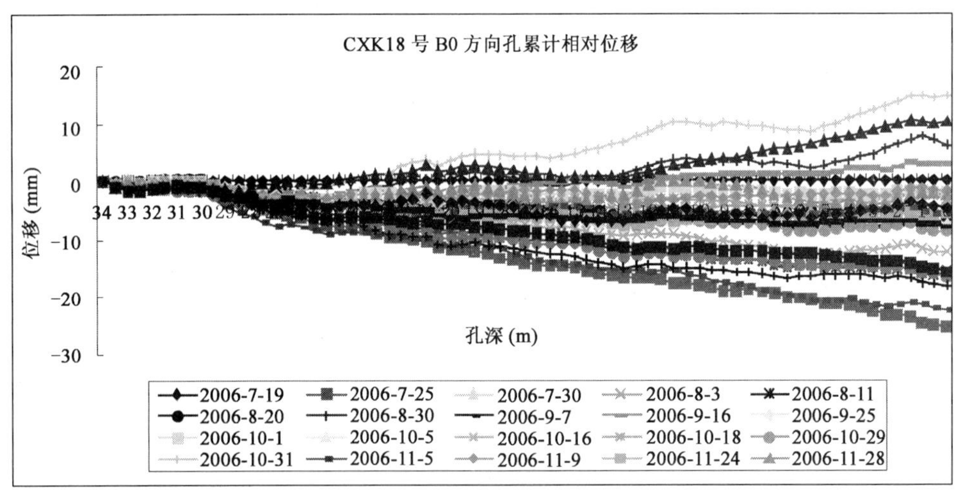

图 8.6-1　V形曲线

2)D 形(图 8.6-2)

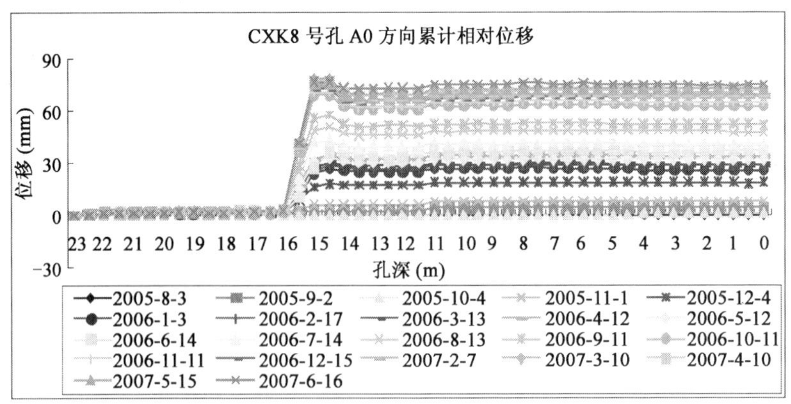

图 8.6-2　D形曲线

曲线只有一个较明显的滑面，且滑面位置较深，滑面以上滑体呈整体运动。

3)B 形(图 8.6-3)

曲线有几个较明显的滑面，但以其中一个滑面相对运动为主，表明滑坡沿岩土体多层滑面

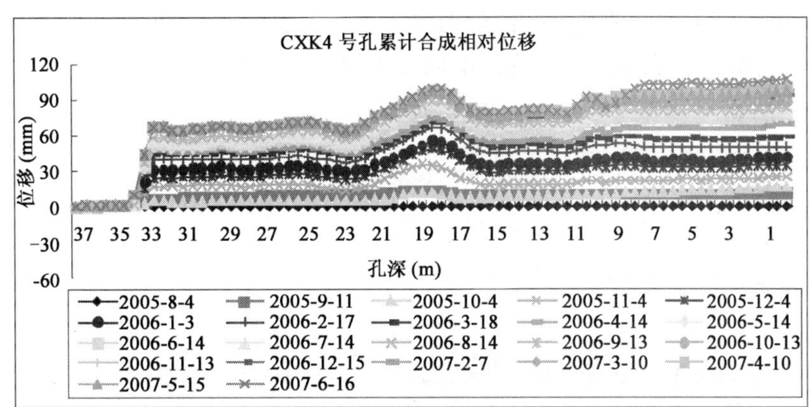

图 8.6-3 B形曲线

（或结构面）滑动，但各滑块的运动速率不一致，滑坡处于蠕变—滑移阶段。

4）r 形（图 8.6-4）

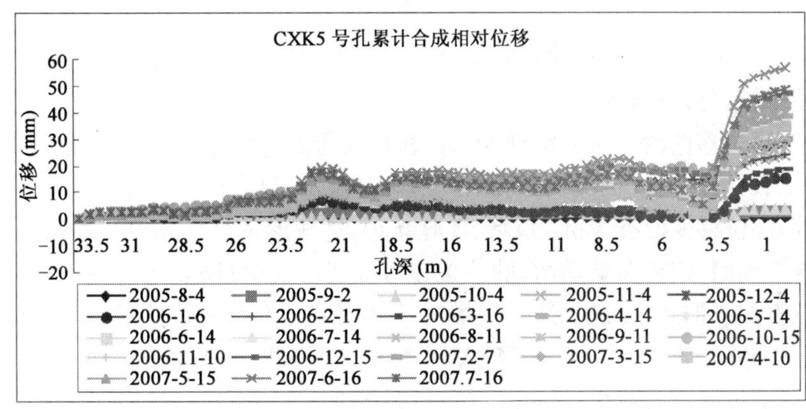

图 8.6-4 r形曲线

曲线显示在滑坡较浅部已形成明显的滑动面，且位移相对较大，而下部位移较小，表明滑坡在监测时段内以浅层整体滑移为主。

5）钟摆形（图 8.6-5）

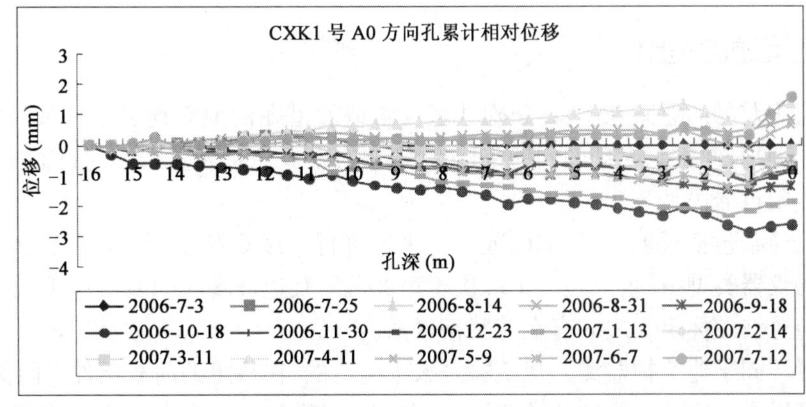

图 8.6-5 钟摆形曲线

不同时刻的位移—深度曲线在初测值两侧作小幅度摆动，摆动幅度一般<10mm，在量测综合误差影响范围之内，表明监测孔附近滑体处于相对稳定状态。

6)复合型(图 8.6-6)

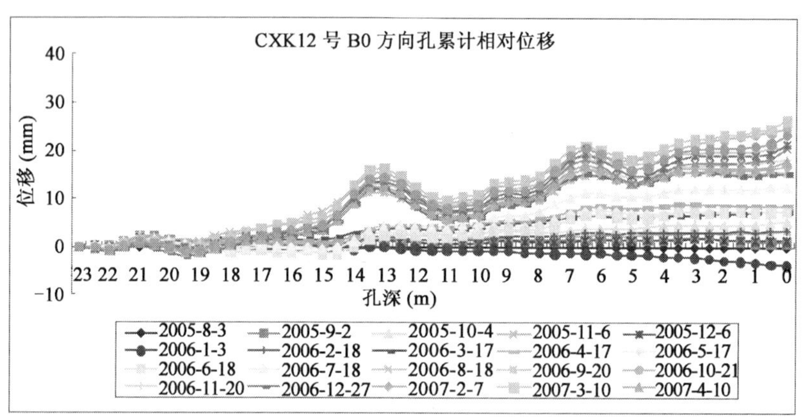

图 8.6-6　复合型曲线

滑坡位移前一阶段显示某种曲线特征，而后一阶段又显示另一种曲线特征。

根据上述分析，可以得到以下几点结论：

(1)滑坡深部位移监测是研究滑坡深部位移特征行的有效手段，它不仅能及时发现滑动面的发生、发展及其位置，而且可反映滑坡的变形机制及发展趋势。

(2)滑坡深部位移变形有 V 形、D 形、B 形、r 形、钟摆形及复合型等几种曲线形态，每种曲线形态可反映滑动面(或潜在滑动面)的位置和滑坡变形发展过程，同时可反映滑坡的滑动性质。当累积位移曲线形态呈钟摆形时，滑坡处于相对稳定阶段；呈 V 形、B 形时，滑坡处于潜在滑动阶段；呈 D 形、r 形，且位移速率较大时，滑坡处于失稳破坏阶段。

(3)根据深部位移监测曲线，通常情况下复杂多变，但包含了多方面的信息，包括滑动时空信息，测斜管的埋设情况，仪器和测量的精度等，因此，在选择监测数据进行预报时，应结合所有相关因素综合分析。

8.7　边坡自动化监测系统研究

8.7.1　问题的提出

对边坡实施监测的意图在于：尽早对边坡反常或者潜在的地质地貌条件或者滑移情况做出预报。尽早预报，便于对出现的问题采取适当的措施，在条件恶化以及建筑物损坏或者灾害发生之前通告附近居民。

边坡监测通常包括对地表移动和/或地下水位进行连续观测。所采用的监测技术或者监测所需使用的仪器类型，在很大程度上取决于边坡观测及边坡潜在的破坏模式。毋庸讳言，岩土工程条件与边坡破坏模式之间存在着紧密联系。

边坡监测不同于建筑物监测。建筑物是人工建造的，在核定的荷载条件下能保持稳定，稳定的建筑物可以在一定的严格的公差范围内、在相对较稳定或一般性的基准条件下按预期安然存在。而边坡，天然的抑或人工的，都一直处于渐进的变形状态。边坡总是处于运动滑移状态，要区分正常(或安全)的滑移和不安全的滑移，这是对各种边坡监测方案的直接挑战。因此，从自然特性来讲，边坡监测要比建筑物监测存在更多的问题，通常多种类型的仪器被用以解决边坡监测中高度的不确定性问题。

综合的边坡监测参数，包括使用各种监测仪器，而每种仪器提供有关边坡特性以及影响这些特性的相应条件的确切信息。降雨、地下水位、地表移动等，是评估边坡相应条件的重要信息。这些参数的测试仪器的输出信号类型，列于表 8.7-1。

测试仪器的输出信号类型 表 8.7-1

仪 器	目 的	信 号
雨量计	降雨强度以及雨量	脉冲
孔隙水压力计	饱和土中的水位	钢弦频率或回路电流(4～20mA)
TDR 同轴电缆	分散剪切面的滑移	数字脉冲反射
固定式测斜仪	体运动速率、方向、大小	直流电压
倾斜仪	结构或地表运动	直流电压或交流

人工监测不可避免地带有人工误差，监测参数受到限制，同时也不能获得 24h 不间断的监测数据，不能及时检测事故发生的临界变化，不能确定事故发生的准确时间，从而不能准确分析事故相关的外部诱导因素。得益于科学技术的发展，现今对影响边坡稳定性的复杂因素，可以采用自动比的监测系统进行全面而有效的监测。

8.7.2 边坡自动化监测的原则

边坡自动化监测方案是为了监测可预报稳定性条件的各种参数。明确而有效的监测方案还应该从材料、仪器以及安装费用几方面综合考虑。

为了构成一个有效的边坡自动化监测系统，需要基于以下三点考虑，并且采用适当的方法进行安装：

(1)预测的破坏模式。

(2)导致破坏的因素。

(3)自动化监测系统。

8.7.3 边坡自动化监测系统主要监测仪器

要求设计边坡监测系统可以实现边坡监测自动化，可以接入 TDR、孔隙水压力计、固定式测斜仪、雨量计等获取边坡监测的重要参数。主要仪器包括如下几种。

1)测斜仪及倾斜计

对于一个处于滑移状态的边坡，用倾斜计监测可以确定滑移方向，圈定变形区域，而且多数情况下，可以判定滑移的力学机理。

倾斜计可以连续监测，确保可以获得靠间断性的人工监测所不可能监测到的信息。自 1980 年成功开发出倾斜计以来，高精度和自动化监测的要求很容易地得到了满足；而传统的靠人工监测的测斜仪的方法不能满足这些要求，不过测斜仪能提供有用的深层滑移信息。

倾斜计和测斜仪联合使用，构成一个适合多数边坡和结构稳定性调查的有效方法。在初期评估监测现场的滑移时，可以根据倾斜计的成果，确定是否需要测斜仪、使用测斜仪测试的次数多寡，以及测斜钻孔位置的分布等。从另一方面来看，测斜仪可以探测边坡滑移三维几何参数。

当边坡稳定性可疑时，通常的反应是立刻想到布置测斜钻孔。如果这种稳定性可疑的边坡发生快速移动，那么用这种方法通过几周或几个月的监测，可以获得关于变形速率及力学机理的良好信息。然而，多数情况下，边坡运动是缓慢的，从时间上或费用上核计，用测斜仪监测这样的项目并不合算；而且根据测试结果还可能下不了结论，甚至因为混淆不清或者测试数据接近系统分辨率而得出错误的结论。

为避免这些问题，可以在最初设置测斜钻孔的位置上，布置一个或多个高分辨率的倾斜计。假如边坡运动速率缓慢，倾斜计的连续监测通常会在几周时间内建立一个平均运动速率的定量概念。

2)固定式测斜仪和 TDR(时域反射法)

TDR 时域反射法是监测边坡和坝堤稳定性的一种新方法。开发 TDR 的初衷是用来确定通信线及电力线的断裂及缺陷位置，但 TDR 可用于监测边坡的滑移，其数据采集由一个 TDR 电缆测试仪连接到灌注于钻孔中的同轴电缆而获取读数。

TDR 与雷达很相似。电脉冲沿着同轴电缆从地表向下传播，在电缆断裂或变形处即被反射回来，反射信号在电缆的特性信号曲线上显示为一个脉冲峰尖。边坡位移相对大小、变形速率以及变形位置能立即精确地确定下来。

TDR 与传统的测斜仪相比具有以下优点：

(1)安装成本低。

(2)安装深度无限制。

(3)快速确定边坡移动。

(4)可以远程数据采集。

TDR 时域反射仪，近年来成为一种新型而便宜的监测地表下沿着剪切面移动变形的方法。它每 200μs 给测试电缆激发一次超速脉冲电压，遇到断裂的地方，阻抗特性发生变化，于是脉冲被反射回到电缆测试仪，而在电缆特性曲线上显示为一个峰值，如图 8.7-1 所示。每一个独立的反射分别确定一个对应的断裂位置。

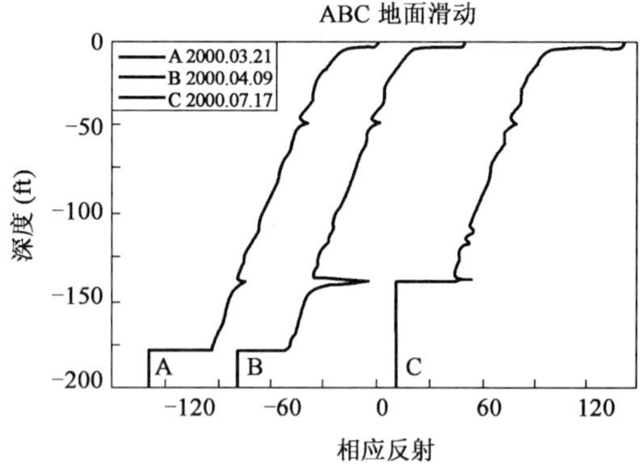

图 8.7-1　TDR 测试电缆特性曲线(1ft=0.304 8m)

在垂直的钻孔中使用 TDR，其安装费用比安装通常的测斜管要便宜。TDR 自身只能指出发生移动的深度位置和相对位移大小。但是，TDR 与其他仪器配合使用，可以得出地下条件的更多信息。比如 TDR、固定式测斜仪和孔隙水压力计在同一钻孔中的联合作用。

8.7.4　边坡自动化监测连续性数据采集系统

1)概述

现场监测技术发展到今天，使高科技岩土工程监测手段成为现实。20 世纪 70 年代以来，监测方法趋向于高精度、自动化并普遍运用个人电脑进行数据处理和分析。80 年代以来，自动采集系统的成本下降,得以在岩土工程监测中广泛应用。这类应用分两类:便携式读数仪,测试工程师无需手工抄写测试数据,只需按一下采集按钮即可自动测读,从实质上讲数据保存是人工干预的,因为测试工程师携带着读数仪表在现场巡回测试,并且由人工将读数仪表与传感器连接起来进行测读。而自动连续采集系统,它被安置在测试现场,按项目要求而设置的采样率采集记录数据。连续采集系统极大地提高了测试精度,因为:①克服人工读数误差;②避免混淆数据而导致错误结论;③可实现远程测控;④可实现 24h 连续观测;⑤如果滑移超过警戒限值,可实现报警。

连续监测系统便于及时确定边坡滑移速率及滑移方向,并能及时发现变化。对事发时间的准确记录,得以找出滑坡特性与外界因素诸如降雨、地震、坡度、人工建造活动之间的相关性。

2)基本配置情况

系统可以通过串行接口直接与 PC 机连接进行数据配置和下载,也可以提供选配项以便通过电话、无线电而实现数据远程传输。电源可以采用交流电或太阳能电池配合蓄电池。采用太阳能电池配合蓄电池时,需提供电池保护、太阳能电池板、备用电池等。

3)监测系统的安装

在考虑安装类型时需要确定两个因素:传感器的数量及种类,安装这些传感器所采用的方法。

低成本的监测系统可以由一组固定测斜仪组成,直接埋设于由机械开挖的浅孔里。每只传感器的电缆由理置的浅沟里引出,或者从埋置于浅沟里的原管道引出(这要取决于电缆的埋设方式以及系统的设计使用寿命),一直连接到安设于边坡顶部或底部的监测系统。这组系统的优点是可以覆盖比较广泛的测区,并且相对来讲其安装和维护费用都不昂贵。其局限性是只能监测地面及近地面的边坡滑移,监测参数有限。

相对于低成本的监测系统,另外的一种方案则由固定式测斜仪、TDR、孔隙水压力计以及土壤湿度计等联合组成,可以监测边坡浅部和深部的移动和水位,这套系统即是边坡自动监测系统。有些钻孔需要足够的深度以穿过边坡的潜在破坏面(或者进入稳定地层)。如在这些钻孔里采用 TDR 来监测边坡的移动,则钻孔相对安装费用降低。边坡自动监测系统另需一台计算机监测,但这台计算机要安置于某一个固定地点,方法如下。

固定式测斜仪:传感器分别安装于潜在滑动面、滑动面和滑动面下部。

孔隙水压力计安装于潜在滑动面位置。

4)监测系统的构成

自动监测系统在本课题依托工程晴隆滑坡监测现场布置了四种传感器,分别是:①固定式测斜仪,监测坡体内深部位移;②渗压计,监测坡体覆盖层内孔隙水压力;③雨量计,测量雨量大小;④TDR,确定滑动面位置。

另外,用于数据采集、存储,数据远程传输的仪器有 DT615 数据采集仪与 DTU 传输单元。数据采集仪根据用户设定采集频率,自动采集前述四种传感器的监测数据之后,存储于数采仪的存储单元内。数据采集仪与 DTU 传输单元连接后,借助于 GSM 卡 GPRS 功能,将存储单元内的监测数据通过 Internet 网络远程传输到数据处理中心并存入计算机内。在该监测系统中,计算机安装相关数据下载和处理软件后,通过 Internet 网络与 DTU 传输单元进行无线连接,从而达到远程操作数采仪基本命令的目的,并用来读取、存储、图形化所有监测数据。该监测系统的构成见表 8.7-2 和图 8.7-2。

边坡监测系统组成 表 8.7-2

仪　　器	备　　注
DT615 采集仪	可接入固定测斜仪、钢弦传感器、TDR 电缆测试仪等
DTU 传输单元	用于无线传输
TDR-100 测试仪	可接入 TDR 电缆并读取分析数据
dataTaker GPRS DTU 软件	数据分析软件
动态域名解析软件	用于无线传输网络域名解析
PCTDR 软件	TDR 数据软件

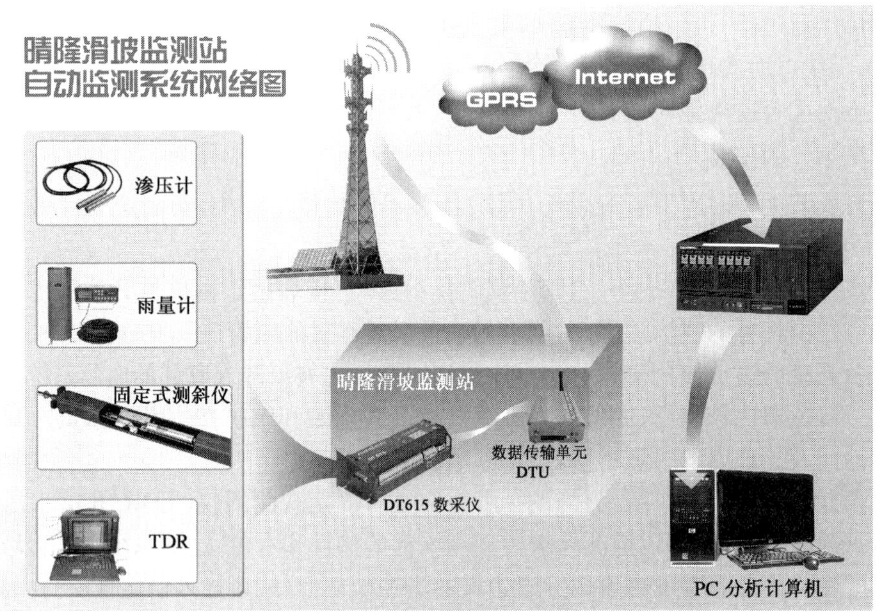

图 8.7-2　自动监测系统网络图

8.8　群测群防监测系统

8.8.1　群测群防监测系统的功能

(1)群测群防是公路滑坡、崩塌地质灾害防灾预警的必由之路,是长期驻扎在当地不走的预报预警地方军。

(2)群测群防监测系统能对公路大范围内大量的地质灾害隐患点实施监测和预警,能迅速发现险情并及时上报,对崩、滑、流短临预报来说,能及时预警自救,减少人员伤亡和灾害损失。

(3)群测群防系统使专业监测耳聪目明,反应快捷,能及时发现隐患险情,及时监测预警,提高专业监测的能力和成效。

8.8.2　群防体系的构成与建立

群测群防体系的构成见表 8.8-1。

群测群防体系的构成 表 8.8-1

建设阶段 \ 实施单位	组织单位	二级单位	三级单位
施工阶段	项目指挥部(总监办)	驻地监理,施工单位,设计单位	施工队,当地群众
运营阶段	公路管理局、公路局(省级)	公路管理处,设计单位,地方政府	路政管理人员,当地群众

组织单位:全面统一组织实施群测群防,制订实施办法,提供必要资金和调配资源,负责监督二级单位和三级单位。

驻地监理:负责协调各施工单位。

施工单位:对隐患点定人、定点、定时进行巡查和简易监测,并做好记录、上报等工作。

设计单位:提出监测的范围,巡视的频率,应采取的方法,设计需要填写的表格等。

施工队、当地群众:群测群防体系,需进行科普宣传、教育和编制宣传材料。

8.9 TDR 监测系统研究

8.9.1 TDR 的定义及原理

时域反射法(Time Domain Reflectometry ,TDR)是一种远程遥感测试技术,产生于 20 世纪 50 年代,最初用于电力和电信工业中电缆线路缺陷的定位和识别。国外自 20 世纪 70 年代起,将 TDR 技术应用于岩土工程领域,主要在测定土体含水率、监测岩体和土体变形、边坡稳定性及结构变形等方面得以应用,并以方便、安全、经济、数字化及远程控制等优点而受到广泛关注。在国内岩土工程领域,TDR 技术的理论与实践还处于起步阶段,本文阐述了 TDR 技术的基本原理,分析了其在实际工程中的应用,对 TDR 技术在国内岩土工程领域的应用起到抛砖引玉的作用。

时间域反射测试(TDR)就是采用电缆中的“雷达”测试技术(Andrews, 1994 年),在电缆中发射脉冲信号,同时进行反射信号的监测。TDR 用于滑坡监测时,将同轴电缆埋入监测钻孔内,并与安装在地面的专用监测设备相连接。在同轴电缆中发射测试脉冲信号,脉冲信号在同轴电缆中传播的过程中,能够反映同轴电缆的阻抗特性。专用的监测设备实时监测同轴电缆中的反射波信号,把测试信号与反射信号相比较,根据二者的异常情况就可以判别同轴电缆的状态(断路、短路以及变形等)。由此可以推断出同轴电缆状态发生变化的位置,更进一步推算出该位置所处地层的形变位移量。

在实际的监测过程中,如果 TDR 测试脉冲信号在测试电缆中的传播速度为 V_p,发射信号与反射信号的时间间隔为 T_d,那么电缆的长度为:

$$d = V_p \cdot T_d/2 \tag{8.9-1}$$

与此同时,如果测试脉冲信号为 V_1,反射信号为 V_2,那么其反射系数为:

$$\rho = V_2/V_1 \tag{8.9-2}$$

根据线性传输理论,可以知道:

$$\rho = \frac{R_t - R_0}{R_t + R_0} \tag{8.9-3}$$

式中:R_t——变形后电缆的阻抗;

R_0——变形前电缆的阻抗。

由式(8.9-2)和式(8.9-3)可以得出：

$$R_t = \frac{1+\rho}{1-\rho}R_0 \tag{8.9-4}$$

因此，可以得出结论：

(1)当 $\rho=0$ 时，$R_t=R_0$ 表示电缆的特性阻抗与电缆末端等效阻抗相匹配，发射信号得到了很好的传输，没有反射信号产生，电缆无变形。

(2)当 $\rho=+1$ 时，$R_t\to\infty$，表示电缆末端处于开路状态，发射信号完全被反射即电缆断路。

(3)当 $\rho=-1$ 时，$R_t=0$，表示电缆末端处于短路状态，发射信号完全被吸收。

(4)当 $-1<\rho<1(\rho\neq0)$，表示电缆发生变形，并且产生发射波信号。

TDR 的应用范围：

TDR 技术属于一种电子测量技术，多年以来一直用于各种物体形态特征的检测和空间定位。早在 20 世纪 80 年代初期，美国等发达国家的研究人员将 TDR 技术开始用于地质勘察工作，针对煤田地质方面，TDR 技术用于监测地下煤层的变形位移；在农业地质方面，TDR 技术可用于土壤湿度和含水量的测试等；在矿业方面，有关研究人员将 TDR 技术应用于露天矿边坡的稳定性监测。直到 90 年代中期，TDR 技术才开始用于地质灾害的监测工作。TDR 技术运用于崩塌、滑坡的监测尚属研究的探索阶段。

为了分析滑坡的形成机理、活动状态及其发展趋势，位移与变形的长期观测是滑坡动态监测的重要组成部分。采用 TDR 技术对滑坡进行监测，可以了解和掌握滑坡深部的位移与变形的动态变化过程。从理论上来说，TDR 技术可以完成大量程的滑坡监测。其量程的大小只与测试电缆的特性有关，与监测钻孔的受损坏程度无关。大量的试验也能够证明这一点。但是实际情况，只有通过试验确定。

8.9.2 本研究进行的试验

(1)TDR 模拟试验。

(2)TDR 特性试验。

1)TDR 剪切和拉伸模拟试验

(1)试验方案和步骤

①试验仪器及材料

a. TDR100 测试仪；

b. 直剪仪；

c. 钢筋拉伸试验机；

d. SYV-75-5、SYWV-75-7、SYWV-75-9 三种型号同轴电缆各 9m，测斜管共 6.3m(或用 PVC 管代替)，32.5R 级普通硅酸盐水泥 100kg，$\phi10$ 螺纹钢筋 3.6m。

②试件制备

将同轴电缆置于圆管中沿轴线方向拉直，用水灰比为 0.6 的水泥砂浆填充密实管中空隙，剪切试件长 20cm，拉伸试件长 50cm(两端预埋 20cm 长 $\phi10$ 螺纹钢筋，外露 10cm)，同轴电缆穿出试件两端一定长度，以便与 TDR 测试仪连接。

试件龄期 7d，同步可制备 70mm×70mm×70mm 试块 6 个，以测定水泥浆 7d 及 28d 的抗压强度。

③试验步骤

a. 剪切试验

(a)将剪切试件置于剪切仪中,连接同轴电缆与 TDR100 测试仪,并用数据线将测试仪与电脑连接起来,测力计调零,记录初始 TDR 信号。

(b)摇动手轮,用百分表控制剪切位移量,每 1mm 记录一次 TDR 信号、量力环读数,直至同轴电缆被剪断。据此分析 SYV-75-5(外经 5mm),SYWV-75-7(外经 7mm),SYWV-75-9(外经 9mm)三种型号同轴电缆的剪切面处剪切位移与 TDR 反射系数关系,及三种型号同轴电缆的剪切位移与所受剪力关系。

b. 拉伸试验

(a)用钢锯切割拉伸试件圆管和水泥浆(注意不要损伤同轴电缆),将其置于钢筋拉伸试验机中,夹紧试件两端的预埋钢筋,调整,使同轴电缆处于自然状态。

(b)连接同轴电缆与 TDR100 测试仪,并用数据线将测试仪与电脑连接起来,记录初始 TDR 信号。

(c)对试件沿圆管轴线方向施加拉力,使同轴电缆受拉伸作用,控制同轴电缆拉伸变形量,每伸长 5mm 记录一次 TDR 信号,直至同轴电缆断裂或同轴电缆与砂浆之间的胶结破坏。

试验过程中,对于不同阻抗的同轴电缆,需要对测试信号发生器的输出阻抗进行适当的调整,使之与电缆的阻抗相匹配。针对不同长度的测试电缆,采用不同频率的信号,使 TDR 反射信号更容易采集与识别,以便获得在测试电缆中进行 TDR 测试的最佳效果。

(2) 试验结果分析

用 PCTDR 软件收集 TDR 试验数据,然后用 TDRPlot 软件对 TDR 试验数据进行自动分析,得到 TDR 测试电缆相对反射系数变化情况。

①剪切试验

SYV-75-5(图 8.9-1,表 8.9-1):

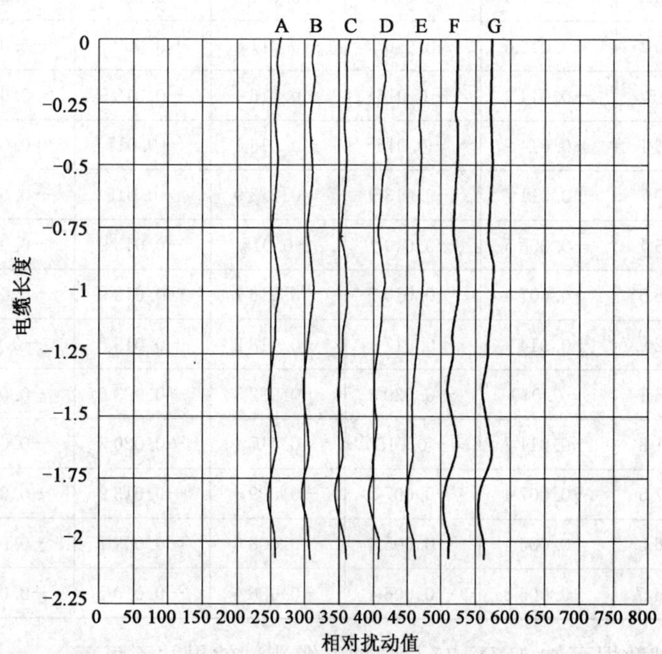

图 8.9-1 SYV-75-5 剪切试验结果

A～G 剪切面相对位移每次增加 5mm，累计 30mm。

SYV-75-5 剪切试验结果 表 8. 9-1

电缆长度(m)	相对反射系数						
	A	B	C	D	E	F	G
0	0	0	0	0	0	0	0
0. 074 1	−0. 003 2	−0. 002 1	−0. 004 3	−0. 002 2	−0. 002 2	−0. 001 1	−0. 001 1
0. 148 1	−0. 001 1	0	−0. 003 2	0	−0. 001 1	0	0
0. 222 2	−0. 003 2	−0. 002 1	−0. 006 4	−0. 003 2	−0. 001 1	−0. 001 1	−0. 001 1
0. 296 3	−0. 006 5	−0. 006 4	−0. 006 4	−0. 004 3	−0. 004 3	−0. 002 2	−0. 002 2
0. 370 4	−0. 004 3	−0. 004 2	−0. 006 4	−0. 002 2	−0. 001 1	0	0
0. 444 4	−0. 002 2	−0. 003 2	−0. 003 2	0	−0. 001 1	0	0
0. 518 5	−0. 002 2	−0. 002 1	−0. 006 4	−0. 003 2	−0. 002 2	−0. 003 3	−0. 003 3
0. 592 6	−0. 006 5	−0. 006 4	−0. 008 6	−0. 004 3	−0. 005 4	−0. 004 3	−0. 004 3
0. 666 7	−0. 010 7	−0. 009 6	−0. 010 7	−0. 007 5	−0. 005 4	−0. 005 4	−0. 005 4
0. 740 7	−0. 010 7	−0. 008 5	−0. 011 8	−0. 008 6	−0. 006 5	−0. 005 4	−0. 005 4
0. 814 8	−0. 005 4	−0. 004 2	−0. 006 4	−0. 004 3	−0. 002 2	−0. 001 1	−0. 001 1
0. 888 9	−0. 001 1	−0. 002 1	−0. 003 2	0	0. 001	0	0
0. 963 0	−0. 002 2	−0. 002 1	−0. 004 3	−0. 003 2	−0. 001 1	0	0
1. 037 0	−0. 006 5	−0. 005 3	−0. 006 4	−0. 005 4	−0. 004 3	−0. 004 3	−0. 004 3
1. 111 1	−0. 006 5	−0. 007 4	−0. 010 7	−0. 007 5	−0. 005 4	−0. 006 5	−0. 006 5
1. 185 2	−0. 010 7	−0. 010 6	−0. 010 7	−0. 011 8	−0. 009 7	−0. 008 6	−0. 008 6
1. 259 3	−0. 015	−0. 014 9	−0. 016	−0. 016 1	−0. 013 9	−0. 013 9	−0. 013 9
1. 333 3	−0. 016 1	−0. 014 9	−0. 016	−0. 016 1	−0. 015	−0. 013 9	−0. 013 9
1. 407 4	−0. 010 7	−0. 011 7	−0. 013 9	−0. 013 9	−0. 015	−0. 006 5	−0. 006 5
1. 481 5	−0. 005 4	−0. 008 5	−0. 010 7	−0. 015	−0. 013 9	−0. 001 1	−0. 001 1
1. 555 6	−0. 006 5	−0. 007 4	−0. 010 7	−0. 016 1	−0. 013 9	−0. 003 3	−0. 003 3
1. 629 6	−0. 012 9	−0. 014 9	−0. 017 1	−0. 018 2	−0. 019 3	−0. 015	−0. 015
1. 703 7	−0. 016 1	−0. 016	−0. 020 3	−0. 022 5	−0. 023 6	−0. 021 4	−0. 021 4
1. 777 8	−0. 011 8	−0. 011 7	−0. 015	−0. 017 1	−0. 020 3	−0. 020 3	−0. 020 3
1. 851 9	−0. 007 5	−0. 007 4	−0. 007 5	−0. 009 6	−0. 013 9	−0. 013 9	−0. 013 9
1. 925 9	−0. 006 5	−0. 006 4	−0. 005 4	−0. 008 6	−0. 009 7	−0. 012 9	−0. 012 9
2	−0. 006 5	−0. 005 3	−0. 006 4	−0. 006 4	−0. 010 7	−0. 013 9	−0. 013 9

从波形图及测试数据可知，SYV-75-5 同轴电缆测试效果并不显著。

SYWV-75-7(图 8. 9-2，表 8. 9-2)：

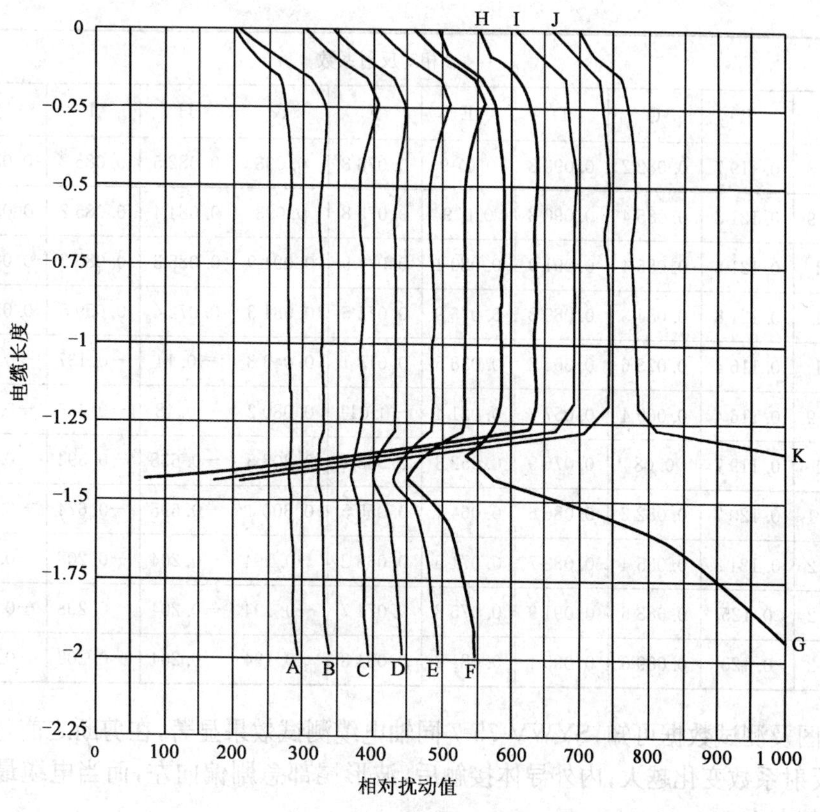

图 8.9-2　SYWV-75-7 剪切试验结果

SYWV-75-7 剪切试验结果　　表 8.9-2

电缆长度(m)	相对反射系数										
	A	B	C	D	E	F	G	H	I	J	K
0	0	0	0	0	0	0	0	0	0	0	0
0.080	0.024 5	0.044 9	0.038 4	0.036 3	0.035 3	0.038 4	0.015	0.016 5	0.033	0.035 7	0.022 5
0.159	0.066 1	0.103 6	0.092 8	0.087 6	0.091 8	0.090 7	0.066 3	0.060 5	0.075 1	0.072 4	0.063 1
0.239	0.072 5	0.123 9	0.107 8	0.104 7	0.104 6	0.103 5	0.082 3	0.077	0.077 9	0.076 9	0.073 8
0.319	0.075 7	0.126 1	0.099 2	0.102 6	0.094	0.092 9	0.088 7	0.081 6	0.079 7	0.079 7	0.077
0.398	0.079 9	0.121 8	0.088 6	0.096 2	0.082 2	0.081 1	0.090 9	0.085 3	0.084 3	0.083 4	0.079 1
0.478	0.081	0.119 7	0.082 2	0.091 9	0.078	0.077 9	0.097 3	0.084 4	0.088 9	0.086 1	0.082 3
0.558	0.078 9	0.117 5	0.082 2	0.090 8	0.075 8	0.074 7	0.096 2	0.083 4	0.085 2	0.084 3	0.080 2
0.637	0.076 7	0.116 4	0.082 2	0.087 6	0.074 7	0.073 6	0.097 3	0.081 6	0.083 4	0.079 7	0.07 8
0.717	0.076 7	0.119 7	0.085 4	0.091 9	0.079	0.077 9	0.097 3	0.081 6	0.083 4	0.081 5	0.079 1
0.797	0.076 7	0.120 7	0.086 4	0.091 9	0.080 1	0.077 9	0.095 1	0.082 5	0.085 2	0.083 4	0.079 1
0.876	0.077 8	0.120 7	0.086 4	0.090 8	0.080 1	0.079	0.094 1	0.083 4	0.084 3	0.082 4	0.081 2
0.956	0.076 7	0.120 7	0.085 4	0.091 9	0.080 1	0.076 8	0.094 1	0.081 6	0.083 4	0.083 4	0.082 3

续上表

电缆长度(m)	相对反射系数										
	A	B	C	D	E	F	G	H	I	J	K
1.036	0.077 8	0.119 7	0.082 2	0.090 8	0.07 9	0.076 8	0.093	0.082 5	0.085 2	0.084 3	0.083 4
1.116	0.078 9	0.121 8	0.085 4	0.090 8	0.079	0.075 8	0.093	0.084 4	0.085 2	0.084 3	0.086 6
1.195	0.081	0.121 8	0.085 4	0.091 9	0.080 1	0.077 9	0.091 9	0.085 3	0.085 2	0.083 4	0.087 6
1.275	0.081	0.121 8	0.084 3	0.089 8	0.076 9	0.071 5	0.081 3	0.072 4	0.059 5	0.050 4	0.113 3
1.355	0.081	0.116 4	0.073 6	0.065 2	0.038 5	0.018 1	0.043 8	−0.14	−0.137	−0.161	−0.199
1.434	0.079 9	0.116 4	0.069 4	0.057 7	0.021 4	−0.011	0.080 2	−0.48	−0.436	−0.451	−0.199
1.514	0.081	0.119 7	0.08	0.076 9	0.052 3	0.033 1	0.208 5	−0.638	−0.594	−0.603	−0.199
1.594	0.083 1	0.120 7	0.082 2	0.086 6	0.064 1	0.055 5	0.300 4	−0.695	−0.674	−0.678	−0.199
1.673	0.084 2	0.121 8	0.085 4	0.088 7	0.071 5	0.066 2	−0.194	−0.204	−0.208	−0.209	−0.199
1.753	0.084 2	0.125	0.088 6	0.091 9	0.075 8	0.074 7	−0.194	−0.204	−0.208	−0.209	−0.199
1.833	0.084 2	0.125	0.089 6	0.095 1	0.081 2	0.084 3	−0.194	−0.204	−0.208	−0.209	−0.199

从波形图及测试数据可知，SYWV-75-7 同轴电缆测试效果显著，在剪断之前，剪切变形越大，其相对反射系数变化越大；内外导体接触后，波形尾部急剧偏向左，而当电缆最终剪断，波形尾部则转偏向右。

SYWV-75-9(图 8.9-3，表 8.9-3)：

从波形图及测试数据可知，SYWV-75-9 同轴电缆测试效果显著。

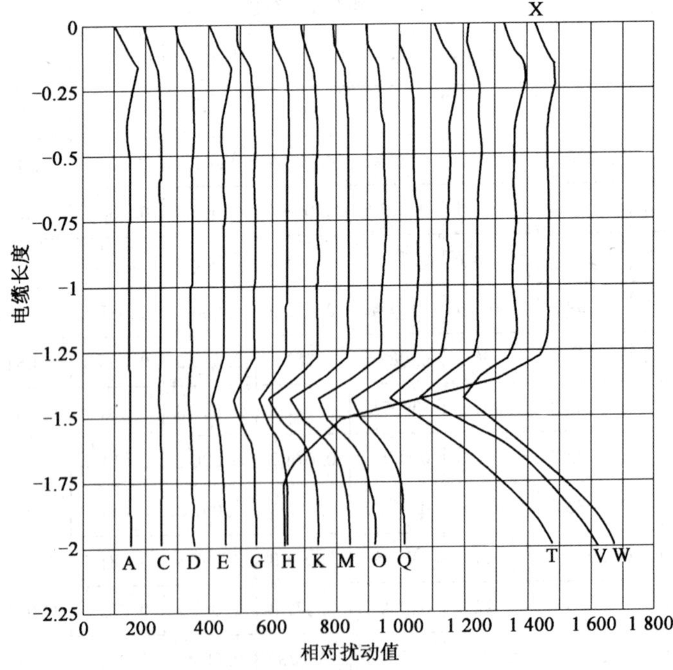

图 8.9-3　SYWV-75-9 剪切试验结果

表 8. 9-3

SYWV-75-9 剪切试验结果

电缆长度(m)	相对反射系数											
	A	C	D	E	H	K	M	O	Q	T	V	W	X
0	0	0	0	0	0	0	0	0	0	0	0	0	0
−8. 50 8	0. 032	0. 011 7	0. 013 8	0. 026 7	0. 008 5	0. 011 7	0. 002 1	0. 007 5	0. 004 3	0. 021 4	−0. 003	0. 023 5	0. 024 6
−8. 50 4	0. 070 4	0. 038 4	0. 047 9	0. 069 4	0. 043 7	0. 036 3	0. 033	0. 037 4	0. 032 1	0. 065 4	0. 023 5	0. 068 5	0. 062 8
−8. 505	0. 060 8	0. 048	0. 055 4	0. 065 2	0. 053 3	0. 044 8	0. 041 5	0. 044 9	0. 041 8	0. 066 4	0. 034 2	0. 067 4	0. 06
−8. 506	0. 042 6	0. 051 2	0. 056 4	0. 048 1	0. 054 4	0. 048	0. 044 7	0. 048 2	0. 046	0. 055 7	0. 035 3	0. 048 2	0. 045 5
−8. 507	0. 037 3	0. 051 2	0. 056 4	0. 037 4	0. 054 4	0. 051 2	0. 046 9	0. 056 7	0. 047 1	0. 043 9	0. 037 4	0. 035 3	0. 037 3
−8. 506	0. 043 7	0. 053 3	0. 055 4	0. 041 7	0. 054 4	0. 051 2	0. 046 9	0. 055 7	0. 047 1	0. 046 1	0. 042 8	0. 034 2	0. 038 2
−8. 506	0. 048	0. 051 2	0. 052 2	0. 047	0. 051 2	0. 049 1	0. 046 9	0. 055 7	0. 046	0. 047 2	0. 039 6	0. 031	0. 040 9
−8. 506	0. 046 9	0. 048	0. 05	0. 049 2	0. 049	0. 050 2	0. 045 8	0. 058 9	0. 047 1	0. 042 9	0. 032 1	0. 031	0. 04
−8. 506	0. 046 9	0. 049 1	0. 051 1	0. 050 2	0. 051 2	0. 052 3	0. 046 9	0. 059 9	0. 056 7	0. 038 6	0. 031	0. 036 4	0. 040 9
−8. 506	0. 043 7	0. 051 2	0. 051 1	0. 046	0. 051 2	0. 053 4	0. 046 9	0. 061	0. 058 9	0. 037 5	0. 027 8	0. 036 4	0. 041 8
−8. 506	0. 044 8	0. 051 2	0. 051 1	0. 046	0. 050 1	0. 056 6	0. 046 9	0. 056 7	0. 058 9	0. 038 6	0. 028 9	0. 031	0. 040 9
−8. 506	0. 043 7	0. 049 1	0. 051 1	0. 044 9	0. 050 1	0. 051 2	0. 046 9	0. 051 4	0. 06	0. 037 5	0. 028 9	0. 026 8	0. 039 1
−8. 506	0. 043 7	0. 049 1	0. 047 9	0. 044 9	0. 050 1	0. 049 1	0. 046 9	0. 047 1	0. 055 7	0. 035 4	0. 028 9	0. 03	0. 038 2
−8. 507	0. 042 6	0. 049 1	0. 047 9	0. 046	0. 046 9	0. 049 1	0. 043 7	0. 044 9	0. 050 3	0. 033 2	0. 027 8	0. 036 4	0. 037 3
−8. 507	0. 043 7	0. 049 1	0. 051 1	0. 044 9	0. 048	0. 049 1	0. 045 8	0. 046	0. 052 5	0. 026 8	0. 027 8	0. 037 5	0. 037 3
−8. 509	0. 043 7	0. 049 1	0. 051 1	0. 044 9	0. 046 9	0. 049 1	0. 044 7	0. 042 8	0. 046	0. 015	0. 018 2	0. 015	0. 01
−8. 518	0. 045 8	0. 049 1	0. 044 7	0. 023 5	0. 007 5	−0. 019	−0. 035	−0. 044	−0. 046	−0. 073	−0. 081	−0. 082	−0. 111
−8. 540	0. 046 9	0. 046 9	0. 041 5	0. 008 6	−0. 038	−0. 102	−0. 136	−0. 15	−0. 15	−0. 14	−0. 152	−0. 128	−0. 386
−8. 558	0. 046 9	0. 049 1	0. 045 8	0. 026 7	−0. 014	−0. 064	−0. 098	−0. 122	−0. 118	−0. 046	−0. 035	−0. 042	−0. 613
−8. 564	0. 046 9	0. 051 2	0. 049	0. 036 3	0. 024 5	0. 002 1	−0. 02	−0. 053	−0. 059	0. 053 6	0. 094 1	0. 041 7	−0. 68 2
−8. 569	0. 048	0. 053 3	0. 052 2	0. 040 6	0. 040 5	0. 029 9	0. 017	−0. 01	−0. 017	0. 135	0. 180 8	0. 113 4	−0. 752
−8. 572	0. 048	0. 053 3	0. 052 2	0. 044 9	0. 048	0. 045 9	0. 035 1	0. 007 5	0. 004 3	0. 206 9	0. 245	0. 184	−0. 787
−8. 572	0. 048	0. 053 3	0. 053 2	0. 049 2	0. 051 2	0. 051 2	0. 043 7	0. 021 4	0. 010 7	0. 273 3	0. 303 9	0. 257 9	−0. 791
−8. 572	0. 049	0. 053 3	0. 052 2	0. 050 2	0. 050 1	0. 053 4	0. 046 9	0. 025 7	0. 013 9	0. 326 9	0. 358 5	0. 310 3	−0. 787

②拉伸试验

SYV-75-5(图 8.9-4)：

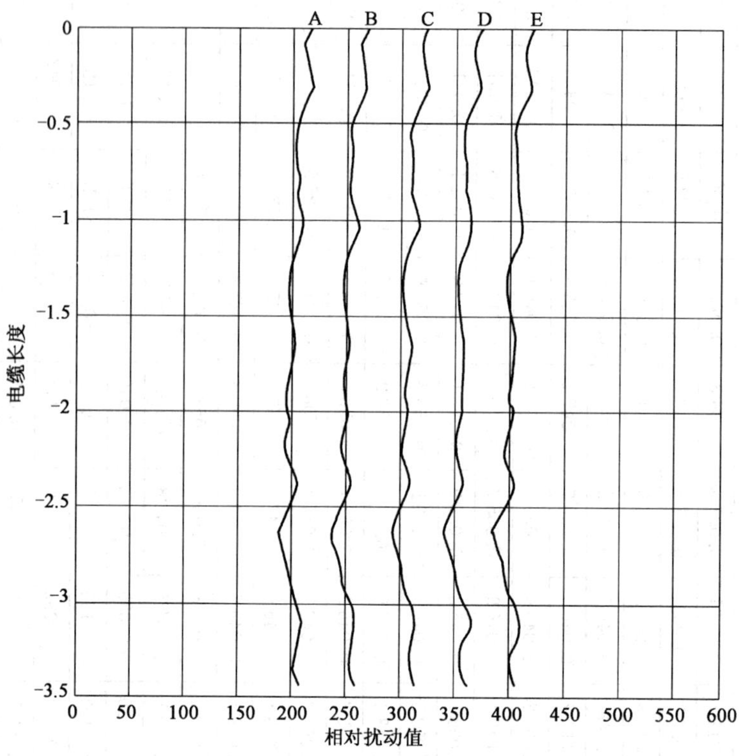

图 8.9-4　SYV-75-5 拉伸试验结果

SYWV-75-7(图 8.9-5)：

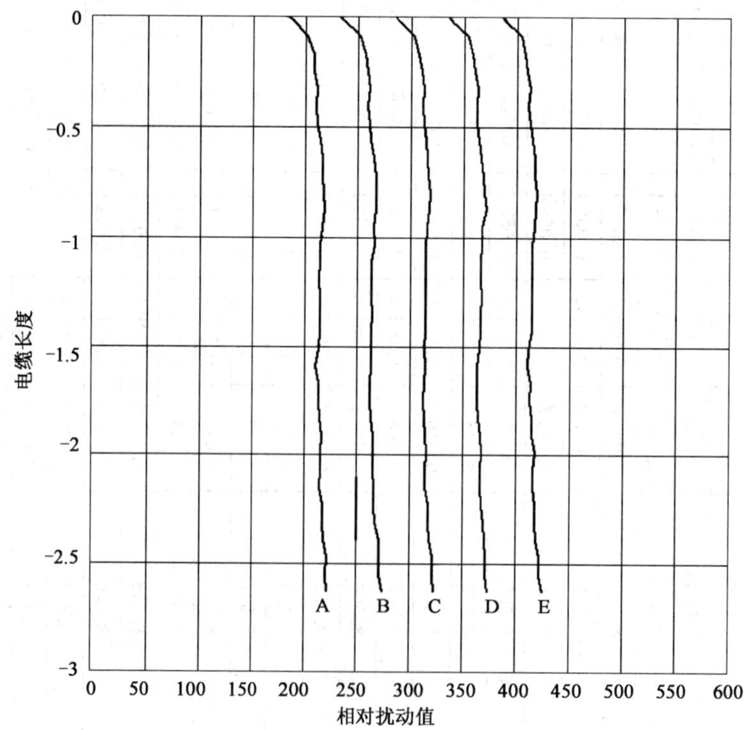

图 8.9-5　SYWV-75-7 拉伸试验结果

由以上两图可知，同轴电缆测试波形并没有发生大的变化，很大部分是由于同轴电缆与水泥胶结强度不够，产生整体相对滑移引起。

SYWV-75-9(图 8.9-6 和表 8.9-4)：

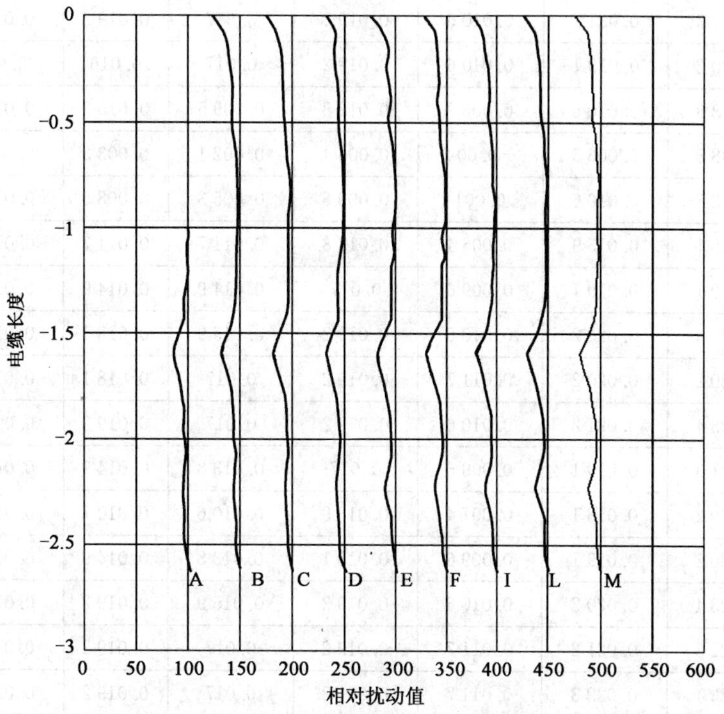

图 8.9-6 SYWV-75-9 拉伸试验结果

SYWV-75-9 拉伸试验结果 表 8.9-4

相对反射系数								
A	B	C	D	E	F	I	L	M
0.079 7	0.011 7	0.010 6	0.007 4	0.013 8	0.011 7	0.010 7	0.009 6	0.010 7
0.159 4	0.015 9	0.013 8	0.006 4	0.018 1	0.012 7	0.010 7	0.011 7	0.012 8
0.239	0.017	0.015 9	0.006 4	0.014 9	0.012 7	0.014 9	0.014 9	0.014 9
0.318 7	0.019 1	0.015 9	0.009 6	0.018 1	0.013 8	0.014 9	0.014 9	0.014 9
0.398 4	0.020 2	0.017	0.010 6	0.019 2	0.012 7	0.016	0.016	0.016
0.478 1	0.019 1	0.017	0.009 6	0.017	0.014 9	0.014 9	0.014 9	0.014 9
0.557 8	0.020 2	0.020 2	0.010 6	0.019 2	0.015 9	0.019 2	0.018 1	0.018 1
0.637 4	0.022 3	0.020 2	0.012 7	0.021 3	0.017	0.019 2	0.018 1	0.019 2
0.717 1	0.023 4	0.021 2	0.013 8	0.022 3	0.019 1	0.020 2	0.020 2	0.020 2
0.796 8	0.023 4	0.023 4	0.013 8	0.023 4	0.020 2	0.020 2	0.022 4	0.022 4
0.876 5	0.024 4	0.023 4	0.014 9	0.023 4	0.020 2	0.022 4	0.020 2	0.020 2
0.956 2	0.024 4	0.021 2	0.014 9	0.022 3	0.020 2	0.020 2	0.020 2	0.020 2
1.035 9	0.023 4	0.021 2	0.013 8	0.019 2	0.017	0.020 2	0.020 2	0.020 2
1.115 5	0.023 4	0.021 2	0.013 8	0.021 3	0.018 1	0.019 2	0.019 2	0.021 3
1.195 2	0.023 4	0.021 2	0.010 6	0.019 2	0.017	0.020 2	0.020 2	0.020 2
1.274 9	0.022 3	0.021 2	0.010 6	0.019 2	0.017	0.019 2	0.019 2	0.019 2

续上表

相对反射系数								
A	B	C	D	E	F	I	L	M
1.354 6	0.022 3	0.021 2	0.010 6	0.019 2	0.017	0.019 2	0.019 2	0.019 2
1.434 3	0.020 2	0.019 1	0.010 6	0.019 2	0.017	0.016	0.016	0.017 1
1.513 9	0.013 8	0.010 6	0.003 2	0.012 8	0.009 5	0.010 7	0.010 6	0.011 7
1.593 6	0.008 5	0.006 3	−0.00 2	0.006 4	0.002 1	0.003 2	0.003 2	0.003 2
1.673 3	0.013 8	0.010 6	0.001	0.009 6	0.005 3	0.008 5	0.007 4	0.007 5
1.753	0.018 1	0.015 9	0.006 4	0.013 8	0.011 7	0.011 7	0.012 8	0.012 8
1.832 7	0.019 1	0.019 1	0.009 6	0.017	0.014 9	0.014 9	0.014 9	0.014 9
1.912 4	0.021 3	0.020 2	0.010 6	0.019 2	0.015 9	0.018 1	0.018 1	0.018 1
1.992	0.020 2	0.020 2	0.011 7	0.019 2	0.017	0.018 1	0.019 2	0.019 2
2.071 7	0.023 4	0.021 2	0.010 6	0.019 2	0.017	0.019 2	0.019 2	0.019 2
2.151 4	0.021 3	0.019 1	0.009 6	0.017	0.013 8	0.014 9	0.014 9	0.016
2.231 1	0.020 2	0.018 1	0.007 4	0.013 8	0.010 6	0.010 7	0.010 6	0.011 7
2.310 8	0.020 2	0.019 1	0.009 6	0.018 1	0.013 8	0.014 9	0.014 9	0.014 9
2.390 4	0.023 4	0.020 2	0.010 6	0.019 2	0.015 9	0.019 2	0.019 2	0.019 2
2.470 1	0.022 3	0.021 2	0.011 7	0.019 2	0.017	0.019 2	0.019 2	0.019 2
2.549 8	0.023 4	0.022 3	0.011 7	0.021 3	0.017	0.019 2	0.020 2	0.020 2
2.629 5	0.027 6	0.025 5	0.017	0.024 5	0.022 3	0.023 4	0.023 4	0.023 4

从图中可以看出，同轴电缆受拉伸变形的测试波形没有出现尖锐的峰值信号，比受剪切变形的测试波形明显要缓和。

(3) TDR 剪切和拉伸模拟试验结论

①同轴电缆受拉伸变形的测试波形没有出现尖锐的峰值信号，比受剪切变形的测试波形明显要缓和，说明如果边坡是拉伸破坏，则采用 TDR 监测效果不佳。

②剪切试验表明：SYWV-75-7 和 SYWV-75-9 同轴电缆测试效果显著，在剪断之前，剪切变形越大，其相对反射系数变化越大，内外导体接触后，波形尾部急剧偏向左，而当电缆最终剪断，波形尾部则转偏向右。而 SYV-75-5 效果不理想。说明同轴电缆直径越小，监测效果越差，但是越粗，成本越高。因此，在今后工程应用中，可以选用 SYWV-75-7 型号同轴电缆。

③各种同轴电缆 TDR 反射系数基本随着剪切位移的增大而增大，同时对剪切位移位置的反映也较为准确。但是不同电缆反射系数随位移的增大而增大的幅度有所不同，此外，TDR 反应的各电缆剪断时的极值位移不同，直径大的同轴电缆剪断时的剪切位移也大（向下无限延伸的曲线表示同轴电缆处于断路状态）。小直径的同轴电缆在较小剪切位移情况下即被剪断而不能继续反馈位移的变化，为了获得位移发展过程数据，应尽量选择直径较大的同轴电缆。

2）TDR 特性试验

由于工程作业条件千差万别，TDR 埋设难免存在缺陷，可能 TDR 在工程出现故障时，为了能及时发现故障，以便读数时及时更正，在室内还进行了 TDR 特性试验。

(1)整线试验(三种型号电缆各一根>10m)

①单个缺陷试验

a. 用胶钳在同轴电缆 10m 位置制造缺陷,分三次逐次加深切口,第四次将其剪断,记录每次 TDR 波型。

b. 分别在 9m、8m 位置重复步骤 a(9m 位置剪断后再做 8m 的缺陷)。

②同时多个缺陷试验

用胶钳在同轴电缆 7m、6m、5m 位置同时制造缺陷,记录 TDR 波型。

(2)裸线试验(三种型号电缆各一根)

将电缆外胶皮、屏蔽网、绝缘层剥离,抽出铜芯待用。

①剪切缺陷试验

a. 用胶钳在铜芯离自由端(另外一端为接头)0.5m 位置制造剪切缺陷,分三次逐次加深切口(注意不要剪断铜芯),记录每次 TDR 波型。

b. 在距离 0.5m 位置缺陷 1m 位置(往接头方向)再做一剪切缺陷,分三次逐次加深切口(注意不要剪断铜芯),记录每次 TDR 波型。

②拉伸缺陷试验

在离上一个剪切口 1m 位置(往接头方向)做拉伸缩径缺陷。具体做法:

a. 选取 2cm 长的一小截铜芯(两边各 1cm),在两端画线作记号。

b. 用胶钳夹住这一小截铜芯两端沿轴线方向进行对拉(分级进行,分级数视具体情况而定,注意不要将铜芯拉断),记录每级铜芯延伸量(估读至 0.1mm)及 TDR 波型。

最后将所绕线圈去掉,将所做两个切口分次剪断,记录每次 TDR 波型;然后将缩径部位拉断,测量铜芯最终延伸量,并记录 TDR 波形。

(3)TDR 特性试验结果分析

①试验结果

用 PCTDR 软件收集 TDR 试验数据,然后用 TDRPlot 软件对 TDR 试验数据进行自动分析,得到 TDR 测试电缆相对反射系数变化情况。

SYV-75-5(图 8.9-7 和表 8.9-5):

SYV-75-5 特性试验结果 表 8.9-5

电缆长度(m)	相对反射系数					
	F	H	J	A	D	E
0	0	0	0	0	0	0
0.070	−0.002 1	−0.004 3	−0.003 2	−0.003 3	−0.001 1	−0.002 1
0.141	−0.005 3	−0.006 4	−0.003 2	−0.005 4	−0.005 4	−0.006 4
0.211	−0.008 5	−0.008 6	−0.007 5	−0.007 5	−0.008 6	−0.007 4
0.282	0.007 5	−0.009 7	−0.008 5	−0.008 6	−0.006 4	−0.007 4
0.352	−0.004 3	−0.006 4	−0.004 3	−0.005 4	−0.005 4	−0.004 2
0.423	−0.005 3	−0.004 3	−0.004 3	−0.004 3	−0.004 3	−0.003 2
0.493	−0.002 1	−0.005 4	−0.004 3	−0.004 3	−0.001 1	−0.002 1
0.563	0.001 1	0	0	0	0.001	0.002 2
0.634	0.001 1	−0.001 1	0.001	0	0.001	0.001 1
0.704	−0.003 2	−0.005 4	−0.004 3	−0.004 3	−0.004 3	−0.002 1

续上表

电缆长度(m)	相对反射系数					
	F	H	J	A	D	E
0.775	−0.004 3	−0.006 4	−0.007 5	−0.005 4	−0.004 3	−0.005 3
0.845	−0.005 3	−0.008 6	−0.004 3	−0.004 3	−0.004 3	−0.006 4
0.915	−0.005 3	−0.008 6	−0.005 3	−0.006 5	−0.004 3	−0.006 4
0.986	−0.003 2	−0.006 4	−0.005 3	−0.004 3	−0.003 2	−0.003 2
1.056	0.001 1	−0.002 2	0	0	0.001	0
1.127	0.002 1	−0.001 1	0.001	0.001	0	0.001 1
1.197	−0.005 3	−0.005 4	−0.005 3	−0.004 3	−0.005 4	−0.004 2
1.268	−0.009 6	−0.012 9	−0.011 7	−0.011 8	−0.008 6	−0.010 6
1.338	−0.009 6	−0.012 9	−0.011 7	−0.011 8	−0.012 8	−0.010 6
1.408	−0.008 5	−0.009 7	−0.009 6	−0.009 7	−0.009 6	−0.007 4
1.479	−0.005 3	−0.006 4	−0.006 4	−0.005 4	−0.005 4	−0.004 2
1.549	−0.002 1	−0.004 3	−0.003 2	−0.002 2	−0.002 2	−0.002 1
1.620	−0.001 1	−0.004 3	−0.003 2	−0.003 3	−0.002 2	−0.003 2
1.690	−0.005 3	−0.006 4	−0.007 5	−0.007 5	−0.005 4	−0.006 4
1.761	−0.009 6	−0.008 6	−0.007 5	−0.007 5	−0.008 6	−0.006 4
1.831	−0.007 5	−0.008 6	−0.008 5	−0.008 6	−0.008 6	−0.006 4
1.901	−0.007 5	−0.009 7	−0.008 5	−0.008 6	−0.008 6	−0.006 4
1.972	−0.006 4	−0.007 5	−0.007 5	−0.005 4	−0.005 4	−0.004 2
2.042	−0.002 1	−0.005 4	−0.004 3	−0.004 3	−0.004 3	−0.003 2
2.113	−0.005 3	−0.007 5	−0.007 5	−0.004 3	−0.004 3	−0.004 2
2.183	−0.006 4	−0.008 6	−0.007 5	−0.007 5	−0.008 6	−0.006 4
2.254	−0.009 6	−0.011 8	−0.009 6	−0.007 5	−0.008 6	−0.009 5
2.324	−0.009 6	−0.012 9	−0.011 7	−0.010 7	−0.008 6	−0.007 4
2.394	−0.009 6	−0.010 7	−0.011 7	−0.009 7	−0.009 6	−0.007 4
2.465	−0.006 4	−0.009 7	−0.008 5	−0.008 6	−0.007 5	−0.006 4
2.535	−0.003 2	−0.005 4	−0.004 3	−0.004 3	−0.002 2	−0.003 2
2.606	−0.002 1	−0.004 3	−0.003 2	−0.003 3	−0.001 1	−0.002 1
2.676	−0.006 4	−0.008 6	−0.007 5	−0.007 5	−0.008 6	−0.006 4
2.746	−0.009 6	−0.011 8	−0.011 7	−0.011 8	−0.008 6	−0.008 5
2.817	−0.010 7	−0.012 9	−0.011 7	−0.011 8	−0.008 6	−0.010 6
2.887	−0.010 7	−0.012 9	−0.011 7	−0.010 7	−0.009 6	−0.010 6
2.958	−0.009 6	−0.010 7	−0.009 6	−0.009 7	−0.009 6	−0.008 5
3.028	−0.006 4	−0.008 6	−0.008 5	−0.007 5	−0.005 4	−0.006 4
3.099	−0.009 6	−0.010 7	−0.009 6	−0.008 6	−0.008 6	−0.007 4

续上表

电缆长度(m)	相对反射系数					
	F	H	J	A	D	E
3.169	−0.0149	−0.0161	−0.0171	−0.0161	−0.015	−0.0149
3.239	−0.0192	−0.0214	−0.0203	−0.0193	−0.0171	−0.0181
3.310	−0.0192	−0.0203	−0.0192	−0.0193	−0.0182	−0.0181
3.380	−0.016	−0.0182	−0.0181	−0.0182	−0.016	−0.017
3.451	−0.0128	−0.0161	−0.0149	−0.0161	−0.0139	−0.0138
3.521	−0.0107	−0.0139	−0.0128	−0.0129	−0.0096	−0.0106
3.592	−0.0139	−0.0161	−0.0139	−0.0161	−0.0139	−0.0138
3.662	−0.0181	−0.0193	−0.0171	−0.0193	−0.0171	−0.0191
3.732	−0.0192	−0.0225	−0.0203	−0.0203	−0.0182	−0.0191
3.803	−0.0181	−0.0203	−0.0203	−0.0193	−0.0171	−0.017
3.873	−0.0149	−0.0182	−0.0171	−0.0171	−0.015	−0.0149
3.944	−0.0117	−0.0129	−0.0139	−0.0129	−0.0107	−0.0106
4.014	−0.0085	−0.0097	−0.0107	−0.0097	−0.0086	−0.0064
4.085	−0.0117	−0.0139	−0.0128	−0.0129	−0.0118	−0.0117
4.155	−0.0181	−0.0193	−0.0203	−0.0182	−0.0171	−0.0191
4.225	−0.0224	−0.0235	−0.0235	−0.0246	−0.0214	−0.0202
4.296	−0.0224	−0.0257	−0.0245	−0.0235	−0.0214	−0.0213
4.366	−0.0202	−0.0235	−0.0213	−0.0214	−0.0192	−0.0202
4.437	−0.016	−0.0171	−0.0171	−0.0161	−0.015	−0.0149
4.507	−0.0107	−0.0129	−0.0117	−0.0118	−0.0107	−0.0106
4.577	−0.016	−0.0182	−0.0181	−0.0161	−0.015	−0.0138
4.648	−0.0224	−0.0246	−0.0245	−0.0246	−0.0235	−0.0223
4.718	−0.0245	−0.0267	−0.0256	−0.0267	−0.0235	−0.0234
4.789	−0.0202	−0.0225	−0.0213	−0.0225	−0.0192	−0.0191
4.859	−0.016	−0.0182	−0.0171	−0.0171	−0.0171	−0.0159
4.930	−0.0149	−0.0182	−0.0171	−0.0171	−0.0139	−0.0138
5.000	−0.0107	−0.0139	−0.0128	−0.0139	−0.0107	−0.0117
5.070	−0.0096	−0.0129	−0.0117	−0.0118	−0.0128	−0.0106
5.141	−0.0139	−0.0171	−0.016	−0.0161	−0.015	−0.0149
5.211	−0.0181	−0.0214	−0.0203	−0.0203	−0.0171	−0.0191
5.282	−0.0192	−0.0214	−0.0203	−0.0214	−0.0214	−0.0202
5.352	−0.0202	−0.0225	−0.0224	−0.0214	−0.0214	−0.0213
5.423	−0.0181	−0.0214	−0.0203	−0.0193	−0.0182	−0.017
5.493	−0.0139	−0.0171	−0.016	−0.0161	−0.015	−0.0127

续上表

电缆长度(m)	相对反射系数					
	F	H	J	A	D	E
5.563	−0.014 9	−0.017 1	−0.016	−0.017 1	−0.016	−0.014 9
5.634	−0.020 2	−0.021 4	−0.021 3	−0.020 3	−0.020 3	−0.020 2
5.704	−0.022 4	−0.023 5	−0.024 5	−0.022 5	−0.021 4	−0.021 3
5.775	−0.017 1	−0.019 3	−0.019 2	−0.018 2	−0.017 1	−0.015 9
5.845	−0.013 9	−0.017 1	−0.017 1	−0.016 1	−0.012 8	−0.014 9
5.915	−0.018 1	−0.020 3	−0.020 3	−0.020 3	−0.017 1	−0.019 1
5.986	−0.018 1	−0.021 4	−0.018 1	−0.019 3	−0.018 2	−0.018 1
6.056	−0.014 9	−0.018 2	−0.017 1	−0.016 1	−0.016	−0.014 9
6.127	−0.018 1	−0.021 4	−0.020 3	−0.020 3	−0.017 1	−0.017
6.197	−0.021 3	−0.021 4	−0.021 3	−0.020 3	−0.021 4	−0.020 2
6.268	−0.020 2	−0.021 4	−0.021 3	−0.021 4	−0.021 4	−0.020 2
6.338	−0.018 1	−0.021 4	−0.020 3	−0.020 3	−0.018 2	−0.019 1
6.408	−0.017 1	−0.019 3	−0.018 1	−0.019 3	−0.017 1	−0.015 9
6.479	−0.014 9	−0.017 1	−0.017 1	−0.016 1	−0.013 9	−0.013 8
6.549	−0.013 9	−0.017 1	−0.016	−0.013 9	−0.012 8	−0.014 9
6.620	−0.016	−0.018 2	−0.018 1	−0.018 2	−0.017 1	−0.014 9
6.690	−0.018 1	−0.021 4	−0.020 3	−0.020 3	−0.017 1	−0.018 1
6.761	−0.021 3	−0.022 5	−0.021 3	−0.020 3	−0.021 4	−0.019 1
6.831	−0.022 4	−0.025 7	−0.024 5	−0.024 6	−0.021 4	−0.020 2
6.901	−0.018 1	−0.023 5	−0.020 3	−0.021 4	−0.019 2	−0.018 1
6.972	−0.012 8	−0.016 1	−0.014 9	−0.016 1	−0.013 9	−0.012 7
7.042	−0.011 7	−0.016 1	−0.013 9	−0.015	−0.012 8	−0.011 7
7.113	−0.018 1	−0.021 4	−0.019 2	−0.020 3	−0.019 2	−0.018 1
7.183	−0.023 4	−0.025 7	−0.024 5	−0.024 6	−0.025 6	−0.023 4
7.254	−0.023 4	−0.026 7	−0.025 6	−0.025 7	−0.023 5	−0.023 4
7.324	−0.021 3	−0.023 5	−0.021 3	−0.022 5	−0.020 3	−0.020 2
7.394	−0.017 1	−0.018 2	−0.017 1	−0.017 1	−0.016	−0.014 9
7.465	−0.013 9	−0.017 1	−0.016	−0.015	−0.013 9	−0.011 7
7.535	−0.013 9	−0.017 1	−0.016	−0.016 1	−0.013 9	−0.010 6
7.606	−0.013 9	−0.017 1	−0.016	−0.018 2	−0.017 1	−0.013 8
7.676	−0.018 1	−0.022 5	−0.020 3	−0.021 4	−0.020 3	−0.014 9
7.746	−0.024 5	−0.025 7	−0.024 5	−0.024 6	−0.025 6	−0.015 9
7.817	−0.024 5	−0.026 7	−0.025 6	−0.025 7	−0.023 5	−0.015 9
7.887	−0.020 2	−0.023 5	−0.022 4	−0.021 4	−0.019 2	−0.012 7

续上表

电缆长度(m)	相对反射系数					
	F	H	J	A	D	E
7.958	−0.018 1	−0.020 3	−0.019 2	−0.018 2	−0.016	−0.007 4
8.028	−0.014 9	−0.017 1	−0.017 1	−0.017 1	−0.013 9	0.106 4
8.099	−0.018 1	−0.018 2	−0.018 1	−0.017 1	−0.015	0.357 5
8.169	−0.019 2	−0.021 4	−0.020 3	−0.020 3	−0.017 1	0.554 3
8.239	−0.019 2	−0.021 4	−0.020 3	−0.021 4	−0.018 2	0.647 9
8.310	−0.019 2	−0.021 4	−0.020 3	−0.020 3	−0.018 2	
8.380	−0.018 1	−0.018 2	−0.018 1	−0.018 2	−0.017 1	
8.451	−0.014 9	−0.017 1	−0.017 1	−0.016 1	−0.013 9	
8.521	−0.013 9	−0.017 1	−0.012 8	−0.012 9	−0.011 8	
8.592	−0.013 9	−0.017 1	−0.016	−0.012 9	−0.012 8	
8.662	−0.018 1	−0.021 4	−0.016	−0.016 1	−0.017 1	
8.732	−0.019 2	−0.021 4	−0.017 1	−0.017 1	−0.016	
8.803	−0.019 2	−0.021 4	−0.017 1	−0.016 1	−0.017 1	
8.873	−0.019 2	−0.025 3	−0.019 2	−0.018 2	−0.017 1	
8.944	−0.019 2	−0.021 4	−0.016	−0.016 1	−0.012 8	
9.014	−0.014 9	−0.017 1	−0.007 5	−0.007 5	−0.006 4	
9.085	−0.016	−0.017 1	0.110 8	0.117 3	0.13	
9.155	−0.018 1	−0.018 2	0.358	0.370 2	0.391 3	
9.225	−0.019 2	−0.021 4	0.543 4	0.550 6	0.558 7	
9.296	−0.021 3	−0.021 4				
9.366	−0.019 2	−0.021 4				
9.437	−0.013 9	−0.017 1				
9.507	−0.011 7	−0.012 9				
9.577	−0.016	−0.017 1				
9.648	−0.019 2	−0.021 4				
9.718	−0.020 2	−0.022 5				
9.789	−0.019 2	−0.022 5				
9.859	−0.016	−0.019 3				
9.930	−0.012 8	−0.015				
10	−0.008 5	−0.009 7				

试验结果很不明显。

SYWV-75-7(图 8.9-8 和表 8.9-6)：

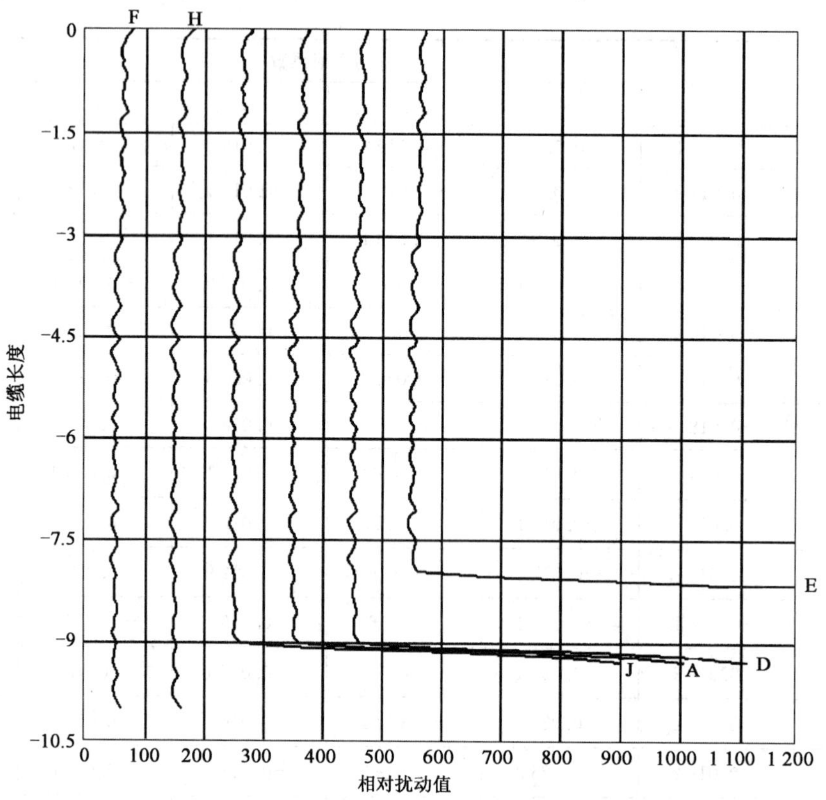

图 8.9-7　SYV-75-5 特性试验结果

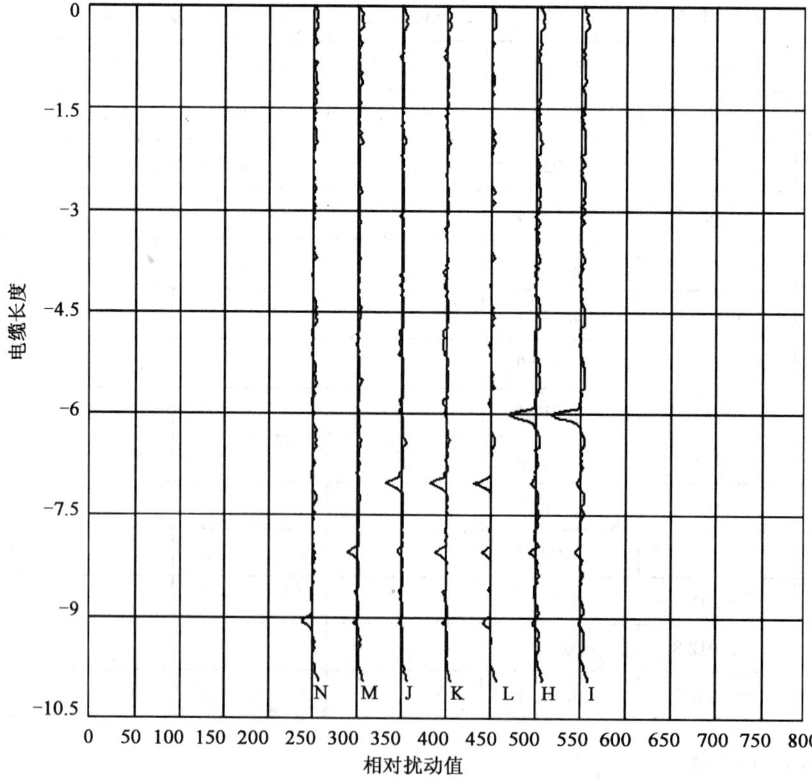

图 8.9-8　SYWV-75-7 特性试验结果

SYWV-75-7 特性试验结果　　表 8.9-6

电缆长度(m)	相对反射系数						
	N	M	J	K	L	H	I
0	0	0	0	0	0	0	0
0.072	0.013 8	0.020 2	0.023 4	0.023 4	0.023 4	0.023 5	0.024 6
0.120	0.021 2	0.027 7	0.030 9	0.029 8	0.030 9	0.031	0.032
0.167	0.024 4	0.029 8	0.031 9	0.030 8	0.032	0.034 2	0.032
0.215	0.024 4	0.032	0.033	0.033	0.033	0.035 2	0.034 2
0.263	0.024 4	0.030 9	0.034 1	0.033	0.034 1	0.035 2	0.033 1
0.311	0.023 4	0.030 9	0.033	0.030 8	0.033	0.034 2	0.034 2
0.359	0.024 4	0.032	0.034 1	0.033	0.034 1	0.035 2	0.036 3
0.406	0.024 4	0.032	0.033	0.033	0.034 1	0.035 2	0.035 2
0.454	0.023 4	0.027 7	0.030 9	0.029 8	0.029 8	0.031	0.032
0.502	0.021 2	0.026 6	0.029 8	0.028 7	0.028 8	0.031	0.031
0.550	0.021 2	0.027 7	0.030 9	0.029 8	0.029 8	0.031	0.032
0.598	0.022 3	0.028 8	0.029 8	0.029 8	0.029 8	0.032	0.031
0.645	0.024 4	0.030 9	0.030 9	0.029 8	0.032	0.033 1	0.032
0.693	0.020 2	0.027 7	0.029 8	0.028 7	0.029 8	0.031	0.031
0.741	0.020 2	0.026 6	0.028 7	0.026 6	0.028 8	0.029 9	0.028 8
0.789	0.020 2	0.027 7	0.029 8	0.028 7	0.029 8	0.031	0.031
0.837	0.020 2	0.027 7	0.026 6	0.025 5	0.029 8	0.029 9	0.029 9
0.884	0.020 2	0.026 6	0.028 7	0.027 6	0.028 8	0.029 9	0.031
0.932	0.024 4	0.027 7	0.030 9	0.029 8	0.030 9	0.031	0.032
0.980	0.021 2	0.027 7	0.029 8	0.029 8	0.029 8	0.031	0.032
1.028	0.021 2	0.028 8	0.029 8	0.028 7	0.029 8	0.031	0.031
1.076	0.023 4	0.030 9	0.030 9	0.029 8	0.030 9	0.032	0.032
1.124	0.023 4	0.028 8	0.030 9	0.029 8	0.032	0.031	0.032
1.171	0.023 4	0.030 9	0.030 9	0.030 8	0.032	0.032	0.033 1
1.219	0.024 4	0.030 9	0.030 9	0.030 8	0.032	0.032	0.032
1.267	0.020 2	0.027 7	0.029 8	0.029 8	0.029 8	0.031	0.028 8
1.315	0.022 3	0.027 7	0.029 8	0.028 7	0.028 8	0.031	0.029 9
1.363	0.024 4	0.027 7	0.030 9	0.029 8	0.032	0.031	0.032
1.410	0.020 2	0.027 7	0.030 9	0.029 8	0.029 8	0.031	0.032
1.458	0.022 3	0.027 7	0.029 8	0.028 7	0.028 8	0.029 9	0.031
1.506	0.022 3	0.029 8	0.030 9	0.029 8	0.029 8	0.031	0.031
1.554	0.020 2	0.027 7	0.029 8	0.029 8	0.029 8	0.029 9	0.031
1.602	0.020 2	0.027 7	0.028 7	0.027 6	0.028 8	0.028 8	0.028 8
1.649	0.022 3	0.027 7	0.030 9	0.029 8	0.029 8	0.031	0.032

续上表

电缆长度(m)	相对反射系数						
	N	M	J	K	L	H	I
1.697	0.020 2	0.027 7	0.028 7	0.026 6	0.029 8	0.029 9	0.027 8
1.745	0.021 2	0.026 6	0.028 7	0.028 7	0.028 8	0.029 9	0.028 8
1.793	0.020 2	0.027 7	0.029 8	0.028 7	0.029 8	0.031	0.029 9
1.841	0.020 2	0.027 7	0.027 7	0.027 6	0.029 8	0.028 8	0.028 8
1.888	0.022 3	0.026 6	0.029 8	0.028 7	0.030 9	0.029 9	0.031
1.936	0.023 4	0.030 9	0.030 9	0.029 8	0.033	0.031	0.032
1.984	0.022 3	0.028 8	0.030 9	0.029 8	0.029 8	0.031	0.031
2.032	0.023 4	0.030 9	0.033	0.029 8	0.032	0.032	0.031
2.080	0.024 4	0.032	0.033	0.033	0.034 1	0.034 2	0.032
2.127	0.021 2	0.027 7	0.030 9	0.029 8	0.032	0.031	0.032
2.175	0.021 2	0.028 8	0.029 8	0.029 8	0.029 8	0.031	0.031
2.223	0.020 2	0.027 7	0.029 8	0.029 8	0.030 9	0.031	0.031
2.271	0.020 2	0.027 7	0.027 7	0.028 7	0.029 8	0.027 8	0.027 8
2.319	0.020 2	0.027 7	0.029 8	0.028 7	0.028 8	0.028 8	0.028 8
2.367	0.021 2	0.027 7	0.029 8	0.029 8	0.029 8	0.029 9	0.031
2.414	0.020 2	0.027 7	0.030 9	0.029 8	0.029 8	0.031	0.031
2.462	0.020 2	0.027 7	0.028 7	0.028 7	0.028 8	0.028 8	0.027 8
2.510	0.020 2	0.027 7	0.029 8	0.028 7	0.029 8	0.029 9	0.028 8
2.558	0.020 2	0.027 7	0.029 8	0.027 6	0.029 8	0.028 8	0.027 8
2.606	0.021 2	0.027 7	0.029 8	0.028 7	0.029 8	0.029 9	0.029 9
2.653	0.020 2	0.027 7	0.030 9	0.028 7	0.029 8	0.029 9	0.031
2.701	0.021 2	0.027 7	0.029 8	0.028 7	0.029 8	0.029 9	0.031
2.749	0.023 4	0.029 8	0.030 9	0.030 8	0.032	0.031	0.031
2.797	0.021 2	0.030 9	0.030 9	0.029 8	0.034 1	0.031	0.032
2.845	0.020 2	0.027 7	0.030 9	0.029 8	0.029 8	0.031	0.031
2.892	0.021 2	0.027 7	0.029 8	0.028 7	0.029 8	0.029 9	0.029 9
2.940	0.020 2	0.027 7	0.030 9	0.029 8	0.034 1	0.031	0.031
2.988	0.022 3	0.027 7	0.030 9	0.029 8	0.029 8	0.031	0.027 8
3.036	0.021 2	0.028 8	0.030 9	0.029 8	0.029 8	0.029 9	0.031
3.084	0.021 2	0.027 7	0.030 9	0.029 8	0.029 8	0.029 9	0.031
3.131	0.020 2	0.027 7	0.026 6	0.028 7	0.029 8	0.026 7	0.027 8
3.179	0.021 2	0.027 7	0.029 8	0.028 7	0.028 8	0.028 8	0.028 8
3.227	0.020 2	0.029 8	0.030 9	0.029 8	0.029 8	0.031	0.032
3.275	0.020 2	0.027 7	0.030 9	0.029 8	0.029 8	0.029 9	0.027 8
3.323	0.020 2	0.027 7	0.028 7	0.026 6	0.028 8	0.026 7	0.027 8
3.371	0.020 2	0.027 7	0.029 8	0.028 7	0.029 8	0.029 9	0.027 8

续上表

电缆长度(m)	相对反射系数						
	N	M	J	K	L	H	I
3.418	0.020 2	0.027 7	0.029 8	0.027 6	0.029 8	0.028 8	0.027 8
3.466	0.020 2	0.027 7	0.029 8	0.028 7	0.029 8	0.029 9	0.027 8
3.514	0.020 2	0.027 7	0.029 8	0.028 7	0.029 8	0.029 9	0.027 8
3.562	0.020 2	0.027 7	0.029 8	0.028 7	0.029 8	0.027 8	0.027 8
3.610	0.021 2	0.027 7	0.029 8	0.028 7	0.028 8	0.028 8	0.028 8
3.657	0.020 2	0.027 7	0.030 9	0.028 7	0.029 8	0.028 8	0.027 8
3.705	0.022 3	0.027 7	0.030 9	0.028 7	0.032	0.029 9	0.029 9
3.753	0.024 4	0.029 8	0.030 9	0.029 8	0.033	0.031	0.032
3.801	0.020 2	0.027 7	0.030 9	0.029 8	0.029 8	0.031	0.032
3.849	0.020 2	0.027 7	0.029 8	0.027 6	0.028 8	0.026 7	0.027 8
3.896	0.020 2	0.027 7	0.030 9	0.029 8	0.029 8	0.029 9	0.029 9
3.944	0.020 2	0.027 7	0.030 9	0.025 5	0.028 8	0.026 7	0.027 8
3.992	0.019 1	0.026 6	0.026 6	0.026 6	0.028 8	0.026 7	0.026 7
4.040	0.020 2	0.027 7	0.029 8	0.028 7	0.028 8	0.028 8	0.027 8
4.088	0.020 2	0.027 7	0.030 9	0.027 6	0.029 8	0.027 8	0.027 8
4.135	0.020 2	0.026 6	0.026 6	0.026 6	0.027 7	0.026 7	0.026 7
4.183	0.020 2	0.026 6	0.028 7	0.026 6	0.028 8	0.027 8	0.028 8
4.231	0.020 2	0.027 7	0.030 9	0.029 8	0.029 8	0.027 8	0.027 8
4.279	0.020 2	0.026 6	0.027 7	0.027 6	0.028 8	0.026 7	0.027 8
4.327	0.020 2	0.027 7	0.029 8	0.028 7	0.029 8	0.029 9	0.028 8
4.374	0.023 4	0.027 7	0.029 8	0.029 8	0.029 8	0.029 9	0.027 8
4.422	0.022 3	0.028 8	0.030 9	0.029 8	0.029 8	0.031	0.029 9
4.470	0.024 4	0.030 9	0.030 9	0.029 8	0.032	0.031	0.031
4.518	0.021 2	0.028 8	0.030 9	0.029 8	0.029 8	0.031	0.031
4.566	0.024 4	0.029 8	0.030 9	0.029 8	0.032	0.029 9	0.031
4.614	0.023 4	0.029 8	0.030 9	0.029 8	0.033	0.031	0.031
4.661	0.024 4	0.027 7	0.030 9	0.029 8	0.029 8	0.031	0.032
4.709	0.023 4	0.027 7	0.030 9	0.028 7	0.032	0.031	0.031
4.757	0.020 2	0.027 7	0.030 9	0.029 8	0.029 8	0.031	0.027 8
4.805	0.019 1	0.027 7	0.026 6	0.025 5	0.028 8	0.026 7	0.027 8
4.853	0.019 1	0.025 6	0.026 6	0.025 5	0.028 8	0.026 7	0.026 7
4.900	0.020 2	0.027 7	0.028 7	0.026 6	0.028 8	0.026 7	0.027 8
4.948	0.020 2	0.026 6	0.026 6	0.025 5	0.028 8	0.026 7	0.027 8

电缆长度(m)	相对反射系数						
	N	M	J	K	L	H	I
4.996	0.019 1	0.025 6	0.026 6	0.024 4	0.026 6	0.025 6	0.026 7
5.044	0.020 2	0.026 6	0.028 7	0.025 5	0.028 8	0.026 7	0.027 8
5.092	0.020 2	0.027 7	0.027 7	0.026 6	0.028 8	0.026 7	0.027 8
5.139	0.019 1	0.026 6	0.025 5	0.026 6	0.027 7	0.026 7	0.027 8
5.187	0.020 2	0.027 7	0.029 8	0.029 8	0.029 8	0.029 9	0.028 8
5.235	0.020 2	0.027 7	0.029 8	0.029 8	0.029 8	0.029 9	0.029 9
5.283	0.023 4	0.027 7	0.029 8	0.029 8	0.029 8	0.031	0.029 9
5.331	0.023 4	0.027 7	0.030 9	0.028 7	0.029 8	0.031	0.031
5.378	0.023 4	0.027 7	0.030 9	0.029 8	0.029 8	0.031	0.031
5.426	0.021 2	0.028 8	0.029 8	0.029 8	0.032	0.029 9	0.031
5.474	0.023 4	0.028 8	0.030 9	0.029 8	0.029 8	0.031	0.032
5.522	0.023 4	0.032	0.030 9	0.029 8	0.030 9	0.031	0.031
5.570	0.024 4	0.029 8	0.030 9	0.029 8	0.030 9	0.031	0.031
5.618	0.021 2	0.027 7	0.030 9	0.029 8	0.033	0.031	0.031
5.665	0.020 2	0.027 7	0.029 8	0.029 8	0.029 8	0.029 9	0.027 8
5.713	0.022 3	0.027 7	0.029 8	0.028 7	0.029 8	0.028 8	0.028 8
5.761	0.020 2	0.027 7	0.029 8	0.029 8	0.029 8	0.027 8	0.027 8
5.809	0.019 1	0.027 7	0.026 6	0.025 5	0.027 7	0.026 7	0.027 8
5.857	0.019 1	0.026 6	0.027 7	0.025 5	0.026 6	0.025 6	0.026 7
5.904	0.020 2	0.026 6	0.028 7	0.028 7	0.028 8	0.026 7	0.027 8
5.952	0.020 2	0.027 7	0.026 6	0.027 6	0.028 8	0.013 9	0.011 7
6.000	0.021 2	0.026 6	0.027 7	0.026 6	0.028 8	−0.003 2	−0.006 4
6.048	0.020 2	0.027 7	0.029 8	0.028 7	0.029 8	0.003 2	0
6.096	0.020 2	0.027 7	0.030 9	0.028 7	0.029 8	0.016	0.014 9
6.143	0.020 2	0.027 7	0.029 8	0.028 7	0.029 8	0.024 6	0.023 5
6.191	0.023 4	0.029 8	0.030 9	0.028 7	0.029 8	0.026 7	0.027 8
6.239	0.024 4	0.027 7	0.030 9	0.029 8	0.029 8	0.028 8	0.027 8
6.287	0.023 4	0.027 7	0.029 8	0.029 8	0.030 9	0.029 9	0.028 8
6.335	0.022 3	0.028 8	0.030 9	0.029 8	0.033	0.031	0.031
6.382	0.024 4	0.030 9	0.033	0.033	0.033	0.032	0.031
6.430	0.023 4	0.029 8	0.034 1	0.029 8	0.034 1	0.031	0.032
6.478	0.024 4	0.029 8	0.030 9	0.029 8	0.032	0.031	0.029 9
6.526	0.021 2	0.027 7	0.030 9	0.028 7	0.029 8	0.026 7	0.027 8
6.574	0.020 2	0.027 7	0.030 9	0.029 8	0.030 9	0.028 8	0.028 8
6.622	0.020 2	0.027 7	0.030 9	0.029 8	0.029 8	0.028 8	0.027 8
6.669	0.020 2	0.026 6	0.029 8	0.027 6	0.028 8	0.028 8	0.028 8

续上表

电缆长度(m)	相对反射系数						
	N	M	J	K	L	H	I
6.717	0.022 3	0.029 8	0.030 9	0.028 7	0.029 8	0.029 9	0.027 8
6.765	0.020 2	0.027 7	0.030 9	0.029 8	0.029 8	0.028 8	0.029 9
6.813	0.020 2	0.027 7	0.028 7	0.029 8	0.028 8	0.026 7	0.027 8
6.861	0.019 1	0.025 6	0.026 6	0.026 6	0.028 8	0.027 8	0.027 8
6.908	0.019 1	0.027 7	0.026 6	0.027 6	0.027 7	0.026 7	0.027 8
6.956	0.020 2	0.027 7	0.017	0.015 9	0.019 2	0.024 6	0.024 6
7.004	0.020 2	0.027 7	0.010 6	0.010 6	0.010 6	0.022 4	0.023 5
7.052	0.020 2	0.027 7	0.021 3	0.021 3	0.021 3	0.025 6	0.026 7
7.100	0.020 2	0.027 7	0.026 6	0.026 6	0.027 7	0.028 8	0.028 8
7.147	0.022 3	0.028 8	0.029 8	0.028 7	0.028 8	0.029 9	0.031
7.195	0.024 4	0.029 8	0.030 9	0.029 8	0.029 8	0.029 9	0.031
7.243	0.024 4	0.029 8	0.030 9	0.029 8	0.029 8	0.029 9	0.031
7.291	0.023 4	0.027 7	0.030 9	0.028 7	0.029 8	0.029 9	0.031
7.339	0.020 2	0.027 7	0.029 8	0.029 8	0.029 8	0.027 8	0.027 8
7.386	0.020 2	0.027 7	0.030 9	0.028 7	0.029 8	0.029 9	0.029 9
7.434	0.022 3	0.027 7	0.030 9	0.029 8	0.029 8	0.029 9	0.031
7.482	0.020 2	0.027 7	0.030 9	0.028 7	0.029 8	0.031	0.029 9
7.530	0.021 2	0.027 7	0.029 8	0.028 7	0.029 8	0.028 8	0.027 8
7.578	0.020 2	0.027 7	0.030 9	0.028 7	0.029 8	0.029 9	0.027 8
7.625	0.020 2	0.027 7	0.030 9	0.028 7	0.029 8	0.029 9	0.027 8
7.673	0.020 2	0.026 6	0.028 7	0.027 6	0.027 7	0.026 7	0.027 8
7.721	0.021 2	0.027 7	0.029 8	0.027 6	0.028 8	0.027 8	0.028 8
7.769	0.020 2	0.027 7	0.029 8	0.029 8	0.029 8	0.026 7	0.027 8
7.817	0.020 2	0.027 7	0.028 7	0.027 6	0.029 8	0.026 7	0.027 8
7.865	0.020 2	0.027 7	0.029 8	0.028 7	0.028 8	0.028 8	0.027 8
7.912	0.021 2	0.027 7	0.030 9	0.028 7	0.029 8	0.031	0.027 8
7.960	0.020 2	0.020 2	0.025 5	0.021 3	0.023 4	0.023 5	0.023 5
8.008	0.022 3	0.016	0.024 5	0.017	0.019 2	0.020 3	0.021 4
8.056	0.021 2	0.023 4	0.028 7	0.023 4	0.025 6	0.025 6	0.026 7
8.104	0.023 4	0.026 6	0.029 8	0.027 6	0.028 8	0.028 8	0.029 9
8.151	0.021 2	0.027 7	0.030 9	0.029 8	0.029 8	0.029 9	0.028 8
8.199	0.020 2	0.027 7	0.029 8	0.028 7	0.029 8	0.027 8	0.027 8
8.247	0.020 2	0.029 8	0.029 9	0.027 8	0.029 8	0.029 9	0.027 8
8.295	0.022 3	0.027 7	0.029 8	0.029 8	0.029 8	0.029 9	0.029 9

续上表

电缆长度(m)	相对反射系数						
	N	M	J	K	L	H	I
8.343	0.020 2	0.027 7	0.030 9	0.028 7	0.029 8	0.031	0.029 9
8.390	0.020 2	0.027 7	0.029 8	0.028 7	0.028 8	0.027 8	0.027 8
8.438	0.021 2	0.027 7	0.029 8	0.028 7	0.029 8	0.029 9	0.028 8
8.486	0.020 2	0.027 7	0.029 8	0.028 7	0.028 8	0.026 7	0.027 8
8.534	0.019 1	0.026 6	0.027 7	0.028 7	0.026 6	0.026 7	0.027 8
8.582	0.019 1	0.024 5	0.026 6	0.025 5	0.028 8	0.026 7	0.027 8
8.629	0.019 1	0.026 6	0.028 7	0.027 6	0.028 8	0.026 7	0.027 8
8.677	0.019 1	0.026 6	0.027 7	0.027 6	0.029 8	0.027 8	0.027 8
8.725	0.020 2	0.027 7	0.029 8	0.028 7	0.028 8	0.027 8	0.029 9
8.773	0.020 2	0.027 7	0.030 9	0.029 8	0.029 8	0.029 9	0.029 9
8.821	0.020 2	0.027 7	0.030 9	0.029 8	0.029 8	0.029 9	0.031
8.869	0.020 2	0.028 8	0.030 9	0.029 8	0.029 8	0.031	0.031
8.916	0.019 1	0.027 7	0.030 9	0.029 8	0.029 8	0.029 9	0.028 8
8.964	0.009 5	0.026 6	0.028 7	0.028 7	0.024 5	0.026 7	0.027 8
9.012	0.009 5	0.023 4	0.026 6	0.025 5	0.021 3	0.024 6	0.025 6
9.060	0.014 9	0.026 6	0.028 7	0.028 7	0.024 5	0.026 7	0.027 8
9.108	0.019 1	0.027 7	0.029 8	0.028 7	0.028 8	0.029 9	0.029 9
9.155	0.020 2	0.027 7	0.029 8	0.029 8	0.029 8	0.031	0.032
9.203	0.020 2	0.027 7	0.030 9	0.029 8	0.029 8	0.031	0.031
9.251	0.021 2	0.030 9	0.030 9	0.029 8	0.030 9	0.029 9	0.031
9.299	0.023 4	0.029 8	0.030 9	0.030 8	0.030 9	0.031	0.031
9.347	0.021 2	0.030 9	0.030 9	0.029 8	0.029 8	0.031	0.032
9.394	0.022 3	0.027 7	0.030 9	0.029 8	0.029 8	0.031	0.031
9.442	0.020 2	0.027 7	0.030 9	0.029 8	0.029 8	0.029 9	0.027 8
9.490	0.020 2	0.027 7	0.029 8	0.029 8	0.029 8	0.028 8	0.027 8
9.538	0.020 2	0.027 7	0.029 8	0.028 7	0.029 8	0.028 8	0.027 8
9.586	0.020 2	0.027 7	0.029 8	0.029 8	0.029 8	0.029 9	0.029 9
9.633	0.022 3	0.027 7	0.030 9	0.030 8	0.029 8	0.029 9	0.031
9.681	0.023 4	0.029 8	0.033	0.030 8	0.032	0.031	0.032
9.729	0.023 4	0.030 9	0.031 9	0.031 9	0.034 1	0.034 2	0.033 1
9.777	0.024 4	0.032	0.034 1	0.033	0.034 1	0.033 1	0.034 2
9.825	0.026 6	0.033	0.035 1	0.033	0.035 2	0.035 2	0.035 2
9.873	0.027 6	0.034 1	0.036 2	0.034	0.037 3	0.034 2	0.036 3
9.920	0.046 8	0.049	0.050 1	0.044 7	0.043 7	0.044 8	0.043 8

结论:新的缺陷会对既有缺陷的反射系数产生影响。

SYWV-75-9(图 8.9-9 和表 8.9-7):

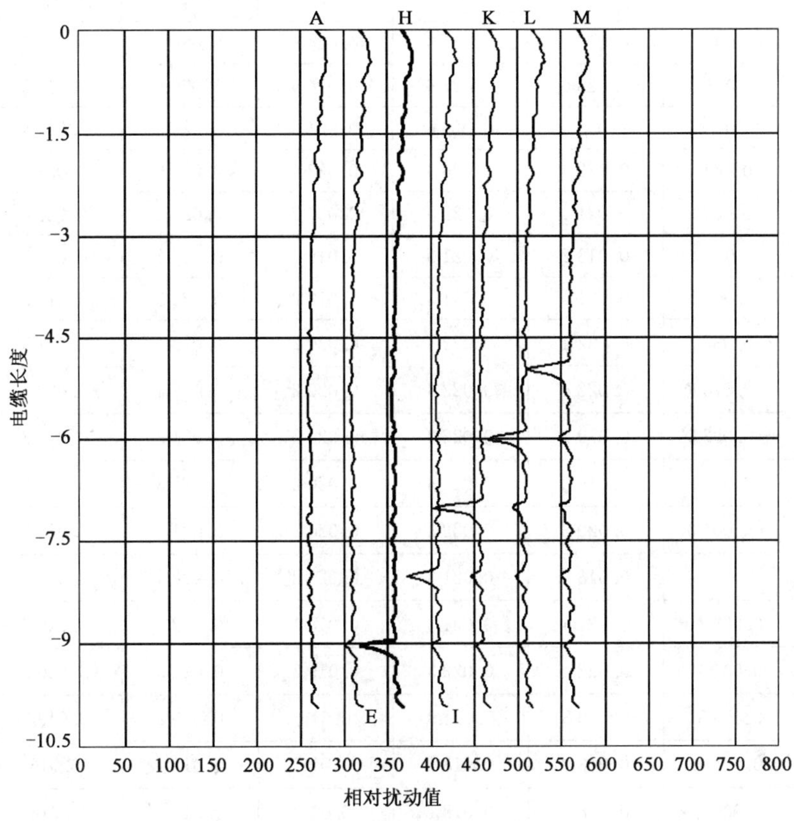

图 8.9-9 SYWV-75-9 特性试验结果

SYWV-75-7 特性试验结果 表 8.9-7

电缆长度(m)	相对反射系数						
	A	E	H	I	K	L	M
0	0	0	0	0	0	0	0
0.047 809	0	0.017 1	0.018 1	0.014 9	0.017	0.014 9	0.016
0.095 618	0.001 1	0.021 4	0.021 3	0.019 2	0.021 3	0.019 2	0.019 2
0.143 427	0.001 1	0.022 4	0.024 5	0.022 3	0.022 4	0.021 3	0.020 3
0.191 236	0.001 1	0.024 6	0.025 5	0.023 4	0.025 6	0.023 4	0.022 4
0.239 044	0.001 1	0.025 6	0.026 6	0.024 5	0.025 6	0.024 5	0.024 5
0.286 853	0	0.025 6	0.026 6	0.023 4	0.026 6	0.023 4	0.023 5
0.334 662	0.001 1	0.026 7	0.029 8	0.026 6	0.027 7	0.025 6	0.024 5
0.382 471	0	0.026 7	0.029 8	0.024 5	0.028 8	0.027 7	0.025 6
0.430 279	0	0.026 7	0.029 8	0.026 6	0.027 7	0.026 6	0.024 5
0.478 088	0	0.028 9	0.029 8	0.027 7	0.028 8	0.028 8	0.026 7

续上表

电缆长度(m)	相对反射系数						
	A	E	H	I	K	L	M
0.525 897	0.001 1	0.026 7	0.026 6	0.024 5	0.026 6	0.024 5	0.025 6
0.573 706	0	0.025 6	0.027 6	0.024 5	0.026 6	0.024 5	0.024 5
0.621 514	0	0.025 6	0.026 6	0.024 5	0.025 6	0.023 4	0.023 5
0.669 323	−0.001 1	0.022 4	0.026 6	0.023 4	0.025 6	0.023 4	0.021 3
0.717 132	−0.002 2	0.021 4	0.022 3	0.020 2	0.022 4	0.020 2	0.017 1
0.764 941	0	0.018 2	0.021 3	0.019 2	0.019 2	0.018 1	0.017 1
0.812 749	−0.003 3	0.021 4	0.021 3	0.019 2	0.021 3	0.019 2	0.018 1
0.860 558	−0.032 7	0.022 4	0.022 3	0.020 2	0.022 4	0.021 3	0.020 3
0.908 367	−0.070 8	0.022 4	0.022 3	0.020 2	0.022 4	0.020 2	0.021 3
0.956 176	−0.052 3	0.019 2	0.022 3	0.020 2	0.021 3	0.019 2	0.019 2
1.003 985	−0.021 8	0.019 2	0.022 3	0.020 2	0.021 3	0.019 2	0.018 1
1.051 793	−0.004 3	0.020 3	0.022 3	0.020 2	0.021 3	0.019 2	0.019 2
1.099 602	0	0.018 2	0.021 3	0.020 2	0.022 4	0.019 2	0.017 1
1.147 411	0.003 3	0.021 4	0.021 3	0.018 1	0.022 4	0.019 2	0.017 1
1.195 22	0.004 4	0.022 4	0.022 3	0.019 2	0.021 3	0.020 2	0.017 1
1.243 028	0.005 5	0.020 3	0.021 3	0.016	0.019 2	0.019 2	0.017 1
1.290 837	0.004 4	0.018 2	0.018 1	0.016	0.018 1	0.016	0.017 1
1.338 646	0.005 5	0.018 2	0.018 1	0.016	0.018 1	0.016	0.017 1
1.386 455	0.005 5	0.017 1	0.018 1	0.016	0.018 1	0.016	0.016
1.434 263	0.005 5	0.018 2	0.020 2	0.019 2	0.018 1	0.016	0.017 1
1.482 072	0.006 6	0.017 1	0.018 1	0.016	0.018 1	0.016	0.016
1.529 881	0.005 5	0.017 1	0.018 1	0.016	0.017	0.014 9	0.012 8
1.577 69	0.004 4	0.017 1	0.017	0.014 9	0.017	0.016	0.016
1.625 498	0.004 4	0.018 2	0.018 1	0.016	0.017	0.017	0.017 1
1.673 307	0.002 2	0.018 2	0.020 2	0.017	0.018 1	0.016	0.017 1
1.721 116	0.001 1	0.018 2	0.018 1	0.016	0.020 2	0.016	0.016
1.768 925	0	0.018 2	0.018 1	0.016	0.018 1	0.016	0.014 9
1.816 734	0	0.013 9	0.013 8	0.011 7	0.014 9	0.011 7	0.012 8
1.864 542	0.001 1	0.013 9	0.013 8	0.011 7	0.013 8	0.010 6	0.012 8
1.912 351	0.001 1	0.012 8	0.013 8	0.010 6	0.013 8	0.011 7	0.011 7
1.960 16	0.001 1	0.012 8	0.013 8	0.011 7	0.013 8	0.011 7	0.011 7
2.007 969	0	0.013 9	0.015 9	0.013 8	0.013 8	0.011 7	0.012 8
2.055 777	0.001 1	0.016	0.018 1	0.016	0.017	0.013 8	0.014 9

续上表

电缆长度(m)	相对反射系数						
	A	E	H	I	K	L	M
2.103 586	−0.001 1	0.018 2	0.020 2	0.016	0.018 1	0.016	0.017 1
2.151 395	0	0.018 2	0.018 1	0.016	0.018 1	0.016	0.016
2.199 204	0.001 1	0.013 9	0.018 1	0.013 8	0.017	0.012 8	0.012 8
2.247 012	0.001 1	0.013 9	0.013 8	0.011 7	0.013 8	0.011 7	0.011 7
2.294 821	−0.003 3	0.009 6	0.012 7	0.010 6	0.010 6	0.008 5	0.008 5
2.342 63	−0.003 3	0.009 6	0.012 7	0.009 6	0.012 8	0.010 6	0.008 5
2.390 439	−0.001 1	0.010 7	0.013 8	0.010 6	0.012 8	0.009 6	0.009 6
2.438 247	−0.003 3	0.012 8	0.013 8	0.010 6	0.0138	0.011 7	0.011 7
2.486 056	−0.003 3	0.013 9	0.014 9	0.011 7	0.013 8	0.011 7	0.011 7
2.533 865	−0.003 3	0.013 9	0.013 8	0.011 7	0.013 8	0.011 7	0.012 8
2.581 674	−0.003 3	0.012 8	0.013 8	0.010 6	0.013 8	0.011 7	0.010 7
2.629 483	−0.003 3	0.011 8	0.013 8	0.011 7	0.012 8	0.010 6	0.008 5
2.677 291	0	0.012 8	0.013 8	0.011 7	0.013 8	0.011 7	0.011 7
2.725 1	−0.003 3	0.013 9	0.013 8	0.011 7	0.014 9	0.012 8	0.012 8
2.772 909	−0.003 3	0.013 9	0.014 9	0.011 7	0.013 8	0.012 8	0.012 8
2.820 718	−0.007 6	0.012 8	0.013 8	0.011 7	0.013 8	0.011 7	0.011 7
2.868 526	−0.007 6	0.012 8	0.013 8	0.010 6	0.013 8	0.011 7	0.011 7
2.916 335	−0.007 6	0.010 7	0.013 8	0.010 6	0.013 8	0.010 6	0.009 6
2.964 144	−0.007 6	0.009 6	0.012 7	0.010 6	0.011 7	0.007 4	0.008 5
3.011 953	−0.005 4	0.009 6	0.010 6	0.007 4	0.009 6	0.009 6	0.008 5
3.059 761	−0.003 3	0.009 6	0.012 7	0.007 4	0.009 6	0.007 4	0.008 5
3.107 57	−0.003 3	0.009 6	0.011 7	0.008 5	0.009 6	0.007 4	0.008 5
3.155 379	−0.003 3	0.009 6	0.012 7	0.007 4	0.011 7	0.008 5	0.008 5
3.203 188	−0.004 3	0.009 6	0.009 6	0.007 4	0.009 6	0.007 4	0.008 5
3.250 996	−0.007 6	0.008 6	0.009 6	0.007 4	0.008 5	0.006 4	0.007 5
3.298 805	−0.008 7	0.009 6	0.009 6	0.007 4	0.009 6	0.007 4	0.005 3
3.346 614	−0.008 7	0.008 6	0.008 5	0.007 4	0.009 6	0.006 4	0.006 4
3.394 423	−0.007 6	0.008 6	0.009 6	0.007 4	0.008 5	0.006 4	0.005 3
3.442 232	−0.007 6	0.008 6	0.009 6	0.007 4	0.009 6	0.007 4	0.007 5
3.490 04	−0.007 6	0.005 4	0.009 6	0.007 4	0.008 5	0.006 4	0.004 3
3.537 849	−0.007 6	0.008 6	0.008 5	0.006 4	0.008 5	0.006 4	0.006 4
3.585 658	−0.007 6	0.007 5	0.009 6	0.007 4	0.008 5	0.006 4	0.006 4
3.633 467	−0.007 6	0.008 6	0.009 6	0.006 4	0.008 5	0.007 4	0.007 5

续上表

电缆长度(m)	相对反射系数						
	A	E	H	I	K	L	M
3.681 275	−0.007 6	0.008 6	0.009 6	0.006 4	0.008 5	0.007 4	0.007 5
3.729 084	−0.007 6	0.007 5	0.009 6	0.007 4	0.009 6	0.007 4	0.004 3
3.776 893	−0.007 6	0.006 4	0.009 6	0.006 4	0.008 5	0.006 4	0.005 3
3.824 702	−0.007 6	0.008 6	0.009 6	0.006 4	0.008 5	0.006 4	0.005 3
3.872 51	−0.007 6	0.008 6	0.009 6	0.007 4	0.009 6	0.007 4	0.007 5
3.920 319	−0.007 6	0.008 6	0.009 6	0.007 4	0.008 5	0.006 4	0.005 3
3.968 128	−0.008 7	0.007 5	0.009 6	0.007 4	0.008 5	0.007 4	0.004 3
4.015 937	−0.009 8	0.005 4	0.009 6	0.007 4	0.005 3	0.005 3	0.005 3
4.063 745	−0.012	0.005 4	0.008 5	0.006 4	0.006 4	0.006 4	0.006 4
4.111 554	−0.009 8	0.007 5	0.009 6	0.007 4	0.009 6	0.006 4	0.004 3
4.159 363	−0.012	0.005 4	0.009 6	0.007 4	0.008 5	0.006 4	0.004 3
4.207 172	−0.012	0.005 4	0.008 5	0.006 4	0.008 5	0.006 4	0.004 3
4.254 981	−0.012	0.005 4	0.008 5	0.006 4	0.007 4	0.005 3	0.005 3
4.302 789	−0.012	0.007 5	0.008 5	0.006 4	0.008 5	0.006 4	0.006 4
4.350 598	−0.012	0.005 4	0.009 6	0.007 4	0.008 5	0.006 4	0.004 3
4.398 407	−0.012	0.005 4	0.007 4	0.005 3	0.005 3	0.004 3	0.004 3
4.446 216	−0.012	0.005 4	0.008 5	0.004 2	0.005 3	0.003 2	0.004 3
4.494 024	−0.012	0.007 5	0.008 5	0.006 4	0.006 4	0.005 3	0.005 3
4.541 833	−0.012	0.007 5	0.009 6	0.007 4	0.008 5	0.007 4	0.007 5
4.589 642	−0.012	0.008 6	0.009 6	0.007 4	0.009 6	0.007 4	0.005 3
4.637 451	−0.012	0.008 6	0.008 5	0.007 4	0.008 5	0.006 4	0.006 4
4.685 259	−0.012	0.005 4	0.009 6	0.007 4	0.007 4	0.006 4	0.004 3
4.733 068	−0.012	0.005 4	0.006 4	0.005 3	0.005 3	0.003 2	0.004 3
4.780 877	−0.012	0.005 4	0.005 3	0.003 2	0.005 3	0.003 2	0.003 2
4.828 686	−0.013 1	0.005 4	0.007 4	0.003 2	0.005 3	0.003 2	0.004 3
4.876 494	−0.012	0.004 3	0.008 5	0.003 2	0.006 4	0.005 3	0.003 2
4.924 303	−0.012	0.005 4	0.008 5	0.006 4	0.006 4	0.005 3	−0.018 1
4.972 112	−0.012	0.006 4	0.008 5	0.005 3	0.008 5	0.006 4	−0.044 8
5.019 921	−0.013 1	0.006 4	0.009 6	0.006 4	0.007 4	0.006 4	−0.039 5
5.067 73	−0.013 1	0.007 5	0.008 5	0.006 4	0.006 4	0.007 4	−0.017 1
5.115 538	−0.012	0.005 4	0.005 3	0.003 2	0.005 3	0.003 2	−0.007 5
5.163 347	−0.012	0.005 4	0.006 4	0.003 2	0.005 3	0.003 2	−0.003 2
5.211 156	−0.012	0.0043	0.005 3	0.003 2	0.005 3	0.003 2	−0.001 1
5.258 965	−0.012	0.003 2	0.004 2	0.002 1	0.004 3	0.002 1	−0.001 1

续上表

电缆长度(m)	相对反射系数						
	A	E	H	I	K	L	M
5.306 773	−0.012	0.003 2	0.004 2	0.002 1	0.004 3	0.002 1	−0.001 1
5.354 582	−0.012	0.005 4	0.006 4	0.005 3	0.005 3	0.003 2	0.001 1
5.402 391	−0.012	0.005 4	0.006 4	0.003 2	0.005 3	0.003 2	0.003 2
5.450 2	−0.015 2	0.005 4	0.005 3	0.003 2	0.005 3	0.003 2	0.004 3
5.498 008	−0.013 1	0.005 4	0.006 4	0.003 2	0.005 3	0.003 2	0.003 2
5.545 817	−0.012	0.005 4	0.006 4	0.003 2	0.006 4	0.004 3	0.002 1
5.593 626	−0.012	0.005 4	0.006 4	0.003 2	0.005 3	0.003 2	0.003 2
5.641 435	−0.012	0.005 4	0.005 3	0.003 2	0.005 3	0.003 2	0.003 2
5.689 244	−0.012	0.005 4	0.005 3	0.003 2	0.005 3	0.003 2	0.003 2
5.737 052	−0.014 2	0.004 3	0.005 3	0.003 2	0.005 3	0.003 2	0.003 2
5.784 861	−0.016 3	0.005 4	0.008 5	0.006 4	0.006 4	0.004 3	0.003 2
5.832 67	−0.014 2	0.007 5	0.007 4	0.006 4	0.007 4	0.006 4	0.004 3
5.880 479	−0.016 3	0.007 5	0.009 6	0.007 4	0.007 4	0.005 3	0.004 3
5.928 287	−0.013 1	0.005 4	0.007 4	0.005 3	0.005 3	−0.003 2	0.001 1
5.976 096	−0.013 1	0.005 4	0.006 4	0.003 2	0.005 3	−0.029 8	−0.006 4
6.023 905	−0.012	0.005 4	0.007 4	0.003 2	0.005 3	−0.036 2	−0.007 5
6.071 714	−0.013 1	0.005 4	0.007 4	0.005 3	0.008 5	−0.016	−0.001 1
6.119 522	−0.014 2	0.005 4	0.008 5	0.007 4	0.007 4	−0.005 3	0.001 1
6.167 331	−0.016 3	0.007 5	0.009 6	0.006 4	0.008 5	0.002 1	0.003 2
6.215 14	−0.016 3	0.008 6	0.009 6	0.007 4	0.008 5	0.002 1	0.004 3
6.262 949	−0.017 4	0.008 6	0.010 6	0.008 5	0.009 6	0.005 3	0.007 5
6.310 757	−0.017 4	0.009 6	0.010 6	0.007 4	0.009 6	0.006 4	0.007 5
6.358 566	−0.016 3	0.007 5	0.009 6	0.006 4	0.006 4	0.003 2	0.004 3
6.406 375	−0.016 3	0.005 4	0.005 3	0.003 2	0.005 3	0.003 2	0.003 2
6.454 184	−0.015 2	0.005 4	0.007 4	0.006 4	0.005 3	0.003 2	0.003 2
6.501 993	−0.015 2	0.007 5	0.008 5	0.006 4	0.007 4	0.005 3	0.004 3
6.549 801	−0.016 3	0.008 6	0.009 6	0.007 4	0.008 5	0.006 4	0.005 3
6.597 61	−0.016 3	0.008 6	0.009 6	0.007 4	0.009 6	0.007 4	0.007 5
6.645 419	−0.015 2	0.008 6	0.009 6	0.007 4	0.008 5	0.006 4	0.006 4
6.693 228	−0.015 2	0.009 6	0.008 5	0.007 4	0.007 4	0.006 4	0.004 3
6.741 036	−0.013 1	0.006 4	0.007 4	0.003 2	0.007 4	0.005 3	0.004 3
6.788 845	−0.015 2	0.005 4	0.008 5	0.006 4	0.007 4	0.005 3	0.004 3
6.836 654	−0.013 1	0.006 4	0.008 5	0.006 4	0.008 5	0.006 4	0.005 3
6.884 463	−0.012	0.007 5	0.008 5	0.007 4	0.008 5	0.006 4	0.004 3

续上表

电缆长度(m)	相对反射系数						
	A	E	H	I	K	L	M
6.932 271	−0.012	0.005 4	0.006 4	0.004 2	0.002 1	0.004 3	0.003 2
6.980 08	−0.014 2	0.006 4	0.007 4	0.005 3	−0.033	−0.006 4	−0.006 4
7.027 889	−0.013 1	0.008 6	0.009 6	0.007 4	−0.048	−0.008 5	−0.004 3
7.075 698	−0.013 1	0.006 4	0.009 6	0.007 4	−0.019 2	−0.001 1	0
7.123 506	−0.013 1	0.005 4	0.007 4	0.007 4	−0.006 4	0	0
7.171 315	−0.013 1	0.004 3	0.005 3	0.003 2	−0.002 1	0.002 1	0
7.219 124	−0.012	0.005 4	0.004 2	0.002 1	0.001 1	0.001 1	0
7.266 933	−0.012	0.007 5	0.007 4	0.005 3	0.004 3	0.005 3	0.003 2
7.314 742	−0.012	0.009 6	0.009 6	0.007 4	0.007 4	0.006 4	0.006 4
7.362 55	−0.012	0.006 4	0.009 6	0.007 4	0.008 5	0.007 4	0.008 5
7.410 359	−0.013 1	0.005 4	0.008 5	0.004 2	0.005 3	0.003 2	0.004 3
7.458 168	−0.013 1	0.004 3	0.005 3	0.003 2	0.005 3	0.003 2	0.003 2
7.505 977	−0.012	0.004 3	0.005 3	0.003 2	0.005 3	0.002 1	0.002 1
7.553 785	−0.012	0.004 3	0.005 3	0.003 2	0.004 3	0.002 1	0.001 1
7.601 594	−0.012	0.005 4	0.008 5	0.006 4	0.005 3	0.004 3	0.003 2
7.649 403	−0.013 1	0.008 6	0.008 5	0.006 4	0.006 4	0.004 3	0.004 3
7.697 212	−0.012	0.008 6	0.009 6	0.007 4	0.008 5	0.006 4	0.007 5
7.745 02	−0.012	0.005 4	0.009 6	0.007 4	0.008 5	0.006 4	0.005 3
7.792 829	−0.012	0.006 4	0.007 4	0.006 4	0.006 4	0.006 4	0.004 3
7.840 638	−0.012	0.005 4	0.008 5	0.006 4	0.007 4	0.005 3	0.004 3
7.888 447	−0.012	0.005 4	0.007 4	0.004 2	0.005 3	0.003 2	0.004 3
7.936 255	−0.012	0.005 4	0.008 5	−0.001 1	0.005 3	0.003 2	0.003 2
7.984 064	−0.013 1	0.008 6	0.008 5	−0.022 4	−0.001 1	−0.003 2	−0.003 2
8.031 873	−0.012	0.007 5	0.009 6	−0.029 8	−0.005 3	−0.005 3	−0.004 3
8.079 682	−0.012	0.005 4	0.008 5	−0.012 8	0	−0.002 1	−0.001 1
8.127 491	−0.015 2	0.004 3	0.006 4	−0.005 3	0.001 1	0.001 1	0
8.175 299	−0.017 4	0.006 4	0.008 5	0.001	0.004 3	0.003 2	0.002 1
8.223 108	−0.015 2	0.008 6	0.009 6	0.005 3	0.008 5	0.006 4	0.004 3
8.270 917	−0.012	0.005 4	0.009 6	0.003 2	0.007 4	0.004 3	0.004 3
8.318 726	−0.012	0.005 4	0.007 4	0.003 2	0.005 3	0.003 2	0.004 3
8.366 534	−0.012	0.005 4	0.008 5	0.003 2	0.005 3	0.003 2	0.003 2
8.414 343	−0.016 3	0.008 6	0.008 5	0.006 4	0.007 4	0.005 3	0.006 4
8.462 152	−0.015 2	0.009 6	0.009 6	0.008 5	0.010 6	0.007 4	0.008 5
8.509 961	−0.016 3	0.009 6	0.009 6	0.008 5	0.010 6	0.007 4	0.008 5

续上表

电缆长度(m)	相对反射系数						
	A	E	H	I	K	L	M
8.557 769	−0.014 2	0.008 6	0.009 6	0.006 4	0.009 6	0.007 4	0.004 3
8.605 578	−0.013 1	0.005 4	0.007 4	0.003 2	0.008 5	0.005 3	0.004 3
8.653 387	−0.013 1	0.005 4	0.005 3	0.003 2	0.005 3	0.003 2	0.004 3
8.701 196	−0.012	0.005 4	0.005 3	0.003 2	0.005 3	0.003 2	0.003 2
8.749 004	−0.012	0.005 4	0.007 4	0.004 2	0.005 3	0.003 2	0.003 2
8.796 813	−0.012	0.005 4	0.008 5	0.006 4	0.005 3	0.006 4	0.004 3
8.844 622	−0.013 1	0.008 6	0.008 5	0.006 4	0.008 5	0.006 4	0.005 3
8.892 431	−0.015 2	0.008 6	0.009 6	0.006 4	0.008 5	0.006 4	0.008 5
8.940 24	−0.013 1	0.005 4	0.008 5	0.007 4	0.009 6	0.007 4	0.007 5
8.988 048	−0.010 9	0.001 1	−0.016	0.001	0.005 3	0.003 2	0.003 2
9.035 857	−0.012	−0.003 2	−0.032	−0.002 1	0.001 1	−0.001 1	−0.001 1
9.083 666	−0.014 2	0.003 2	−0.016	0.001	0.003 2	0.001 1	0.001 1
9.131 475	−0.016 3	0.004 3	−0.003 2	0.003 2	0.005 3	0.003 2	0.003 2
9.179 283	−0.013 1	0.008 6	0.004 2	0.006 4	0.008 5	0.006 4	0.005 3
9.227 092	−0.012	0.010 7	0.008 5	0.007 4	0.009 6	0.007 4	0.008 5
9.274 901	−0.01 2	0.009 6	0.011 7	0.010 6	0.012 8	0.009 6	0.009 6
9.322 71	−0.016 3	0.010 7	0.010 6	0.010 6	0.012 8	0.011 7	0.008 5
9.370 518	−0.013 1	0.009 6	0.009 6	0.008 5	0.010 6	0.009 6	0.0085
9.418 327	−0.012	0.008 6	0.009 6	0.007 4	0.009 6	0.007 4	0.006 4
9.466 136	−0.008 7	0.005 4	0.008 5	0.007 4	0.008 5	0.005 3	0.004 3
9.513 945	−0.012	0.005 4	0.008 5	0.006 4	0.007 4	0.006 4	0.004 3
9.561 753	−0.012	0.008 6	0.008 5	0.006 4	0.009 6	0.006 4	0.006 4
9.609 562	−0.013 1	0.010 7	0.011 7	0.010 6	0.010 6	0.007 4	0.007 5
9.657 371	−0.013 1	0.011 8	0.012 7	0.010 6	0.012 8	0.010 6	0.008 5
9.705 18	−0.015 2	0.009 6	0.013 8	0.011 7	0.012 8	0.010 6	0.008 5
9.752 989	−0.013 1	0.009 6	0.009 6	0.007 4	0.010 6	0.007 4	0.008 5
9.800 797	−0.013 1	0.009 6	0.009 6	0.007 4	0.009 6	0.008 5	0.007 5
9.848 606	−0.012	0.010 7	0.011 7	0.009 6	0.009 6	0.007 4	0.007 5
9.896 415	−0.010 9	0.012 8	0.013 8	0.010 6	0.012 8	0.010 6	0.010 7
9.944 224	−0.012	0.019 2	0.018 1	0.01 7	0.017	0.013 8	0.014 9
9.992 032	−0.012	0.083 3	0.059 6	0.062 8	0.043 7	0.046 9	0.056 6

结论:新的缺陷会对既有缺陷的反射系数产生影响。

②TDR 特性试验结论

a. TDR 只要出现了缺陷,其反射系数明显衰弱,新的缺陷就会对既有缺陷的反射系数产生影响。

b. 在滑坡位移较大，测斜管被剪断以后，测斜仪对滑面以下的坡体深部位移无法进行观测，TDR 同轴电缆可以作为有效的补救措施继续对滑带以下的深部位移进行观测。

3)试验总结论

(1)如果边坡是拉伸破坏，则采用 TDR 监测效果不佳；如果边坡是剪切破坏，可以采用 TDR 进行监测。

(2)各种同轴电缆 TDR 反射系数基本随着剪切位移的增大而增大，同时对剪切位移的位置的反映也较为准确。但是不同电缆反射系数随位移的增大而增大的幅度有所不同。此外，TDR 反映的各电缆剪断时的极值位移不同，直径大的同轴电缆剪断时的剪切位移也大(向下无限延伸的曲线表示同轴电缆处于断路状态)；小直径的同轴电缆在较小剪切位移情况下即被剪断而不能继续反馈位移的变化。为了获得位移发展过程数据，应尽量选择直径较大的同轴电缆。

(3)TDR 只要出现了缺陷，其反射系数明显衰弱，新的缺陷就会对既有缺陷的反射系数产生影响。

(4)TDR 被剪断后，基本上无信号反射，因此单靠 TDR 技术监测滑坡很难确定滑坡滑动的方向，必须配合其他监测手段。

(5)TDR 技术监测滑坡的有效性的前提是同轴电缆产生的剪切变形大于临界变形，反射曲线上出现尖峰信号。但是对于坡体位移递增的变化带同轴电缆的变形较小，就无法对其有所反映。

(6)TDR 技术难以准确测量滑坡的具体位移值。

(7)TDR 技术不适用于滑带较厚的滑坡。对于丹巴滑坡来说，滑坡的位移较大，但是从 TDR 观测结果来看，滑体仍然未对同轴电缆产生足够大的剪切，曲线上尖峰信号不明显。

8.10 主要结论

(1)提出了公路勘察设计阶段、施工阶段、运营阶段，滑坡、崩塌监测的目的。

勘察设计阶段：主要通过监测，确定滑动面的位置形态，反算 c、φ 值，从而准确计算滑坡的剩余下滑力，达到治理设计的经济、可靠，避免盲目性。

施工阶段：为滑坡动态法设计提供数据，为施工提供安全保障。

运营阶段：保障车辆、生命财产的安全。

(2)研究了公路滑坡、崩塌监测的方法范围、监测网的布置、监测的频率，根据公路建设各阶段的特点，提出了适宜于公路监测的实用技术。

(3)提出了公路地质灾害监测群策群防的体系构成，规定了各单位的工作内容和职责。

(4)开发了自动监测系统，数据采集仪自动采集监测仪器传感器的数据之后存储于数据采集仪的存储单元内，数据采集仪与 DTU 传输单元连接后借助于 GSM 卡 GPRS 功能将存储单元内的监测数据通过 Internet 网络远程传输到数据处理中心并存入计算机内，实现了实时监控和远程控制的目的。

9　公路滑坡、崩塌预测预报技术

9.1　预测预报的基本问题

滑坡预测预报，首先要解决与滑坡预测预报密切相关并影响预报精度的一些基本问题，如预报参数的选择、监测数据的分析与处理、变形阶段的判识、预报模型的分类及实用性分析、预报判据的分类及实用性分析等。

9.1.1　预报参数的选取

滑坡预报中，应选择能真正反映滑坡变形破坏本质特征的参数作为预报参数。

(1)物理参数

物理参数是指滑体发展过程中滑体物质电阻率的变化、弹性波速的变化、温度的变化等，但这些参数对滑坡发展动态过程反应不够敏感，当前作为预报参数还不可能，而岩土的声发射参数是物理参数中最敏感的参数。声发射(AE)是岩土体变形破坏过程中，内部的微破裂扩展而发射的一种弹性波，是岩体变形破坏内在特征的直接体现。岩石破坏时声发射事件会剧烈增加，而且，AE 急剧增加的时间，超前于岩石宏观破坏的时间。声发射的现场监测结果也表明，AE 历时曲线能较好地反映岩体的变形破坏过程，与位移历时曲线有明显的相关性，即 AE 频率较低时，位移曲线也较平缓；AE 高频持续不断，对应滑坡位移曲线也出现急增。因此，声发射可作为滑坡的一种预报参数。

(2)位移参数

位移是边坡变形的外在反映，当它积累到一定程度，或具有一定速率时，边坡就会失稳破坏。室内外试验研究均表明，位移能很好地反映岩土体的变形破坏特征，是一个容易获得的特征变量。在国内外滑坡成功预报的实例中，大多数利用位移动态时序资料作为预报参数。斋藤 1970 年对日本高汤山崩塌性滑坡的成功预报，以及梅宋生对鸡鸣寺滑坡的成功预报，均采用位移作为预报参数。由此可见，位移是滑坡预报的重要参数。

(3)降雨量参数

降雨与滑坡的关系非常密切，它虽然不是边坡破坏的本质特征参数，但却是诱发滑坡的主要因素。在中长期预报中，如果将某一地区看做一个广义的大边坡，当降雨量超过某一临界值时就可能导致其进入“加速变形”阶段，甚至破坏失稳。大量的研究表明，暴雨地区发生大量滑坡与一定的临界降雨量相对应。降雨量和滑坡的关系与其所在地区及滑坡所属类型有关。不同地区的资料，只适用于该地区；滑坡类型不同，滑坡动态变化的滞后时间也不同。因此，降雨量只可作为中长期预报的参数。

变形形迹数据、地声数据和宏观先兆数据具有直观性、准确性和有效性。滑坡、崩塌模型预报必须考虑这些重要数据，进行多参数、多信息、多方法综合评判和预报，提高预报的准确性。

9.1.2 监测数据分析与处理

地质灾害变形的预测预报在一般情况下需要通过三个步骤来完成。第一步:如果各监测数据的时间间隔不相等,为了提高预测精度,需要对这些数据进行等间隔化处理。第二步:如果监测数据在监测过程中受到外界随机因素影响较大,其时间序列曲线呈不光滑状,则需要对这些监测数据进行滤波和平滑处理,尽量排除随机因素的干扰。第三步:根据地质体所处的变形阶段,选择相应的预测模型对地质灾害发生时间进行预报。

1)非等间隔序列的等间隔化

设非等间隔位移原始序列各时段的实际间隔为:

$$\Delta t_i = t_{i+1} - t_i$$
$$\Delta t_j = t_{j+1} - t_j \quad (i \neq j, i、j = 1, \cdots, n) \quad \Delta t_i \neq \Delta t_j \tag{9.1-1}$$

则平均时间间隔 Δt_0 为:

$$\Delta t_0 = \frac{1}{n-1}\sum_{i=1}^{n-1}\Delta t_i = \frac{t_n - t_1}{n-1} \tag{9.1-2}$$

各时段的单位时段差系数 $\theta(t_i)$ 由下式求出:

$$\theta(t_i)\frac{t_i-(i-1)\Delta t_0}{\Delta t_0} \quad (i=1,2,\cdots,n) \tag{9.1-3}$$

进一步求得总的差值:

$$\Delta X_0^{(0)}(t_i) = \theta(t_i)[X_0^{(0)}(t_i) - X_0^{(0)}(t_{i-1})] \tag{9.1-4}$$

于是便得到等间隔序列:

$$X^{(0)}(t_i) = X_0^{(0)}(t_i) - \Delta X_0^{(0)}(t_i) \qquad (i = 1,2,\cdots,n) \tag{9.1-5}$$

2)变形突变现象的分析与处理

边坡变形典型的位移历时曲线可分为三个阶段,即初始变形阶段、稳定变形阶段和加速变形阶段(图 9.1-1)。然而,由于降雨、地震、人工活动,以及其他随机因素的干扰,实际上大多数情况下位移历时曲线并非像图 9.1-1 那样规则和典型,往往具有不同程度的波动和起伏。通常把观测到的位移历时曲线分为光滑型(图 9.1-2)、振荡型(图 9.1-3)和阶跃型(图 9.1-4)三类。

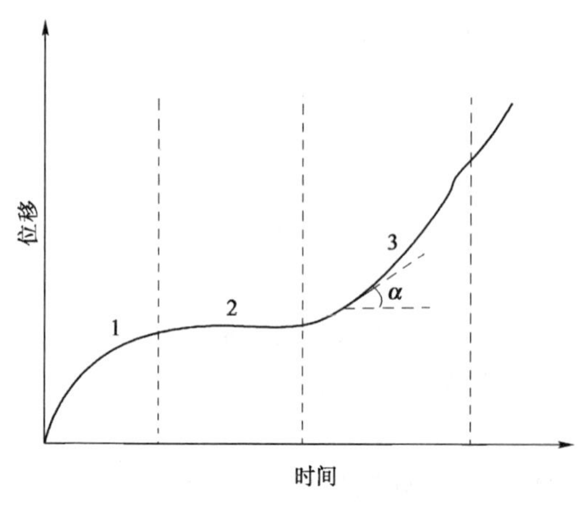

图 9.1-1 滑坡变形典型位移历时曲线

1-初始变形阶段;2-稳定变形阶段;3-加速变形阶段

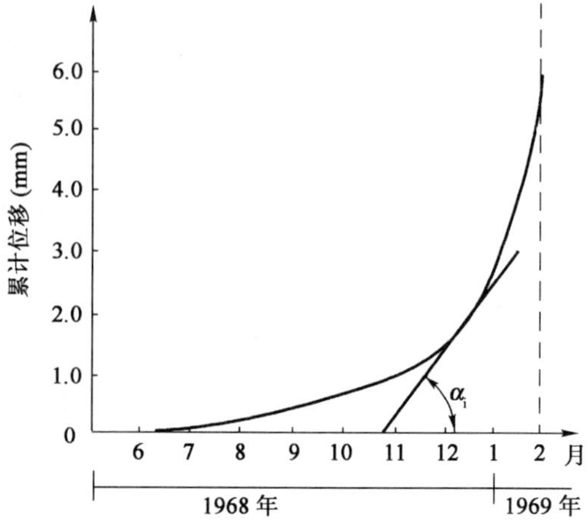

图 9.1-2 光滑型位移时间曲线(智利某露采边坡)

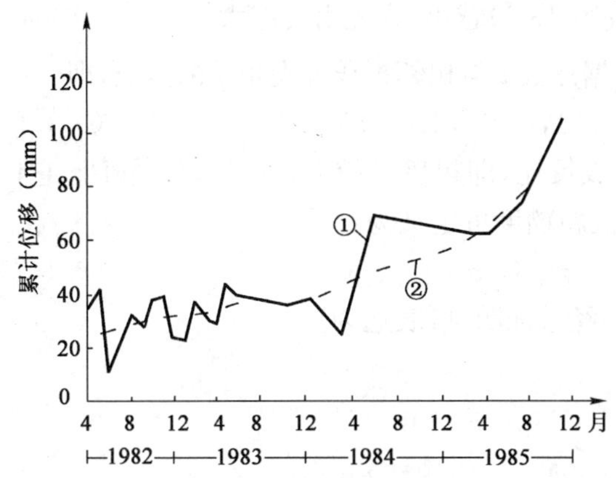

图 9.1-3 振荡型位移历时曲线(龙羊峡龙西边坡失稳)
①原始曲线；②均匀滤波曲线

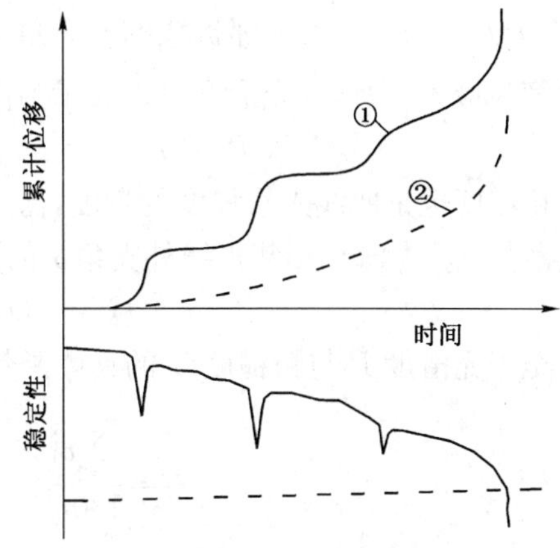

图 9.1-4 阶跃型位移历时曲线及其与稳定性 K 的关系
①原始曲线；②非均匀滤波曲线

对于光滑型曲线可直接建模预报。而振荡型和阶跃型曲线，由于位移具有突变现象，一方面给边坡变形阶段的判定带来一定困难，另一方面也使预报模型难以建立，即便建立了数学模型，也会由于精度差而难以达到预期的目的。因此，对这两类曲线的位移突变现象，必须在建立预报模型前进行分析和处理。

(1)振荡型曲线突变现象的分析和处理

这种曲线一般是在总体有规律的曲线上，叠加了许多由小的随机事件所造成的上下波动(图 9.1-3)，从而使得观测曲线的总体规律在一定程度上被掩盖。为了去掉随机干扰信息，将具有突变的曲线转变为等效的渐变光滑曲线，可用均匀滤波法、五点三次移动平滑滤波及累加生成变换(记为 AGO)进行处理。

①均匀滤波：均匀滤波就是反复运用离散数据的邻点中值作平滑处理，最后使得原来的波动曲线变为一条光滑曲线。而平滑处理就是在两个相邻的离散数据之间任取一点，作为新的离散数据(包括始点和终点，见图 9.1-5，X、Y 表示边坡变形监测时序)。若取相邻点间的中点，则称为邻点中值平滑处理。经证明，邻点中值处理的滤波效果最优。

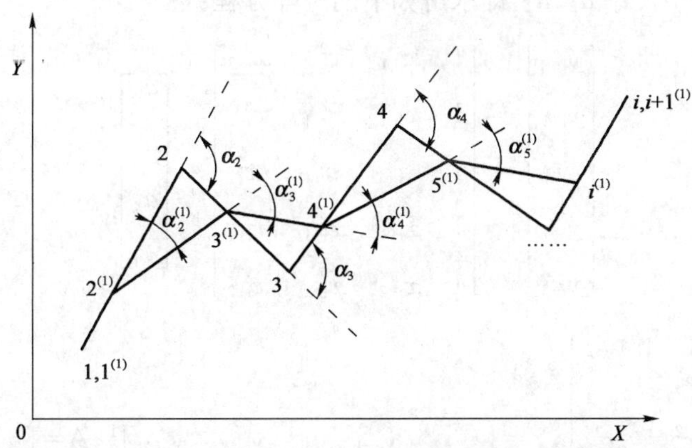

图 9.1-5 均匀滤波的处理方法示意图

为了对滤波程度进行定量评价，采用离散数据的光滑度 P 和粗糙度 G 进行定量描述。

曲线的光滑度是指曲线光滑的程度。离散数据的光滑度取决于离散数据的点数 n 以及相邻折线的外夹角(α_i，见图 9.1-5)。离散数据点越多，光滑度越大；当点数 $n\rightarrow\infty$时，光滑度最大，即为光滑曲线。若相邻折线的外夹角 α_i ($0 \leqslant \alpha_i \leqslant 180°$) 越小，则光滑度越大。当 $\sum_{i=1}^{n} \alpha_i \to 0$ 时，光滑度为最大。所以，光滑度可以表示为离散数据点数 i 与相邻折线外夹角 α_i 的函数，即：

$$P = f(i, \alpha_i) \quad (0 \leqslant P \leqslant 1, i = 1, 2, \cdots, n) \tag{9.1-6}$$

粗糙度也是曲线光滑程度的量度，与光滑度成反比，即粗糙度越大，则光滑度越小。它仍是离散数据点数 i 与相邻折线外夹角 α_i 的函数，故粗糙度可定义为：

$$G = g(i, \alpha_i) = 1 - f(i, \alpha_i) \tag{9.1-7}$$

至于光滑度 P 与粗糙度 G 的具体函数形式，经过证明，可表达为：

$$G = \frac{\sum_{i=2}^{n-1} \alpha_i}{180 n^x} \tag{9.1-8}$$

$$P = 1 - G = 1 - \frac{\sum_{i=2}^{n-1} \alpha_i}{180 n^x} \tag{9.1-9}$$

$$x = \mathrm{INT}\left[\log_{\frac{n+1}{n}} \left(\frac{\sum_{i=2}^{n-1} \alpha_i + \alpha}{\sum_{i=2}^{n-1} \alpha_i}\right)\right] + 1 \tag{9.1-10}$$

式中：n——离散数据的点数；

α_i——相邻两折线的外夹角；

α——所有外夹角中的最大值。

②五点三次移动平滑滤波：五点三次移动平滑滤波是对第 i 个点及其前后相邻的共 5 个点的观测数据 (x_{i-2}, y_{i-2})、(x_{i-1}, y_{i-1})、(x_i, y_i)、(x_{i+1}, y_{i+1})、(x_{i+2}, y_{i+2})，用三次多项式

$$u = a_0 + a_1 x + a_2 x^2 + a_3 x^3 \tag{9.1-11}$$

拟合，在确定了式(9.1-11)中的系数后，进而根据式(9.1-12)计算出因变量在第 i 点上的平滑值。

$$u = a_0 + a_1 x_i + a_2 x_i^2 + a_3 x_i^3 \tag{9.1-12}$$

确定多项式系数 a_0、a_1、a_2、a_3，即求解如下的矩阵方程：

$$\begin{bmatrix} y_{i-2} \\ y_{i-1} \\ y_i \\ y_{i+1} \\ y_{i+2} \end{bmatrix} = \begin{bmatrix} 1 & x_{i-2} & x_{i-2}^2 & x_{i-2}^3 \\ 1 & x_{i-1} & x_{i-1}^2 & x_{i-1}^3 \\ 1 & x_i & x_i^2 & x_i^3 \\ 1 & x_{i+1} & x_{i+1}^2 & x_{i+1}^3 \\ 1 & x_{i+2} & x_{i+2}^2 & x_{i+2}^3 \end{bmatrix} \times \begin{bmatrix} a_0 \\ a_1 \\ a_2 \\ a_3 \end{bmatrix} \tag{9.1-13}$$

令：$X = \begin{bmatrix} 1 & x_{i-2} & x_{i-2}^2 & x_{i-2}^3 \\ 1 & x_{i-1} & x_{i-1}^2 & x_{i-1}^3 \\ 1 & x_i & x_i^2 & x_i^3 \\ 1 & x_{i+1} & x_{i+1}^2 & x_{i+1}^3 \\ 1 & x_{i+2} & x_{i+2}^2 & x_{i+2}^3 \end{bmatrix}$，$Y = [y_{i-2} \quad y_{i-1} \quad y_i \quad y_{i+1} \quad y_{i+2}]^T$，$A = [a_0 \quad a_1 \quad a_2 \quad a_3]^T$

则：式(9.1-13)可变为：

$$Y = XA \tag{9.1-14}$$

上式可根据最小二乘法求解，得：

$$\hat{A}=(X^{\mathrm{T}}X)^{-1}X^{\mathrm{T}}Y \tag{9.1-15}$$

$\hat{A}$ 即为多项式系数的解矩阵：

$$\hat{A}=[\hat{a}_0 \quad \hat{a}_1 \quad \hat{a}_2 \quad \hat{a}_3]^{\mathrm{T}} \tag{9.1-16}$$

假设有 n 个观测数据，以上讨论的是当 $i=3$、4、…、$n-3$、$n-2$的情况。如果当 $i=1$、2 或 $n-1$、n 时，算法各步与以上相同，只是 5 个观测数据点分别取最前的 5 个点和最后的 5 个点。

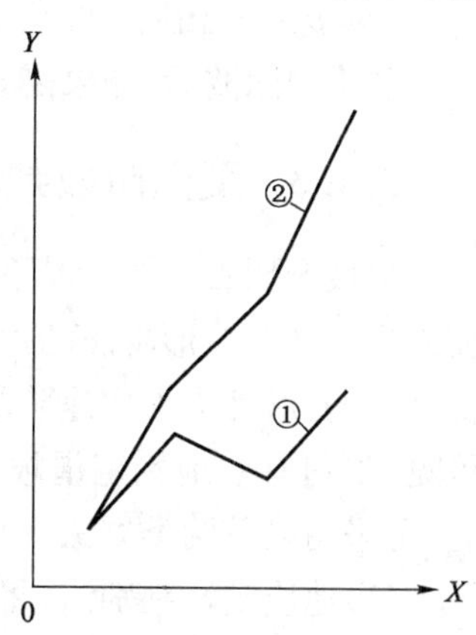

图 9.1-6 振荡型曲线的 AGO 处理
①原始波动曲线；②累加曲线

③累加生成(AGO)：累加生成是灰色理论中一种数据预处理方法。对原始离散位移监测序列进行累加生成处理，可带来两点明显的好处：第一，可使原始离散序列的随机干扰成分在通过 AGO 后得到减弱或消除；第二，可使原始离散序列中蕴含的确定性信息在通过 AGO 后得到加强。如图 9.1-6 所示，波动曲线①经过累加生成以后，呈现出一条规律性较强的曲线②。可以证明一个波动起伏的曲线，经过反复的累加以后，最终会变成一条光滑曲线。但在实际的计算中，并不是累加次数越多越好。因为模型和数值计算本身具有一定的误差，累加次数多了以后，会出现更大的累计误差。一般对原始离散序列进行 1 次 AGO 处理就能满足要求。

一次累加生成的公式可以表达为：

$$X^{(1)}(i)=\sum_{k=1}^{i}X^{(0)}(k) \quad (i=1,2,\cdots,nX^{(0)}(i)>0) \tag{9.1-17}$$

式中：n——原始数据的数目；

$X^{(1)}(i)$——一次累加生成数据，右上角括号中的数字表示累加次数；

$X^{(0)}(i)$——非负的原始数据。

(2)阶跃型曲线突变现象的分析和处理

这类曲线在实际中经常遇到。产生阶梯状突跃的主要原因是季节性暴雨的作用。在这种突发性外营力的作用下，坡体稳定性会产生较大幅度的降低，相应地引起位移的突然加剧(图 9.1-4)。如果这种外营力的作用还未使得边坡的稳定性降低到产生宏观破坏的程度，那么外营力消失后，边坡稳定性会产生可逆性回升(图 9.1-4)。当然，一般情况下不可能恢复到原来的状态，它对坡体稳定性产生“损伤”，在位移曲线上表现为突变位移后平缓段应变速率的加大。对这类阶跃型曲线，如果仍然采用均匀滤波方法将外营力引起的暂时变化一起考虑，显然是不合理的。这类曲线可利用非均匀滤波方法进行处理。非均匀滤波法，是利用阶跃函数剔除外营力引起的暂时性位移变化，剔除方法如下。

设原始位移时间序列为：

$$\{X\}=\{X(1),X(2),\cdots,X(m)\}$$

在 $k=\tau_i(i=1,2,\cdots,n)$时刻发生位移阶跃。引入单位阶跃函数：

$$h(k)=\begin{cases}1,k\geqslant\tau_i\\0,k<\tau_i\end{cases} \tag{9.1-18}$$

对原始位移序列$\{X\}$构造新序列：

$$\{Y\}=\{Y(1),Y(2),\cdots,Y(m)\}$$

其中：

$$Y(k)=X(k)-\sum_{i=1}^{n}b_i \cdot h(k) \tag{9.1-19}$$

式中：$Y(k)$——滤波后的位移值；

b_i——相应 τ_i时刻的阶跃高度。

非均匀滤波后，如果需要，还可再进一步进行均匀滤波和 AGO 处理。

9.1.3 变形阶段判识

滑坡变形破坏的阶段不同，预报的类型和目标也就不同，相应选用的预报方法也不同。滑坡未进入加速变形阶段的预报属于中长期预报范畴，预报目标为进入加速变形起始点的时间。反之，若变形已进入加速阶段，则属于短临预报，预报目标为坡体整体失稳破坏的时间。由此可见，如何有效地判定滑坡变形所处的阶段，也是预报工作的基本问题之一。根据目前的研究，可采用以下两类方法判别。

(1)地质定性判别法：将边坡变形监测成果、宏观地质资料及边坡变形破坏特征结合起来综合判定。

(2)累计时序位移法：利用滤波处理后的累计位移时序资料进行定量判定。监测数据经滤波处理后，随机波动性将大大降低，其历时曲线变成一条光滑曲线。当边坡处于初始变形或等速变形阶段时，变形速率逐渐减小或趋于一常值；当滑坡进入加速变形阶段时，变形速率将逐渐增大。因此，可根据累计位移滤波数据的切线角 α_i来判断边坡所处的变形阶段(图 9.1-1)，即用切线角线性拟合方程的斜率值 A 进行判断。A 值的计算公式如下。

①监测数据为等间隔时序：

$$A=\frac{\sum_{i=1}^{n}(\alpha_i-\overline{\alpha})\left(i-\frac{n+1}{2}\right)}{\sum_{i=1}^{n}\left(i-\frac{n+1}{2}\right)^2} \tag{9.1-20}$$

②监测数据为非等间隔时序：

$$A=\frac{\sum_{i=1}^{n}(t_i-\overline{t})(\alpha_i-\overline{\alpha})}{\sum_{i=1}^{n}(t_i-\overline{t})} \tag{9.1-21}$$

上两式中：$i(i=1,2,3,L,n)$——时间序数；

t_i——监测累计时间；

$\overline{t}$——时间 t_i的平均值；

α_i——累计位移 X_i的切线角；

$\overline{\alpha}$——切线角 α_i的平均值，α_i由下式进行计算：

$$\alpha_i = \arctan\frac{X(i)-X(i-1)}{B(t_i-t_{i-1})}$$
$$B=\frac{X(n)-X(1)}{t_n-t_1} \tag{9.1-22}$$

其中：当 $A<0$，边坡处于初始变形阶段；当 $A=0$，边坡处于稳定变形阶段；当 $A>0$，边坡处于加速变形阶段。

9.1.4 预报对象和范围

1)预报对象

(1)变形速率大的地段或块体。

(2)产生严重危害的地段或块体。

(3)对整个滑坡、崩塌的稳定性起关键作用的地段或块体。

(4)对整个滑坡、崩塌的变形破坏具有代表性的地段或块体。

2)预报范围

(1)灾害范围应包括:

滑坡、崩塌自身的范围。

滑坡、崩塌运动所达到的范围。

滑坡、崩塌所造成的次生灾害(如涌浪、堵江、堵河、堵渠和在暴雨条件下滑坡、崩塌迅速转化为泥石流等)的危害范围。

地震、暴雨等其他灾害条件下放大效应所波及的范围。

(2)确定灾害范围时,应考虑下列条件:

滑坡、崩塌运动的规模、范围、形式和方向。

滑坡、崩塌运动场所内的地形、地貌、地质及水文条件。

滑坡、崩塌的运动速度和加速度,在峡谷区产生气垫浮托效应、折射回弹及多冲程的可能性。

次生灾害产生的可能性和波及的范围。对于涌浪、堵江、堵河、堵渠等,应对不同水位、流量条件下,不同崩滑规模(土石体积)、运动速度所产生的灾害进行分析。

9.1.5 预报等级

滑坡、崩塌变形破坏预报等级,按时间分为:预测级、预报级、警报级,见表 9.1-1。

滑坡与崩塌预报等级表

表 9.1-1

预报等级	时间	空间	方法	指标	手　段
长期预报 (预测级)	2 年以上	区域,单体	调查评价 与监测	危险程度 临界值	1. 危险程度区划和数据库 2. 变形位移监测
中期预报 (预测级)	1～2 年以上	区域,单体	调查评价 与监测	危险程度 临界值	1. 危险程度区划和数据库 2. 变形位移监测
短期预报 (预报级)	1 年～几天	少量区域, 主要单体	调查评价 与监测	临界值	1. 区域自然、地貌、地质、社会因素分析 2. 变形位移监测
临灾预报 (警报级)	几天以内	单体	监测	警戒值	1. 变形位移监测和地声等物理量监测 2. 宏观变形监测 3. 气象、水文与地质等相关因素监测

9.1.6 预报模型的分类及实用性分析

滑坡预报研究从 20 世纪 60 年代日本学者斋藤提出的滑坡预报经验公式开始,至今已有 50 余年的历史。在这期间经过国内外许多专家学者潜心研究,不断探索,提出了多种滑坡预报的理论模型和方法。综合国内外目前提出的预报模型和方法可分为以下几类(表 9.1-2)。

滑坡预报模型和方法总结 表 9.1-2

滑坡预报模型及方法		适用阶段
确定性预报模型	斋滕迪孝方法、HOCK 法、K · KAWAWURA、苏爱军模型、福囿边坡时间预报法	加速蠕变阶段
	蠕变样条联合模型	临滑预报
	滑体变形功率法	临滑预报
	滑坡形变分析预报法	中短期预报
	极限平衡法	长期预报
统计预报模型	灰色 GM(1,1)模型、传统 GM(1,1)模型、非等时距序列的 GM(1,1)模型、新陈代谢 GM(1,1)模型、优化 GM(1,1)模型、逐步迭代法 GM(1,1)模型等	短临预报
	生物生长模型(Pearl 模型、Verhulst 模型、Verhulst 反函数模型)	短临预报
	多元非线性相关分析法	中长期预报
	指数平滑法	
	边坡蠕滑预报模型(GMDH 预报法)	
	正交多项式最佳逼近模型	
	灰色位移矢量角法	短期和临滑预报
非线性预报模型	BP 神经网络模型	中短期预报
	协同预测模型	临滑预报
	滑坡预报的 BP-GA 混合算法中短期预报	中短期预报
	协同—分岔模型临滑预报	临滑预报
	突变理论预报(尖点突变模型和灰色尖点突变模型)	中短期预报
	动态分维跟踪预报	中长期预报
	非线性动力学模型长期预报	长期预报
	位移动力学分析法	长期预报

注:宏观预报模型因个体差异而异,故未列入表中。

1)确定性预报模型

确定性模型是把有关滑坡及其环境的各类参数用测定的量予以数值化,用严格的推理方法,特别是数学、物理方法,进行精确分析,得出明确的预报判断。此类模型预报可反映滑坡的物理实质,多适用于滑坡或边坡单体预测。其代表性的预报模型有:斋滕迪孝方法、福囿边坡时间预报法、苏爱军预报模型和极限分析法等。这些模型除极限分析法可用于滑坡的长期预报外,其余基本为短期和临滑预报模型。

2)统计预报模型

统计预报模型主要是运用现代数理统计的各种统计方法和理论模型,着重于对现有滑坡及其地质环境因素和其外界作用因素关系的宏观调查与统计,获得其统计规律,并用于拟合不同滑坡的位移—时间曲线,根据所建模型做外推进行预报。此类模型多适用于区域的土地利用和国土开发规划,具有宏观决策意义。其代表性的预报模型包括:灰色 GM(1,1)模型、生物生长模型、回归分析法、指数平滑法和黄金分割法等多种方法。这些方法与监测数据的数量、时间序列有关,只要有足够的、等间距分布的位移监测数据就可以保证预报的精度。这些模型除黄金分割法用于中长期预报外,其余的大都适用于中短期和临滑预报。

3)非线性预报模型

随着非线性科学的发展及其在各个领域内的广泛应用,滑坡研究者开始认识到滑坡体系是一个开放系统,是一个灰与白、确定性与随机性、渐变与突变、平衡与非平衡、有序与无序等对立统一的系统,复杂性是滑坡的根本属性。因此,许多学者引用了对处理复杂问题比较有效的非线性科学理论来研究滑坡的预报问题,并提出了一系列的滑坡预报模型。其代表性预报模型包括非线性动力学模型、BP 神经网络模型、突变理论预报模型、协同预测模型和动态分维跟踪预报模型和位移动力学分析法等。此类模型理论上具有较高精度,具有广阔的应用前景。除分维跟踪预报模型、非线性动力学模型和位移动力学分析法用于中长期预报外,其余均为短期和临滑预报模型。

4)宏观预报模型

滑坡的复杂性和特殊性,决定了滑坡体上各点位移的大小、趋势等均可能存在很大的差异。为避免以点代面的现象,并消除某些特殊因素的干扰,目前国内外许多学者都倡导将边坡变形破坏的宏观信息与滑坡监测的资料有机地结合起来,根据滑坡的各种变形破坏迹象以及诱发因素等进行滑坡的宏观预报。滑坡宏观预报模型是以滑坡开始变形直至最终破坏过程中所表现出来的各种前兆、迹象等为依据,以模糊评判、加权平均等法为主建立的与各类滑坡特征相适应的预报模型。一般滑坡的变形演化过程可分为缓慢蠕动、匀速蠕滑、加速蠕滑和急剧变形四个阶段。根据宏观预报模型可识别滑坡所处的变形阶段。

尽管目前国内外专家学者已经提出了不少滑坡预测预报模型和方法,并且利用这些模型和方法也确实有预报成功的实例(如我国的新滩滑坡、黄茨滑坡和鸡鸣寺滑坡等),但这些理论和方法普遍存在不足之处。以蠕变理论为基础的斋藤迪孝法和苏爱军模型等,很难确定蠕变曲线的加速蠕变阶段;统计预报模型多停留在边坡变形时间位移曲线的数学处理和统计拟合上,而且对与滑坡预报密切相关的一些基本问题,如观测数据的分析、处理,预报时序资料的选择,干扰信息的剔除与有用信息的增强等认识不足;非线性预报模型多以发生滑坡的检验性预报来论证其可行性,在理论上证明有一定的优越性,还未经受工程实践的检验。滑坡演化过程的复杂性、随机性和不确定性,加之这些理论和方法的适用性局限,某种理论模型往往仅适用于某一类型的滑坡或某一阶段的滑坡预报。目前,尚无一成熟模型,均需在实践中改进、完善。因此,要想做到准确预报,必须建立一些具有一定适用性的滑坡预报判据。

5)确立模型的方法原则

(1)充分论证模型预报的结论与变形形迹信息、宏观前兆监测信息之间的因果关系。

(2)预报模型建立以后,应利用已经发生过的类似的滑坡、崩塌的监测资料,进行反演分析,检验模型的有效性,并初步确定相应的预报判据。

(3)应进行多模型、多判据预报,并综合分析选择建立适宜的、有效的监测预报模型。不应单一地采用理论预报模型进行预测预报。

(4)积极研究改进监测预报模型,建立符合地区特点的模型和判据。

(5)预报模型与预报判据应由主管部门或单位组织专家评审、鉴定。

(6)相似模拟试验,在待预报的滑坡体内进行主要触发因素的人工试验,达到预计的变形破坏程度,利用监测的数据和实测的临界变形破坏参数,建立、选择或改进预报模型。

(7)工程类比分析法,分析采用相似条件的成功预报模型。

9.1.7 预报判据的分类及实用性分析

滑坡时间预报的核心是预报模型和预报判据。目前,国内外学者提出了10余种用于判断边坡处于临界失稳状态的预报判据,如稳定性系数、可靠概率、变形速率及位移加速度等,具体可归纳为表9.1-3。

滑坡的各种预报判据 表9.1-3

<table>
<tr><th colspan="2">判 据 名 称</th><th>判据值或范围</th><th>适 用 条 件</th></tr>
<tr><td colspan="2">稳定性系数 K</td><td>$K \leqslant 1$</td><td>长期预报</td></tr>
<tr><td colspan="2">可靠概率 P_s</td><td>$P_s \leqslant 95\%$</td><td>长期预报</td></tr>
<tr><td colspan="2">声发射参数</td><td>$K = A_0/A \leqslant 1$</td><td>长期预报</td></tr>
<tr><td colspan="2">变形速率</td><td>因地质情况而异</td><td>岩质、土质边坡短临预报</td></tr>
<tr><td colspan="2">位移加速度 α</td><td>$\alpha \geqslant 0$</td><td>临滑预报</td></tr>
<tr><td colspan="2">蠕变曲线切线角 α</td><td>$\alpha \geqslant 70°$</td><td>临滑预报</td></tr>
<tr><td colspan="2">位移矢量角</td><td>突然增大或减小</td><td>临滑预报</td></tr>
<tr><td colspan="2">临界降雨强度</td><td>因地区而异</td><td>暴雨诱发型滑坡</td></tr>
<tr><td rowspan="2">双参数判据</td><td>蠕变曲线切线角和位移矢量角</td><td>且位移矢量角突然增大或减小</td><td>临滑预报</td></tr>
<tr><td>位移速率和位移矢量角</td><td>位移速率不断增大或超过临界值,位移矢量角显著变化</td><td>堆积层滑坡临滑预报</td></tr>
</table>

下面介绍三类常用的滑坡预报判据,即安全系数和可靠概率判据、变形速率判据及宏观信息预报判据。

1)安全系数和可靠概率判据

安全系数是指通过极限平衡法计算所得的安全系数或运用极限分析法计算边坡滑动时消耗的总内力功和外力功的比值。一般认为安全系数判据确定为1比较合适。安全系数小于1,边坡将处于不稳定状态;安全系数大于1,边坡处于稳定状态;安全系数等于1时,边坡处于临界平衡状态。

可靠概率是近年来人们根据可靠性理论计算得到的边坡稳定性的可靠程度指标 P_s。普遍认为,将可靠概率判据定为95%比较合适。可靠概率判据给出了边坡的安全度指标,考虑了岩土体的抗剪强度 c 和 φ 等指标的变异性,得出的结果更符合实际。安全系数和可靠概率判据均适用于滑坡的长期预报,是滑坡长期预报中的常用判据。

2)变形速率预报判据

滑坡的发生,乃属边坡上的物质以一定的速度沿某滑移面向下移动所致。因此,以边坡体上物质变形速率的大小来作为滑坡是否会发生、何时发生的预报判据更直观、更可靠。目前,人们都直接或间接地使用滑坡变形速率作为判据来对滑坡进行临滑预报。但是由于滑坡变形速率受滑坡体物质组成、变形破坏方式以及外界诱发因素等多种因素影响,最终失稳前的变形速率存在很大差别(表9.1-4)。显然,要确定统一的滑坡变形速率是不太现实的。

滑坡破坏前的变形速率　　　　　　表 9.1-4

滑 坡 名 称	破坏前变形情况
贵州晴隆滑坡(降雨触发)	采用人工降雨 1.3h,雨强 60mm/h,最大变形速率 25.6mm/d
贵州晴隆滑坡(开挖触发)	开挖后 62～68h 开始滑动,临滑变形速率 13.3～21.6mm/d,裂缝增加至 3mm 后停止滑动,之后在 45mm/d 的大雨作用下整体崩滑
贵州永宁滑坡	大气降雨 140min,雨强 40mm/d,临滑变形速率 26.38mm/d
新滩滑坡	滑前一个月,A3、B3 点平均变形速率为 85.9～399mm/d
酒埠江滑坡	滑动破坏前一个月,变形速率为 10mm/d 左右,裂隙宽度每天增加 10mm 左右
李家沱滑坡	滑动破坏前 22d,平均水平方向变形速率为 8.2mm/d,竖直方向变形速率为 9.2 mm/d
紫坪铺水电枢纽 2 号导流洞出口滑坡	破坏前 10d 累计最大水平位移达 150.1mm,最大竖直位移达 97.6mm
盐池河山崩	山崩前 32d,山体变形速率 10mm/d
大中川笛滑坡(日本)	滑动前 1d,变形速率 24mm/d
鸡鸣寺滑坡	滑前 15 个月变形速率小于 1mm/d,滑前 4 个月变形速率大于 1mm/d,滑前 2 个月变形速率 10mm/d 以上,滑前 10d,变形速率 50mm/d 以上,临滑前 1d 变形速率 100mm/d 以上
宝成线李家河滑坡	破坏前 22d 平均水平位移速率 8.2mm/d,平均垂直位移速率为 9.2mm/d
成昆线 377 号滑坡	滑前水平位移 5～10mm/d,垂直位移 1～5mm/d
黄龙西村滑坡	滑前 6d,滑移速度 7mm/d,滑前 1d,滑移速度 300mm/d
大冶铁矿象鼻山北帮滑坡	滑动前 1d 的位移速率大于 1000mm/d

通过对现有一些滑坡的统计结果表明,滑坡发生前的变形速率为 0.1～1 000mm/d 不等,差别较大。一般黏土边坡的临界变形速率为 0.1mm/d;岩质边坡一般为 10mm/d、14.4mm/d 或 24mm/d;堆积层滑坡的临界变形速率差别较大,如新滩滑坡滑前的变形速率为 116mm/d,而黄蜡石滑坡滑前变形速率仅为 2mm/d。因此,用变形速率作为滑坡临滑的预报判据时,必须对所预报滑坡进行深入的工程地质分析。

3)宏观信息预报判据

与地震、火山等其他自然灾害相似,滑坡失稳前也表现出多种宏观前兆:前缘频繁崩塌,地下水位突然变化,地热、地声异常,动物表现失常等,由于这些现象在临滑前表现直观,易于被人类捕捉,所以用于临滑预报十分有效。

对于滑坡的宏观迹象,普遍有以下几点认识:

(1)滑坡区、滑坡体内的宏观迹象反映了滑坡的演变过程,尤其是临滑前夕;

(2)地表(面)变形、地物变形,在滑坡的不同发育阶段,其幅度(强度)是不同的;

(3)岩土体蠕变、破裂发出的声响,且在大滑动前常可听到轰鸣声;

(4)动物异常可作为滑坡临滑判据。

利用上述预报判据预报边坡失稳时间各有优缺点,安全系数和可靠概率判据只能判断边坡是否稳定;变形速率判据比较直观,但确定边坡的临界变形速率相当困难;宏观信息预报判据比较准确,但具有较强的个性特征。文献指出,根据位移时间关系曲线的"翘尾"现象或突变段的出现、变形速率急剧增大等判据,曾对一些滑坡做出了成功的预报。我国也曾利用宏观信息预报判据成功地预报了宝成线须家河滑坡。但对所有滑坡而言，目前还没有既合理又有明确物理意义的判据，而且提出的几乎所有判据都是不完善的。这些预报判据有一定的适用性，但普遍不具备充分性和普适性，因而出现了一些误判误报的情形。滑坡预报判据的不充分性，主要在于边坡岩体变形机制各异，不同的坡体滑前没有统一的运动行为，也无法用统一的曲线来表征这种行为。对预报的定量指标或阀值很难给出一个客观标准，免不了夹杂有主观的因素。因此，单凭滑坡预报判据来预报滑坡也是不够全面的。

9.1.8 确立判据的原则与方法

(1)预报模型建立以后，应利用已经发生过的类似的滑坡、崩塌的监测资料，进行反演分析，检验模型的有效性，并初步确定相应的预报判据。

(2)应进行多模型、多判据预报，并综合分析选择建立适宜的、有效的监测预报模型。不应单一地采用理论预报模型进行预测预报。滑坡综合预报系统见表 9.1-5。

滑坡综合预报系统 表 9.1-5

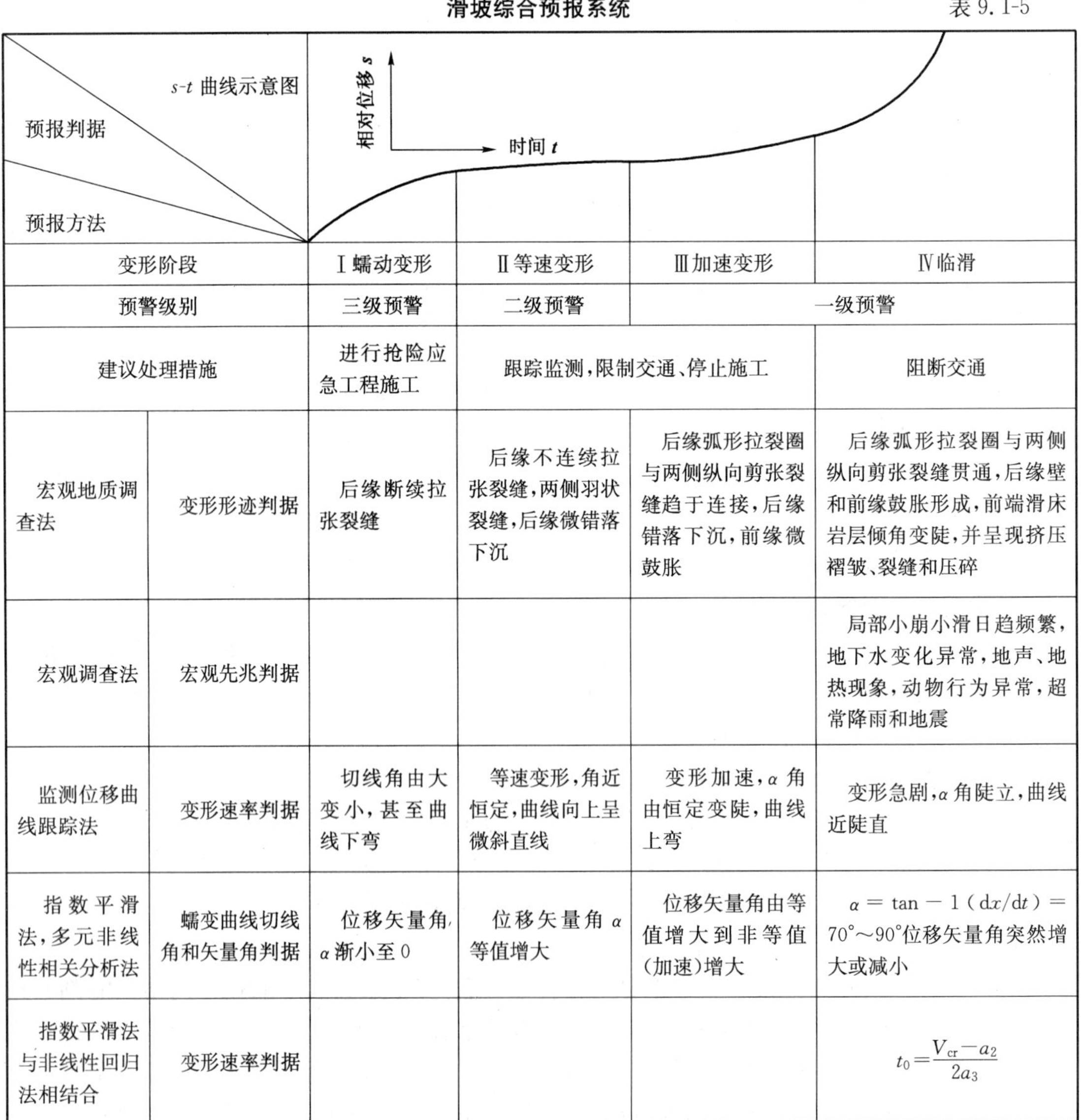

预报方法	预报判据 / s-t 曲线示意图				
变形阶段		Ⅰ蠕动变形	Ⅱ等速变形	Ⅲ加速变形	Ⅳ临滑
预警级别		三级预警	二级预警	一级预警	
建议处理措施		进行抢险应急工程施工	跟踪监测，限制交通、停止施工		阻断交通
宏观地质调查法	变形形迹判据	后缘断续拉张裂缝	后缘不连续拉张裂缝，两侧羽状裂缝，后缘微错落下沉	后缘弧形拉裂圈与两侧纵向剪张裂缝趋于连接，后缘错落下沉，前缘微鼓胀	后缘弧形拉裂圈与两侧纵向剪张裂缝贯通，后缘壁和前缘鼓胀形成，前端滑床岩层倾角变陡，并呈现挤压褶皱、裂缝和压碎
宏观调查法	宏观先兆判据				局部小崩小滑日趋频繁，地下水变化异常，地声、地热现象，动物行为异常，超常降雨和地震
监测位移曲线跟踪法	变形速率判据	切线角由大变小，甚至曲线下弯	等速变形，角近恒定，曲线向上呈微斜直线	变形加速，α 角由恒定变陡，曲线上弯	变形急剧，α 角陡立，曲线近陡直
指数平滑法，多元非线性相关分析法	蠕变曲线切线角和矢量角判据	位移矢量角 α 渐小至 0	位移矢量角 α 等值增大	位移矢量角由等值增大到非等值(加速)增大	$\alpha=\tan-1(\mathrm{d}x/\mathrm{d}t)=70^\circ\sim90^\circ$位移矢量角突然增大或减小
指数平滑法与非线性回归法相结合	变形速率判据				$t_0=\frac{V_{cr}-a_2}{2a_3}$

续上表

预报判据 \ 预报方法 \ s-t 曲线示意图		相对位移 s — 时间 t			
斋腾迪孝法					$t_r-t_1=\dfrac{\frac{1}{2}(t_2-t_1)^2}{(t_2-t_1)-\frac{1}{2}(t_3-t_1)}$
极限分析法	稳定系数 K 判据		$1.05\geqslant K\geqslant 1.0$	$1.0>K\geqslant 0.96$	$K<0.96$
黄金分割数法	0.618 比例判据		t_1	$t_2=0.618t_1$	

注:①表中 t_0 为滑坡失稳时间;V_{cr} 为临界破坏速率,用类比或相似模型试验确定,a_1、a_2、a_3 为回归系数。

②表中:t_r 为滑坡失稳时间;t_1、t_2、t_3 为滑坡加速变形阶段监测点时间—位移曲线上的时间。

③稳定系数 K 适用于崩塌预报。

(3)积极研究改进监测预报模型,建立符合地区特点的模型和判据。

预报模型与预报判据应由主管部门或单位组织专家评审、鉴定。

(4)相似模拟试验,在待预报的滑坡体内进行主要触发因素的人工试验,达到预计的变形破坏程度,利用监测的数据和实测的临界变形破坏参数,研究建立预报判据。

(5)工程类比分析法,分析采用相似条件的成功预报模型和判据。

9.2 滑坡、崩塌预测预报理论与方法

9.2.1 GM(1,1)灰色预测

部分信息已知,部分信息未知的系统称为灰色系统。灰色系统理论是研究解决灰色系统分析、建模、预测、决策和控制的理论。灰色系统理论的核心是灰色预测模型,模型的显著特点是生成函数和灰色微分方程。灰色系统理论认为:一切随机量都是在一定范围内、一定时段上变化的灰色量和灰过程。对于灰色量的处理不是求它的统计规律和概率分布,而是通过一定的处理方法,将杂乱无章的原始数据列变成较有规律的时间序列数据,再建立预测模型。对原始数据进行处理的目的有二:一、为建立模型提供中间信息;二、将原始数据的波动性弱化。

(1)首先将测得的已知数据 $X^{(0)}=\{X^{(0)}(1),X^{(0)}(2),\cdots,X^{(0)}(n)\}$ 作一次累加生成,得到新的数据序列:

$$X^{(1)}=\{X^{(1)}(1),X^{(1)}(2),\cdots,X^{(1)}(n)\} \tag{9.2-1}$$

式中,$X^{(1)}(i)=\sum_{i=1}^{k}X^{(0)}(i)$ 新生成的数据列为一条单调增长的曲线,增加了原始数据列的规律性,弱化了其波动性。这种经过一定方法生成的数据序列,在几何意义上称为“模块”,将由已知数据列构成的模块,称为白色模块;由白色模块建模外推的模块,即预测值构成的模块,称为灰色模块。

(2)模型相应的微分方程为：

$$\frac{\mathrm{d}X^{(1)}(t)}{\mathrm{d}t}+aX^{(1)}(t)=b \tag{9.2-2}$$

式中：a、b——待估参数。

$$\begin{bmatrix}\hat{a}\\ \hat{b}\end{bmatrix}=(B^{\mathrm{T}}B)^{-1}(B^{\mathrm{T}}Y) \tag{9.2-3}$$

其中：

$$B=\begin{bmatrix}-\frac{1}{2}(X^{(1)}(1)+X^{(1)}(2)) & 1\\ -\frac{1}{2}(X^{(1)}(2)+X^{(1)}(3)) & 1\\ \cdots & \cdots\\ -\frac{1}{2}(X^{(1)}(n-1)+X^{(1)}(n)) & 1\end{bmatrix}$$

$$Y=[X^{(0)}(2),X^{(0)}(3),\cdots,X^{(0)}(n)]^{\mathrm{T}}$$

按最小二乘法，求解一阶微分方程得：

$$\hat{X}^{(1)}(k)=\left[X^{(0)}(1)-\frac{\hat{b}}{\hat{a}}\right]e^{-\hat{a}(k-1)}+\frac{\hat{b}}{\hat{a}} \tag{9.2-4}$$

式中，$(k=1,2,\cdots,n,n+1,\cdots,n+m)$，其中$(k=n+1,\cdots,n+m)$为灰色预测序列，预测个数 m 可根据实际需要确定。

(3)将$\hat{X}^{(1)}(k)$累减还原为数据$\hat{X}^{(0)}(k)$

$$\hat{X}^{(0)}(k)=\hat{X}^{(1)}(k)-\hat{X}^{(1)}(k-1) \tag{9.2-5}$$

$\hat{X}^{(0)}(k)$即是当$(k=2,\cdots,n,n+1,\cdots,n+m)$时的关于位移的灰色预测值。

(4)对 GM(1,1)模型的精度检验

灰色模型的精度通常用后验方差检验，按 GM(1,1)法建模，求得$\hat{X}^{(0)}$：

$$\hat{X}^{(0)}=\{\hat{X}^{(0)}(1),\hat{X}^{(0)}(2),\cdots,\hat{X}^{(0)}(N)\} \tag{9.2-6}$$

计算残差：

$$e(k)=X^{(0)}(k)-\hat{X}^{(0)}(k) \tag{9.2-7}$$

残差向量：

$$e=[e(1),e(2),\cdots,e(N)] \tag{9.2-8}$$

记原始数列$\hat{X}^{(0)}$及残差数列 e 的方差分别为 S_1^2 和 S_2^2，则：

$$S_1^2=\frac{1}{N}\sum_{k=1}^{N}(X^{(0)}(k)-\overline{X}^{(0)})^2 \tag{9.2-9}$$

$$S_2^2=\frac{1}{N}\sum_{k=1}^{N}(e(k)-\bar{e})^2 \tag{9.2-10}$$

其中：$\overline{X}^{(0)}=\frac{1}{N}\sum_{k=1}^{N}X^{(0)}(k)$

$$\bar{e}=\frac{1}{N}\sum_{k=1}^{N}e(k) \tag{9.2-11}$$

后验方差比：

$$c=\frac{S_2}{S_1} \tag{9.2-12}$$

模型精度等级指标 C 值划分见表 9.2-1。

误差校验等级指标 表 9.2-1

预测精度等级	优	良	中	合格	不合格
C	<0.25	0.25～0.40	0.40～0.55	0.55～0.70	>0.70

9.2.2 指数平滑法预测

指数平滑法是20世纪50年代末，由美国数学家布朗和霍尔特发展起来的，目前已在许多领域中得到了应用。这种方法具有计算过程简单，容易掌握等优点。从基本原理来说，指数平滑法是一种非统计性方法。该法每个时间序列都存在着某种基本数学模型，而实际监测值就是这种基本模型与随机变动共同作用的反映。指数平滑法的目标就是“修匀”历史数据来区别基本数据模型和随机变动，即通过在历史数据中消除极大值和极小值，获得该时间序列的平滑值，以此作为对未来时期的预测值。这种方法在整个预测过程中，不断地运用“误差分馈”原理对预测值进行修正。指数平滑法目前已有多种模型，如移动算术平均法、单指数平滑法、二次曲线指数平滑法等。当时间序列按照二次曲线的形状增加或减少时，采用二次曲线指数平滑法预测相当有效，它随着时间序列的增长不断调整预测值，计算中不但考虑了时间序列的线性增长因素，且考虑了其抛物线性的增长因素。但应用指数平滑法进行预测时，其初期精度稍差，这主要是受初始值的影响，随着预测过程的进行，其预测精度会逐步提高。

坡体滑动是一个渐进的过程，其变形随时间呈不断增长的趋势，因此可用二次曲线平滑法预测滑坡的变形趋势，该法能随着时间序列的增长而不断调整预测值，尤其适用于滑坡中期预报，一般可获得较高的预报精度。

二次指数平滑法在计算过程共分7个步骤：

(1)计算 t 时期的单指数平滑值 S_{1t}

$$S_{1t} = \alpha \cdot X_t + (1-\alpha) \cdot S_{1t-1} \tag{9.2-13}$$

(2)计算 t 时期的双指数平滑值 S_{2t}

$$S_{2t} = \alpha \cdot S_{1t} + (1-\alpha) \cdot S_{2t-1} \tag{9.2-14}$$

(3)计算 t 时期的三重指数平滑值 S_{3t}

$$S_{3t} = \alpha \cdot S_{2t} + (1-\alpha) \cdot S_{3t-1} \tag{9.2-15}$$

(4)计算 t 时期的水平值 A_t

$$A_t = 3S_{1t} - 3S_{2t} + S_{3t} \tag{9.2-16}$$

(5)计算 t 时期的线性增量 B_t

$$B_t = \frac{\alpha}{2(1-\alpha)^2}[(6-5\alpha)S_{1t} - (10-8\alpha)S_{2t} + (4-3\alpha)S_{3t}] \tag{9.2-17}$$

(6)计算 t 时期的抛物线增量 C_t

$$C_t = \frac{\alpha^2}{(1-\alpha)^2}[S_{1t} - 2S_{2t} + S_{3t}] \tag{9.2-18}$$

(7)预测 m 个时期以后，即 $(t+m)$ 时期的位移观测值 F_{t+m} ($m \geqslant 1$，正整数)

$$F_{t+m} = A_t + B_t m + \frac{1}{2}C_t m^2 \tag{9.2-19}$$

二次指数平滑法的初始值依赖前两个时期的监测值，通常可将初始值取为：

$$S_{11} = S_{21} = S_{31} = X_1;\ S_{12} = \alpha \cdot X_1 + (1-\alpha)X_1;\ S_{22} = \alpha \cdot S_{12} + (1-\alpha)X_1$$

$$S_{32} = \alpha \cdot S_{22} + (1-\alpha)X_1; F_{2+m} = A_2 + B_2 m + \frac{1}{2}C_2 m^2 \tag{9.2-20}$$

由此看出，应用指数平滑法时，第一个预测值并不是从初始时刻开始，而是从 $2+m$ 时刻开始，式中 α 称为平滑常数，取值范围 0～1。一般，α 取值较大时，表示越依重近期数据所载信息，修正幅度也较大，预测值能够较快地反映出时间序列的实际变化状态，即 F_{t+m}对变化程度较大的时间序列比较敏感，但曲线不够光滑；α 取值较小时，预测值 F_{t+m}对时间序列的反映比较迟钝，修正幅度也较小，采用的数据序列也越长，曲线比较光滑。因此，如何选择平滑常数 α，对预测结果影响较大。可采用计算机优选的方法，通过对不同 α 值预测误差的均方差进行比较，选择使均方差达到最小的平滑常数作为计算值。

指数平滑法一般适用于中、短期预报。因此，将其用于滑坡预测时，其预报步长不宜太大，否则会引起较大的误差。预报时采用的采样时间与预报时间有关，当采用中期预报时，输入的监测数据宜采用月变形值，当采用短期预报时，输入的监测数据宜采用日变形值。相应地，中期预报的精度是以月计，而短期预报的精度是以日计。

9.2.3 非线性回归分析

回归分析就是通过对观察数据的统计分析和处理，研究和确定事物之间联系、形式的一种有效方法。根据自变量和因变量之间函数形式的不同，回归分析可以分为线性回归和非线性回归。利用非线性回归方法，建立滑坡的位移—时间关系的数学模型，以进一步预测滑坡的变形趋势。

非线性回归模型的一般形式为：

$$y = f_1(x_1) + f_2(x_2) + f_3(x_3) + \cdots + f_n(x_n) \tag{9.2-21}$$

其中，$f_i(x_i)$，$i=1,2,\cdots n$ 可以是多项式、指数、三角函数或其他函数形式。这里采用指数回归。

假定有一组与时间对应滑坡位移观测数据 x_i，y_i（x_i为各阶段时间，y_i为各时间对应的滑坡位移），它表达的物理方程用函数 $Y=f(x)$表示。

对这组数据 x_i，y_i采用多项式进行拟合。设该多项式的回归方程为：

$$y = a_0 + a_1 x + a_2 x^2 + \cdots + a_n x^n \tag{9.2-22}$$

式中，n 为多项式幂指数。n 越大，拟合精度越高。一般 $n>3$ 即能满足工程要求。本次研究中，取 $n=3$。a_0、a_1、a_2、a_3为待定系数。

假定与时间（$x_1, x_2, x_3, \cdots x_m$）对应有 m 次（$m \geqslant n+1$）滑坡位移观测值 $y_1, y_2, y_3, \cdots, y_m$，则有：

$$\begin{bmatrix} y_1 \\ y_2 \\ \vdots \\ y_m \end{bmatrix} = \begin{bmatrix} 1 & x_1 & x_1^2 & x_1^3 \\ 1 & x_2 & x_2^2 & x_2^3 \\ \vdots & \vdots & \vdots & \vdots \\ 1 & x_m & x_m^2 & x_m^3 \end{bmatrix} \begin{bmatrix} a_0 \\ a_1 \\ a_2 \\ a_3 \end{bmatrix} \tag{9.2-23}$$

式中，以 Y 表示 $\begin{bmatrix} y_1 \\ y_2 \\ \vdots \\ y_m \end{bmatrix}$，$B$ 表示 $\begin{bmatrix} 1 & x_1 & x_1^2 & x_1^3 \\ 1 & x_2 & x_2^2 & x_2^3 \\ \vdots & \vdots & \vdots & \vdots \\ 1 & x_m & x_m^2 & x_m^3 \end{bmatrix}$，$A$ 表示 $\begin{bmatrix} a_0 \\ a_1 \\ a_2 \\ a_3 \end{bmatrix}$，则式(9.2-23)可写成

$$Y = BA \tag{9.2-24}$$

在式(9.2-24)两端同时乘上 B^T,B^T为 B 的转置矩阵。

$$B^TY = B^TBA \tag{9.2-25}$$

以 C 表示 B^TB,则式(9.2-25)左端变成四行一列的矩阵,而 C 为 4×4 的矩阵,求 C 的逆矩阵 C^{-1},将 C^{-1}分别乘式(9.2-25)两端,则有:

$$C^{-1}B^TY = C^{-1}CA \tag{9.2-26}$$

于是式(9.2-26)中 A 的待定 a_0、a_1、a_2、a_3可以全部求出,进而代入式(9.2-22),就可以预测任意时刻的滑坡位移。

9.2.4 灰色 Verhulst 预报模型

Verhulst 模型是德国生物学家 Verhulst 于 1987 年提出的一种生物增长模型。他认为事物的繁衍、生长、成熟、消亡过程,可以用该模型描述和预测。晏同珍(1987)教授考虑到滑坡的演变也有一变形、发展、成熟和破坏的过程,二者在发展演变上具有相似性,于是将这一模型引进滑坡的时间预报研究中。

设原始等间距监测数据序列 $X^{(0)}(t)$:$X^{(0)}(t)=\{X^{(0)}(1),X^{(0)}(2),\cdots,X^{(0)}(n)\}$作一次 AGO 变换,得到新的数据序列:$X^{(1)}(t)=\{X^{(1)}(1),X^{(1)}(2),\cdots,X^{(1)}(n)\}$,对 $X^{(1)}(t)$拟合 Verhulst一阶白化非线性微分方程:

$$\frac{\mathrm{d}X^{(1)}(t)}{\mathrm{d}t} = aX^{(1)}(t) - b[X^{(1)}(t)]^2 \tag{9.2-27}$$

式中:a、b——待定系数。

由最小二乘法得:

$$\hat{a} = [a,b]^T = (B^TB)^{-1}B^TY \tag{9.2-28}$$

将求得的待定系数代入上式求解非线性微分方程得:

$$\hat{X}^{(1)}(t) = \frac{a/b}{1+\left(\frac{a}{b}\cdot\frac{1}{X^{(0)}(1)}-1\right)e^{-a(t-t_0)}} \tag{9.2-29}$$

式(9.2-29)为滑坡时间 Verhulst 非线性微分动态预报模型,t_0为初始时刻。

由于滑坡的演变过程类似于生物从繁殖到消亡的过程,因此,可将生物从成熟(快速增长)向消亡(慢速增长)转化的临界值(拐点值)$a/2b$ 作为滑坡的临界位移值。这样将 $a/2b$ 替代式(9.2-29)中的$\hat{X}^{(1)}(t)$可解出滑坡破坏的时刻 t:

$$t = \frac{1}{a}\ln\left(\frac{a}{bX^{(0)}(1)}-1\right)+t_0 \tag{9.2-30}$$

初始时刻 t_0一般取 0,式(9.2-30)变为:

$$t = \frac{1}{a}\ln\left(\frac{a}{bX^{(0)}(1)}-1\right) \tag{9.2-31}$$

式(9.2-31)中的 t 实际上是一个滑坡的时序数,真正的滑坡破坏时间 t'应为:

$$t = t\cdot\Delta t \tag{9.2-32}$$

式中:Δt——监测数据平均时间间隔。

9.2.5 Verhulst 反函数残差修正模型

1)建模思想

上述 Verhulst 模型预报法,仅仅是建立在边坡变形破坏与生物生长消亡在演化过程上具有相似性基础之上的,其预报判据也仅仅是由“相似性”这一语言模型递推出的。因此,其建模过程缺乏理论和量化依据,加之建模中未对误差进行定量检验,导致有时的预报结果误差较大。Verhulst 模型的量化特征曲线呈 S 形,而边坡变形破坏的位移—时间曲线常呈反 S 形,这恰与 Verhulst 模型曲线互为反函数(图 9.2-1)。从量化信息的角度考虑,用 Verhulst 模型的反函数来拟合边坡的变形特征,建模依据更加充分。同时,用 Verhulst 反函数模型来拟合原始数据并预测未来的变化趋势取得较高精度的必要条件为:非负、等时距、单调,当原始数据波动较大,或建模条件不是很好时,模型精度就较低;BP 神经网络预测模型能够适用于波动性大的非线性动态数据系统,在这一点上,它恰好弥补了 Verhulst 反函数预测模型的缺陷。为此,建立了 Verhulst 反函数残差修正模型,即对 Verhulst反函数预测模型的残差序列$\{\varepsilon^{(0)}(i)\}$用 BP 神经网络预测模型重新建模,将 Verhulst 反函数预测值加上 BP 神经网络残差预测值,即得边坡位移的 Verhulst 反函数残差修正模型的预测值。因此,本章采用灰色 Verhulst 反函数残差修正模型分析边坡失稳的变形破坏特征,建立预报模型。

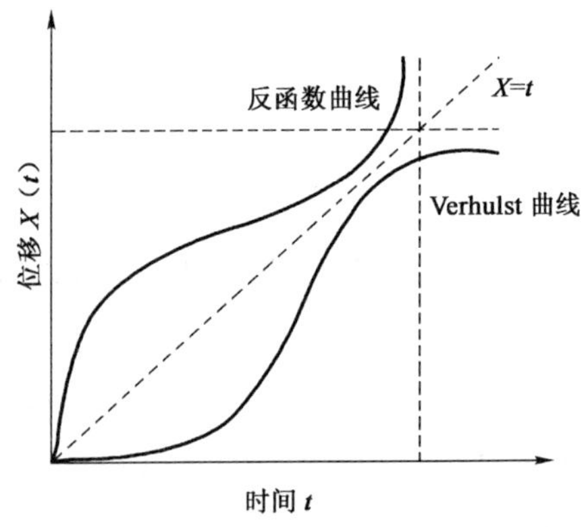

图 9.2-1 Verhulst 预报模型及其反函数特征曲线

2)建模步骤

Verhulst 反函数残差修正模型的建模步骤:

(1)利用五点三次多项式移动平滑滤波法,对原始监测数据进行信噪分离,求原始监测数据的滤波值序列$\{X^{(0)}(t),t=1,2,\cdots,n\}$。

(2)对滤波值序列$\{X^{(0)}(t),t=1,2,\cdots,n\}$作一次累加生成变换(1-AGO):

$$X^{(1)}(t)=\{X^{(1)}(1),X^{(1)}(2),\cdots,X^{(1)}(n)\} \tag{9.2-33}$$

(3)将 $X^{(1)}(t)$拟合成 Verhulst 一阶白化非线性微分方程:

$$\frac{\mathrm{d}X^{(1)}(t)}{\mathrm{d}t}=aX^{(1)}(t)-b[X^{(1)}(t)]^2 \tag{9.2-34}$$

这一非线性微分方程的解为:

$$\hat{X}^{(1)}(t)=\frac{a/b}{1+\left(\frac{a}{b}\cdot\frac{1}{X^{(0)}(1)}-1\right)e^{-a(t-t_0)}} \tag{9.2-35}$$

(4)求$\hat{X}^{(1)}(t)$的反函数,并进行变量互换,得到 Verhulst 反函数预测模型:

$$\hat{X}^{(1)}(t)=\frac{1}{a}\ln\frac{(a-bt_0)t}{(a-bt)t_0}+X^{(0)}(1) \tag{9.2-36}$$

式中:t——时间序数;

a、b——待定系数。

根据最小二乘法原理,a、b 由下式求得：

$$\begin{cases} a=\dfrac{\sum\limits_{k=t_0}^{n+t_0-1} d(k)+b\sum\limits_{k=t_0}^{n+t_0-1} k}{n} \\ b=\dfrac{\sum\limits_{k=t_0}^{n+t_0-1}[d(k)\cdot k]-[\sum\limits_{k=t_0}^{n+t_0-1} d(k)\cdot \sum\limits_{k=t_0}^{n+t_0-1} k]/n}{(\sum\limits_{k=t_0}^{n+t_0-1} k)^2/n-\sum\limits_{k=t_0}^{n+t_0-1} k^2} \\ d(k)=1/[X^{(0)}(k-t_0+1)k] \end{cases} \tag{9.2-37}$$

式(9.2-37)中,k 与 t 的意义相同,均为时间序数。

(5)初始时间序数 t_0的取值。t_0和建模有关,不能简单的取为 0 或 1。它的取值宜采用计算机优化的方法搜寻最优解,使得系统输出的平均相对误差 E 满足一定的精度要求,即：

$$E=\frac{1}{n}\sum_{i=1}^{n}\left(\frac{|X^{(0)}(i)-\hat{X}^{(0)}(t_0+i-1)|}{X^{(0)}(i)}\right)\leqslant m \tag{9.2-38}$$

式中：m——给定的精度要求。

(6)计算 Verhulst 反函数模型的还原值序列$\{\hat{X}^{(0)}(t)\}$：

$$\overline{X}^{(0)}(t+1)=\overline{X}^{(1)}(t+1)-\overline{X}^{(1)}(t) \tag{4.3-39}$$

(7)求出残差序列$\{\varepsilon^{(0)}(t)\}$,即：

$$\varepsilon^{(0)}(t)=x^{(1)}(t)-\hat{x}^{(1)}(t)\qquad t=1,2,\cdots,n \tag{9.2-40}$$

(8)残差预测。在残差序列$\{\varepsilon^{(0)}(t)\}$进行 BP 网络训练之前,为了使参数的样本参数变化范围在给定的区间内,并增强数据信息的显示,预先按下式进行归一化处理：

$$X'_i=\frac{X_i-X_{min}}{X_{max}-X_{min}}(i=1,2,\cdots,n) \tag{9.2-41}$$

其中,$X_{max}=\max\{X_1,X_2,\cdots,X_n\}$,$X_{min}=\min\{X_1,X_2,\cdots,X_n\}$

利用 BP 神经网络建模的方法求残差归一化序列$\{\varepsilon^{(0)\prime}(t)\}$的预测值$\{\hat{\varepsilon}^{(0)\prime}(t)\}$,然后将$\{\hat{\varepsilon}^{(0)\prime}(t)\}$代入式(9.2-41)反求出残差序列的 BP 神经网络预测值$\{\hat{\varepsilon}^{(0)}(t)\}$。

(9)Verhulat 反函数残差修正模型为：

$$\hat{X}^{(1)}(t+1)=\frac{1}{a}\ln\frac{(a-bt_0)t}{(a-bt)t_0}+X^{(0)}(1)+\hat{\varepsilon}^{(0)}(t+1)\quad(t=1,2,\cdots,n) \tag{9.2-42}$$

$$\hat{X}^{(0)}(t+1)=\hat{X}^{(1)}(t+1)-\hat{X}^{(1)}(t)\quad(t=1,2,\cdots,n) \tag{9.2-43}$$

3)预报判据及时间预报

由式(9.2-42)可知,当$\hat{X}^{(1)}(t)\to+\infty$时,则 $\ln\dfrac{(a-bt_0)t}{(a-bt)t_0}\to+\infty$,即$(a-bt)t_0\to 0$。

初始时间序数 $t_0\neq 0$,一般 $t_0\geqslant 1$,那么 $t\to a/b$。由此可知,边坡变形量趋于无穷大时,时间 t 趋于一定值 a/b。因此,可将 $T=a/b$ 作为滑坡失稳破坏时的预报时间。这样,从建模数据起始点至边坡失稳破坏时的预报时间 T 为：

$$T=a/b-t_0 \tag{9.2-44}$$

式(9.2-44)中的 T 实际上是一个边坡失稳时间的时序数,真正的边坡破坏时间 T'应为：

$$T'=T\Delta t \tag{9.2-45}$$

式中：Δt——监测数据平均间隔时间。

9.2.6 BP 神经网络

1)BP 网络算法概述

人工神经网络模型现在有很多种,例如感知器模型、BP 网络模型、径向基(RBF)网络模型、自组织网络模型及反馈型网络模型等。目前,实际应用中绝大部分采用 BP 网络或它的变化形式,它是前向网络的核心,体现了人工神经网络最精华的部分,是应用最广泛、发展最成熟的一种神经网络模型。标准的 BP 网络模型是一单向传播的多层前馈网络,由输入层、中间层(隐含层)、输出层三层神经元组成。各层次之间的神经元通过权重形成全互连接,各层次内的神经元之间没有耦合连接。输入信号从输入层节点,依次传过各隐含层节点,最后传到输出层节点,每层节点的输出只影响下一层节点的输出。节点的激活函数必须是可微、非减的,通常其神经元的激励函数取为 S 形函数。因此输出量为 0 到 1 之间的连续量,它可以实现从输入到输出的任意非线性映射。由于其权值调整是采用实际输出与期望输出之差,对网络的各层连接权由后向前逐层进行校正的计算方法,故称为误差反向传播(Back-Propagation)学习算法,简称 BP 算法。BP 网络采用梯度最大下降法,使权值沿误差函数的负梯度方向改变。BP 网络的算法包括两大步骤:一、输入的正向传播过程,即输入数据从输入层逐层向输出层传播,得到输出响应;二、输出误差的反向传播过程,即输出的误差由输出层开始反向传播到输入层,而网络各层的权值改变量则根据传播到该层的误差大小决定。

2)BP 网络结构与算法

BP 网络与其他网络模型的差别主要表现在激励函数上。如图 9.2-2 所示的两种 S 形激励函数的图形,可以看到 $f(\text{net})$是连续可微的单调递增函数(net 为神经元),这种激励函数的输出特性比较软,其输出状态的取值范围为[0,1]或者[−1,+1],其硬度可以由参数 λ 来调节。函数的输入输出关系表达式如下。

双极型的 S 形激励函数:

$$f(\text{net}) = \frac{2}{1+\exp(-\lambda \text{net})}, f(\text{net}) \in (-1,1) \tag{9.2-46}$$

单极型的 S 形激励函数:

$$f(\text{net}) = \frac{1}{1+\exp(-\lambda \text{net})}, f(\text{net}) \in (0,1) \tag{9.2-47}$$

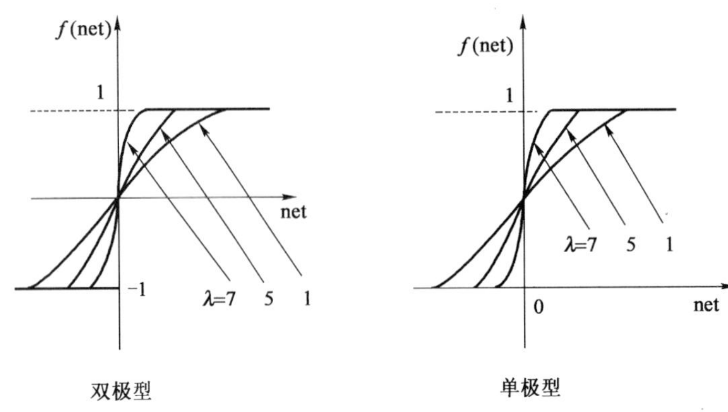

图 9.2-2 sigmoid 型函数图形

对于多层网络，这种激励函数所划分的区域不再是线性的，而是由一个非线性的超平面组成的区域。因为S形函数具有非线性的大系数功能。它可以把输入从负无穷大到正无穷大的信号变换成−1到+1之间输出，所以采用S形函数可以实现从输入到输出的非线性映射。

针对不同的情况，BP网络的训练有相应的学习规则（即不同的最优化算法），遵循减少期望输出与实际输出之间误差的原则，实现BP网络的函数逼近、向量分类和模式识别。图9.2-3即为BP网络训练的主要过程。

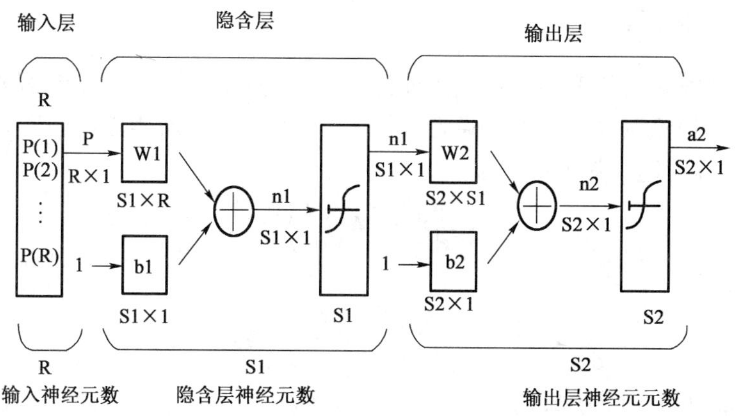

图9.2-3 含一个隐含层的BP网络结构

（1）根据网络当前的内部表达，对网络进行初始化，构造合理的网络结构，取可调参数（权值和阀值）为[−1,1]上服从均匀分布的随机数，并取定期望误差、最大循环次数和修正权值学习率的初始值。

（2）利用相应的BP网络学习规则对样本输入模式作前向计算，进行网络训练，求得权值修正后的误差平方和，比较网络的输出与期望输出间的误差，若误差小于规定值，则训练结束；否则将误差信号按原有的通路反向传播，逐层调整权值和阀值。如此前向传播和反向传播循环，直至误差达到精度要求。

（3）网络训练结束，其连接权值和节点阀值将不再变化，此时若给网络新的输入，网络只需经前向计算即能得到相应的输出结果。

图9.2-4表示了BP神经网络学习算法流程。

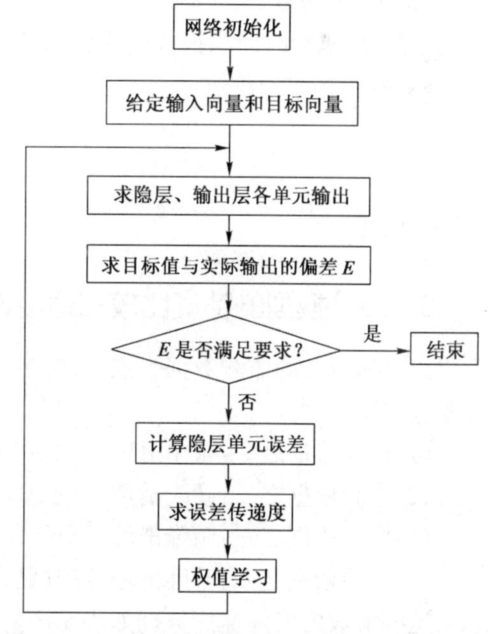

图9.2-4 BP神经网络学习算法VB程序实现流程图

9.2.7 斋藤模型

此模型是一种短临预报模型。日本学者斋藤迪孝根据大量的室内外试验研究，于1968年提出均质坡的滑坡时间与蠕变变率之间的经验关系：

$$\lg t_r = 2.33 - 0.516 \times \lg \varepsilon \pm 0.59 \qquad (9.2\text{-}48)$$

式中：±0.59——包括95%测定值的范围；

t_r——滑坡发生时间，min；

ε、Δl、Δt——分别为观测点间距离、相对位移与观测时间。

当坡体进入加速蠕变阶段，可在位移—时间曲线上取三点，利用如下公式预报破坏时间：

$$t_r = \frac{(t_2 - t_1)^2/2}{(t_2 - t_1) - (t_3 - t_1)/2} + t_1 \tag{9.2-49}$$

选取三点时，要使 $t_1 - t_2$ 和 $t_2 - t_3$ 间的位移量相等。

可见，斋藤模型是以监测曲线和蠕变理论为依据的一种确定性模型，当滑坡处于加速蠕变阶段时，可得到比较精确的临滑时间预报值。

9.2.8 福囿模型

1985 年，日本学者福囿利用砂和土两种材料制作模型，进行大比例尺(模型高、宽、厚分别为 5m×4m×1m)模型试验。在人工降雨条件下，发现模型土层表面的位移加速度与相应的位移速度的平方成正比。其表达式为：

$$\frac{\mathrm{d}^2 x}{\mathrm{d}t^2} = A\left(\frac{\mathrm{d}x}{\mathrm{d}t}\right)^2 \tag{9.2-50}$$

经变换

$$\frac{\mathrm{d}t}{\mathrm{d}x} = \frac{1}{v} = [A(\alpha - 1)^{1/(a-1)}](t_r - t)^{1/(a-1)} \tag{9.2-51}$$

式中：A、α——常数，α=1.5～2.2；

v——滑坡滑动速度；

t——初始时间；

t_r——斜坡破坏时间。

a、b——常数。

与斋藤、福囿时间预报公式相比，哈杨森公式可进行超前破坏时间预报。每一阶段初始速度 v_0 越高，破坏时间越短，即：

$$v = v_0 \cdot e^{at} \tag{9.2-52}$$

$$\ln v = \ln v_0 + at\ln e \tag{9.2-53}$$

$$\ln\frac{v}{v_0} = at \tag{9.2-54}$$

9.2.9 模型的精度比较和适用性分析

以实际滑坡的监测数据为依据，对多种模型的预报精度进行检验分析，得出其适用条件，以服务实践。

(1)检验依据之一：永宁滑坡，于 2007 年 5 月 27 日发生滑坡。

(2)检验依据之二：晴隆滑坡 CXK13，于 2006 年 6 月 24 日发生滑坡。

(3)检验依据之三：晴隆滑坡 CXK14，于 2006 年 6 月 24 日发生滑坡。

(4)检验依据之四：晴隆滑坡开挖试验 ZK1，于 2005 年 4 月 20 日 10:00 发生滑坡。

这些滑坡的实际监测数据如表 9.2-2 所示。

运用斋藤模型、Verhulst 反函数模型、福囿模型、哈杨森模型对滑坡进行时间预报，其结果见表 9.2-3。

分析总结：

(1)各种模型预报的精度与实际监测的频率有关，监测时距越短，预报精度相对越高。因此，在进行时间等距化时，不能小于最小实际监测时距。

滑坡监测数据表(mm) 表 9.2-2

晴隆滑坡 CXK13(降雨型)		晴隆滑坡 CXK14(降雨型)		开挖模拟滑坡试验(开挖型)		永宁滑坡 ZK2(降雨型)	
2005-11-23	5.47	2005-12-5	7.76	2005-4-17 10:00	11.71	2006-12-14	43.99
2005-12-8	5.15	2005-12-20	11.23	2005-4-17 16:00	15.25	2006-12-29	48.56
2005-12-23	6.89	2006-1-4	11.56	2005-4-17 22:00	14.87	2007-1-13	56.47
2006-1-7	7.15	2006-1-19	13.53	2005-4-18 04:00	18.23	2007-1-28	68.07
2006-1-22	4.31	2006-2-3	11.26	2005-4-18 10:00	17.18	2007-2-12	82.91
2006-2-6	3.99	2006-2-18	8.60	2005-4-18 16:00	16.93	2007-2-27	106.67
2006-2-21	3.68	2006-3-5	5.92	2005-4-18 22:00	19.61	2007-3-14	123.21
2006-3-8	1.77	2006-3-20	9.72	2005-4-19 04:00	18.83	2007-3-29	135.8
2006-3-23	4.73	2006-4-4	10.71	2005-4-19 10:00	23.96	2007-4-13	151.46
2006-4-7	1.62	2006-4-19	17.11	2005-4-19 16:00	26.64	2007-4-28	178.39
2006-4-22	5.34	2006-5-4	10.46	2005-4-19 22:00	29.62	2007-5-13	255.01
2006-5-7	6.22	2006-5-19	12.67	2005-4-20 04:00	32.84	2007-5-28	428.96
2006-5-22	10.42	2006-6-3	23.80	2005-4-20 10:00	35.39		
2006-6-6	28.36	2006-6-18	66.27				
2006-6-21	150.9						

各种模型预报比较表 表 9.2-3

编 号	预 报 值				际滑坡时间
	斋藤模型	Verhulst 反函数模型	福囿模型	哈杨森模型	
CXK13	2006-6-10	2006-6-28	2006-6-21	2006-6-13	2006-6-24
CXK14	2006-6-7	2006-6-21	2006-6-25	2006-6-14	2006-6-24
ZK1(开挖)	2005-4-19 11:00	2005-4-20 15:15	2005-4-20 11:00	2005-4-20 23:00	2005-4-20 10:00
ZK2	2007-5-7	2007-5-22	2007-5-24	2007-5-21	2007-5-27

(2)可以用于时间预报的模型,均可用于位移预测。

(3)斋藤模型根据大量的室内外试验研究得出的经验公式,适用性差,但临滑预报效果好。

(4)哈杨森模型好于斋藤模型,但明显比 Verhulst 反函数模型和福囿模型差。

(5)Verhulst 反函数模型和福囿模型预报结果较好,适用于加速变形阶段的滑坡。

(6)只有处在加速变形阶段的滑坡才能使用以上模型进行预报,实际工作中,应采用几种模型,结合宏观表征、触发因子进行综合预报。

(7)Verhulst 用于匀速变形向蠕动变形发展的预测。

9.3 崩塌灰色—突变理论预测预报

9.3.1 灰色理论

1)灰色理论基本概念

灰色理论(Grey Theory),又称灰色系统,是指既有已知信息,又含未知信息的系统,是研究分析、建模、预测、决策和控制的理论。该理论是 20 世纪 80 年代初由我国邓聚龙教授提出的,他认为系统内部特性确知的为白色系统,内部特性未知的为黑色系统,内部特性部分确知,部分未知的为灰色系统。灰色系统理论将系统随机的、离乱的行为特征(观测数据)视为一定范围内变化的灰色量,认为系统行为特征量的随机性、离乱性是系统环境和内部因素的不确定性共同作用的结果,通过对灰色量进行数据累加处理,则相应生成的数据可淡化随机因素对原始数据的影响,旨在解决那些信息部分已知,部分未知系统的问题。自创立以来,已经在社会科学和自然科学的许多领域得到了应用。岩土力学中的一些问题,具有灰色系统的特点,适合灰色理论的应用条件。如边坡崩塌问题就是一个灰色问题,边坡问题中有很多情况人们是不了解的,但通过工程地质调查、岩石连续试验及声发射试验又能掌握一些信息。以下将讨论利用灰色理论对崩塌地质灾害的预测预报。

灰色系统理论认为,在决定事物的诸因素中若既有已知的,又有未知的或不确定的,它们所在的系统则称为灰色系统。把系统中的一切信息量(包括随机的)看做灰色量,采用特有的方法建立描述灰色量的数学模型。它有三个基本环节:(1)根据系统已发生的一组时间系列数据,根据变量多少建成不同的预测模型;(2)估计模型参数,如按最小二乘法确定;(3)把模型用于预测,并进行评价。灰色理论对原始数据要求较少,当前所研究的灰色系统适合数据序列呈指数递增的情况。利用灰色关联度分析原理,可在不完全的信息中,通过一定的数据处理,找出它们的关联性,确定边坡稳定性各影响因素的影响程度,进而利用多因素叠加分析评估边坡的稳定性。

声发射事件数是一个时间顺序的数据列,通过建立灰色理论的 GM(1,l)模型,来预测未来可能发生的情况,以便为崩塌的预报和防治提供动态信息。首先讨论建立 GM(1,1)模型问题,为提高模型的精度要求,采用二次拟合参数法。

2)灰色理论建模步骤

灰色理论建模一般为如下步骤:

(1)假定在时间系列 t_1、t_2、…、t_n,量测得到声发射数据为数列 X_1、X_2、…、X_n,即为原始数据序列 $X^{(0)}$,记为:

$$X^{(0)} = [X^{(0)}(1), X^{(0)}(2), \cdots, X^{(0)}(n)] \quad n \geqslant 2 \tag{9.3-1}$$

(2)为了弱化原始数据列的随机性,对原始数据列作累加生成,作 1 AGO(AccumulatCXKg Generation Operator),即一次累加生成,得到相应的一次累加生成序列:

$$X^{(1)} = [X^{(1)}(1), X^{(1)}(2), \cdots, X^{(1)}(n)] \tag{9.3-2a}$$

$$X^{(1)}(k) = \sum_{i=1}^{k} X^{(0)}(i), k=1,2,\cdots,n \tag{9.3-2b}$$

(3)由原始数据列和一次累加生成数据列可以分别得到向量 Y_N 和矩阵 B:

$$Y_N = (X^{(0)}(2), X^{(0)}(3), \cdots X^{(0)}(N))^T \tag{9.3-3}$$

$$B=\begin{vmatrix} -\frac{1}{2}[X^{(1)}(2)+X^{(1)}(1)] & 1 \\ -\frac{1}{2}[X^{(1)}(3)+X^{(1)}(2)] & 1 \\ \vdots & \vdots \\ -\frac{1}{2}[X^{(1)}(N)+X^{(1)}(N-1)] & 1 \end{vmatrix} \tag{9.3-4}$$

(4)建立 GM(1,1)模型,相应的白化微分方程为:

$$\frac{dX^{(1)}}{dt}+aX^{(1)}=b \tag{9.3-5}$$

该微分方程的解(时间响应函数)为:

$$\hat{X}^{(1)}(t+1)=(X^{(0)}(1)-\frac{b}{a})e^{-at}+\frac{b}{a} \tag{9.3-6}$$

式中:a、b——待定系数,要使预测误差达到最小,可由最小二乘法求得。

$$\hat{a}=(a,b)^{T}=(B^{T}B)^{-1}B^{T}Y_{N} \tag{9.3-7}$$

这里参数 a 表示发展系数,反映了数据的发展态势;b 为灰色作用量,反映了数据变化的关系。

3)二次拟合参数

为了提高模型精度,我们对参数进行第二次拟合估计。

将时间响应方程改写为:

$$\hat{X}^{(1)}(t+1)=Ae^{-at}+B \tag{9.3-8}$$

根据第一次估计的 a 值及原始 1—AGO 数列 $X^{(1)}(k)$对 A 和 B 进行估计。

由于

$$\begin{aligned} X^{(1)}(1)&=Ae^{0}+B \\ X^{(1)}(2)&=Ae^{-a}+B \\ &\vdots \\ X^{(1)}(n)&=Ae^{-a(n-1)}+B \end{aligned} \tag{9.3-9}$$

写成矩阵形式即为:

$$X^{(1)}=G\begin{pmatrix}A\\B\end{pmatrix} \tag{9.3-10}$$

其中:

$$X^{(1)}=[X^{(1)}(1),X^{(1)}(2),\cdots,X^{(1)}(n)]^{T} \tag{9.3-11}$$

$$G=\begin{pmatrix} e^{0} & 1 \\ e^{-a} & 1 \\ \vdots & \vdots \\ e^{-a(n-1)} & 1 \end{pmatrix} \tag{9.3-12}$$

由最小二乘法,有:

$$\begin{pmatrix}A\\B\end{pmatrix}=(G^{T}G)^{-1}G^{T}X^{(1)} \tag{9.3-13}$$

累加公式反推得:

$$\hat{X}^{(0)}(t+1)=\hat{X}^{(1)}(t+1)-\hat{X}^{(1)}(t) \tag{9.3-14}$$

式中,$\hat{X}^{(0)}(t)$为 $X^{(0)}(t)$的还原模拟值。

9.3.2 突变理论

岩质边坡崩塌是一种非连续突变现象。随着控制变量参数的连续变化，边坡的稳定性会发生突变，出现分叉或临界现象。突变理论是研究这种临界行为的有力工具，因为突变理论通过部分引理证明了系统结构的不稳定性不取决于可能达成千上万的状态变量的总数，而只取决于极少数的几个实质性状态变量。因此，对边坡崩塌这样一种非连续突变现象，用突变理论来描述比任何一种描述连续现象的数学工具都合理。

用数学模型来描述自然现象，是科学研究的一种基本方法。自从牛顿和莱布尼兹发明微积分以来，人们越来越习惯于用微分方程描述自然现象。300多年来，人们运用微积分、微分方程成功地建立了各种模型，解决了很多实际问题。但是这些分析数学方程只能用来描述连续、光滑变化的现象。事实上，物质世界中不连续和突变现象比比皆是，如自然界中的地震、滑坡、崩塌，社会科学中的政治革命，生物界中的某种生物突然灭绝等，对于这类现象，能否找到一种合适的数学模型加以描述呢？突变理论正是为了解决上述问题而提出的。突变理论首先由法国数学家Thom(1972年)提出，其主要用来阐述系统中某些变量如何从连续逐渐变化导致系统状态的突然变化。在我们所处的四维时空中，Thom的分类性定理指出其最多只有7种基本形式，而日常应用最多的仅是其中的一种——尖点(CUSP)突变。

突变理论是用拓扑学、奇点理论为数学工具，用来研究各种突变。其主要方法是将各种现象归纳到不同类别的拓扑结构中，讨论各类临界点附近的非连续特性，应用突变理论的关键在于根据所研究问题建立适当的模型。突变理论是非线性科学的一个分支，是研究系统随控制参数变化而改变的特性，特别是当参数在一定条件下改变系统性能产生突变的情况。目前突变理论已广泛应用于多种学科领域中，并已取得许多应用成果。

突变理论的一个显著优点是，即使在不知道系统有哪些微分方程，更不用说如何解这些微分方程的条件下，仅在少数几个假设的基础上，用少数几个“重要参量”，便可预测系统的诸多定性或定量状态。

突变理论自问世以来，已经广泛应用于生物学、物理学、医学、化学、社会学、经济学以及军事学等科学中，但在地学中的应用并不多见。康仲远分析了板状岩体的欧拉失稳问题。至于突变理论在边坡工程的应用，仅从最近几年才开始。例如，秦四清用突变理论分析了顺层斜坡失稳、水库诱发地震以及狭窄煤柱冲击地压的机理，同时提出了斜坡失稳时间的突变预测模型；孔广亚借助突变理论的方法推导出了岩体工程开挖系统失稳破坏的能量准则；高鹏用突变理论分析了各种形状土坡的变形破坏机理；唐春安用尖点突变模型探讨了岩石试件的失稳机理；刘鼎文探讨了突变理论在边坡稳定性研究中的应用；许强初步提出了弯曲拉裂型斜坡的尖点突变模型；刘军引入水质弱化函数建立了四川某公路深挖路堑附近某边坡岩体失稳的尖点突变模型；秦四清(2000年)针对斜坡平面滑动失稳问题，运用突变理论方法，给出了快速滑坡和慢速滑坡发生的判据，提出了刚度效应失稳新理论；尹光志用突变理论的方法研究了在水平力和垂直力作用下煤岩体的稳定性问题，导出了系统的总势能函数表达式，并建立了该系统的尖角型突变模型，得出了水平力和垂直力控制空间中使系统失稳的分叉集，并分析了由于它们的变化而导致煤岩体状态突变的过程；顾冲时研究了利用突变理论分析大坝及岩基稳定性的基本原理，提出了利用尖点突变模型分析大坝和岩基稳定性状况的判据及计算模型；傅鹤林试用突变理论对地下采场冲击地压发生的可能性进行了预测，取得了良好的效果；孙树林通过力学模型讨论了水平卸荷裂隙现象，从理论上分析了卸荷裂隙的突变条件，并提出了临界失稳点的位移值；李荣强从突变理论入手建立了顺层边坡的尖角型突变模型，并推出了边坡失稳的临界条件；曹杰将突变理论引入到斜坡稳定性的评价中，对澜沧江流域的斜坡稳定性进行了评价，评价结果表明，提出的评价斜坡稳定性的方法是可行的，且更具有客观性、定量性。

1)突变理论的基本思想

客观世界存在着两种基本不同的变化方式：一种是光滑的、连续不断的变化，如有机体的连续生长，地球绕太阳连续不断地旋转，库水位连续上升或下降，坝体内热量缓慢释放等。这种光滑的、连续的渐变现象，在数学上早已成功地运用微积分的方法得到了圆满解决。我们可以说，经典的微积分是连续变化的数学模型。另一种变化是不连续的飞跃，如火山爆发，岩石突然断裂，桥梁突然坍塌，大坝突然溃决，地震突然发生等。这些现象都是一些事物从形态的一种形式突然地跳跃到根本不同的另一种形式的不连续变化，都包含着突变的瞬时过程。这种突变所造成的不连续过程，传统的微积分方法是无法描述的。

我们知道，一个系统所处的状态可以用一组参数来描述，而动态系统可以用动态参数或结构时变模型来描述。当系统处于稳定态时，标志该系统状态的某个函数取唯一的极值(如能量取极小，熵取极大等)，当参数在某个范围内变化，该函数有不止一个极值时，那么该系统必定处于不稳定状态。所以，从数学的角度考察一个系统是否稳定，常常要求出函数的极值，极值点即导数值为零的点就是最简单的奇点，或称为临界点。如果设函数 $F_u,v(x)$，其中 u、v 为参数，那么求函数 $F_u,v(x)$的临界点就是求微分方程的解，当给定 u、v 的值时有：

$$\frac{\mathrm{d}}{\mathrm{d}x}F_u,v(x)=0 \tag{9.3-15}$$

就可以得到一个或几个临界点 z。因此，临界点 z 可以看做是参数 u、v 的单值或多值函数。我们研究系统的稳定或不稳定，就是研究函数 $F_u,v(x)$的极小值变化问题，而函数 $F_u,v(x)$常称为位势函数，简称势函数。这种利用势函数来研究不连续函数的方法，便形成了突变理论。

在突变理论中，我们把可能出现突变的那些量称为状态变量或内部变量，而把引起突变的原因，连续变化的因素称为控制变量或外部变量。

所谓突变是指从一种稳定状态跳跃式地转变到另一种稳定状态，或者说在系统演化中，某些变量从连续逐渐变化导致系统状态的突然变化。边坡失稳的发生发展是一个渐变的过程，渐变到一定程度就要破坏，这是一个突变过程，因而用突变理论来研究边坡失稳具有广阔的前景。目前，国内外都已经有此方面的研究。突变理论的一个显著优点是，即使在不知道系统有哪些微分方程，更不用说如何解这些微分方程的条件下，仅在少数几个假设的基础上，用少数几个控制变量便可预测系统的诸多定性或定量性态。目前，我们所应用的均为初等突变理论。表 9.3-1 给出了 7 种基本突变形式，而日常应用最多的只有一种，即尖点突变模型。

7 种基本突变形式 表 9.3-1

突变名称	状态变量数目	控制变量数目	势 函 数
折叠	1	1	$V(x)=x^3+ux$
尖点	1	2	$V(x)=x^4+ux^2+vx$
燕尾	1	3	$V(x)=x^5+ux^3+vx^2+wx$
蝴蝶	1	4	$V(x)=x^6+tx^4+ux^3+vx^2+wx$
双曲脐点	2	3	$V(x,y)=x^3+y^3+wxy-ux-vy$
椭圆脐点	2	3	$V(x,y)=x^3/3+xy^2+w(x^2+y^2)-ux+vy$
抛物脐点	2	4	$V(x,y)=y^4+x^2y+wx^2+ty^2-ux-vy$

2)尖点突变模型

尖点突变模型较为常用,是非线性动力学中应用最广的,因此重点讨论该模型。尖点突变模型是由 Zeeman 提出来的,其势函数是一个二参函数,即:

$$V = x^4 + ux^2 + vx \tag{9.3-16}$$

所谓二参函数是指两控制变量 u 和 v(状态变量为 x),相应的平衡位置满足

$$\dot{V} = 4x^3 + 2ux + v \tag{9.3-17}$$

它在(x,u,v)空间中的图形称为突变流形。这是一个有皱褶的曲面,从而在不同的区域内,平衡位置为一个、两个或三个。对应于中叶的势函数取极大值,从而平衡位置是不稳定的,而对应于上下叶的平衡位置上是稳定的。显然,在曲面有竖直切线,即满足

$$\ddot{V} = 12x^2 + 2u \tag{9.3-18}$$

的点的附近,平衡位置的数目是不同的,这些点就称为突变点或奇异点,实际上是曲线的拐点,是一条由 u 剖分的抛物线,如图 9.3-1 所示。它们在参数空间中构成了分叉集,如图 9.3-2 所示。

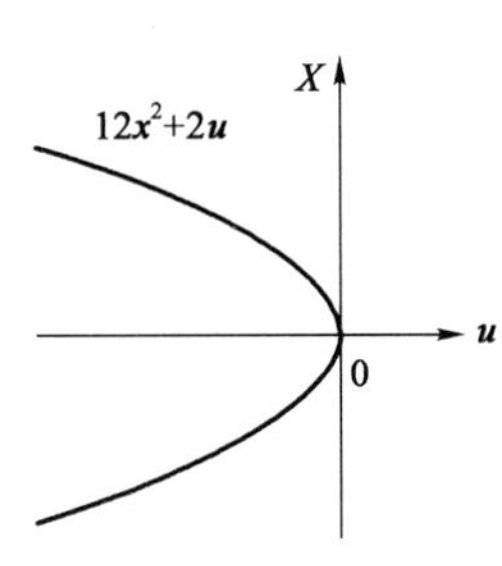

图 9.3-1　势函数二阶导数为零的抛物线

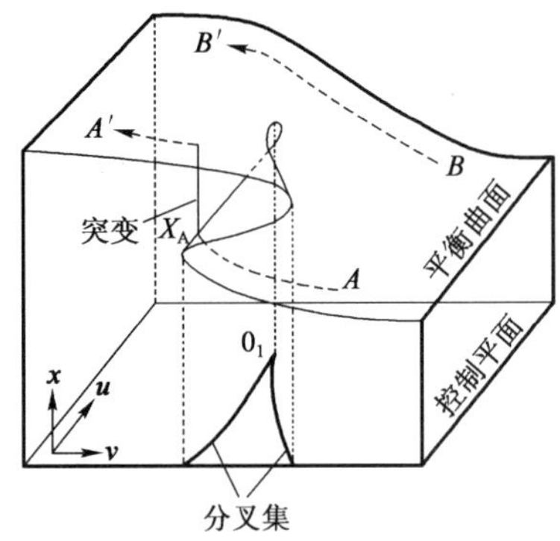

图 9.3-2　尖点突变模型和分叉集

联立上面两式得:

$$8u^3 + 27v^2 = 0 \tag{9.3-19}$$

满足上式的控制点(u、v)的点集称为分歧点集。

判别准则为:

$$F = 8u^3 + 27v^2 \tag{9.3-20}$$

随着控制变量 u 和 v 的变化,相应点在曲面 M 上平稳变化。但当控制点轨迹越过分歧点集时,相应点必经过中叶产生突跳,岩体失稳,即:

$F>0$　边坡处于稳定状态

$F=0$　边坡处于临界状态

$F<0$　边坡发生崩塌

3)突变模型的基本特征

(1)突跳性

突跳性是指控制参量有一微小的变化引起状态变量巨大的变化,从而导致系统从一个局部极小值的临界点突跳到另一局部极小值的临界点。

发生突跳时势函数的能量值变化从一个逐步消失的局部极小值转移到全局的和局部极小值的另一临界点时,是以突变方式进行的,亦即势能是不连续的变化。

(2)滞后性

任何一个物理系统，如果状态变量从局部极小值临界点 1 跳到局部极小值临界点 2 时，与其逆过程从临界点 2 跳到临界点 1 时的控制参数平面的突跳点不一样，即称作滞后性。

(3)发散性

通常情况下，控制参数的微小变化在平衡曲面上只引起状态变量的微小改变，即对控制参量的微弱扰动仅仅引起状态参量的微小增量，此即一般的连续平滑变化。但是位于退化临界点的邻域里，控制参量的微小变化将导致状态变量很大的变化，这种不稳定性即为发散。

(4)双模性态

双模态亦有称多模态，它说明一个系统可以有两个或多个不同的物理状态，如物质的相变，势函数描述的系统在外部控制参数作用下，可以有一个以上的局部极小值等。在尖点突变中上叶与底叶曲面代表两种不同的状态，对于控制点的一个位置来说，相应地存在两个(或两个以上)可能的稳定状态位置。

(5)不可达性

不可达性为系统在某些状态变量上，不可能实现稳定平衡。例如尖点突变模型的中叶曲面是不稳定的局部极大值临界点，它将尖点突变分为上叶与下叶曲面，而中叶曲面在外部作用控制参数下，势函数的状态变量为不可达的状态曲面。

(6)多径性

状态变量在平衡曲面中处于某一状态，可以通过参数变化的不同迹线或路径来实现，此即为多径性。

9.3.3 最小二乘多项式拟合

1)最小二乘拟合原理

通过实验监测到的数据本身不一定完全可靠，个别数据的误差甚至可能很大，但给出的数据很多，曲线拟合是从给出的一大堆数据中找出规律，即设法构造一条曲线(拟合曲线)反映数据点总的趋势，以消除其局部波动。

设已知某物理过程(函数过程)$y=f(x)$的一组观测(实验)数据：

$$[x_i, f(x_i)] \quad i=0,1,\cdots,N \tag{9.3-21}$$

要求在某特定函数类$\{\varphi(x)\}$(例如多项式)中找出一个函数 $F(x)$作为 $y=f(x)$的近似函数，使得在 x_i上的误差(或称残差)

$$\varepsilon_i = F(x_i) - f(x_i) \quad i=0,1,\cdots,N \tag{9.3-22}$$

按某种度量标准为最小，这就是拟合问题，也成为曲线拟合。

2)多项式拟合方法

对于给定的一组数据(x_i, y_i)，$i=1,2,\cdots,N$，寻求作 m 次多项式：

$$y=\sum_{j=0}^{m} a_j x^j \tag{9.3-23}$$

使总误差：

$$Q=\sum_{i=1}^{N}(y_i-\sum_{j=0}^{m} a_j x_i^j)^2 \tag{9.3-24}$$

为最小。

由于 Q 可以看做是关于 $a_j(j=0,1,\cdots,m)$ 的多元函数，故上述拟合多项式的构造问题可归结为多元函数的极值问题。

令：

$$\frac{\partial Q}{\partial a_k}=0 \qquad k=0,1,\cdots,m \tag{9.3-25}$$

得：

$$\sum_{i=1}^{N}(y_i-\sum_{j=0}^{m}a_j x_i^j)x_i^k=0 \qquad k=0,1,\cdots,m \tag{9.3-26}$$

即有：

$$\begin{cases} a_0 N+a_1\sum x_i+\cdots+a_m\sum x_i^m=\sum y_i \\ a_0\sum x_i+a_1\sum x_i^2+\cdots+a_m\sum x_i^{m+1}=\sum x_i y_i \\ \cdots \\ a_0\sum x_i^m+a_1\sum x_i^{m+1}+\cdots+a_m\sum x_i^{2m}=\sum x_i^m y_i \end{cases} \tag{9.3-27}$$

这是关于系数 a_j 的线性方程组，通常称为正则方程组。已知 x_i、y_i，可以通过上式求解得到方程组的系数 a_j，从而得到最小二乘拟合多项式 $y=\sum_{j=0}^{m}a_j x^j$。

9.3.4 灰色突变预测预报模型

突变理论的应用方式大致可分为两类：一类是定量描述，主要适用于数、理、化等“硬”科学中，其方法是寻找一个势函数，与势函数相类似的函数或与某一突变流行或分叉集有相同数学描述的系统，应用适当的数学手段或技巧，将其归结为 Thom 分类表中的某一类型。此类应用不仅能加深已有的认识，从较高的角度来统一处理问题，而且往往能导致一些新的结果。另一类是定性分析，主要适用于生物、社会等“软”科学，即由观察到的特征现象如跳跃、滞后等设想一个初等突变模型然后作数据拟合，看这个数学模型能否用来很好地解释观察到的现象，最后受其启发而推断现象的机理，导出一个物理模型。此类应用可使许多原来难以或无法作数学处理的问题得到一种有效解决的数学手段。文章用的就是第一类定量描述，将灰色理论与突变理论结合，首先运用灰色理论对原始数据进行处理，得到预测数据，运用最小二乘曲线拟合展开，再运用微分同胚变换，转换为尖点突变模型的基本形式，建立判据，从而对崩塌地质灾害进行预报。

在进行预测时，当原始数据较少的时候，我们常采用灰色理论进行预测，在实践中单纯应用灰色理论进行预测则比较困难，并且还有较大的缺陷，因此我们应该因地制宜，根据实践中的不同情况，选择和创造不同的、简便的、更实用的方法。

首先根据灰色理论二次拟合参数法对原始数据进行预测，得到预测数据，然后对预测得到的数据进行最小二乘曲线拟合，得：

$$y=a_0+a_1 t+a_2 t^2+a_3 t^3+a_4 t^4 \tag{9.3-28}$$

令：

$$t=z'-q \tag{9.3-29}$$

$$q=a_3/4a_4 \tag{9.3-30}$$

代入上式则得：

$$y=b_0+b_1 z'+b_2 z'^2+b_4 z'^4 \tag{9.3-31}$$

式中：

$$b_0 = a_0 - a_1 q + a_2 q^2 - \frac{3}{4} a_3 q^3 \tag{9.3-32}$$

$$b_1 = a_1 - 2a_2 q + 2a_3 q^2 \tag{9.3-33}$$

$$b_2 = a_2 - \frac{3}{2} a_3 q \tag{9.3-34}$$

$$b_4 = a_4 \tag{9.3-35}$$

再令：

$$z' = \frac{z}{\sqrt[4]{b_4}} (b_4 > 0) \tag{9.3-36a}$$

或：

$$z' = \frac{z}{\sqrt[4]{-b_4}} (b_4 < 0) \tag{9.3-36b}$$

代入上式，则有：

$$y = z^4 + uz^2 + vz + c \tag{9.3-37}$$

式中：

$$u = \begin{cases} \dfrac{b_2}{\sqrt{b_4}} & b_4 > 0 \\ -\dfrac{b_2}{\sqrt{-b_4}} & b_4 < 0 \end{cases} \tag{9.3-38}$$

$$v = \begin{cases} \dfrac{b_1}{\sqrt[4]{b_4}} & b_4 > 0 \\ -\dfrac{b_1}{\sqrt[4]{-b_4}} & b_4 < 0 \end{cases} \tag{9.3-39}$$

式(9.3-37)即为以 z 为状态变量，u、v 为控制变量的尖点突变模型的标准形式。对于具体的声发射过程，y 即为声发射过程的某一参量（声发射参数），z 则为表示力学过程的力学参量，u、v 为反映力学过程同声发射过程之间联系的参数，c 为常数。

平衡曲面方程为：

$$4z^3 + 2uz + v = 0 \tag{9.3-40}$$

判别准则为：

$$F = 8u^3 + 27v^2 \tag{9.3-41}$$

如图 9.3-2 所示，尖点突变模型的分叉集为一半立方抛物线，而在(0,0)点处有一尖点。分叉集将控制平面分为两个区域，在区域 E 内，$F>0$，这时 v 的变化只引起 z 的连续变化，因此系统是稳定的。而在区域 J 内，$F<0$，这时 v 的变化就会引起 z 的突跳。因此，使系统是否发生突变的判别规则是：

$$F \begin{cases} >0 & \text{不突变(稳定状态)} \\ =0 & \text{临界状态} \\ <0 & \text{突变(不稳定状态)} \end{cases} \tag{9.3-42}$$

将各时刻的 AE 参数代入式(9.3-28)，采用最小二乘法，求得 a_i，代入式(9.3-38)～式(9.3-42)，求得 u、v、F，由 F 的情况对崩塌作出预测预报。

9.4 监测数据处理程序研究

9.4.1 程序开发策略

1)程序编写原则

从实际工作的需要看,监测数据信息处理程序既可为科研生产提供灾害数据信息和技术支撑,又可为政府部门提供辅助决策服务。为此,其程序开发应遵循的基本原则是:依据软件工程方法的基本原理,以避免不正确方法带来的不良后果,在程序设计与实现上应采用面向对象的程序设计方法,遵循结构程序设计原则,采用自顶向下逐步求精的编程风格,引用成熟算法及相应源代码,完成具有良好用户界面的系统开发。

2)程序编写方法

整个程序系统的开发和编写应依照软件工程规范,采用集中设计和开发的思想。对于具有独立功能的模块,应进行相对独立开发,并注意相应接口的开发,以保证系统的完整性和相对独立性;对于已成熟的模块,应采用集成与移植的方法进行开发,加快程序运行速度,提高程序的稳定性和质量。以用户的要求为目标,力求系统操作简单、功能完善,同时使数据具有较好的共享性。

具体的程序开发方法可概括为以下几点:

(1)以系统开发方法论为原则,将程序分解成各个子功能模块,并分析这些模块的基本属性及其关系,从而提出程序系统的任务、要求和内容。

(2)在进行程序系统设计时,首先要制定规范,即给出系统开发中应共同遵守的标准,如行业或部门统一的数据模式、标准的代码体系、规范的图式图例、约定的处理方式和通用的程序接口等;然后将系统按功能划分成模块层次结构,确定每个模块的功能、模块间的调用关系及其接口;最后确定实现系统功能需求所必需的算法,以及算法与模块间的控制方式。

(3)提出程序系统的框架体系结构,进行功能分析、数据流程、模块划分及界面设计,在框架内填入细节,用源程序表达程序的细节。

(4)根据设计和开发情况,对程序系统进行调试,保证各个功能模块的协调运行,实现相应的逻辑功能。

(5)在程序设计中,自始至终把可维护性放在首位,并强调程序的稳健性。

3)程序编写策略

针对用户需求,程序开发的内容包括:监测数据预处理、简单的统计分析以及预测数学模型的建立三个功能模块。

根据系统的功能目标、数据的延续性、开发环境软件的性价比等综合比较,本程序采用VB6.0可视化程序语言进行程序编写。Visual Basic是Microsoft公司于1991年推出的可视化BASIC语言,它与以前的BASIC语言基本兼容,但功能更加强大,对于初学者或非专业人士来说非常容易上手。Visual Basic提出一种可视化、面向对象和采用事件驱动方式的结构化高级程序设计语言,主要特点有可视化编程,面向对象的程序设计,结构化程序设计语言,事件驱动编程机制,访问数据库,动态数据交换,对象的链接和嵌入等。

9.4.2 程序设计

1)程序总体设计

程序设计的目的是对各种监测仪器的历史监测数据进行预处理以及简单的分析后，使用一些传统的或智能的方法建立数学模型，并以数学模型对监测对象进行非物理上的有尺度限制的定量预测。程序的总体设计思路如图 9.4-1 所示。

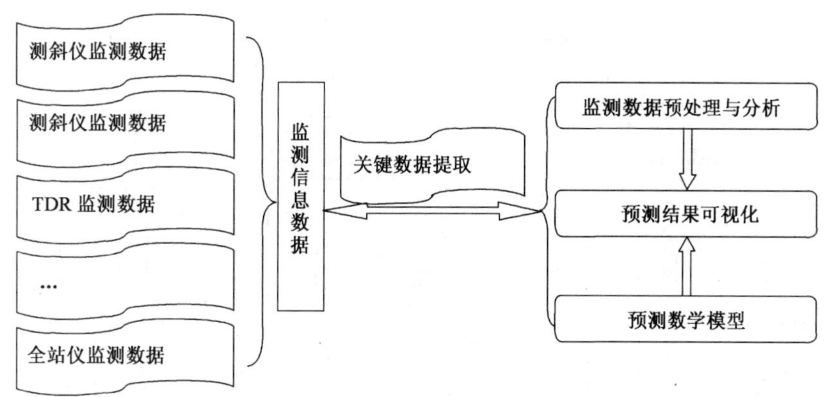

图 9.4-1　程序整体设计思路

基于以上的程序总体设计思路，并考虑程序的主要三个功能模块，我们给出程序开发的技术线路图(图 9.4-2)。

2)程序结构及功能设计

根据监测数据的特点，结合前述的系统设计思路和技术路线，设计程序系统的总体框架结构如图 9.4-3 所示。由图 9.4-3 可知，各模块之间的逻辑关系可简要表述为：预测预报模型对数据库提出数据要求及存储格式要求，数据库作为数据源，通过接口程序为模型库提供模型运行所需的数据；预测预报模型的运行结果以约定的存储格式存入数据文件，数据库对模型的运行结果数据进行统一管理。

9.4.3 程序主要功能实现及原理

1)数据预处理

(1)奇异值检验

对于任何一个监测系统，其观测数据中或多或少会存在奇异值，在变形分析的开始有必要将该奇异值剔除。考虑到系统的连续、实时和自动化，最简单的方法是使用“3σ 准则”来剔除奇异值。其中，观测数据的中误差 σ 既可以用观测值序列本身进行估计，也可根据长期观测的统计结果确定，或取经验数值。这里主要有两种方法进行奇异值的检验。

①方法一

对于观测数据序列$\{x_1, x_2, \cdots, x_N\}$，描述该序列数据的变化特征为：

$$d_j = 2x_j - (x_{j+1} + x_{j-1})(j = 2, 3, \cdots, N-1) \tag{9.4-1}$$

这样，由 N 个观测数据可以得到$(N-2)$个 d_j。这时，由 d_j 值可计算序列数据变化的统计均值 $\overline{d}$ 和均方差 $\hat{\sigma}_d$：

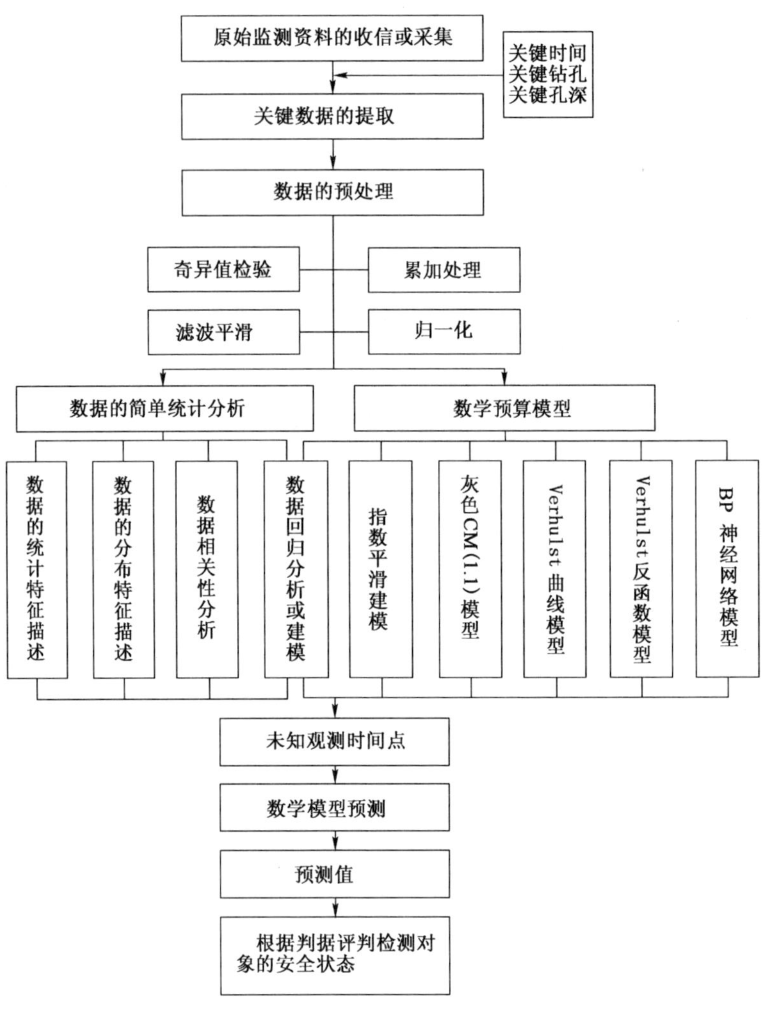

图 9.4-2　系统开发的技术流程图

$$\overline{d}=\sum_{j=2}^{N-1}\frac{d_j}{N-2} \tag{9.4-2}$$

$$\hat{\sigma}_d=\sqrt{\sum_{j=2}^{N-1}\frac{(d_j-\overline{d})^2}{N-3}} \tag{9.4-3}$$

根据 d_j 与均值 $\overline{d}$ 之差的绝对值与均方差的比值：

$$q_j=\frac{|d_j-\overline{d}|}{\hat{\sigma}_d} \tag{9.4-4}$$

当 $q_j>$时，则认为 x_j 是奇异值，应予以舍弃。

②方法二

对于观测数据序列$\{x_1,x_2,\cdots,x_N\}$，可用一级差分方程进行预测，其表达式为：

$$\hat{x}_j=x_{j-1}+(x_{j-1}-x_{j-2})(j=3,4,5,\cdots,N) \tag{9.4-5}$$

实际值与预测值之差为：

$$d_j=x_j-\hat{x}_j \tag{9.4-6}$$

设观测数据的中误差为 m（m 的数值可根据长期预测资料计算得到，也可根据经验取值），

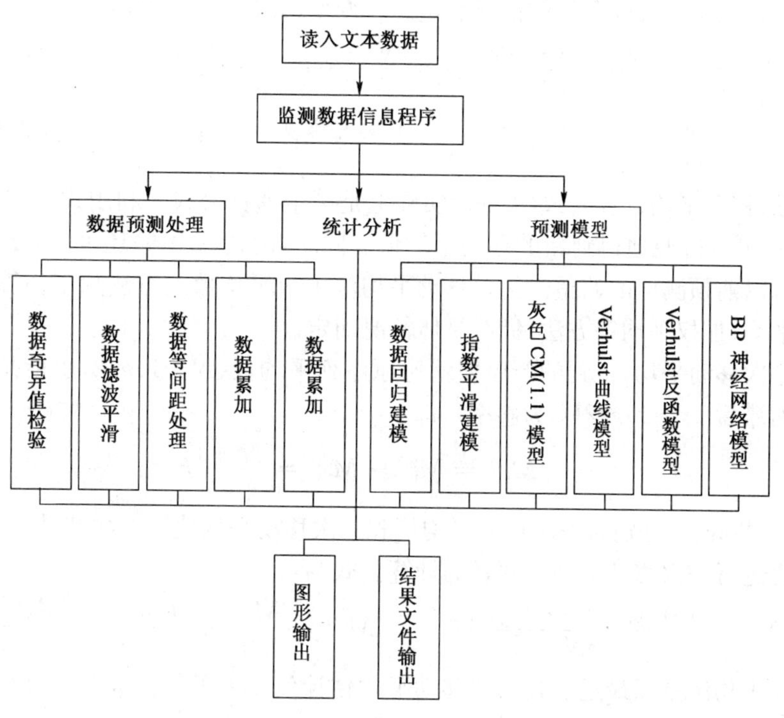

图 9.4-3　系统结构框架图

那么，由式(9.4-5)、式(9.4-6)，可计算出实际值和预测值之差 d_j 的均方差为 $\hat{\sigma}_d=2m$。由实际值与预测值之差的绝对值 $|d_j|$，当 $|d_j|>3\hat{\sigma}_d$ 时，则认为 x_j 为奇异值，予以舍弃。

另外，对于舍弃的奇异值，可以用一个与前一点数值相等的数据补上，或用预测值代替，以保持数据序列的连续性。

本程序中使用了第一种方法进行编程实现。

(2)滤波处理

程序主要的滤波方法采用的是基于移动平均法的一次三点移动平均、一次五点移动平均以及三次五点移动平均方法。

若记 y_t 为 t 期监测值，$t=1,2,\cdots,T$，M_t 为 t 期移动平均数，N 为每次移动平均包含的监测值个数，$N<T$。则简单移动平均的基本计算公式为：

$$M_t=\frac{y_t+y_{t-1}+y_{t-2}+\cdots+y_{t-N+1}}{N} \tag{9.4-7}$$

T 为时间序列的长度。因为它往往又是最近一个数据的序号，因此又称 T 为当前时期。如果未来 L 期的预测值记为 $\hat{y}_{T+L}$，则：

$$\hat{y}_{T+L}=M_T \qquad L=1,2 \tag{9.4-8}$$

在移动平均法中，包含在移动平均值的监测数据越多，即 N 越大，修匀的程度也越高，故比较平稳；若 N 较小，则原始序列的特征保留越多，可能存在的随机干扰也越多。所以，N 值的选择甚为重要。一般而言，考虑到历史监测序列中含有大量随机成分，如果数据序列的基本趋势变化不大，则 N 应取大一点，这样平滑修匀的效果更显著；如果数据序列的基本趋势随外部环境影响不断发生变化，则 N 应取小一点，使移动平均值更适应当前的变化趋势。N 一般取 5～200 之间，视序列长度和具体情况而定。若变换(9.4-7)式，可得：

$$M_t=\frac{y_t+y_{t-1}+\cdots+y_{t-N+1}}{N}=\frac{y_t+y_{t-1}+\cdots+y_{t-N+1}y_{t-N}-y_{t-N}}{N} \tag{9.4-9}$$

$$=\frac{y_{t-1}+y_{t-2}+\cdots+y_{t-N+1}+y_{t-N}+y_t+y_{t-N}}{N}=M_{t-1}+\frac{y_t+y_{t-N}}{N}$$

由此可见，移动平均计算公式(9.4-7)实际上是一个递推公式。利用式(9.4-9)，只需计算 y_t+y_{t-N}/N 就可以方便地得到新的移动平均值。同时，由式(9.4-9)还可以看出，新的移动平均预测值是对以前预测值的调整。简单移动平均法中求平均数的方法除了用算术平均法外，还可用几何平均、加权平均等方法，针对具体情况而定。

每进行一次移动平均，得到的新序列就比原序列平均低($N-1$)$k/2$，也就是说，移动平均结果比原序列滞后($N-1$)$k/2$(k 为斜率)，即：

$$y_t-M_t^{(1)}=M_t^{(1)}-M_t^{(2)}=\frac{N-1}{2}k \tag{9.4-10}$$

式中 $M_t^{(1)}$ 与 $M_t^{(2)}$ 分别为一次移动平均值和二次移动平均值。二次移动平均是对一次移动平均结果再进行一次移动平均。两者的计算公式为：

$$M_t^{(1)}=\frac{y_t+y_{t-1}+\cdots+y_{t-N+1}}{N}\quad;\quad M_t^{(2)}=\frac{M_t^{(1)}+M_{t-1}^{(1)}+\cdots+M_{t-N+1}^{(1)}}{N} \tag{9.4-11}$$

趋势移动平均法是以最近观察值的移动平均估计值 $a_T=E[y_T]$为起点，以二次移动平均估计趋势为变化斜率 K_T，建立预测模型。由式(9.4-10)可得：

$$a_T=E[y_T]=2M_T^{(1)}-M_T^{(2)}\quad;\quad b_T=\frac{2}{N-1}(M_T^{(1)}-M_T^{(2)}) \tag{9.4-12}$$

综上各式，可得趋势移动平均滤波模型为：

$$y_{T+L}=a_T+b_T\cdot L\qquad(L=1,2,3,\cdots,T)$$

$$a_T=E[y_T]=2M_T^{(1)}-M_T^{(2)}\quad;\quad b_T=\frac{2}{N-1}(M_T^{(1)}-M_T^{(2)})$$

$$M_T^{(1)}=\frac{y_t+y_{t-1}+\cdots+y_{t-N+1}}{N}\qquad(t=N,N+1,\cdots T)$$

$$M_T^{(2)}=\frac{M_t^{(2)}+M_{t-1}^{(2)}+\cdots M_{t-N+1}^{(2)}}{N}\qquad(t=2N-1,2N,\cdots,T)$$

T 为当前时期，也是序列长度；N 为移动平均包含的监测序列个数；L 为预测长度。移动平均值也可写成递推形式：

$$M_t^{(1)}=M_{t-1}^{(1)}+\frac{y_t+y_{t-N}}{N}\quad;\quad M_t^{(2)}=M_{t-1}^{(2)}+\frac{M_t^{(1)}+M_{t-N}^{(1)}}{N} \tag{9.4-13}$$

目前，在线性趋势预测中，常采用二次指数平滑法。但是，对同时存在线性趋势与周期波动的序列，趋势移动平均仍是一种既能反应趋势变化，也能有效分离周期波动的方法。

(3)等间距处理

一些预测建模算法，如灰色模型，需要研究观测的时序为等间距的，而在实际工程中，观测时序往往为非等间距具有随机性的序列，这时，就必须首先把非等间距序列变换成等间距序列。

设有非等间距原始数据列：$X(t)=\{x(1),x(2),\cdots,x(n)\}$，各观测点间的时间间隔为：

$\Delta t_{\mathrm{i}}=t_{\mathrm{i+1}}-t_{\mathrm{i}}\quad i=1,2,\cdots,n-1$

其等间距处理的步骤如下。

①求平均时间间隔：Δt_0

$$\Delta t_0=\frac{1}{n-1}\sum_{\mathrm{i=1}}^{\mathrm{n-1}}\Delta t_{\mathrm{i}}=\frac{1}{n-1}(t_{\mathrm{n}}-t_1) \tag{9.4-14}$$

②求各时段与平均时段的单位时段差系数 $\mu(t_{\mathrm{i}})$

$$\mu(t_{\mathrm{i}})=\frac{t_{\mathrm{i}}-(i-1)\Delta t_0}{\Delta t_0},\quad i=1,2,\cdots,n \tag{9.4-15}$$

③求各时段总的差值 $\Delta x(t_{\mathrm{i}})$

$$\Delta x(t_{\mathrm{i}})=\mu(t_{\mathrm{i}})[x(t_{\mathrm{i+1}}-t_{\mathrm{i}})] \tag{9.4-16}$$

④计算等间距点值

$$\otimes_{\mathrm{i}}=x(t_{\mathrm{i}})-\Delta x(t_{\mathrm{i}}) \tag{9.4-17}$$

(4)累加处理

数据的累加处理，其目的是消除观测数据序列较大的波动性，获得指数形态的特征数据。尽管这种数据处理方法较为简单，但往往能够很好地凸显原始观测数据在累加后的规律。

设观测数据序列： $\{x_1,x_2,\cdots,x_{\mathrm{N}}\}$

累加处理后的数据序列为

$$\{x_1,x_1+x_2,x_1+x_2,+x_3,\cdots,x_1+x_2+x_3+\cdots+x_{\mathrm{N}}\}$$

(5)归一化处理

数据的标准化或归一化是将数据按比例缩放，使之落入一个小的特定区间。为了防止具有较大初始值域的属性与具有较小初始值域的属性相比，权重过大、有效地减少预测误差以及不同量纲的数据分析，需要对研究数据进行规范化处理，通过函数变换将其数值映射到某个数值区间，一般常用的有以下几种方法。

①最小—最大规范化对原始数据进行线性变换。假定 mix$A$ 与 min$A$ 分别表示属性 A 的最大与最小值。最小最大规范化通过计算

$$v=\frac{A-\min A}{\max A-\min A}(b-a)+a \tag{9.4-18}$$

将属性 A 的值映射到区间$[a,b]$上的 v。一般来说，将最小—最大规范化在用于信用指标数据上，常用的有以下两种函数形式。

a. 效益型指标(越大越好型)的隶属函数：

$$f(x)=\begin{cases}1 & x\geqslant b\\ \dfrac{x-a}{b-a} & a<x<b\\ 0 & x\leqslant a\end{cases} \tag{9.4-19}$$

b. 成本型指标(越小越好型)的隶属函数：

$$f(x)=\begin{cases}1 & x\leqslant a\\ \dfrac{b-x}{b-a} & a<x<b\\ 0 & x\geqslant b\end{cases} \tag{9.4-20}$$

②z-score 规范化也称零—均值规范化。属性 A 的值是基于 A 的平均值与标准差规范化，A 值的计算公式为：

$$v=\frac{A-\overline{A}}{\sigma_A} \tag{9.4-21}$$

③小数定标规范化是通过移动属性 A 的小数点位置来实现的。小数点的移动位数依赖于 A 的最大绝对值，计算公式为：

$$v=\frac{A}{10^{j}} \tag{9.4-22}$$

其中，j 是使得 $\max(|v|)<1$ 的最小整数。例如 A 的值为 125，那么 $|A|=125$，则 $j=3$，有 $v=0.125$。

对数据归一化方法的选择应根据不同的情况灵活选用。归一化并不总是合适的预处理，因为它不能使分布不对称的样本变得更对称一些，标准化要好一些。

2)数据简单的统计分析

(1)统计特征描述

统计特征描述是从观测的或实验的或调查的数据中计算出有代表性的特征量，用以简化、浓缩、提取数据中的信息，使研究对象变得清晰、明朗并易于理解和处理。

①集中趋势

集中趋势指研究数据总体向分配中心集中的现象。反映集中趋势的综合特性量有算术平均值、中位数、众数、几何平均数等。

a. 算术平均值

算术平均值抹掉个体特征值之间的差异，反映整体特征的典型水平，可以作为整体的代表值。算术平均值可以消除偶然因素所形成的差异，从而揭示客观规律，在数理统计中占有重要的地位。

若 $x_1,x_2,\cdots,x_n$ 是一组数据，其算术平均值的计算公式为：

$$\overline{x}=\frac{1}{n}\sum_{i=1}^{n}x_i \tag{9.4-23}$$

在实际应用中，数据往往经过整理形成单项次数分配，这时算术平均值的计算公式为：

$$\overline{x}=\frac{\sum_{i=1}^{k}X_i f_i}{\sum_{i=1}^{k}f_i} \tag{9.4-24}$$

式中：x_i——第 i 组的单项值；

f_i——第 i 组的频次数；

k——项数。

b. 中位数

中位数根据特征值的位置确定平均数，是位置的平均值，也可以作为总体的代表值。与算术平均值相比，中位数的敏感性较差，反过来也是个优点，即不受极端值的影响。

中位数的计算方法是很简单的。首先将数列按从小到大的顺序排列，以排在中间的那个数的值作为中位数。

c. 众数

众数也是一种位置平均值，以数列中出现次数最多的数为特征量。各个数都相等，众数没有意义。如果各个数都不相等，众数也没有意义。

d. 几何平均数

几何平均数的计算公式为：

$$\overline{x}_{g}=\sqrt[n]{x_{1}\cdot x_{2}\cdots x_{n}} \tag{9.4-25}$$

在求几何平均数时，可以对两边取对数，即：

$$\log\overline{x}_{g}=\frac{1}{n}(\log x_{1}+\log x_{2}+\cdots+\log x_{n}) \tag{9.4-26}$$

然后再计算反对数。几何平均数受极端数据的影响较小，但如果在数据中包括零或负数就没有办法求几何平均数。

②离散程度

反映离散程度的综合特征量有范围、平均差、方差和标准差等。

a. 范围

所谓范围就是数列的极大值和极小值之差，是对数列离散程度的最粗略的估计。

b. 平均差

平均差指的是所有数值与数列平均数之差的绝对值的算术平均数，用公式表示为：

$$x_{ad}=\frac{1}{n}\sum_{i=1}^{n}|x_{i}-\overline{x}| \tag{9.4-27}$$

从上式可以看出，如果平均差越小，则各数据向算术平均数越靠拢；反之，则越分道扬镳。平均差的含义简明，易于理解，也容易计算，但不便于做进一步的数学处理。

c. 方差

方差是各个离差的平方的平均数，用公式可以表示为：

$$s^{2}=\frac{1}{(n-1)}\sum_{i=1}^{n}(x_{i}-\overline{x})^{2} \tag{9.4-28}$$

在实际应用中，经常遇到已经分组的数据，这时方差的计算公式为：

$$s^{2}=\frac{\sum_{i=1}^{k}(x_{i}-\overline{x})^{2}f_{i}}{\sum_{i=1}^{k}f_{i}} \tag{9.4-29}$$

也可以使用下面的公式，可以减少计算量：

$$s^{2}=\frac{\sum_{i=1}^{k}x_{i}^{2}f_{i}}{\sum_{i=1}^{k}f_{i}}-\overline{x}^{2} \tag{9.4-30}$$

d. 标准差

由于方差与原来数据的计量单位不一致，意义很不明显，为了使所得的结果与原来的计量单位一致，需要将方差开方，这就是标准差，用公式表示为：

$$s=\sqrt{S^{2}} \tag{9.4-31}$$

③偏度和峰度

平均数和标准差等还不足以完全描述数字的特征，除了集中趋势和离散趋势外，数字分配还有对称的特征和峰度高低的特征，需要用偏度系数和峰度系数加以量化。

a. 偏度系数

偏度系数的计算公式为：

$$g_1=\sqrt{\frac{1}{6n}}\sum_{i=1}^{n}\left(\frac{x_i-\bar{x}}{s}\right)^3 \tag{9.4-32}$$

在分配对称时，由于正负离差的绝对值完全一致，3 次方后正负离差可以抵消。这时 g_1 为零；如果分配不对称，正负离差的 3 次方不能完全抵消，离差绝对值越大，偏度系数的绝对值也越大，就越不对称。

b. 峰度系数

峰度系数的计算公式为：

$$g_2=\sqrt{\frac{n}{24}}\left[\frac{1}{n}\sum_{i=1}^{n}\left(\frac{x_i-\bar{x}}{s}\right)^4-3\right] \tag{9.4-33}$$

峰度系数描述次数曲线的高峰形态，常常与正态分布进行比较，比正态分布高时称为高狭峰，反之称为低阔峰。

(2)分布特征描述

工程中的观测数据，很多情况下都会受到偶然因素的影响，表现为不确定性。然而，随机性不能理解为变化无常、无章可循，在这类不确定性变量中存在着一定的规律性。经过大量的试验或观测，这些规律可以被认识到。随机变量的分布函数就是对随机变量总体规律性的描述。

①分布函数的定义

设 X 是一个随机变量，则

$$F(x)=P(X\leqslant x) \qquad -\infty<x<\infty$$

为随机变量 X 的概率分布函数，又称为随机变量的分布函数或累积分布函数。

②分布函数的性质

$F(x)$是 x 的单调递增函数，即对于任意的 $x_2>x_1$，有 $F(x_2)\geqslant F(x_1)$，$0\leqslant F(x)\leqslant 1$，且 $\lim\limits_{x\to x_0+0}F(x)=0$ 和 $\lim\limits_{x\to x_0+0}F(x)=1$。

$F(x)$在任一点 x_0 处连续，即：

$$\lim_{x\to x_0+0}F(x)F(x_0)$$

(3)相关分析

相关分析是科学研究中常用的统计方法。例如，如果知道边坡或滑坡系统的稳定性与降雨、坡度等的相关关系，就可以有效地控制边坡。

相关分析与回归分析都是研究变量之间的相关关系。但它们的研究目的不同：回归分析通过获得回归方程，用于预测和平滑；相关分析利用求出的相关系数，用以描述变量之间线性关系的密切程度。此外，相关分析与回归分析的模型假设也是不同的。在回归模型中，假设自变量 X 是确定性的，因变量 Y 是随机变量；而在相关模型中，假设自变量与因变量都是随机变量。

①简单相关分析

简单相关分析可以判定两个变量之间线性相关关系的密切程度，即观测数据与回归直线的吻合程度，简单相关分析与一元线性回归对应。

简单系数的特点：

相关系数 r 是介于-1 和 1 之间的数；

若 $r=0$，则 $S_{XY}=0$，回归直线平行于 X 轴，Y 的变化与 X 无关，X 与 Y 没有线性关系；

$0<|r|<1$，X 与 Y 之间存在线性关系。粗略地说，$|r|$ 越接近 0，X 与 Y 之间的线性相关程度越小；反之，$|r|$ 越接近 1，X 与 Y 之间的线性相关程度越大。

若 $|r|=1$，这时所有的观测点都在回归直线上，X 与 Y 之间存在确定的线性关系，称 X 与 Y 为完全线性相关。

②复相关分析

在多元情况下，为了判定变量之间相关关系密切程度需要使用复相关分析。

复相关系数是衡量多个变量之间相关关系密切程度的指标。

多个变量之间的相关关系是错综复杂的，任何两个变量之间都存在简单相关关系，这种关系又受其他变量的干扰，使得简单相关关系不能确切反映两个变量之间的纯相关关系。在实际工作中，需要固定一些因素，留下一个变量看一看这个变量对另外一个变量的作用。这时就需要利用偏相关系数。

10 公路各阶段滑坡、崩塌监测预报

10.1 勘察设计阶段滑坡、崩塌监测与预测

10.1.1 监测目的

勘察设计阶段滑坡、崩塌监测的任务是对滑坡和崩塌体进行监测，确定滑动面形态、深度和范围，主要目的为：

(1)通过监测，查清滑坡的规模，预测其危害程度，为公路选线、避让和工程处理提供决策依据。

(2)为支挡构造物的布设提供依据，如抗滑桩的深度、锚索长度的确定。

(3)反演滑面抗剪强度指标，从而准确计算滑坡推力，达到治理设计经济、可靠的目的。

(4)为施工组织计划和施工安全提供依据。

10.1.2 监测的对象与范围

监测的对象：在施工之前或施工过程中发生的已经失稳变形的滑坡和崩塌体。

监测的范围：包括已经变形的区域和潜在滑坡区域。

10.1.3 监测内容、方法及仪器

(1)地下变形监测：采用钻孔位移监测法，可得出位移和滑动面的深度，一般采用钻孔测斜仪，各类测斜仪的相关指标见表 8.2-2。

(2)地表变形监测：采用简易观察法，即设置混凝土条带，采用测缝仪观测裂缝。

(3)倾斜监测：分为地面倾斜监测和地下(平硐、竖井、钻孔等)倾斜监测，监测滑坡、崩塌的角变位与倾倒、倾摆变形及切层蠕滑。宜采用钻孔倾斜仪(活动式)、盘式倾斜测量仪。

(4)地声监测：采用声发射监测法，仪器为声发射仪，只适宜于岩质滑坡和崩塌。

(5)地表水、地下水动态调查：调查水位、流量、含沙量等动态变化。

(6)人类活动情况调查：包括洞掘、削坡、加载、爆破、振动，以及高山湖、水库或渠道渗漏、溃决等调查。

10.1.4 监测剖面的布置

(1)监测剖面应充分利用地质勘察的钻孔、平硐进行监测。

(2)监测孔深度应穿过可能的滑动面以下 5～8m。

(3)监测剖面上的点应能确定滑面的空间形态，一般为 3～5 点。

(4)一个滑坡体上应至少设 2 条监测剖面。

(5)滑坡、崩塌监测均应设置至少 3 条混凝土条带，并超出活动范围之外至少 20m。

(6)剖面上监测点的布置应尽量考虑下一阶段施工监测的需要。

10.1.5 监测时限和频率

勘察设计阶段监测的时间按照监测目的确定，一般为1～6个月。监测的频率根据滑动速率确定。

10.1.6 滑坡、崩塌的预测

在勘察设计阶段，滑坡、崩塌的预测是根据监测的成果结合灾害点的具体情况，并考虑可能的触发因素进行预测，为公路附近村寨的迁移和施工计划提供依据。

预测的判据：稳定系数、滑动速率、蠕变曲线切线角。

预测方法：极限平衡法，采用预报模型初步进行时间预测。

滑坡、崩塌的监测与预测成果，以监测报告的形式提出。

10.2 施工阶段滑坡、崩塌监测与预测预报

10.2.1 监测目的

施工阶段滑坡、崩塌监测的任务是对滑坡和崩塌体进行监测，以掌握其运动情况和趋势，主要目的为：

(1)通过监测，确认滑动面的位置，验证勘察资料的准确性，为调整设计、优化设计提供依据。

(2)实时掌握施工过程中，便道开挖、植被破坏、堆灾、路基开挖、爆破、降雨等因素对滑坡、崩塌体的影响，以及时调整施工组织计划，确保施工安全。

(3)检验治理效果。

10.2.2 监测的对象与范围

监测的对象：正在治理施工的滑坡和崩塌体、桥墩基坑、桩孔，已经施工完毕的挡墙、抗滑桩、截水沟等。

监测的范围：在勘察阶段确定的变形区域和潜在滑坡区域、施工影响区域(如材料或弃渣对民居、工棚的影响区域)。

10.2.3 监测内容、方法及仪器

施工阶段的监测应采用专业监测和群测群防监测相结合，充分发挥当地群众、施工队的作用，专业监测的内容方法如下。

(1)地下变形监测：采用钻孔位移监测法，可得出位移和滑动面的深度，一般采用钻孔测斜仪，各类测斜仪的相关指标见表8.2-2。

(2)地表变形监测：采用简易观察法，即设置混凝土条带，采用测缝仪观测裂缝。

(3)倾斜监测：分为地面倾斜监测和地下(平硐、竖井、钻孔等)倾斜监测，监测滑坡、崩塌的角变位与倾倒、倾摆变形及切层蠕滑。宜采用钻孔倾斜仪(活动式)、盘式倾斜测量仪。

(4)地声监测：采用声发射监测法，仪器为声发射仪，只适宜于岩质滑坡和崩塌。

(5)地表水、地下水动态调查：调查水位、流量、含沙量等动态变化，检查施工临时排水设施是否通畅完善，生活及施工用水排放是否规范。

(6)人类活动情况调查：包括洞掘、削坡、加载、爆破、振动，以及高山湖、水库或渠道渗漏、溃决等调查。

(7)降雨量监测。

(8)宏观前兆监测：包括宏观形变观测、动物异常观察、宏观地声、地表水和地下水异常等。

10.2.4 监测点的布置

(1)充分利用勘察设计阶段的监测点。监测点可布置在已建成的构造物上，监测点的布置应尽量考虑下一阶段运营监测的需要。

(2)监测孔深度应穿过滑动面以下 3～5m。

(3)监测点应重点布置在开挖坡口前缘，墩台基坑附近等位置，一般间距为 10～20m。

(4)滑坡体中部应布置 1～3 个钻孔测斜监测点。

(5)滑坡、崩塌监测均应设置至少 3 条混凝土条带，并超出活动范围之外至少 20m，并与钻孔测斜监测点交错布置。

10.2.5 监测时限和频率

监测的时限与施工工期一致，即从工程开工建设至竣工验收，监测频率为：

一般情况下，1 次/(1～7)d，地表巡视：1 次/2d。

雨季及汛期，(1～2)次/1d，地表巡视：1 次/1d。

有活动异常，连续跟踪监测和地表巡视。

10.2.6 预测与预报

施工阶段的预测预报应综合分析以下因素：

(1)监测成果，包括滑动面深度、变形范围，变形速率及方向。

(2)降雨量、爆破及施工过程。

(3)各监测点的速度大小。

施工阶段包括位移预测和时间预报，位移预测是根据施工进展情况，对下一时间序列进行位移预测，以评价坡体变形对施工的影响；时间预报是分析计算滑坡发生的时间，以确保施工的安全。

位移预测模型：采用三次多项式、指数平滑法、灰色 GM(1,1)模型、BP 神经网络模型。

时间预报模型：Verhulst 模型、Verhulst 反函数模型、斋滕迪孝法。

预测预报的判据：声发射参数判据、滑动速率判据、蠕变曲线切线角判据、位移加速度判据、宏观前兆判据。

信息反馈分为报告形式和传真形式，并送达业主或管理部门。

处于稳定状态、蠕动变形和等速变形的滑坡，以阶段监测报告形式发出。

处于加速变形和临滑阶段的滑坡，其监测报告应以传真形式发出，并注明预警级别和建议处理措施。

10.3 运营阶段滑坡、崩塌监测与预测预报

10.3.1 监测目的

运营阶段滑坡、崩塌监测的任务是对滑坡和崩塌体进行监测，以掌握其运动情况和趋势，主要目的为：

(1)检验治理效果。

(2)掌握坡体在降雨、风化作用、工后应力调整和生态变化等因素影响下的变形情况，并对其运动进行预测预报，及时提供信息，为管理和决策提供依据，确保公路畅通和生命财产的安全。

10.3.2 监测的对象与范围

监测的对象：地质条件复杂的滑坡、经评价为不稳定的边坡和崩塌体、危害性较大的弃土场等。

监测的范围：变形的区域和潜在滑坡区域。

10.3.3 监测内容、方法及仪器

运营阶段的监测应采用专业监测和群测群防监测相结合，充分发挥当地政府、当地居民、路政人员的作用，专业监测的主要内容方法如下。

(1)地表绝对位移监测：可采用两方向或三方向前方交会法、双边距离交会法，视准线法、小角法、测距法、几何水准和精密三角高程测量法等，仪器为测距光学仪器和光电测量仪器，包括经纬仪、水准仪、测距仪等。

(2)地下变形监测：采用钻孔位移监测法，可得出位移和滑动面的深度，一般采用钻孔测斜仪。

(3)地表变形监测：采用简易观察法，即设置混凝土条带，采用测缝仪观测裂缝。

(4)倾斜监测：分为地面倾斜监测和地下(平硐、竖井、钻孔等)倾斜监测，监测滑坡、崩塌的角变位与倾倒、倾摆变形及切层蠕滑。宜采用钻孔倾斜仪(活动式)、盘式倾斜测量仪。

(5)地声监测：采用声发射监测法，仪器为声发射仪，只适宜于岩质滑坡和崩塌。

(6)地表水、地下水动态调查：调查水位、流量、含沙量等动态变化，检查施工临时排水设施是否通畅完善，生活及施工用水排放是否规范。

(7)人类活动情况调查：包括洞掘、削坡、加载、爆破、振动，以及高山湖、水库或渠道渗漏、溃决等调查。

(8)降雨量监测。

(9)宏观前兆监测：包括宏观形变观测，动物异常观察，宏观地声、地表水和地下水异常监测等。

对于一般边坡采用混凝土条带监测，如发现异常，应采用钻孔位移监测法、声发射监测法进行专业监测。

对于重点边坡，应进行专业监测，根据气候和通视情况可进行地表绝对位移监测，一般情况均应采用钻孔位移监测法、声发射监测法和设混凝土条带监测。

10.3.4 监测网的布置

(1)根据边坡的规模、稳定程度可采用十字型、方格型、三角(或放射)型、任意型、对标型或多层型。

(2)监测剖面：

①监测剖面是监测网的重要构成部分,每条剖面要控制一个主要变形方向。

②监测剖面不完全依附于原来的勘察剖面,应具有轻巧灵活的特点,应根据崩滑体的不同变形块体和不同变形方位进行控制性布设。当变形具有2个以上方向时,监测剖面亦应布设2条以上;当崩滑体发生旋转时,监测剖面可呈扇形展布。在有条件的情况下,应照顾到崩滑体的群体性特征和次生复活特征,兼顾到主崩滑体以外的小型崩滑体及次生复活的崩滑体的监测。

③监测剖面应充分利用勘察工程的钻孔、平硐、竖井布设深部监测,尽量构成立体监测剖面。

④监测剖面应以绝对位移监测为主体,在剖面所经过的裂缝、滑带上布置相对位移监测或其他监测,构成多手段、多参数、多层次的综合性立体监测剖面,达到互相验证、校合、补充并可以进行综合分析评判的目的。

⑤当滑坡位于路基的一侧或路基从滑坡体上通过,应对路基及路基两侧进行监测。

(3)监测点：

①监测点要尽量靠近监测剖面,一般应可控制在5m范围之内。若受通视条件限制或其他原因,亦可单独布点。

②每个监测点应有自己独立的监测功能和预报功能,应充分发挥每个监测点的功效。这就要求选点时应慎重,有的放矢,布设时应事先进行该点的功能分析及多点组合分析,力求达到最好的监测效果。

③若在构造物上布置监测点,同时应在其附近也布设一定数量、相同监测方法的监测点,以便对比分析。

④监测点不要求平均分布,对崩滑带,尤其是崩滑带深部变形监测,应尽可能布设。对地表变形剧烈地段和对整个崩滑体稳定性起关键作用的块体,应重点控制,适当增加监测点和监测手段。但对于崩滑体内变形较弱的块段也必须有监测点予以控制并具代表性。

⑤位于不动体的作为监测站和照准点绝对位移监测桩点选点时要慎重,要尽量避免因地质判断失误选在崩滑体或其他斜坡变形体上,同时应避开临空小陡崖和被深大裂隙切割的岩块,以消除卸荷变形和局部变形的影响。

⑥根据监测情况的变化,可以逐步增加和减少监测点。

10.3.5 监测时限和频率

监测的时限与施工工期一致,即从工程开工建设至竣工验收,监测频率为：

一般情况下,1次/(7～15)d。

雨季及汛期,1次/(1～7)d。

有活动异常,连续跟踪监测和地表巡视。

10.3.6 分析与预报

运营阶段包括位移趋势分析和时间预报,在位移量不大,且数据波动较大时应进行位移趋势分析，分析发生发展原因，并不断检验分析结论进行再评价，直到符合实际情况为止。时间预报是分析计算滑坡发生的时间。

时间预报模型：Verhulst 模型、Verhulst 反函数模型、斋滕迪孝法。

预测预报的判据：声发射参数判据、滑动速率判据、蠕变曲线切线角判据、位移加速度判据、宏观前兆判据。

信息反馈分为报告形式和传真形式，并送达业主或管理部门。

处于稳定状态、蠕动变形和等速变形的滑坡，以阶段监测报告形式发出。

处于加速变形和临滑阶段的滑坡，其监测报告应以传真形式发出，并注明预警级别和建议处理措施，见表 10.3-1 和表 10.3-2“监测报告”样式。

监 测 报 告

（第××期）

表 10.3-1

项目名称		工程名称			
建设单位		联络人		电话	
监理单位		联络人		电话	
设计单位		联络人		电话	
施工单位		联络人		电话	
监测单位		联络人		电话	

表 10.3-2

结论与建议 监测结果： 原因分析： 预测分析： 危害对象及范围： 建　议： 附件 （监测单位盖章） ____年___月___日					
拟　稿		签　发		日　期	

10.4 主要结论

(1)分别总结了公路建设三个阶段的监测目的、对象与范围、监测内容、方法及仪器、监测网的布置、监测时限和频率。

(2)提出了三个阶段预测预报的内容和应采用的模型。

(3)提出了三个阶段监测信息的反馈机制,编制了“监测报告”样式。

11 依托工程应用

课题组根据研究的需要，分别进行了 5 个滑坡、2 个崩塌依托工程示范（表 11.1-1）。

依托工程应用概况　　表 11.1-1

序号	所处阶段	公路名称	依托工程名称	桩号
1	运营阶段	贵新高速公路	牟珠洞滑坡	K48＋085～K48＋210
2	运营阶段	贵新高速公	沙坪Ⅲ号滑坡	K68＋450～K68＋690
3	施工阶段	三凯高速公路	平溪特大桥滑坡	K73＋860～K74＋000
4	勘察阶段～施工阶段	镇胜高速公路	晴隆滑坡	YK85＋420～YK85＋920
5	施工阶段	镇胜高速公路	永宁滑坡	ZK39＋310～ZK39＋360
6	运营阶段	贵毕高等级公路	K79 崩塌	K79＋380～K79＋500
7	运营阶段	G320 国道（贵州境）	普安堂崩塌	K2403＋580
8	施工阶段	衡炎高速公路	三标右边坡	K18＋250～450
9	施工阶段	衡炎边坡	四标右边坡	K28＋560～K28＋720

11.1 牟珠洞滑坡监测预报

11.1.1 牟珠洞滑坡基本资料

1)概况

牟珠洞滑坡位于贵阳至新寨公路 K48＋085～K48＋210 段右侧，地层为炭质泥岩夹灰岩，产状变化大，岩体极其破碎，地下水丰富。路堑最高开挖边坡高度达 60 多米（图 11.1-1）。于 2000 年发生过塌滑，原设计坡进行了综合治理（图 11.1-2），综合治理的基本原则是：加固现有的抗滑挡墙，设置预应力锚索抗滑桩物以抵抗坍滑力，对裸露坡面以挂网喷射混凝土防护。牟珠洞滑坡左侧坡体坡脚为约 2m 高的挡墙，开挖坡面采用挂网喷射混凝土防护，其中锚杆长 5m，间距 2m。治理完毕后坡面仍有新的裂缝出现。需对此进行监控，裂缝分布见图 11.1-3。

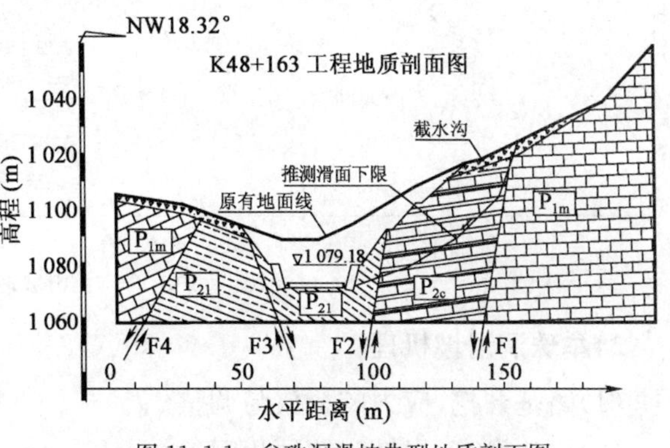

图 11.1-1　牟珠洞滑坡典型地质剖面图

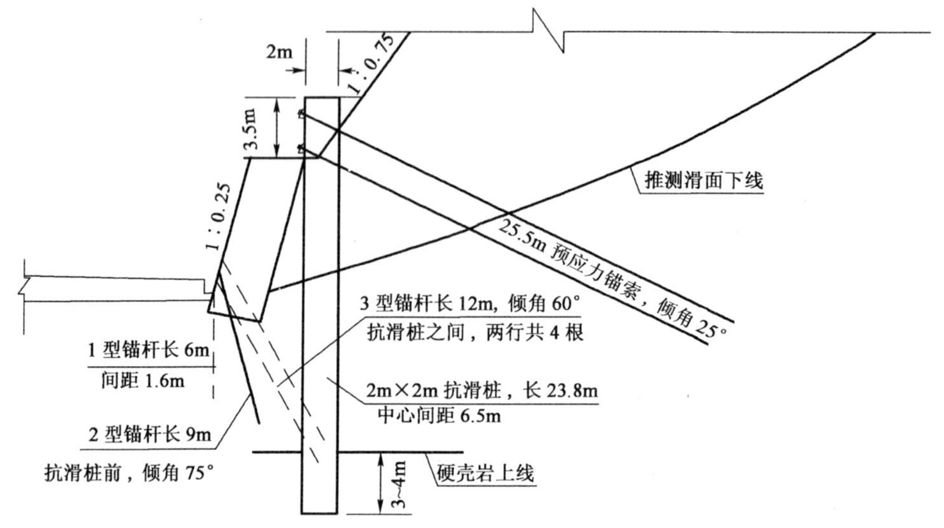

图 11.1-2　右滑坡加固设计断面图

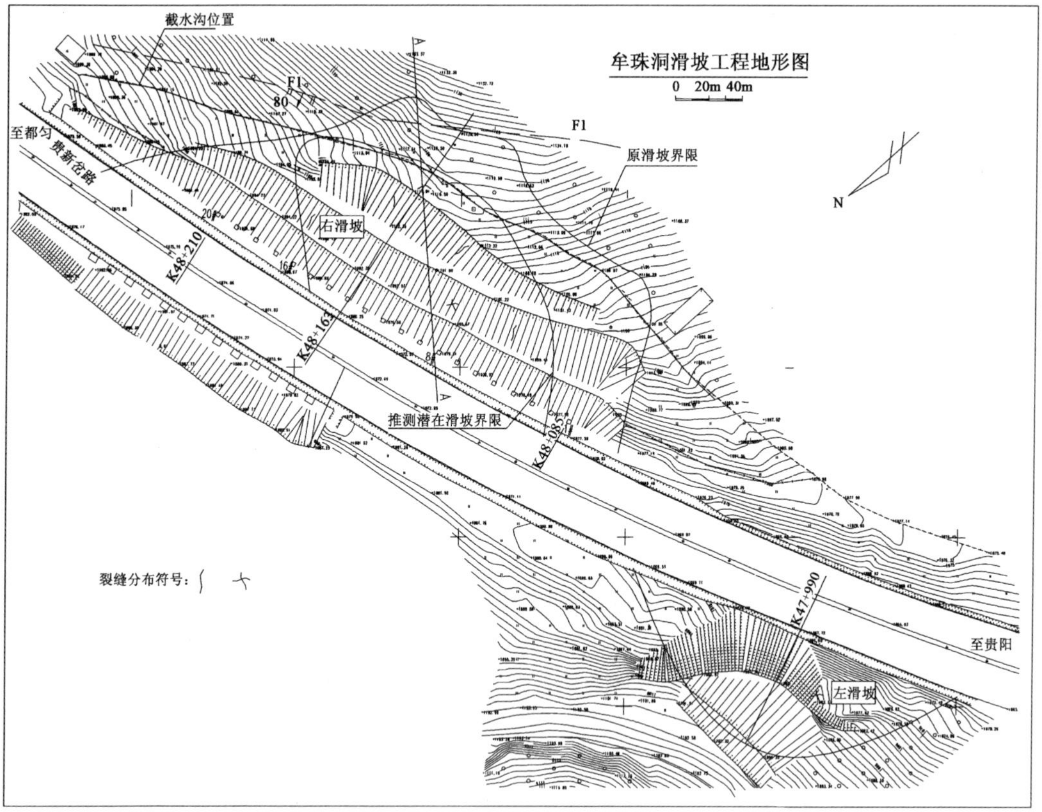

图 11.1-3　牟珠洞滑坡地形及裂缝分布图

2)牟珠洞滑坡机理

(1)路基开挖，应力的释放与调整。

(2)构造发育、岩性为软硬相间。

(3)地下水丰富，坡体受到孔隙水压力、动水压力作用。

(4)开挖形成横坡陡。

3)物理力学参数的确定

通过取样室内试验和现场剪切试验，试验工作量如表 11. 1-2 所示，结果如表 11. 1-3、表 11. 1-4所示。

岩土试验工作量汇总表 表 11. 1-2

序　　号	项　　目	单　　位	数　　量	备　　注
1	土的粒径组成	组(个)	1(3)	
2	土的液塑限	组(个)	2(6)	
3	土的膨胀性	组(个)	2(6)	
4	直剪强度	组(个)	4(12)	
5	三轴快剪	组(个)	4(12)	
6	三轴慢剪	组(个)	4(12)	
7	渗透试验	组(个)	4(12)	
8	土体原位剪切试验	组(个)	2(6)	试验尺寸 50cm×50cm

抗 剪 强 度 指 标 表 11. 1-3

名　　称	峰 值 强 度		残 余 强 度	
	凝聚力 c (kPa)	内摩擦角 φ (°)	凝聚力 c (kPa)	内摩擦角 φ (°)
泥岩	18	12	8	15
炭质泥岩	21	35	13. 5	18

现场剪切试验成果表 表 11. 1-4

名　　称	密度(g/cm^3)	抗压强度 (MPa)	凝聚力 c (kPa)	内摩擦角 φ (°)
炭质泥岩	2. 64	12. 8	630	0. 52

从上表分析，现场剪切试验，由于试样中含有一定量的碎石颗粒，其试验值偏大。结合室内试验成果和反算值，综合确定指标见表 11. 1-5。

岩土物理力学参数 表 11. 1-5

名　　称	抗压强度 (MPa)	凝聚力 c (kPa)	内摩擦角 φ (°)
泥岩	11	8	16
炭质泥岩	12. 8	13. 5	18. 5

4)稳定性评价

图 11. 1-4 为计算断面图，表 11. 1-6 为计算结果。由表 11. 1-6 的计算结果可知，加固后的边坡潜在滑面 2～5 满足稳定性要求，这些滑面形成的可能性不大，而其余滑面计算安全系数小于容许最小值 F_{min}。为了行车安全，有必要对牟珠洞滑坡进行监测，了解其变形的趋势。

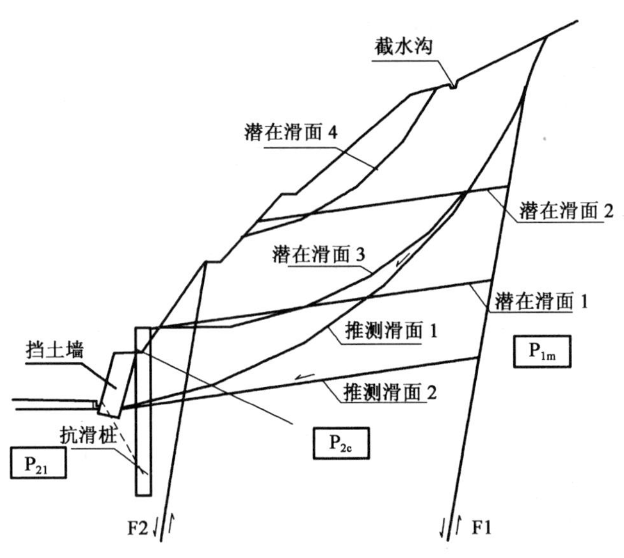

图 11.1-4 计算断面图

牟珠洞滑坡稳定计算结果 表 11.1-6

编 号	滑面类型	计算方法	安全系数 F	容许 F_{min}
推测滑面 1	圆弧滑动	简化 Bishop 法	1.10	1.25
推测滑面 2	折线滑动	传递系数法	1.212	1.3
潜在滑面 1	折线滑动	传递系数法	0.994	1.3
潜在滑面 2	折线滑动	传递系数法	1.567	1.3
搜索滑面 1	圆弧滑动	简化 Bishop 法	1.162	1.25
搜索滑面 2	折线滑动	传递系数法	1.05	1.3
潜在滑面 3	圆弧滑动	简化 Bishop 法	1.286	1.25
潜在滑面 4	圆弧滑动	简化 Bishop 法	1.565	1.25
潜在滑面 5	圆弧滑动	简化 Bishop 法	1.256	1.25
潜在滑面 6	折线滑动	传递系数法	0.980	1.3

11.1.2 牟珠洞滑坡监测设计

1)监测内容及方法

监测对象:抗滑桩、滑坡体、挡土墙。

监测项目:

(1)滑体位移监测,包括地表位移监测和深部位移监测;

(2)滑坡体地表巡视及裂缝观测;

(3)降雨量的观测;

(4)地下水的监测;

(5)抗滑桩及挡土墙的倾斜及裂缝的监测。仪器清单见表 11.1-7。

2)监测网设计

(1)观测网点的布设

观测点:在左、右滑坡分别布置1个和4个断面,共设12个地表位移观测点(水平位移监测点与垂直位移监测点重合),深部位移监测点7个。12个地表位移观测点均参照二等基准点要求建设。

以基准三角点为站点,按二等测量精度要求,使用全站仪,采用前方交会法定期对观测点进行测量其平面位置的变化。以基准水准点为基础,按二等水准测量要求,使用NI005A型精密水准仪进行高程测量。

牟珠洞滑坡监测仪器清单表 表11.1-7

序号	仪器名称	功效	精度要求	数量
1	全站仪	测量滑坡体表面水平位移	测角精度2s,测距精度±(2mm+2ppm)	1
2	NI005A型水准仪	测量滑坡体表面垂直位移	0.2mm	1
3	测斜仪	测量深部位移	灵敏度0.02/500mm,总精度±6mm/25m,量程0°～±53°	2
4	SJ1虹吸式雨量计	降雨量和降雨强度记录	0.05～4mm/min	1
5	钢尺	坡面裂缝宽度测量	精确度:mm	1
6	地下水位计	降雨时地下水的变化测量	可采用水位计探头	1
7	铅锤	测量挡墙及抗滑桩的倾斜度		1

对滑坡体上的所有主要裂缝进行地表巡视,对较大的裂缝采用测缝计(钢卷尺)进行裂缝观测。

对于抗滑桩的变形要专门监测,主要是定期用铅锤仪测量抗滑桩的倾斜度,一般向外倾覆。要密切注意抗滑桩可能出现的裂缝,一旦出现,则表明抗滑桩正处于剪断阶段,滑坡正在形成,需要引起足够的重视。

在滑坡范围内共设置7个地下水监测点,其中左滑坡设置2个,地下水监测点的孔深以低于少雨季节时的地下水面线3m来控制。地下水监测点的布置基本上沿坡向及岩层倾向布置,这与地下水的流动是相一致的,力求以最小的监测点测出整个滑坡区的地下水面线。

在右滑坡挡土墙顶部平台上设置一简易降雨量观测站,记录降雨情况。

观测点的布置见图11.1-5。

(2)监测精度要求

测定滑坡体和滑坡体深部位移是滑坡监测预报的重要内容。测量过程中周期性地对监测点进行重复观测,求得其在两个观测周期的变化量,经过历次观测结果比较,了解滑坡体变形随时间的发展规律。滑坡体变形,如果在一定限度内,认为它是正常的,但如果超过了规定的限度,就可能会出现滑坡。

为了确保测量的精度要求,牟珠洞滑坡体变形观测定为二级,其观测中的误差应为允许误差的1/20～1/10。

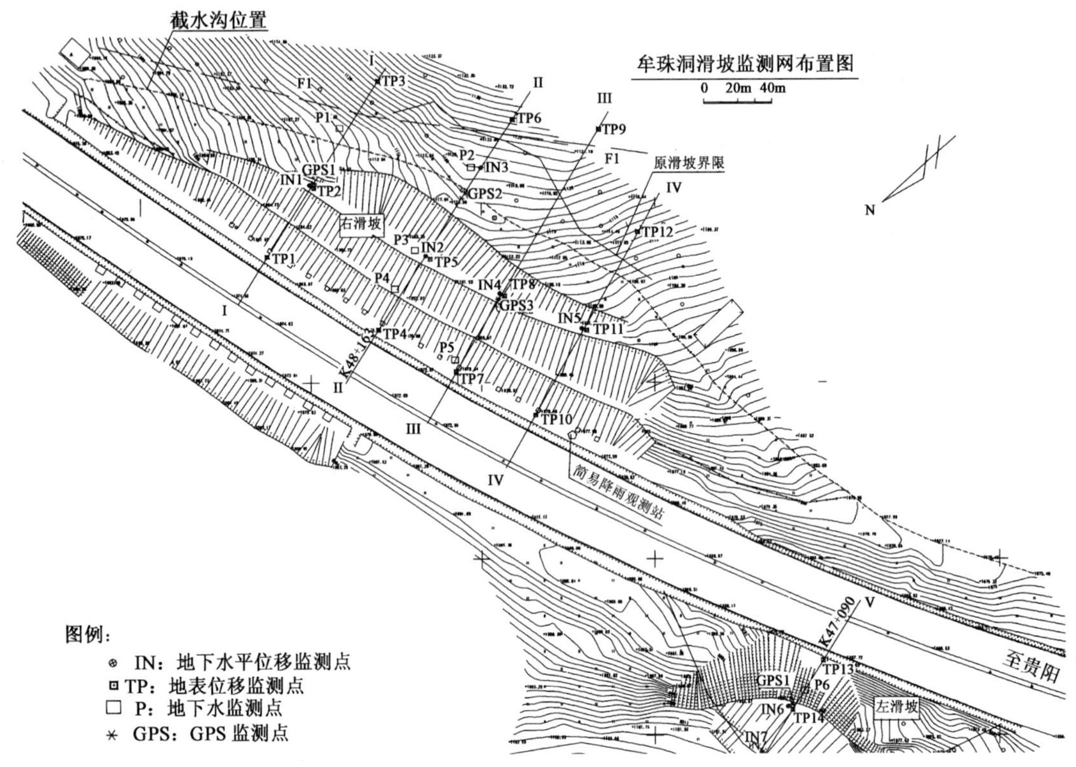

图 11.1-5 牟珠洞滑坡监测点布置图

(3)监测周期

根据监测内容的不同,分别拟定不同监测项目的监测周期。监测时间暂定为两年。两年后是否监测,根据监测结果,由有关各方协商确定。

只要发生降雨,就要对降雨量进行观测。在降雨量小于 70mm/d 时,基本上每 10d 对地下水观测一次。在降雨量大雨 70mm/d 时,则每 5d 对地下水观测一次,如降雨量大于 90mm/d时,则每天对地下水观察一次,降雨量大于 100mm/d 时,则 1 次/6h。

地表位移测量及地下位移测量监测周期为每月 1 次。特别说明:以上滑坡观测频次是正常情况下对滑坡的观测。当滑坡出现变形加快时,增加观测频次,并查明变形加快的原因。

测缝计(钢卷尺)进行裂缝观测,监测周期为每周一次,下雨期间,要适当加密。运营期监测一般 1～2 月一次不定期提供简报。将监测对象的情况,出现的问题,工作意见或建议及时提供给公路运营管理部门,特殊情况下增加次数。

(4)监测的实施

边坡监测的主要工序为:按设计监测图放样,标明测点的高程、平面坐标;进行监测点的建设与钻孔;监测设备的埋设与观测;监测点的建设与埋设记录;资料初步整理分析。

(5)监测工作量统计

地表监测工作量统计见表 11.1-8。

地表监测工作量统计 表 11.1-8

监测点编号	TP1	TP2	TP3	TP4	TP5	TP6	TP7	TP8	TP9	TP10	TP11	TP12
埋置深度(m)	1.3											
监测期次(期)	11											

11.1.3 牟珠洞滑坡监测及预测成果

牟珠洞滑坡共设12个地表监测点，监测时间为2005年4月～2006年8月，雨量监测主要由当地气象部门提供，各监测点累计位移和阶段位移—时间曲线及预测曲线见图11.1-6～图11.1-17，监测期间雨量变化情况见图11.1-18。

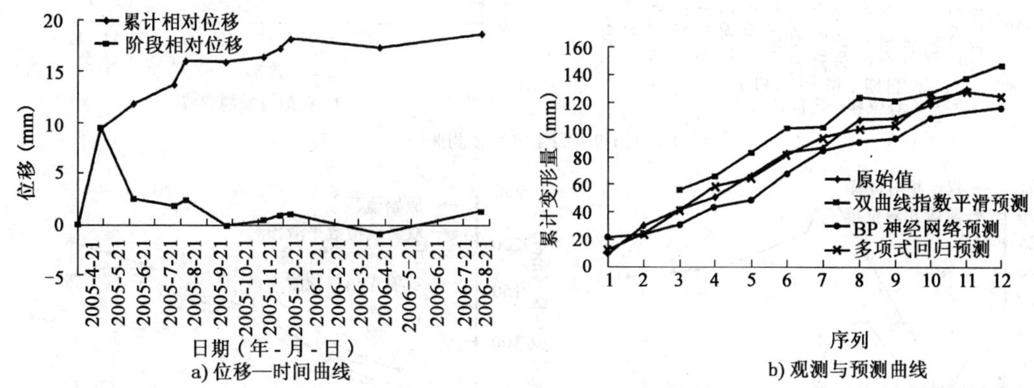

图11.1-6 TP1监测预测曲线

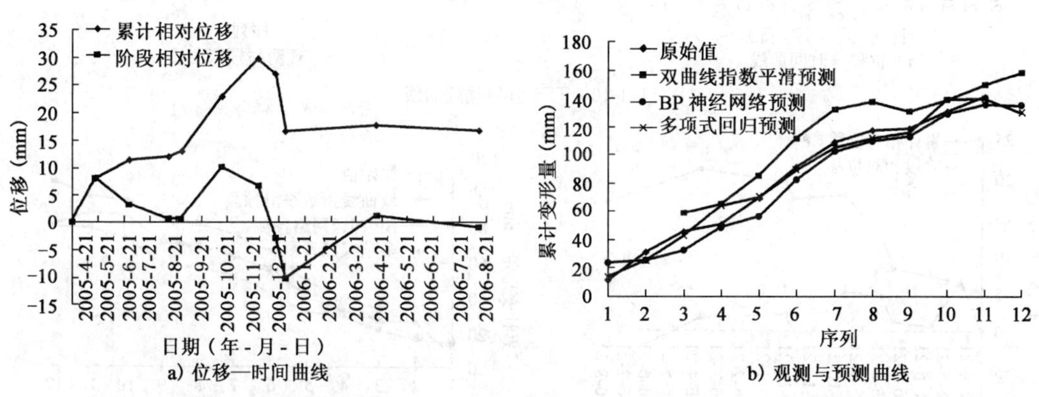

图11.1-7 TP2监测预测曲线

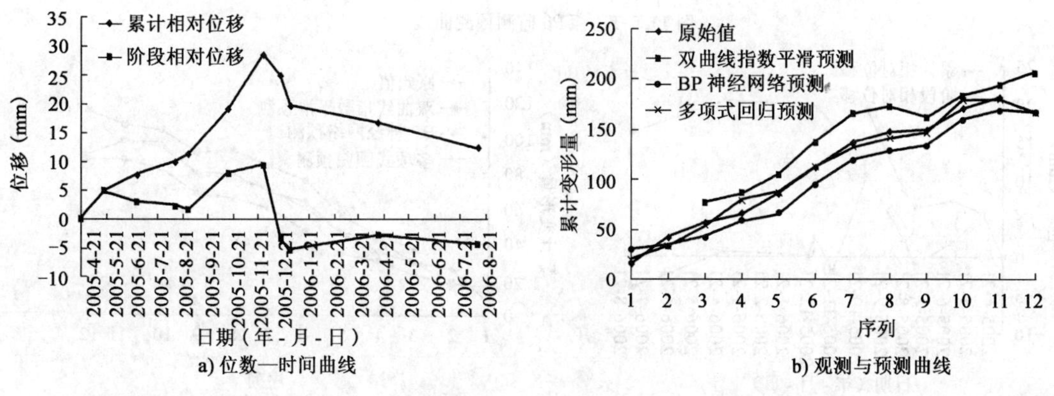

图11.1-8 TP3监测预测曲线

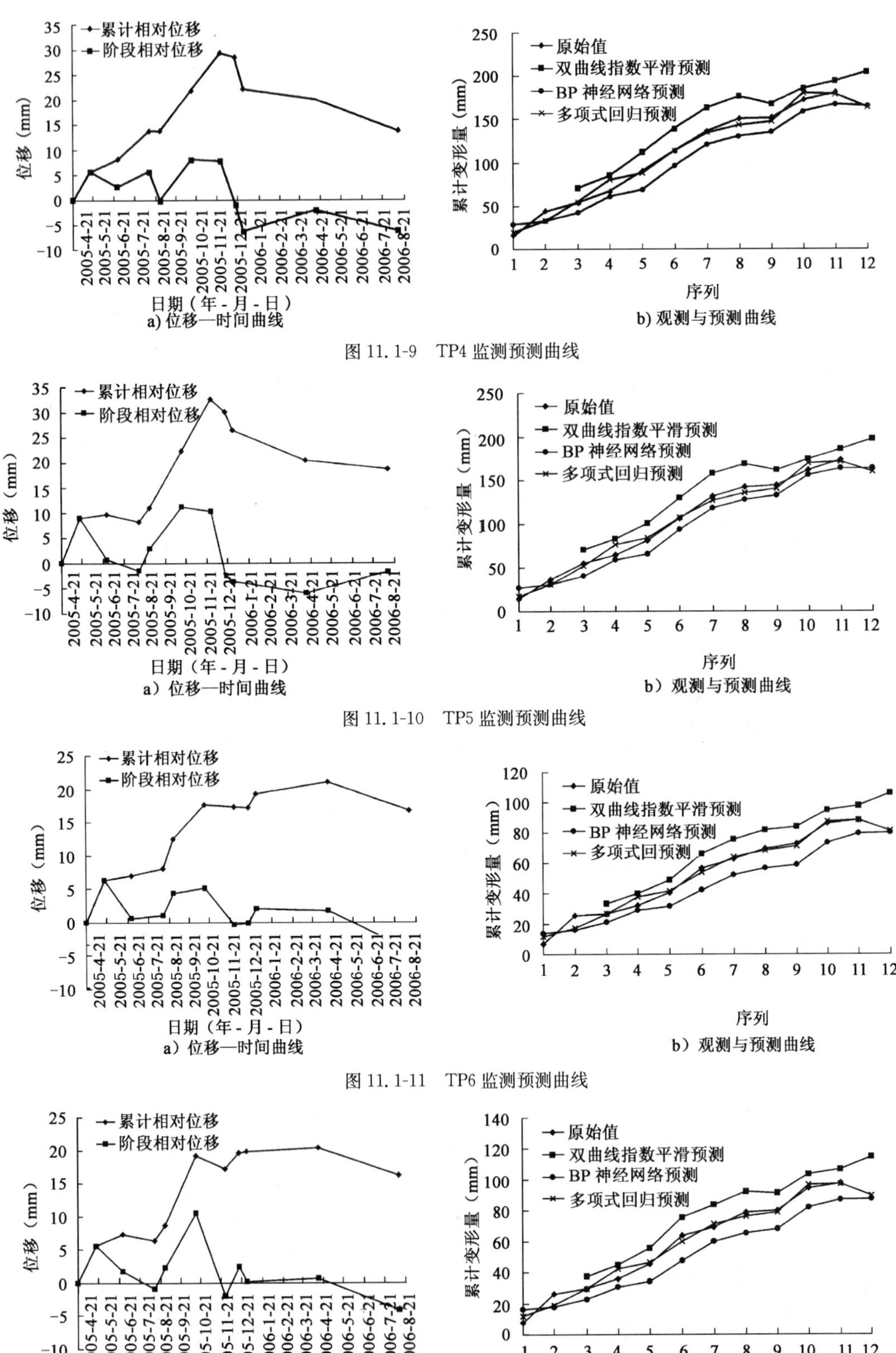

图 11.1-9　TP4 监测预测曲线

图 11.1-10　TP5 监测预测曲线

图 11.1-11　TP6 监测预测曲线

图 11.1-12　TP7 监测预测曲线

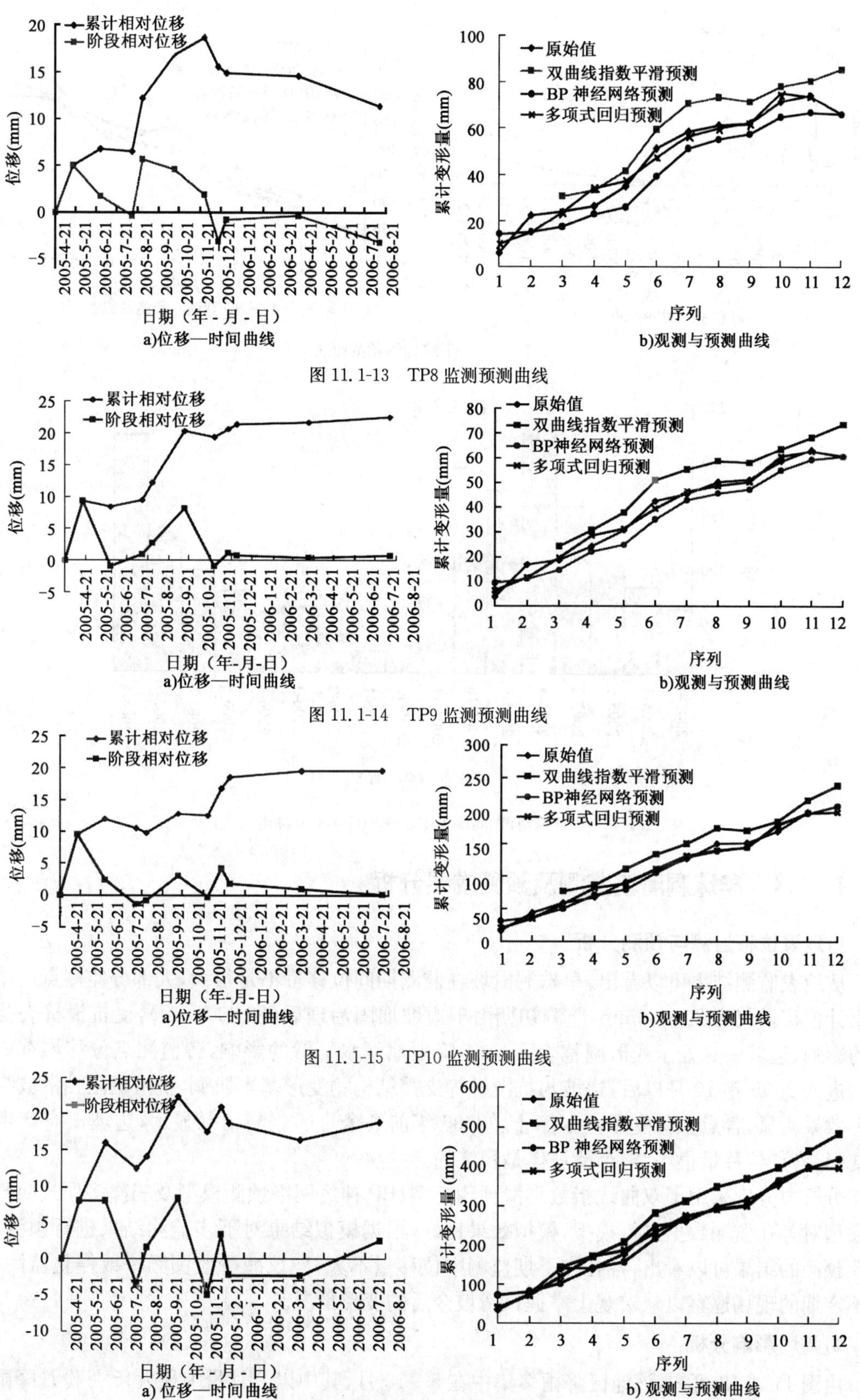

图 11.1-13　TP8 监测预测曲线

图 11.1-14　TP9 监测预测曲线

图 11.1-15　TP10 监测预测曲线

图 11.1-16　TP11 监测预测曲线

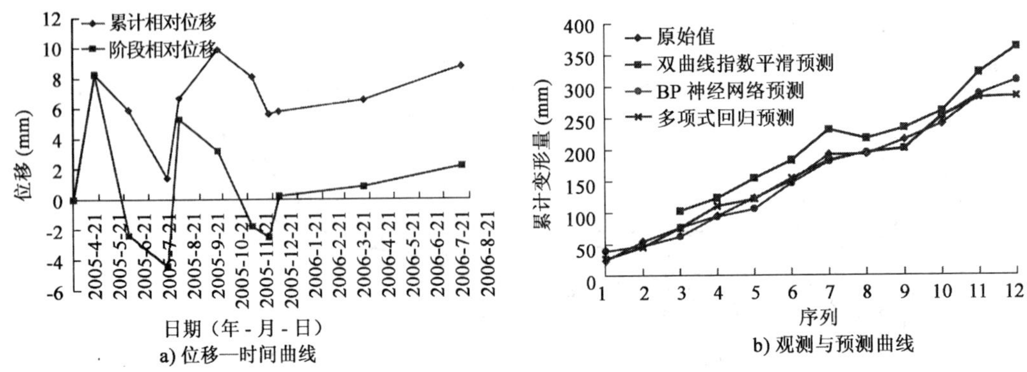

图 11.1-17　TP12 监测预测曲线

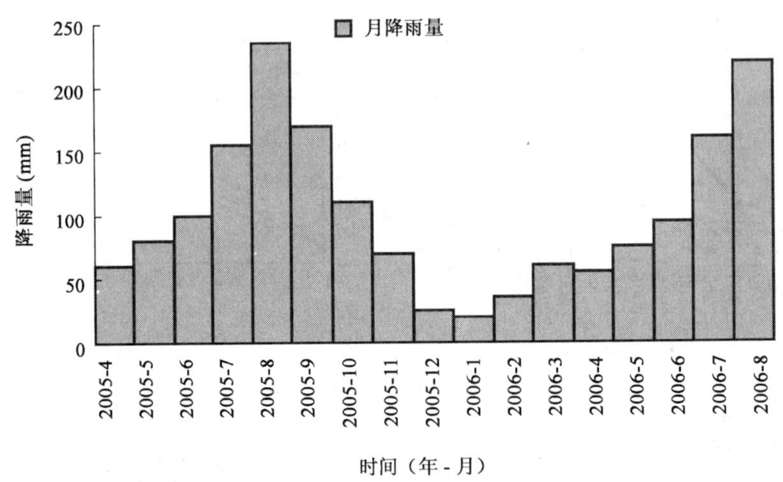

图 11.1-18　牟珠洞滑坡 2005 年 4 月～2006 年 8 月降雨量变化图

11.1.4　牟珠洞滑坡监测及预测成果分析

1)地表位移监测与预测分析

从地表监测结果可以看出,牟珠洞滑坡在监测期间位移量不是很大,大部分监测点一年多的累计位移量仅为 20～30mm,监测初期由于边坡加固治理后(图 11.1-19),受抗滑桩支挡作用的影响,边坡一直处于变形调整阶段,加上降雨地下水下渗的影响,各监测点位移均有所增加。进入 2005 年 10 月以后,边坡与抗滑桩等支挡结构物变形基本协调,抗滑桩阻挡滑坡继续变形效果明显,各点位移变形基本停止。2006 年前 8 个月的监测结果显示,边坡没有产生大的变形,各点位移量很小,整个滑坡体是稳定的。

分析中分别采用了双曲线指数平滑预测模型、BP 神经网络预测模型及三次多项式回归预测模型对各孔监测数据进行模拟,模拟效果良好,根据模拟结果对下步监测结果进行预测,从各孔预测的结果可以看出,各孔在下期监测中位移量不大,建议减少监测频率或停止监测,改为不定期的现场巡察以从宏观上掌握该滑坡今后的变形情况。

2)降雨影响分析

由图 11.1-18 可知,该地区降雨多集中在 5～10 月,其中以 8 月份为最大,5 月份月降雨量为 80mm 左右;6 月份月降雨量达到 100mm 左右,7 月份月降雨量则达到 160mm 左右,8 月份为 230 左右。从各地表点监测曲线看，2005 年 5 月～11 月位移变形相对较大，这与降雨和坡体变形调整等因素影响有关，降雨的影响加速了边坡变形，但是支挡结构物同时又阻碍了边坡出现较大的变形，在这些因素的影响下，监测曲线有的表现出波浪状变化。进入 2006 年以后，边坡和支挡结构物的变形经过一段较长时间调整之后，变形步调基本一致，此时坡体变形受结构物的支挡影响基本停止，受雨季降雨的影响，边坡只产生一些很小的变形。

图 11.1-19　牟珠洞滑坡治理后情况

结合该依托工程监测预测实施过程，对以上位移—时间曲线及降雨情况综合分析，结论如下：

(1)从 2005 年 4 月～2005 年 12 月，总位移基本均为 20mm，这主要是因为，从 2004 年 3 月抗滑桩竣工以来，坡体一直处于蠕动调整阶段。

(2)从 2006 年 1 月～2006 年 8 月，滑坡没有位移，处于稳定状态，停止监测，2007 年 9 月 27 日经现场察看，坡体未见任何异常。

11.1.5　小结

通过分析牟珠洞滑坡的地质和设计施工资料以及裂缝的分布情况，决定对该工程进行监测，以保证运营的安全和为是否进一步采取治理措施提供依据，经过 1 年半的监测成果分析，其累计位移量小，并趋稳定，认为该边坡已稳定，可以减少监测频率或停止监测，仅需地表巡视。

目前该滑坡未见异常。

11.2　沙坪Ⅲ号滑坡监测预报

11.2.1　沙坪Ⅲ号滑坡基本资料

沙坪Ⅲ号滑坡位于贵阳至新寨公路 K68＋450～K68＋690 左侧，曾经出现大规模的滑坡，滑坡体上层为堆积块石，以下为灰绿色泥岩夹砂岩，中至厚层状，岩石较松散，破碎，节理裂隙发育，岩石软硬不均，属强风化岩层。

2000 年对该滑坡进行了综合整治(图 11.2-1)。

(1)对该边坡进行一定的清方，对前期滑坡在整个滑坡区范围内形成的裂缝，采用黏土回填与地面相平。

(2)增设 20 根抗滑桩，抗滑桩断面尺寸为 2m×3m、长 16m，桩中心距为 5.5m。抗滑桩顶部 6m 范围采用变截面，坡比 1∶0.3。抗滑桩间设置护面墙，墙高 6.8m，顶高与抗滑桩相同。

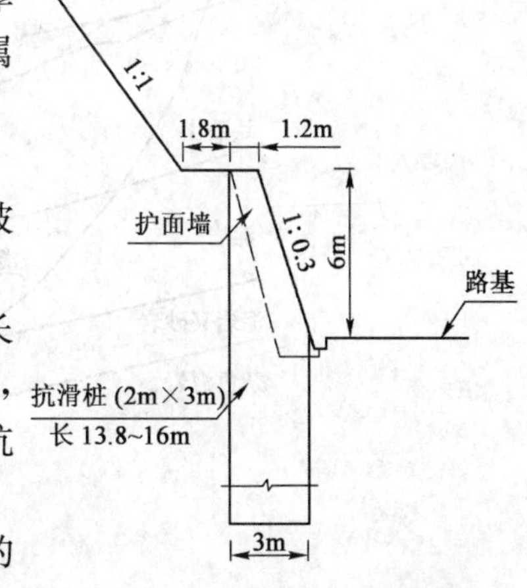

图 11.2-1　滑坡加固设计断面图

2003 年 6 月，该边坡转角的 10 号桩和 14 号桩附近的坡面出现被推移而形成的裂缝，为运营安全和掌握其变形特征,决定进行监测。

图 11.2-2 为沙坪Ⅲ号滑坡地形及裂缝分布示意图。

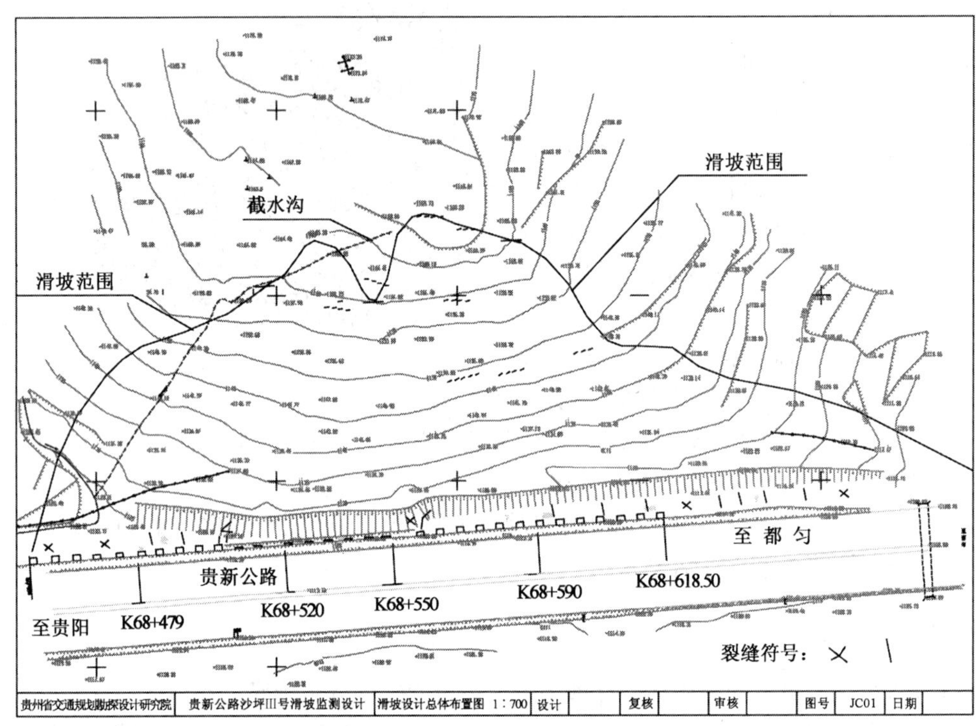

图 11.2-2 沙坪Ⅲ号滑坡地形及裂缝分布示意图

11.2.2 沙坪Ⅲ号滑坡机理分析

(1)从图 11.2-3 可知,边坡上部为大块石堆积,其重量大,直接增大了下滑力。

(2)下卧层为不透水的泥岩,使地下水富集于滑面附近,降低了抗剪强度。

(3)下卧层泥岩为顺层。

(4)表层堆积块石具有很大的渗透系数,雨水下渗率很大。

(5)横坡较陡。

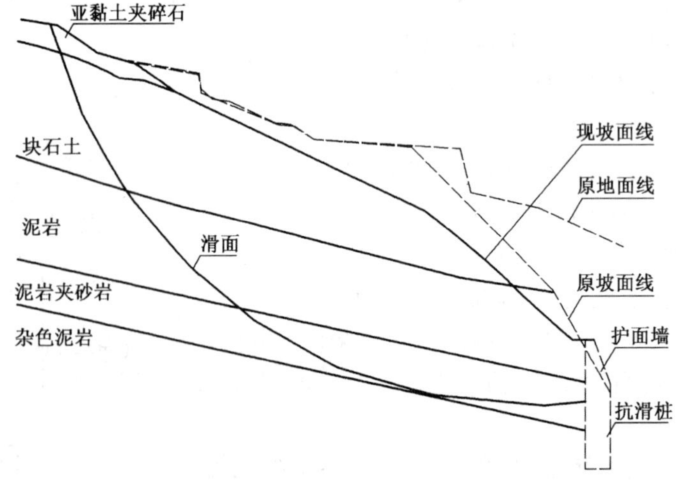

图 11.2-3 K68+520 断面滑面简图

11.2.3 沙坪Ⅲ号滑坡的监测设计

1)监测内容、对象

监测内容:降雨量、地下孔隙水、地表位移和深部位移、地表裂缝等。

监测对象:抗滑桩、滑坡体、挡土墙。

2)监测项目

监测项目:

(1)滑体位移监测,包括地表位移监测和深部位移监测。

(2)滑坡体地表巡视及裂缝观测。

(3)降雨量的观测。

(4)地下水的监测。

(5)抗滑桩及挡土墙的倾斜及裂缝的监测。

仪器清单见表 11.2-1。

牟珠洞滑坡监测仪器清单表 表 11.2-1

序号	仪器名称	功效	精度要求	数量
1	全站仪	测量滑坡体表面水平位移	测角精度 2″,测距精度±(2mm+2ppm)	1
2	NI005A 型水准仪	测量滑坡体表面垂直位移	0.2mm	1
3	GPS	Locus Promark2	<5mm	1(套)
4	测斜仪	测量深部位移	灵敏度 0.02/500mm,总精度±6mm/25m,量程 0～±53°	2
5	SJ1 虹吸式雨量计	降雨量和降雨强度记录	0.05～4mm/min	1
6	钢尺	坡面裂缝宽度测量	精确度:mm	1
7	地下水位计	降雨时地下水的变化测量	可采用水位计探头	1
8	铅锤	测量挡墙及抗滑桩的倾斜度		1

3)监测网设计

(1)基准网的建立

本次监测中,拟在滑坡体影响范围之外的基岩上选定四个基准点,建立平行监测网;选三个基准点,建立水准网。本次水平位移观测采用三角测量法测定基准点的点位,垂直位移基准网与设计公路的网络水准点相连接。

(2)观测网点的布设

在 K68+520、K68+590 以及 K68+618.5 三个断面设置 13 个地表位移观测点(水平位移监测点与垂直位移监测点重合),深部位移监测断面 1 个,监测点 3 个,与 3 个地表位移监测断面中的中间监测点重合。13 个地表位移观测点均参照二等基准点要求建设。

以基准三角点为站点,按二等测量精度要求,使用全站仪,采用前方交会法定期对观测点进行测量其平面位置的变化。以基准水准点为基础,按二等水准测量要求,使用 NI005A 型精密水准仪进行高程测量。

对滑坡体上的所有主要裂缝进行地表巡视,对较大的裂缝采用测缝计(钢卷尺)进行裂缝观测。

对于抗滑桩的变形要专门监测，主要是定期用铅锤仪测量抗滑桩的倾斜度，一般向外倾覆。要密切注意抗滑桩可能出现的裂缝，一旦出现，则表明抗滑桩正处于剪断阶段，滑坡正在形成，需要引起足够的重视。

在 K68+520 和 K68+590 断面之间设置 2 个地下水位观测点，孔深以低于少雨季节时的地下水面线 3m 来控制，用来监测地下水位的变动。

在高程为 1 120.28m 的平台上设置一简易降雨量观测站，记录降雨情况。

观测点的布置见图 11.2-4。监测精度要求、监测周期、监测的实施过程和应提交的数据与图件要求，与牟珠洞滑坡类似，这里不再重复。

(3)监测和试验工作量统计

见表 11.2-2 和见表 11.2-3。

地表监测工作量统计 表 11.2-2

监测点编号	TP1	TP2	TP3	TP4	TP5	TP6	TP7	TP8	TP9	TP10	TP11	TP12	TP13
埋置深度(m)	1.3												
监测期次(期)	11												

岩土试验工作量汇总表 表 11.2-3

序 号	项 目	单 位	数 量	备 注
1	土的粒径组成	组(个)	1(3)	
2	土的液塑限	组(个)	2(6)	
3	土的膨胀性	组(个)	2(6)	
4	直剪强度	组(个)	3(9)	
5	三轴快剪	组(个)	3(9)	
6	三轴慢剪	组(个)	3(9)	
7	渗透试验	组(个)	3(9)	
8	土体原位剪切试验	组(个)	2(6)	试验尺寸 50cm×50cm

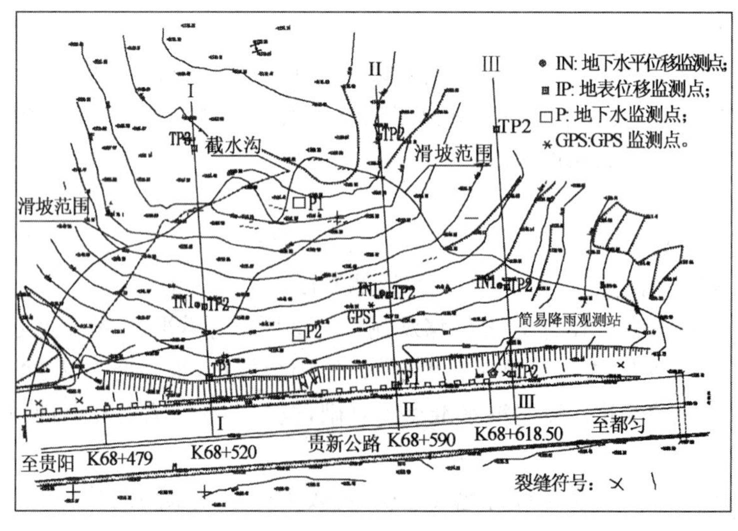

图 11.2-4 沙坪Ⅲ号滑坡观测点布置图

11.2.4 沙坪Ⅲ号滑坡的监测预测预报成果

共设 13 个地表监测点，监测时间为 2005 年 4 月～2006 年 8 月，雨量监测主要由当地气象部门提供，见图 11.2-5，各孔累计位移和相对位移—时间曲线及预测图见图 11.2-6～图 11.2-18。

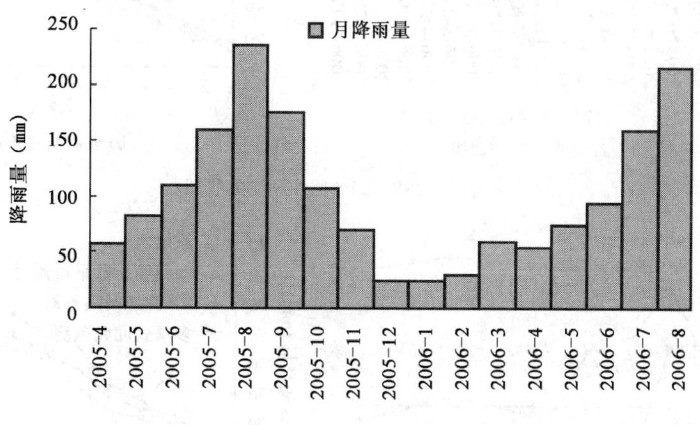

图 11.2-5　沙坪Ⅲ号滑坡 2005 年 4 月～2006 年 8 月降雨量变化图

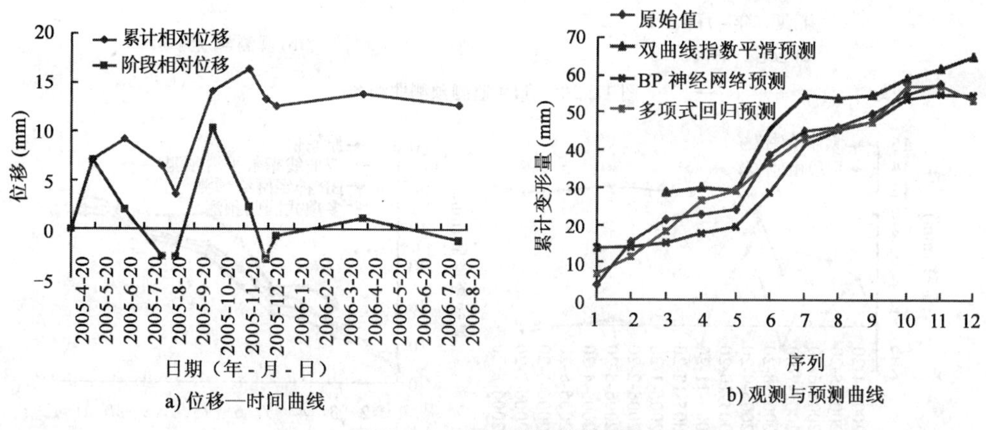

图 11.2-6　TP1 监测预测曲线图

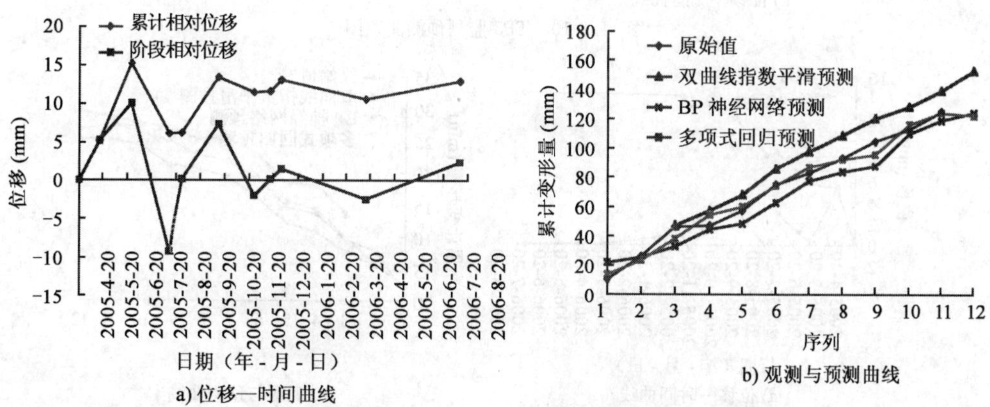

图 11.2-7　TP2 监测预测曲线图

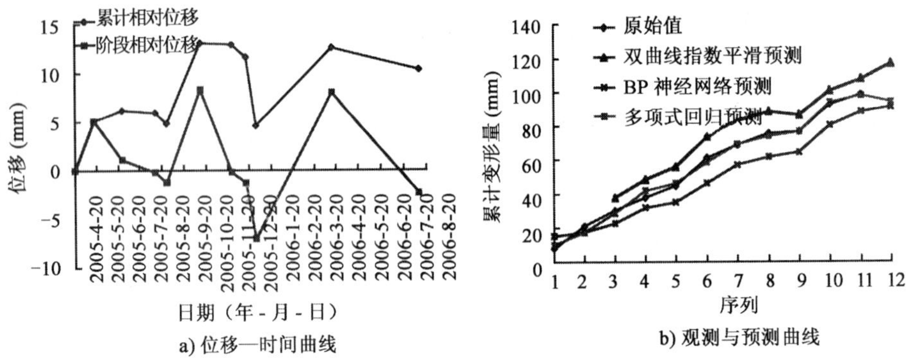

a) 位移—时间曲线　　b) 观测与预测曲线

图 11.2-8　TP3 监测预测曲线图

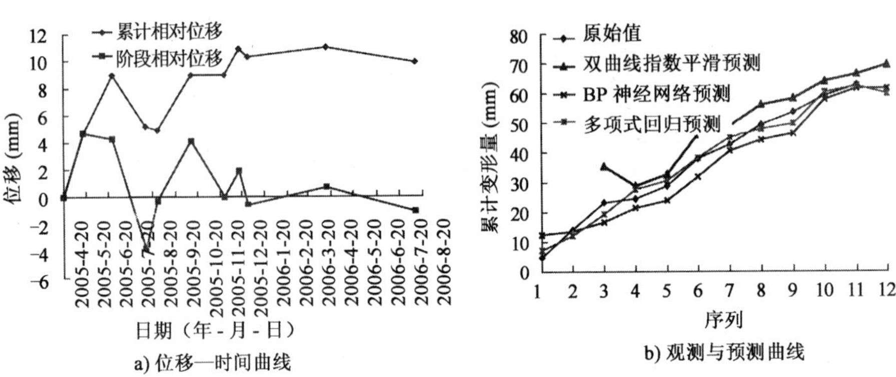

a) 位移—时间曲线　　b) 观测与预测曲线

图 11.2-9　TP4 监测预测曲线图

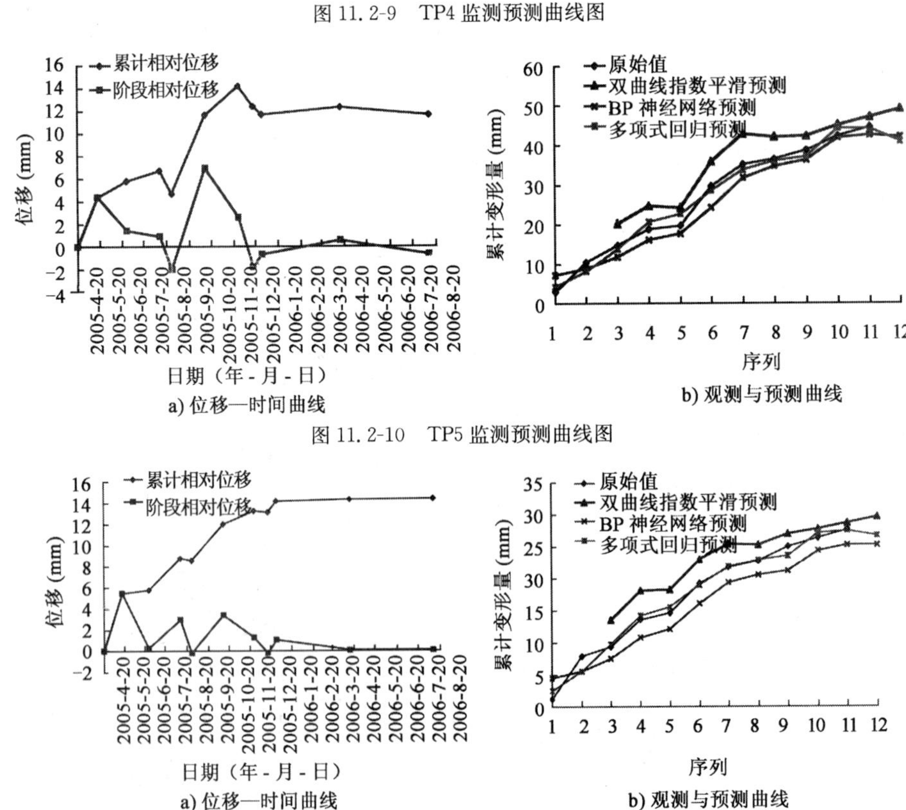

a) 位移—时间曲线　　b) 观测与预测曲线

图 11.2-10　TP5 监测预测曲线图

a) 位移—时间曲线　　b) 观测与预测曲线

图 11.2-11　TP6 监测预测曲线图

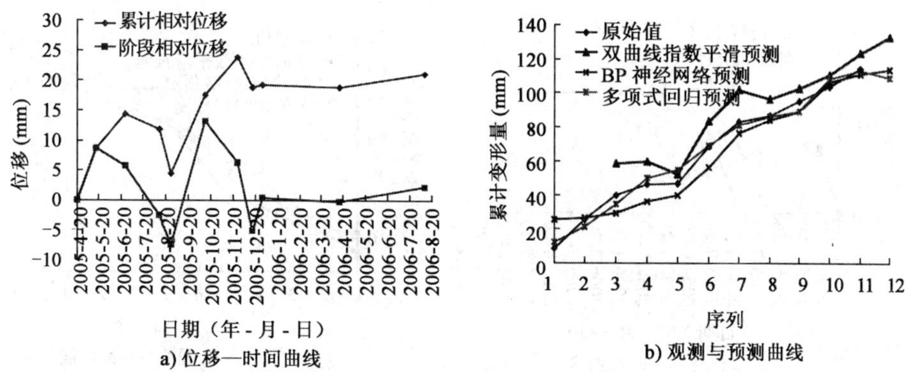

图 11.2-12　TP7 监测预测曲线图

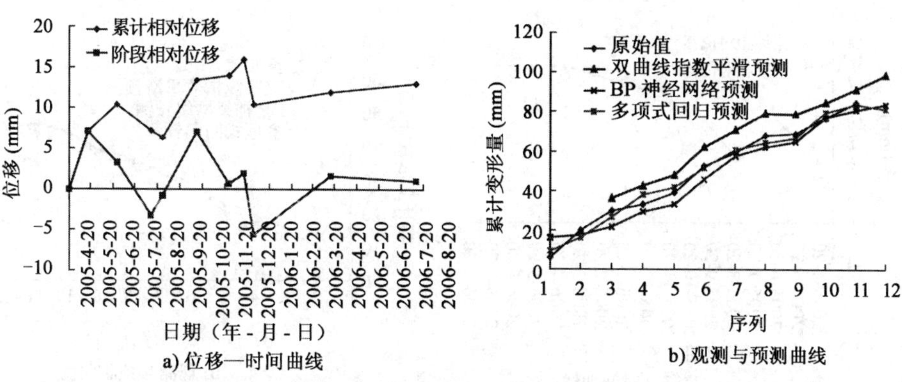

图 11.2-13　TP8 监测预测曲线图

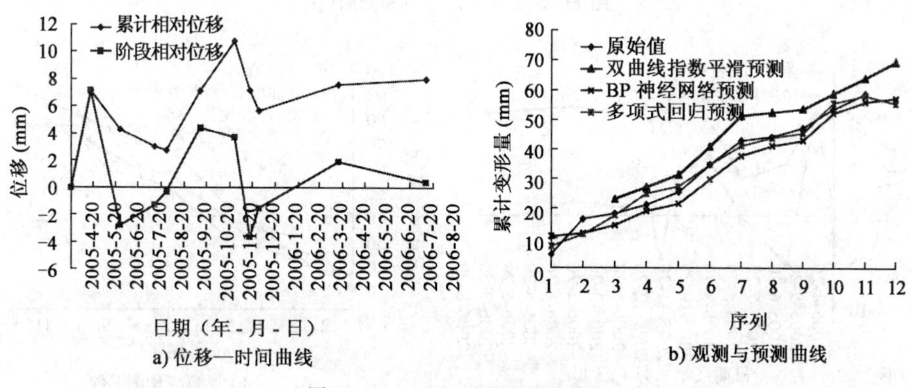

图 11.2-14　TP9 监测预测曲线图

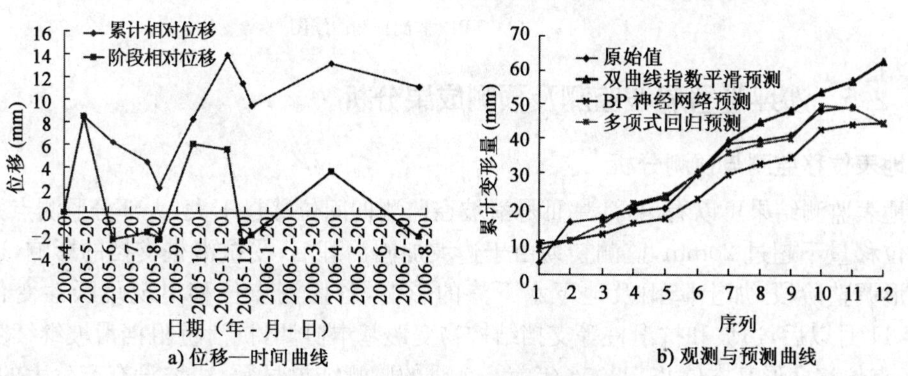

图 11.2-15　TP10 监测预测曲线图

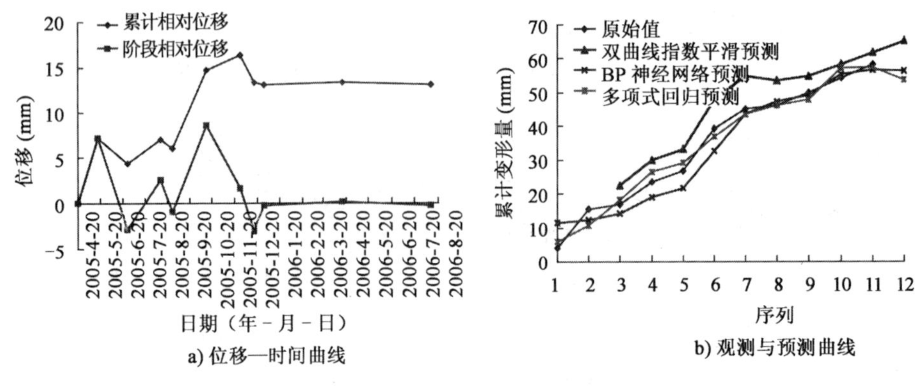

图 11.2-16　TP11 监测预测曲线图

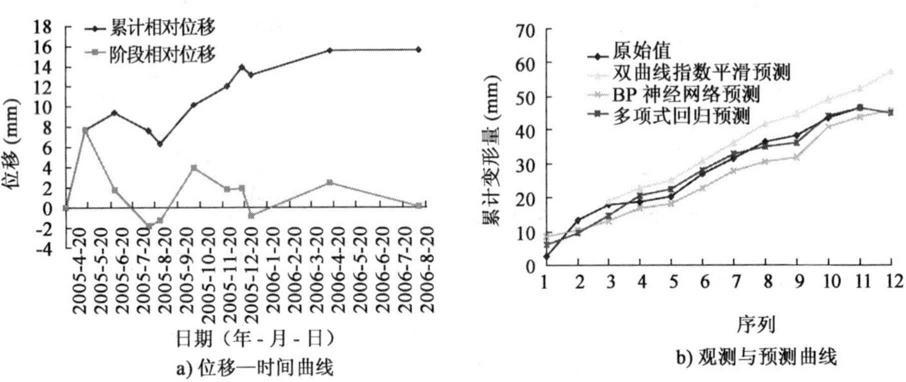

图 11.2-17　TP12 监测预测曲线图

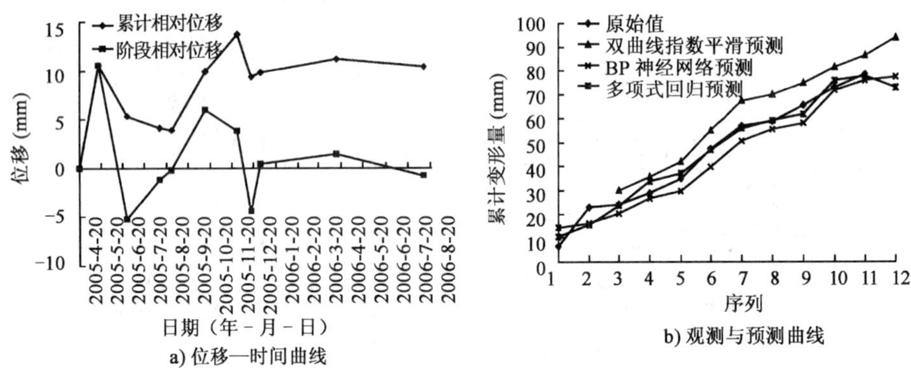

图 11.2-18　TP13 监测预测曲线图

11.2.5　沙坪Ⅲ号滑坡监测及预测成果分析

1)地表位移监测与预测分析

从地表监测结果可以看出，沙坪Ⅲ号滑坡在监测期间位移量不大，大部分监测点一年多来的累计位移量不超过 20mm，监测初期由于边坡加固治理后，受抗滑桩支挡的影响，边坡一度处于变形调整阶段，加上降雨及地下水下渗的影响，各监测点位移出现跳跃性变化。进入 2005 年 11 月以后，边坡和抗滑桩等支挡结构物变形基本协调，抗滑桩阻挡滑坡继续变形效果明显，各点位移变形基本停止。2006 年前 8 个月的监测结果显示，边坡没有产生大的变形，各点位移量很小，整个滑坡体目前是稳定的。

分析中分别采用了双曲线指数平滑预测模型、BP神经网络预测模型及三次多项式回归预测模型对各孔监测数据进行模拟，应用模拟结果对下步监测结果进行预测。根据预测的结果可以看出，各孔在下期监测中位移量不大，建议减少监测频率或停止监测，改为不定期的现场巡察以从宏观上掌握该滑坡今后的变形情况。

2)降雨影响分析

由图11.2-5可知，该地区降雨多集中在5～10月，其中以8月份为最大，5月份月降雨量为80mm左右；6月份月降雨量达到为100mm左右，7月份月降雨量则达到160mm左右，8月份为240左右。从各地表点监测曲线看，2005年5～11月位移变形相对较大，这与降雨和坡体变形调整等因素影响有关，降雨的影响加速了边坡变形，但同时支挡结构物又阻碍了边坡出现较大的变形，在这些因素的影响下，监测曲线有的表现出波浪状变化。进入2006年以后，边坡和支挡结构物经过一段较长时间的变形调整之后，变形步调基本一致，此时坡体受抗滑桩等支挡的作用，基本停止变形，在雨季降雨的影响下，边坡只产生一些很小的变形。

11.2.6 小结

结合工程施工建设过程，对以上位移—时间曲线及降雨情况综合分析，结论如下：

(1)从2005年4月～2005年12月，总位移基本均为20mm，这主要是因为，从2001年3月抗滑桩竣工以来，坡体一直处于蠕动调整阶段。

(2)从2006年1月～2006年9月，滑坡没有位移，处于稳定状态，停止监测。2007年9月27日经现场察看，坡体未见任何异常。

11.3 平溪特大桥滑坡监测预报

11.3.1 概况

平溪特大桥滑坡位于贵州省三穗至凯里高速公路第三合同段平溪特大桥3号墩和5号台之间，里程桩号为K73＋860～K74＋000。

2003年5月11日1:55发生大规模滑坡(图11.3-1)，持续时间约39min。其右侧一工棚内35人无一幸存，已开挖的3号桥墩桩孔全部被掩埋，滑坡前缘的临时简易公路被毁，造成了严重的经济损失。

依托工程开展期间完成的主要工作量如表11.3-1所示。

工作量汇总表 表11.3-1

序号	项　目	单位	数　量	备　注	
一	地质调绘(1∶500)	km^2	0.3		
二	钻探				
1	钻孔	个/m	30/613.5	197.2	覆盖层
				416.3	基岩
2	套管	m	353.8		
三	井探	m/个	10/86.95	其中，土方108.99m^3，石方24.86m^3，钢筋混凝土护壁55.98 m^3	
四	岩土测试				

续上表

序号	项　　目	单位	数　　量	备　　注
1	土样试验	组(件)	32(96)	其中,土体的物理特性试验10组(30件)、直剪强度试验5组(15件)、三轴快剪6组(18件)、三轴慢剪6组(18件)、渗透试验5组(15件)
2	岩样试验	组(件)	26(78)	
五	物探			
1	声波测试	点	551	总107.8m
2	电测深	点	57	
3	瑞雷面波	点	10	
六	工程测量			
1	地形测量	km^2	0.26	
2	控制点	个	6	
3	图根点	个	16	
4	勘探点	个	40	其中钻孔30个,探井10个
5	重要地质点	个	35	
6	监测点	个	4	
7	断面测量(1∶500)	km	3	
七	监测			
1	滑坡简易监测	点	4	
2	地表位移监测	点	7	监测12期
3	深部位移监测	孔	9	监测560孔·次

11.3.2　地质条件

根据工程地质勘察成果,坡体从上到下可分为三层。

(1)第四系覆盖层为残坡积物,以碎石土分布为主,其次为粉质黏土含碎石角砾。

(2)强风化变余砂岩夹板岩,节理发育、岩石极破碎,纵波波速1 200～2 100m/s,完整系数0.09～0.24。

(3)弱风化变余砂岩夹板岩,纵波波速2 500～3 500m/s,完整系数0.35～0.67,属较破碎至较完整岩石。

11.3.3　滑坡特征

滑坡前缘宽约200m,纵长约100m,平均厚15～25m,滑体厚10～16m的残坡积碎石土和厚4～8m的强风化层状碎裂岩体,总方量20余万立方米。

图11.3-1　平溪滑坡现场情况

11.3.4　治理方案简介

滑坡发生后,进行了详细滑坡工程地质勘察,并完成了设计图,主要采用减载、锚索抗滑桩、挡墙、排水、恢复植被等综合治理。

11.3.5　监测的必要性

平溪特大桥为90m+160m+90m预应力混凝土连续刚构,引桥为2×30m预应力混凝土

T形梁。3号主墩正好位于滑坡的前缘。为了保证施工安全、为动态法设计提供参数、检验治理效果,需对此进行监测。

11.3.6 平溪特大桥滑坡监测

1)监测的目的及完成的工作量

平溪特大桥滑坡体的大部分已下滑。据已有的滑坡变形资料显示,勘察期间平溪特大桥滑坡无明显整体滑动现象,但局部存在蠕动变形迹象,需对其进行严密监测,具体监测项目如下:

(1)滑体位移监测:①地表位移监测(抗滑桩、挡墙、承台、坡体);②深部位移监测。

(2)地下水位监测。

(3)降雨量观测。

(4)地表巡视。

监测要达到以下目的:

(1)掌握滑坡体在抗滑桩施工过程中的地表位移、深部位移变形情况,确保施工安全。

(2)验证和确定滑动面的位置,为修改设计、指导施工提供依据。

(3)大气降雨对滑坡稳定性的影响。

(4)通过对滑坡构筑物监测,验证滑坡治理的效果。

图 11.3-2 清方完成后的坡面监测范围

(5)施工过程中,桩孔开挖对坡体扰动的影响。

综上,通过现场监测资料及时进行边坡治理效果评价,并将成果及时反馈给设计单位,以便修改完善设计,使工程措施既安全可靠,又经济合理。同时,监测成果又能有效地指导施工,使施工单位能根据监测成果,及时调整施工工艺及进度,减少施工的盲目性,一旦发现异常现象,及时采取相应的对策,以确保边坡在施工中的安全和稳定。清方完成后的坡面监测范围见图 11.3-2。

2004 年 9 月开始监测工作,2006 年 4 月结束地表位移监测工作,2006 年 7 月结束深部位移监测,完成工作量见表 11.3-2。

平溪特大桥滑坡监测工作量表

表 11.3-2

项　目	监测点编号	监测位置	监测孔方位		监测深度(m)	单位	完成监测数量(次点)
			A0	B0			
深部位移监测	CXK1	一级平台上	N42°E	W42°N	27.5	次	69
	CXK2	二级平台上	N30°E	W30°N	30.0	次	70
	CXK3	三级平台上	N40°E	W40°N	30.0	次	69
	CXK4	一级平台上	N35°E	W35°N	25.5	次	66
	CXK5	二级平台上	N45°E	W45°N	29.5	次	69
	CXK6	三级平台上	N35°E	W35°N	23.0	次	71
	CXK7	一级平台上	N41°E	W41°N	29.5	次	67
	CXK8	二级平台上	N35°E	W35°N	27.0	次	11
	CXK9	三级平台上	N30°E	W30°N	29.0	次	68
	合计	—				点	560×251×2 =281 120

续上表

项目	监测点编号	监测位置	监测孔方位		监测深度(m)	单位	完成监测数量(次点)
			A0	B0			
地表位移监测网监测	TP5	与CXK4重合	—	—		点	12×7=84
	TP6	与CXK1重合	—	—			
	TP7	二级平台上	—	—			
	TP8	与CXK5重合	—	—			
	TP9	与CXK2重合	—	—			
	TP14	与CXK6重合	—	—			
	TP15	与CXK3重合	—	—			
基准网监测	Ⅱ-1	—	—	—		次	3
	Ⅱ-2	—	—	—			
	Ⅱ-3	—	—	—			
	Ⅱ-4	—	—	—			
	Ⅱ-5	—	—	—			
	S01	—	—	—	1.30		
	S02	—	—	—	1.30		
	S03	—	—	—	1.30		
地下水监测	CXK1～CXK9	平台上				次	66
降雨量观测						次	66

2)监测方法与仪器选择

根据平溪特大桥滑坡的具体情况，采用仪器见表11.3-3。

采用仪器列表 表11.3-3

序号	仪器名称	作用	精度要求	数量
1	全站仪	测量滑坡体、挡墙表面水平位移	测角精度2″，测距精度±(2mm+2ppm)	1
2	NI005A型水准仪	测量滑坡体、挡墙表面垂直位移	0.2mm	1
3	测斜仪	测量滑坡体深部位移	灵敏度0.02/500mm，总精度±6mm/25m，量程0～±53°	2
4	SJ1虹吸式雨量计	降雨量和降雨强度观测	0.05～4mm/min	1
5	钢尺	滑坡体后缘的裂缝宽度测量	mm	1
6	地下水位计	降雨时地下水的变化测量	可采用水位计探头	1

3)监测网布置

(1)监测基准网的建立

变形监测基准网是为滑坡体、挡墙、桩、墩变形测量而布设的测量控制网。控制点布置在滑坡体影响范围之外的稳定基岩上，称为基准点。根据平溪特大桥的地质情况及周边环境，本监测在滑坡体影响范围之外的基岩上选定四个基准点，建立平行监测网；选三个基准点，建立水准网。设置的基准点与监测点示意图如图11.3-3所示。

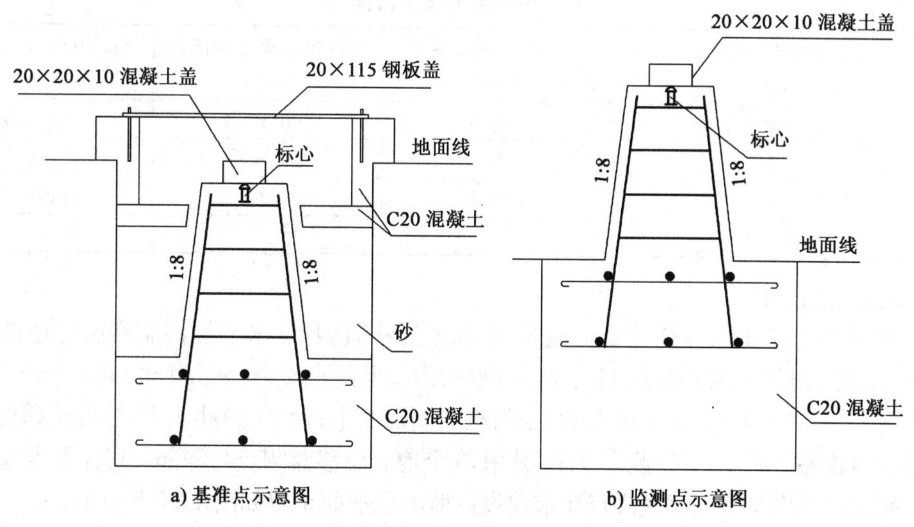

图 11.3-3 设置的基准点与监测点示意图(尺寸单位:m)

①水平位移基准网的建立

水平位移监测网的主要技术要求见表 11.3-4。

水平位移监测网的技术指标 表 11.3-4

等级	相邻基准点的相对中误差(mm)	平均边长(m)	测角中误差(″)	最弱边相对精度
一	±1.5	<300	±0.7	1/250 000
		<150	±1.0	1/120 000
二	±3.0	<300	±1.0	1/120 000
		<150	±1.8	1/70 000
三	±10.0	<350	±1.8	1/70 000
		<200	±2.5	1/40 000
四	±12.0	<400	±2.5	1/40 000

水平位移监测采用三角测量法测定基准点的点位。监测示意如图 11.3-4 所示,其中,测站点 1、2、3、4 的位置由三角控制网精密测定,再由前方交会测定 A、B、C、D 各点的变形值。

②垂直位移基准网的建立

垂直位移监测网可以设成闭合环、结点或附合水准路线等多种形式。设置三个水准基点构成一组,形成一个边长约 100m 的等边三角形,由固定的观测站经常观测三点间的高差,以判断其是否有变动。水准基点埋设在变形区以外的基岩上。如变形区以外有较厚的松散覆盖层,可钻孔到达基岩埋设钢管标志。垂直位移监测网主要技术要求见表 11.3-5。起始点的高程对于面积较小的垂直位移,可以假设。对监测面积较大的工程,应尽量与国家或测区原有水准点联测。本工程与设计公路的网络水准点联测。

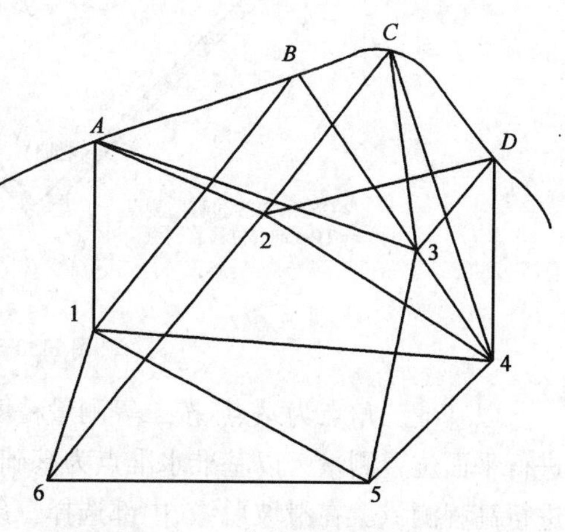

图 11.3-4 水平位移监测示意图

垂直位移监测技术指标 表 11.3-5

等级	相邻基准点高差中误差(mm)	每站高差中误差(mm)	往返较差、附合或闭合(mm)	检测已测高差较差(mm)
一	±0.3	±0.07	$\pm0.15\sqrt{n}$	$\pm0.2\sqrt{n}$
二	±0.5	±0.13	$\pm0.3\sqrt{n}$	$\pm0.5\sqrt{n}$
三	±1.0	±0.3	$\pm0.6\sqrt{n}$	$\pm0.8\sqrt{n}$
四	±0.2	±0.7	$\pm1.4\sqrt{n}$	$\pm2.0\sqrt{n}$

(2)监测网点的布设

监测点:在滑坡表面及其构筑物上建 33 个地表位移监测点(水平位移监测点与垂直位移监测点重合),其中,滑体表面监测点 11 个,3 号墩(抗滑桩监测点 4 个、承台 4 个)共 8 个,4 号墩(抗滑桩监测点 4 个、柱 2 个)共 6 个,5 号台(抗滑桩监测点 2 个、台 2 个)共 4 个,挡墙位移监测点 4 个。深部位移监测断面 3 个,监测点 9 个,其中,6 个地表位移监测点与深部位移监测点重合。33 个地表位移监测点均参照二等基准点要求建设。监测点平面布置如图 11.3-5 所示。

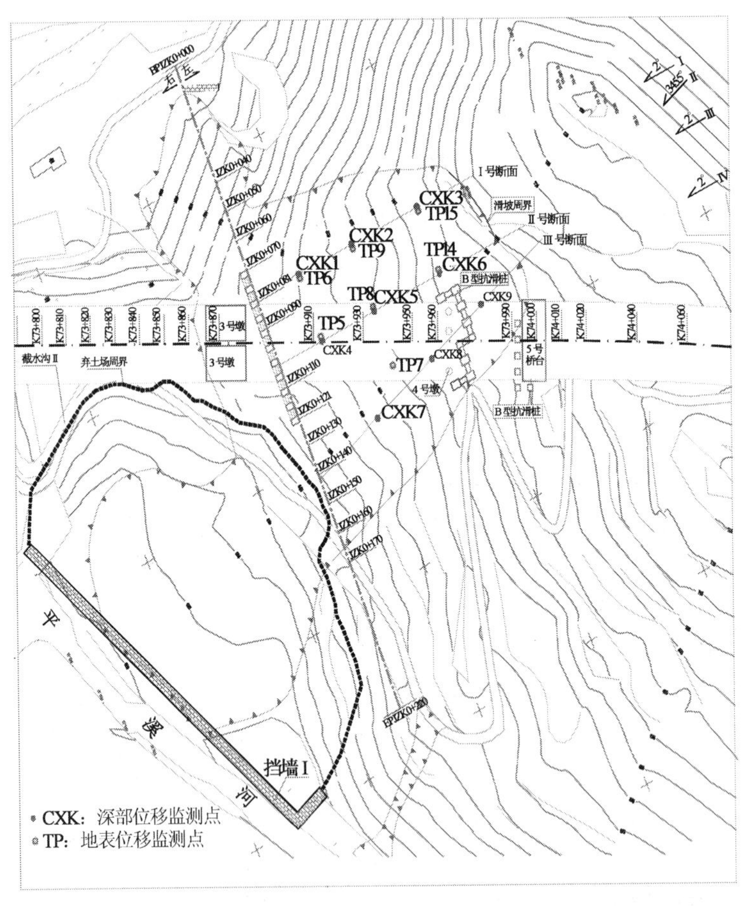

图 11.3-5 监测点平面布置图

以基准三角点为站点,按二等测量精度要求,使用全站仪,采用前方交会法定期对观测点进行平面位置测量。以基准水准点为基础,按二等水准测量要求,使用 NI005A 型精密水准仪进行高程测量。在滑坡后缘、中部选择三条主要裂缝,采用测缝计(钢卷尺)进行裂缝观测。对滑坡体上的所有主要裂缝进行地表巡视。在 4 号、5 号台的某根对应抗滑桩及 3 号、4 号抗滑桩的某三根桩上，沿桩高度分三层分别设置防水土压力盒，最上一层压力盒离地表高度至少3m。应力测量装置共15个。在高程为696.163m的平台上设置一简易降雨量观测站，在测斜管埋设的附近设置3个地下水位观测点，每孔深40m。监测点断面布置如图11.3-6所示。

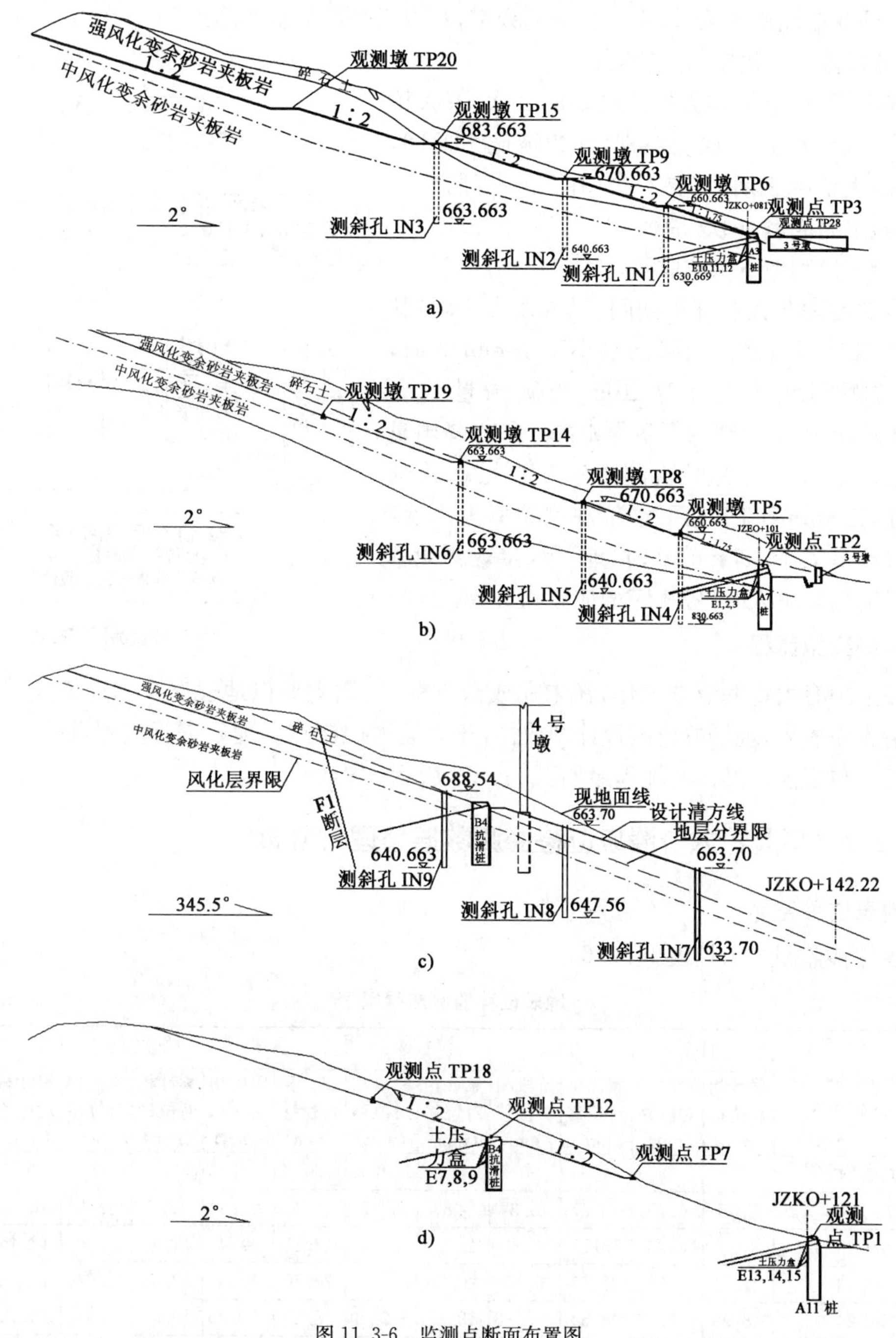

图11.3-6 监测点断面布置图

4)监测周期确定

根据不同的监测内容，分别对不同监测项目拟定相应监测周期。监测结束时间暂定为大桥完工后半年，共计两年。两年后是否监测，要根据监测结果的动态分析而定。

(1)滑坡体表面及深部位移、挡墙、墩顶及桩顶表面位移监测滑坡治理施工期间，地表位移和深部位移监测 1 次/(3～7)d，预计时间为 3 个月。大桥施工期间，地表位移监测 1～2 次/月，深部位移监测 1 次/周。大桥完工后，地表位移监测 1 次/月，深部位移监测 1 次/月。特别说明：以上滑坡监测频率是正常情况下对滑坡位移的监测。当滑坡出现变形加快迹象时，应增加观测频率，并查明变形加快的原因。

(2)滑坡体地表巡视与裂缝观测

裂缝观测，在边坡和大桥施工期间 1 次/d；大桥施工完成后，1 次/周。地表巡视，在边坡施工期间，要 8 次/d；大桥施工期间，要 4 次/d；下雨期间，要加密；大桥施工完成后，1 次/周。

(3)降雨量和地下水位监测

在滑坡治理与大桥施工期间，只要发生降雨，就要对降雨量进行观测。当降雨量小于 70mm/d 时，地下水位观测频率为 1 次/10d；当降雨量大于 70mm/d 时，地下水位观测频率为 1 次/5d；当降雨量大于 90mm/d 时，地下水位观测频率为 1 次/d，当降雨量大于 110mm/d 时，地下水位观测频率为 1 次/12h；当降雨量大于 130mm/d 时，地下水位观测频率为 1 次/6h；雨量更大时，应相应增加监测次数。

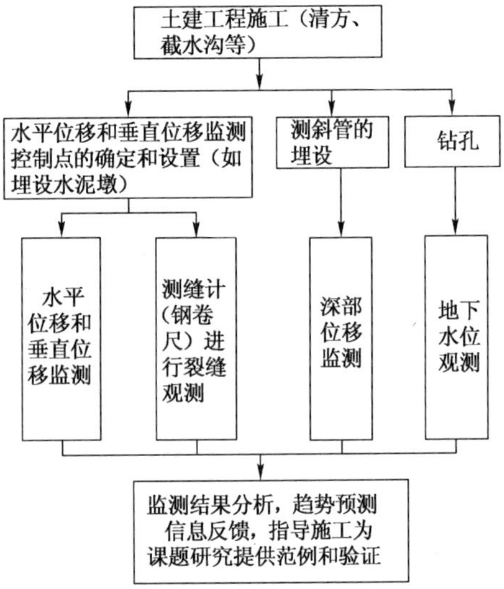

图 11.3-7 边坡监测网实施程序

5)监测实施流程

滑坡治理有大量的清方工作，在未完成清方前，监测主要以地表巡视和地表裂缝测量为主。在清方完成后，现场按监测设计图放样，建立监测控制点。随后进行监测点的建设，监测设备的埋设与观测。具体实施程序如图 11.3-7 所示。

11.3.7 平溪特大桥滑坡位移监测数据整理与分析

1)地表位移监测

地表位移监测结果见表 11.3-6。

地表位移监测成果简表 表 11.3-6

观测时间(年-月-日)	TP5		TP6		TP7		TP9		TP14		TP15	
	累计相对位移(mm)	阶段相对位移(mm)	累计相对位移(mm)	阶段相对位移(mm)	累计相对位移(mm)	阶段相对位移(mm)	累计相对位移(mm)	阶段相对位移(mm)	累计相对位移(mm)	阶段相对位移(mm)	累计相对位移(mm)	阶段相对位移(mm)
2004-9-24	0	0	0	0	0	0	0	0	0	0	0	0
2005-1-8	6.75	6.75	10.37	10.37	5.87	5.87	5.87	5.87	4.56	4.56	6.01	6.01
2005-4-25	12.1	5.35	15.77	5.4	12.21	6.34	12.21	6.34	14.35	9.79	12.45	6.44
2005-5-13	21.14	9.04	22.36	6.59	20.76	8.55	20.76	8.55	18.09	3.74	15.32	2.87
2005-6-24	18.98	−2.16	18.54	−3.82	18.27	−2.49	18.27	−2.49	19.53	1.44	13.72	−1.6
2005-8-10	19.67	0.69	18.61	0.07	16.28	−1.99	16.28	−1.99	18.71	−0.82	12.92	−0.8
2005-8-26	19.4	−0.27	17.81	−0.8	15.76	−0.52	15.76	−0.52	18.38	−0.33	11.65	−1.27
2005-10-11	17.38	−2.02	17.2	−0.61	15.86	0.1	15.86	0.1	18.35	−0.03	11.98	0.33
2005-11-24	16.58	−0.8	16.64	−0.56	15.13	−0.73	15.13	−0.73	18.74	0.39	12.96	0.98
2005-12-14	15.74	−0.84	15.95	−0.69	15.08	−0.05	15.08	−0.05	19.26	0.52	13.36	0.4

续上表

观测时间（年-月-日）	TP5		TP6		TP7		TP9		TP14		TP15	
	累计相对位移（mm）	阶段相对位移（mm）	累计相对位移（mm）	阶段相对位移（mm）	累计相对位移（mm）	阶段相对位移（mm）	累计相对位移（mm）	阶段相对位移（mm）	累计相对位移（mm）	阶段相对位移（mm）	累计相对位移（mm）	阶段相对位移（mm）
2005-12-28	14.7	−1.04	15.59	−0.36	14.63	−0.45	14.63	−0.45	19.73	0.47	14.74	1.38
2006-4-13	14.89	0.19	15.04	−0.55	13.15	−1.48	13.15	−1.48	20.6	0.87	16.12	1.38

地表位移监测曲线如图 11.3-8 所示。

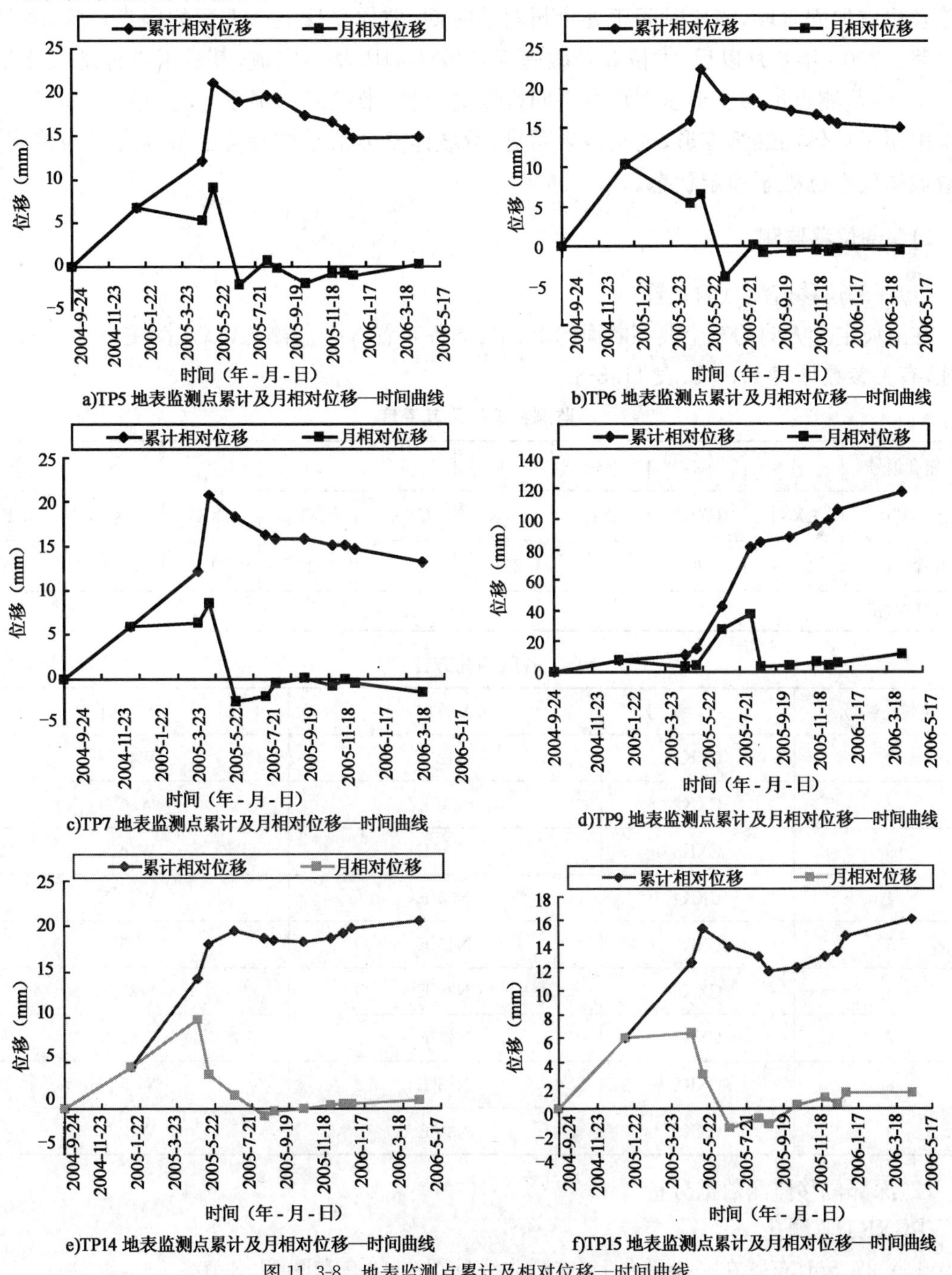

a)TP5 地表监测点累计及月相对位移—时间曲线

b)TP6 地表监测点累计及月相对位移—时间曲线

c)TP7 地表监测点累计及月相对位移—时间曲线

d)TP9 地表监测点累计及月相对位移—时间曲线

e)TP14 地表监测点累计及月相对位移—时间曲线

f)TP15 地表监测点累计及月相对位移—时间曲线

图 11.3-8　地表监测点累计及相对位移—时间曲线

对这十二期监测所得地表监测数据进行分析，TP8由于施工原因于2004年12月份遭到破坏，该点只有两期监测数据，在此不对该点进行评价。垂直方面：除TP6、TP9略有沉降外，其余略有抬升，这是由于坡体下滑受到3号墩及抗滑桩的阻挡导致坡面微小隆起所致。水平方面：除TP9略有下滑外，其余均为与TP9下滑方向呈约45°角约1cm量的侧滑，估计同样是因为坡体下滑受到3号墩及抗滑桩阻挡作用所致。2006年5月以后，由于该滑坡体坡面绿化施工的影响，各地表监测点均遭到破坏，从而无法进行下一步的持续监测。从这近两年的地表监测结果来看，整个滑坡体的地表变形主要出现在2005年4～8月大桥施工及边坡加固阶段，该段时间正处贵州雨季时期，坡体受这三个方面的因素影响，变形较为显著。2005年8月以后，大桥3号墩施工及坡体加固基本完成，其后滑坡体地表变形逐渐减小，各监测点位移变形速率均有不同程度的降低，监测结果显示，支挡结构物的设置有效地限制了坡体的继续变形，处治效果明显，滑坡体整体滑动的趋势已得到有效的控制，整个滑坡体现在已处于稳定状态。

2)深部位移监测

(1)深部位移监测点的布置

在滑坡主滑方向的三个典型断面的上、中、下各布置3个监测孔，以观测主滑动面的滑动特征，有关参数见表11.3-7、表11.3-8。

监测孔编号及其深度 表11.3-7

测斜孔编号	1	2	3	4	5	6	7	8	9
钻孔编号	CXK1	CXK2	CXK3	CXK4	CXK5	CXK6	CXK7	CXK8	CXK9
孔深(m)	27.5	30	30	25.5	29.5	23	29.5	27	29
累计孔深(m)	251								

各监测孔方位 表11.3-8

测斜孔编号	钻 孔 编 号	X方向	Y方向
1	CXK1	N42°E	W42°N
2	CXK2	N30°E	W30°N
3	CXK3	N40°E	W40°N
4	CXK4	N35°E	W35°N
5	CXK5	N45°E	W45°N
6	CXK6	N35°E	W35°N
7	CXK7	N41°E	W41°N
8	CXK8	N35°E	W35°N
9	CXK9	N30°E	W30°N

(2)深部位移监测数据分析

①CXK1监测孔

孔深27.5m，布置在一级平台上，监测曲线见图11.3-9和图11.3-10。

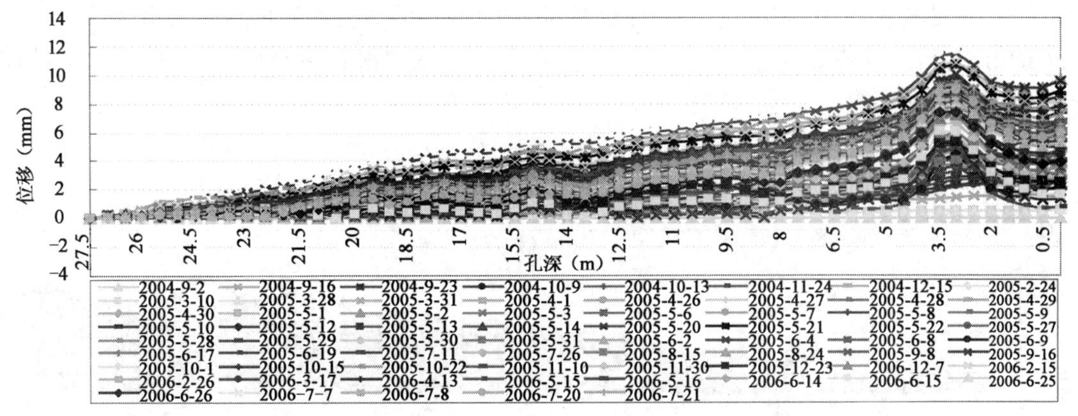

图 11.3-9　CXK1 监测孔累计合位移沿深度分布曲线

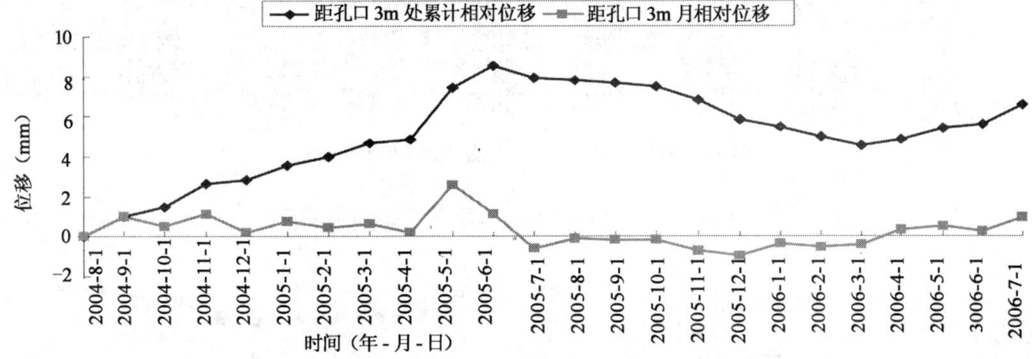

图 11.3-10　CXK1 监测孔潜在滑动面上部累计合位移及月相对位移—时间曲线

2004 年 9～12 月，1 号孔附近的滑体只有较小的变形，产生的位移量很小，位移曲线紧靠初始值轴线分布，但在距孔顶 2.5～3.5m 位置处出现明显的变形带，峰值出现在距孔顶 3m 位置处，表明该处为潜在滑动面。截至 2004 年 12 月 15 日，该点处最大位移为 2.63mm，孔顶最大位移为 3.58mm。

进入 2005 年，1 号孔在 1～4 月份处于相对静止状态，其位移变化曲线排列相对紧密，表明该孔在这段时间处于相对稳定状态。从 5 月份开始，在距孔口 3m 和孔顶处位移出现明显的波动，位移速率有所增加，该段时间正处雨季和施工扰动阶段，表明该孔附近滑体的变形受降雨和施工因素影响明显。在随后的四个月里，该孔处滑体变形又有所减小，这种现象一直持续到 2006 年 7 月，在这段时间里整个坡体加固工程已基本完成。根据与地表监测资料对比显示，该处坡体地表位移在加固完成之后也明显减小，说明滑体在加固工程结束后，下滑变形趋势已得到控制。

上述特征表明，该部位滑体的变形活动与雨季的降雨有直接关系，同时与边坡加固效果关系更为密切。此外，监测还揭示，1 号孔滑体的变形方向主要为东南方向。

1 号孔从 2004 年 9 月开始至 2006 年 7 月近两年的时间里，位移并不是持续增大，累计产生的位移量不大。两年内孔深 3m 处最大位移出现在 2005 年 6 月（图 10.3-10），为 8.53mm，孔顶处最大位移也出现在 2005 年 6 月（图 10.3-9），为 10.70mm。两年内月平均位移按最大位移量计算为：孔顶，0.465mm/月；3m 处，0.371mm/月。3m 处最大月位移速率为 2.59mm/月（2005 年 5 月）。

由此可见，1 号孔所在地滑体在近两年的监测时间里虽然从未停止过变形，变形时快时慢

（雨季 4～8 月稍大，9 月至次年 4 月稍慢，加固前稍快，加固后变慢），但该孔处滑体没有产生太大的滑动，最大位移量仅为 10.70mm（2005 年 5 月），说明潜在滑动面（3m 处）以上的坡体在监测期内是稳定的。

②CXK2 监测孔

孔深 30m，布置在二级平台上，监测曲线见图 11.3-11 和图 11.3-12。

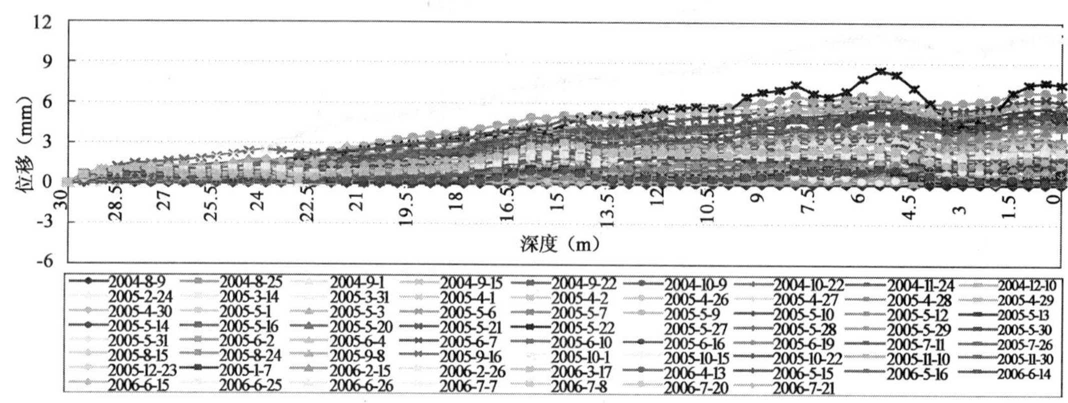

图 11.3-11　CXK2 孔累计合位移沿深度分布曲线

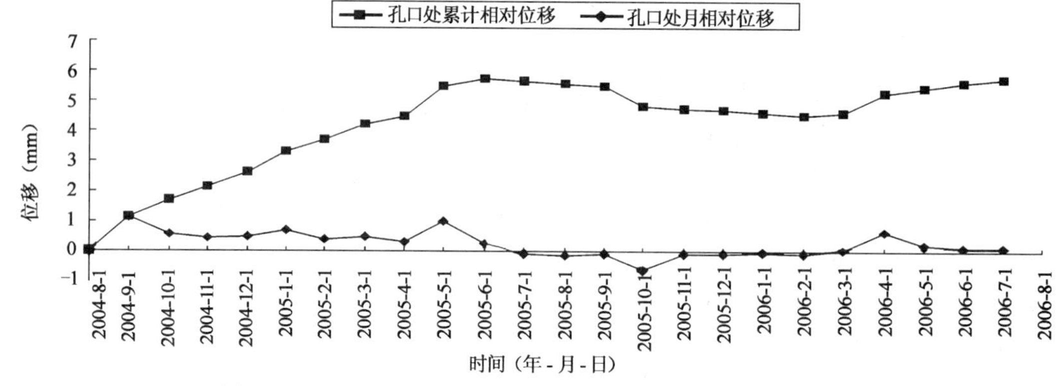

图 11.3-12　CXK2 监测孔孔口处累计合位移及月相对位移—时间曲线

2004 年 8～12 月，2 号孔附近滑体只有较小的变形，产生的位移量很小，位移曲线紧靠初始值轴线分布，未出现明显的变形带，曲线呈小振幅摆动状变化，最大累计相对位移出现在孔顶附近。截至 2004 年年底，孔顶处最大累计相对位移为 2.63mm（12 月）。

进入 2005 年，2 号孔在 1～3 月份处于相对静止状态，其位移变化曲线排列相对紧密，表明该孔在这段时间处于相对稳定状态。4～8 月在孔顶处位移出现明显的波动，位移速率有所增加，该段时间正处雨季和施工扰动阶段，表明该孔附近滑体变形受降雨和施工因素影响明显。8～10 月份该孔孔顶位移变形又有所收敛，在该段时间内，3 号墩及抗滑桩施作工程基本完成，该孔附近滑体位移变形得到有效的控制。

2006 年 1～7 月期间，该孔处坡面受到不同程度的干扰，孔顶位移反复出现波动现象，与该孔处地表监测点 TP9 的监测结果比较吻合，但变形位移量并不是很大，且孔顶以下部位变形也很小，说明该孔处滑体在加固工程结束后，下滑变形趋势也已得到控制。

2 号孔从 2004 年 8 开始至 2006 年 7 月近两年的时间里，位移并不是持续增大，累计产生的位移量不大。两年内月平均位移按最大位移量计算为 0.251mm/月，最大月位移速率为

0.99mm/月(2005 年 5 月)。

由此可见,2 号孔所在地滑体在这两年的监测时间里虽然从未停止过变形,变形时快时慢(雨季 4～8 月稍大,9 月至次年 4 月稍慢,加固前稍快,加固后变慢),但该孔处滑体没有产生太大的滑动,最大累计相对位移量仅为 5.76mm(2005 年 5 月),且主要表现为孔顶附近的波动现象,说明该孔处滑体在监测期内是稳定的。

③CXK3 监测孔

孔深 30m,布置于 3 级平台处,距东边陡坡 10m 左右,监测曲线见图 11.3-13 和图 11.3-14。

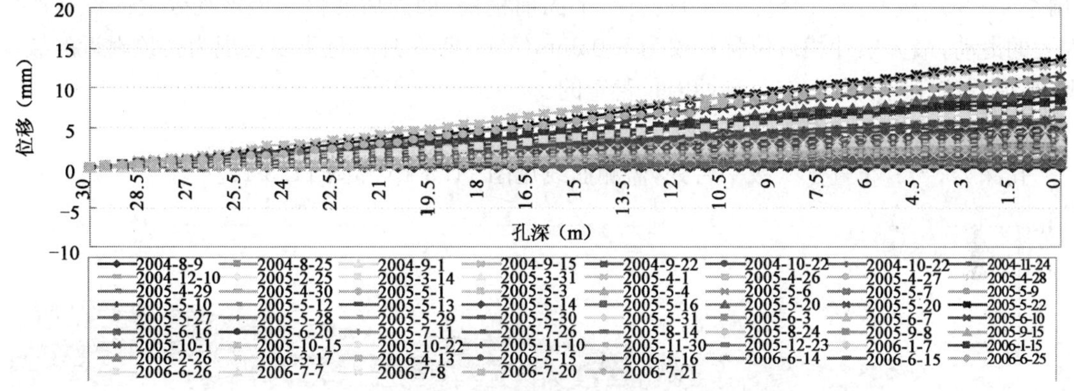

图 11.3-13　CXK3 监测孔累计合位移沿深度分布曲线

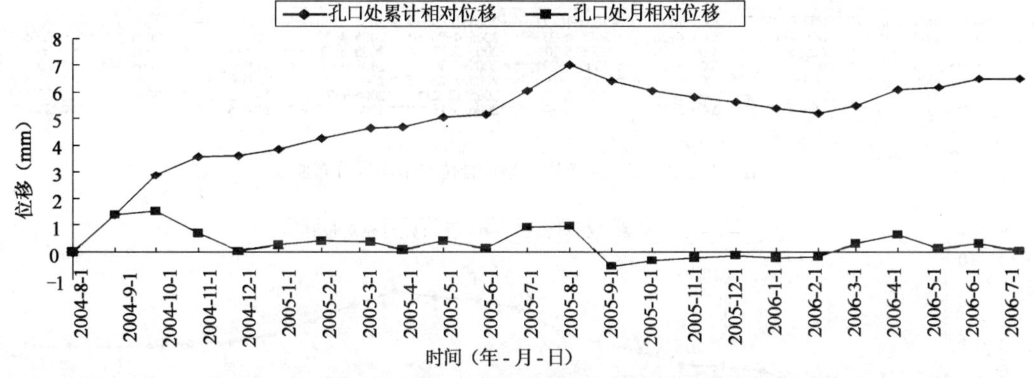

图 11.3-14　CXK3 监测孔孔口处累计合位移及月相对位移—时间曲线

2004 年 8～12 月,3 号孔附近滑体只有较小的变形,产生的位移量很小,位移曲线紧靠初始值轴线分布,未出现明显的变形带,曲线呈小振幅摆动状变化,最大位移出现在孔顶附近。截至 2004 年年底,孔顶处最大位移为 3.61mm(12 月)。

进入 2005 年,3 号孔在 1～5 月份处于相对静止状态,其位移变化曲线排列相对紧密,表明该孔在这段时间处于相对稳定状态。6～8 月在孔顶处位移出现明显的波动,位移速率明显增加,该段时间正处雨季和施工扰动阶段,表明该孔处滑体变形受降雨和施工因素影响明显。9～10 月份该孔孔顶位移变形又有所收敛,在该段时间内 3 号墩及抗滑桩施作工程基本完成,该孔附近滑体位移变形得到有效的控制。

2006 年 1～7 月期间,该孔处坡面受到不同程度的干扰,孔顶位移反复出现波动现象,与该孔处地表监测点 TP15 的监测结果比较吻合,但变形位移量并不是很大,且孔顶以下部位变形也较小,位移曲线呈摆动状变化,说明该孔处滑体在加固工程结束后,下滑变形趋势也已得到控制。

上述特征表明，该部位滑体的变形及活动与雨季的降雨有直接关系，同时与边坡加固效果关系也很密切。此外，监测还揭示，3 号孔附近滑体的变形方向主要为东南方向，与主滑方向一致。

3 号孔从 2004 年 8 开始至 2006 年 7 月近两年的时间里，位移并不是持续增大，累计产生的位移量不大。两年内孔顶处最大累计相对位移出现在 2005 年 5 月（图 11.3-14），为 7.03mm。两年内月平均位移按最大位移量计算为 0.306mm/月，最大月位移速率为 1.52mm/月（2004 年 10 月）。

由此可见，3 号孔所在地滑体在这两年的监测时间里虽然从未停止过变形，变形时快时慢（雨季 4～8 月稍大，9 月至次年 4 月稍慢，加固前稍快，加固后变慢），但该孔处滑体没有产生太大的滑动，最大累计相对位移量仅为 7.06mm（2005 年 8 月），且主要表现为孔顶附近的波动现象，说明该孔附近滑体在监测期内是稳定的。

④CXK4 监测孔

孔深 25.5m，布置于一级平台处，监测曲线见图 11.3-15 和图 11.3-16。

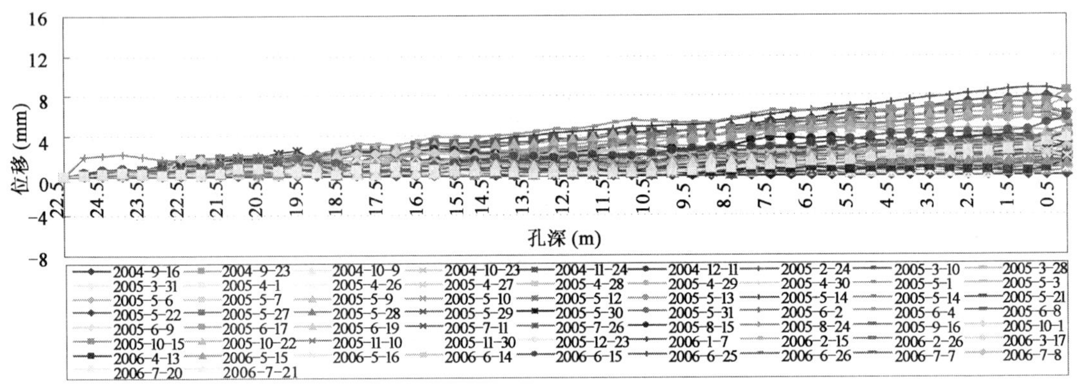

图 11.3-15　CXK4 监测孔累计合位移沿深度分布曲线

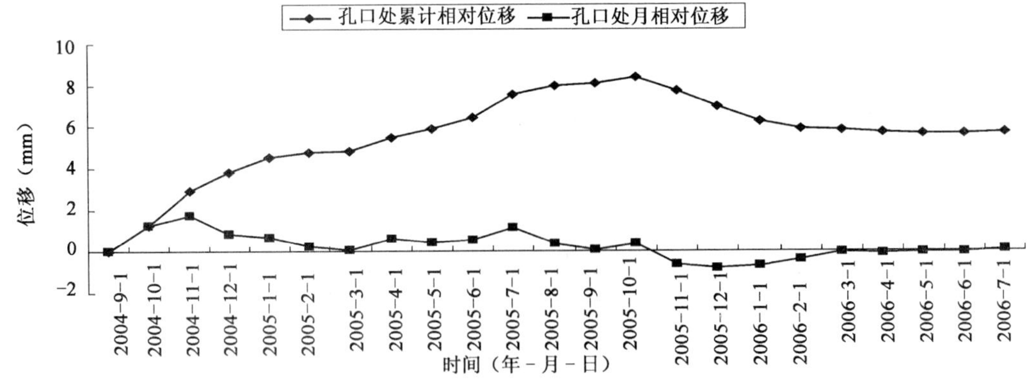

图 11.3-16　CXK4 监测孔孔口处累计合位移及月相对位移—时间曲线

2004 年 9～12 月，4 号孔附近滑体只有较小的变形，产生的位移量很小，位移曲线紧靠初始值轴线分布，未出现明显的变形带，曲线呈小振幅摆动状变化，最大累计相对位移出现在孔顶附近。截至 2004 年年底，孔顶处最大累计相对位移为 3.84mm（12 月 11 日）。

进入 2005 年，4 号孔在 1～4 月份处于相对静止状态，其位移变化曲线排列相对紧密，表明该孔在这段时间处于相对稳定状态。5～6 月在孔顶处位移出现明显的波动，位移速率明显增加，该段时间正处雨季和施工扰动阶段，表明该孔处滑体变形受雨季和施工因素影响明显。

7～8 月份该孔孔顶位移变形又有所收敛，在该段时间内 3 号墩及抗滑桩施作工程基本完成，该孔附近滑体位移变形得到有效的控制。9～10 月份由于坡面施工扰动的影响，该孔孔顶位移出现较大波动，位移速率明显增加，之后位移变形又趋于平静。截至 2005 年年底，孔顶处最大位移为 8.42mm(10 月)。

2006 年 1～7 月期间，该孔处坡面受到不同程度的干扰，孔顶位移反复出现波动现象，与该孔处地表监测点 TP5 的监测结果比较吻合，但变形位移量并不是很大，且孔顶以下部位变形较小，位移曲线呈摆动状变化，说明该孔处滑体在加固工程结束后，下滑变形趋势已得到控制。

上述特征表明，该部位滑体的变形及活动与雨季的降雨有比较直接的关系，同时与边坡加固施工干扰因素关系也十分密切。此外，监测还揭示，4 号孔滑体的变形方向主要为东南方向，与主滑方向变形一致。

4 孔从 2004 年 8 开始至 2006 年 7 月近两年的时间里，位移并不是持续增大，累计产生的位移量不大。两年内孔顶处最大位移出现在 2005 年 10 月，为 8.42mm。两年内月平均位移按最大位移量计算为 0.366mm/月，最大月位移速率为 1.72mm/月(2004 年 10 月)。

由此可见，4 号孔附近滑体在这两年的监测时间里虽然从未停止过变形，变形时快时慢(雨季 4～9 月稍大，10 月至次年 4 月稍慢，加固前稍快，加固后变慢)，但该孔附近滑体没有产生太大的滑动，最大位移量仅为 8.42mm(2005 年 9 月)，且主要表现为孔顶附近的波动现象，说明该孔处滑体在监测期内是稳定的。

⑤CXK5 监测孔

孔深 29.5m，布置于二级平台上，其监测曲线如图 11.3-17 和图 11.3-18 所示。

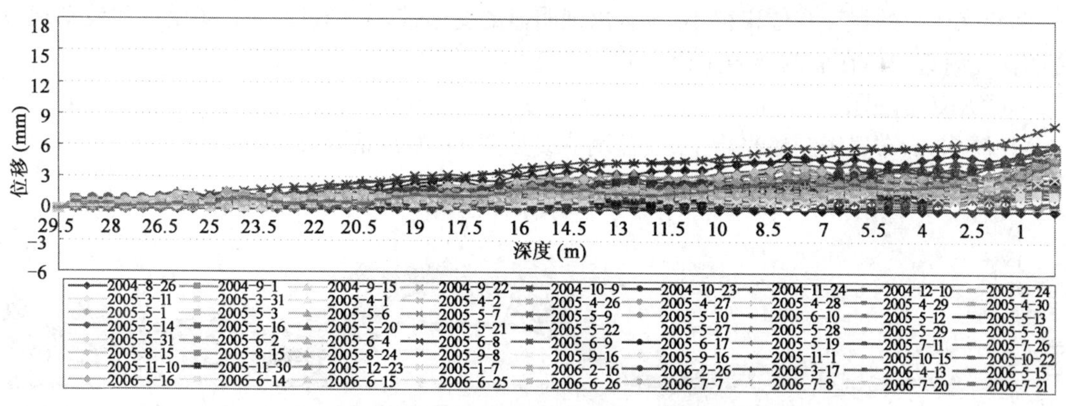

图 11.3-17 CXK5 监测孔累计合位移沿深度分布曲线

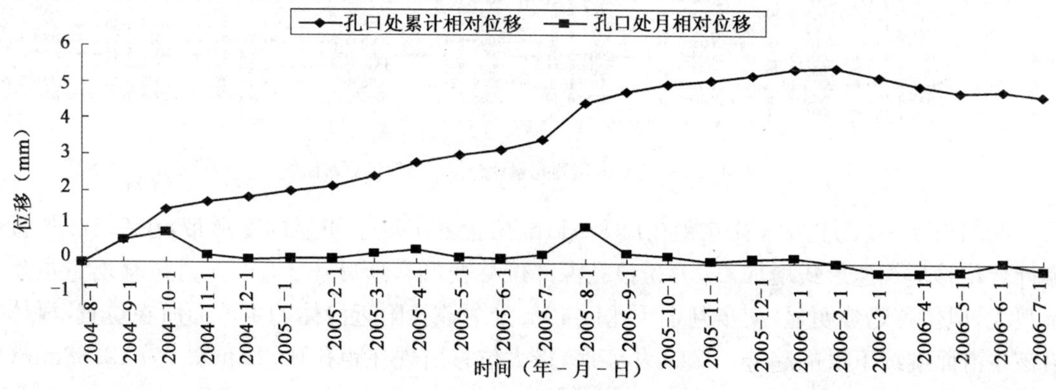

图 11.3-18 CXK5 监测孔孔口处累计合位移及月相对位移—时间曲线

2004 年 8～12 月，5 号孔附近滑体只有较小的变形，产生的位移量很小，位移曲线紧靠初始值轴线分布，未出现明显的变形带，曲线呈小振幅摆动状变化，最大位移出现在孔顶附近。截至 2004 年年底，孔顶处最大位移为 1.82mm(12 月)。

进入 2005 年，5 号孔在 1～4 月份处于相对静止状态，其位移变化曲线排列相对紧密，表明该孔在这段时间处于相对稳定状态。5～6 月在孔顶处位移出现明显的波动，位移速率明显增加，该段时间正处雨季和施工扰动阶段，表明该孔处滑体变形受雨季和施工因素影响明显。7～8 月份该孔孔顶位移变形又有所收敛，9～12 月份期间位移变形趋于平静。截至 2005 年年底，孔顶处最大位移为 5.21mm(12 月)。

2006 年 1～7 月期间，该孔附近坡面受到不同程度的干扰，孔顶位移反复出现波动现象，与该孔处地表监测点 TP5 的监测结果比较吻合，但变形位移量并不是很大，且孔顶以下部位变形较小，位移曲线呈摆动状变化，说明该孔处滑体在加固工程结束后，下滑变形趋势已得到控制。

上述特征表明，该部位滑体的变形活动与降雨有比较直接的关系，同时与边坡加固施工干扰因素关系也十分密切。此外，监测还揭示，5 号孔附近滑体的变形方向主要为东南方向，与主滑方向一致。

5 号孔从 2004 年 8 开始至 2006 年 7 月近两年的时间里，位移并不是持续增大，累计产生的位移量不大。两年内月平均位移按最大位移量计算为 0.236mm/月，最大月位移速率为 1.01mm/月(2005 年 8 月)。

由此可见，5 号孔附近滑体在这两年的监测时间里虽然从未停止过变形，但变形速率很慢，两年来产生的累计合位移很小，没有出现明显的变形带，主要表现为孔顶附近的波动现象，说明该孔附近滑体在监测期内是稳定的。

⑥CXK6 监测孔

孔深 23m，布置于三级平台上，其监测曲线见图 11.3-19 和图 11.3-20。

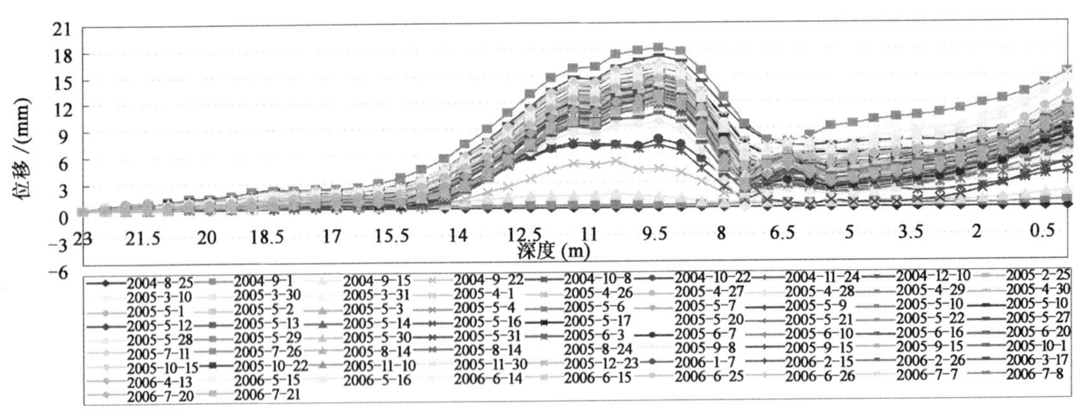

图 11.3-19　CXK6 监测孔累计合位移沿深度分布曲线

2004 年 8～11 月，6 号孔在距孔口 8～11m 位置处出现了明显的变形带，在 9.5m 位置处累计合位移呈等速形式增加，12 月份该孔深部位移变形有所减小。8～12 月位移增量虽然不是很大，但位移趋势明显，初步判定距孔口 10m 处为该孔附近滑体的主滑面所在位置，滑体有沿该主滑面继续下滑的趋势。2004 年年底，最大位移出现在距孔顶 9.5m 处，为 12.88mm(12 月)，孔顶处最大位移为 7.32mm(10 月)。

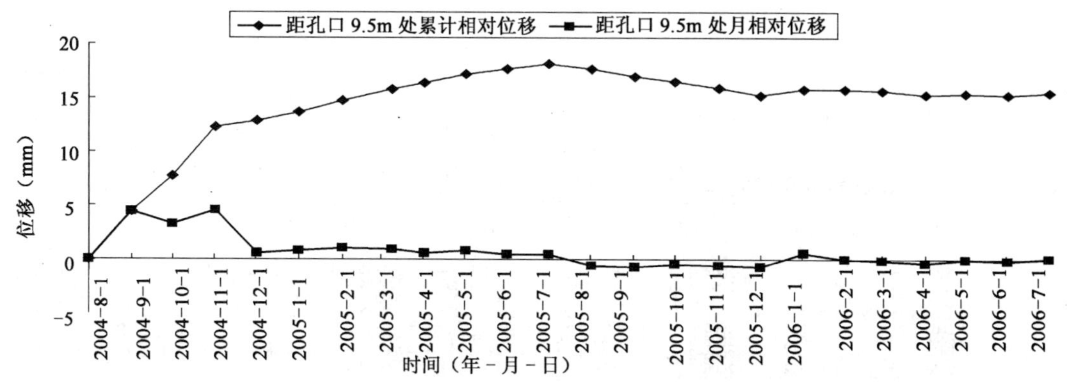

图 11.3-20　CXK6 监测孔潜在滑动面上部累计合位移及月相对位移—时间曲线

进入 2005 年，2 号孔在 1～4 月份处于相对静止状态，其位移变化曲线排列相对紧密，表明该孔在这段时间处于相对稳定状态。5～8 月在孔顶和距孔口 9.5m 处位移均出现明显的波动，位移变化速率明显增加，该段时间正处雨季和施工扰动阶段，表明该孔附近滑体变形受雨季和施工因素影响明显。8 月份以后该孔位移变形又有所收敛，在该段时间内 3 号墩承台及抗滑桩施作工程也已基本完成，该孔处滑体位移变形得到有效的控制，位移变形趋于平静。截至 2005 年年底，孔顶处最大累计合位移为 15.29mm(2005 年 7 月 26 日)，距孔口 9.5m 处最大累计合位移为 18.15mm(2005 年 7 月)。

2006 年 1～7 月期间，该孔除在孔顶和距孔口 9.5m 处于 2006 年 6 月出现一次较小的波动现象外，其余时间基本处于平静状态，变形位移量不大，位移曲线呈摆动状变化，说明该孔处滑体在加固工程结束后，下滑变形趋势已得到控制。

上述特征表明，该部位滑体的变形及活动与雨季的降雨有比较直接的关系，同时与边坡加固施工干扰因素关系也十分密切。此外，监测还揭示，6 号孔附近滑体的变形方向主要为东南方向，与主滑方向一致。

6 孔从 2004 年 8 开始至 2006 年 7 月近两年的时间里，位移并不是持续增大，累计产生的位移量不大。两年内孔顶处最大累计合位移出现在 2005 年 7 月，为 15.29mm，月平均位移按最大累计合位移量计算为 0.665mm/月；距孔口 9.5m 处最大累计合位移也出现在 2005 年 7 月，为 18.15mm。月平均累计合位移按最大位移量计算为 0.789mm/月。

由此可见，6 号孔附近滑体在这两年的监测时间里虽然从未停止过变形，但变形并不是持续增加，2004 年 8～11 月变形较快，其余时间变形比较缓慢，呈波动状变化，说明该处滑体加固之后沿主滑面持续滑动变形趋势明显减小，该孔处滑体受雨季降雨的影响存在波动变形的可能，并不会影响该处滑体的整体稳定性，该孔附近滑体在监测期内是稳定的。

⑦CXK7 监测孔

孔深 29.5m，布置于一级平台上，其监测曲线见图 11.3-21 和图 11.3-22。

2004 年 8～12 月，7 号孔处于稳定状态，所在部位的滑体只有较小的变形，产生的位移量很小，位移曲线紧靠初始值轴线作窄幅的波动，未出现明显的变形带，最大变形位移出现在孔顶附近。截至 2004 年年底，孔顶处最大位移为 7.2mm(12 月)。

进入 2005 年，7 号孔在 1～5 月份在孔顶变形位移速度明显增加，其后该孔孔顶累计合位移呈波动状变化，位移呈增加趋势发展，但位移增加速率缓慢，只是在 10 月份受施工因素的影响出现一次较大的波动，之后位移变形又有所收敛，说明该孔孔顶变形在 2005 年期间受雨季

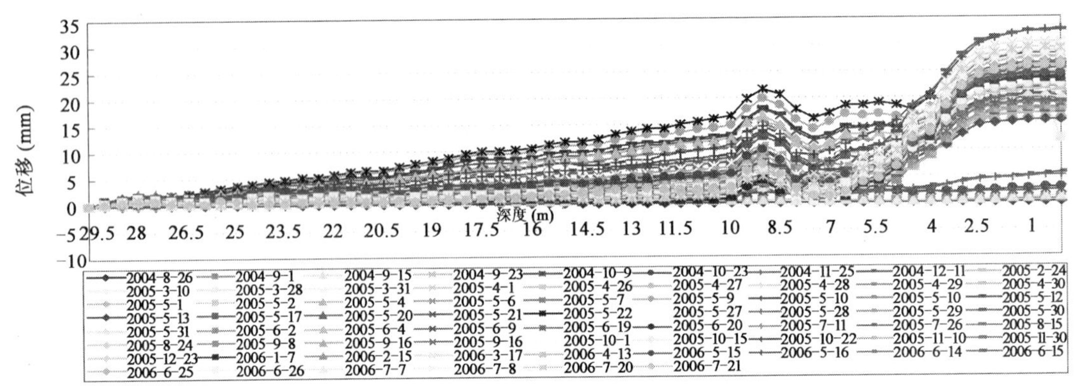

图 11.3-21　CXK7 监测孔累计合位移沿深度分布曲线

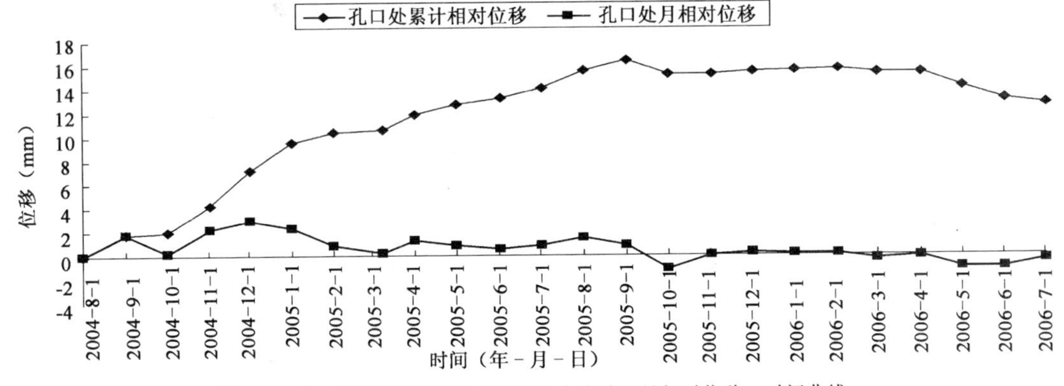

图 11.3-22　CXK7 监测孔孔口处累计合位移及月相对位移—时间曲线

降雨和施工干扰影响明显，其余阶段孔顶处变形处于相对静止状态。4～7 月在距孔口 8.5～9.5m 处 A0 方向开始出现明显的变形带，表现为在距孔口 9m 以上位置呈整体下滑变形的趋势，截至 2005 年年底，孔顶处最大累计合位移为 32.70mm(2005 年 10 月 22 日)，距孔口 9m 处最大累计合位移为 16.42mm。

2006 年 1～7 月期间，该孔处坡面受到不同程度的干扰，孔顶位移出现两次波动现象，但变形位移量并不是持续增加，且孔顶以下部位变形较小，位移曲线呈小振幅摆动状变化，说明该孔处滑体在加固工程结束后，下滑变形趋势已得到控制。

上述特征表明，该部位滑体的变形与活动与雨季的降雨有比较直接的关系，同时与边坡加固施工干扰因素关系也十分密切。此外，监测还揭示，7 号孔附近滑体的变形方向主要为东南方向，与主滑方向一致。

7 号孔从 2004 年 8 开始至 2006 年 7 月近两年的时间里，位移并不是持续增大，累计产生的位移量不大。两年内孔顶处最大累计合位移出现在 2005 年 9 月，为 16.42mm，两年内月平均位移按最大位移量计算为 0.714mm/月，最大月位移速率为 2.940mm/月(2004 年 12 月)。

由此可见，7 号孔所在地滑体在这两年的监测时间里虽然从未停止过变形，变形时快时慢(雨季 4～9 月稍大，10 月至次年 4 月稍慢，加固前稍快，加固后变慢)，但该孔处滑体没有产生太大的滑动，且主要表现为小振幅波动现象，说明该孔附近滑体在监测期内是稳定的。

⑧CXK8 监测孔

孔深 27m，布置于 3 级边坡上，其监测曲线见图 11.3-23 和图 11.3-24。

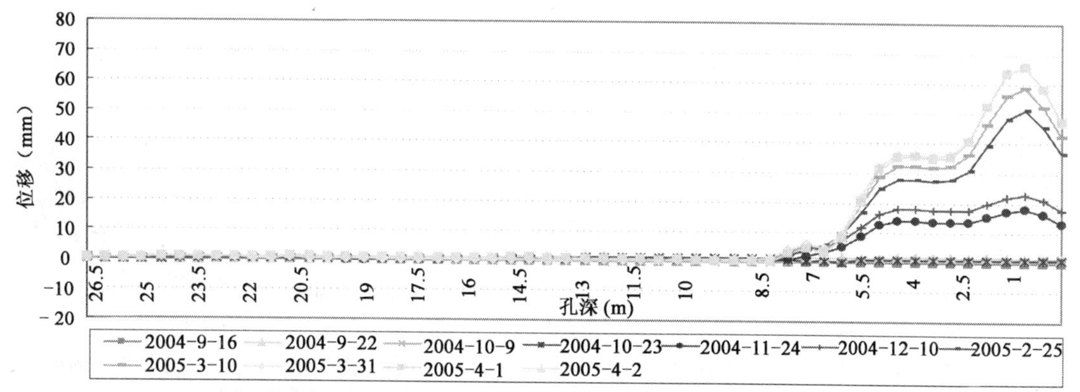

图 11.3-23　CXK8 监测孔累计合位移沿深度分布曲线

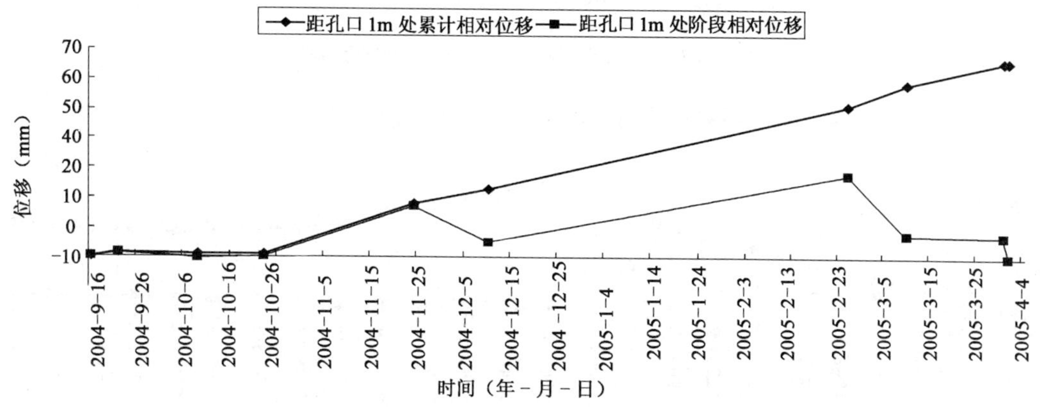

图 11.3-24　CXK8 监测孔 1m 处累计合位移及阶段相对位移—时间曲线

2004 年 9～10 月，8 号孔附近滑体只有较小的变形，产生的位移量很小，位移曲线紧靠初始值轴线分布，未出现明显的变形带。从 11 月开始，由于施工堆载的影响，该孔在距孔口 7m 至孔口处变形出现异常，位移速率明显增加。截至 2004 年 12 月 10 日孔顶处累计合位移达 19.88mm，距孔口 0.5m 处为 23.04mm，距孔口 4.5m 处为 19.46mm。

进入 2005 年，8 号孔在 1～4 月继续受施工堆载影响，该孔在距孔口 4.5m、1m 和孔顶处累计合位移呈等速度持续增加，7m 以下部位位移变化不明显，最后一次监测时间为 2005 年 4 月 2 日，其后该孔变形带由于累计位移太大而遭到破坏，估计该孔是在距孔口 4.5m 处已经剪断，其后没有该孔的监测记录。截至 2005 年 4 月 2 日孔顶处累计合位移已达 56.47mm，距孔口 1m 处为 73.98mm，距孔口 4.5m 处为 40.47mm。

上述特征表明，该部位滑体的变形与施工干扰因素关系密切，受大桥及边坡施工堆载等影响，该孔附近滑体出现沿距孔顶 4.5m 滑动面出现浅层滑动现象，滑动方向为正东方向，与主滑方向不尽一致，属局部滑动现象。

8 号孔从 2004 年 8 开始至 2005 年 4 月近 8 个月时间里，累计合位移从 11 月份开始持续增加，累计产生的位移量很大。8 个月内（截至 4 月 2 日）累计合位移达最大值，8 个月平均位移速率按最大位移量计算分别为：孔顶处 8.067mm/月，距孔顶 1m 处 10.567mm/月，距孔顶 4.5m 处 5.781mm/月。

由此可见，8 号孔所在地滑体在这几个月的监测时间里变形较大，变形速率受施工因素影响显著，该孔处滑体在监测期间内主要表现为沿浅层滑动面滑动，属局部滑动现象。

⑨CXK9 监测孔

孔深 29m，布置于三级平台上，其监测曲线见图 11.3-25 和图 11.3-26。

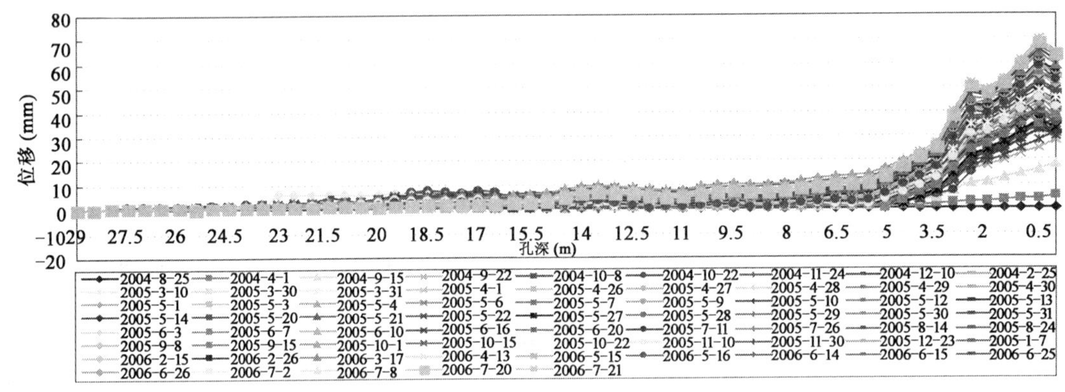

图 11.3-25　CXK9 监测孔累计合位移沿深度分布曲线

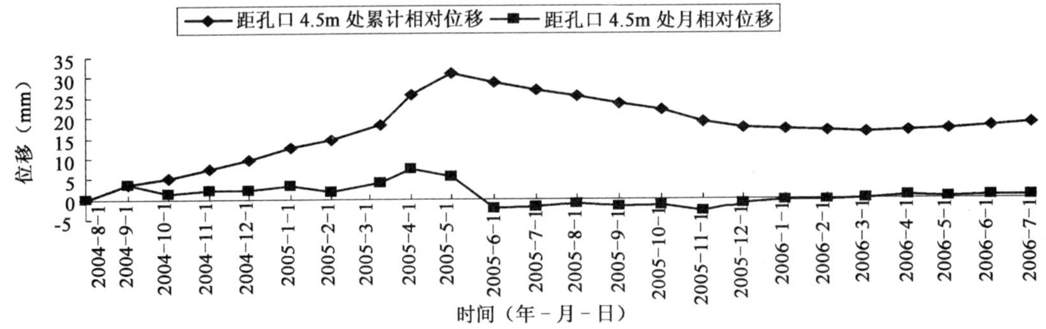

图 11.3-26　CXK9 监测孔潜在滑动面上部累计合位移及月相对位移—时间曲线

2004 年 8～12 月，9 号孔附近滑体变形较大，该孔在距孔口 4m 至孔顶位置处产生明显的变形带，距孔口 3m 和 0.5m 处产生的累计合位移量较大，主要表现为朝 A0、B0 负方向发展。截至 2004 年年底，距孔顶 0.5m 处最大位移为 34.92mm(12 月 10 日)，距孔顶 4.5m 处最大累计合位移为 9.58mm(12 月)。

进入 2005 年 1～3 月份，该孔变形带位移速率相对较小，4～6 月份受雨季和施工因素影响变形带位移速率明显增加，7～8 月份该孔变形带位移速率有所收敛，9～12 月份由于该处坡面施工扰动减小的原因，该孔累计合位移没有出现大的波动，位移变形又趋于平静。截至 2005 年年底，距孔顶 0.5m 处最大位移为 59.46mm(11 月 30 日)，距孔顶 4.5m 处最大累计合位移为 30.87mm(11 月)。

2006 年 1～7 月期间，该孔深部位移受雨季降雨的影响，孔顶附近位移出现一次波动现象(2006 年 6 月)，其余时间变形基本趋于稳定状态，变形位移量并不是很大，说明该孔处滑体在加固工程结束后，下滑变形趋势已得到控制。截至 2006 年 7 月底，距孔顶 0.5m 处最大位移为 69.49mm(2006 年 7 月 21 日)，距孔顶 4.5m 处最大累计合位移为 26.77mm(2006 年 1 月)。

上述特征表明，该孔附近滑体的变形及活动与雨季的降雨有比较直接的关系，同时与边坡加固施工干扰因素关系也十分密切。此外，监测还揭示，9 号孔滑体的变形方向主要为东南方向，与主滑方向一致。

9 号孔从 2004 年 8 开始至 2006 年 7 月近两年的时间里，位移持续增加，增加速率时快时慢，累计产生的位移量较大。两年内月平均位移速率按最大位移量计算分别为：距孔顶 0.5m 处，3.021mm/月；距孔顶 4.5m 处，1.164mm/月。距孔顶 4.5m 处最大月位移速率为7.32 mm/月(2005 年 4 月)。

由此可见，9 号孔所在地滑体在这两年的监测时间里变形时快时慢(雨季 4～9 月稍大，10 月至次年 4 月稍慢，加固前稍快，加固后变慢)，最大累计合位移出现在距孔顶 0.5m 处，变形速率与施工扰动和雨季降雨因素有密切关系，且主要表现为孔顶至距孔顶 4m 处变形带的浅层滑动变形状态，坡体加固后变形得到有效控制，可以认为该孔附近滑体在监测后期是稳定的。

3)降雨与坡体位移关系分析

通过三穗县气象部门提供及现场监测的降雨资料，平溪特大桥滑坡降雨分布如图 11.3-27 所示。

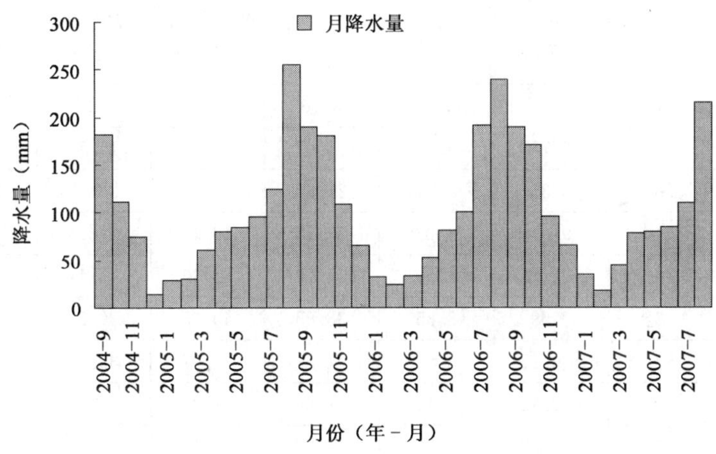

图 11.3-27　平溪特大桥滑坡雨量分布图

从平溪降雨分布图 11.3-27 可以看出，该地区降雨主要集中在 5～10 月，其余时段相对较少，其中以 8 月份为最大，5 月份月降雨量为 85mm 左右；6 月份月降雨量为 100mm 左右，7 月份月降雨量则达到 165mm 左右，8 月份为 250 左右，该地区降雨丰富，年降雨量达 1 200mm 以上。从各监测点监测曲线看，2005 年 5～11 月地表和深部位移变形相对较大，这与降雨和坡体开挖施工等因素影响有关，降雨的影响加速了边坡变形，施工过程中抗滑桩也使边坡变形加快。抗滑桩等支挡结构物施工结束后，边坡经过一较短时间变形调整后逐渐稳定下来。进入 2006 年以后，坡体基本停止变形，受雨季降雨的影响，边坡只产生一些很小的变形。

结合该依托工程监测预测实施过程，对以上位移—时间曲线及降雨情况综合分析，结论如下：

(1)从 2004 年 9 月～2005 年 9 月，坡体受施工和降雨影响变形相对较大，这主要是因为，从 2004 年 9 月抗滑桩施工以来，坡体一直处于蠕动调整阶段。

(2)CXK7、CXK8 和 CXK9 在一个监测断面上，该监测断面所在坡体受 2004 年 11 月以来坡体堆载的影响，一度出现较大的变形，位移量相对较大，CXK8 监测孔内测斜管于 2005 年 4 月份被剪断，坡体随时有失稳的可能。在多次向业主及施工单位发出预警通知的情况下，相关部门及时采取了处治措施，清除了坡体上堆载，在保障施工安全的前提下，加快了坡脚抗滑桩等支挡结构物的施工速度，避免了该局部坡体的下滑，为大桥的顺利施工提供了安全保障。

(3)从 2006 年 1 月～2006 年 7 月，滑坡没有位移，处于稳定状态，停止监测，2007 年 9 月 27 日经现场察看，坡体未见任何异常。

4)平溪特大桥位移预测

下面选举地表位移和深部位移的几组典型数据进行预测分析。

从图 11.3-8 可以看出，各监测孔监测数据由于受到施工干扰，随机性较大，而对于有界非负序列，经过多次累加生成后，所得序列可充分光滑。序列越光滑，规律就越明显。因此先将原始数据非负化，做一次累加生成，再对累加生成序列进行预测，若能满足一级精度要求，则进行累减生成还原，以得到下一个监测数据的预测值。

(1)TP5 地表监测点位移预测分析，见表 11.3-9 和图 11.3-28。

地表监测点位移预测结果(mm)　　表 11.3-9

时间		序列号	月位移实测值	非负化	累加生成	双曲线指数平滑预测	多项式回归预测	BP 神经网络预测	说明
2004 年	9 月	1	0.00	3.16	3.16		2.01	3.43	进行非负化时加上的数值为 3.16
2005 年	1 月	2	6.75	9.91	13.07		15.75	10.40	
	4 月	3	5.35	8.51	21.58	33.35	26.33	31.30	
	5 月	4	9.04	12.20	33.78	48.43	29.74	35.43	
	6 月	5	−2.16	1.00	34.78	38.70	33.14	38.31	
	7 月	6	0.69	3.85	38.63	40.65	36.27	40.32	
	8 月	7	−0.27	2.89	41.52	43.07	39.30	41.99	
	10 月	8	−2.02	1.14	42.66	42.78	44.50	44.81	
	11 月	9	−0.80	2.36	45.02	46.13	46.67	46.17	
	12 月	10	−0.84	2.32	47.34	49.18	48.42	47.47	
2006 年	2 月	11	−1.04	2.12	49.46	51.43	50.79	50.10	
	3 月	12			52.81	56.03	51.23	52.44	

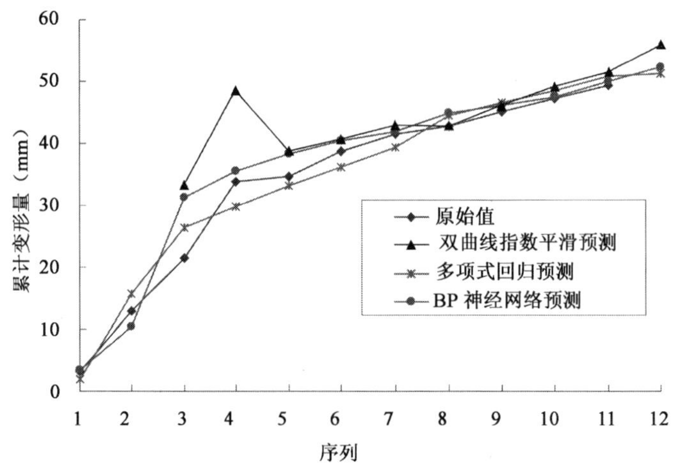

图 11.3-28　TP5 地表监测点位移预测结果曲线

根据图 11.3-28，选取四种模型进行预测，最后一次 2006 年 3 月中旬的位移监测预测值为：

$$d_p = (56.03 - 51.43 + 51.23 - 50.79 + 52.44 - 50.10)/3 - 3.16 = -0.70\text{mm}$$

从预测结果可以看出，2006 年 3 月中旬 TP5 监测点的位移发展大大减缓，该处边坡处于减速变形阶段。

(2)TP6 地表监测点位移预测分析，见表 11.3-10 和图 11.3-29。

地表监测点位移预测结果(mm)　　表 11.3-10

时间		序列号	月位移实测值	非负化	累加生成	双曲线指数平滑预测	多项式回归预测	BP 神经网络预测	说明
2004 年	9 月	1	0.00	4.82	4.82		4.34	6.40	进行非负化时加上的数值为 4.82
2005 年	1 月	2	10.36	15.18	20.00		20.98	19.69	
	4 月	3	5.40	10.22	30.22	44.45	33.82	37.63	
	5 月	4	6.59	11.41	41.63	56.59	38.03	42.54	
	6 月	5	−3.82	1.00	42.63	50.02	42.31	46.88	
	7 月	6	0.07	4.89	47.52	51.73	46.32	50.51	
	8 月	7	−0.80	4.02	51.54	54.69	50.32	53.82	
	10 月	8	−0.61	4.21	55.75	58.85	57.59	59.51	
	11 月	9	−0.56	4.26	60.01	63.42	60.92	62.12	
	12 月	10	−0.69	4.13	64.14	67.78	63.86	64.50	
2006 年	2 月	11	−0.36	4.46	68.60	72.62	68.93	69.02	
	3 月	12				77.04	72.29	72.73	

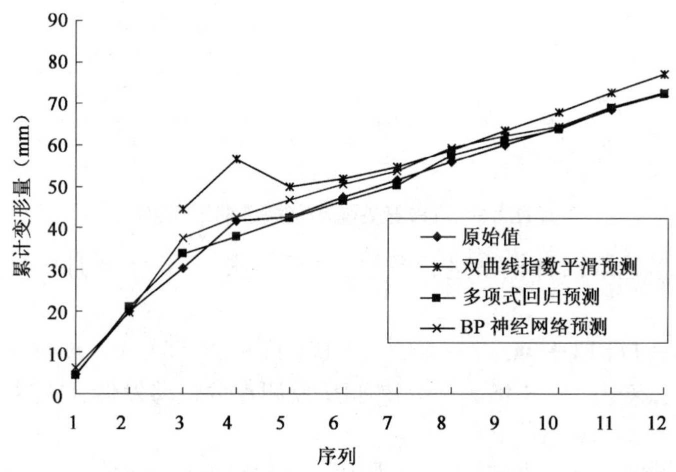

图 11.3-29　TP6 地表监测点位移预测结果曲线

根据图 11.3-29，选取四种模型进行预测，最后一次 2006 年 3 月中旬的位移监测预测值为：

$$d_p = (77.04 - 72.62 + 72.29 - 68.93 + 72.73 - 69.02)/3 - 4.82 = -0.99\text{mm}$$

从预测结果可以看出，2006 年 3 月中旬 TP6 监测点的位移发展大大减缓，该处边坡处于减速变形阶段。

(3)TP7 地表监测点位移预测分析，见表 11.3-11 和图 11.3-30。

地表监测点位移预测结果(mm)　　表 11.3-11

时间		序列号	月位移实测值	非负化	累加生成	双曲线指数平滑预测	多项式回归预测	BP 神经网络预测	说明
2004 年	9 月	1	0.00	3.49	3.49		2.49	3.85	进行非负化时加上的数值为 3.49
2005 年	1 月	2	5.86	9.35	12.84		15.69	12.08	
	4 月	3	6.34	9.83	22.67	35.85	26.31	29.88	
	5 月	4	8.55	12.04	34.71	49.69	29.81	34.19	
	6 月	5	−2.49	1.00	35.71	38.35	33.34	37.68	
	7 月	6	−1.99	1.50	37.21	36.28	36.63	40.42	
	8 月	7	−0.52	2.97	40.18	41.08	39.85	42.81	
	10 月	8	0.10	3.59	43.77	46.64	45.52	46.75	
	11 月	9	−0.73	2.76	46.53	49.23	47.98	48.48	
	12 月	10	−0.05	3.44	49.97	53.29	50.02	50.03	
2006 年	2 月	11	−0.45	3.04	53.01	56.13	53.07	52.86	
	3 月	12				56.93	54.22	55.09	

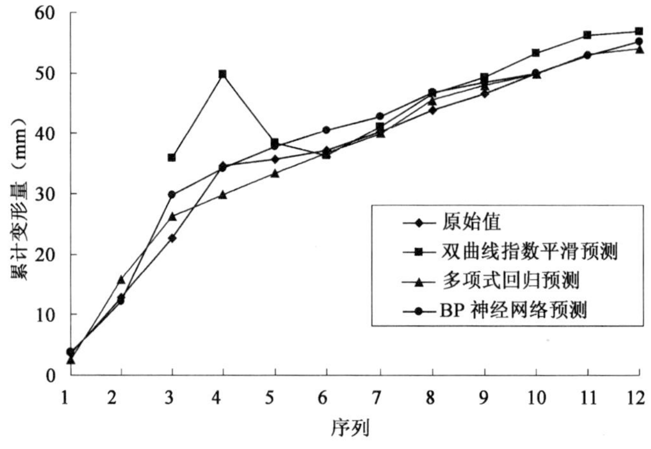

图 11.3-30　TP7 地表监测点位移预测结果曲线

根据图 11.3-30,选取四种模型进行预测,最后一次 2006 年 3 月中旬的位移监测预测值为:

$$d_p = (56.93 - 56.13 + 54.22 - 53.07 + 55.09 - 52.86)/3 - 3.49 = -2.10\text{mm}$$

从预测结果可以看出,2006 年 3 月中旬 TP7 监测点的位移发展大大减缓,该处边坡处于减速变形阶段。

(4)TP9 地表监测点位移预测分析,见表 11.3-12 和图 11.3-31。

地表监测点位移预测结果(mm)　　表 11.3-12

时间		序列号	月位移实测值	非负化	累加生成	双曲线指数平滑预测	多项式回归预测	BP 神经网络预测	说明
2004 年	9 月	1	0.00	1.00	1.00		1.11	1.40	进行非负化时加上的数值为 1.00
2005 年	1 月	2	7.37	8.37	9.37		1.41	4.42	
	4 月	3	3.52	4.52	13.89	20.60	27.01	28.50	

续上表

时间		序列号	月位移实测值	非负化	累加生成	双曲线指数平滑预测	多项式回归预测	BP 神经网络预测	说明
2005 年	5 月	4	4.33	5.33	19.22	25.15	38.24	44.93	进行非负化时加上的数值为 1.00
	6 月	5	27.92	28.92	48.14	83.25	50.58	62.10	
	7 月	6	38.01	39.01	87.15	137.66	62.84	76.23	
	8 月	7	3.19	4.19	91.34	95.83	75.41	87.61	
	10 月	8	3.83	4.83	96.17	92.64	98.21	102.82	
	11 月	9	6.99	7.99	104.16	107.46	107.98	108.29	
	12 月	10	4.12	5.12	109.28	112.33	115.73	112.74	
2006 年	2 月	11	6.18	7.18	116.46	122.76	124.77	120.21	
	3 月	12				142.95	122.03	125.90	

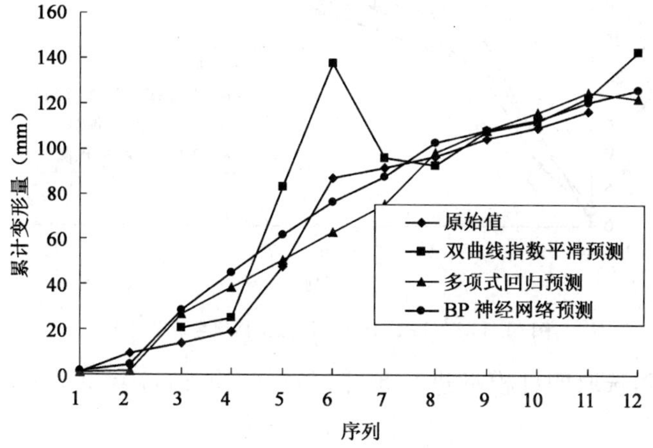

图 11.3-31　TP9 地表监测点位移预测结果曲线

根据图 11.3-31，选取四种模型进行预测，最后一次 2006 年 3 月中旬的位移监测预测值为：

$$d_p = (142.95 - 122.76 + 122.03 - 124.77 + 125.90 - 120.21)/3 - 1.00 = 6.71\text{mm}$$

从预测结果可以看出，2006 年 3 月中旬 TP9 监测点的位移继续增大，位移增量略有增加，该处边坡处于蠕动变形阶段。

(5)TP14 地表监测点位移预测分析，见表 11.3-13 和图 11.3-32。

地表监测点位移预测结果(mm)　　表 11.3-13

时间		序列号	月位移实测值	非负化	累加生成	双曲线指数平滑预测	多项式回归预测	BP 神经网络预测	说明
2004 年	9 月	1	0.00	1.82	1.82		0.54	2.37	进行非负化时加上的数值为 1.82
2005 年	1 月	2	4.55	6.37	8.19		12.24	10.94	
	4 月	3	9.79	11.61	19.80	36.57	20.62	24.87	
	5 月	4	3.74	5.56	25.36	28.60	23.26	27.81	
	6 月	5	1.44	3.26	28.62	29.17	25.88	30.07	
	7 月	6	−0.82	1.00	29.62	28.24	28.29	31.77	
	8 月	7	−0.33	1.49	31.11	32.16	30.63	33.24	

续上表

时间		序列号	月位移实测值	非负化	累加生成	双曲线指数平滑预测	多项式回归预测	BP 神经网络预测	说明
2005 年	10 月	8	−0.03	1.79	32.90	34.86	34.70	35.73	进行非负化时加上的数值为 1.82
	11 月	9	0.39	2.21	35.11	37.69	36.46	36.90	
	12 月	10	0.52	2.34	37.45	40.01	37.95	38.01	
2006 年	2 月	11	0.47	2.29	39.74	42.07	40.23	40.24	
	3 月	12				45.40	41.31	42.20	

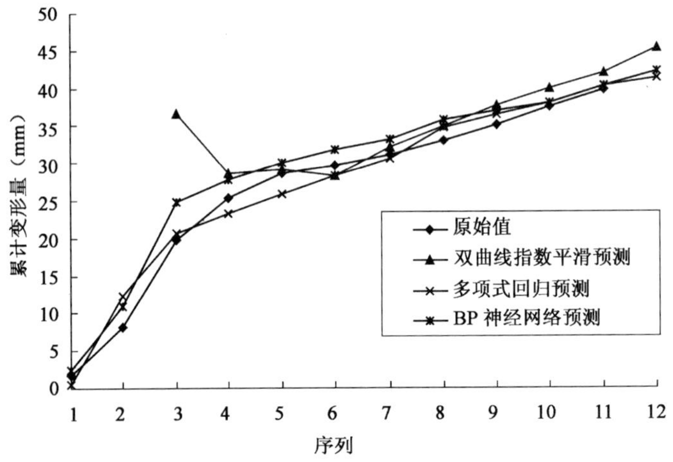

图 11.3-32　TP14 地表监测点位移预测结果曲线

根据图 11.3-32，选取四种模型进行预测，最后一次 2006 年 3 月中旬的位移监测预测值为：

$$d_p = (45.40 - 42.07 + 41.43 - 40.23 + 42.20 - 40.24)/3 - 1.82 = 0.31\text{mm}$$

从预测结果可以看出，2006 年 3 月中旬 TP7 监测点的位移发展大大减缓，该处边坡处于减速变形阶段。

(6)TP15 地表监测点位移预测分析，见表 11.3-14 和图 11.3-33。

地表监测点位移预测结果(mm)　　表 11.3-14

时间		序列号	月位移实测值	非负化	累加生成	双曲线指数平滑预测	多项式回归预测	BP 神经网络预测	说明
2004 年	9 月	1	0.00	2.60	2.60		1.98	3.27	进行非负化时加上的数值为 2.60
2005 年	1 月	2	6.00	8.60	11.20		13.36	11.65	
	4 月	3	6.44	9.04	20.24	32.09	20.90	22.40	
	5 月	4	2.87	5.47	25.71	33.99	23.28	25.23	
	6 月	5	−1.60	1.00	26.71	28.43	25.68	27.77	
	7 月	6	−0.80	1.80	28.51	28.76	27.95	29.99	
	8 月	7	−1.27	1.33	29.84	29.91	30.24	32.12	
	10 月	8	0.33	2.93	32.77	34.76	34.63	36.11	
	11 月	9	0.98	3.58	36.35	39.91	36.82	38.10	

续上表

时间		序列号	月位移实测值	非负化	累加生成	双曲线指数平滑预测	多项式回归预测	BP神经网络预测	说明
2005年	12月	10	0.40	3.00	39.35	42.78	38.90	40.01	进行非负化时加上的数值为2.60
2006年	2月	11	1.38	3.98	43.33	47.48	43.16	43.82	
	3月	12				51.68	47.18	47.06	

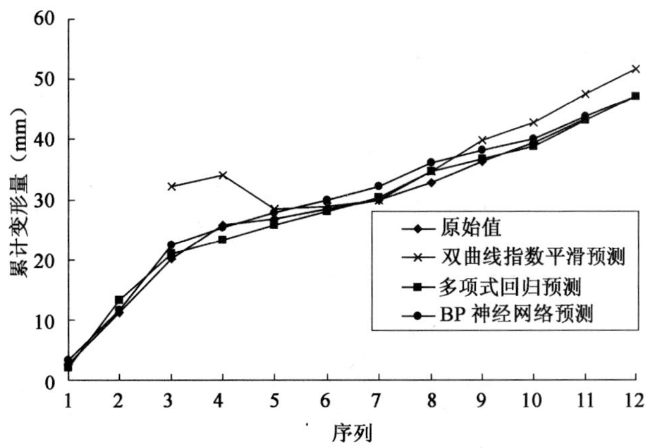

图 11.3-33　TP15 地表监测点位移预测结果曲线

根据图 11.3-33，选取四种模型进行预测，2006 年 3 月中旬的位移预测值为：

$$d_p = (51.68 - 47.48 + 47.18 - 43.16 + 47.06 - 43.82)/3 - 2.60 = 1.21\text{mm}$$

从预测结果可以看出，2006 年 3 月中旬 TP15 监测点的位移发展大大减缓，该处边坡处于减速变形阶段。

(7)CXK1 监测孔距孔口 3m 处位移预测分析，见表 11.3-15 和图 11.3-34。

CXK1 监测孔距孔口 3m 处位移预测结果(mm)　　表 11.3-15

时间		序列号	月位移实测值	非负化	累加生成	GM(1,1)预测	双曲线指数平滑预测	多项式回归预测	BP神经网络预测	说明
2004年	9月	1	0.98	2.92	2.92	2.92		1.75	6.69	进行非负化时加上的数值为1.94
	10月	2	0.52	2.46	5.38	13.91		5.12	7.89	
	11月	3	1.13	3.07	8.45	15.32	12.43	8.39	9.41	
	12月	4	0.18	2.12	10.57	15.79	13.52	11.36	11.11	
2005年	1月	5	0.77	2.71	13.28	17.39	16.26	14.25	13.09	
	2月	6	0.44	2.38	15.66	18.55	18.25	16.97	15.25	
	3月	7	0.63	2.57	18.23	17.81	20.84	19.29	17.30	
	4月	8	0.18	2.12	20.35	20.97	22.49	21.71	19.64	
	5月	9	2.59	4.53	24.88	21.62	29.46	23.94	21.94	
	6月	10	1.11	3.05	27.93	23.81	31.62	26.13	24.33	
	7月	11	−0.60	1.34	29.27	24.55	30.58	28.15	26.63	
	8月	12	−0.12	1.82	31.09	27.03	32.28	30.16	28.99	
	9月	13	−0.16	1.78	32.87	28.84	34.28	32.09	31.33	

续上表

时间		序列号	月位移实测值	非负化	累加生成	GM(1,1)预测	双曲线指数平滑预测	多项式回归预测	BP 神经网络预测	说明
2005 年	10 月	14	−0.15	1.79	34.66	29.73	36.26	33.91	33.55	进行非负化时加上的数值为 1.94
	11 月	15	−0.71	1.23	35.89	32.74	37.00	35.74	35.81	
	12 月	16	−0.94	1.00	36.89	33.76	37.64	37.49	37.95	
2006 年	1 月	17	−0.35	1.59	38.48	37.17	39.86	39.28	40.10	
	2 月	18	−0.55	1.39	39.87	39.65	41.30	41.08	42.17	
	3 月	19	−0.41	1.53	41.40	38.08	42.95	42.71	43.96	
	4 月	20	0.34	2.28	43.68	44.83	46.06	44.55	45.85	
	5 月	21	0.50	2.44	46.12	46.23	48.87	46.37	47.57	
	6 月	22	0.24	2.18	48.30	50.90	50.75	48.30	49.21	
	7 月	23				52.49	54.21	50.24	50.67	

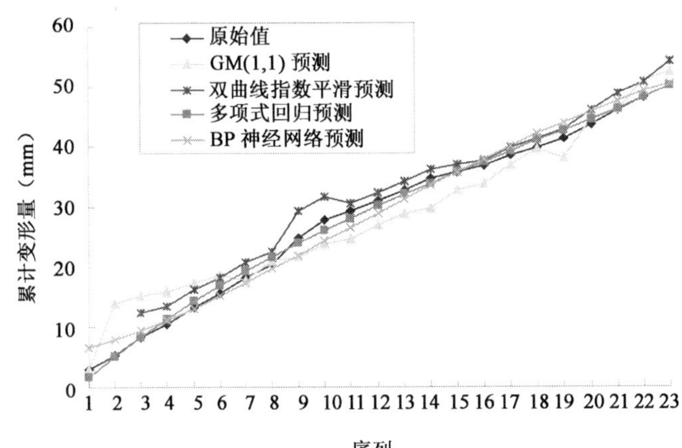

图 11.3-34　CXK1 监测孔距孔口 3m 处位移预测结果曲线

根据图 11.3-34，选取四种模型进行预测，2007 年 7 月份的位移预测值为：

$$d_p = (52.49 - 50.90 + 54.21 - 50.75 + 50.24 - 48.30 + 50.67 - 49.21)/4 - 1.94 = -0.17\text{mm}$$

从预测结果可以看出，2006 年 7 月份 CXK1 监测孔潜在滑动面以上坡体的位移发展大大减缓，该处边坡处于初始变形阶段。

(8)CXK2 监测孔孔口处位移预测分析，见表 11.3-16 和图 11.3-35。

CXK2 监测孔孔口处位移预测结果(mm)　　表 11.3-16

时间		序列号	月位移实测值	非负化	累加生成	GM(1,1)预测	双曲线指数平滑预测	多项式回归预测	BP 神经网络预测	说明
2004 年	9 月	1	1.15	2.77	2.77	2.77		2.18	5.48	进行非负化时加上的数值为 1.62
	10 月	2	0.55	2.17	4.94	11.34		4.77	6.53	
	11 月	3	0.43	2.05	6.99	12.52	9.73	7.29	7.86	
	12 月	4	0.50	2.12	9.11	12.94	11.85	9.59	9.37	
2005 年	1 月	5	0.69	2.31	11.42	14.28	14.15	11.83	11.11	

续上表

时间		序列号	月位移实测值	非负化	累加生成	GM(1,1)预测	双曲线指数平滑预测	多项式回归预测	BP神经网络预测	说明
2005年	2月	6	0.38	2.00	13.42	15.27	15.74	13.95	12.96	进行非负化时加上的数值为1.62
	3月	7	0.50	2.12	15.54	14.70	17.74	15.76	14.69	
	4月	8	0.30	1.92	17.46	17.35	19.43	17.68	16.62	
	5月	9	0.99	2.61	20.07	17.94	22.61	19.45	18.48	
	6月	10	0.27	1.89	21.96	19.80	24.06	21.21	20.39	
	7月	11	−0.10	1.52	23.48	20.47	24.97	22.85	22.21	
	8月	12	−0.11	1.51	24.99	22.59	26.28	24.50	24.09	
	9月	13	−0.09	1.53	26.52	24.16	27.85	26.11	25.96	
	10月	14	−0.62	1.00	27.52	24.98	28.43	27.64	27.76	
	11月	15	−0.09	1.53	29.05	27.57	30.32	29.22	29.63	
	12月	16	−0.07	1.55	30.60	28.50	32.12	30.74	31.42	
2006年	1月	17	−0.05	1.57	32.17	31.46	33.79	32.33	33.27	
	2月	18	−0.10	1.52	33.69	33.64	35.27	33.95	35.08	
	3月	19	0.06	1.68	35.37	32.39	37.06	35.44	36.67	
	4月	20	0.65	2.27	37.64	38.22	39.94	37.15	38.37	
	5月	21	0.21	1.83	39.47	39.51	41.56	38.85	39.93	
	6月	22	0.15	1.77	41.24	43.62	43.09	40.69	41.42	
	7月	23				45.09	44.71	42.56	42.74	

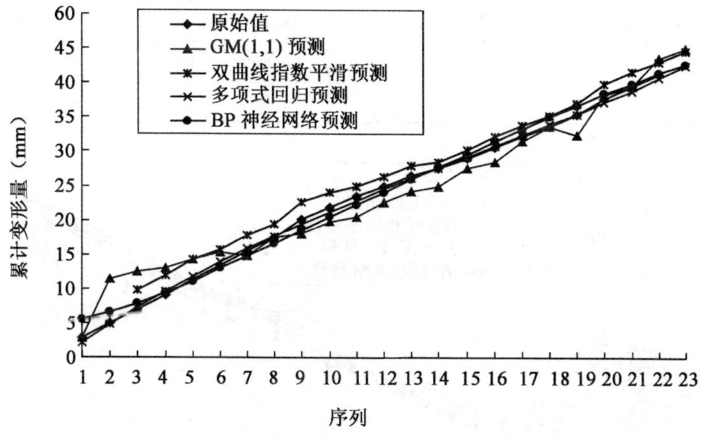

图 11.3-35　CXK2 监测孔距孔口 3m 处位移预测结果曲线

根据图 11.3-35，选取四种模型进行预测，2007 年 7 月份的位移预测值为：

$$d_p = (45.09 - 43.62 + 44.71 - 43.09 + 42.56 - 40.69 + 42.74 - 41.42)/4 - 1.62 = -0.05\text{mm}$$

从预测结果可以看出，2006 年 7 月份 CXK2 监测孔孔口的位移发展大大减缓，该处边坡处于初始变形阶段。

(9)CXK3 监测孔孔口处监测数据预测分析，见表 11.3-17 和图 11.3-36。

CXK3 监测孔孔口处监测数据预测预测结果(mm)　　表 11.3-17

时间		序列号	月位移实测值	非负化	累加生成	GM(1,1)预测	双曲线指数平滑预测	多项式回归预测	BP 神经网络预测	说明
2004 年	9 月	1	1.37	2.97	2.97	2.97		3.22	6.57	进行非负化时加上的数值为 1.60
	10 月	2	1.52	3.12	6.09	11.70		5.59	7.52	
	11 月	3	0.68	2.28	8.37	12.90	11.69	7.93	8.69	
	12 月	4	0.04	1.64	10.01	13.32	12.33	10.09	9.98	
2005 年	1 月	5	0.26	1.86	11.87	14.68	13.87	12.23	11.47	
	2 月	6	0.40	2.00	13.87	15.68	15.91	14.28	13.09	
	3 月	7	0.35	1.95	15.82	15.08	17.83	16.06	14.66	
	4 月	8	0.05	1.65	17.47	17.77	19.16	17.98	16.49	
	5 月	9	0.38	1.98	19.45	18.34	21.34	19.77	18.33	
	6 月	10	0.11	1.71	21.16	20.22	22.90	21.57	20.29	
	7 月	11	0.90	2.50	23.66	20.88	26.10	23.27	22.22	
	8 月	12	0.97	2.57	26.23	23.02	29.01	24.99	24.24	
	9 月	13	−0.60	1.00	27.23	24.58	28.49	26.69	26.27	
	10 月	14	−0.37	1.23	28.46	25.38	29.33	28.31	28.23	
	11 月	15	−0.26	1.34	29.80	27.98	30.83	29.98	30.23	
	12 月	16	−0.17	1.43	31.23	28.88	32.51	31.60	32.13	
2006 年	1 月	17	−0.24	1.36	32.59	31.84	33.91	33.28	34.03	
	2 月	18	−0.21	1.39	33.98	34.00	35.35	34.98	35.86	
	3 月	19	0.30	1.90	35.88	32.69	37.77	36.54	37.43	
	4 月	20	0.61	2.21	38.09	38.54	40.46	38.30	39.07	
	5 月	21	0.10	1.70	39.79	39.78	41.76	40.05	40.55	
	6 月	22	0.30	1.90	41.69	43.86	43.61	41.90	41.95	
	7 月	23				45.28	45.00	43.76	43.17	

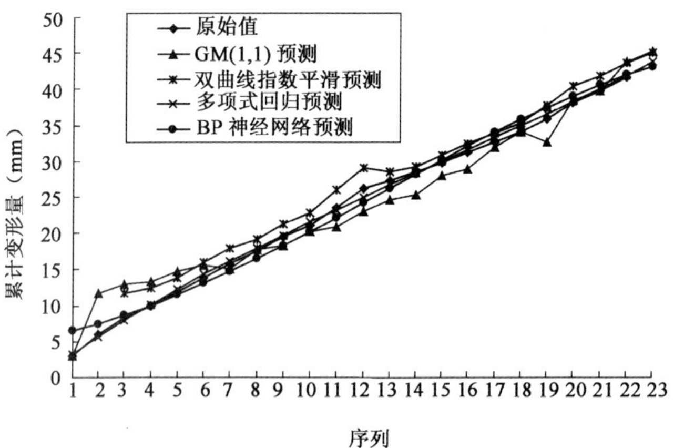

图 11.3-36　CXK3 监测孔孔口处监测数据预测结果曲线

根据图 11.3-36，选取四种模型进行预测，2007 年 7 月份的位移预测值为：

$$d_p = (45.28 - 43.86 + 45.00 - 43.61 + 43.76 - 41.90 + 43.17 - 41.95)/4 - 1.60 = -0.13\text{mm}$$

从预测结果可以看出，2006 年 7 月份 CXK2 监测孔附近坡体的位移发展大大减缓，该处边坡处于初始变形阶段。

(10)CXK4 监测孔孔口处位移预测分析，见表 11.3-18 和图 11.3-37。

CXK4 监测孔孔口处位移预测结果(mm)　　表 11.3-18

时间		序列号	月位移实测值	非负化	累加生成	GM(1,1)预测	双曲线指数平滑预测	多项式回归预测	BP 神经网络预测	说明
2004 年	10 月	1	1.24	7.95	7.95	—		7.93	18.82	非负化时加上的数值为 6.71
	11 月	2	1.72	8.43	16.38	—		15.97	22.17	
	12 月	3	0.88	7.59	23.97	—	34.18	23.60	26.09	
2005 年	1 月	4	0.69	7.40	31.37	—	41.15	31.34	30.86	
	2 月	5	0.26	6.97	38.34	—	46.83	38.95	36.33	
	3 月	6	0.06	6.77	45.11	—	52.58	45.70	41.80	
	4 月	7	0.61	7.32	52.43	—	59.92	53.07	48.40	
	5 月	8	0.46	7.17	59.60	—	66.99	60.09	55.23	
	6 月	9	0.53	7.24	66.84	—	74.19	67.24	62.66	
	7 月	10	1.13	7.84	74.68	—	82.55	74.08	70.13	
	8 月	11	0.39	7.10	81.78	—	89.17	81.05	78.05	
	9 月	12	0.10	6.81	88.59	—	95.41	87.95	86.09	
	10 月	13	0.35	7.06	95.65	—	102.51	94.56	93.91	
	11 月	14	−0.66	6.05	101.70	—	107.74	101.34	101.93	
	12 月	15	−0.81	5.90	107.60	—	113.17	107.84	109.54	
2006 年	1 月	16	−0.67	6.04	113.64	—	119.30	114.52	117.16	
	2 月	17	−0.37	6.34	119.98	—	126.07	121.17	124.44	
	3 月	18	−0.05	6.66	126.64	—	133.25	127.16	130.65	
	4 月	19	−0.12	6.59	133.23	—	139.96	133.77	137.06	
	5 月	20	−0.05	6.66	139.89	—	146.66	140.16	142.76	
	6 月	21	−0.03	6.68	146.57	—	153.34	146.77	148.09	
	7 月	22					160.15	153.17	152.70	

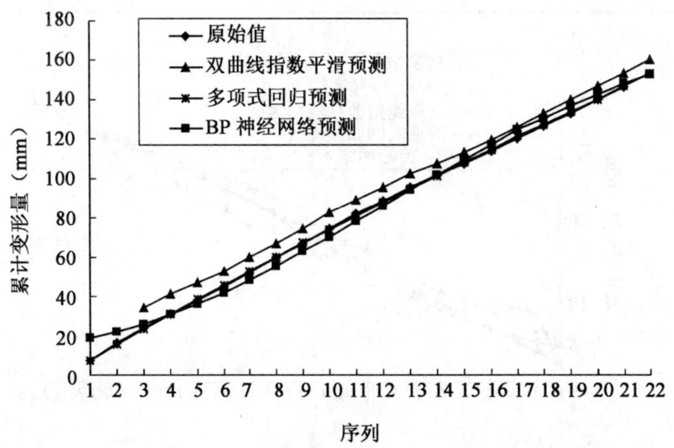

图 11.3-37　CX4 监测孔距孔口 3m 处位移预测结果曲线

根据图 11.3-37，选取四种模型进行预测，2007 年 7 月份的位移预测值为：

$$d_{\mathrm{p}} = (160.15 - 153.34 + 153.17 - 146.77 + 152.70 - 148.09)/3 - 6.71 = -0.77\mathrm{mm}$$

从预测结果可以看出，2006 年 7 月份 CXK1 监测孔孔口的位移发展大大减缓，该处边坡处于初始变形阶段。

(11)CXK5 监测孔孔口处位移预测分析，见表 11.3-19 和图 11.3-38。

CXK5 监测孔孔口处位移预测结果(mm) 表 11.3-19

时间		序列号	月位移实测值	非负化	累加生成	GM(1,1)预测	双曲线指数平滑预测	多项式回归预测	BP 神经网络预测	说明
2004 年	9 月	1	0.64	1.88	1.88	1.88		2.30	4.33	非负化时加上的数值为 1.24
	10 月	2	0.83	2.07	3.95	8.46		3.67	4.94	
	11 月	3	0.22	1.46	5.41	9.36	7.42	5.13	5.70	
	12 月	4	0.13	1.37	6.78	9.70	8.72	6.59	6.59	
2005 年	1 月	5	0.16	1.40	8.18	10.74	9.95	8.14	7.66	
	2 月	6	0.15	1.39	9.57	11.51	11.19	9.71	8.90	
	3 月	7	0.28	1.52	11.09	11.10	12.70	11.15	10.15	
	4 月	8	0.40	1.64	12.73	13.13	14.43	12.76	11.68	
	5 月	9	0.19	1.43	14.16	13.61	15.75	14.32	13.28	
	6 月	10	0.16	1.40	15.56	15.05	17.02	15.93	15.02	
	7 月	11	0.27	1.51	17.07	15.60	18.55	17.48	16.76	
	8 月	12	1.01	2.25	19.32	17.26	21.35	19.07	18.59	
	9 月	13	0.29	1.53	20.85	18.50	22.73	20.64	20.40	
	10 月	14	0.23	1.47	22.32	19.17	23.92	22.12	22.10	
	11 月	15	0.09	1.33	23.65	21.21	25.00	23.62	23.78	
	12 月	16	0.16	1.40	25.05	21.97	26.34	25.02	25.32	
2006 年	1 月	17	0.18	1.42	26.47	24.31	27.79	26.42	26.79	
	2 月	18	0.01	1.25	27.72	26.06	28.96	27.76	28.14	
	3 月	19	−0.23	1.01	28.73	25.14	29.75	28.91	29.25	
	4 月	20	−0.24	1.00	29.73	29.74	30.62	30.10	30.37	
	5 月	21	−0.19	1.05	30.78	30.81	31.68	31.18	31.33	
	6 月	22	0.05	1.29	32.07	34.09	33.19	32.21	32.22	
	7 月	23				35.33	34.29	33.11	32.98	

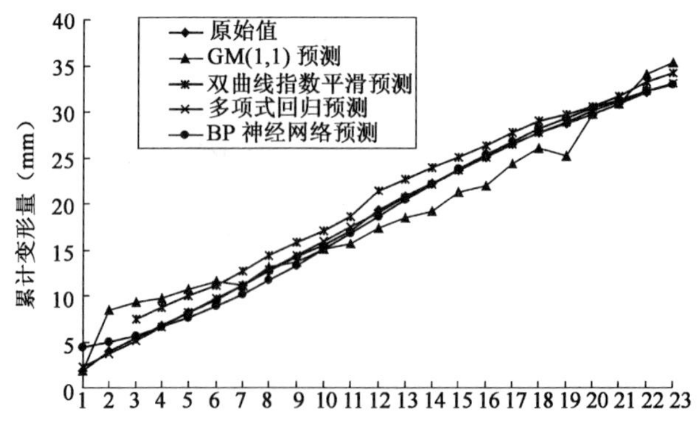

图 11.3-38 CXK5 监测孔孔口处位移预测结果曲线

根据图 11.3-38，选取四种模型进行预测，最后一次 2007 年 7 月份的位移监测预测值为：

$$d_p = (35.33 - 34.09 + 34.29 - 33.19 + 33.11 - 32.21 + 32.98 - 32.22)/4 - 1.24 = -0.24\text{mm}$$

从预测结果可以看出，2006 年 7 月份 CXK1 监测孔孔口的位移发展大大减缓，该处边坡处于初始变形阶段。

(12)CXK6 监测孔距孔口 9.5 处位移预测分析，见表 11.3-20 和图 11.3-39。

CXK6 监测孔距孔口 9.5m 处位移预测结果(mm)　　表 11.3-20

时间		序列号	月位移实测值	非负化	累加生成	GM(1,1)预测	双曲线指数平滑预测	多项式回归预测	BP 神经网络预测	说明
2004 年	9 月	1	4.49	6.19	6.19	6.19		6.97	12.45	进行非负化时加上的数值为 1.70
	10 月	2	3.28	4.98	11.17	20.96		11.44	14.22	
	11 月	3	4.53	6.23	17.40	22.72	25.81	15.61	16.29	
	12 月	4	0.58	2.28	19.68	23.06	22.53	19.23	18.49	
2005 年	1 月	5	0.80	2.50	22.18	24.99	24.01	22.58	20.89	
	2 月	6	1.11	2.81	24.99	26.23	27.41	25.57	23.35	
	3 月	7	0.99	2.69	27.68	24.80	30.23	28.00	25.58	
	4 月	8	0.57	2.27	29.95	28.76	32.05	30.40	28.01	
	5 月	9	0.84	2.54	32.49	29.18	34.91	32.48	30.31	
	6 月	10	0.48	2.18	34.67	31.63	36.76	34.42	32.60	
	7 月	11	0.48	2.18	36.85	32.10	38.91	36.11	34.73	
	8 月	12	−0.53	1.17	38.02	34.79	38.87	37.72	36.84	
	9 月	13	−0.66	1.04	39.06	36.51	39.66	39.20	38.86	
	10 月	14	−0.49	1.21	40.27	37.06	41.24	40.57	40.74	
	11 月	15	−0.53	1.17	41.44	40.16	42.53	41.93	42.60	
	12 月	16	−0.70	1.00	42.44	40.76	43.37	43.24	44.32	
2006 年	1 月	17	0.55	2.25	44.69	44.17	47.18	44.62	46.03	
	2 月	18	0.05	1.75	46.44	46.36	48.49	46.06	47.64	
	3 月	19	−0.15	1.55	47.99	43.85	49.56	47.44	49.03	
	4 月	20	−0.36	1.34	49.33	50.84	50.55	49.09	50.48	
	5 月	21	0.07	1.77	51.10	51.60	52.85	50.85	51.80	
	6 月	22	−0.05	1.65	52.75	55.92	54.46	52.86	53.07	
	7 月	23				56.75	56.59	55.03	54.21	

根据图 11.3-39，选取四种模型进行预测，最后一次 2007 年 7 月份的位移监测预测值为：

$$d_p = (56.75 - 55.92 + 56.59 - 54.46 + 55.03 - 52.86 + 54.21 - 53.07)/4 - 1.70 = -0.13\text{mm}$$

从预测结果可以看出，2006 年 7 月份 CXK6 监测孔潜在滑动面以上坡体的位移发展大大减缓，该处边坡处于初始变形阶段。

(13)CXK7 监测孔孔口处位移预测分析，见表 11.3-21 和图 11.3-40。

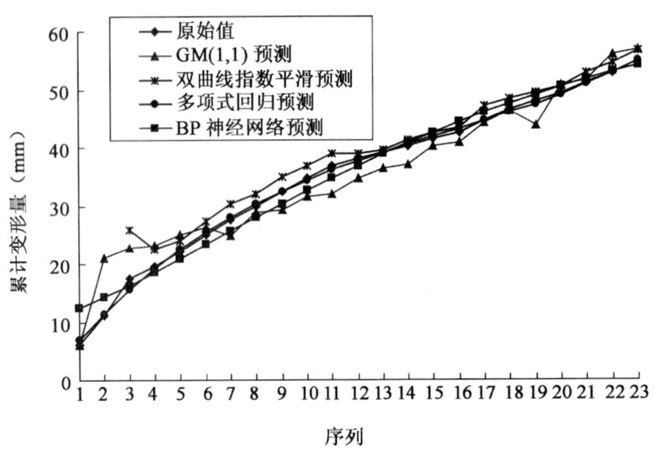

图 11.3-39　监测孔距孔口 9.5m 处位移预测结果曲线

CXK7 监测孔孔口处位移预测结果(mm)　　表 11.3-21

时间		序列号	月位移实测值	非负化	累加生成	GM(1,1)预测	双曲线指数平滑预测	多项式回归预测	BP 神经网络预测	说明
2004 年	9 月	1	1.77	3.96	3.96	3.96		3.25	7.41	非负化时加上的数值为 2.19
	10 月	2	0.26	2.45	6.41	19.87		7.47	9.15	
	11 月	3	2.23	4.42	10.83	21.81	16.01	11.65	11.62	
	12 月	4	2.94	5.13	15.96	22.42	22.46	15.52	14.63	
2005 年	1 月	5	2.34	4.53	20.49	24.60	26.33	19.35	18.22	
	2 月	6	0.84	3.03	23.52	26.16	27.23	23.02	22.04	
	3 月	7	0.19	2.38	25.90	25.05	28.09	26.18	25.50	
	4 月	8	1.26	3.45	29.35	29.40	32.24	29.53	29.19	
	5 月	9	0.87	3.06	32.41	30.22	35.39	32.63	32.54	
	6 月	10	0.51	2.70	35.11	33.17	37.75	35.67	35.76	
	7 月	11	0.85	3.04	38.15	34.10	41.02	38.48	38.65	
	8 月	12	1.46	3.65	41.80	37.43	45.41	41.24	41.45	
	9 月	13	0.90	3.09	44.89	39.80	48.21	43.86	44.08	
	10 月	14	−1.19	1.00	45.89	40.91	46.95	46.27	46.50	
	11 月	15	0.04	2.23	48.12	44.91	49.61	48.63	48.87	
	12 月	16	0.20	2.39	50.51	46.16	52.63	50.79	51.05	
2006 年	1 月	17	0.08	2.27	52.78	50.67	55.05	52.91	53.19	
	2 月	18	0.08	2.27	55.05	53.88	57.33	54.91	55.20	
	3 月	19	−0.26	1.93	56.98	51.59	58.93	56.62	56.90	
	4 月	20	−0.05	2.14	59.12	60.55	61.15	58.40	58.65	
	5 月	21	−1.08	1.11	60.23	62.25	61.33	60.03	60.22	
	6 月	22	−1.06	1.13	61.36	68.32	62.15	61.62	61.70	
	7 月	23				70.23	64.57	63.07	62.99	

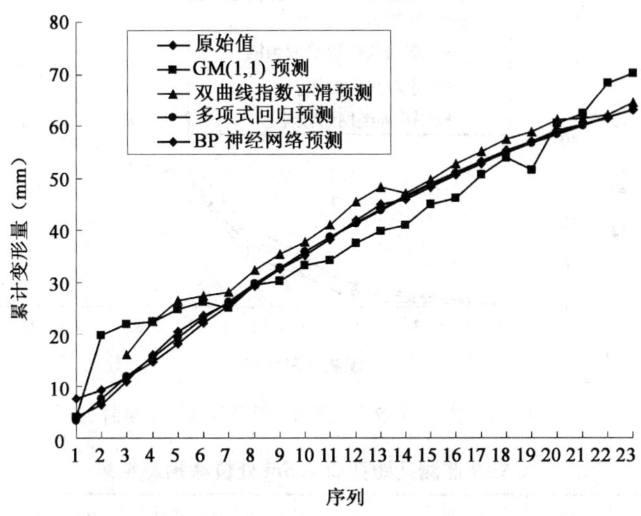

图 11.3-40 CXK7 监测孔孔口处位移预测结果曲线

根据图 11.3-40，选取四种模型进行预测，2007 年 7 月份的位移预测值为：

$$d_p = (70.23 - 68.32 + 64.57 - 62.15 + 63.07 - 61.62 + 62.99 - 61.70)/4 - 2.19 = -0.42\text{mm}$$

从预测结果可以看出，2006 年 7 月份 CXK7 监测孔处坡体的位移发展大大减缓，该处边坡处于初始变形阶段。

(14)CXK8 监测孔 1m 处位移预测分析，见表 11.3-22 和图 11.3-41。

CXK8 监测孔 1m 处位移预测结果(mm) 表 11.3-22

时间		序列号	月位移实测值	非负化	原始值	GM(1,1)预测	双曲线指数平滑预测	Verhulst函数预测	多项式回归预测	BP 神经网络预测	说明
2004 年	9-16	1	0	1.35	1.35	1.35		1.35	0.92	1.62	进行非负化时加上的数值为 1.35
	9-22	2	1.33	2.68	4.03	2.42		0.20	2.14	1.69	
	10-9	3	−0.35	1	5.03	7.73	5.11	0.73	6.36	2.12	
	10-23	4	−0.09	1.26	6.29	7.46	6.96	0.86	10.60	3.29	
	11-24	5	17.16	18.51	24.8	21.67	25.77	3.34	22.33	15.22	
	12-10	6	5.02	6.37	31.17	13.81	38.21	2.81	28.99	24.97	
2005 年	2-25	7	27.98	29.33	60.5	109.68	69.91	40.63	63.41	59.85	
	3-10	8	7.68	9.03	69.53	28.64	87.40	15.20	68.89	66.97	
	3-31	9	7.18	8.53	78.06	55.12	97.66	32.85	77.11	78.08	
预测值	4-24	10				81.25	115.86	52.98	85.31	86.28	

根据图 11.3-41，选取 BP 神经网络和三次多项式模型的预测值进行还原，取平均值作为 2005 年 4 月下旬的位移预测值，有：

$$d_p = (86.28 - 78.08 + 85.31 - 77.11)/2 - 1.35 = 6.85\text{mm}$$

从预测结果可以看出，2005 年 4 月份 CXK8 监测孔孔口附近坡体的位移发展继续增大，该处边坡处于加速变形阶段。

(15)CXK9 监测孔距孔口 4.5m 处位移预测分析，见表 11.3-23 和图 11.3-42。

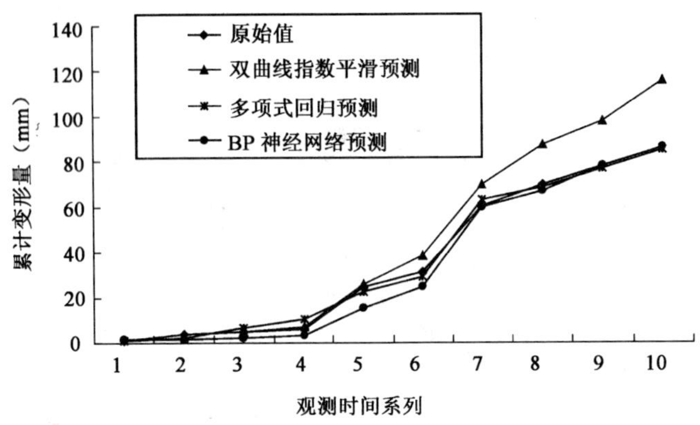

图 11.3-41　CXK7 监测孔 1m 处位移预测结果曲线

CXK9 监测孔距孔口 4.5m 处位移预测结果　　　表 11.3-23

时间		序列号	月位移实测值	非负化	累加生成	GM(1,1)预测	双曲线指数平滑预测	多项式回归预测	BP 神经网络预测	说明
2004 年	9 月	1	3.71	7.87	7.87	7.87		2.56	12.01	进行非负化时加上的数值为 4.16
	10 月	2	1.49	5.65	13.52	35.78		12.62	15.10	
	11 月	3	2.19	6.35	19.87	39.12	28.20	22.03	20.17	
	12 月	4	2.19	6.35	26.22	40.06	34.43	30.27	26.82	
2005 年	1 月	5	3.15	7.31	33.53	43.81	42.04	37.94	34.72	
	2 月	6	1.71	5.87	39.40	46.40	46.15	44.84	42.57	
	3 月	7	3.80	7.96	47.36	44.27	55.47	50.47	48.98	
	4 月	8	7.32	11.48	58.84	51.76	71.06	56.10	55.07	
	5 月	9	5.31	9.47	68.31	53.01	79.41	61.01	60.04	
	6 月	10	−2.22	1.94	70.25	57.96	72.50	65.62	64.46	
	7 月	11	−1.88	2.28	72.53	59.36	72.39	69.67	68.28	
	8 月	12	−1.31	2.85	75.38	64.91	76.24	73.53	71.97	
	9 月	13	−1.93	2.23	77.61	68.75	78.82	77.12	75.56	
	10 月	14	−1.63	2.53	80.14	70.40	82.03	80.41	79.05	
	11 月	15	−3.16	1.00	81.14	76.98	81.82	83.69	82.75	
	12 月	16	−1.18	2.98	84.12	78.83	86.56	86.82	86.44	
2006 年	1 月	17	−0.39	3.77	87.89	86.20	91.91	90.07	90.38	
	2 月	18	−0.62	3.54	91.43	91.29	95.53	93.43	94.42	
	3 月	19	−0.18	3.98	95.41	87.09	99.76	96.60	98.11	
	4 月	20	0.49	4.65	100.06	101.85	105.07	100.35	102.20	
	5 月	21	0.15	4.31	104.37	104.30	109.11	104.27	106.08	
	6 月	22	0.76	4.92	109.29	114.05	114.42	108.70	109.92	
	7 月	23				116.79	119.25	113.42	113.42	

根据图 11.3-42，选取四种模型的预测值进行还原，取平均值作为 2007 年 7 月份的位移监测预测值，有：

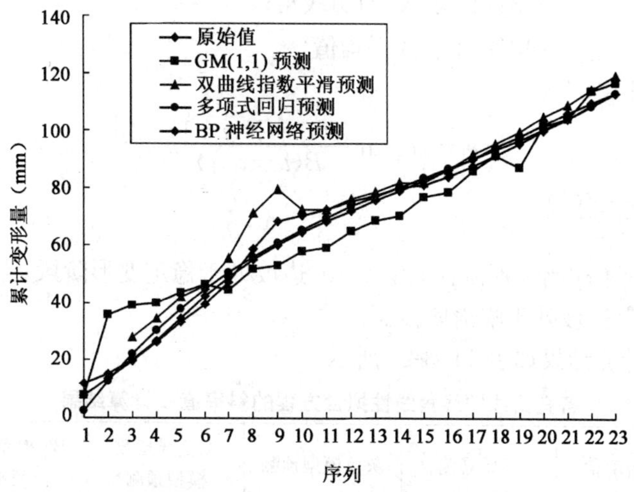

图 11.3-42　监测孔距孔口 4.5m 位移预测结果曲线

$$d_p = (116.79-114.05+119.25-114.42+113.42-108.70+113.42-109.92)/4-4.16 = -0.21\text{mm}$$

从预测结果可以看出，2006 年 7 月份 CXK9 监测孔潜在滑动面以上坡体的位移发展大大减缓，该处边坡处于初始变形阶段。

综上预测模型结果可以看出，采用 BP 神经网络模型、三次多项式回归预测模型、指数平滑预测模型及灰色 GM(1,1)预测模型在平溪特大桥滑坡深部位移监测应用效果良好，位移预测结果与实际较吻合，在地表位移监测中采用 BP 神经网路模型和三次多项式回归预测模型进行预测效果良好。在实际应用中采用这些模型能够起到对该滑坡整体变形趋势预测的作用。

5)平溪特大桥滑坡变形阶段判识

利用滤波处理后的累计位移时序资料进行定量判定。监测数据经滤波处理后，随机波动性将大大降低，其历时曲线变成一条光滑曲线。当边坡处于初始变形或等速变形阶段时，变形速率逐渐减小或趋于一常值；当滑坡进入加速变形阶段时，变形速率将逐渐增大。因此，可用切线角线性拟合方程的斜率值 A 来判断滑坡所处的变形阶段，根据累计位移滤波数据的切线角 α_i 来判断滑坡是否处于临滑阶段，计算公式如下：

(1)监测数据为等间隔时序

$$A = \frac{\sum_{i=1}^{n}(\alpha_j - \bar{\alpha})\left(i - \frac{(n+1)}{2}\right)}{\sum_{i=1}^{n}\left(i - \frac{(n+1)}{2}\right)^2} \tag{11.3-1}$$

(2)监测数据为非等间隔时序

$$A = \frac{\sum_{i=1}^{n}(t_i - \bar{t})(\alpha_i - \bar{\alpha})}{\sum_{i=1}^{n}(t_i - \bar{t})} \tag{11.3-2}$$

式中：$i(i=1,2,3,\cdots,n)$——时间序数；

t_i——监测累计时间；

$\bar{t}$——时间 t_i 的平均值；

α_i——累计位移 X_i 的切线角；

$\bar{\alpha}$——切线角 α_i 的平均值。

α_i 由下式进行计算：

$$\alpha_i = \arctan \frac{X(i) - X(i-1)}{B(t_i - t_{i-1})} \tag{11.3-3}$$

其中：$B=\dfrac{X(n)-X(1)}{t_n-t_1}$。

当 $A<0$，边坡处于初始变形阶段；当 $A=0$，边坡处于稳定变形阶段；当 $A>0$，边坡处于加速变形阶段；$\bar{\alpha} \geqslant 70°$，边坡处于临滑阶段。

根据以上公式计算结果如表 11.3-24 所示。

各孔曲线切线角线性拟合方程的斜率值 A 计算结果 表 11.3-24

监测点	参数计算值	原始观测	灰色模型预测	双曲线指数模型预测	BP 神经网络模型预测	三次多项式回归预测
CXK1 监测孔 3m 处	A	−3.61	−1.72	−2.60	−5.07	−5.19
	$\bar{\alpha}$	17.92	20.04	14.57	3.06	10.56
	B	0.01	0.01	0.01	0.00	0.01
CXK2 监测孔孔口处	A	−3.19	−1.54	−3.30	−2.08	−2.69
	$\bar{\alpha}$	28.07	24.40	22.62	36.11	33.28
	B	0.01	0.01	0.01	0.01	0.01
CXK3 监测孔孔口处	A	−2.94	−1.59	−2.00	−2.63	−3.05
	$\bar{\alpha}$	24.77	23.67	16.96	39.71	36.10
	B	0.01	0.01	0.01	0.01	0.01
CXK4 监测孔孔口处	A	−6.22	−6.22	−3.17	−8.39	−8.44
	$\bar{\alpha}$	21.90	21.90	11.18	12.54	16.67
	B	0.01	0.01	0.01	0.00	0.01
CXK5 监测孔孔口处	A	−4.57	−0.79	−5.08	−5.07	−5.96
	$\bar{\alpha}$	31.27	31.87	24.70	32.95	34.40
	B	0.01	0.01	0.01	0.01	0.00
CXK6 监测孔 9.5m 处	A	−4.88	−2.10	−3.26	−5.10	−5.04
	$\bar{\alpha}$	20.09	13.92	9.66	17.21	19.15
	B	0.02	0.02	0.02	0.01	0.02
CXK7 监测孔孔口处	A	−5.87	−1.32	−5.54	−6.83	−6.94
	$\bar{\alpha}$	24.43	25.48	17.69	21.34	25.41
	B	0.02	0.02	0.01	0.01	0.02
CXK8 监测孔 1m 处	A	3.67	−6.26	4.11	−0.25	3.67
	$\bar{\alpha}$	44.26	19.05	42.87	44.35	43.90
	B	0.34	0.12	0.54	0.33	0.34
CXK9 监测孔 4.5m 处	A	−4.32	−1.97	−3.10	−4.98	−4.33
	$\bar{\alpha}$	11.40	15.28	21.36	−3.34	6.10
	B	0.02	0.03	0.02	0.02	0.03

续上表

监测点	参数计算值	原始观测	灰色模型预测	双曲线指数模型预测	BP 神经网络模型预测	三次多项式回归预测
TP5 地表监测点	A	−7.96	2.64	−4.70	−9.69	−7.72
	$\bar{\alpha}$	0.09	9.59	−0.62	−3.23	5.14
	B	0.03	0.04	0.03	0.02	0.03
TP6 地表监测点	A	−7.79	6.13	−6.54	−10.23	−6.41
	$\bar{\alpha}$	−1.91	41.49	−6.25	3.32	−0.35
	B	0.03	0.00	0.02	0.02	0.03
TP7 地表监测点	A	−7.71	2.68	−7.26	−9.10	−7.36
	$\bar{\alpha}$	−5.77	10.03	8.10	−6.70	4.73
	B	0.02	0.03	0.02	0.02	0.02
TP9 地表监测点	A	1.95	3.57	1.95	0.10	0.14
	$\bar{\alpha}$	34.81	17.84	25.79	41.28	40.83
	B	0.20	0.25	0.23	0.20	0.19
TP14 地表监测点	A	0.00	2.98	2.98	−6.29	−2.12
	$\bar{\alpha}$	45.00	13.60	13.60	23.87	21.93
	B	1.00	0.04	0.04	0.03	0.04
TP15 地表监测点	A	0.02	2.89	2.46	−1.44	1.17
	$\bar{\alpha}$	17.23	12.65	13.18	24.22	18.03
	B	0.03	0.03	0.03	0.03	0.03

从表 11.3-24 可以看出，深部位移监测孔监测的数据采用原始观测、灰色模型 GM(1,1)预测、双曲线指数模型预测、BP 神经网络模型预测和三次多项式回归预测当初的结果进行计算，除 CXK8 监测孔外，均有 $A<0$，判定结果整个坡体目前为初始变形阶段，CXK8 监测孔附近坡体 2005 年 4 月处于加速变形阶段。对于地表位移监测，由于坡面后期施工对地表监测点的稳定性干扰较大，特别是 TP9 监测点尤为明显，采用切线角线性拟合方程的斜率值 A 进行判断，其结果不能很好地反映边坡实际所处阶段，综合上述判定结果，可以判定该滑坡经过加固治理之后(图 11.3-43)，目前处于初始变形阶段。

图 11.3-43　平溪滑坡治理后全貌

11.3.8　小结

通过在平溪特大桥滑坡开展的依托工程应用，取得了以下成果：

(1)类似情况下，采用地表位移监测、深部位移监测、地下水位监测、降雨量观测、地表巡视，可以较好地掌握滑坡的变形信息，满足监测的要求。

(2)监测前期、中期，滑坡始终处于蠕动变形阶段，是因为下部抗滑桩尚未施工完毕，坡体应力不断重新分布调整的结果，之后逐步稳定，从而验证了所采取的治理措施是必要的、有效的。

(3)2005 年 3 月 15 日～5 月 20 日 CXK9 孔附近堆载了约 800m^3 的弃渣，在此期间滑坡变形速度明显加快(地表可见裂缝等异常)，经多次发出预警报告，施工单位予以清除，滑坡又逐步趋于稳定，避免了滑坡的进一步恶化，保证了施工和人员的安全。

(4)2007 年 10 月，经现场察看，边坡稳定，治理效果良好，验证了滑坡治理是成功的。

11.4 晴隆滑坡监测预报技术研究

11.4.1 工程概况

贵州省镇宁至胜境关高速公路是国家高速公路网上海至瑞丽高速公路中的一段，全长 230km，于 2003 年开工建设。依托工程选在该公路第十八合同段 YK85＋420～＋920 左右边坡进行，全长 500m，该区域为一古滑坡群，定名为晴隆滑坡(图 11.4-1)。

图 11.4-1　晴隆滑坡全貌

路线所在地为上陡下缓的边坡地带，路基设计为深挖路堑段，路线纵坡比－3.2%，开挖右边坡比左边坡高，中心最大挖深约 19.7m，设计右侧最大开挖高度为 32m。

项目开展期间勘察试验工作汇总见表 11.4-1。

工作量汇总表　　表 11.4-1

序　　号	项　　目	单　　位	数　　量	备　　注
1	钻孔	个	28	
2	覆盖层进尺	m	332.5	碎石土
3	基岩进尺	m	491.1	
4	套管进尺	m	349.2	
5	断面测量	m	1 394.5	
6	地质调绘	km^2	0.86	
7	岩石试样	组(块)	5(15)	
	土样		6(16)	
	水样		1	

11.4.2 项目研究实施背景

由于项目组开展的平溪特大桥滑坡监测预报技术研究工作受滑坡自身条件限制，该滑坡滑动之后，经过抢险整治，监控结果显示，监测期间为蠕动变形阶段，继续产生滑动的可能性较小。根据课题研究的需要，课题组决定重新寻找一个典型滑坡进行研究，晴隆滑坡是在这种特殊背景下作为依托工程纳入课题研究的。

该段坡体在2004年11月开挖前经课题组成员现场勘察并进行了专家咨询后，一致认为该段坡体为一古滑坡群，路基开挖施工很有可能出现多处局部滑动甚至有可能引起该古滑坡复活。受业主委托，贵州省交通规划勘察设计研究院于2005年2月28日进场开始勘察，2005年5月15日根据勘察结果进行了专门的治理设计后开始施工，同时监测预报工作开始。

2005年8月22日至2005年10月24日施工期间期间，驻地现场监测小组地表巡视发现YK85＋550～YK85＋720段右侧边坡距开挖线30～60m处出现多条纵向贯通性裂缝，缝宽4～20cm，最长纵向裂缝延伸长超过150m，同时该段坡体上布置CXK6和CXK7两监测孔在所测出来的滑动面位置被剪断，右侧边坡发生整体滑坡。YK85＋660附近开挖桩板墙桩基过程中，桩基护壁发生错位、变形，无法继续施工后，进行了变更设计，设计变更取消了右侧第二级坡面(原设计图一级坡面)原设计的菱形群锚防护，增设框架板预应力锚索防护。

2005年10月，该段边坡在施工中ZK85＋740～ZK85＋860发生下边坡滑坡，地表出现开裂现象，位于下边坡位置的老国道边沟被滑坡挤压变形，危及国道的安全运营和施工人员的安全，通过详细的勘察并监测后，于2005年12月完成了第三次变更设计。

开展依托工程之前主要完成以下预备工作：

(1)详细工程地质勘察；

(2)滑坡的治理设计(施工图)；

(3)人工降雨现场模拟试验；

(4)机械开挖现场模拟试验。

11.4.3 地质基础

1)地层、地形及地理

晴隆滑坡覆盖层为第四系残坡积层(Q^{dl+el})，下伏基岩为二迭系上统龙潭组(P_{21})煤系地层。覆盖层以松散的黄褐色～灰褐色碎石土为主，碎石成分为砂岩、粉砂质泥岩，碎石含量55％～70％，粒径20～80mm，覆盖层厚1.5～12.5m。基岩由粉砂质泥岩、炭质泥岩、泥质粉砂岩夹透镜状煤层组成，强风化层岩体破碎，节理裂隙发育，遇水易软化。

该地段地处亚热带气候区，地表水系不发育，主要靠大气降水补给，受季节影响较大。山间沟谷雨季为地表水的排泄通道，地表水无常年径流，地下水主要为基岩裂隙水。据晴隆县气象站1961～1990年气象资料，年平均降雨量1 434.0mm，日最大降雨量143.9mm，年平均相对湿度83％。

根据路线通过地段地质条件不同，分为两个区，具体为：

Ⅰ区为YK85＋420～＋750段左右边坡，该段路基位于崩塌错落堆积体内，该区地层上覆崩塌错落堆积体，厚10～30m，平均20m深的碎石土层，局部夹亚黏土，下伏二迭系龙潭组泥岩夹煤层和砂岩地层，岩层产状335°～350°∠21°～25°，右坡反倾，但基岩顶面与地面线接近一致，倾角22°，路基开挖后的边坡主要为第四系土层。

Ⅱ区为YK85＋750～＋920段左右边坡，该段路基位于古滑坡体前缘位置，地形极具滑坡地貌特征，路线右侧有一宽60～80m的滑坡平台，台后有一弧形陡壁，形成双沟同源、圈椅状地貌。路基设计高程处与古滑面位置接近一致，古滑坡滑体为厚10～15m，平均12m深的碎石土夹亚黏土层，下伏二迭系龙潭组泥岩夹煤层和砂岩地层，岩层产状 335～350°∠21°～25°，右坡反倾，路基开挖后的边坡主要为滑体土层。

滑坡综合平面图见图 11.4-2。

2)岩土物理力学参数

岩土物理力学参数见表 11.4-2～表 11.4-4。

岩土物理力学性质指标(试验值)　　表 11.4-2

试验内容	含水量 w (%)	湿密度 ρ ($g \cdot cm^{-3}$)	干密度 ρ_d ($g \cdot cm^{-3}$)	饱和度 S_r (%)	孔隙比 e	液限 w_L (%)	液限 w_P (%)	液性指数 I_L
指标	21	1.73	1.43	62	0.94	58.2	28.5	−0.02
试验内容	塑性指数 I_P	渗透系数 K (cm/s)	最优含水率 w_{CP} (%)	最大干密度 ρ_{dmax} ($g \cdot cm^{-3}$)	重度 G_S ($kN \cdot m^{-3}$)	凝聚力 c (kPa)	内摩擦角 φ (°)	压缩模量 E_s (kPa)
指标	29.7	4.2×10^{-3}	18	1.73	2.78	6.5	25.5	19 800

岩体抗剪强度指标(经验值)　　表 11.4-3

岩　性	重度 γ ($kN \cdot m^{-3}$)	凝聚力 c (kPa)	内摩擦角 φ (°)
强风化粉砂质泥岩	26	40	18
中风化粉砂质泥岩	27.5	45	25

滑坡特征指标(现场相似模拟)　　表 11.4-4

触发方式 / 指标内容	人工降雨模拟试验	机械开挖模拟试验
滑面强度指标	c=12.5kPa φ=9.2°	c=8.3kPa φ=17.7°
临界滑动速度	v_{cr}=25.6mm/d	v_{cr}=13.3mm/d
滑动历程时间	1.3h(雨强 60mm/h)	8h(未下雨)

11.4.4 滑坡机理

1)润滑作用

水使岩土体滑面的物理力学性质发生改变，软化结构面强度，使滑面抗剪强度(c、φ)减小，增加滑体的自重，从而降低滑坡的稳定性，导致滑坡失稳。

2)水压作用

由于地下水补给的增加，引起滑坡体中岩(土)体水动力条件的剧变，动水压力和孔隙水压力启动滑坡。

3)触发(诱发)效应

高陡的陡倾层状体斜坡，振动可促进陡倾结构面(裂缝)的扩展，并引起被分割岩体的微动，从而激活孔隙水压力的增加，导致变形与破坏。碎裂状或碎块状斜坡，强烈的人工爆破振动可使整体溃散，发展为滑塌式滑坡。

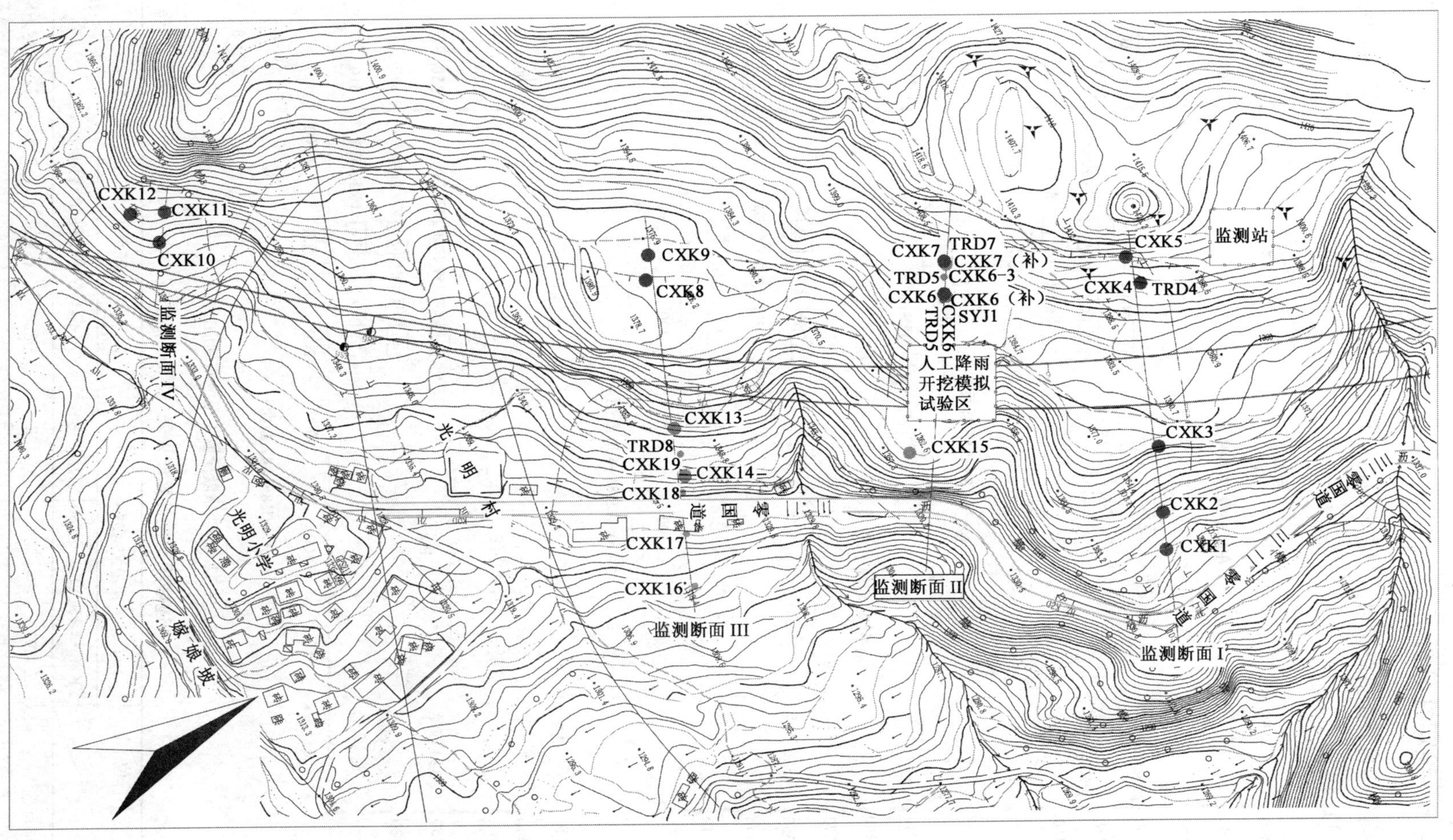

图 11.4-2 晴隆滑坡综合平面图

11.4.5 稳定性分析

采用简化毕肖普法和数值计算(FLAC)进行稳定性分析，选取3个断面(图11.4-3)进行，结果见表11.4-5。

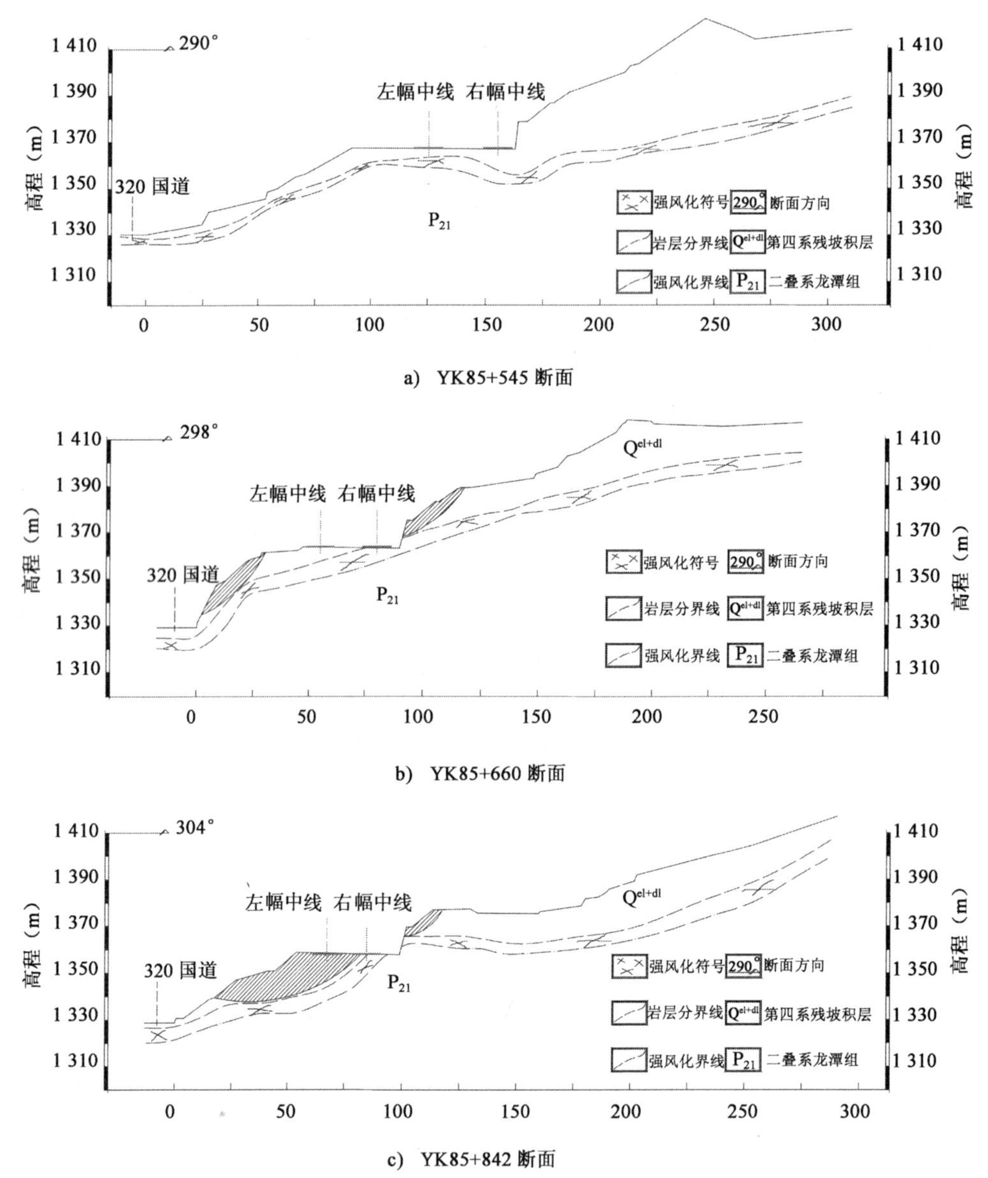

a) YK85+545 断面

b) YK85+660 断面

c) YK85+842 断面

图 11.4-3 晴隆滑坡工程地质剖面图

边坡稳定性计算成果表(极限平衡法) 表 11.4-5

方法 \ 位置	上边坡			下边坡			备注
	YK85+545	YK85+660	YK85+842	YK85+545	YK85+660	YK85+842	
简化毕肖普法	0.297	0.329	0.435	1.082	0.859	0.948	自然条件
数值计算(FLAC)	0.282	0.391	0.522	1.354	0.833	1.021	自然条件

可见，边坡处于极限平衡状态（或不平衡态），降雨、开挖、爆破等因素均可能触发滑坡，因此，必须进行专业监测和必要的支挡设计，确保工程的安全性和施工安全。

11.4.6 晴隆滑坡监测系统设计

1)晴隆滑坡监测系统

监测系统布设原则：

(1)必须满足课题研究的需要。

(2)必须满足实体工程设计、施工和运营的安全。

监测包括两部分：人工监测和自动监测，见表 11.4-6。

晴隆滑坡监测内容与方法 表 11.4-6

方 法	监 测 内 容	监测仪器或工具
人工监测	坡体深部侧向位移	钻孔测斜仪
	地表裂缝	钢尺
自动监测	滑动面位置	TDR 同轴电缆
	坡体运动速率、方向	固定式测斜仪
	降雨强度及雨量	雨量计
	地下水位	渗压计

2)晴隆滑坡人工监测系统

(1)深部侧向位移监测

①测斜仪工作原理

见本书第 8.2.2 节。

②深部侧向位移监测点布置

深部侧向位移监测在Ⅰ区边坡上设两个监测断面，分别位于 YK85＋545 和 YK85＋660 断面；Ⅱ区设一个监测断面，位于 YK85＋842 断面。现场作布置时可根据实际地形地貌作出调整，钻孔应穿过潜在的滑动面 5～8m。

③深部侧向位移监测周期

边坡施工（包括路基开挖）期间，深部侧向位移监测每周 1 次，雨季加密；当滑坡出现变形加快时，也要加密观测次数。边坡加固治理工程完成后，监测频率每月 1 次，雨季加密。监测时间预计为 18 个月。

(2)地表裂缝监测

地表裂缝监测采用地表巡视的方式进行，如果边坡上出现裂缝，则用钢尺对裂缝进行简单的位错测量，可与深部侧向位移监测同时进行。

3)晴隆滑坡自动监测系统

(1)TDR（图 11.4-4）同轴电缆测试

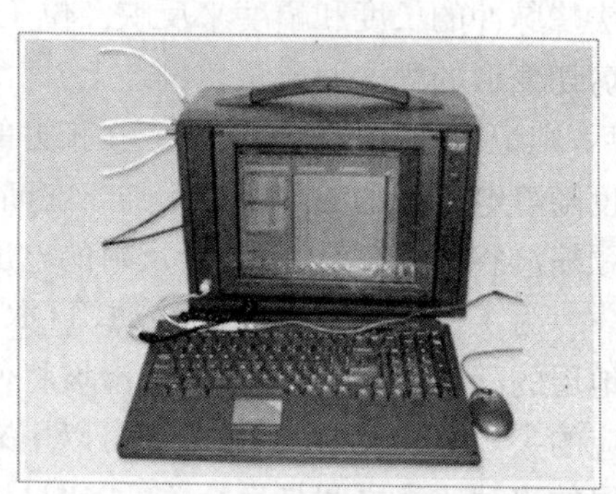

图 11.4-4 TDR 监测仪

①监测原理

简单地说，TDR 的原理与雷达相似。

在 TDR 滑坡监测系统中，同轴电缆是直接与滑坡产生接触的部分，可以将其看做一个特殊的传感器。同轴电缆的中心是一根金属导体，其周围为绝缘介质，绝缘介质外面有金属的导体环绕，最外层有保护层。在真空中，电能以光速传播。当在电缆中传播时，其速度会稍微减慢，即通常所称的传播速度。由于特定电缆的传播速度是已知的，电缆测试仪通过测量发送脉冲与反射脉冲之间的时延就可以确定任何电缆反射点的距离。

另一方面，同轴电缆的特性阻抗是由自身的材料组成及结构决定的。当电缆发生形变时，内层与外层导体间的距离也发生改变，从而使得电缆的阻抗和反射的电压脉冲发生变化。在TDR系统中，如果岩体的移动使得TDR电缆变形，例如出现弯皱、扭折、渗水或是断裂，电缆的特性阻抗就会发生相应的变化，它反射出的电压脉冲的波形也将改变，见图11.4-5。

电缆测试仪将反射脉冲与发射脉冲进行比较后，即可确定电缆形变点的反射特性。发送的脉冲以及从电缆变形处反射回来的脉冲之间的时延决定了损伤发生的位置；反射脉冲的波形、范围以及强度则反映了电缆变形的类型和变形程度。具体而言，比较返回脉冲与发送脉冲即可确定反射系数。如果反射脉冲与发送脉冲相同，则反射系数为+1，表示电缆中产生了断路。相反，如果电缆短路，则所有的电能都通过大地返回，此时反射系数为−1。如果电缆发生变形，如受到剪切力或张力的作用，则它的特性阻抗会发生改变，反射系数为−1～+1。

TDR信号实际上是由TDR电缆的反射波组成的。如果TDR电缆产生变形，它的反射波中就会出现尖峰脉冲，见图11.4-6。

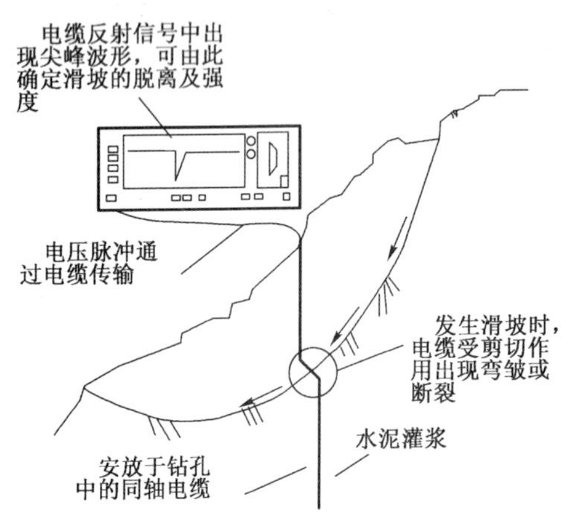

图11.4-5　TDR电缆工作示意图

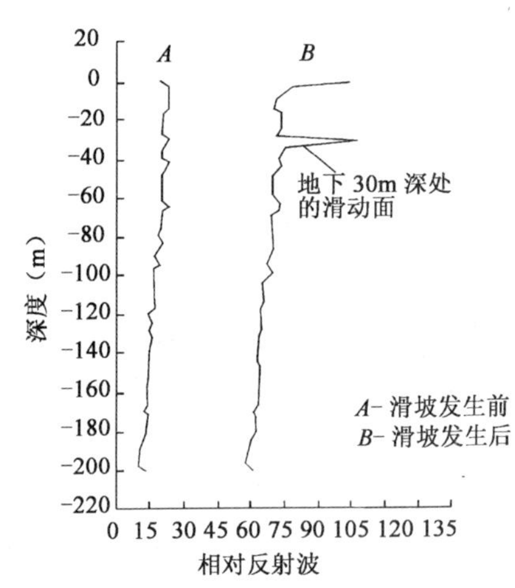

图11.4-6　TDR电缆变形前后显示的反射信号

不同的电缆变形在TDR信号中表现为不同的尖峰脉冲。电缆受损的严重程度可以通过尖峰脉冲的长度和幅度来反映。位于切变处的电缆反射出一个电压的尖峰信号，该信号随着剪切变形的程度而成正比例地上升。电缆即将断裂时，出现明显的尖峰信号。在断裂发生之后，则记录到永久性的反射。在张力的作用下，电缆反射的波形是类似波谷的电压信号，其长度随着电缆变形的加剧而增加。在断裂发生的当时，可以从电缆测试仪上观察到一个细小的颈缩波谷，它与剪切破坏所反射的电压波形之间可以区分开来。

为了便于监测地层的移动，TDR系统要求以固定的时间间隔来读取电缆所反射的信号。地层的移动，例如事故地区的滑坡将使电缆产生各种形变，从而改变电缆的阻抗特性并产生相应的尖峰脉冲反射，这种改变可以用来确定剪切移动的位置。随时间而变化的电缆阻抗与地层的移动速率之间具有相关性，通过读取电缆反射波形的数据，可以监测地层的移动，随着反射波形的强度增加，可以预测某个区域的地层可能会发生断裂。

TDR 系统应用于滑坡监测与测斜仪等传统监测仪器相比有很多优点：a. 成本低；b. 检测时间短，测试一根 50m 长的电缆所花时间不到 2min；c. 可以远程采集数据，安全性高。缺点是无法确定滑坡位移量和位移方向。但是，TDR 测试仪与固定式测斜仪配合使用，可以收到很好的效果。

②监测周期

本次 TDR 同轴电缆测试与固定式测斜仪、雨量监测及渗压监测是同步进行的，监测周期根据科研的需要暂定为每 2h 自动采集一次。

(2)固定式测斜仪

①工作原理

固定式测斜仪其传感器原理是电解式的：在玻璃或陶瓷小瓶中装有电解液，并置入五只白金(铂)电极。传感器水平时，白金电极没入深度相等，一旦发生倾斜，没入深度发生变化，从而电极对的电阻发生相应变化。阻抗变化正比于倾斜的角度，因此可测出倾角的改变。测点位移计算与传统测斜仪相同。

AGI 固定式测斜仪探头，将传感器以及与其相匹配的信号调节电路组成一体，其传感器没有可移动的机械部件，而且特性也不会随时间变化。

②监测周期

与 TDR 同轴电缆测试周期同步。

(3)雨量计(图 11.4-7)

①工作原理

采用翻斗式雨量计。当仪器中注入的雨水或融雪达到一定水平时，雨量计中的翻斗就会发生倾斜，相连的磁铁使开关闭合。翻斗排空后回到它的初始位置再次接受注入，此时开关开启。数据记录仪或其他记录设备可统计开关的闭合次数，并乘以翻斗的容积便可得到降雨量。

②监测周期

与 TDR 同轴电缆测试和固定式测斜监测周期同步。

(4)渗压计

采用振弦式水压测量仪，见图 11.4-8。测量时通过电磁场使钢丝产生振动，振动的频率由电磁线圈检测并输出到读出装置，随即计算出钢丝所受张力。测量仪内的电磁线圈产生电

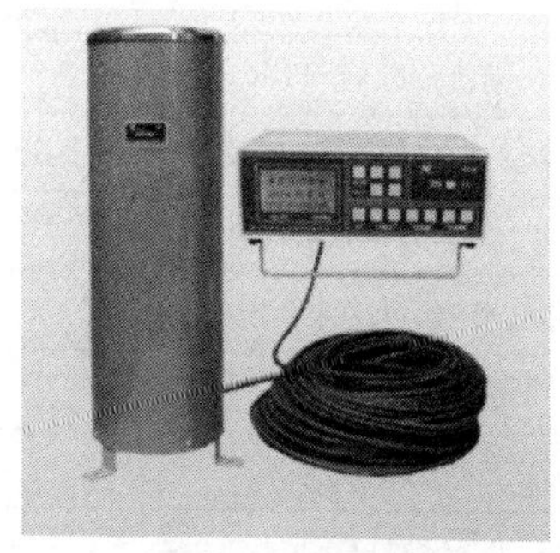

图 11.4-7　雨量计

11.4-8　渗压计

磁场，使钢丝发生振动。钢丝振动的激发频率是可变的，随后钢丝会恢复其固有频率。电磁线圈还可充当传感器计量振动次数。最后，输出信号被转换为压力或水压单位。

(5)边坡自动监测系统的实现

晴隆滑坡自动监测系统主要由四种传感器组成，分别是：①TDR 同轴电缆；②固定式测斜仪；③渗压计；④雨量计。这四种传感器的输出信号类型，见表 11.4-7。

自动测试仪器的输出信号类型

表 11.4-7

监 测 仪 器	信　　号	监 测 仪 器	信　　号
雨量计	脉冲	TDR 测试仪	数字脉冲反射
渗压计	钢弦频率或回路电流(4～20mA)	固定式测斜仪	直流电压

用于传感器管理、数据存储、数据传输的仪器有数据存储仪与 MODEM，主要用来管理、存储和发送四种传感器的数据。数据存储仪与计算机之间，经过 GSM，用 MODEM 进行无线连接，即可实现数据通信，监测数据就可以远距离传输到数据处理中心，即计算机中。另外，还有下载数据软件和数据处理软件，用来存储、计算、图形化所有监测数据。该系统设计的逻辑结构见图 11.4-9，监测系统的构成见表 11.4-8。

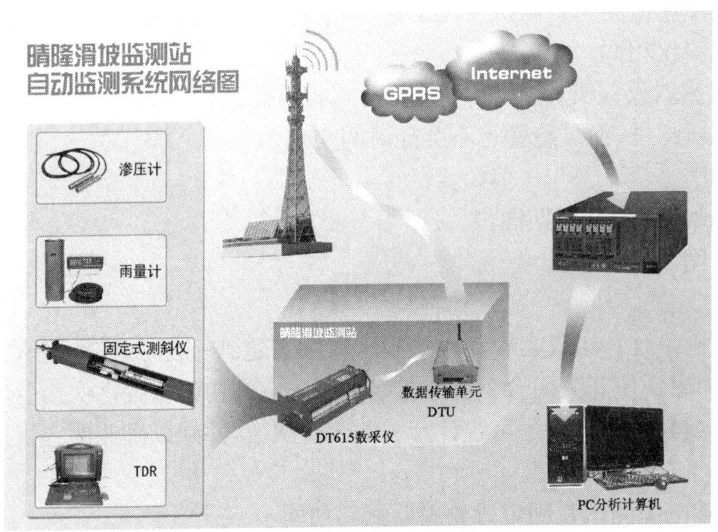

图 11.4-9　自动监测系统协同逻辑关系结构图

边坡自动监测系统仪器及软件

表 11.4-8

仪器及软件	备　　注
DT615 数采仪	可接入测斜仪、钢弦传感器、TDR 电缆测试仪
797 型多路转换器	可接入 10 只双向测斜仪
RTX-248 型多路转换器	可接入 16 只钢弦渗压计
TDR-100 电缆测试仪	带多路转换器，可接入 8 根电缆
TBASE II 软件	数据分析软件
PC208W 软件	WCXK 版数据支持软件
PCTDR 软件	TDR 数据软件

安装仪器时，可在边坡上设置一小工房，将 TDR 测试仪、数据存储仪、MODEM 等存放在里面，采用 220V 交流电作为电源，雨量计则可以固定在工房屋面。

边坡自动化监测系统的优点集中表现在：

①可按项目要求设置采样率，实现 24h 连续观测；②克服了人工读数误差，避免数据混淆而导致错误结论，极大地提高了测试精度；③如果边坡滑移超过警戒限值，系统可实现报警；

④系统可以通过串行接口直接与计算机连接进行数据配置和下载，也可以通过电话、无线电来实现数据远程传输。

11.4.7 边坡监测成果分析

1)晴隆滑坡监测工作概述

深部侧向位移监测前期准备工作(钻孔、埋设测斜管)于2005年6月1日开始，至2005年6月27日第一批共8个孔位(CXK2～CXK9)的测斜管全部埋设完毕。监测工作于2005年8月2日正式开始，2005年10月27日监测时发现CXK6、CXK7的测斜管被剪断，根据实际需要，于2005年11月在原位附近重新补设两个监测孔CXK6-1、CXK7-1，并新增三个监测孔CXK10、CXK11、CXK12，加大监测力度。2006年2月19日CXK6-1测斜管又被剪断，再次补设CXK6-2。

晴隆滑坡深部位移监测点现场布置情况及监测断面见图11.4-10，各孔完成的具体工作量见表11.4-9。

深部侧向位移监测实施情况表(2005年8月2日～2007年6月22日)　　表11.4-9

监测点编号	监测点位置	方位(正北方向为0°，正东方向为90°)		实施情况	
		A0方向	B0方向	监测深度(m)	监测次数
CXK2	YK85+543左118m	85°	175°	22.5	184
CXK3	YK85+540左96m	94°	184°	25.5	187
CXK4	YK85+541右45m	115°	205°	37	267
CXK5	YK85+549右62m	127°	217°	33.5	223
CXK5-1	YK85+545右72m	120°	207°	35.5	6
CXK6(CXK6-1、CXK6-3)	YK85+661右45m	63°	153°	23	11(111、135)
CXK7(CXK7-补)	YK85+661右65m	184°	274°	21.5	10(51)
CXK8	YK85+843右45m	72°	162°	23	247
CXK9	YK85+843右60m	138°	228°	25.5	247
CXK13	YK85+808左72m	75°	165°	26.5	105
CXK14	YK85+816左43m	95°	185°	47	97
CXK15	YK85+682左52m	105°	195°	36	144
CXK16	YK85+798左138m	112°	202°	36.5	103
CXK17	YK85+805左107m	62°	152°	34	107
CXK18	YK85+809左82m	129°	219°	34	106
CXK19	YK85+810左59m	94°	184°	45.5	97
合　计					2 439孔·次

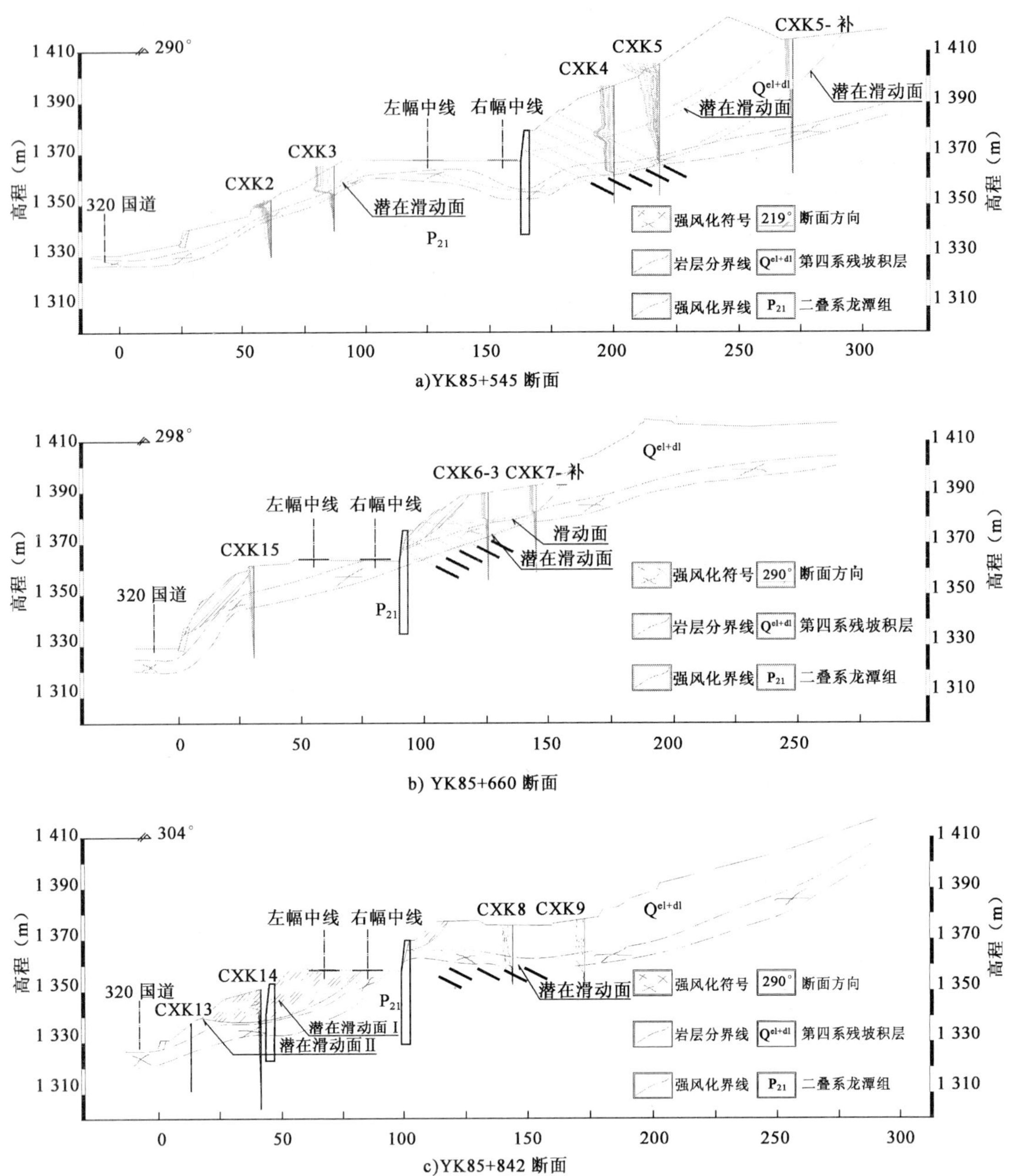

图 11.4-10 晴隆滑坡深部位移监测点现场布置图

2006 年 1 月在 CXK4 旁边修建了一间小工房，采取了简易避雷措施，以保护存放在里面的自动监测设备。在 CXK4 附近设固定测斜孔一个，编号 CXK4-1，埋入 39m 测斜管，管内置入 6 个固定式测斜探头(探头埋置深度根据已获得的人工测斜数据确定)，管外捆绑 3 根规格型号不同但特性阻抗均为 75Ω 的同轴电缆，分别为 SYV-75-5(铜芯直径 1mm)、SYWV-75-7(铜芯直径 1.66mm)和 SYWV-75-9(铜芯直径 2.15mm)，用于 TDR 测试。另外，在 CXK6 中埋设了 3 根与 CXK4-1 同样的 TDR 电缆，同时埋设渗压计一个。雨量计则用混凝土浇筑固定在工房屋面。4 月中旬自动监测系统调试成功，4 月 15 日正式开始采集数据。

晴隆滑坡自动监测系统布置见图 11.4-11。

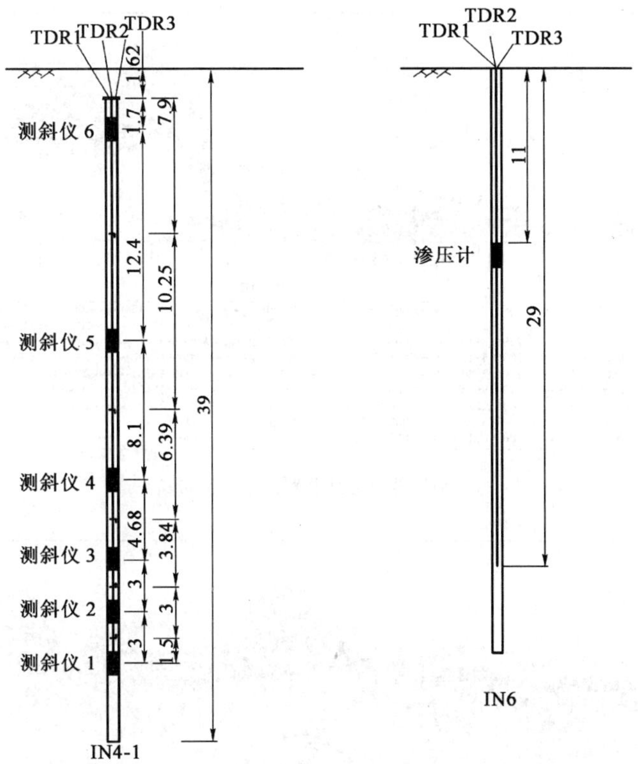

图 11.4-11　晴隆滑坡自动监测系统布置图(尺寸单位:m)

说明:(1)IN4-1 监测孔中布置的 6 个探头分别距离孔顶 1.7m、1.4m、22.2m、26.9m、29.9m、32.9m,TDR1、TDR2、TDR3 三根同轴电缆在孔中以下的长度均为 37.4m,孔口外留 10m。

(2)IN6 监油孔中布轩的渗压计距离孔顶 11m,TDR1、TDR2、TDR3 三根同轴电缆在测斜管中的长度均为 29m。

2)晴隆滑坡监测成果汇总

(1)深部位移监测成果

晴隆滑坡深部位移监测曲线见图 11.4-12。

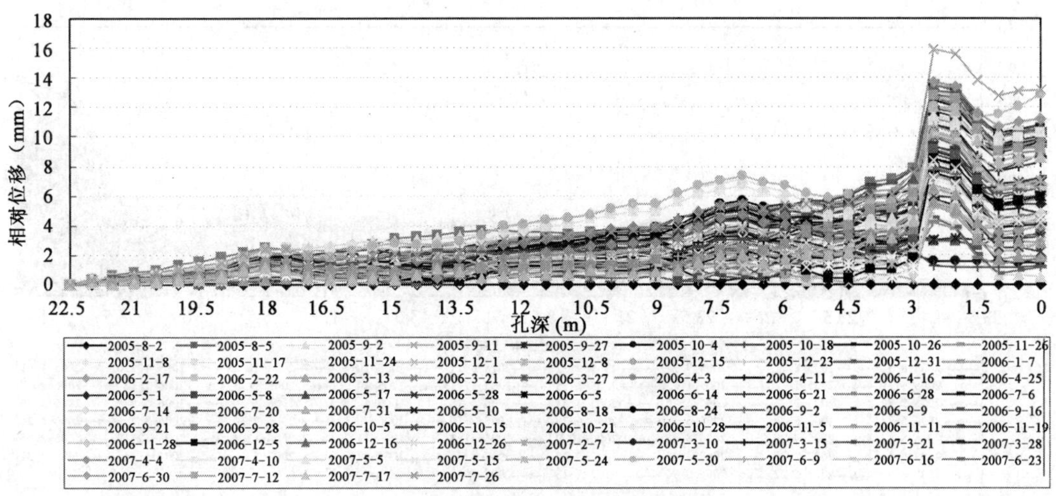

a)CXK2 累计合成相对位移变化曲线

图　11.4-12

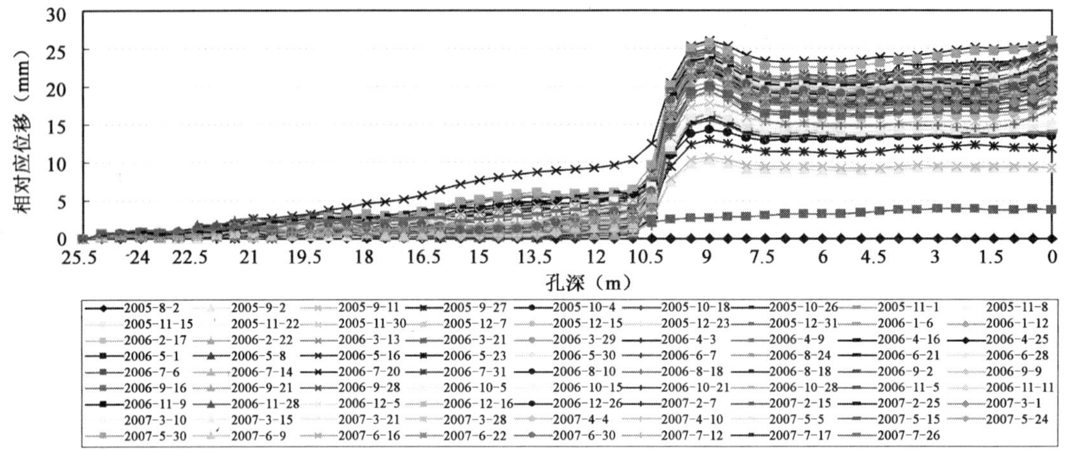

b)CXK3 累计合成相对位移变化曲线

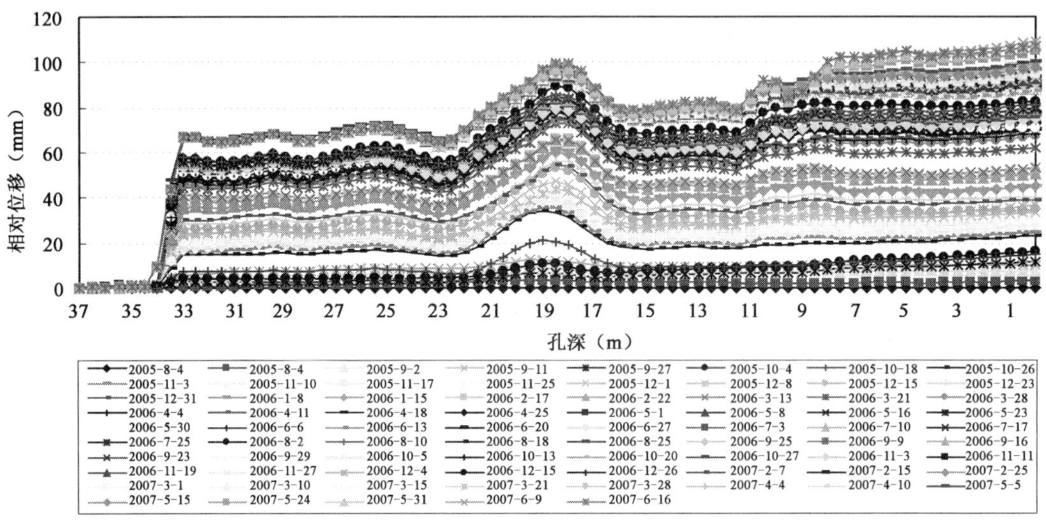

c)CXK4 累计合成相对位移变化曲线

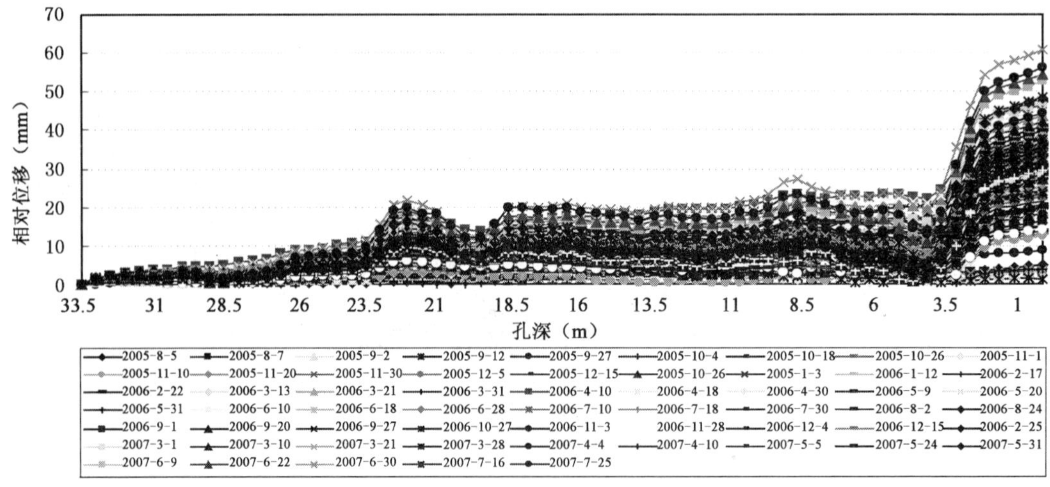

d)CXK5 累计合成相对位移变化曲线

图 11.4-12

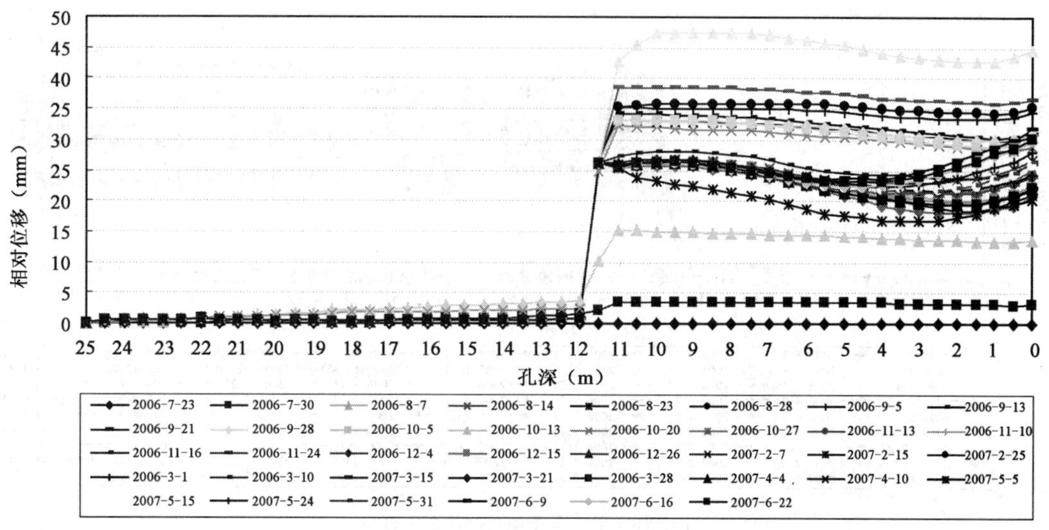

e)CXK6-3 累计合成相对位移变化曲线

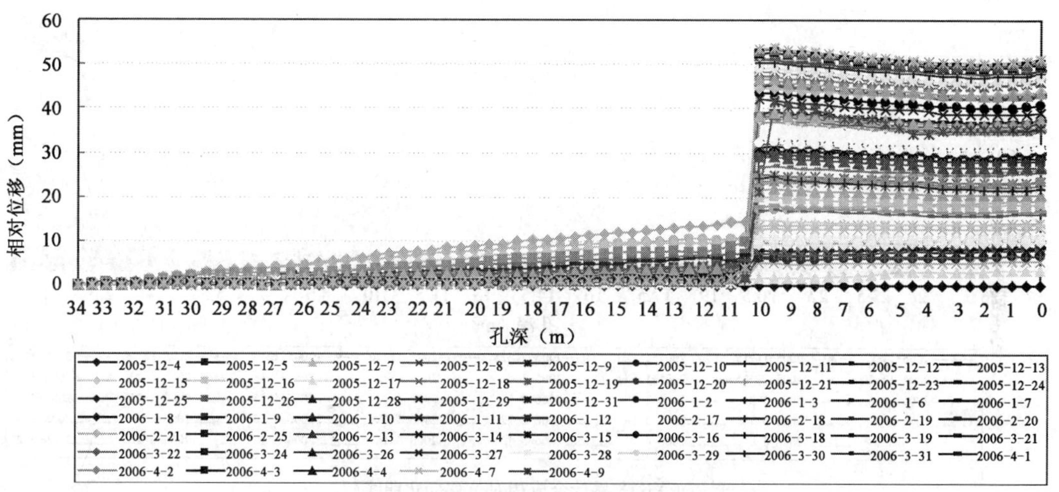

f)CXK7-补累计合成相对位移变化曲线

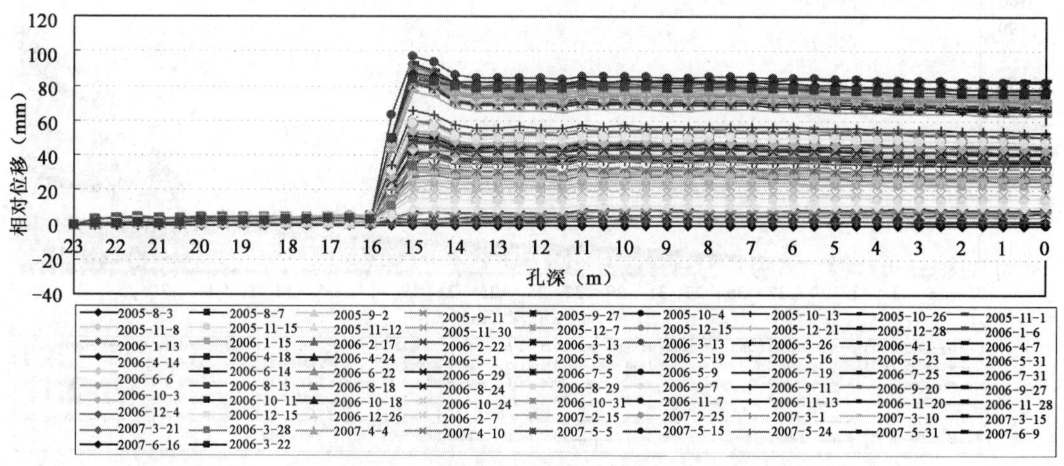

g)CXK8 累计合成相对位移变化曲线

图 11.4-12

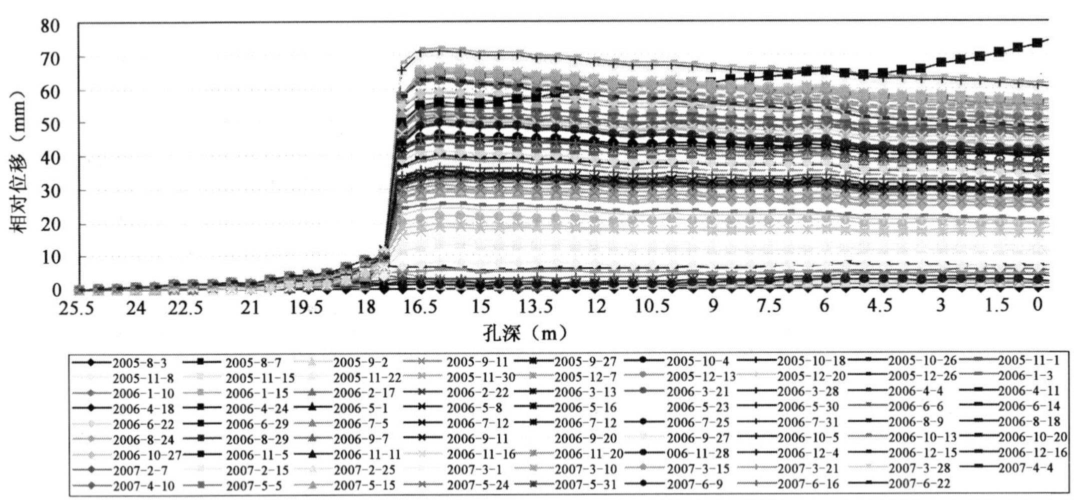

h)CXK9 累计合成相对位移变化曲线

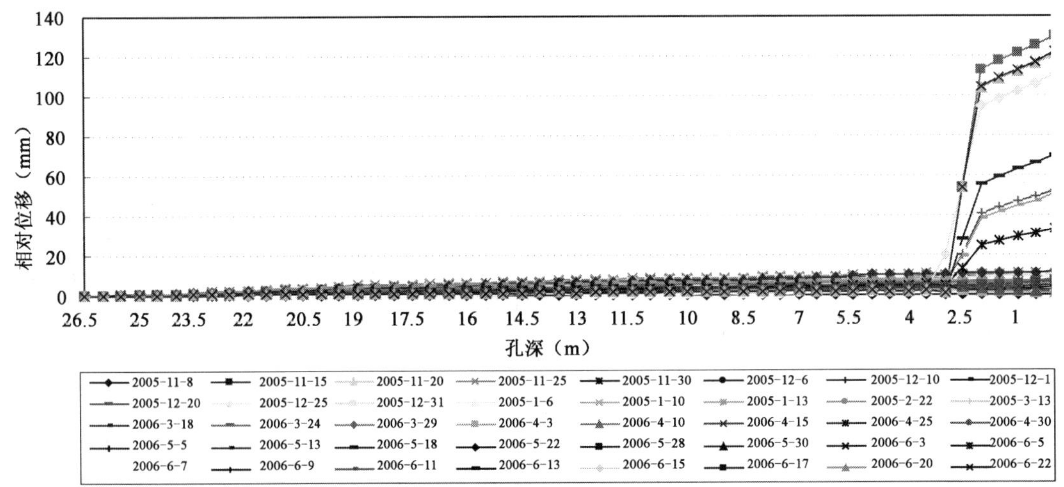

i)CXK13 累计合成相对位移变化曲线

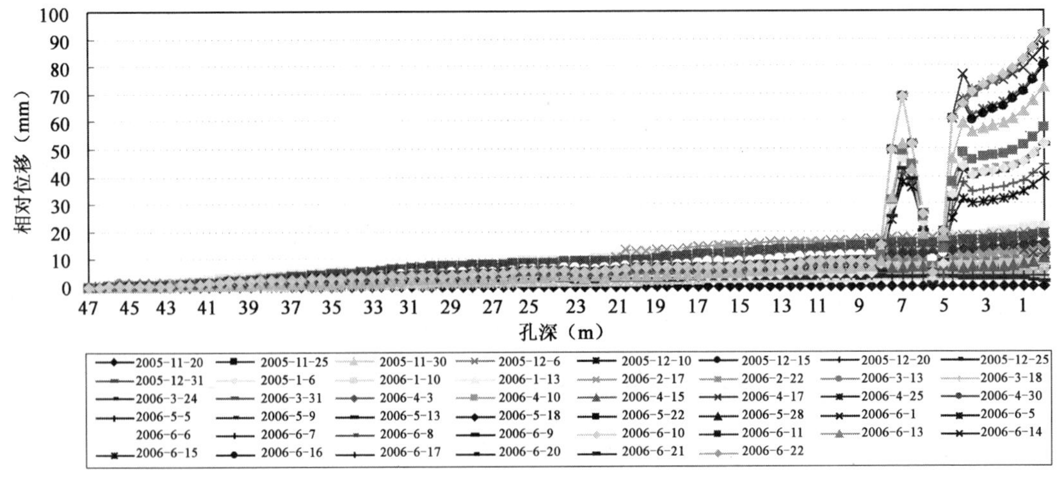

j)CXK14 累计合成相对位移变化曲线

图 11.4-12

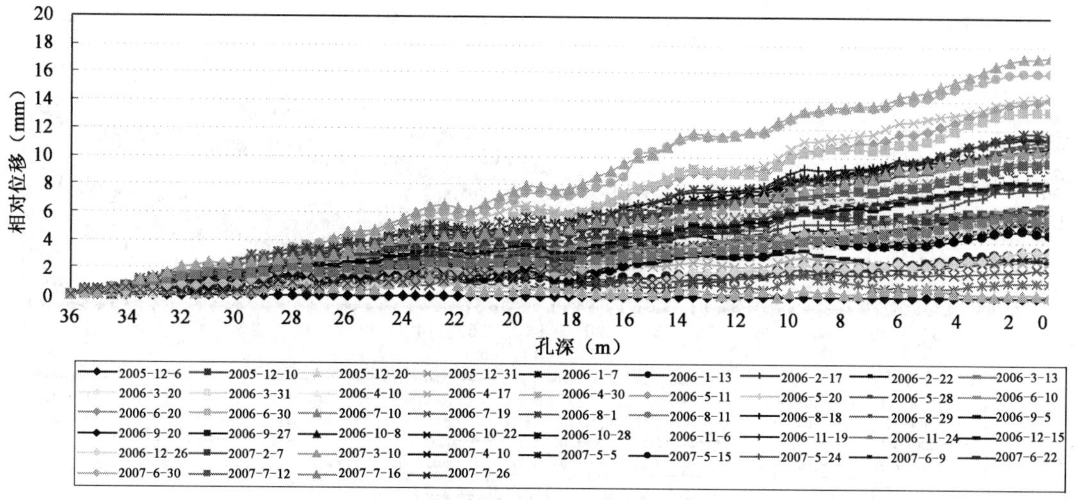

k)CXK15 累计合成相对位移变化曲线

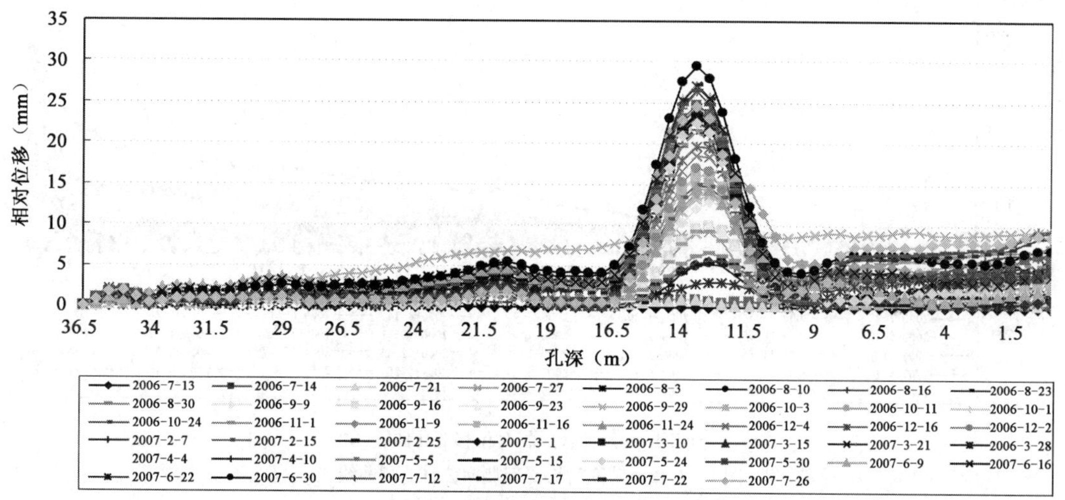

l)CXK16 累计合成相对位移变化曲线

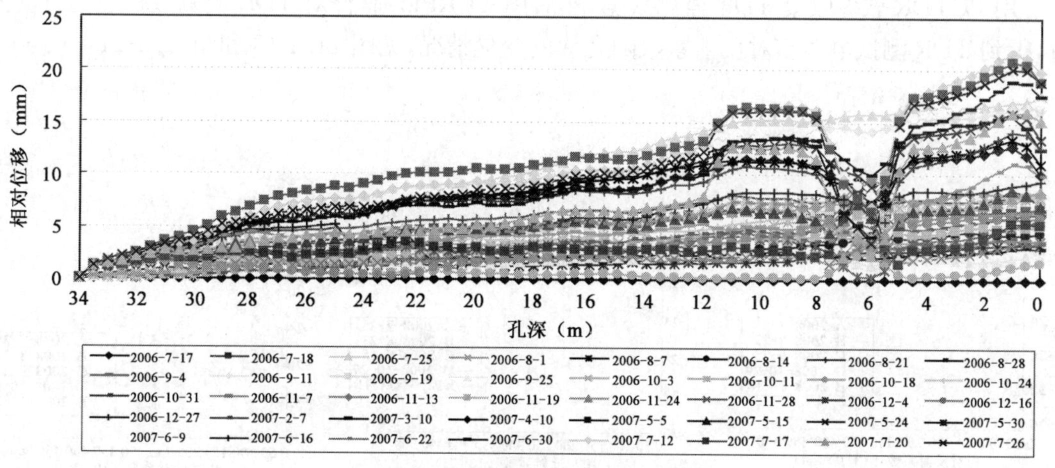

m)CXK17 累计合成相对位移变化曲线

图 11.4-12

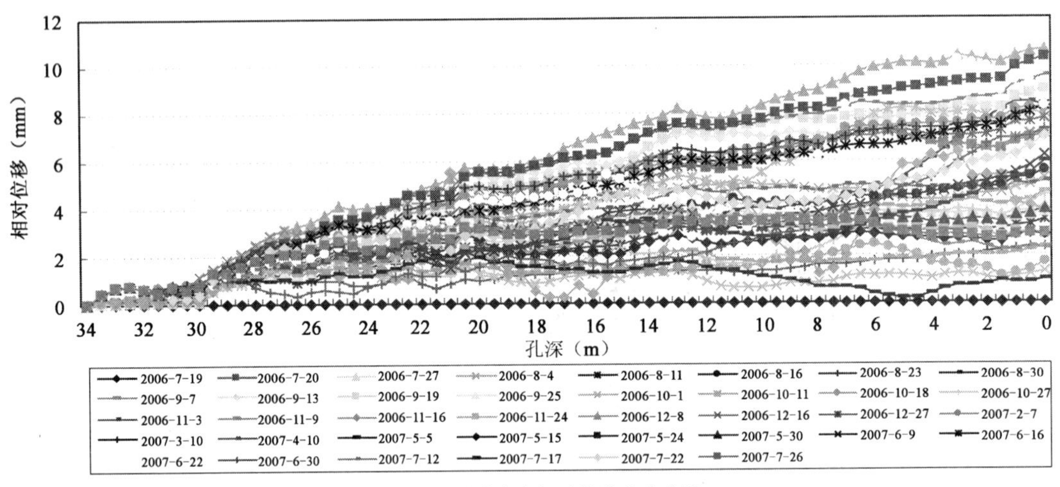

n)CXK18 累计合成相对位移变化曲线

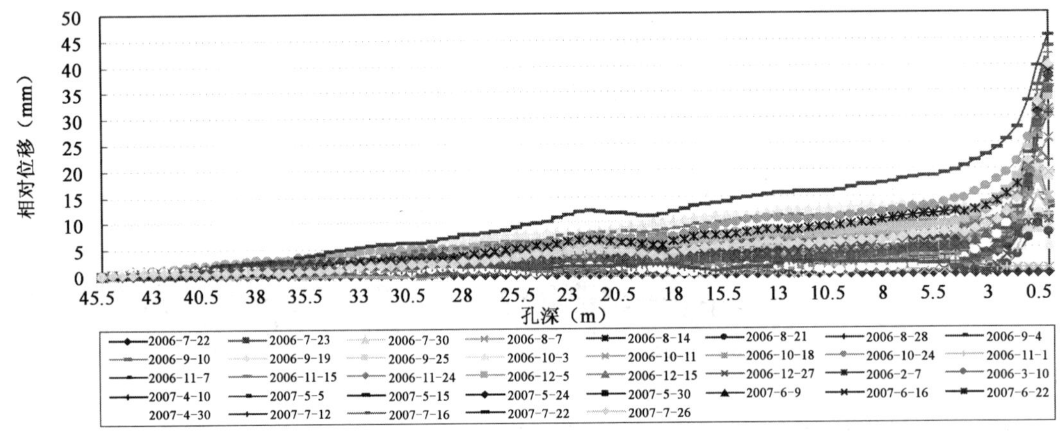

o)CXK19 累计合成相对位移变化曲线

图 11.4-12 晴隆滑坡深部侧向位移监测曲线

(2)TDR 监测成果

用 PCTDR 软件收集 TDR 监测数据，然后用 TDRPlot 软件对 TDR 监测数据进行自动分析，得到 TDR 测试电缆相对反射系数随孔深的变化情况，见图 11.4-13 和图11.4-14。

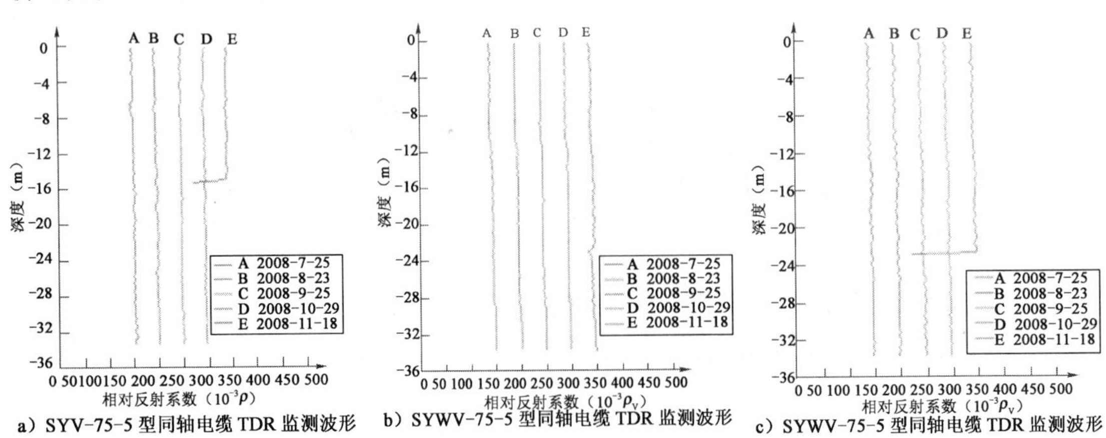

a）SYV-75-5 型同轴电缆 TDR 监测波形　b）SYWV-75-5 型同轴电缆 TDR 监测波形　c）SYWV-75-5 型同轴电缆 TDR 监测波形

图11.4-13　CXK4-1 监测孔 TDR 监测波形

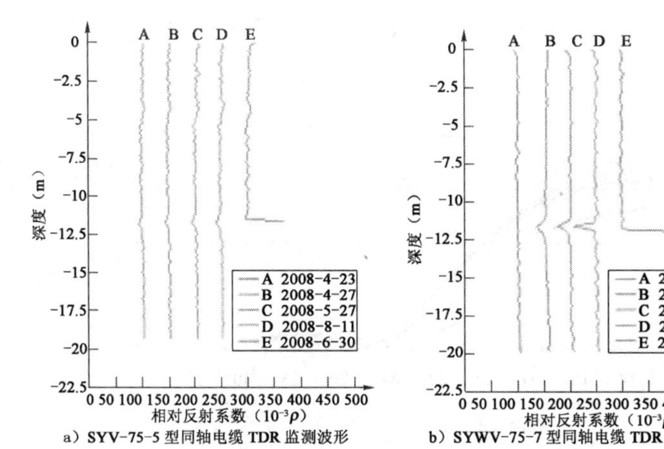

a）SYV-75-5 型同轴电缆 TDR 监测波形

b）SYWV-75-7 型同轴电缆 TDR 监测波形

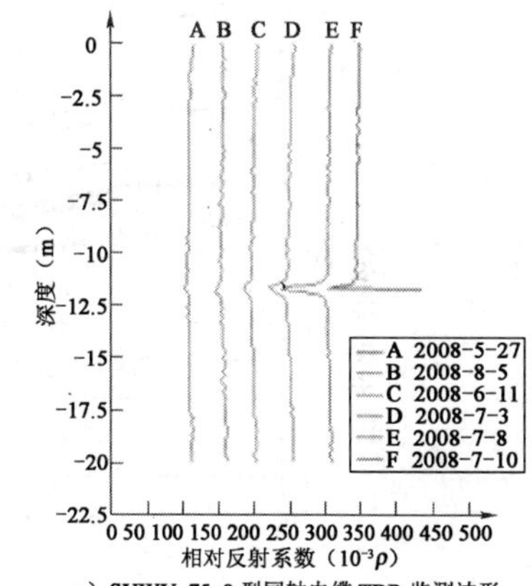

c）SYWV-75-9 型同轴电缆 TDR 监测波形

图11.4-14 CXK6 监测孔 TDR 监测波形

(3)固定式测斜仪监测成果

固定式测斜仪监测成果见表 11.4-10 和图 11.4-15、图 11.4-16。

固定式测斜仪自动监测各深度累计位移结果汇总 表 11.4-10

时间 \ 孔深	0.85	7.40	17.15	23.54	27.38	30.38
2006-4-14	0	0	0	0	0	0
2006-4-21	7.64	6.38	4.52	0.38	0.64	0.31
2006-4-26	10.12	8.75	6.28	0.6	0.77	0.3
2006-5-14	14.95	12.99	9.89	0.7	1.03	0.31
2006-5-25	16.55	14.72	11.03	0.78	0.96	0.3
2006-6-1	16.88	14.96	11.11	0.85	1.01	0.3
2006-6-8	16.7	14.82	11.04	0.83	0.99	0.3
2006-6-15	16.51	14.56	10.92	0.92	1	0.3
2006-6-22	17.27	15.23	11.66	1.01	1.04	0.3
2006-6-29	17.37	15.26	11.84	1.2	1.19	0.3
2006-7-11	18.34	15.99	12.35	1.11	1.17	0.31
2006-7-18	18.4	16.09	12.38	1.2	1.25	0.3
2006-7-25	18.52	16.09	12.46	1.25	1.21	0.31
2006-8-1	19.21	16.84	13.12	1.29	1.23	0.31
2006-8-8	19.54	17.09	13.43	1.3	1.25	0.31
2006-8-15	19.38	16.81	13.3	1.43	1.22	0.31
2006-8-22	19.46	16.98	13.31	1.43	1.32	0.3
2006-8-29	19.73	17.19	13.59	1.58	1.25	0.31
2006-9-5	19.89	17.46	13.76	1.6	1.33	0.31
2006-9-12	20.17	17.69	13.78	1.52	1.41	0.3
2006-9-19	20.09	17.62	13.81	1.55	1.39	0.3
2006-9-26	19.96	17.48	13.68	1.52	1.44	0.31
2006-10-3	20.34	17.81	13.67	1.51	1.45	0.31
2006-10-10	22.29	19.77	14.1	1.54	1.51	0.31
2006-10-15	21.96	19.27	13.73	1.83	1.71	0.31
2006-10-22	21.89	19.42	13.7	1.7	1.67	0.32
2006-10-29	24.3	22	14.31	1.63	1.58	0.3
2006-11-3	25.43	23.11	14.32	1.64	1.6	0.3
2006-11-8	25.87	23.63	14.55	1.68	1.57	0.3
计算基点为 33.38m，由于已达基岩，该点位移视为 0						

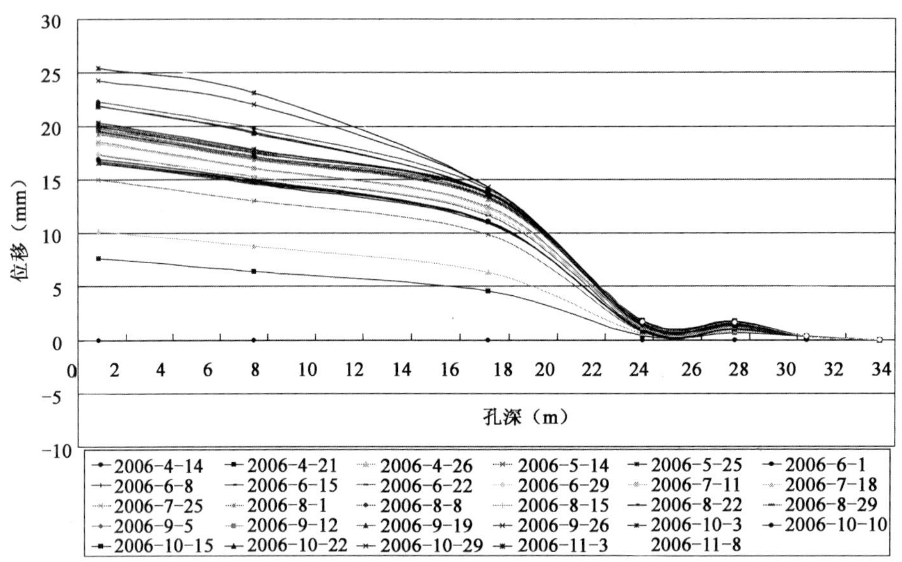

图 11.4-15 固定测斜累计合成相对位移变化曲线

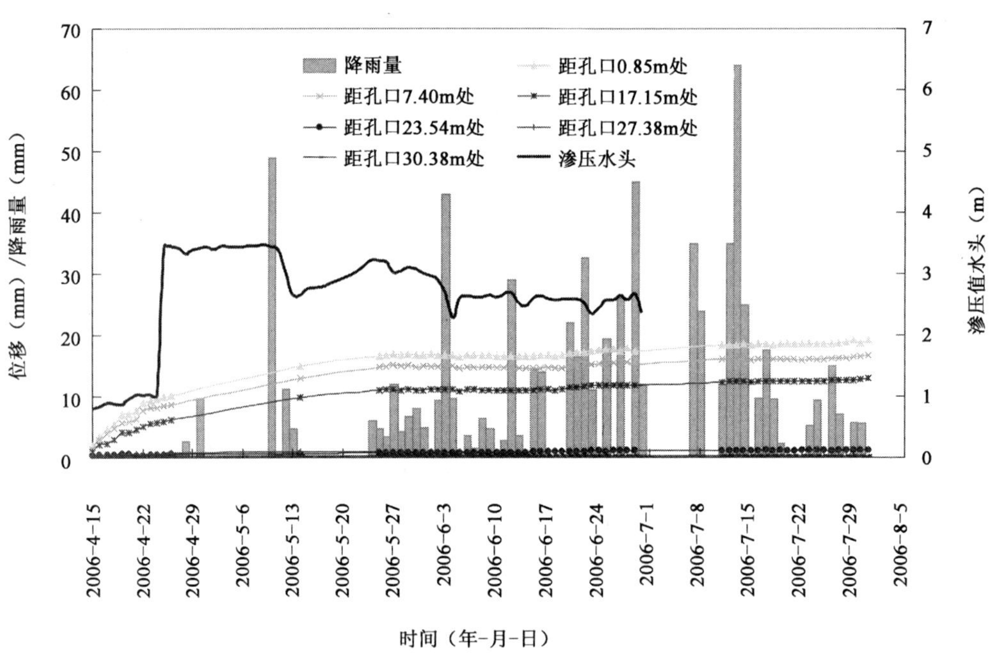

图 11.4-16 固定测斜累计相对位移、降雨量及渗压一时间变化图

(4)降雨量及渗压值监测记录

降雨量及渗压值监测记录汇总见表 11.4-11，渗压值与降雨量的关系见图 11.4-17。

降雨量及渗压值记录汇总表 表 11.4-11

2006 年 4 月																
日 期	15	16	17	18	19	20	21	22	23	24	25	26	27	28	29	30
降雨量	0	0	0	0	0.1	0	0	0	0	0.2	0.3	0.7	0.6	2.7	0	9.7
渗压值	0.8	0.83	0.9	0.89	0.87	0.96	1.03	1.02	1.03	1.02	3.45	3.44	3.43	3.33	3.4	3.42

续上表

2006 年 5 月																
日　期	1	2	3	4	5	6	7	8	9	10	11	12	13	14	15	
降雨量	0	0	0.1	0.1	0.1	0.3	0	0	0.3	48.9	0.5	11.1	4.7	0.6	0.2	
渗压值	3.44	3.41	3.46	3.45	3.45	3.45	3.46	3.46	3.47	3.44	3.4	3.01	2.65	2.65	2.75	
2006 年 5 月																
日　期	16	17	18	19	20	21	22	23	24	25	26	27	28	29	30	31
降雨量		0.1	0.1	0	0.1	0	0	0	6.1	4.8	3.4	11.9	4.3	6.8	8.0	5.0
渗压值		2.78	2.83	2.89	2.94	2.99	3.05	3.15	3.23	3.21	3.2	3.04	3.05	3.11	3.08	3.02
2006 年 6 月																
日　期	1	2	3	4	5	6	7	8	9	10	11	12	13	14	15	
降雨量	0.3	9.3	63.9	9.7	0	3.6	1.5	6.4	4.8	0	2.8	29.0	3.6	0.7	14.5	
渗压值	2.96	2.9	2.71	2.28	2.6	2.64	2.63	2.63	2.66	2.63	2.67	2.7	2.52	2.47	2.61	
日　期	16	17	18	19	20	21	22	23	24	25	26	27	28	29	30	
降雨量	13.9	0.4	0	0	21.9	16.4	32.6	11.0	1.4	19.3	0	26.0	0.3	47.8	4.1	
渗压值	2.64	2.59	2.57	2.59	2.59	2.59	2.53	2.35	2.45	2.57	2.57	2.65	2.58	2.68	2.36	
2006 年 7 月																
日　期	1	2	3	4	5	6	7	8	9	10	11	12	13	14	15	
降雨量	0.1						0.2	0.1			0.4	0	0	0	0	
渗压值																
2006 年 7 月																
日　期	16	17	18	19	20	21	22	23	24	25	26	27	28	29	30	31
降雨量	9.7	17.6	9.5	2.3	0	0	0	5.3	9.4	0	0	0	0	5.7	5.5	0.1
渗压值																
说　明	降雨量单位:mm,渗压值单位:m;由于仪器故障,5 月 16 日、7 月 2 日～7 月 6 日、7 月 9 日～7 月 10 日无降雨量及渗压值记录,7 月 1 日以后的渗压值记录出现异常(为负值),不予采用															

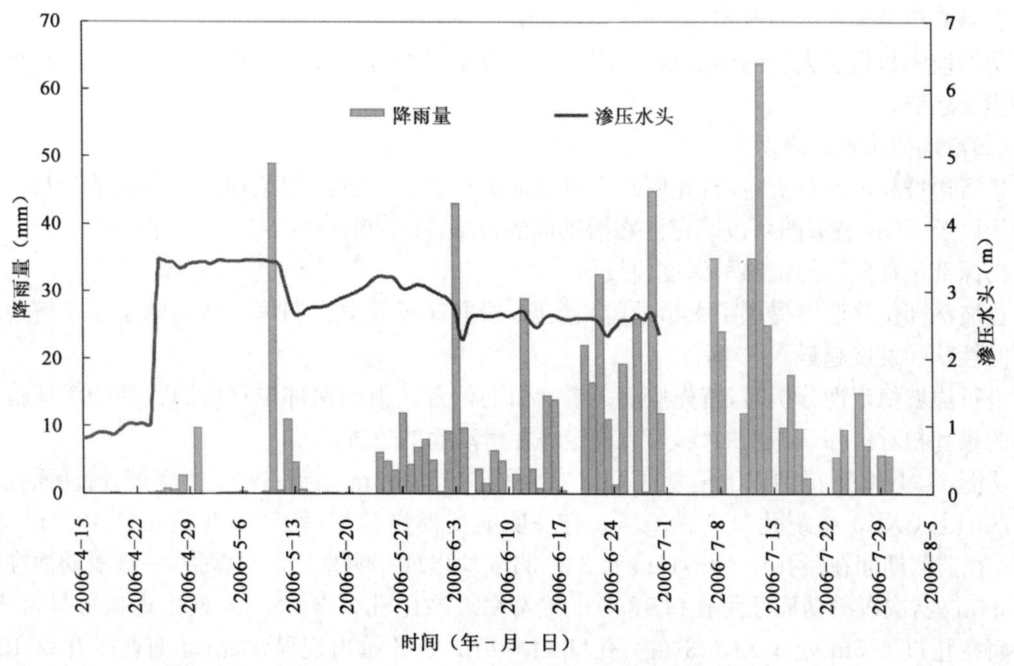

图 11.4-17　渗压值与降雨量的关系图

(5)工程施工进度跟踪

为了分析施工对边坡深部位移发展趋势的影响，对抗滑桩施工进度进行了详细的记录，见表 11.4-12。

抗滑桩施工进度情况统计表 表 11.4-12

桩编号	中心里程	桩长(m)	开挖时间	浇筑混凝土时间	备注
上边坡					
C8	YK85+532	36	2006-2-18～2006-4-21	2006-5-3～2006-5-4	CXK4、CXK5下方
C9	YK85+538	36	2006-2-20～2006-4-26	2006-7-7～2006-7-9	
C10	YK85+544	34	2006-2-18～2006-4-24	2006-5-24～2006-5-26	
C11	YK85+550	34	2006-2-18～2006-4-25	2006-5-6～2006-5-7	
C12	YK85+556	30	2006-2-20～2006-4-25	2006-6-18～2006-6-19	
C28	YK85+652	24	2006-3-12～2006-5-7	2006-5-18～2006-5-19	CXK6、CXK7下方
C29	YK85+658	24	2006-3-1～2006-4-17	2006-5-1～2006-5-2	
C30	YK85+664	24	2006-3-1～2006-4-18	2006-5-6～2006-5-7	
C31	YK85+670	24	2006-2-20～2006-3-28	2006-4-29～2006-4-30	
C39	YK85+834	25	2006-12-2～2006-1-17	2006-4-1～2006-4-2	CXK8、CXK9下方
C40	YK85+840	25	2006-3-3～2006-4-7	2006-4-26～2006-4-27	
C41	YK85+846	25	2006-12-2～2006-1-19	2006-3-30～2006-3-31	
C42	YK85+852	24	2006-2-20～2006-4-2	2006-4-29～2006-4-30	
下边坡					
A10	ZK85+792.5	38	2006-6-1～		CXK10 上方、CXK11 下方
A11	ZK85+798.5	38	2006-5-25～		
A12	ZK85+804.5	38	2006-6-1～		

3)晴隆滑坡监测数据分析

边坡监测提供了大量的监测数据，根据这些数据我们可以从不同角度了解边坡的目前性状和发展趋势。

(1)滑动面位置的确定

进行边坡稳定性分析时，首先应确定滑动面的位置。根据深部位移监测得到的位移—深度曲线以及 TDR 波形图可以确定潜在滑动面的位置，并绘制各种位移—时间曲线。

①深部位移监测的位移—深度曲线

边坡深部位移监测提供了大量的监测数据，根据这些数据我们可以从不同角度了解边坡的当时性状和发展趋势。

进行边坡稳定性分析时，首先应确定滑动面的位置。根据深部位移监测得到的深部位移监测的累计相对位移—深度曲线，可以确定潜在滑动面的位置。

从图 11.4-12 可得到以下信息：CXK2 在距孔口 2.5～3m 处有一明显突变带，滑动面在距孔口 3m 处；CXK3 在距孔口 9～10.5m 有一明显变形异常带，滑动面在距孔口 10.5m 处；CXK4 在监测期间在距孔口 18～19m 和 33～34m 均出现一明显变形异常带，一级滑动面在距孔口 34m 处，次级滑动面在距孔口 18.5m 处；CXK5 在距孔口 2～3.5m 处出现变形异常带，滑动面在孔口 3.5m 处；CXK6-3 在距孔口 11～12m 处开始出现异常，滑动面在距孔口 12m 处；CXK7-补在距孔口 10～10.5m 处开始出现异常，滑动面在距孔口 10.5m 处；CXK8 在距孔口 15～16m 处开始出现变形异常，滑动面在距孔口 16m 处；CXK9 在距孔口 17～17.5m 处开始出现变形异常，滑动面在距孔口 17.5m 处；CXK13 在距孔口 2～3m 处出现一明显变形异常带，滑动面在距孔口 3m 处；CXK14 在监测期间在距孔口 4～5m 和 6～8m 均出现一明显变形异常带，一级滑动面在距孔口 7m 处，次级滑动面在距孔口 3m 处；CXK15 在监测期间没有出现明显变形异常带，该孔附近坡体潜在滑动面还未形成；CXK16 在距孔口 11～16m 处出现一明显变形突变带，滑动面在距孔口 13.5m 处；CXK17 在监测期间没有出现明显变形异常带，该孔附近坡体潜在滑动面未形成；CXK18 在监测期间没有出现明显变形异常带，该孔附近坡体潜在滑动面未形成；CXK19 在距孔口 1～2m 处开始出现异常，潜在滑动面在距孔口 2m 处。

各监测孔滑动面情况见表 11.4-13 和图 11.4-10。

各监测孔滑动面汇总表 表 11.4-13

孔号	滑动面位置（距孔口 m）	备注	孔号	滑动面位置（距孔口 m）	备注
CXK2	3		CXK3	10.5	
CXK4	18.5/34	其中 34m 处为一级滑动面，18.5m 处为次级滑动面	CXK5-1	19	该孔由于人为破坏的原因，只监测到几次
CXK5	3.5		CXK6-3	12	
CXK7-补	10.5		CXK8	16	
CXK9	17		CXK13	3	
CXK14	5/7		CXK15	不明显	
CXK16	13.5		CXK17	不明显	
CXK18	不明显		CXK19	2	

②TDR 波形图

图 11.4-13、图 11.4-14 中的尖峰信号所对应的深度即为滑面所处位置。由图 11.4-13、图 11.4-14 可以看出，CXK6 滑面位置在 11.5m，与人工深部位移监测得到的结果吻合。CXK4-1 的 TDR 波形显示，SYV-75-5 型同轴电缆在 15m 处出现短路信号，SYWV-75-7 型同轴电缆在 23m 处出现一弱尖峰信号，SYWV-75-9 型同轴电缆在 23m 处出现短路信号，结合人工测斜结果，可以判断滑面位置在 23m 处。

对比图 11.4-13 和图 11.4-14，CXK6 测试电缆的尖峰信号的发展过程非常明显，该信号随着剪切变形的程度而成正比例上升。而 CXK4-1 测试电缆在发生短路之前 20d 都还没有出现类似波谷的电压信号，可见在张力作用下，TDR 信号较难捕捉。另外，从图 11.4-13 还可以看出，直径小的电缆比直径大的电缆灵敏度高，但电缆直径越大，所能承受的剪切变形越大。当需要尽快确定滑面位置时，可埋置小直径电缆，而如果需要持续观察滑坡发展态势时，则应选择直径大的电缆。

相较测斜技术而言，TDR 测试技术能够更快速、更精准地确定潜在滑面位置，在滑坡勘察阶段这种优势将会得到突显。

(2)位移—时间变化曲线

选取每个监测孔潜在滑面上部监测数据，作出位移—时间曲线及累计位移—时间曲线，见图 11.4-18。

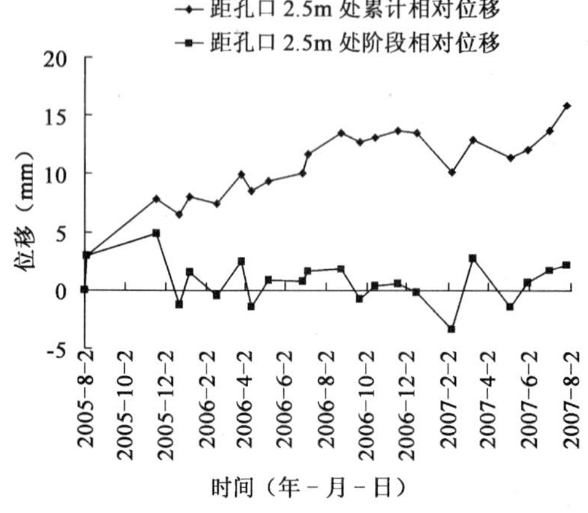

a)CXK2 潜在滑动面上部累对相对位移—时间及阶段相对位移—时间曲线

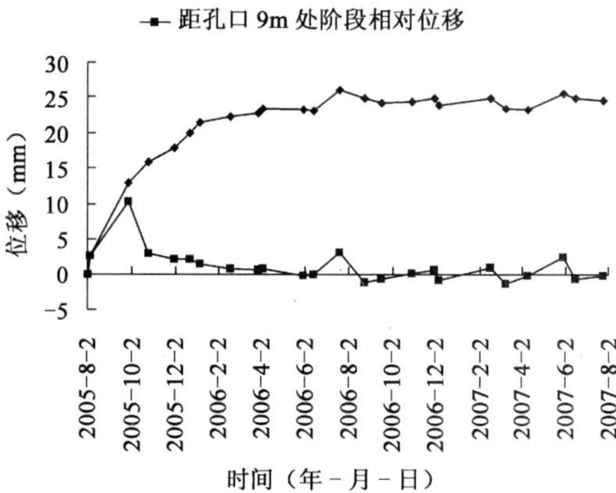

b)CXK3 潜在滑动面上部累计相对位移—时间及阶段相对位移—时间曲线

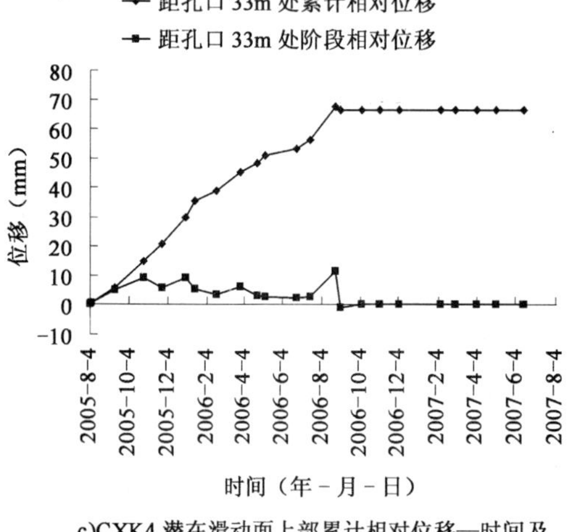

c)CXK4 潜在滑动面上部累计相对位移—时间及阶段相对位移—时间曲线

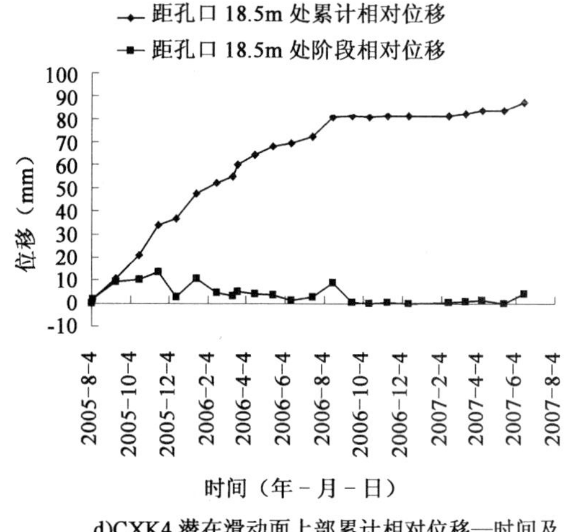

d)CXK4 潜在滑动面上部累计相对位移—时间及阶段相对位移—时间曲线

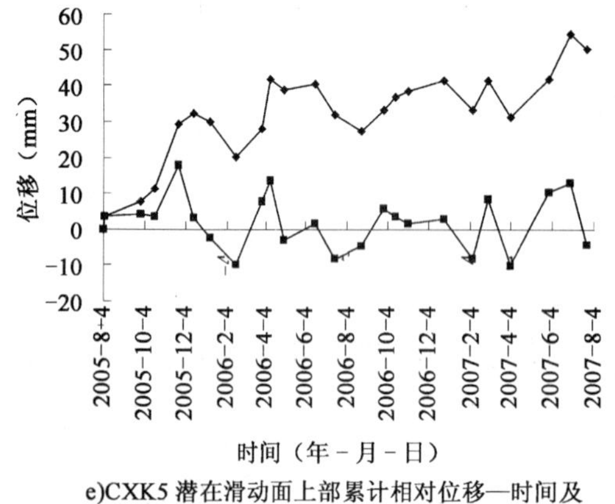

e)CXK5 潜在滑动面上部累计相对位移—时间及阶段相对位移—时间曲线

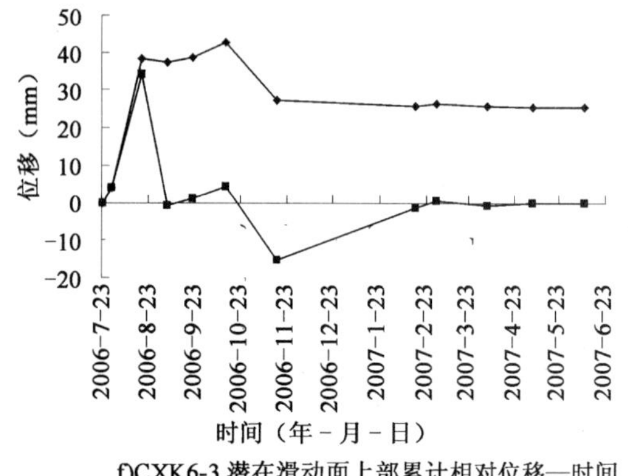

f)CXK6-3 潜在滑动面上部累计相对位移—时间及阶段相对位移—时间曲线

图　11.4-18

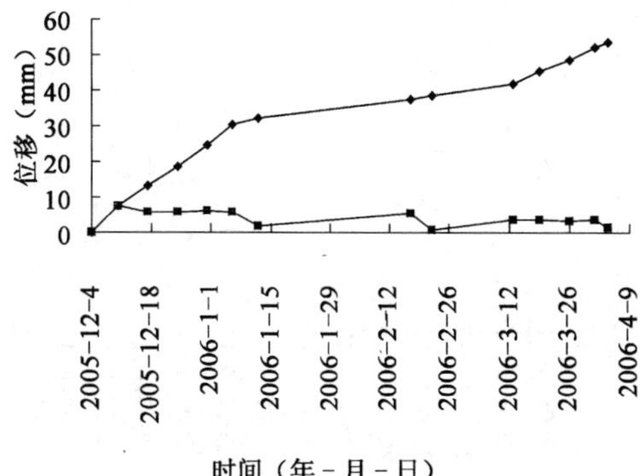

g)CXK7-补潜在滑动面上部累计相对位移—时间及阶段相对位移—时间曲线

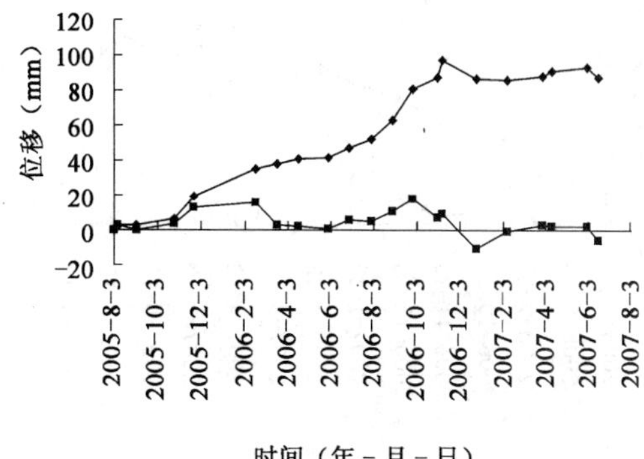

h)CXK8 潜在滑动面上部累计相对位移—时间及阶段相对位移—时间曲线

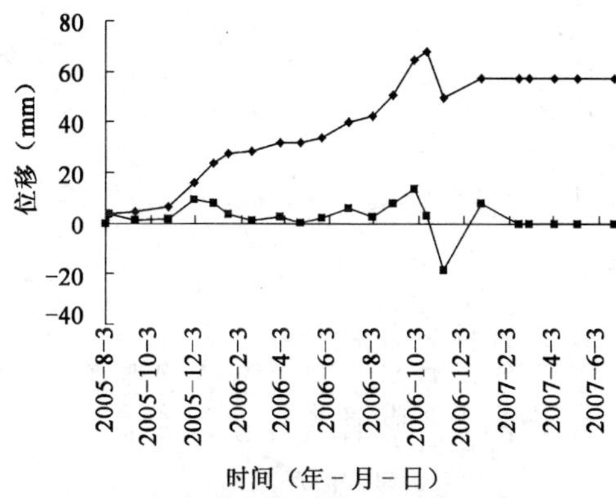

i）CXK9 潜在滑动面上部累计相对位移—时间及阶段相对位移—时间曲线

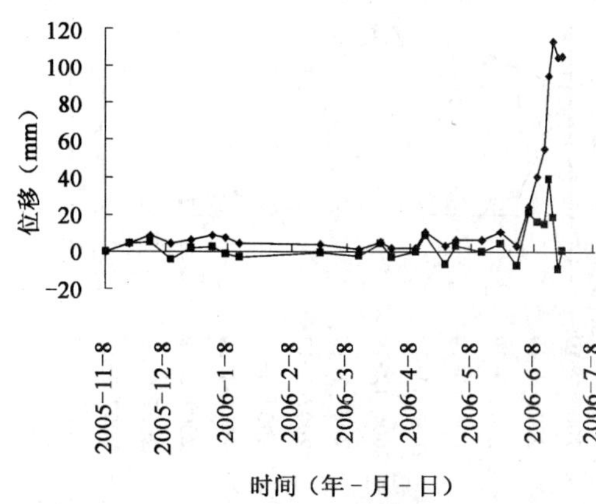

j）CXK13 潜在滑动面上部累计相对位移—时间及阶段相对位移—时间曲线

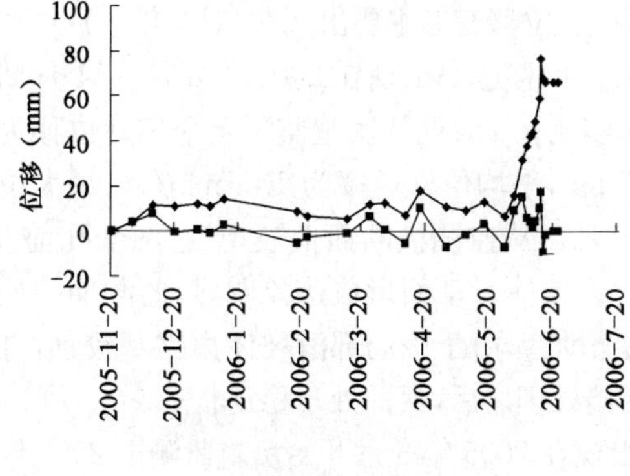

k）CXK14 潜在滑动面上部累计相对位移—时间及阶段相对位移—时间曲线

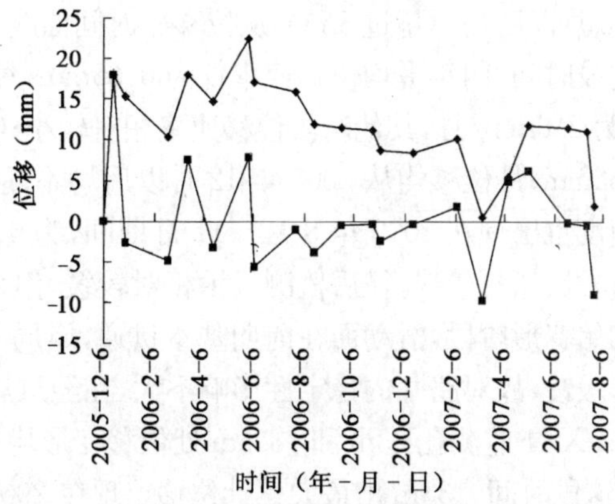

l）CXK15 潜在滑动面上部累计相对位移—时间及阶段相对位移—时间曲线

图 11.4-18

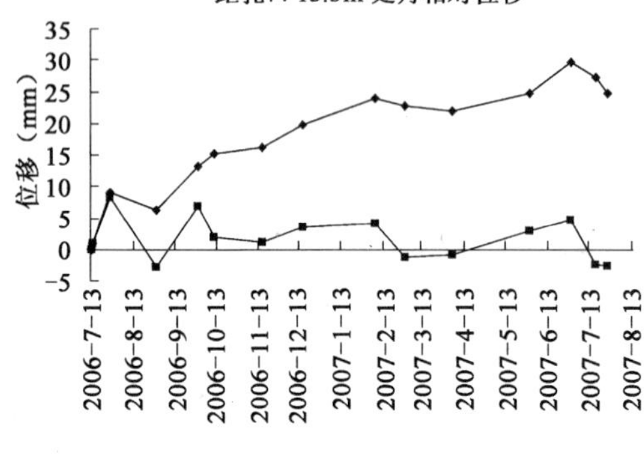

m）CXK16 潜在滑动面上部累计相对位移—时间及月相对位移—时间曲线

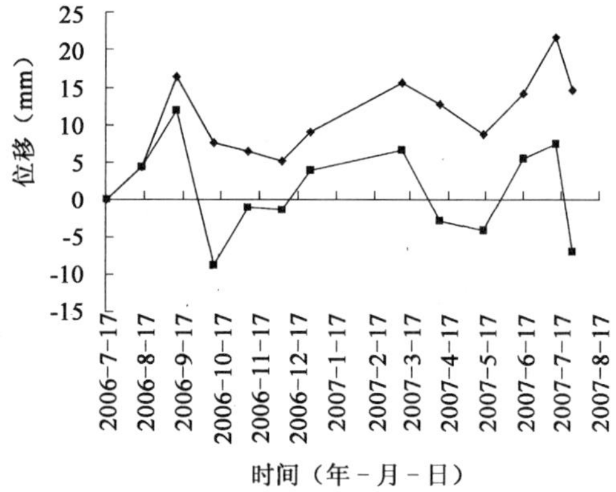

n）CXK17 潜在滑动面上部累计相对位移—时间及阶段相对位移—时间曲线

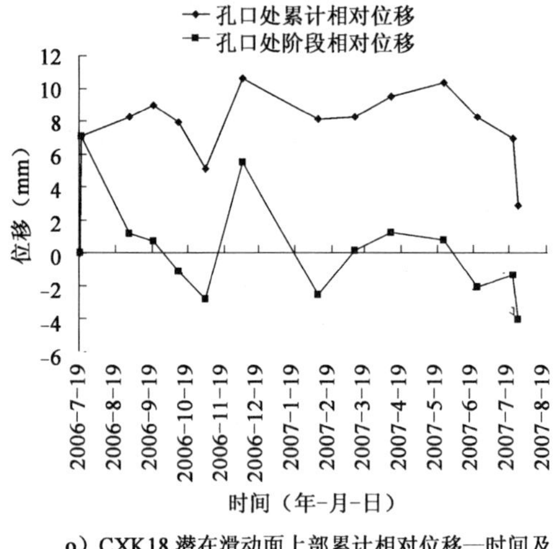

o）CXK18 潜在滑动面上部累计相对位移—时间及阶段相对位移—时间曲线

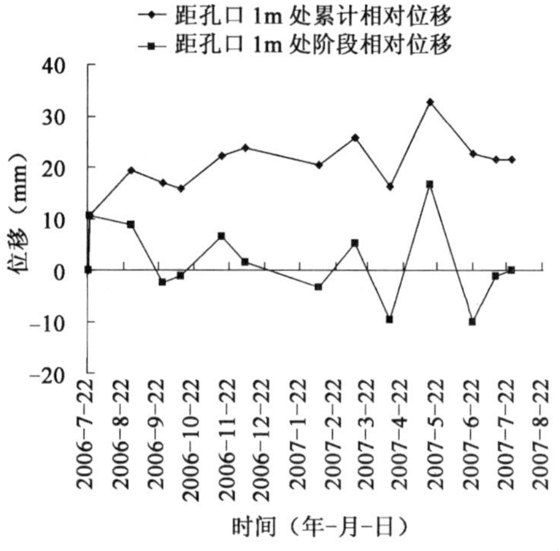

p）CXK19 潜在滑动面上部累计相对位移—时间及阶段相对位移—时间曲线

图 11.4-18　深部位移监测的位移—时间变化曲线

由图 11.4-18 可知，CXK2 监测孔 2.5m 处 24 个月来累计位移仅为 15.89mm，月位移从 2005 年 12 月以后均不超过 3mm，从位移—时间曲线可以看出，位移变形主要出现在 2006 年 4 月～12 月这段时间，两年平均位移速率仅为 0.65mm/月，最大月位移速率出现在 2005 年 8 月～11 月期间，为 2.6mm/月，其他时段位移速率相对较小；CXK3 监测孔 9m 处从实施监测至今累计位移为 26.62mm，月位移均从 2005 年 12 月以后均不超±2.5mm，平均位移速率为 1.11mm/月，最大位移速度也出现在 2005 年 8 月～11 月期间，为 4.5mm/月。从监测横断面上表现，这两个孔前 3 个月发展相对较快，往后监测显示相对较缓，但两孔附近坡体滑动面形成迹象明显，监测期间处于初始变形阶段，滑动面在前期基本贯通，属局部浅层滑坡。由于该局部滑坡体离路基较远，且变形缓慢，故对路基的稳定性影响不大，在经过局部支挡处理之后，目前处于稳定状态。

CXK4 监测孔 33m 和 18.5m 处位移变形均主要出现在 2005 年 8 月开始实施监测至 2005 年 8 月这段时间。33m 出最大累计位移出现在 2006 年 8 月，为 67.4m，平均月位移速率为5.62mm/月；18.5m 处 2006 年 8 月累计位移为 81.01mm，平均月位移速率为 6.75mm/月，之后这两处变形量均很小，从该孔变形情况来看，前期变形主要受边坡开挖施工影响比较明显，该孔处下边坡从

2005 年 10 月左右开始施工，2006 年 2 月开始进行抗滑桩开挖至 7 月中旬该孔处下边坡的抗滑桩浇筑完毕，抗滑桩浇筑完后经过一段时间的位移变形调整，从 8 月下旬开始阻止了滑坡体进一步下滑趋势，位移变形大大减小。CXK5 监测孔 2m 处变形属于坡体的浅表层变形，24 个月的累计位移为 54.48mm，月位移量有正有负，属局部变形异常情况，月平均速率为 2.27 mm/月，变形主要出现在 2005 年 8 月～2006 年 7 月期间，之后变形有所减小，说明受下边坡抗滑桩支挡作用效果明显。CXK5-1 为监测期间新添加的孔，该孔只监测到几次就被人为破坏，通过这几次的监测可以看出，该孔在距孔口 19m 处出现异常。参照这三个孔所在断面可以得出，该断面坡体存在两个滑动面，见图 11.4-10a)，滑坡体沿这两个滑动面分层滑动趋势明显，在经过抗滑桩锚索联合支护加固之后，变形趋势得到有效控制，目前该断面滑坡体处于稳定状态。

CXK6-3 监测孔为该孔附近坡体变形多次剪断测斜孔而补充布置的监测孔之一，该孔 11m 处变形从 2006 年 7 月开始监测一直到同年 10 月期间一直没有停止过变形，位移量持续增加，3 个月期间位移量达 42.73mm，平均月位移量为 14.24mm/月，11 月以后，该孔 11m 处位移变形开始减小，位移增量较小，说明该孔附近坡体在 2006 年 11 月以后处于稳定状态。CXK7-补为原 CXK7 监测孔由于滑坡体位移变形而剪断之后重新补充的监测孔，该孔10.5m处开始出现变形异常，2005 年 12 月开始监测，于 2006 年 4 月再次被剪断，从监测结果可以看出，监测期内累计位移达 53.65mm，平均月位移为 13.41mm/月，该孔附近坡体监测期间处于蠕动变形阶段。CXK15 监测孔布置在该监测断面的左下边坡，监测期内位移变形主要表现在孔口附近的摆动状变化，变形量不大，表明该孔处坡体在监测期内是稳定的。从这个监测断面的 3 个监测孔的变形情况来看，CXK6-3 监测孔附近坡体和 CXK7-补监测孔附近坡体变形情况基本相同，坡体在整个滑坡监测期内变形主要出现在 2005 年 8 月边坡施工开始至 2006 年 11 月边坡加固完成这段时间，这两孔附近坡体已形成明显的滑动面，滑动面从抗滑桩顶部剪出，在 2006 年坡体锚索施工结束之后，经过一段时间的变形调整，该滑坡体得到有效的加固，坡体慢慢稳定下来。

CXK8 监测孔 15m 处位移变形主要表现在 2005 年 8 开始实施监测至 2006 年 11 月期间，其月位移均为正值，累计位移不断增大，截至 11 月累计位移达 96.82mm，平均月位移为 6.45mm/月，2006 年 11 月以后位移有所减小。CXK9 监测孔 17m 处位移变形主要出现在 2005 年 8 月～2006 年 10 月期间，其累计位移截至 2006 年 10 月达 67.84mm，平均月位移为 4.85mm/月，2006 年 10 月以后位移有所减小。CXK8、CXK9 两监测孔位于监测断面Ⅲ线路右侧，从这两个监测孔的变形趋势来看，这两个孔的变形步调基本一致，所在坡体滑动面基本贯通，位移变形均在 2005 年 8 月～2006 年 10 期间表现比较明显，该处滑坡体处于蠕动变形阶段，这段时间正处边坡施工期间，抗滑桩在 2006 年 2 月开始开挖，至 2006 年 9 月全部浇筑完毕，10 月坡体锚索施工完毕，在抗滑桩和锚索联合支护作用下，坡体经过一段时间的变形调整之后开始稳定下来，之后的监测结果显示该处滑坡体目前处于稳定状态。

CXK13 和 CXK14 两监测孔位移监测断面Ⅲ线路左侧，为坡体曾于 2005 年 11 月出现局部滑动之后补充的监测孔。从这两监测孔滑动面所在位置附近位移—时间曲线可以看出，这两孔变形情况基本一致，在 2005 年 11 月～2006 年 5 月期间变形较小，2006 年 5～6 月期间位移突然急剧增大，两孔附近坡体于 2006 年 6 月 24 日发生局部浅层滑动现象，并将这两测斜孔剪断。从这两孔位移变形情况来看，主要是受左边坡抗滑桩开挖堆载影响明显，加上这段时间降雨量较大，在这两种不利因素的作用下，坡体浅层出现滑动现象。现场监测小组在这两孔变形出现异常的情况下，及时向现场总监办和施工单位发出预警通知，相关部门也及时采取了应急措施，在撤离坡脚居民和进行简单坡脚支护后，该局部坡体的滑动未造成大的危害。在后期及时清除坡体堆载和疏导地表水之后，坡体变形等到有效控制。

CXK16、CXK17、CXK18、CXK19 四个监测孔在监测断面Ⅲ线路左侧发生局部滑动之后，为了继续掌握该局部滑坡体和 320 国道左侧坡体的变形情况，保障施工和 320 国道运营安全而设的四个监测孔。从这些监测孔的监测结果来看，320 国道左下边坡 CXK16 监测孔 13.5m 位置处的变形情况比较显著，监测期间累计变形量为 29.57mm，平均月位移速率为 2.46mm/月，该孔附近坡体处于初始变形阶段。CXK17 和 CXK18 两监测孔位于 320 国道两侧，其变形均主要表现在孔口附近，变形量不大，说明国道两侧是稳定的。CXK19 监测孔布置在左边坡抗滑桩旁边，该孔变形主要受抗滑桩开挖施工、堆载和降雨影响，孔口附近出现异常，位移呈摆动状变化，累计变形量不大，说明左边坡在经过一次局部滑动之后，目前是稳定的。

综上分析可以看出，晴隆隧道出口滑坡深部位移变形主要是受边坡施工及降雨因素影响呈阶段性变化，一般是在路基边坡开挖、抗滑桩开挖及降雨期间，位移变形加快，其他时段位移变形速率则有所减小，其中监测断面Ⅰ和监测断面Ⅱ以线路右侧边坡深层滑动为主，左侧边坡变形较小，监测断面Ⅲ线路左侧以浅层滑动为主，右侧边坡以深层滑动为主，左右边坡的滑动面在施工期间基本贯通。边坡开挖前期受降雨影响最为显著，施工期间受抗滑桩开挖和路基边坡开挖因素影响更为强烈，边坡治理结束之后，由于抗滑桩和锚索联合支护作用，各监测孔所在滑动面位置经过一较短时间变形调整之后，位移变形均有所减小或基本停止，整个滑坡体目前是稳定的。

(3)固定式测斜仪监测数据分析

固定测斜孔埋设在 CXK4 号监测孔旁边，由表 11.4-10 得到该监测孔六个测点的水平位移情况如图 11.4-15 和图 11.4-16 所示。由图 11.4-15 和图 11.4-16 可以看出，不同深的坡体运动情况并不一致，30.38m、27.38m 和 23.54m 处 7 个月来的累计位移均小于 2mm，可见 23m 以下坡体是稳定的。而 17.15m、7.40m 和 0.85m 处位移增量在 4～7 月期间变化较大，8、9 月份位移增量有所减小，均不超过 2mm，10 月份的时候由于抗滑桩锚索联合加固坡体后，坡体经过一段时间位移变形调整，7.40m 和 0.85m 处出现一些异常，之后位移增量又有所减小，目前已经趋于稳定，与 CXK4 监测孔的监测数据所揭示的边坡发展趋势吻合。

(4)监测系统与仪器比较

对晴隆滑坡进行了大量的人工监测，同时也采用了自动监测系统，通过两年的监测应用，现就几种常用仪器的优缺点和监测系统比较见表 11.4-14、表 11.4-15。

几种常用仪器的优缺点 表 11.4-14

名　称	功　　能	优　　点	缺　　点
TDR	监测岩土层的移动点(一个完整的 TDR 滑坡监测系统一般由 TDR 同轴电缆、电缆测试仪、数据记录仪、远程通信设备以及数据分析软件等几部分组成)	1. 价格低廉：与昂贵的倾斜仪外壳相比，TDR 电缆的价格优势十分明显； 2. 检测时间短：可以在不到 5min 的时间内了解 TDR 电缆的信号状况，而读出一个倾斜仪的数据则需要 0.5～1h 的时间； 3. 方便地实现遥测； 4. 数据提供快捷：TDR 不需要先将数据从读数显示箱下载到计算机内，然后再绘制出结果，电缆测试仪的屏幕可以直接显示电缆的信号； 5. 安全性高：使用 TDR 数据的采集就可以在安全的位置进行，技术人员不再需要冒着滑坡和岩崩的危险进行数据采集	1. TDR 系统不能用于需要监测倾斜，且无剪切作用的区域，如护堤； 2. 无法确定滑坡移动量和滑坡移动的方向，因此，当前国外在进行滑坡监测时广泛采用的做法是以 TDR 系统为主监测仪器，辅以倾斜仪等传统监测设备，从而达到更好的滑坡监测效果

续上表

名 称	功 能	优 点	缺 点
便携式钻孔倾斜仪	适用于所有滑坡体的监测；在目前条件下，由于仪器条件的限制；使之受到变形阶段性的限制；适合于滑坡体缓慢、匀速变形阶段的监测	1. 精确度高； 2. 效果好； 3. 性能可靠，稳定性好，测读方便； 4. 在岩土体钻孔内进行岩土体深部变形监测，具有很大的应用优势； 5. 便于携带； 6. 易保护	1. 测程有限； 2. 成本较高； 3. 投入大； 4. 由于变形量大，挤压测斜管急剧变形使测头无法通过而导致监测无效； 5. 需要技术人员冒着滑坡和岩崩的危险亲临不稳定的滑坡进行数据采集
固定式钻孔倾斜仪	以确定滑坡体运动速率、方向、大小（一个完整的固定式钻孔倾斜仪滑坡监测系统一般由固定式钻孔倾斜仪、电缆测试仪、数据记录仪、远程通信设备以及数据分析软件等几部分组成）	1. 精确度高； 2. 效果好； 3. 易遥测； 4. 易保护，受外界因素干扰少，资料可靠	1. 成本高； 2. 投入大； 3. 安装困难； 4. 由于变形量大，挤压测斜管急剧变形使测头无法通过而导致监测无效

监测系统比较 表 11.4-15

名 称	系统组成	功 能	优 点	缺 点
边坡人工测试系统	一组固定测斜仪＋土壤湿度计	监测地面及近地面的边坡滑移和土壤湿度变化	可以覆盖比较广泛的测区，且相对自动测试系统而言，其安装和维护费用低，一般边坡监测都可采用	其局性只能监测地面及近地面边坡滑移和土壤湿度变化，监测参数有限
边坡自动测试系统	固定式测斜仪＋TDR＋孔隙水压力计＋土壤湿度计＋数据采集＋数据传输系统	监测边坡浅部和深部的移动和水位	测试参数多，反映边坡的信息多，实现全天候实时监测；重要边坡监测可采用	投入大，运行成本高，不适宜大范围推广；对测试人员要求素质高，维护困难

(5)降雨影响分析

由表 11.4-11 及图 11.4-16 可知，该地区降雨多集中在 5 月、6 月、7 月、8 月，5 月份日降雨量在 10mm 以上的天数为 3d，日最大降雨量 48.9mm，月降雨量达到 117.5mm；6 月份日降雨量在 10mm 以上的天数则增加至 12d，日最大降雨量 63.9mm，月降雨量达到 329.4mm，7 月份月降雨量达到 282.1mm。从各孔监测曲线看，大多 5 月位移发展都较缓，有的甚至出现回缩，但到了 6 月基本都呈现出加速发展的趋势，在经历了 20 多天连续降雨后，CXK13 号孔和 CXK14 号孔所在坡体发生浅层突滑，两监测孔被剪断。

进入雨季后，降雨量增加，地表水持续下渗，使土体含水量渐趋饱和，土体的抗剪强度大大降低。同时下渗的雨水抬高了地下水位面，加大了坡体中的水位差，导致地下水渗流速度加快，渗流过程中的水压力增大。这些因素极易导致土体滑动，山体开裂，各种裂缝的存在反过来又增加了地下水的下渗，促使边坡位移进一步发展。可见，降雨对边坡变形发展的影响很大。

(6)渗压值与降雨量的关系

根据表 11.4-11 作出渗压值与降雨量的关系图，见图 11.4-17。

由图 11.4-17 可知，进入雨季前，CXK6-1 的渗压计水头变化不大，维持在 0.9m 左右。4 月 24 日、25 日连续两日降雨后，渗压计水头骤升至 3.45m，之后进入雨季，地下水位一直维持这样一个较高水平。但从图中可明显看出，每次强降雨后，渗压计水头都会骤降，之后又会反弹。6月份以后，这种降升过程都在两天之内完成，渗压计水头常值较之4、5月份降到2.65m左右。

这种现象看似异常，但结合地质构造和施工进度来分析则非常合理。从监测数据看，CXK6-1监测孔附近坡体覆盖层的渗透性较好，低强度降雨不久，土体含水量就达到饱和状态。当土体含水量渐趋饱和，土体的抗剪强度会大大降低，此时若有强降雨，则较容易导致边坡发生滑动，埋置在滑面以下的渗压计测出的水头就会不升反降。

若没有持续的降雨补给，则随着覆盖层内的水沿着各种裂缝下渗或溢出坡面，地下水位会逐渐降低。从图11.4-17可以看到，该区岩土分界面位置较浅，为地下水外溢的一个通道，但抗滑桩的浇筑(5月19日该区抗滑桩全部浇筑完毕)却阻碍了这条通道，于是地下水的渗流方向就会渐渐发生改变，改由桩顶溢出。相比较而言，这条线路更为便捷，所以6月份的常水位就会比4、5月份要低。

4)监测成果及影响因素综合分析研究

通过以上数据分析总结，该滑坡的运动特征主要受到施工开挖、降雨等触发因素的影响，现将施工和监测全过程分析如下。

(1)YK85+440～+600段

削坡后开始分区进行抗滑桩开挖。C8～C12抗滑桩位于CXK4、CXK5的下侧，这五根桩于2006年2月中旬同时进行开挖，4月25日前后开挖完毕，只有C8、C11两根桩紧接着在5月上旬浇筑完毕，C10、C12、C9三根桩分别在5月下旬、6月中旬、7月上旬才进行浇筑。由图11.4-18c)及图11.4-18e)可以看出，CXK4孔和CXK5孔在3月份其位移都呈现加速发展趋势，但随后减缓，表明边坡对由于抗滑桩开挖产生的初始扰动较为敏感，继而开始渐渐适应。

(2)YK85+740～YK85+860段

①左边坡

左边坡一共布置了18根抗滑桩，里程ZK85+740～ZK85+860，其中CXK14正好位于A11桩与A12桩中间，CXK13则在A10桩及A11桩的下方。这一区段的18根桩于2006年5月下旬至6月初陆续开始进行开挖，开挖出的土体直接堆在抗滑桩的上下两侧，从CXK13孔、CXK14孔的监测曲线看，开挖施工对这一区段山体的扰动影响非常大。CXK13孔2m处和CXK14孔4m处的位移监测曲线在前六个月基本没什么发展，但在2006年6月月位移量突然激增，CXK13孔2m处月位移量达到100mm，CXK14孔4m处月位移量达到63mm，导致测斜管被剪断。这一区段抗滑桩施工过程中，应严格执行跳挖，并及时清理弃土，绝不能就地堆弃，开挖完毕后要及时进行浇筑，以免造成大规模的山体滑坡。其监测施工历程见表11.4-16。

监测施工历程表 表11.4-16

阶段编号	时　间	施工情况	降　雨	速　度		变形阶段	处 理 措 施	结　果
				平均	最大			
1	2005-11-8～2006-5-25	未开始施工	小	0.06mm/d 0.10mm/d	1.62mm/d 2.96mm/d	初始变形	坡脚堆沙袋防护	监测期间未见异常
2	2006-5-25～2006-6-16	抗滑桩开挖及坡体上堆载	大雨	5.02mm/d 2.61mm/d	29.88mm/d 17.78mm/d	加速至临滑	停止施工，清除堆载，疏导地表水	出现局部滑动

续上表

阶段编号	时　　间	施工情况	降　雨	速　　度		变形阶段	处 理 措 施	结　　果
				平均	最大			
3	2006-6-16～2006-8-1	停止施工	大雨	—	—	加速向减速变形转化	停止施工，加强坡脚支挡	局部滑动得到控制
4	2006-8-1～2006-10-15	抗滑桩跳槽开挖及浇铸	大雨～小雨	—	—	初始变形	抗滑桩开挖及浇筑速度加快	坡体受抗滑桩支挡逐渐稳定下来
5	2006-10-15～至今	抗滑桩施工完毕	较多	—	—	初始变形	左边坡坡脚砌挡墙	稳定，未见滑动

②右边坡

C39～C42 抗滑桩位于 CXK8、CXK9 的下侧，C39、C41 两根桩于 2006 年 3 月上旬浇筑完毕；C40、C41 两根桩也于 4 月下旬浇筑完毕。但监测曲线显示，这两个孔的上部土体位移有加速发展的趋势，从图 11.4-10 可知，CXK8、CXK9 监测孔也存在着与 CXK6-2、CXK7-补监测孔类似的问题，同样必须要加紧锚索的施工。

(3)YK85＋600～YK85＋740 右边坡

C28～C31 抗滑桩位于 CXK6-2、CXK7-补的下侧，C31 桩于 2006 年 2 月中旬开始进行开挖，3 月 28 日开挖完毕，4 月 30 日浇筑完毕；C29、C30 两根桩于 3 月初开始开挖，4 月中旬开挖完毕，紧接着在 5 月上旬浇筑完毕；C28 桩也于 5 月 7 日开挖完毕，并于 5 月 19 日浇筑完毕。但监测资料显示，这两个孔的上部土体(滑面以上)位移依然在匀速发展，从图 11.4-10可知，这部分土体正好擦着桩顶“飞”出去了，抗滑桩的浇筑为下部土体(滑面以下)提供了一个大的抗滑力，却加大了上下两部分的相对位移速度，两监测孔分别于 4 月份在滑动面位置附近被剪断，必须要加紧锚索的施工。之后在该局部滑坡体上补充了 CXK6-3 监测孔，该孔前期位移变形仍然非常明显，在锚索施工完毕之后，变形有所减小，目前该局部滑坡体已逐步稳定下来。

该段边坡布置的 CXK6 监测孔监测的结果如图 11.4-19 所示。

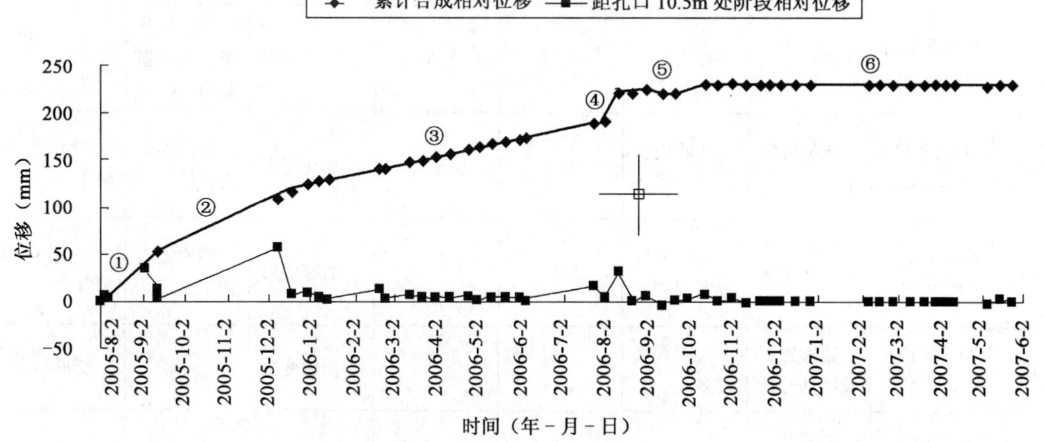

图 11.4-19　晴隆滑坡 CXK6 监测孔位移—时间变化曲线

从图 11.4-19 可以看出，该孔 10.5m 处累计变形在 2005 年 8 月～2006 年 8 月底这段时间变化比较明显，阶段位移量基本为正值，2006 年 8 月以后位移变形不明显。在监测中发现，2005 年 9 月 11 日～12 日期间该监测孔由于累计变形量和变形速度太大，该孔 11m 处被剪断，该段时间 10.5m 处最大位移速率为 26.42mm/d。在 2005 年 12 月，该孔附近补充一个监测孔继续监测，监测结果显示，该孔 10.5m 处位移继续增大，并于 2006 年 1 月 12 日～2 月 17 日期间再次在 11m 处被剪断，该补充的监测孔监测期间平均位移速率为 0.58mm/d，最大速率为 5.61mm/d。2006 年 1 月 6 日在该孔附近又补充了一个孔，该孔从 2006 年 1 月 7 日开始监测，至 2006 年 6 月 3 日～4 日之间又在 11m 处被剪断，该监测期间 10.5m 处平均位移速度为 0.31mm/d，最大位移速率为 4.73mm/d。2006 年 7 月 22 日再次补充了一个监测孔，2006 年 8 月 18 日～19 日期间该孔 11m 处被剪断，该孔 10.5m 处平均位移速度为 1.53mm/d，最大位移速率为 11.96mm/d。之后的监测结果显示，位移开始朝反方向发展，速率逐渐减小，2006 年 10 月～2007 年 5 月期间位移增量为－11.98mm，变形速率大大减缓。

从该孔监测结果可以看出，该段坡体在施工期间一直在变形，变形大小受施工和降雨影响最为明显，在 2005 年 5 月～2006 年 10 月期间受边坡开挖及抗滑桩施工影响，位移变形速度较快，2006 年 10 月以后，坡体受预应力锚索张拉影响，该孔位移增量一度出现负值并逐渐趋于 0，表明该孔附近坡体变形已经得到控制，加固效果良好，在后期监测中未见异常情况出现。

YK85＋600～YK85＋740 段右侧边坡施工期间的监测对指导该边坡施工具有十分重要的作用。边坡开挖初期，监测显示边坡位移有加剧的趋势，课题监测小组及时通知业主和施工单位并引起相关部门的重视，同时采取了相应的应对措施，如调整施工措施和施工进度，抗滑桩跳槽开挖并及时浇筑，撤销坡体上施工工棚以保证施工人员的生命安全，变更设计等处理措施，尽量避免在雨季施工。课题监测小组也同时采取了施工跟踪加密监测等措施，密切关注该段坡体的变化情况，为该边坡的安全、高效、快速施工起到了重要的指导意义。其监测施工历程见表 11.4-17。

监测施工历程表 表 11.4-17

阶段编号	时间	施工情况	降雨	速度		变形阶段	处理措施	结果
				平均(mm/d)	最大(mm/d)			
1	2005-8-2～2005-9-12	路基开挖	大雨	1.28	26.42	匀速～加速变形	停止开挖	变形速率减小
2	2005-9-12～2005-12-29	停止施工	较少	0.58	5.61	蠕动变形	停止开挖，加强监测	位移持续增大
3	2005-12-29～2006-7-31	抗滑桩施工	前期较少，后期增多	0.31	4.73	蠕动变形	抗滑桩跳槽开挖	阶段位移减小
4	2006-7-31～2006-8-10	抗滑桩施工及锚索施工	大雨天气较多	2.97	—	加速变形	抓紧锚索施工	变形得到控制
5	2005-8-10～2006-10-31	锚索施工及路基开挖	大雨天气较多	0.10	—	初始变形	—	变形不大
6	2006-10-31～2007-05-24	锚索张拉及路基开挖	降雨不多	0.03	0.44	稳定阶段	未处理	未见变形

11.4.8 晴隆滑坡预测预报

1)滑坡位移预测

下面选取深部位移监测的7组典型数据进行预测分析。

从图11.4-18可以看出,各监测孔监测数据由于受到施工干扰,随机性较大,而对于有界非负序列,经过多次累加生成后,所得序列可充分光滑。序列越光滑,规律就越明显。因此,先将原始数据非负化,做一次累加生成,再对累加生成序列进行预测,若能满足一级精度要求,则进行累减生成还原,以得到下一个监测数据的预测值。

(1)CXK2监测孔2.5m处监测数据预测分析,见表11.4-18。

CXK2监测孔2.5m处位移预测结果(单位:mm)　　表11.4-18

观测时间		序号	阶段位移	非负化	非负累加	GM(1,1)预测	双曲线指数平滑预测	Verhulst函数预测	BP神经网络预测	多项式回归预测
2005年	8-5	1	7.24	12.45	12.45	12.45		12.45	25.39	11.25
	11-17	2	9.24	14.45	26.90	86.34		9.76	34.12	24.74
	12-23	3	−4.21	1.00	27.90	34.71	33.22	4.91	37.84	29.78
2006年	1-7	4	−3.44	1.77	29.67	15.28	35.52	2.35	39.50	31.92
	2-17	5	0.76	5.97	35.64	44.39	41.00	7.49	44.31	37.91
	3-27	6	1.00	6.21	41.85	44.81	47.77	8.59	49.12	43.61
	4-11	7	−0.91	4.30	46.15	18.73	52.74	3.91	51.11	45.89
	5-8	8	−1.62	3.59	49.74	35.28	56.19	7.87	54.81	50.04
	6-28	9	2.15	7.36	57.10	72.53	63.09	18.32	62.17	57.99
	7-6	10	0.80	6.01	63.11	12.12	69.71	3.34	63.37	59.25
	8-24	11	1.12	6.33	69.44	79.00	76.40	23.80	70.91	66.99
	9-21	12	−2.43	2.78	72.22	49.05	79.24	16.52	75.34	71.43
	10-15	13	−1.41	3.80	76.02	44.48	81.91	16.12	79.19	75.24
	11-19	14	1.37	6.58	82.60	69.14	87.67	27.18	84.86	80.79
	12-16	15	−0.61	4.60	87.20	57.04	92.50	24.30	89.22	85.05
2007年	2-7	16	−3.92	1.29	88.49	122.13	93.50	57.44	97.64	93.32
	3-10	17	2.92	8.13	96.62	78.20	100.56	40.34	102.38	98.08
	5-5	18	1.85	7.06	103.68	155.28	108.63	87.14	110.40	106.51
	5-30	19	−2.08	3.13	106.81	75.63	112.67	45.27	113.70	110.17
	6-30	20	3.14	8.35	115.16	99.65	120.70	61.83	117.51	114.63
	7-26	21	1.53	6.74	121.90	88.89	128.35	56.74	120.46	118.27
	8-29	22				131.62	135.35	85.78	126.67	123.16
进行非负化时加上的数值为5.21										

根据表11.4-18,由于GM(1,1)和Verhulst函数预测预测值偏差稍大,故选取其他三种模型的预测值进行还原,见图11.4-20,取平均值作为2007年8月底的阶段位移监测预测值,有:

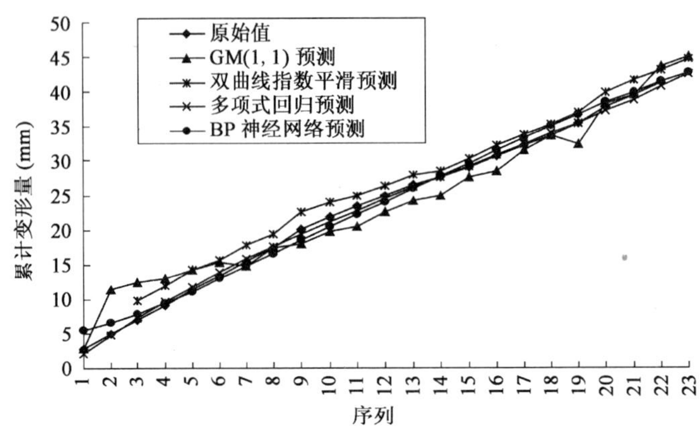

图 11.4-20 CXK2 监测孔 2.5m 处各种预测结果曲线

$d_p=(45.09-43.62+44.71-43.09+42.56-40.69+42.74-41.42)/4-1.62=-0.05(\mathrm{mm})$

从预测结果可以看出，8 月份 CXK2 监测孔 2.5m 处的位移发展大大减缓，该处边坡处于减速变形阶段。

(2)CXK4 监测孔 18.5m 处监测数据预测分析，见表 11.4-19 和图 11.4-21。

CXK4 监测孔 18.5m 处位移预测结果(单位：mm) 表 11.4-19

观测时间		序号	阶段位移	非负化	非负累加	GM(1,1)预测	双曲线指数平滑预测	Verhulst函数预测	BP 神经网络预测	多项式回归预测
2005 年	8-5	1	1.55	2.84	2.84	2.84		2.84	7.62	−1.22
	9-11	2	9.14	10.43	13.27	53.85		0.78	12.74	13.36
	11-10	3	10.04	11.33	24.59	94.48	36.43	1.76	28.93	34.29
	11-17	4	13.34	14.63	39.22	11.63	55.56	0.25	31.36	36.53
	12-15	5	2.63	3.92	43.14	47.88	55.18	1.14	41.58	45.04
2006 年	1-15	6	10.71	12.00	55.14	55.61	66.76	1.53	52.76	53.71
	2-17	7	4.74	6.03	61.16	62.34	70.35	2.01	63.36	62.11
	3-13	8	3.10	4.39	65.56	47.48	71.39	1.76	69.95	67.69
	3-21	9	5.01	6.30	71.86	16.24	76.81	0.65	71.94	69.46
	4-18	10	4.21	5.50	77.36	58.54	82.09	2.56	78.11	75.30
	5-16	11	3.80	5.09	82.45	61.25	86.94	3.08	83.24	80.60
	6-13	12	1.24	2.53	84.98	64.10	87.89	3.69	87.53	85.39
	7-17	13	2.72	4.01	88.99	81.85	91.60	5.48	91.88	90.56
	8-18	14	8.80	10.09	99.08	81.26	105.63	6.38	95.34	94.82
	9-16	15	0.16	1.45	100.53	77.38	105.38	7.02	98.07	98.20
	10-13	16	−0.29	1.00	101.53	75.38	103.35	7.81	100.35	100.97
	11-11	17	0.43	1.72	103.25	84.73	103.81	10.02	102.57	103.56
	12-15	18	−0.01	1.28	104.53	104.54	104.69	14.32	104.93	106.12

续上表

观测时间		序号	阶段位移	非负化	非负累加	GM(1,1)预测	双曲线指数平滑预测	Verhulst函数预测	BP神经网络预测	多项式回归预测
2007年	2-15	19	0.09	1.38	105.91	206.13	106.15	35.23	108.74	109.65
	3-15	20	0.61	1.90	107.81	100.10	108.63	20.77	110.29	110.82
	4-10	21	1.45	2.74	110.55	97.11	112.39	22.59	111.65	111.70
	5-15	22	−0.06	1.23	111.78	137.35	113.47	36.24	113.37	112.61
	6-16	23	3.83	5.12	116.90	132.58	120.46	39.89	114.85	113.20
预测	7-15	24				134.86	124.80	45.56	118.14	113.59
进行非负化时加上的数值为1.29										

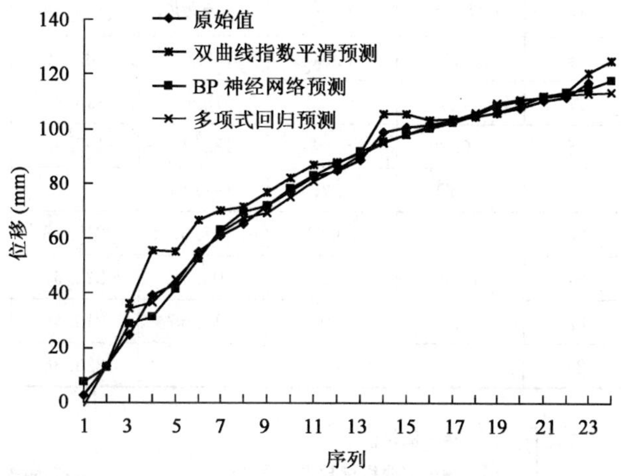

图11.4-21　CXK4监测孔18.5m处各种预测结果曲线

选取双曲线指数平滑、BP神经网络、三次多项式三种模型的预测值进行还原,得:

$$d_p = (160.15 - 153.34 + 153.17 - 146.77 + 152.70 - 148.09)/3 - 1.81 = -0.77(\text{mm})$$

由预测结果可知,2007年8月底CXK4监测孔18.5m处的位移发展也大大减缓,该处边坡也处于初始变形阶段。

(3)CXK8监测孔15m处监测数据预测分析,见表11.4-20和图11.4-22。

CXK8监测孔15m处位移预测结果(单位:mm)　　表11.4-20

观测时间		序号	阶段位移	非负化	非负累加	双曲线指数平滑预测	BP神经网络预测	多项式回归预测
2005年	8-7	1	3.12	9.01	5.89		18.90	7.78
	9-11	2	−0.31	5.58	9.01		22.85	17.02
	10-18	3	−1.43	4.46	14.59	24.55	28.79	27.94
	11-15	4	13.56	19.45	19.05	53.78	34.78	36.89
	12-15	5	9.51	15.40	38.50	73.85	42.80	47.03

续上表

观测时间		序号	阶段位移	非负化	非负累加	双曲线指数平滑预测	BP 神经网络预测	多项式回归预测
2006 年	1-15	6	6.21	12.10	53.90	84.34	52.88	58.01
	2-17	7	4.43	10.32	66.00	90.94	65.42	70.14
	3-13	8	−1.37	4.52	76.32	89.17	75.45	79.17
	4-14	9	4.83	10.72	80.84	99.55	89.59	91.39
	5-16	10	−0.43	5.46	91.56	103.21	104.02	103.71
	6-14	11	−3.99	1.90	97.02	101.34	116.90	114.87
	7-12	12	16.70	22.59	98.92	134.48	128.85	125.54
	8-13	13	7.35	13.24	121.51	151.49	141.68	137.52
	9-11	14	7.14	13.03	134.75	163.93	152.44	148.08
	10-11	15	15.36	21.25	147.78	189.08	162.67	158.61
	11-13	16	0.72	6.61	169.03	189.75	172.89	169.62
	12-15	17	4.24	10.13	175.64	195.89	181.82	179.60
2007 年	2-15	18	−0.25	5.64	185.77	197.52	196.64	196.54
	3-15	19	0.37	6.26	191.41	201.89	202.38	202.98
	4-10	20	4.92	10.81	197.67	215.28	207.23	208.17
	5-15	21	1.18	7.07	208.48	222.67	213.09	213.87
	6-16	22	−4.89	1.00	215.55	219.46	217.82	217.66
预测	7-17	23				220.36	219.23	219.99

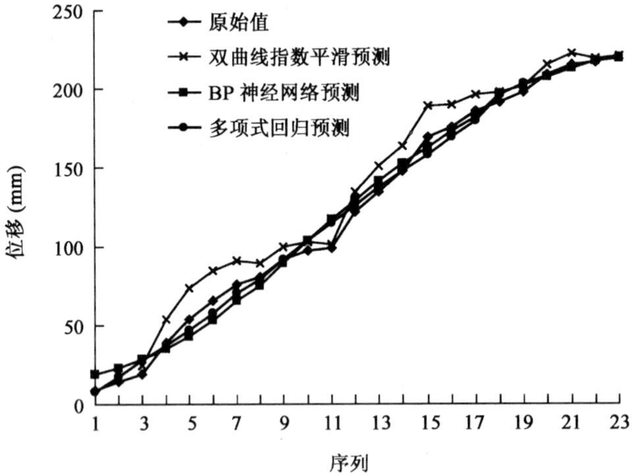

图 11.4-22　CXK8 监测孔 15m 处各种预测结果曲线

选取三种预测模型的预测值进行还原，得：

$d_p = (220.36 - 219.46 + 219.23 - 217.82 + 219.99 - 217.66)/3 - 5.89 = -4.34(\mathrm{mm})$

由预测结果可知，2007 年 7 月中旬 CXK8 监测孔 15m 处的位移发展呈减速发展态势，该处边坡处于初始变形阶段。

(4)CXK9 监测孔 17m 处监测数据预测分析，见表 11.4-21 和图 11.4-23。

CXK9 监测孔 2.5m 处位移预测结果(单位:mm)　　表 11.4-21

观测时间		序号	阶段位移	非负化	非负累加	双曲线指数平滑预测	BP 神经网络预测	多项式回归预测
2005 年	8-7	1	3.52	4.19	0.67	4.19	5.00	−0.24
	9-11	2	1.13	1.80	4.19	7.21	6.57	8.16
	10-26	3	1.97	2.64	5.99	11.29	12.48	16.52
	11-30	4	9.60	10.27	8.63	27.42	19.76	21.59
	12-26	5	7.76	8.43	18.90	38.34	24.89	24.80
2006 年	1-15	6	3.77	4.44	27.33	40.19	28.13	27.05
	2-17	7	1.09	1.76	31.77	37.59	32.16	30.57
	3-28	8	2.92	3.59	33.53	39.86	35.71	34.79
	4-24	9	0.33	1.00	37.12	39.12	38.11	38.01
	5-23	10	2.06	2.73	38.12	42.05	41.23	41.98
	6-29	11	6.03	6.70	40.85	52.12	46.97	48.13
	7-31	12	2.50	3.17	47.55	55.25	54.33	54.77
	8-29	13	8.03	8.70	50.72	66.87	63.06	62.10
	9-27	14	13.96	14.63	59.42	87.67	72.60	70.89
	10-13	15	3.17	3.84	74.05	87.66	77.45	76.46
预测	11-10	16			77.89	97.08	85.97	88.77
进行非负化时加上的数值为 0.67								

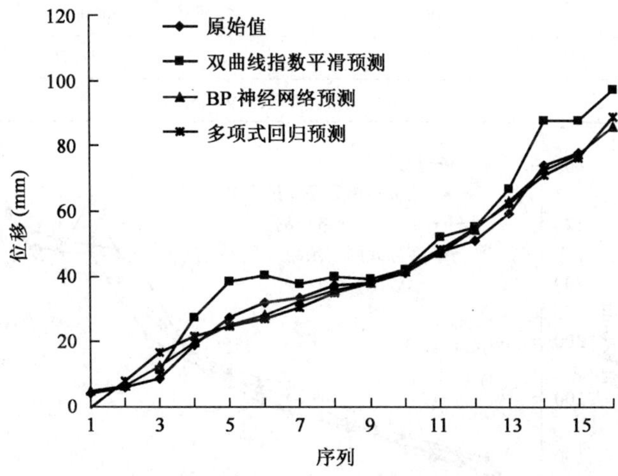

图 11.4-23　CXK9 监测孔 17m 处各种预测结果曲线

选取三种预测模型的预测值进行还原,得:

$$d_p = (97.08 - 87.66 + 85.97 - 77.45 + 88.77 - 76.46)/3 - 0.67 = 9.41(\text{mm})$$

由预测结果可知,2006 年 11 月上旬 CXK9 监测孔 17m 处的位移发展呈加速发展态势,该处边坡处于加速变形阶段。

(5)CXK13 监测孔 2m 处监测数据预测分析,见表 11.4-22 和图 11.4-24。

CXK13 监测孔 2.5m 处位移预测结果(单位:mm)　　表 11.4-22

观测时间		序号	阶段位移	非负化	非负累加	双曲线指数平滑预测	BP 神经网络预测	多项式回归预测
2005 年	11-9	1	1.30	19.87	18.57		31.78	0.97
	11-30	2	7.54	26.11	19.87		45.11	53.89
	12-13	3	1.20	19.77	45.98	94.29	58.93	77.46
	12-31	4	−1.35	17.22	65.75	104.70	83.76	101.23
2006 年	1-8	5	0.29	18.86	82.97	122.10	95.53	109.26
	1-13	6	−4.48	14.09	101.83	130.33	102.71	113.68
	2-17	7	−2.14	16.43	115.92	147.71	142.17	137.96
	2-21	8	6.49	25.06	132.35	183.08	145.37	140.64
	3-17	9	1.13	19.70	157.41	199.39	161.70	160.33
	3-27	10	1.45	20.02	177.11	217.63	168.63	171.58
	4-15	11	−1.11	17.46	197.13	231.78	187.82	200.63
	4-30	12	−4.05	14.52	214.59	242.33	216.99	232.79
	5-11	13	−0.21	18.36	229.11	264.41	254.02	262.76
	5-22	14	4.36	22.93	247.47	293.97	309.52	298.98
	6-5	15	13.84	32.41	270.40	338.22	399.02	355.32
	6-14	16	46.92	65.49	302.81	442.02	451.07	398.25
	6-16	17	59.75	78.32	368.30	541.52	460.72	408.55
	6-17	18	−17.57	1.00	446.62	456.24	465.23	413.81
	6-22	19	−8.46	10.11	447.62	450.13	484.76	441.22
预测	7-3	20			457.73	427.76	506.31	518.13
进行非负化时加上的数值为 18.57								

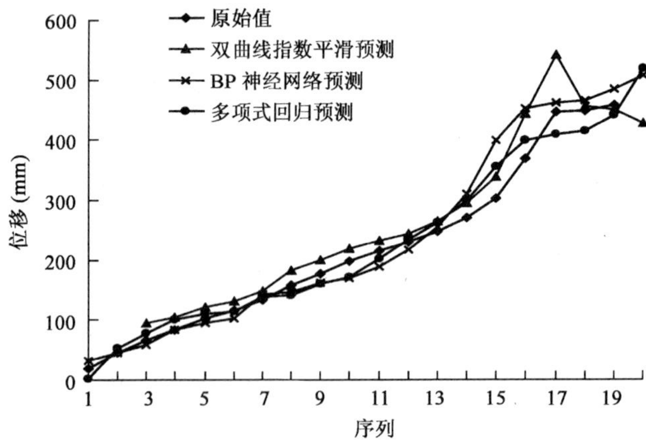

图 11.4-24　CXK13 监测孔 2m 处各种预测结果曲线

选取非线性回归预测值进行还原,得:

$$d_{\mathrm{p}} = 518.13 - 441.22 - 18.57 = 58.34(\mathrm{mm})$$

从表 11.4-22 和图 11.4-24 可以看出，进入 2006 年 6 月中旬后，CXK13 监测孔 2m 处的位移发展有加速趋势，边坡处于加速变形阶段，7 月 13 日阶段变形量预测值达到 58.34mm，边坡有可能滑动乃至失稳破坏。

(6)CXK14 监测孔 4m 处监测数据预测分析，见表 11.4-23 和图 11.4-25。

CXK14 监测孔 4m 处位移预测结果(单位：mm)　　表 11.4-23

观测时间		序号	阶段位移	非负化	非负累加	GM(1,1)预测	双曲线指数平滑预测	Verhulst函数预测	BP神经网络预测	多项式回归预测
2005年	11-26	1			11.39	29.03		29.03	37.93	30.59
	12-2	2	17.64	29.03	29.03	6.88		2.24	39.11	35.76
2006年	1-10	3	−1.35	10.04	39.07	52.65	50.26	19.37	48.95	55.11
	2-21	4	1.86	13.25	52.32	75.75	61.48	34.05	60.61	61.47
	3-31	5	−5.70	5.69	58.01	91.13	75.89	49.19	72.61	70.33
	4-8	6	0.37	11.76	69.77	22.54	96.77	13.37	76.12	74.01
	5-22	7	6.67	18.06	87.83	149.85	110.46	98.66	115.50	114.59
	6-14	8	−2.95	8.44	96.27	99.20	179.06	72.59	154.46	154.65
	6-22	9	60.12	71.51	167.78	38.50	202.59	29.31	167.39	172.44
预测	7-15	10	−10.39	1.00	168.78	141.47	235.70	111.46	203.36	246.23
非负化值为＋11.39										

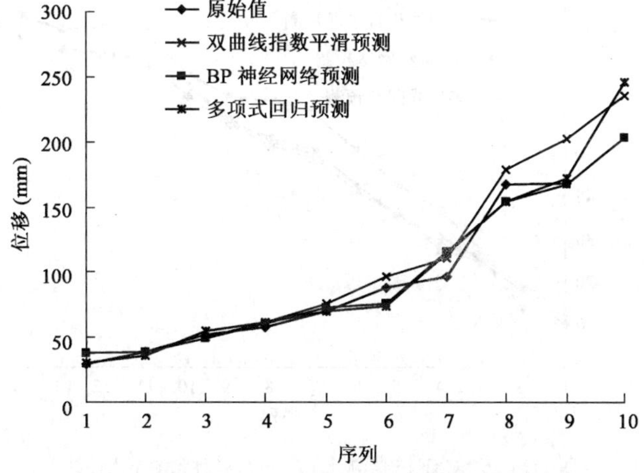

图 11.4-25　CXK14 监测孔 2m 处各种预测结果曲线

选取双曲线和非线性回归预测值进行还原，得：

$$d_p = (246.23 - 172.44 + 235.70 - 202.59)/2 - 11.39 = 42.06(\text{mm})$$

从表 11.4-23 和图 11.4-25 可以看出，进入 2006 年 6 月下旬后，CXK14 监测孔 4m 处的位移发展有加速趋势，边坡处于加速变形阶段，7 月 15 日阶段变形量预测值达到 42.06mm，边坡有可能滑动乃至失稳破坏。

(7)CXK16 监测孔 4m 处监测数据预测分析，见表 11.4-24 和图 11.4-26。

CXK16 监测孔 4m 处位移预测结果(单位:mm)　　表 11.4-24

观测时间		序号	阶段位移	非负化	非负累加	GM(1,1)预测	双曲线指数平滑预测	Verhulst 函数预测	BP 神经网络预测	多项式回归预测
2006 年	7-27	1	9.09	12.90	12.90	12.90		12.90	14.17	9.93
	8-30	2	−2.81	1.00	13.90	28.12		5.27	17.73	18.83
	9-29	3	6.93	10.74	24.64	27.44	26.89	6.36	24.30	25.80
	10-11	4	1.89	5.70	30.34	11.72	36.26	3.11	27.39	28.39
	11-16	5	1.04	4.85	35.19	37.95	42.61	11.78	35.83	35.54
	12-16	6	3.60	7.41	42.60	35.08	50.60	13.34	41.14	40.89
2007 年	2-7	7	4.16	7.97	50.57	70.68	59.39	34.34	48.49	49.37
	3-1	8	−1.14	2.67	53.24	32.98	61.83	19.40	51.46	52.62
	4-4	9	−0.91	2.90	56.14	55.69	62.83	37.26	56.39	57.49
	5-30	10	2.94	6.75	62.89	105.76	68.42	83.22	65.41	65.45
	6-30	11	4.78	8.59	71.48	67.08	77.67	57.92	70.40	70.03
	7-17	12	−2.37	1.44	72.92	39.66	79.31	34.90	72.94	72.65
	7-26	13	−2.56	1.25	74.17	21.87	78.63	19.23	74.19	74.08
预测	8-23	14				78.45	81.65	67.63	77.30	79.14
非负化值为+3.81										

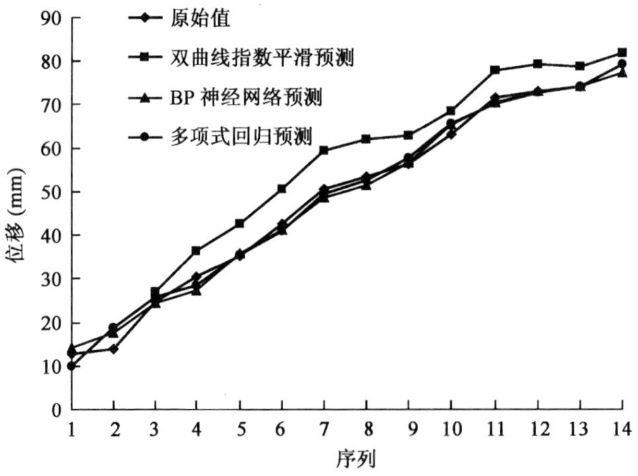

图 11.4-26　CXK16 监测孔 13.5m 处各种预测结果曲线

选取三种预测模型预测值进行还原,得:

$$d_p = (79.14 - 74.08 + 77.30 - 74.19 + 81.65 - 78.63)/3 - 3.81 = -0.08(\text{mm})$$

从图 11.4-26 和表 11.4-24 可以看出,进入 2007 年 8 月下旬后,CXK16 监测孔 13.5m 处的位移发展呈减速发展态势,该处边坡处于初始变形阶段。

2)晴隆隧道口滑坡预报判据

滑坡预报的核心是预报方法与预报判据。预报方法确立后,如果没有正确的预报判据,也就无法进行准确的预报。针对晴隆滑坡的具体监测实施情况,将变形速率判据作为主要判据,另外，结合蠕变曲线切线角判据进行滑坡预报。

(1)变形速率预报判据和预报的实现

①变形速率预报判据

滑坡的发生，乃边坡上的物质以一定的速度沿某滑移面向下移动所致。因此，以边坡体上物质变形速率的大小来作为滑坡是否会发生、何时发生的预报判据是最直观、最可靠的。在日本，曾有人提出把滑前24h滑速 $V=14.4mm/d$ 和滑前3h滑速 $V=144mm/d$ 作为滑坡临界滑速的标准，很多国家也在努力使滑坡预测预报由定性评价向定量指标方向发展。但由于滑坡特征的不同，其变形破坏机理各异，最终失稳前的变形速率存在很大差别，见表11.4-25。显然，要确定统一的滑坡变形速率预报判据是不可能的。这主要受滑坡介质密度、体积、滑面几何特征、滑带土的残余强度和峰值强度等控制。

根据工点附近岩土体完全相同晴隆隧道口人工降雨触发残坡积层滑坡和机械开挖触发残坡积层滑坡试验结果，镇胜高速公路第十八合同段YK85+420～+920边坡滑移临界速度为13.3～25.6mm/d。

几个滑坡破坏前的变形速率 表11.4-25

滑坡名称	破坏前变形速率
贵州晴隆滑坡	人工降雨触发，降2h停1h循环，雨强60mm/h，临滑变形速率为25.6mm/d
贵州晴隆滑坡	大气降雨，临滑变形速率为17.8～30mm/d
新滩滑坡	滑前一个月(5月14日～6月10日)，A3、B3点平均变形速率为85.9～399mm/d
贵州晴隆滑坡(开挖触发)	开挖后8h开始滑动，临滑变形速率为13.3mm/d，裂缝增加至3mm后停止滑动，之后在45mm/d的大雨作用下整体崩滑
贵州永宁滑坡	大气降雨140min，雨强40mm/d，临滑变形速率为26.4mm/d
酒埠江滑坡	滑动破坏前一个月，变形速率为10mm/d左右
李家河滑坡	滑动破坏前22d，平均水平方向变形速率为8.2mm/d，垂直方向变形速率为9.2mm/d
人工降雨触发残坡积层滑坡	在每小时降雨强度达到60mm，入渗量达到75mm时，残坡积层边坡在降雨达到1h20min后，开始启动滑坡。滑移临界速度达到1.066mm/h，合计25.6mm/d
机械开挖触发残坡积层滑坡	在机械开挖深度达到6～8m时，开始出现残坡积层边坡滑移失稳。滑移临界速度达到：0.552～0.882mm/h，合计13.3～21.6mm/d。时间为开挖工作进行过程的第62～68h

根据晴隆滑坡滑前监测资料整理分析得到，晴隆滑坡CXK13监测孔滑前的临界月变形破坏速率为100mm/月，临界日变形破坏速率达到30mm/日，CXK14监测孔滑前的临界月变形破坏速率为63mm/月，临界日变形破坏速率达到18mm/d，超过和达到滑坡临界速度13.3～25.6mm/d，作出预报边坡正处于处于临界滑移状态，有出现滑坡的危险。为此必须及时采取有效的施工治理措施确保滑坡安全。

②预报的实现

a. CXK13监测孔附近坡体失稳时间预报

提取CXK13号监测点2m处的位移监测数据，采用Verhulst反函数模型进行预报，结果见表11.4-26和图11.4-27。

晴隆滑坡 CXK13 监测孔 Verhulst 反函数模型预报结果　表 11.4-26

序号	测　时	原始值	滤波值	Verhulst 反函数预测	备　注
1	2005-11-23	5.47	5.47	5.47	模型及参数 T0=2 参数 a=0.074 3 参数 b=0.004 5 模型精度=0.421 4 预报模型： $x(t)=13.456\times\{\mathrm{Ln}[-0.3762\times t/(7.4316-0.4506\times t)]-\mathrm{Ln}[-0.3762\times(t-1)/(7.4316-0.4506\times t+0.4506)]\}$ 理论预报时间为： 14.49×15=217(d) 实际预报日期为： 2006 年 6 月 28 号
2	2005-12-8	5.15	5.05	6.42	
3	2005-12-23	6.89	7.30	4.91	
4	2006-1-7	7.15	6.53	4.13	
5	2006-1-22	4.31	5.01	3.68	
6	2006-2-6	3.99	3.92	3.42	
7	2006-2-21	3.68	2.99	3.29	
8	2006-3-8	1.77	3.26	3.27	
9	2006-3-23	4.73	2.68	3.34	
10	2006-4-7	1.62	3.55	3.53	
11	2006-4-22	5.34	3.98	3.87	
12	2006-5-7	6.22	5.85	4.46	
13	2006-5-22	10.42	3.52	5.53	
14	2006-6-6	28.36	32.96	7.82	
15	2006-6-21	150.9	149.75	15.75	

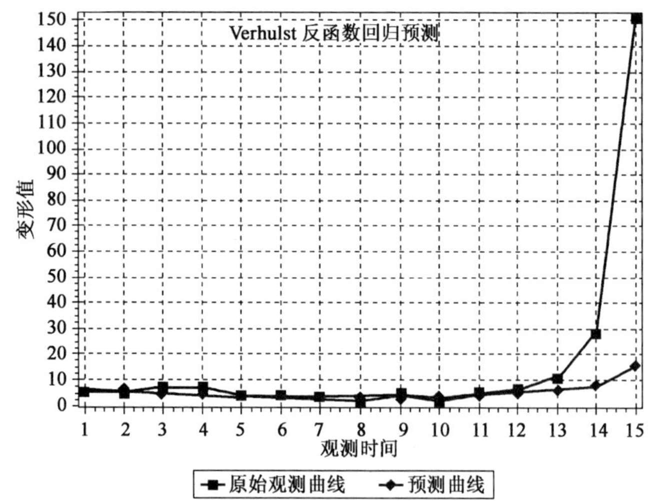

图 11.4-27　CXK13 监测孔孔口处位移预测预报曲线

基于检验的预测：2005 年 11 月 23 日～2006 年 6 月 21 日所采集的数据表明，这段时间内，坡体已经发生位移。Verhulst 反函数模型的预测曲线见图 11.4-27，CXK13 监测孔附近坡体失稳预报时间为 6 月 28 日左右，实际滑动时间为 6 月 24 日，预报时间比实际失稳时间滞后 4d。其原因可能是实际监测期间由于连续降雨和坡体上部堆载触发因素影响，使得该孔附近坡体提前滑动。

b. CXK14 监测孔附近坡体失稳时间预报

提取 CXK14 号监测点 4m 处的位移监测数据，采用 Verhulst 反函数模型进行预报，结果见表 11.4-27 和图 11.4-28。

晴隆滑坡 CXK14 监测孔 Verhulst 反函数模型预报结果 表 11.4-27

序号	测　　时	原始值	滤波值	Verhulst 反函数预测	备　　注
1	2005-12-5	7.76	7.76	7.76	模型及参数 T0=4 参数 a=0.028 参数 b=0.001 6 模型精度=0.170 1 预报模型： $x(t)=35.7328\times\{\mathrm{Ln}[-0.1344\times t/(2.7985-0.1624\times t)]-\mathrm{Ln}[-0.1344\times(t-1)/(2.7985-0.1624\times t+0.1624)]\}$ 理论预报时间为： 13.23×15=198(d) 实际预报日期为： 2006 年 6 月 21 号
2	2005-12-20	11.23	11.09	10.78	
3	2006-1-4	11.5633	12.12	9.56	
4	2006-1-19	13.5314	12.70	8.84	
5	2006-2-3	11.26	11.56	8.44	
6	2006-2-18	8.604	8.08	8.30	
7	2006-3-5	5.9216	7.27	8.39	
8	2006-3-20	9.7173	8.22	8.72	
9	2006-4-4	10.708	12.99	9.35	
10	2006-4-19	17.1077	13.65	10.43	
11	2006-5-4	10.4644	12.33	12.27	
12	2006-5-19	12.666	10.75	15.67	
13	2006-6-3	23.795	25.07	23.47	
14	2006-6-18	66.27	65.95	61.17	

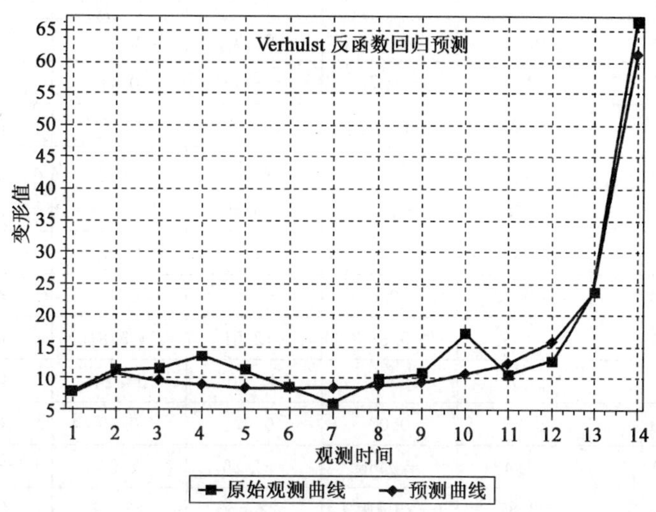

图 11.4-28　CXK14 监测孔孔口处位移预测预报曲线

基于检验的预测：2005 年 12 月 5 日～2006 年 6 月 18 日所采集的数据，这段时间内，坡体已经发生位移。Verhulst 反函数模型的预测曲线见图 11.4-28，CXK14 监测孔失稳预报时间为 6 月 21 日左右，实际滑动时间为 6 月 24 日左右，预报时间比实际失稳时间提前 3d。其原因可能是实际监测期间由于坡体清方减载、监测孔附近抗滑桩停止开挖等因素，使得该孔附近坡体滞后滑动。

(2)蠕变曲线切线角判据

当难以确定临界破坏速率值时，可利用前述各种分析方法的位移—时间曲线求取。当蠕变曲线上某一点的切线与横坐标的夹角 α，即 $\arctan(\mathrm{d}x/\mathrm{d}t)$ 趋于 90°时，所对应的时间即为滑坡破坏时间。但一些滑坡往往由于某种诱发作用的影响，使失稳破坏的时间提前。

对应式 $t_{cr}=\dfrac{20-a_2}{a_3}$ 的月变形速率，其变形曲线的斜率为 70°，在这一变形速率条件下，边坡出现快速滑动的趋势已在所难免。此时，也可将切线角 α 大于 70°作为滑坡时间预报的判据。表 11.4-28 为晴隆滑坡实测与预测曲线切线角计算结果。

晴隆滑坡实测与预测曲线切线角计算结果 表 11.4-28

监测孔编号	参数计算值	原始值	GM(1,1)预测	双曲线指数平滑预测	Verhulst函数预测	BP 神经网络预测	多项式回归预测
CXK2 距孔口 2.5m 处	A	−4.03	−4.03	−4.19	−0.71	6.11	3.21
	$\bar{\alpha}$	−4.41	−4.41	28.77	18.05	−7.70	−15.89
	B	−0.01	−0.01	0.00	0.01	0.00	0.00
CXK3 距孔口 9m 处	A	−2.39	−1.26	−6.55	0.14	−2.59	−4.54
	$\bar{\alpha}$	13.52	14.70	5.86	22.76	24.82	27.53
	B	−0.02	−0.02	0.00	0.01	−0.01	−0.01
CXK4 距孔口 33m 处	A	−6.02	3.52	−2.70	−7.66	3.21	−0.37
	$\bar{\alpha}$	−12.48	5.13	5.91	29.89	33.59	1.30
	B	0.01	−0.04	0.02	0.01	0.00	0.01
CXK4 距孔口 18.5m 处	A	−3.36	−0.53	−1.70	2.23	−3.65	−3.90
	$\bar{\alpha}$	38.63	10.63	17.08	21.12	38.96	38.80
	B	0.12	0.08	0.38	0.04	0.12	0.11
CXK5 距孔口 2m 处	A	−1.36	−0.76	−3.43	0.41	−1.48	−1.83
	$\bar{\alpha}$	21.03	6.70	24.93	15.77	35.79	35.39
	B	0.07	0.01	0.07	0.03	0.06	0.06
CXK6-3 距孔口 11m 处	A	1.68	−1.35	−0.19	−0.14	3.28	−2.87
	$\bar{\alpha}$	3.31	1.34	−4.18	13.83	36.71	5.31
	B	−0.02	−0.04	−0.03	0.05	−0.01	0.01
CXK7-补距孔口 10m 处	A	−1.58	5.88	−2.61	−5.81	0.62	−1.26
	$\bar{\alpha}$	49.78	−15.61	47.20	14.24	44.71	50.22
	B	0.38	0.00	0.37	0.09	0.30	0.37
CXK8 距孔口 15m 处	A	−1.42	−0.66	−1.36	1.94	−1.68	−1.84
	$\bar{\alpha}$	33.87	25.10	22.85	23.79	42.15	42.35
	B	0.13	0.13	0.13	0.08	0.13	0.13
CXK9 距孔口 17m 处	A	1.51	−1.45	0.93	0.07	1.46	1.58
	$\bar{\alpha}$	40.47	32.69	33.67	36.47	42.88	43.60
	B	0.16	0.05	0.18	0.03	0.16	0.15
CXK13 距孔口 2m 处	A	2.33		1.02		1.02	5.77
	$\bar{\alpha}$	15.58		2.59		15.71	31.54
	B	0.46		0.27		1.26	0.47
CXK14 距孔口 4m 处	A	6.99	−10.64	7.48		7.50	8.17
	$\bar{\alpha}$	34.62	37.45	33.70		40.11	36.75
	B	0.26	0.03	0.32		0.31	0.27

续上表

监测孔编号	参数计算值	原始值	GM(1,1)预测	双曲线指数平滑预测	Verhulst函数预测	BP 神经网络预测	多项式回归预测
CXK15 孔口处	A	2.55	0.41	3.14	−3.86	2.46	2.57
	$\bar{\alpha}$	8.04	10.20	20.90	7.14	34.60	28.60
	B	−0.02	0.00	−0.02	0.00	−0.02	−0.02
CXK16 距孔口 13.5m 处	A	−9.37	10.27	−9.12	−10.83	−5.24	−6.40
	$\bar{\alpha}$	30.09	−0.94	33.44	25.05	43.19	41.39
	B	0.06	−0.02	0.06	0.01	0.05	0.05
CXK17 距孔口 1m 处	A	−3.34	−13.33	2.33	−11.02	0.88	2.88
	$\bar{\alpha}$	12.68	26.88	34.74	20.04	41.69	43.89
	B	0.03	0.00	0.03	0.01	0.03	0.03
CXK18 孔口处	A	11.67	7.39	−5.48	12.74	12.64	15.87
	$\bar{\alpha}$	−2.93	10.45	29.56	2.47	−5.81	−1.47
	B	−0.02	−0.03	0.00	−0.01	−0.01	−0.01
CXK19 距孔口 1m 处	A	−0.87	8.84	−12.02	−9.62	−9.18	−2.14
	$\bar{\alpha}$	39.75	4.63	34.16	4.49	35.17	6.45
	B	0.01	−0.04	0.02	0.02	0.03	0.41

从表 11.4-28 切线角计算结果可以看出，监测期间 CXK6-3、CXK7-补、CXK9、CXK13、CXK14、CXK18 几个监测孔附近坡体监测期间处于加速变形阶段，根据现场实际监测情况，CXK6-3、CXK7-补、CXK13、CXK14 四个孔在监测期内分别在各滑动面附近被剪断，CXK9 在监测后期受边坡加固影响，目前还处在变形调整阶段，变形速率较以前有所减小。CXK15 监测孔显示该孔监测期间位移一直为摆动状变化，目前该孔附近还没有形成稳定的滑动面，坡体是稳定的。其余监测孔在监测期间深部位移变形目前不明显。整个滑坡体在经过治理后，除了局部坡体还处在变形调整阶段外，其余坡体已基本停止变形，目前坡体是稳定的。

11.4.9 晴隆滑坡治理设计

结合场地工程地质情况，对边坡治理要点如下。

1)支挡

根据计算，对边坡采用桩板墙支挡，在悬臂段长度大于 10m 的桩上设锚索或预留锚索钻孔。

(1)桩板墙

在路基右边沟右侧 1.5m 处的平台边缘，设置桩板墙。

根据桩截面尺寸和悬臂段长度的不同，分为 A、B、C 型桩。

A 型：悬臂段长 8m，截面为 2m×3m。

B 型：悬臂段长 10m，截面为 2m×3m。

C 型：悬臂段长 12m，截面为 2m×3.5m 的桩。

桩长根据中风化岩体埋深确定。

YK85＋441～YK85＋467、YK85＋711～YK85＋725、YK85＋773～YK85＋775、YK85

+899～YK85+901 段一共采用 11 根 A 型桩，桩中心间距 6m，单桩长分别为 32m、20m、23m、25m，桩总长 298m。

YK85+471～YK85+485、YK85+693～YK85+701、YK85+779～YK85+805、YK85+887～YK85+895 段一共采用 12 根 B 型桩，桩中心间距 6m，桩长分别为 34m、20m、22m、27m，桩总长 306m。

YK85+489～YK85+689、YK85+809～YK85+883 段一共采用 47 根 C 型桩，桩中心间距 6m，桩长分别为 36m、34m、30m、29m、25m、24m，桩总长 1 229m。

桩与桩之间采用钢筋混凝土板连接，板高与桩悬臂段长度一致。

桩间板厚 0.6m，平行于桩悬臂段倾斜面布置。桩护壁施工时，在桩两侧钻孔埋入两排长 1.3m 的钢筋（$\phi16$ 和 $\phi22$），嵌入桩 50cm。桩外预留 80cm，焊接 65cm，与纵筋一起形成两面桩间板钢筋网，现浇构成桩间板。桩间板上预留泄水孔。桩间板总面积为 3 048m^2。

C 型桩桩身采用 C30 混凝土浇筑，A、B 型桩桩身及所有的桩间板采用 C25 混凝土浇筑。

(2)锚索

在所有悬臂段不小于 10m 的桩上布设 8 束预应力锚索。Ⅰ区共施加长 35m 的锚索 78 根；Ⅱ区共施加长 32m、30m 的锚索各 20 根，以 27°俯角贯穿挡墙锚固在坡体稳定岩层内。锚索锚固段均为 8m，第一排锚索侧面距桩顶 1.5m，外余 1.5m。

(3)挡墙

在 YK85+420～YK85+441、YK85+725～YK85+773、YK85+901～YK85+920 三段设置 M7.5 浆砌片石挡墙。

YK85+420～YK85+441 段挡墙高 2～8m，顶宽 1～2.4m；YK85+725～YK85+740 段挡墙高 4.5～8m，顶宽 2.4～2m。

YK85+740～YK85+760 段挡墙高 4.5m，顶宽 2m；YK85+760～YK85+773 段挡墙高 4.5～8m，顶宽 2～2.4m。

YK85+901～YK85+920 段挡墙高 8～2m，顶宽 2.4～1m。

挡墙上布置 15cm×15cm 的泄水孔，浆砌片石总体积为 1 136.4m^3。

2)清方

从桩顶部按不同坡比分级开挖，开挖坡比为 1∶1.25 和 1∶1.5 至坡顶，各级坡面间设 1.5m 宽平台。

3)坡面防护

Ⅰ区 YK85+510～YK85+866 段的一级坡面与 YK85+664～YK85+684 段的二级坡面采用菱形群锚防护，防护长度沿坡面 12m；Ⅱ区 YK85+850～YK85+882 段的一级坡面与 YK85+810～YK85+850 的二级部分坡面采用菱形群锚防护，沿坡面长度分别为 12m、8m。YK85+510～YK85+688 段一级坡面的底部砌筑浆砌片石护面墙，墙顶接菱形群锚框架。群锚的锚桩由 3 根 $\phi22$ 螺纹钢筋焊接而成，锚桩竖直入土深度 12m，外端弯起勾固在框架上。群锚框架宽厚都为 30m，由钢筋骨架和混凝土构成，呈菱形，空格处拉网植草防护。菱形群锚防护以外的坡面，拉网植草防护。菱形群锚总面积 3 080m^2，植草面积 5 550m^2。

土石方开挖不论开挖工程量和开挖深度大小，均应自上而下进行，不得乱挖超填。严禁掏洞取土，严禁乱堆乱到土石方。在不影响边坡稳定的情况下采用爆破施工时，所有桩进行跳槽开挖，采用动态设计法和信息施工法进行。

滑坡治理设计横断面大样图如图 11.4-29 所示。

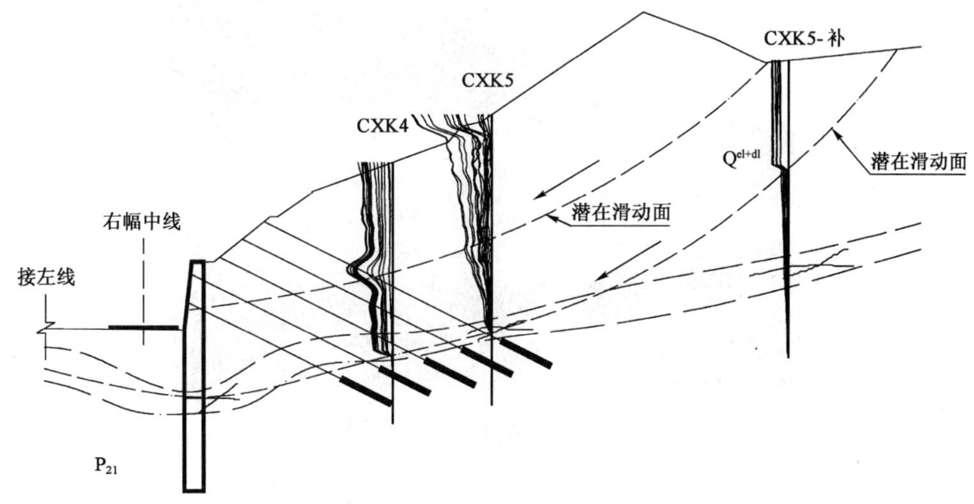

图 11.4-29 晴隆滑坡治理设计横断面大样图

4)加固效果的综合评价

在预报镇胜高速公路第十八合同段晴隆滑坡正处于临界滑移状态,有出现滑坡的危险后,及时采取了设计优化变更和有效施工措施,确保了该边坡的安全和施工的正常进行。边坡治理完成之后,通过进一步的监测显示,该滑坡除了局部地段目前还处在加固后变形调整阶段外,其余地段均已稳定下来,加固效果良好,该滑坡的有效治理为线路的正常开通奠定了基础。

11.4.10 小结

本章以晴隆滑坡为依托工程,对公路边坡稳定性分析方法及监测预报技术进行了研究,主要成果如下:

(1)通过试验,为滑坡设计提供依据。

(2)2005 年 8 月 2 日至今,课题组采用多种方法,进行了连续监测,为课题研究提供了丰富的数据。

(3)建设了我国第一个公路滑坡监测站,并实现了自动监测和数据远程传输。

(4)通过监测数据的对比分析,验证了 TDR 测试仪、固定式测斜仪自动监测结果与人工深部位移监测结果的一致性,说明这两种技术是可以推广使用的。

(5)根据晴隆滑坡监测结果,全过程跟踪分析了施工活动及降雨对边坡位移发展的影响,及时调整了施工组织,保证了施工安全和工程的顺利进行。

(6)通过综合分析,课题组于 2006 年 6 月 13 日以加密报告的形式对 CXK13、CXK14 号监测孔进行预警,6 月 15 日再次发出预警报告,实际情况是 2006 年 6 月 24 日发生了滑坡,各方面准备充分,未造成任何损失。用 Verhulst 反函数模型进行验证预测,CXK13 号监测孔时间为 2006 年 6 月 28 号左右,比实际滞后 4 天;CXK14 号监测孔为 2006 年 6 月 21 号左右,比实际失稳时间提前 3 天,从而验证了 Verhulst 反函数模型及预测预报程序可以在实践中应用。

图 11.4-30 为晴隆滑坡治理后的全貌。

图 11.4-30　晴隆滑坡治理后全貌

11.5　永宁滑坡监测预报

11.5.1　滑坡概况

镇胜公路 0902 工点 ZK39+310～360 左边坡，为一向路基轴线方向凸出的山嘴，系崩塌体所形成。山顶高程 1 522m，路基处地面高程 1 455m，变形处高程 1 485m，变形处与路基处高差 30m，坡度 40°～65°，为高陡的直线形斜坡。坡体中部的三叠纪夜郎组泥质粉砂岩夹泥灰岩(厚 8m 左右)，上半部已强风化呈黏土状软弱夹层，在上覆临空岩体的持续重力作用下，极易产生滑动面，形成滑坡，见图 11.5-1。

图 11.5-1　永宁滑坡全貌

11.5.2　滑坡监测

1)监测点的布置

该滑坡共设置了三个钻孔测斜点，具体布置情况见表 11.5-1，在地形图上的分布情况如图 11.5-2 所示，深部位移监测孔横断面如图 11.5-3 所示。

测斜管布置 表 11.5-1

项目	监测点编号	监测点位置	方位		监测深度(m)
			A0 方向	B0 方向	
深部位移监测	ZK1	ZK39+332.5 左 36.7m	110°	200°	28.5
	ZK2	ZK39+334.3 左 64m	65°	155°	34.5
	ZK3	ZK39+334.1 左 95.1m	90°	180°	34.5
合计	—	—	—	—	97.5

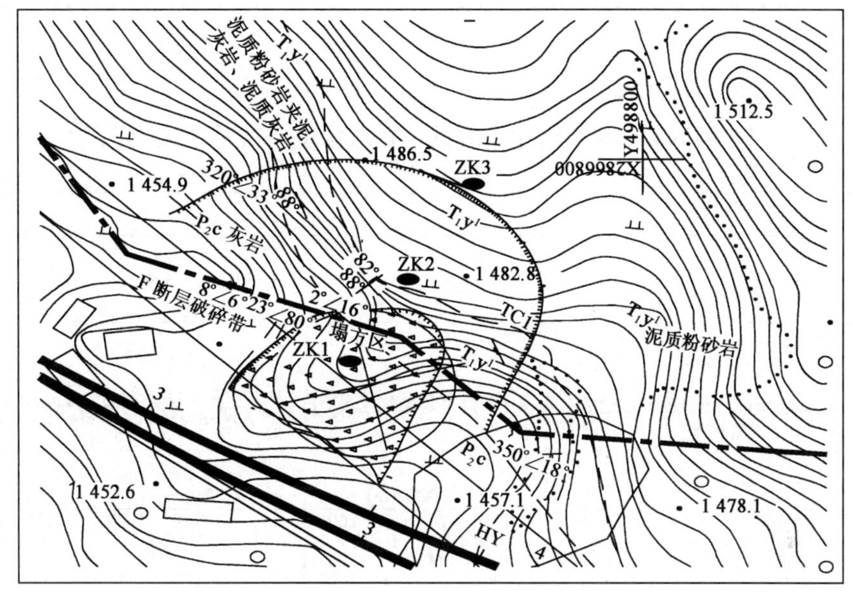

图 11.5-2 监测孔布置平面图

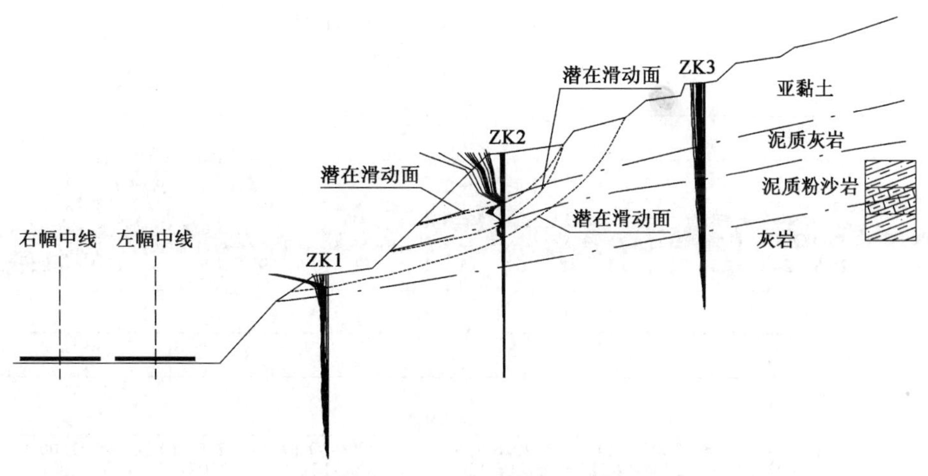

图 11.5-3 深部位移监测孔横断面图

2)监测频率和期限

本次监测时间自滑坡补充勘察时开始，至治理完成一年后结束，具体时间为 2006 年 8 月 31 日(补充勘察期开始)～2008 年 8 月 30 日，深部侧向位移监测在滑坡施工期间每 3～4d 监测一次，雨季加密，当滑坡出现变形加快时，也要加密观测次数，反之则减少监测频率。后期监测频率改为每月监测 2～3 次，雨季加密。监测时间预计为 24 个月。具体监测时限及频率如表 11.5-2 所示。

监测时限和频率表 表 11.5-2

阶　　段	监 测 时 限	监 测 频 率		
		正 常 情 况	雨　　季	有活动异常监测
施工阶段	2006-8-31～2007-10-31	3～4d/1 次	1～3d/1 次	数小时～1d/1 次
运营阶段	2007-11-1～2008-8-30	10～15d/1 次	7～10d/1 次	1～7d/1 次

3)监测成果

(1)累计相对深度—位移曲线

永宁 ZK39＋310～ZK39＋360 段左边坡累计相对深度—位移曲线见图 11.5-4。

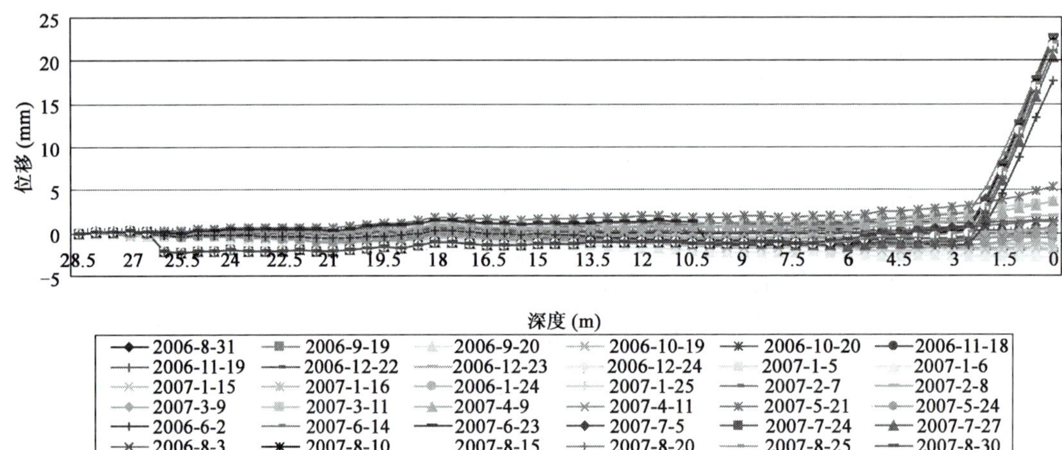

a)ZK1 号孔 AO 方向相对位移

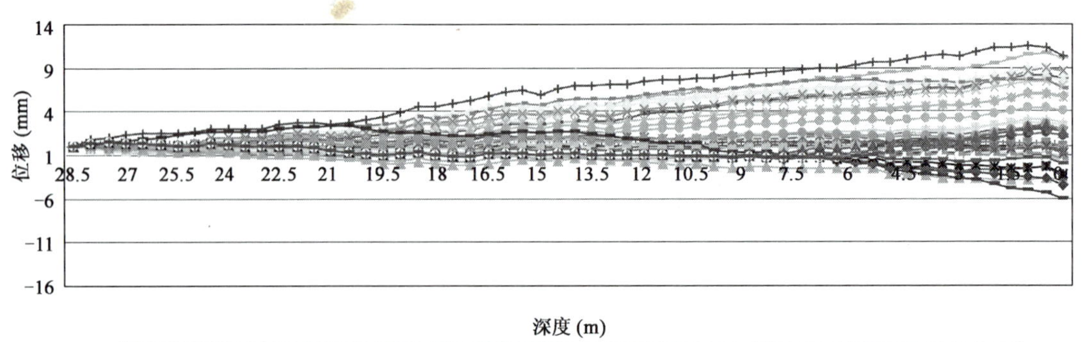

b)ZK1 号孔 BO 方向相对位移

图 11.5-4

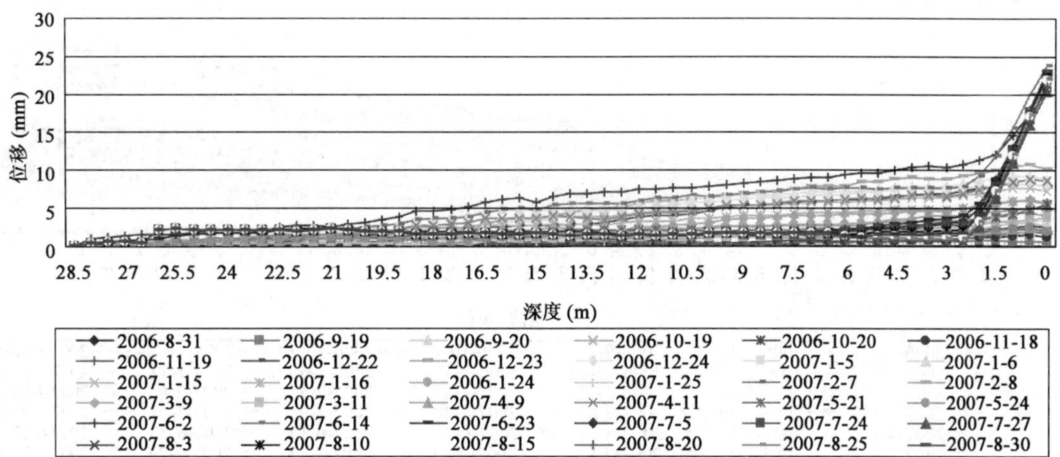

c)ZK1 号孔合成方向相对位移

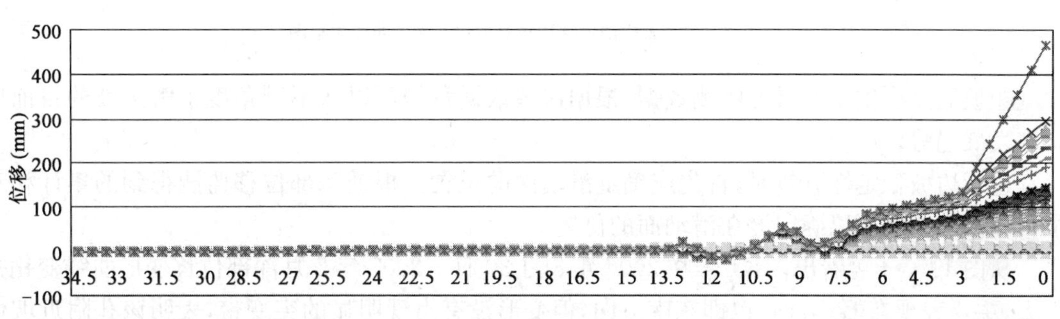

d)ZK2 号孔 AO 方向相对位移

e)ZK2 号孔 BO 方向相对位移

图 11.5-4

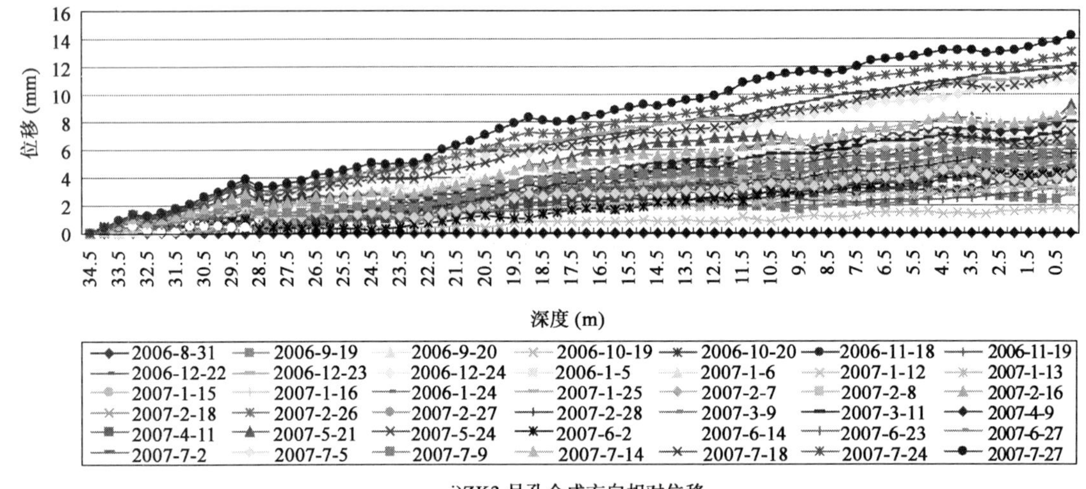

i)ZK3 号孔合成方向相对位移

图 11.5-4　永宁滑坡累计相对位移—深度曲线成果图

边坡监测提供了大量的监测数据，根据这些数据我们可以从不同角度了解边坡的目前性状和发展趋势。

进行边坡稳定性分析时，首先应确定滑动面的位置。根据深部位移监测得到的累计相对位移—深度曲线可以确定潜在滑动面的位置。

从图 11.5-4 可看出，ZK1 号在 2006 年 8 月 30 日～2007 年 5 月深部位移变形曲线变化并不大，主要表现在 B0 方向，也即东南方向，但变形没有出现明显的突变带，表明该孔附近坡体在这段期间深部变形趋势还不明显。可是到了 2007 年 5 月后孔口至距孔口 2m 位置处位移变形曲线变化出现异常，主要表现在 A0 方向，也即西北方向，截至 2007 年 6 月 14 日，孔口处最大累计合成相对位移为 23.88mm（6 月 14 日），相对 5 月 24 日孔口最大位移增加了 18.39mm，其余部位变形没有出现明显的突变带，表明该孔附近坡体在浅表层位移变形异常。在此之后，ZK1 号孔深部位移变形没有继续增大，说明该孔附近坡体变形不大，处于相对稳定阶段。

ZK2 号孔变形较大，变形主要出现在孔口至距孔口 12.5m 范围内，且分别在距孔口 12m 和 9.5m 位置处出现两个变形突变点，推测分别在距孔口 7.5m、10.5m、13m 处形成明显的滑动面，见图 11.5-2 所示。最大位移出现在孔口和距孔口 9.5～10m 范围内，截至 2007 年 5 月 26 日，在距孔口 9.5m 处最大累计合成相对位移为 61.43mm（5 月 26 日），相对 5 月 24 日增加了 1.34mm；孔口处最大累计合成相对位移为 323.46mm（5 月 26 日），相对 5 月 24 日孔口最大位移增加了 25.38mm，变形速度进一步加快。之后由于变形继续增大，于 5 月 27 日前后该孔附近坡体发生崩滑。

ZK3 号孔变形如果不考虑仪器误差的影响，其深部位移变化不大，位移变形曲线上没有出现明显的突变点和突变带，变形规律性不强，从深部位移曲线可以得出该孔附近坡体变形不明显。

(2)位移—时间变化曲线

选取每个监测孔潜在滑面上部监测数据，作出累计相对位移—时间曲线和阶段位移—时间曲线，见图 11.5-5。

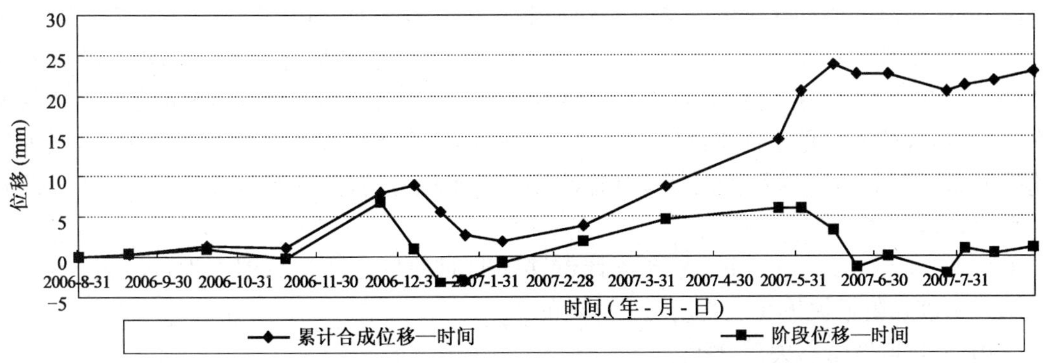

a)ZK1 号孔孔口处累计合成位移—时间和阶段位移—时间变化曲线

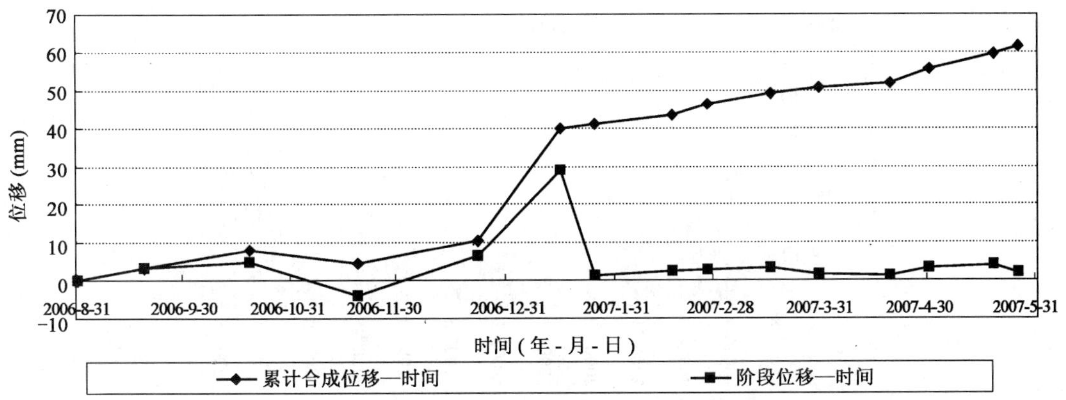

b)ZK2 号孔 9.5m 处累计合成位移—时间和阶段位移—时间变化曲线

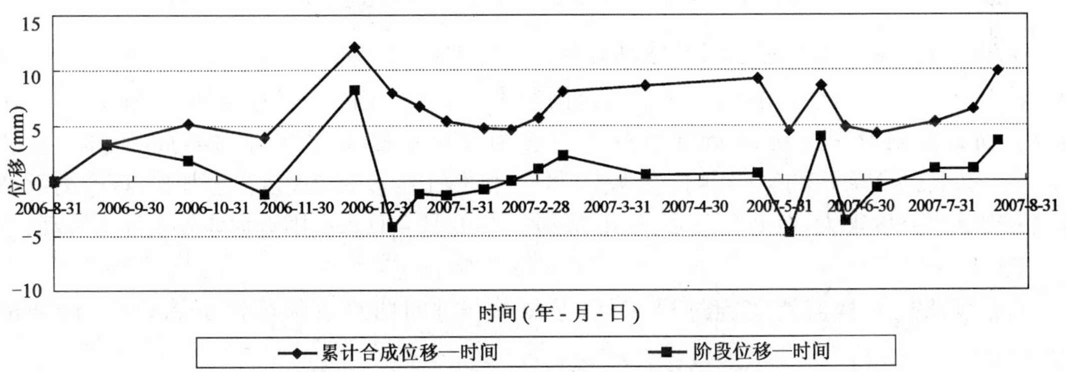

c)ZK3 号孔孔口处累计合成位移—时间和阶段位移—时间变化曲线

图 11.5-5 永宁滑坡监测孔累计位移—时间曲线成果图

由图 11.5-5a)可看出，ZK1 号孔孔口位置累计位移变化量在 2006 年 9 月到 2007 年 4 月之间累计位移量不超过 10mm，在 2007 年 5 月～6 月累计位移增大到 23.88mm，平均位移速率为 0.44mm/d，6 月份以后位移变化速率又有所减小并趋于稳定，表明该孔附近坡体在监测期间是稳定的。

由图 11.5-5b)可看出，ZK2 号孔 9.5m 处在 2007 年 1 月之前，累计变化位移量很小，平均速率仅为 0.09mm/d。2006 年 12 月～2007 年 1 月期间位移变化较快，平均位移速率为 1.26mm/d；2007 年 1 月份以后 5 月 24 日该位置处的累计位移达 61.43mm。由图 11.5-5c)可以看出，该孔孔口处位移变化情况与 9.5m 处相似，2007 年 1 月之前，累计变化位移量很小，平均速率仅为 0.12mm/d；2006 年 12 月～2007 年 4 月低位移变化较快，平均位移速率为 1.43mm/d，截至 2007 年 4 月 30 日累计位移量为 196.98mm；2007 年 5 月～6 月期间位移速率进一步加大，截至 6 月 2 日累计位移达到 560.84mm，平均位移速率为 11.03mm/d，最大位移速率为 33.91mm/d。该孔附近坡体在监测后期是不稳定的，并于 6 月 2 日～6 月 4 日期间发生滑动。

由图 11.5-5d）可看出，ZK3 号孔累计位移随时间的变化波动范围不大，最大值不超过 15mm，说明该孔附近坡体在监测期间是稳定的。

（3）降雨与坡体位移关系分析

通过关岭县气象部门提供的降雨资料，永宁滑坡降雨分布如 11.5-6 所示。

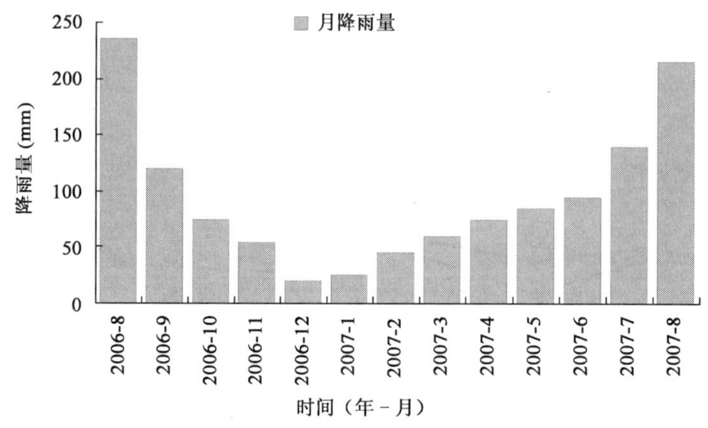

图 11.5-6　永宁滑坡 2006 年 8 月～2007 年 8 月降雨分布图

从降雨分布图可以看出，永宁滑坡所在地区的降雨量主要集中在 5～10 月期间，其余时段相对较少，其中以 8 月份为最大，5 月份月降雨量为 80mm 左右，6 月份月降雨量为 100mm 左右，7 月份月降雨量则达到 150mm 左右，8 月份为 230 左右，该地区降雨丰富，年降雨量达 1150mm 以上。受降雨和施工影响，该滑坡 CXK2 监测孔位移变形速度显著加快，该孔附近坡体地表裂缝张开度很大，地表沉降显著，并于 2006 年 6 月 4 日该孔附近坡体发生局部滑动，测斜孔被剪断。

结合该依托工程监测实施过程，对以上位移—时间曲线及降雨情况综合分析，结论如下：

（1）从 2006 年 9 月～2006 年 12 月，坡体变形不明显，这主要是由于该段时间降雨相对较小，坡体处于初始变形阶段。

（2）2007 年 1 月～2007 年 6 月受路基开挖的影响，ZK2 监测孔附近坡体产生较大变形，加上 5 月下旬降雨的影响，该处坡体变形急剧增大并产生滑动。在多次向业主及施工单位发出预警通知的情况下，相关部门及时采取了避灾措施，该坡体的局部滑动没有造成施工人员及施工设备的安全事故。

11.5.3　滑坡预测预报

用灰色模型、双曲线指数模型、Verhulst 函数模型、BP 神经网络模型、三次多项式回归进行预测预报分析。

(1)ZK1 监测孔处监测数据分析，见表 11.5-3 和图 11.5-7。

ZK1 监测孔孔口处位移预测结果(mm) 表 11.5-3

编号	日　期	原始观测数据	非负化	累加生成	灰色模型预测	双曲线指数模型预测	Verhulst 函数模型预测	BP 神经网络模型预测	三次多项式回归预测
1	2006-9-19	0.50	5.19	5.19	5.19		5.19	9.49	5.74
2	2006-10-19	0.90	5.59	5.50	15.66		2.11	12.51	11.25
3	2006-11-19	1.04	5.73	16.51	18.95	16.11	3.08	16.72	16.82
4	2006-12-22	5.52	10.21	26.72	23.81	27.03	4.70	21.95	22.79
5	2007-1-16	−2.30	2.39	29.11	20.94	33.67	4.90	26.24	27.46
6	2007-2-16	−3.69	1.00	30.11	30.02	36.74	8.28	32.08	33.58
7	2007-3-11	1.96	6.65	36.76	25.60	42.32	8.20	37.11	38.44
8	2007-4-11	4.71	9.40	46.16	39.68	51.27	14.71	45.28	45.57
9	2007-5-21	−3.15	1.54	47.70	61.56	55.60	27.26	58.17	55.98
10	2007-6-14	18.39	23.08	70.78	43.53	74.28	22.15	66.18	63.03
11	2007-7-5	−1.22	3.47	74.25	42.78	84.56	23.71	72.48	69.76
12	2007-8-2				85.06	91.02	51.44	80.61	82.67
非负化值为＋4.69									

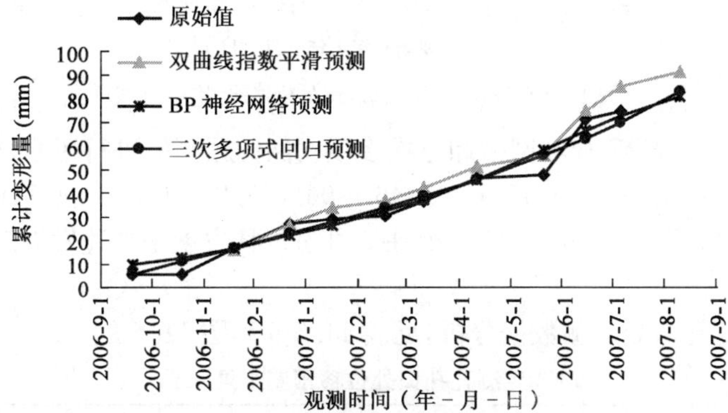

图 11.5-7　ZK1 监测孔孔口处位移预测结果曲线

根据图 11.5-7，选取 BP 神经网络和三次多项式回归预测值进行还原，得：

$$d_{\mathrm{p}} = (80.61 - 72.48 + 82.67 - 69.76)/2 - 4.69 = 5.85(\mathrm{mm})$$

由预测结果可知，ZK1 监测孔孔口处在 8 月份位移发展呈减速发展态势，该处边坡处于蠕动变形阶段。

(2)ZK2 监测孔 9.5m 处监测数据分析，见表 11.5-4 和图 11.5-8。

ZK2 监测孔 9.5m 处位移预测结果(mm) 表 11.5-4

编号	日　期	原始观测数据	非负化	累加生成	灰色模型预测	双曲线指数模型预测	Verhulst 函数模型预测	BP 神经网络模型预测	三次多项式回归预测
1	2006-9-19	3.30	8.09	8.09	8.09		8.09	10.27	9.51
2	2006-10-19	4.78	9.57	17.66	26.45		5.54	13.61	12.00
3	2006-11-19	−3.79	1.00	18.66	33.23	22.40	9.63	21.64	21.77

续上表

编号	日期	原始观测数据	非负化	累加生成	灰色模型预测	双曲线指数模型预测	Verhulst 函数模型预测	BP 神经网络模型预测	三次多项式回归预测
4	2006-12-22	1.79	6.58	25.24	43.43	29.73	17.46	37.24	37.62
5	2007-1-16	34.02	38.81	64.05	39.59	72.62	20.90	52.19	51.69
6	2007-2-16	3.63	8.15	72.20	58.77	91.92	39.44	70.24	69.62
7	2007-3-11	5.04	9.83	82.03	51.80	103.02	41.99	81.55	81.99
8	2007-4-13	3.76	8.55	90.58	89.00	109.70	82.80	94.17	96.26
10	2007-5-2				121.14	119.02	118.83	103.94	104.19
非负化值为+4.79									

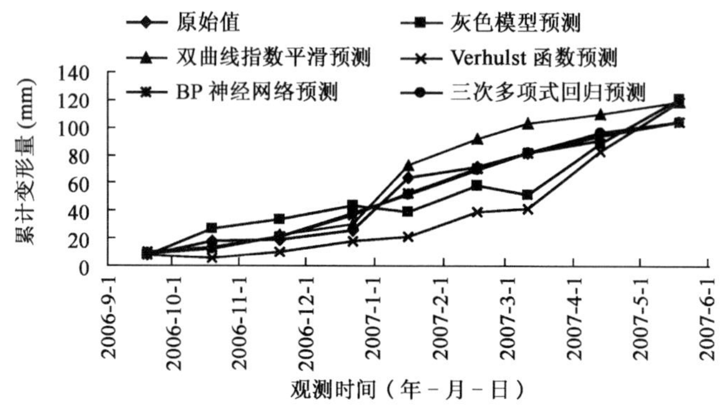

图 11.5-8　ZK2 监测孔 9.5m 处位移预测结果曲线

根据图 11.5-8,选取 BP 神经网络和三次多项式回归预测值进行还原,得:

$$d_p = (105.03 - 94.18 + 104.46 - 96.26)/2 - 4.79 = 4.74(\text{mm})$$

由预测结果可知,ZK2 监测孔 9.5m 处在 5 月份位移发展呈加速发展态势,该处边坡处于加速变形阶段。

(3)ZK2 监测孔孔口处监测数据分析,见表 11.5-5 和图 11.5-9。

ZK2 监测孔孔口处位移预测结果(mm)　　表 11.5-5

编号	日期	原始观测	非负化	累加生成	双曲线指数模型预测	BP 神经网络模型预测	三次多项式回归预测
1	2006-9-19	5.23	10.9	10.9		13.23	9.27
2	2006-10-19	5.56	11.18	22.08		16.25	18.52
3	2006-11-19	−4.62	1	23.08	26.18	26.29	30.16
4	2006-12-22	2.6	8.22	31.3	35.01	52.58	48.95
5	2007-1-16	50.28	55.9	87.2	89.48	80.56	70.22
6	2007-2-16	25.23	30.85	118.05	137.57	114.52	108.16
7	2007-3-11	36.41	42.03	160.08	190.35	139.83	146.61
8	2007-4-13	22.65	28.27	188.35	229.77	197.21	220.36
9	2007-5-19	142	147.62	335.97	372.86	330.96	330.50
10	2007-6-14				434.12	350.61	348.55
非负化值为+5.62							

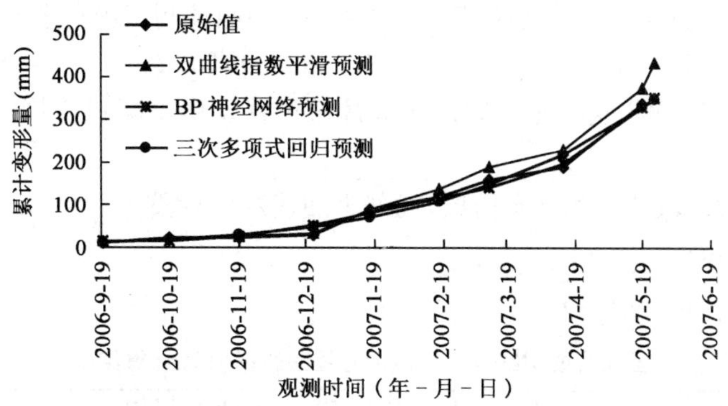

图 11.5-9　ZK2 监测孔孔口处位移预测结果曲线

根据图 11.5-9，选取 BP 神经网络和三次多项式回归预测值进行还原，得：

$$d_p = (350.6055 - 330.9647 + 348.5508 - 330.4953)/2 - 5.62 = 13.73(\mathrm{mm})$$

由预测结果可知，ZK2 监测孔孔口处在 6 月份位移发展呈加速发展态势，该处边坡处于加速变形阶段。

(4)ZK3 监测孔孔口处监测数据分析，见表 5.4-6 和图 11.5-10。

ZK3 监测孔孔口处位移预测结果(mm)　　表 11.5-6

编号	日　期	原始观测数据	非负化	累加生成	灰色模型预测	双曲线指数模型预测	Verhulst 函数模型预测	BP 神经网络模型预测	三次多项式回归预测
1	2006-9-19	2.95	9.79	9.79	9.79		9.79	14.77	8.96
2	2006-10-19	1.56	8.4	18.19	25.55		3.91	19.14	18.39
3	2006-11-19	−1.5	5.34	23.53	30.00	24.05	5.67	25.55	27.02
4	2006-12-22	9.05	15.89	39.42	36.53	40.02	8.55	33.41	35.29
5	2007-1-16	−5.84	1	40.42	31.25	47.53	8.83	39.40	41.11
6	2007-2-16	−1.57	5.27	45.69	43.59	53.91	14.71	46.69	48.04
7	2007-3-11	3.35	10.19	55.88	36.21	63.59	14.36	52.13	53.12
8	2007-4-11	−3.78	3.06	58.94	54.68	68.92	25.29	59.83	60.13
9	2007-5-21	5.03	11.87	70.81	81.93	79.14	45.39	70.69	69.83
10	2007-6-14	−0.71	6.13	76.94	56.18	86.98	35.59	77.60	76.23
11	2007-7-5	−4.3	2.54	79.48	54.02	90.61	36.91	83.61	82.31
12	2007-7-31				104.44	102.88	76.28	93.06	94.04
非负化值为＋6.84									

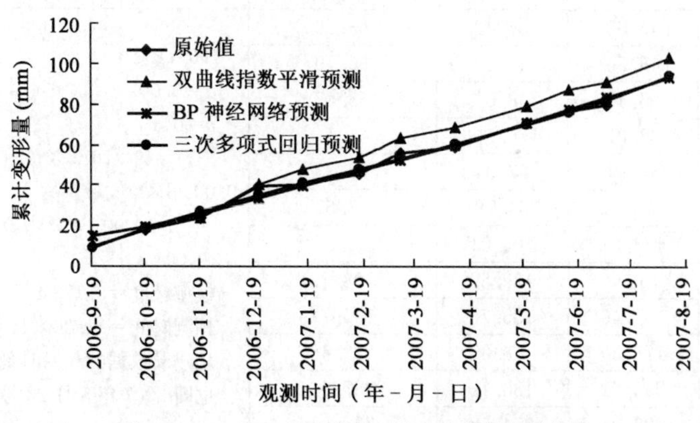

图 11.5-10　ZK3 监测孔孔口处位移预测结果曲线

根据图 11.5-10，选取 BP 神经网络和三次多项式回归预测值进行还原，得：

$$d_p = (93.0644 - 83.6144 + 94.0418 - 82.3097)/2 - 6.84 = 3.751(\mathrm{mm})$$

由预测结果可知，ZK3 监测孔孔口处在 7 月份位移发展呈减速发展态势，该处边坡处于初始变形阶段。

预测结果：变形阶段为初始变形阶段，局部为加速变形阶段。

1)变形阶段判识

根据以上公式计算，结果如表 11.5-7 所示。

各孔曲线切线角线性拟合方程的斜率值 A 计算结果 表 11.5-7

钻孔	参数计算值	原始观测	灰色模型预测	双曲线指数模型预测	Verhulst 函数模型预测	BP 神经网络模型预测	三次多项式回归预测
ZK1 距孔口 0m 处	B	0.07	0.07	0.08	0.03	0.07	0.08
	$\bar{\alpha}$	11.14	22.13	28.22	22.46	31.17	37.79
	A	−1.90	1.31	3.78	3.31	2.45	4.58
ZK2 距孔口 9.5m 处	B	0.17	0.08	0.25	0.07	0.23	0.21
	$\bar{\alpha}$	38.07	36.60	18.37	46.57	37.63	30.02
	A	2.17	−4.46	−4.96	−0.18	1.10	−4.22
ZK2 距孔口 0m 处	B	2.17	—	2.51	—	2.11	1.76
	$\bar{\alpha}$	29.40	—	32.36	—	31.52	32.80
	A	7.21	—	8.18	—	7.98	8.80
ZK3 距孔口 0m 处	B	0.04	−0.01	0.15	−0.01	0.03	0.03
	$\bar{\alpha}$	11.74	−6.94	15.93	−10.57	39.12	35.03
	A	0.12	14.24	0.95	5.68	1.91	1.49

从表 11.5-6 可以看出，ZK2 号监测孔总体来说 $A>0$，所以 ZK2 号孔附近的坡体处于加速变形阶段，而 ZK1 和 ZK3 号监测孔的 $A<0$，说明它们附近的坡体处于初始变形阶段，应对该滑坡采取应急处理措施。

2)滑坡失稳时间预报

提取最危险的 ZK2 号监测点孔口的位移监测数据，采用 Verhulst 反函数模型进行预报，结果见表 11.5-8 和图 11.5-11。

永宁滑坡 Verhulst 反函数模型预报结果 表 11.5-8

序号	监测时间	观测值(mm)	滤波值(mm)	Verhulst 反函数预测值(mm)	有关参数
1	2006-12-14	43.99	37.42	43.99	T0=100 a=0.002 b=0 $x(t)$=494.7675×{Ln[0.0002×t/(0.2021−0.0018×t)] −Ln[0.0002×(t−1)/(0.2021−0.0018×t+0.0018]} 模型精度=0.1734 预测时间=11.30×15=169.5(d) 从建模数据的起始时刻后的 170d 左右 也即 2007 年 5 月 22 号左右
2	2006-12-29	48.56	44.00	50.79	
3	2007-1-13	56.47	48.51	55.43	
4	2007-1-28	68.07	56.54	61.14	
5	2007-2-12	82.91	67.54	68.33	
6	2007-2-27	106.67	84.78	77.67	
7	2007-3-14	123.21	105.01	90.27	
8	2007-3-29	135.8	122.89	108.19	
9	2007-4-13	151.46	135.70	135.72	
10	2007-4-28	178.39	148.87	183.46	
11	2007-5-13	255.01	180.12	287.53	
12	2007-5-28	428.96	254.58	735.54	

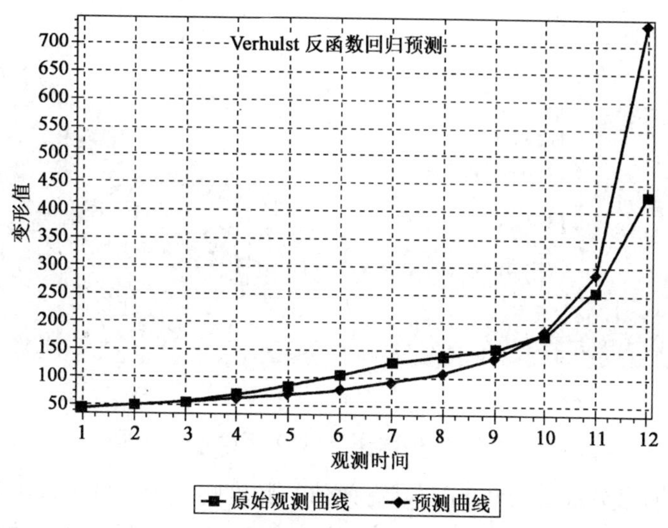

图 11.5-11　ZK2 监测孔孔口处位移预测预报曲线

基于检验的预测:2006 年 11 月 29 日～2007 年 5 月 13 日所采集的数据表明,这段时间内,坡体已经发生位移。Verhulst 反函数模型的预测曲线见图 5.4-5,ZK2 监测孔失稳预报时间为 5 月 22 日左右,实际滑动时间为 5 月 27 日,预报时间比实际失稳时间提前 5d,其原因可能是坡体加速变形期间,由于坡体停止施工,施工干扰减小等因素,使得该孔附近坡体滞后滑动。

11.5.4　小结

(1)课题组于 2007 年 5 月 24 日发出预警报告,于 5 月 27 日发生滑动。用 Verhulst 反函数模型进行验算性预测,时间为 5 月 22 日左右,预测时间比实际失稳时提前 5d,V_{cr}=26.4mm /d。

(2)取消了原设计的抗滑桩 16 根(22m /根)。

11.6　贵毕公路 K79+380～K79+500 右边坡崩塌监测与预测分析

11.6.1　地质概况

贵阳至毕节高速公路是贵州省为连接川滇、拉动黔西地区经济发展而兴建的一条战略性通道,全部在深山峡谷中穿行,地质情况极为复杂。

贵毕公路 K79+380～K79+500 右边坡基岩为灰岩,局部基岩裸露,深灰色,中风化,中厚层状,且岩体连续性和完整性均较差,岩石较破碎,已有危岩出现,危岩时有向下垮塌的危险,如图 11.6-1 所示,发育有四组节理,边坡面为临空面,倾角为 75°,倾向为 160°,节理分布如图 11.6-2 所示。

11.6.2　监测方法和仪器

监测方法采用岩体声发射,监测仪器为 YSSC 声发射监测仪。

整机包括探头和主机两部分。仪器的主要技术特性如下。探头由压电拾振器、前置放大器、壳体及输出电缆组成,具有良好的电磁屏蔽特性。

a)

b)

图 11.6-1　贵毕公路 K79＋380～K79＋500 右边坡

压电拾振器：输出灵敏度为 90mV/g（有效值），频度响应为 200～2 000Hz。

前置放大器：输入阻抗为 5.1MΩ；频率响应为 400～80 000Hz；电压放大为 70 倍；折合到输入端开路噪声峰值电压＜7μV。

主放大器：总增益值为 300 倍，在 300～1 500Hz 中，最大不失真输出幅度为 3V（有效值）。

主机包括岩音计测信号形成系统、事件记数系统、振时记数系统、能量记数系统、记数显示及其控制系统和自校电路单元。

整机参数如下。

（1）最小拾振灵敏度：在信噪比为 3 的情况下，可检测到最小信号加速度为 2×10^{-4}g。

（2）频率窗口：采用中心频率为 940Hz，带宽为 80～1 000Hz 的带通滤波器，以排除部分外界干扰。

（3）记数容量（以分为单位）：大事件和小事件记数均为两位，振时和能量记数为四位。

（4）电源：共分三组，均用 2 号干电池供电，并可以充电，标准电压 10V（开路 12V），电源：220V。

（5）工作条件：适合于温度在－100～350℃情况下使用，相对湿度＜90％。

（6）外形尺寸：240mm×160mm×120mm。

本仪器能监测岩体声发射的主要信息，以综合判断岩体的稳定程度；除前置放大器外，全部采用集成电路和低耗元件，采用数字显示。

11.6.3　声发射监测点的布置

采用 ϕ110 地质钻对岩体采样，钻孔深度 5m（位于坡顶，距离边坡面 3m，沿线路方向每 5m 一个孔，预计 24 个孔，对孔进行编号），如图 11.6-2 所示，记录各岩层产状及分布深度。要求钻孔垂直，采用双层岩芯管取样，岩芯取样长度必须大于 10cm，岩芯必须包含结构面或岩层面在内，每孔取岩芯 3～5 块，新鲜岩样采用蜡封闭，标明孔号、采样深度和时间，同时，将所有岩芯拍照，并分析岩芯 RQD。

11.6.4　监测周期

为了准确预报边坡出现崩塌的时间，以保证边坡运营期间的稳定性，有必要建立合理的监测制度。

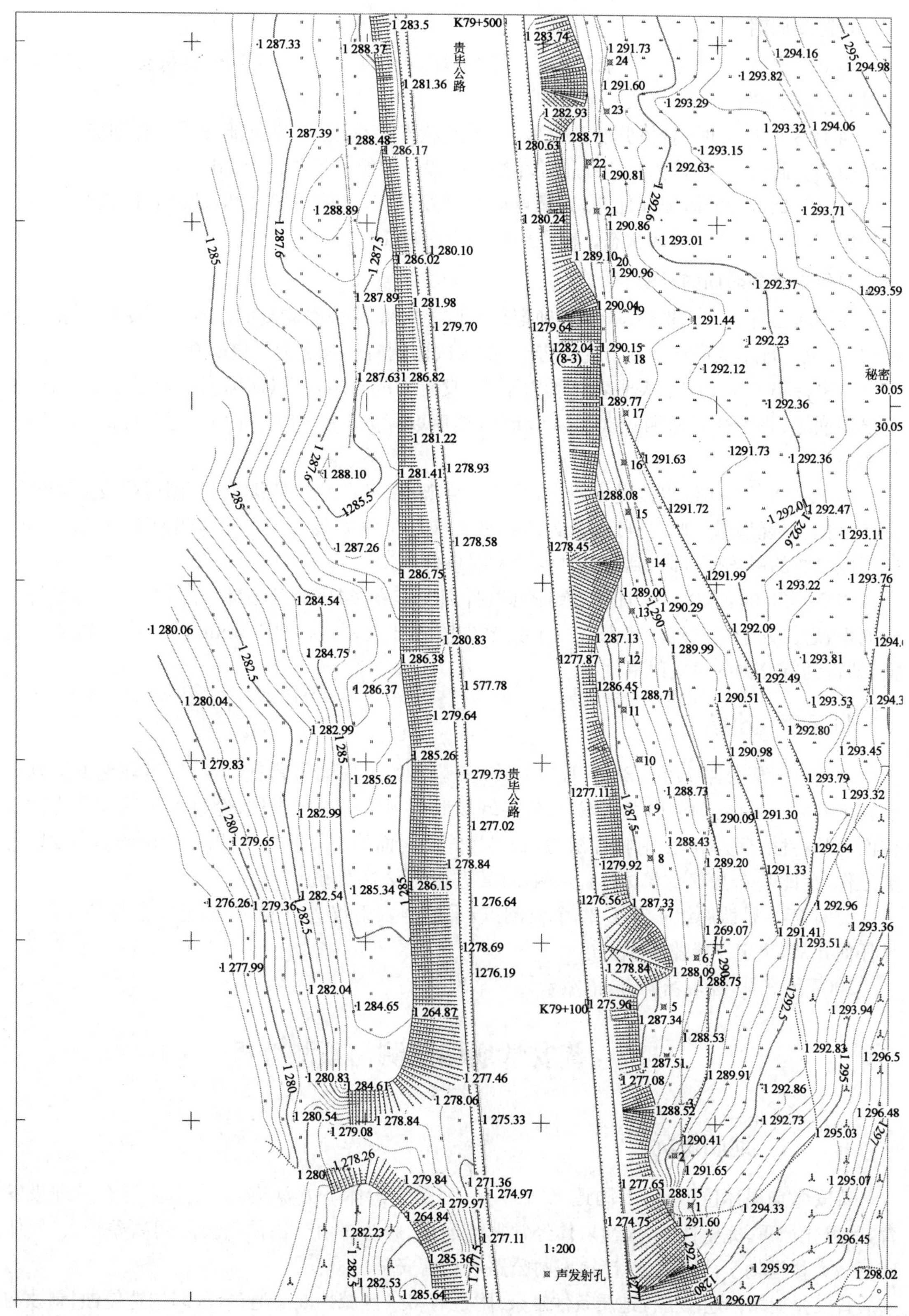

图 11.6-2　贵毕公路地形图及声发射孔布置图

1)监测周期

当事件率 $N<10$ 时,表明岩体没有大的破坏,可以认为岩体处于稳定状态,不会出现崩塌;最大监测周期可达一周或甚至两周。

当 $10\leqslant N\leqslant 19$ 时,岩体开始产生破裂,若此状态持续较久,则可能发展到急剧破坏,可能出现崩塌。此时,可以认为岩体处于破坏加速阶段。监测周期不超过 2d。

当 $N\geqslant 20$ 时,岩体破坏加速,人耳可以听到发炸声,岩体局部破坏,此时可以认为即将出现崩塌,岩体处于严重破坏状态。监测周期不应超过 1d。

2)每次监测时间的长短

在参考已有研究成果的基础上,确定每次监测时间和每次监测的次数。每次监测在相同时间,且没有行车噪声干扰的情况下进行,如每次监测时间规定为早晨 8:00 整。

当事件率 $N<10$ 时,表明岩体受力不大,没有大的破坏,可以认为岩体处于稳定状态,不会出现崩塌;一个孔只监测一次,时间 5min,然后取读数的平均值,即得到每分钟的声发射事件率。

当 $10\leqslant N\leqslant 19$ 时,岩体受力较大,开始产生破裂,若此状态持续较久,则可能发展到急剧破坏,可能出现崩塌。此时,可以认为岩体处于破坏加速阶段。一个孔监测两次,每次 5min,然后取读数的平均值,即得到每分钟的声发射事件率。

当 $N\geqslant 20$ 时,岩体破坏加速,人耳可以听到发炸声,岩体局部破坏,此时可以认为即将出现崩塌,岩体处于严重破坏状态。一个孔至少监测 3 次,每次时间 5min,然后取读数的平均值,即得到每分钟的声发射事件率。

11.6.5 小结

通过对贵毕公路 K79+380～K79+500 右边坡的工程地质调查,运用块体理论方法判断了其中的可动块体,预测崩塌区域,首先在现场取包含结构面的岩样,经过加工后在室内做结构面力学特性试验和声发射特性试验,获得岩体结构面的声发射规律,以指导现场的声发射监测工作,在此基础上布置声发射监测网,对其进行声发射监测。

2004 年 3 月课题组布置了 24 个监测点,采用声发射仪进行监测,经过 6 个月的监测,未见任何异常,决定停止监测。

2007 年 9 月,经现场调查,依然未见异常现象。

11.7 普安堂崩塌监测与预测分析

11.7.1 地质概况

普安堂崩塌体位于 G320 国道 K2403 处,公路于山体下方盘旋通过,山体岩石节理极发育,受风化严重,完整性差,坡面岩体经常发生崩塌、碎落。由于山体与公路间高差较大,岩体碎落后大量运动至公路附近,严重威胁公路的运营安全。

普安堂崩塌体地段工程地质条件复杂,附近有多条区域性断层通过,区属构造侵蚀、剥蚀沟谷中低山地貌,地势起伏大,崩塌体附近高差近 260m,多条深切沟谷分布于区内,见图 11.7-1。

崩塌区内覆盖层主要为紫红色、紫褐色亚黏土、碎石土,为耕地,结构松散,厚 3～5m;出露岩层主要为二迭系宣威组(P_{2X})煤系地层及三叠系飞仙关组(T_{1f})砂岩、泥岩，崩塌体主要为飞仙关组砂岩、泥岩，岩层综合产状 168°∠21°，与公路方向呈逆倾产出，岩体节理裂隙发育，区内岩体主要受四组节理控制，其产状分别为 170°∠71°、80°∠75°、210°∠60°、300°∠85°。

经过现场地质勘测后分析认为，该段山体历史上曾沿节理面发生过大规模的崩塌，崩塌后山体形成陡壁，岩体堆积于山体下方形成约 50°的斜坡，厚 20～30m，结构松散，受降水作用经常发生浅层滑动。目前，山体受风化严重，整体沿岩体节理面风化破坏，岩体稳定性差，在外界因素作用下时常发生小规模的崩塌、碎落。由于山体下侧崩塌堆积体坡度、高差大，有利于崩塌落石向下跳跃运动，并能在运动至公路附近时具备较大动能，对阻挡物有很大冲击、破坏能力。图 11.7-2 为崩塌断面示意图。

图 11.7-1　普安堂崩塌全貌

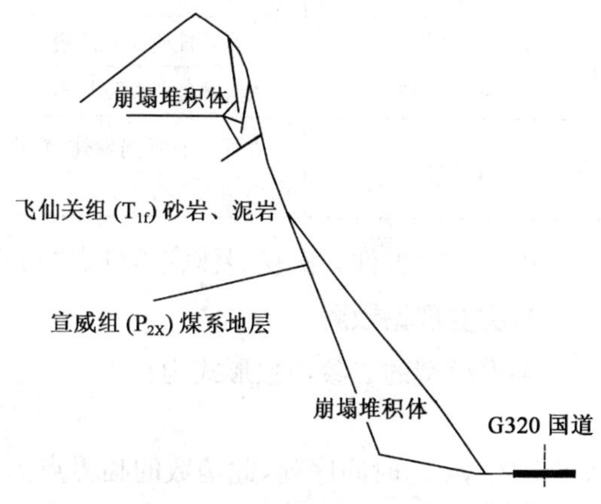

图 11.7-2　崩塌断面示意图

建议对该崩塌体进行严密监测工作，监控岩体的活动状态，预报崩塌体的活动趋势，为公路主管部门作处预警方案提供可靠信息，避免崩塌体形成突发性地质灾害。

11.7.2　监测设计

监测点布置：在未崩塌的山体上，即原生岩体上，分散钻 6 个钻孔。

监测设备：YSSC 岩体声发射仪。

监测频率：每天每孔一次，每孔每次监测 5min，并分别记录总事件、大事件和能率的值。

11.7.3　监测成果

监测从 2006 年 5 月 15 日开始，至 2006 年 6 月 4 日结束，时间—大事件频次曲线见图 11.7-3。

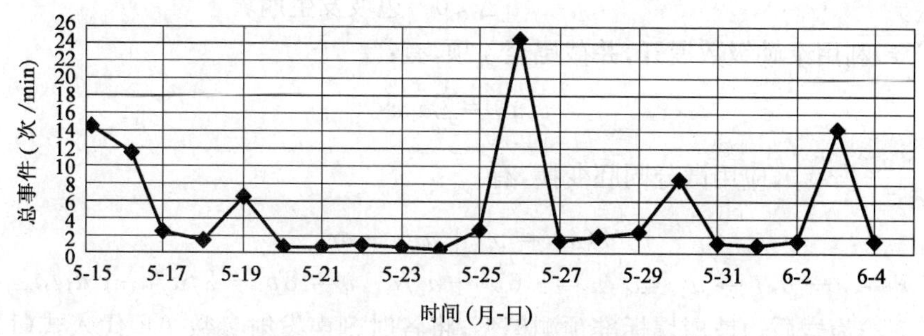

图 11.7-3　时间—大事件频次曲线图

11.7.4 崩塌预测

1)临界大事件频次

根据以上监测数据及信息,可以根据宏观表征和破坏情况,将该崩塌体的稳定状态划分为三个阶段。

表 11.7-1 为岩体声发射监测分析表。

岩体声发射监测分析表 表 11.7-1

大事件频次 N(次/min)	宏观表征	观察到的破坏情况	稳定状态
$0<N\leqslant 5$	未见异常	未见异常	基本稳定
$5<N\leqslant 10$	人耳可能听到发炸声	岩体局部破碎	潜在不稳定
$10<N\leqslant 15$	人耳可能听到发炸声	岩体局部想整体破碎过度	不稳定
$15<N$	人耳可能听到发炸声,产生大的崩塌	岩体整体破碎	

声发射大事件频次受岩体完整性、岩石强度、应力集中的大小等因素影响。

2)突变理论预测

突变模型的二参函数形式为:

$$v(x) = x^4 + ux^2 + vx \tag{11.7-1}$$

式中,x 为时间序列,此函数的临界点为 $v'(x)=0$,即:

$$4x^3 + 2ux + v = 0 \tag{11.7-2}$$

的解。设想岩体状态由 x、u、v 为坐标的三维空间的一点来表示,并称该点为相点,则相点必定总在 $4x^3+2ux+v=0$(图 11.7-4)上,即位于顶叶或底叶,因为中叶对应于岩体不稳定状态。其判别式为:

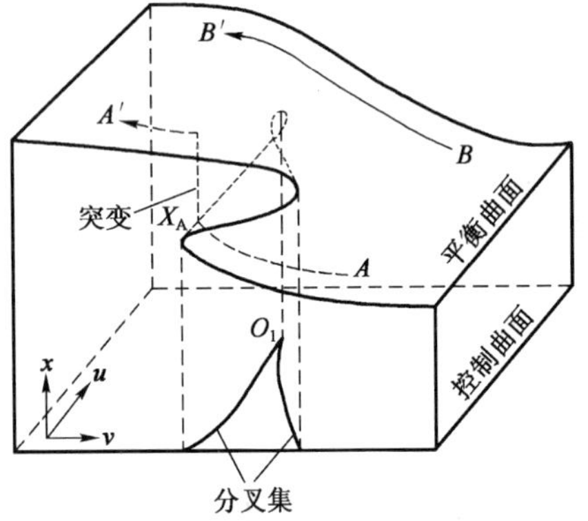

图 11.7-4 尖点突变模型

$$\Delta = 8u^3 + 27v^2 \tag{11.7-3}$$

$\Delta=0$ 的控制点(u、v)的点集称为分歧点集,控制点(u、v)发生变化,相应点在曲面 M 上相应变化,但当控制点轨迹越过分歧点集 $\Delta=8u^3+27v^2$ 时,相应点必经过中叶产生跳跃,即岩体失稳。

$\Delta>0$ 边坡处于稳定状态

$\Delta=0$ 边坡处于临界状态

$\Delta<0$ 边坡发生崩塌

对于 $v(x)$ 利用泰勒级数展开,并截尾至 4 项,有:

$$v(x)=\sum_{i=0}^{4} a_i x^i \tag{11.7-4}$$

$a_i=\dfrac{\partial^i v(x)}{\partial x^i}\,|\,x=0$,应用微分同胚变换,有:

$$v(x) = x^4 + ux^2 + vx \tag{11.7-5}$$

$$x \rightarrow x - p,\ p \rightarrow a_3/4a_4,\ u = -6p^2 + a_2/a_4,\ v = 8p^3 - 2pa/a_4 + a_1/a_4 \tag{11.7-6}$$

式(11.7-3)为岩质边坡崩塌标准预测模型,将各时刻声发射参数 AE 代入式(11.7-4),采用最小二乘法,求得 a_i,代入式(11.7-5)、式(11.7-6),求得 u、v、Δ,依 Δ 的情况作出预测预报。

将原始监测数据和灰色理论预测的数据以及经过二次拟合得到的数据如表7.4-2所示。

声发射监测数据与预测结果 表11.7-2

时间(月-日)	5-23	5-24	5-25	5-26	5-27	5-28	5-29	5-30
监测值(次/min)	3.6	1.2	1.0	1.6	3.4	6.2		
预测值(次/min)	3.6	0.45	0.79	1.38	2.42	4.23		
修正值(次/min)	3.84	0.64	1.1	1.93	3.38	5.92	10.37	18.15

将表11.7-2中的声发射参数修正值代入突变模型，应用最小二乘法求出 a_i，并由 a_i 求出 u、v，进而求出 Δ，建立预测预报表如表11.7-3所示。

崩塌预测预报表 表11.7-3

时间(月-日) \ 预测情况	u	v	Δ
5-28	0.45	−7.74	1 618.2
5-29	29.41	−2.52	203 676.5
5-30	−40.2	117.6	−146 314.9

由表11.7-3中 Δ 数值可知，5月30日 $\Delta<0$，说明这之间可能会发生崩塌，由于事先做出了预报，也避免了不必要的损失。实际情况是5月30日上午10点左右监测点附近靠国道一侧发生局部崩塌，由此说明预测预报结果与实际情况相符，从而证明了应用突变模型进行预测是可行的。

11.7.5 小结

(1)通过对普安堂崩塌山体的监测，成功地获取了崩塌的声发射信息，经过对声发射频次和山体实际崩塌情况进行对照综合分析，总结得出了对于破碎软质岩体发生崩塌的临界大事件频次。

(2)对普安堂崩塌的成功监测，证明声发射方法应用于岩体的崩塌监测是可行的，采用声发射信息进行崩塌预警是可靠的。

(3)在地质条件相类似条件下，可以参考普安堂崩塌临界大事件频次 N，对崩塌稳定阶段进行判别。

(4)突变理论在该崩塌的预测中是符合实际的，可以在工程中与其他预测方法对照使用。

11.8 自动监测系统在衡炎三标依托工程中的应用及其实现过程

11.8.1 衡炎三标边坡测点布置

衡炎三标边坡深部位移监测点现场布置情况及监测断面见图11.8-1、图11.8-2，各孔完成的具体工作量见表11.8-1。

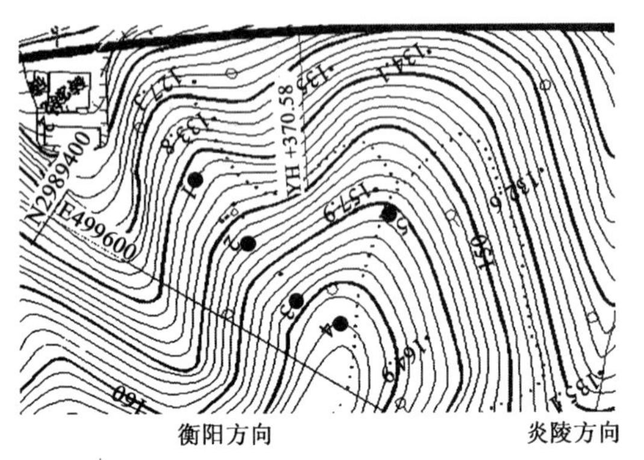

图 11.8-1　K18＋250～K18＋450 路堑工程地质平面图

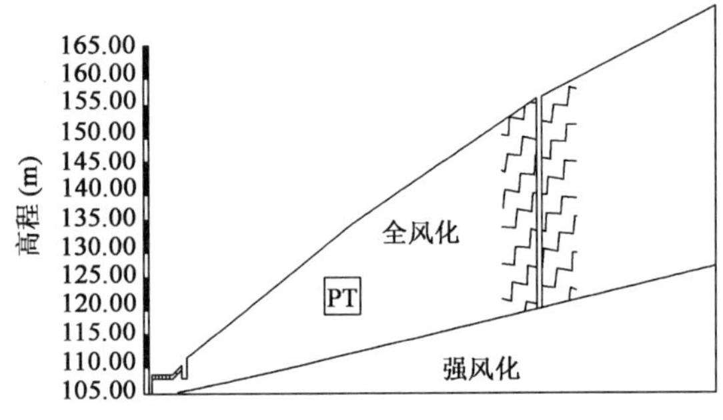

图 11.8-2　K18＋250～K18＋450 路堑工程地质横断面图

K18＋250～K18＋450 右坡体地质钻孔深度　　表 11.8-1

钻 孔 编 号	坐标(x,y)(m)	钻孔深度(m)
1	(499 632.16,2 989 369.95)	20
2	(499 623.35,2 989 346.53)	25
3	(499 615.29,2 989 324.96)	33
4	(499 616.46,2 989 310.14)	35
5	(499 653.05,2 989 316.12)	34

11.8.2　衡炎三标边坡自动监测系统组成

衡阳边坡自动监测系统主要由四种传感器组成，分别是：①TDR 同轴电缆；②固定式测斜仪；③渗压计；④雨量计。这四种传感器的输出信号类型，见表 11.8-2。

自动测试仪器的输出信号类型　　表 11.8-2

监 测 仪 器	信　　号	监 测 仪 器	信　　号
雨量计	脉冲	TDR 测试仪	数字脉冲反射
渗压计	钢弦频率或回路电流(4～20mA)	固定式测斜仪	直流电压

用于传感器管理、数据存储、数据传输的仪器有数据存储仪与 MODEM，主要用来管理、存储和发送四种传感器的数据。数据存储仪与计算机之间，经过 GSM，用 MODEM 进行无线连接，即可实现数据通信，监测数据就可以远距离传输到数据处理中心，即计算机中。另外，还有下载数据软件和数据处理软件，用来存储、计算、图形化所有监测数据。该系统设计的逻辑结构见图 11.8-3，监测系统仪器及软件见表 11.8-3。

边坡自动监测系统仪器及软件　　表 11.8-3

仪器及软件	备　　注
798 型特制版采集仪	可接入测斜仪、钢弦传感器、TDR 电缆测试仪
797 型多路转换器	可接入 10 只双向测斜仪
RTX-248 型多路转换器	可接入 16 只钢弦渗压计
TDR-100 电缆测试仪	带多路转换器，可接入 8 根电缆

续上表

仪器及软件	备　注
TBASE II 软件	数据分析软件
PC208W 软件	WIN 版数据支持软件
PCTDR 软件	TDR 数据软件

仪器的安装如图 11.8-4 所示，可在边坡上设置一小工房，将 TDR 测试仪、数据存储仪、MODEM 等存放在里面，采用 220V 交流电作为电源，雨量计则可以固定在房子屋面。

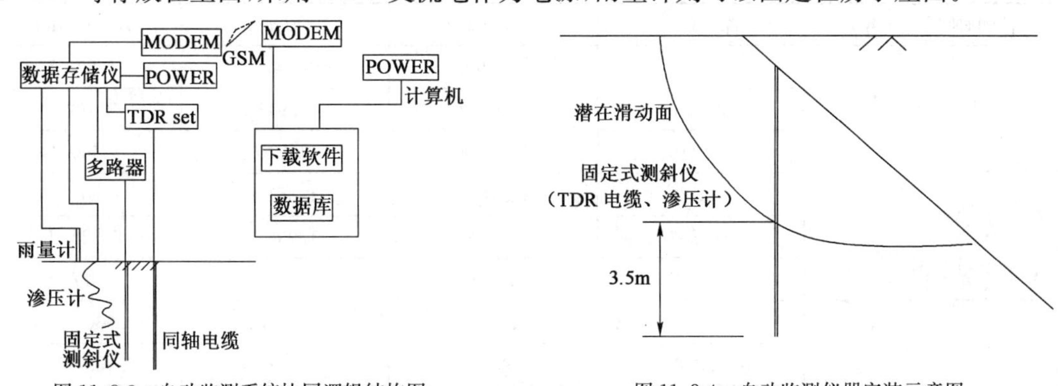

图 11.8-3　自动监测系统协同逻辑结构图

图 11.8-4　自动监测仪器安装示意图

边坡自动化监测系统的优点集中表现在：①可按项目要求设置采样率，实现 24h 连续观测；②克服了人工读数误差，避免数据混淆而导致错误结论，极大地提高了测试精度；③如果边坡滑移超过警戒限值，系统可实现报警；④系统可以通过串行接口直接与计算机连接，进行数据配置和下载，也可以通过电话、无线电来实现数据远程传输。

图 11.8-5 为自动检测系统构成图。

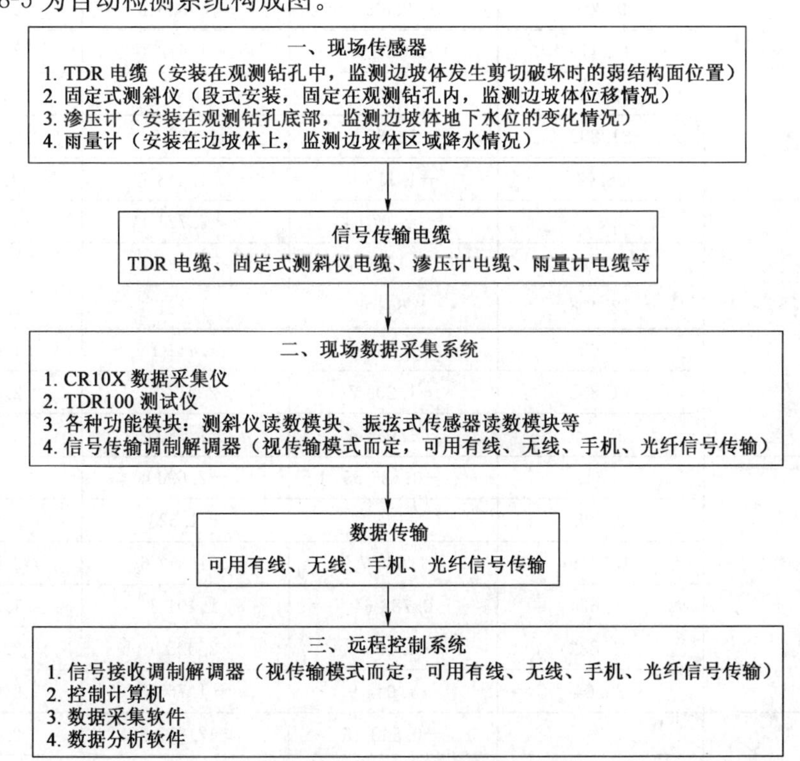

图 11.8-5　自动监测系统构成

11.8.3 边坡监测成果分析

监测结果及其分析主要包括以下内容：①固定式测斜仪监测成果；②位移曲线；③TDR（时域反射仪）监测成果。

（1）固定式测斜仪监测成果见表 11.8-4。

固定式测斜仪监测成果 表 11.8-4

监测时间（2007 年）	深度（m）	X 向（mm）	Y 向（mm）	合位移（mm）
8-15	3	1.879 2	−0.042 49	1.879 68
	9.208	0.948 2	−1.943 7	2.162 65
	12.416	2.037 8	−1.710 4	2.660 469
	15.624	0.664 47	1.351 4	1.505 922
	21.832	−1.333 5	1.908 3	2.328 053
	28.04	−1.259 7	−1.391 9	1.877 293
8-31	3	1.756 6	−0.046 22	1.936 019 77
	9.208	0.936 72	−1.825 1	2.153 922 01
	12.416	1.986 5	−1.671 8	2.662 990 35
	15.624	0.609 25	1.240 1	1.516 690 03
	21.832	−1.236 5	1.891 1	2.308 111 84
	28.04	−1.115 6	−1.447 7	1.866 998 19
9-1	3	1.755 3	−0.048 35	1.755 966
	9.208	0.936 97	−1.826 1	2.052 451
	12.416	1.985 5	−1.672 1	2.595 791
	15.624	0.608 51	1.233 3	1.375 25
	21.832	−1.236 8	1.887 7	2.256 787
	28.04	−1.113 5	−1.448 7	1.827187
9-15	3	−0.467 64	−2.724 1	2.763 948
	9.208	1.166 9	−1.625 1	2.000 651
	12.416	1.664 6	−1.321 3	2.125 259
	15.624	0.813 63	1.411 1	1.628 864
	21.832	−1.203 7	2.017 8	2.349 555
	28.04	−1.086 6	−1.780 2	2.085 62
10-13	3	−0.526 55	−2.690 4	2.741 443
	9.208	1.196 1	−1.623	2.016 131
	12.416	1.660 7	−1.317 6	2.119 904
	15.624	0.782 64	1.401 2	1.604 957
	21.832	−1.188 8	2.028 9	2.351 527
	28.04	−1.044 9	−1.765 6	2.051 624
11-24	3	−0.543 46	−2.657 8	2.712 794
	9.208	1.218 6	−1.621 7	2.028 521

续上表

监测时间(2007 年)	深度(m)	X 向(mm)	Y 向(mm)	合位移(mm)
11-24	12.416	1.654 8	−1.320 9	2.117 343
	15.624	0.754 23	1.393 4	1.584 433
	21.832	−1.165 7	2.022 1	2.334 04
	28.04	−1.035 7	−1.761 7	2.043 59

(2)位移(变形)曲线

位移深度曲线,即位移随深度的变化(分布)曲线。位移又有累计位移与相对位移之分。累计位移,即计算机相对孔底不动点的位移,根据钻孔测斜仪的原理,将每次之测量值由孔底至计算点逐段累计得出,所以称为累计位移。相对位移,指计算点每次相对该点的初始值的位移变化值。如图 11.8-6~11.8-11 所示。

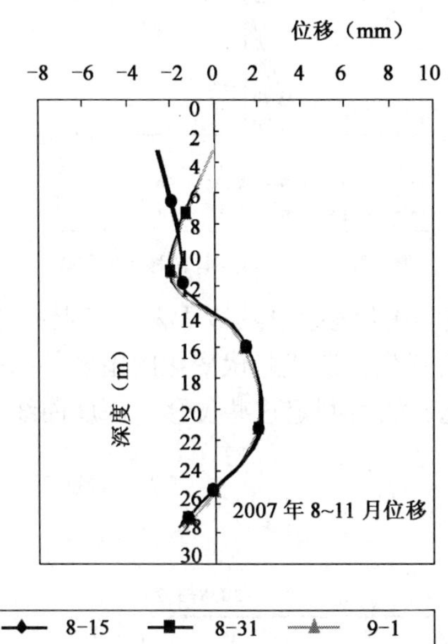

图 11.8-6 X 向位移深度曲线

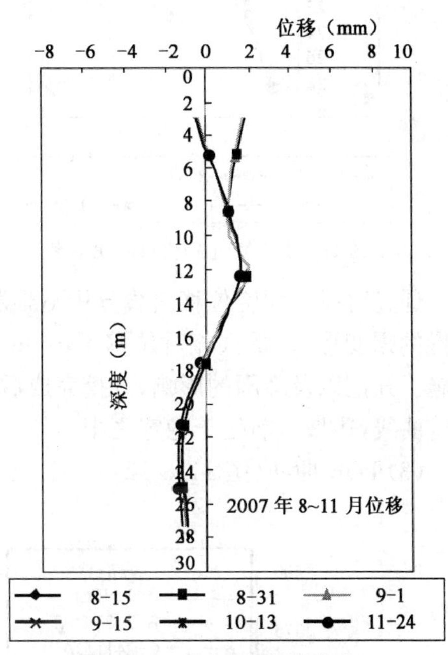

图 11.8-7 Y 向位移深度曲线

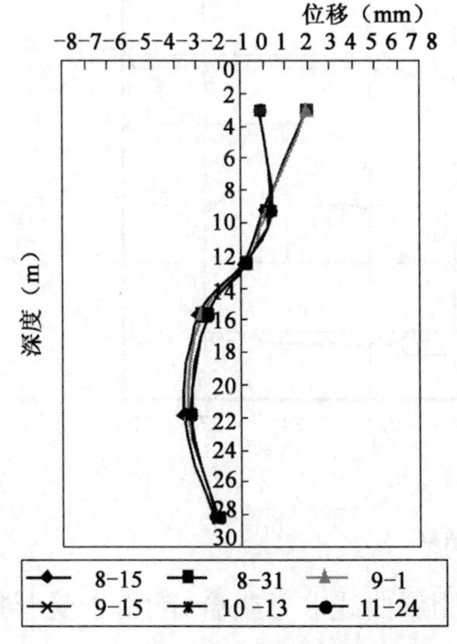

图 11.8-8 合成位移深度曲线

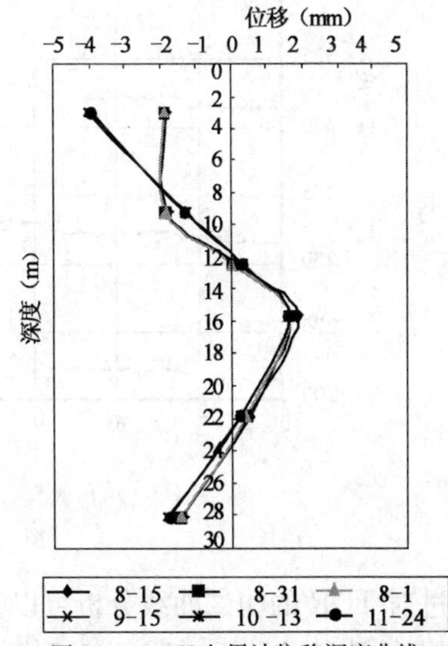

图 11.8-9 X 向累计位移深度曲线

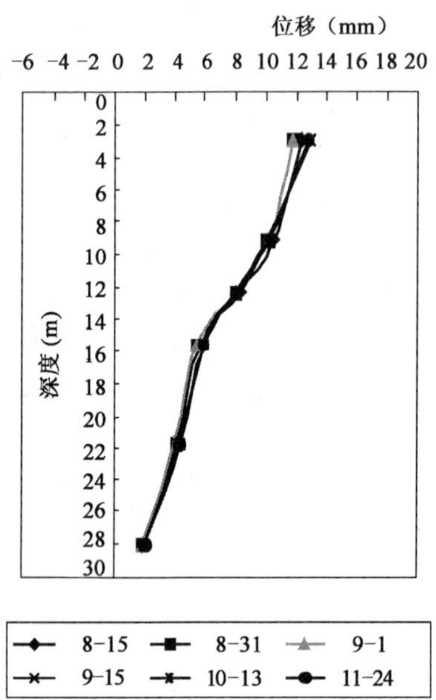

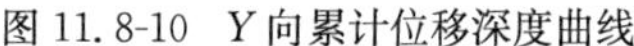

图 11.8-10　Y 向累计位移深度曲线

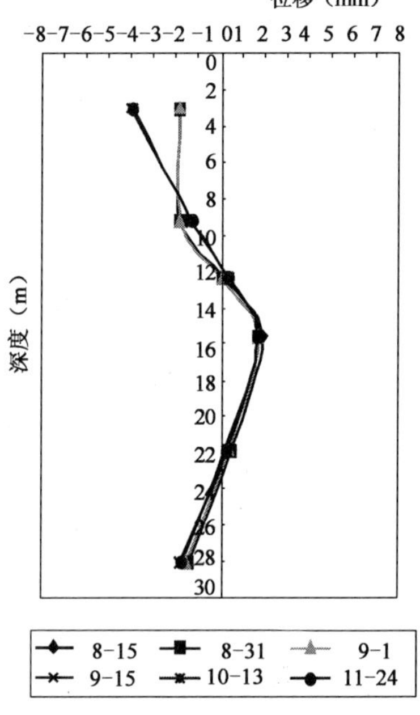

图 11.8-11　合成累计位移深度曲线

通过对以上深度位移曲线分析不难发现，在开挖过程中位移变化有以下两个特点：一是呈缓慢的蠕变形式，最大相对位移不足 3mm；二是呈起伏变化。造成起伏变化的主要外因是由于施工开挖以及降雨的影响，开挖完成后边坡趋于稳定。故可判定这些位移—深度曲线均为稳定曲线，边坡目前处于稳定之中。

(3)TDR 曲线(图 11.8-12)

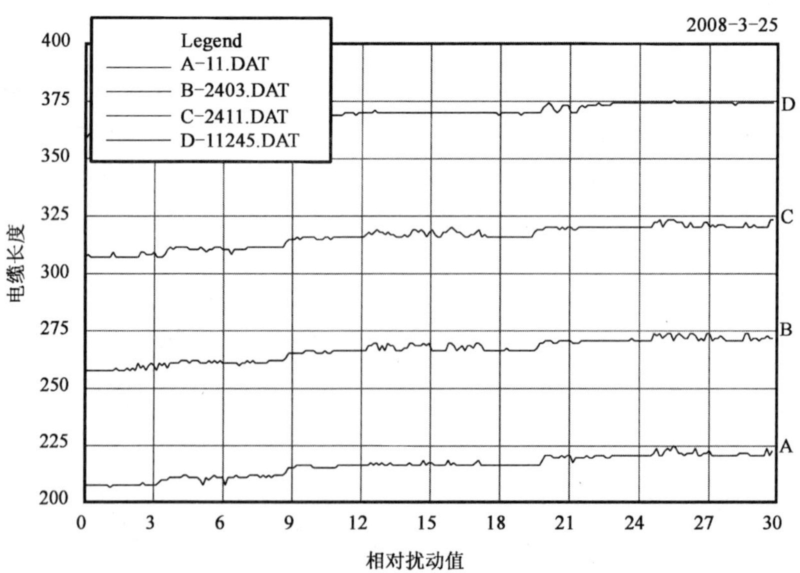

图 11.8-12　TDR 测试结果

通过对 TDR 的测试曲线分析可以发现，该曲线与测斜曲线非常吻合，除由于受开挖扰动较小影响外，边坡位移没有明显持续增长变化，边坡目前处于稳定阶段。

11.8.4 板岩边坡开挖扰动分析理论解

取衡炎高速公路三标段 K18+200～K18+900 右边坡中较高陡的断面 K18+360 为典型断面进行稳定性分析计算。考虑到种植土层主要分布在边坡表层，厚度较小，且滑动面主要存在于全风化板岩层中，以及碎石土层薄且力学参数未知，所以将模型设定为两个岩(土)层(全风化板岩层和强风化板岩层)考虑。边坡为 5 级开挖，其中外围轮廓线为原始坡面及地面线，原始坡面线下 4 段水平线段均为中间开挖时的平台，第 2 层折线为开挖后的坡体及地面线。开挖区域绝大部分为全风化板岩，底部开挖涉及少部分强风化板岩。

各级边坡开挖的开挖高度 H_i、坡率 $m_i(i=1,2,3,4,5)$分别为：$H_1=12.4, m_1=1:1.25$；$H_2=10, m_2=1:1.25$；$H_3=10, m_3=1:1.25$；$H_4=10, m_4=1:1$；$H_5=10, m_5=1:1$。各级开挖的开挖台阶均为 2.0m。

概化地质模型示意图如图 11.8-13 所示。

边坡开挖施工，按照从上至下的施工顺序逐级开挖。

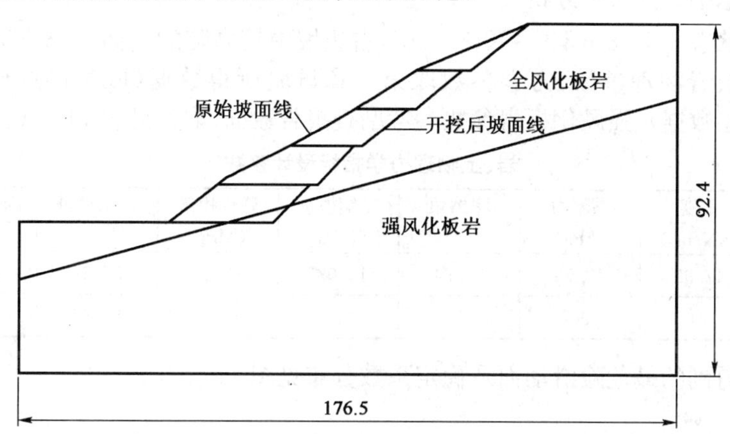

图 11.8-13 典型剖面概化地质模型示意图(尺寸单位：m)

计算天然含水率(17%)下板岩边坡体的开挖扰动效应，结果见表 11.8-5 和图 11.8-14。

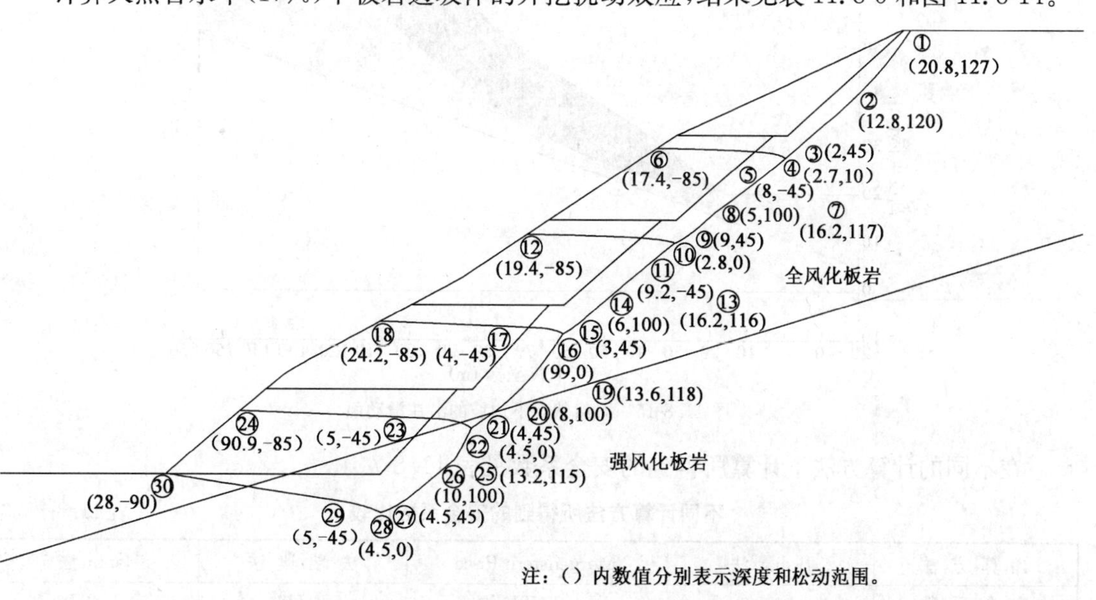

图 11.8-14 含水率为 17%时，边坡开挖松动区示意图

含水率为 17%时，各级开挖中松动区内边界点的坐标　　表 11.8-5

编号级数＼开挖	1+6×(i−1)	2+6×(i−1)	3+6×(i−1)	4+6×(i−1)	5+6×(i−1)	6+6×(i−1)
第一步开挖	(20.8,127°)	(12.8,120°)	(2,45°)	(2.7,0°)	(3,−45°)	(17.4,−85°)
第二步开挖	(16.2,117°)	(5,100°)	(3,45°)	(2.8,0°)	(3.2,−45°)	(19.4,−85°)
第三步开挖	(16.2,116°)	(6,100°)	(3,45°)	(3.5,0°)	(4,−45°)	(24.3,−85°)
第四步开挖	(13.6,118°)	(8,100°)	(4,45°)	(4.5,0°)	(5,−45°)	(30.3,−85°)
第五步开挖	(13.2,115°)	(10,100°)	(4.5,45°)	(4.5,0°)	(5,−45°)	(28,−90°)

根据计算结果，在第一次开挖后均出现开挖裂缝和剪切破坏层，应对第一次开挖后的坡体进行即时支护。

11.8.5　基于 SLOPE/W 的板岩边坡稳定性分析

采用 GEOSLOPE 中 SLOPE/W 程序进行极限平衡稳定性分析，计算衡炎高速三标段右边坡体在自然状态下、开挖状态下和支护后的稳定系数。

1)天然状态下计算结果分析

计算天然状态下 K18+200～K18+900 右边坡中较高陡的断面 K18+360 的稳定系数，计算时全风化板岩物理参数、力学参数取第二章试验所得数据(取最接近现场测试含水率 17%的土体试验数据)，强风化板岩参数参考勘查报告数据，取值见表 11.8-6。

岩、土物理力学指标设计参数值　　表 11.8-6

岩土名称	重度 (kN/m^3)	黏聚力 (kPa)	摩擦角 (°)	压缩模量 (MPa)	弹性模量 (MPa)	剪切模量 (MPa)	体积模量 (MPa)	泊松比
全风化板岩	17.92	43.58	24.94	13.086	97.21	37.39	81.01	0.3
强风化板岩	24	90	25	28.62	223.9	87.45	169.6	0.28

计算结果得到的最危险滑动面及稳定系数分布见图 11.8-15。

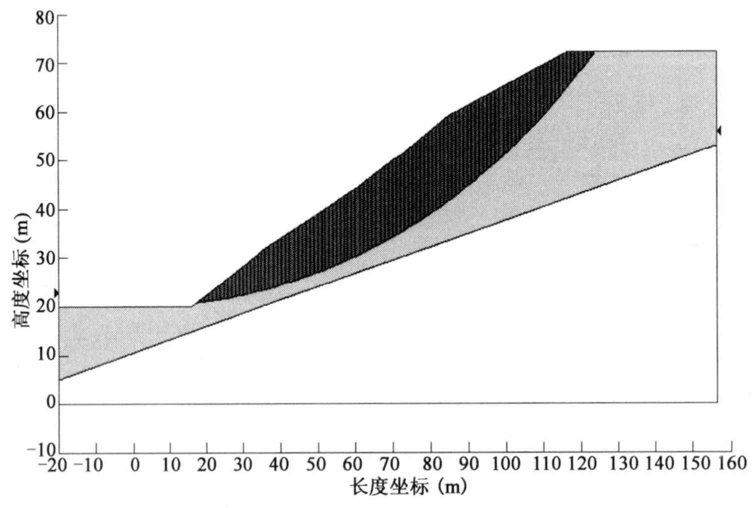

图 11.8-15　天然状态下边坡的潜在滑动面

在不同的计算方法下计算所得到的安全系数见表 11.8-7。

不同计算方法所得到的安全系数比较　　表 11.8-7

计 算 方 法	Bishop 法	Morgenstern-Price	法 瑞 典 法	Janbu 法
安 全 系 数	1.553	1.551	1.518	1.497

从图 11.8-15 和表 11.8-7 可以看出，边坡的潜在滑动面通过全风化板岩层，没有通过强风化板岩层；在天然状态下，即含水率为 17%的情况下，边坡的安全系数为 1.5，大于 1.0，所以，天然状态下边坡是稳定的。从表 11.8-7 可以看出，不同极限平衡条分法计算边坡的安全系数结果有一定的区别，一般 Janbu 法所得到的结果相对于其他计算方法更为保守。

2）开挖状态下计算结果分析

计算开挖状态下 K18＋200～K18＋900 右边坡中较高陡断面 K18＋360 的稳定系数，通过简化 Bishop 法计算结果得到的最危险滑动面及稳定系数分布见表 11.8-8。

开挖状态下边坡的潜在滑动面及安全系数 表 11.8-8

开挖状态	潜在滑动面	安全系数
五级开挖	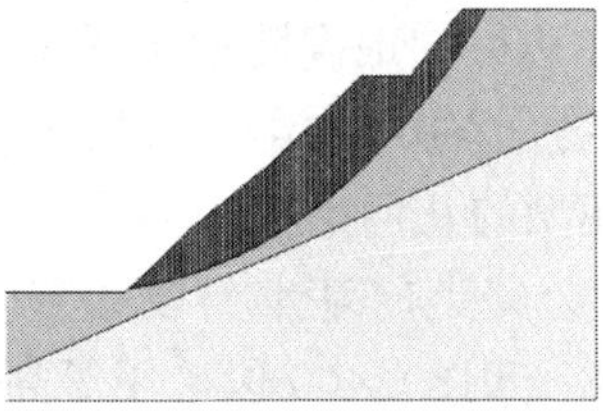	1.648
四级开挖	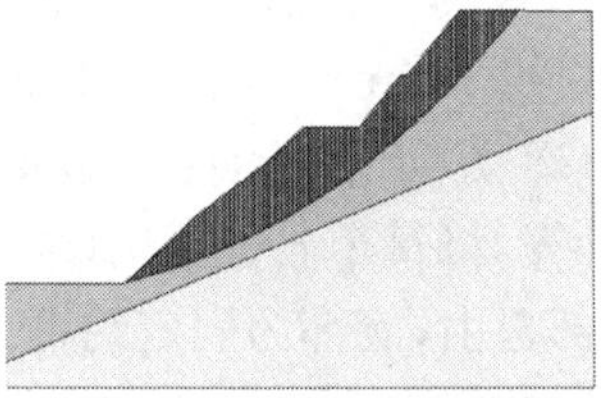	1.772
三级开挖	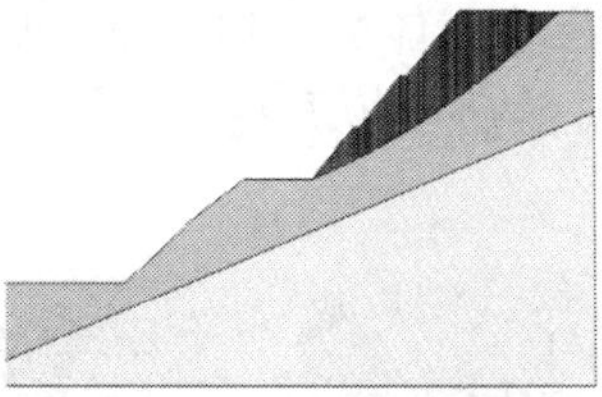	1.613
二级开挖	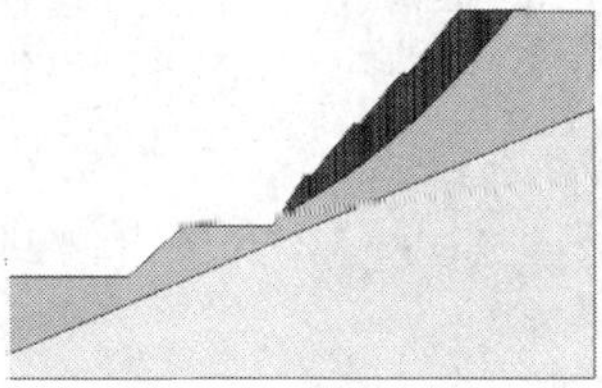	1.453
一级开挖	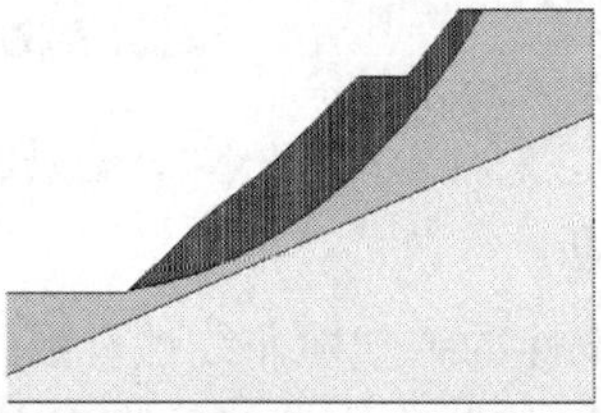	1.411

从表 11.8-8 可以看出，在天然含水率情况下对边坡进行分级开挖，由于边坡前三个台阶边坡的坡率较缓，后两个台阶边坡坡率相对较陡，所以在开挖过程中，边坡的稳定系数先增大后减小。同时在整个开挖过程中边坡是稳定的，最危险滑动面在全风化板岩层中产生，且全开

挖后，没有做任何支护的情况下，边坡的安全系数为1.492，滑动面基本是通过全风化板岩层，强风化板岩层对边坡稳定影响较小，边坡处于稳定状态。

11.8.6 基于FLAC3D的板岩边坡稳定性分析

在计算机分析应用中，如何使计算机模拟实际情况，就需要计算中单元的物理力学性质与实际情况相一致。这样在对全风化板岩边坡进行数值模拟的过程中，全风化板岩的本构模型就显得尤为重要。在第三章中介绍的FLAC3D本构模型中，本文采用了Mohr-Coulomb弹塑性模型来作为全风化板岩的本构模型进行数值计算。

1）计算模型与边界条件

计算K18＋200～K18＋900右边坡中最高陡的K18＋360～K18＋400边坡体在自然、开挖情况下的稳定系数，计算时板岩物理参数、力学参数见表11.8-6。

建立计算模型首先考虑的是模型的几何条件与实际边坡形状相符，同时也要考虑计算机的实现。K18＋360～K18＋400段公路走向基本与坡的方向相同，而且剖面图的位置也基本与路中线方向一致，所以K18＋360～K18＋400段采用等高线建模，对相同等高线上不同剖面上的点，取不同的Z值来反应自然边坡的“高低起伏”。模型以K18＋360路面的中点为三维坐标的原点，Z方向计算范围为等高线110m至等高线170m内的部分；Y方向计算范围为公路里程桩号K18＋360～K18＋400；Y方向向下延伸－40m，岩（土）层从上至下依次为全风化板岩层、强风化板岩层，为了实现计算，将每个岩（土）层设定为连续分布，直至延伸到边界。

边坡四周为法向约束，竖向上部自由，底部为固定约束。

边坡体的网格划分图见图11.8-16，模型中共79 436个节点，113 120个单元。

给计算模型加上边界条件，各层岩土体赋予相应的强度、变形参数。本文中通过initial和apply对计算区域施加初始应力场，然后模拟开挖，计算达到平衡，最大初始不平衡力随计算时步的关系曲线见图11.8-17。

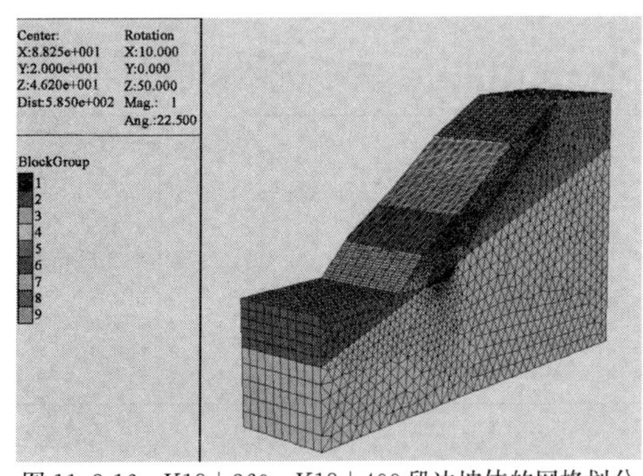

图11.8-16 K18＋360～K18＋400段边坡体的网格划分示意图

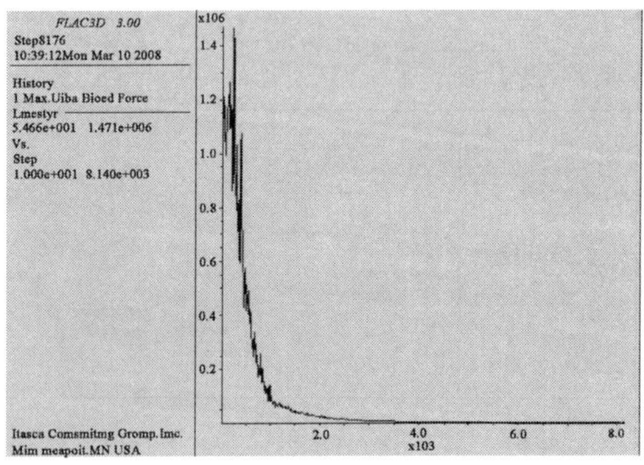

图11.8-17 最大初始不平衡力随时步变化曲线

2）未开挖状态下计算结果分析

坡体位移、应力、应变场与稳定性的弹塑性非线性有限元数值分析结果包括以下几部分：

（1）位移场（单位m）：水平方向位移（向右为正），竖直方向位移（向上为正），总位移。

（2）应力场（单位Pa）：最大主应力σ_1，最小主应力σ_3（拉为正）。

（3）滑坡体稳定性：边坡体的稳定系数，最大剪应变云图、速率矢量场和塑性屈服区。

计算结果见图11.8-18～图11.8-24。

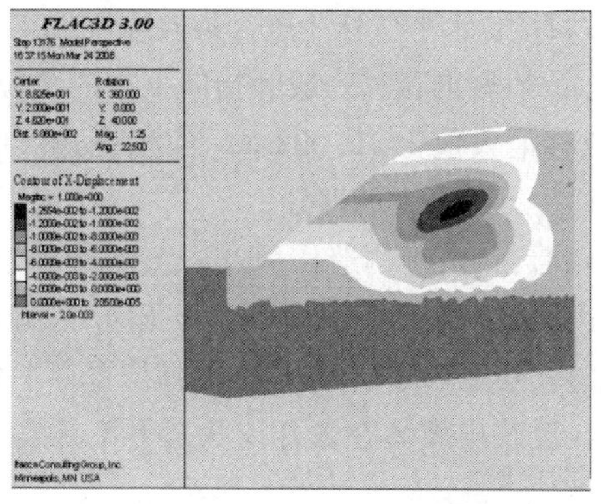

图 11.8-18　边坡体水平方向位移(m)

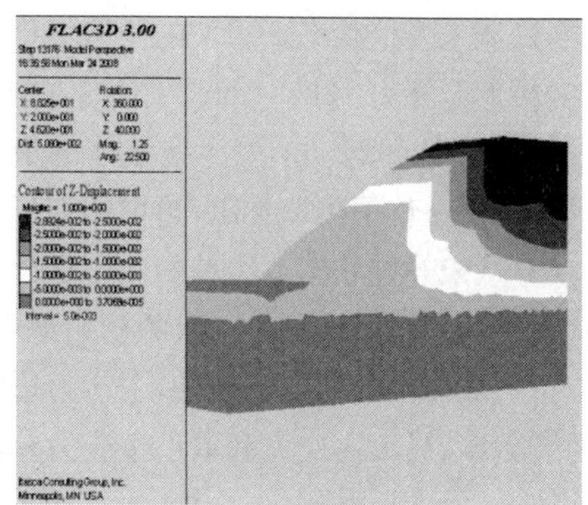

图 11.8-19　边坡体竖向位移(m)

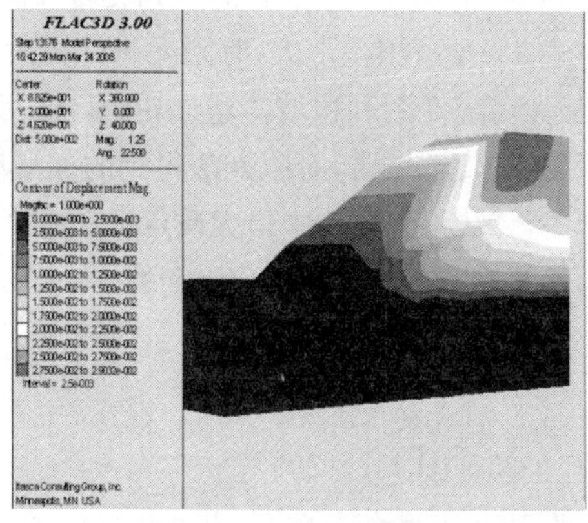

图 11.8-20　边坡体总位移(m)

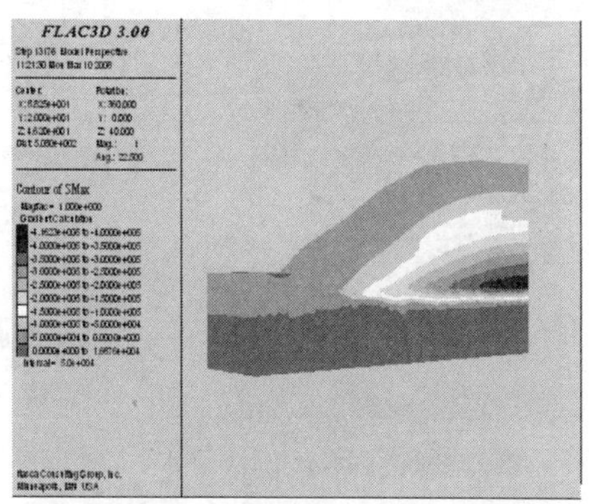

图 11.8-21　边坡体最大主应力(Pa)

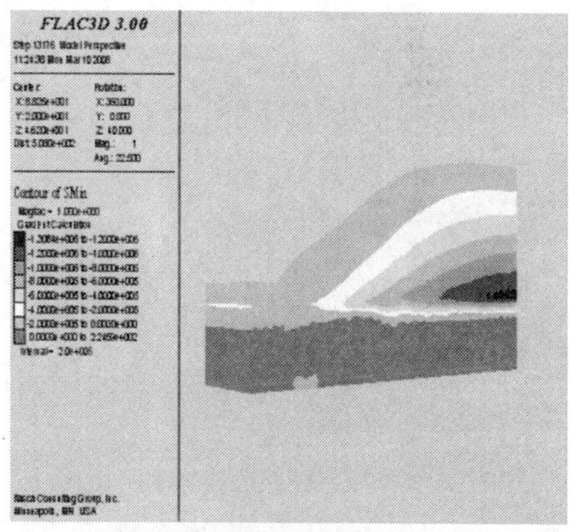

图 11.8-22　边坡体最小主应力(Pa)

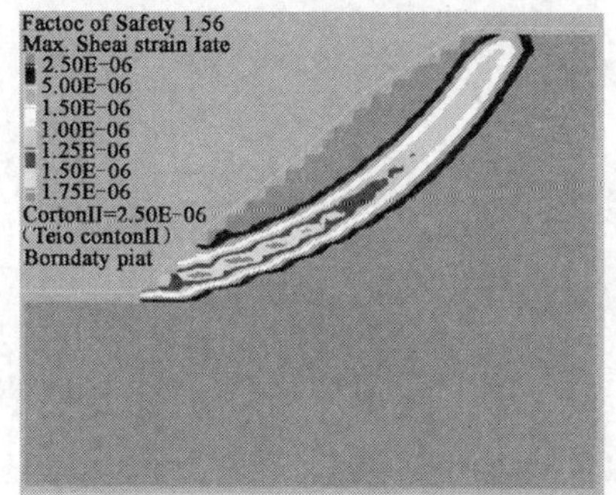

图 11.8-23　边坡体最大剪应变图

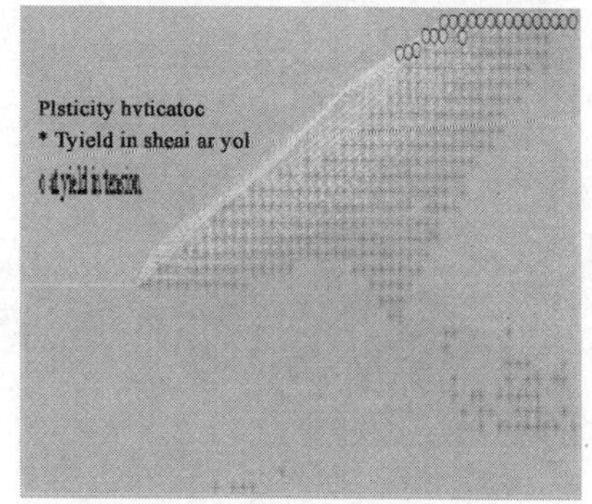

图 11.8-24　边坡体塑性屈服区

(1)从未开挖状态下边坡的位移场计算结果可以看出：水平位移一般为指向边坡临空面的位移，最大位移为 12.554mm，发生在坡体临近临空面处；竖向位移一般为指向下方的负位移，最大位移为 28.924mm，发生在坡体的最上端；总位移最大值为 29.032mm，发生在边坡中上部。从三个位移图可以看出，边坡的变形中竖向位移占了相当大的部分。

(2)从未开挖状态下边坡的应力场计算结果可以看出：由于构造作用及岩土体自重，未开挖状态下的岩土边坡处于一定的初始地应力状态，边坡体内大部分应力表现为压应力，高应力存在于边坡体内的一定深度处，主应力边坡由坡内向坡外逐渐减小，并且在坡脚位置存在着较低的应力区；最大主应力和最小主应力差值较平均。反映出坡体在未开挖状态下不易发生剪切破坏。

(3)在未开挖状态下，通过强度折减有限元法计算得到此时坡体的稳定安全系数为 1.56，与本文极限平衡方法所求结果(表 11.8-7)相差不大，有限元法计算所得结果与 Bishop 法、M-P 法计算结果最为接近。从边坡最大剪应变图和边坡体塑性屈服区图可以看出，坡体的准滑动面发生在塑性区内，穿过全风化板岩层，直至坡脚，有限元法得到的准滑动面与极限平衡法得到的准滑动面(图 11.8-16)也是吻合的，计算得到坡体中最大质点运动速度值为 2.062×10^{-5}m/s，从总位移和质点速度值可以看出，坡体在未开挖状态下是稳定的。

3)开挖状态下计算结果分析

(1)位移扰动云图

①水平位移云图见图 11.8-25～图 11.8-29。

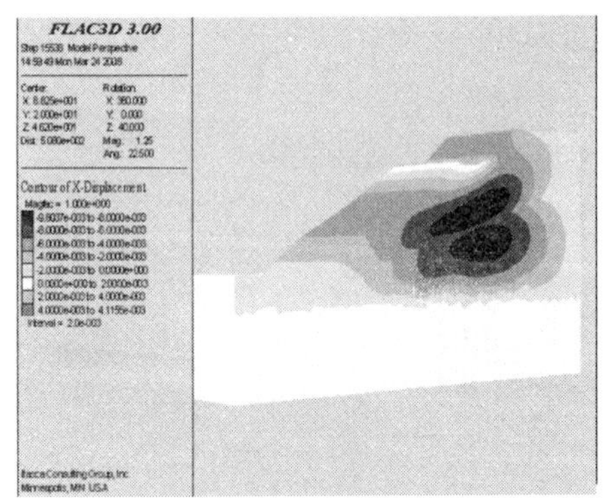

图 11.8-25　五级开挖后坡体水平位移(m)

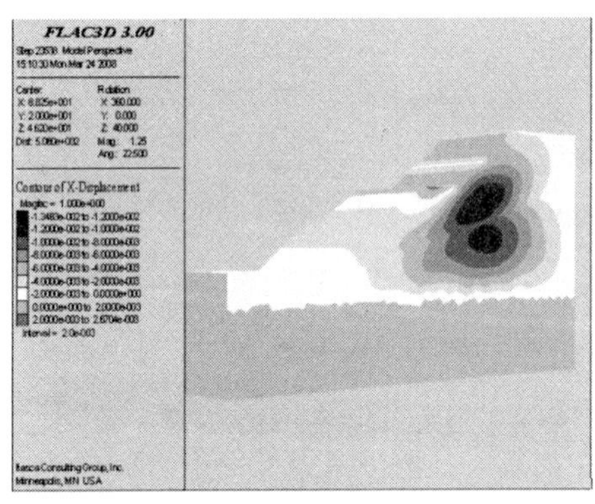

图 11.8-26　四级开挖后坡体水平位移(m)

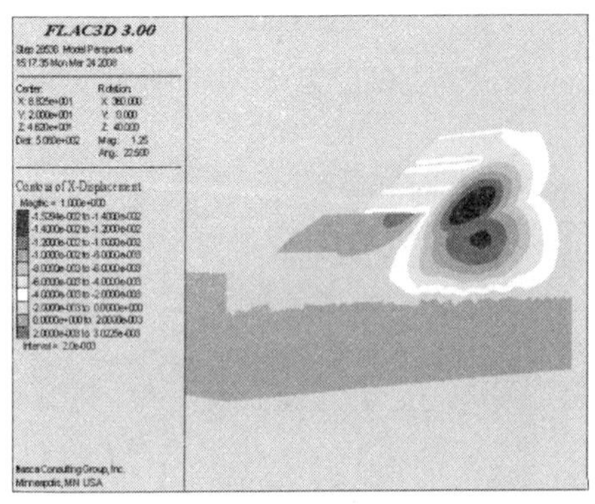

图 11.8-27　三级开挖后坡体水平位移(m)

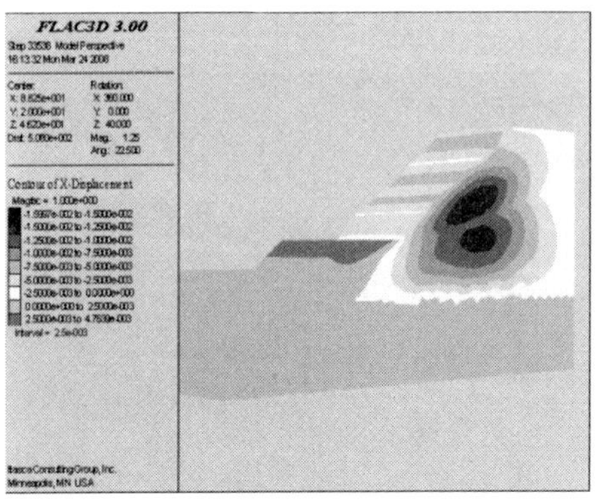

图 11.8-28　二级开挖后坡体水平位移(m)

②竖向位移云图见图 11.8-30～图 11.8-34。

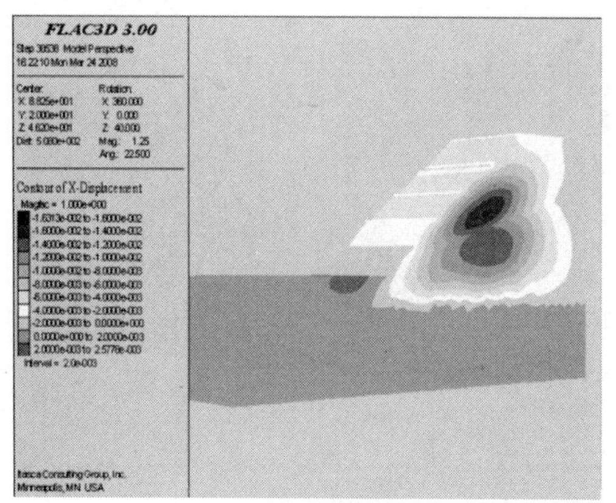

图 11.8-29　一级开挖后坡体水平位移(m)

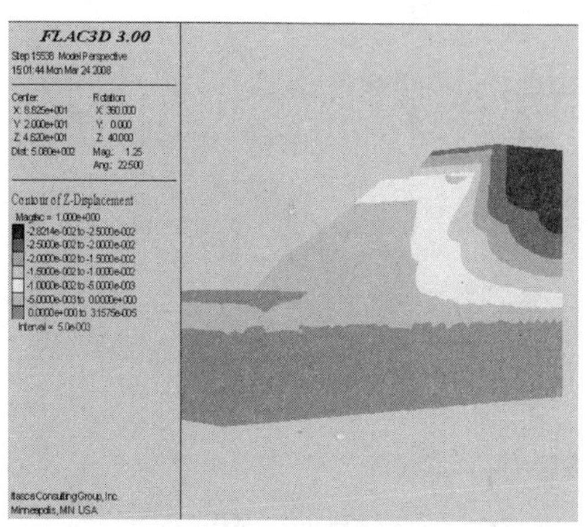

图 11.8-30　五级开挖后坡体竖向位移(m)

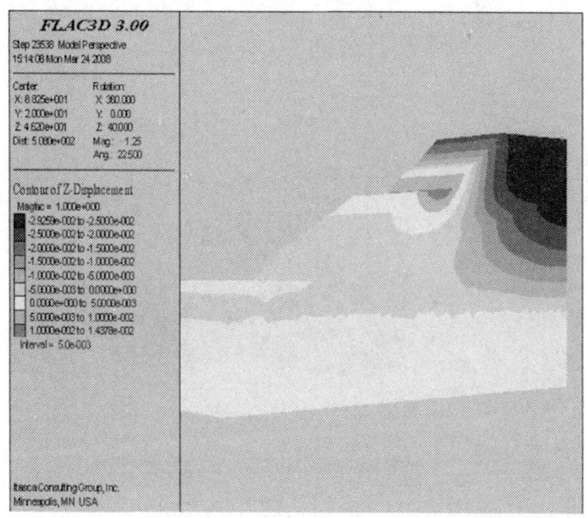

图 11.8-31　四级开挖后坡体竖向位移(m)

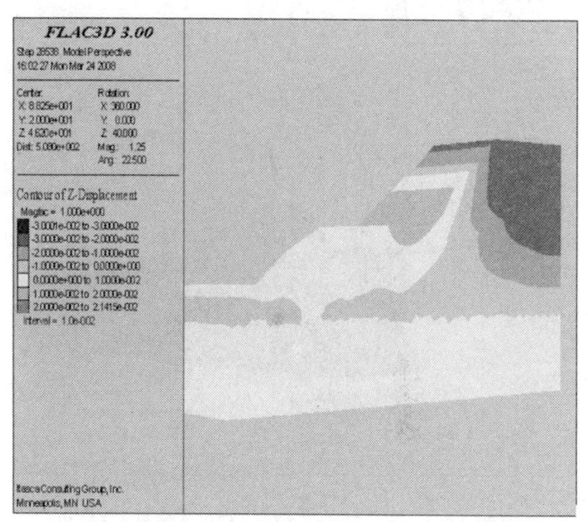

图 11.8-32　三级开挖后坡体竖向位移(m)

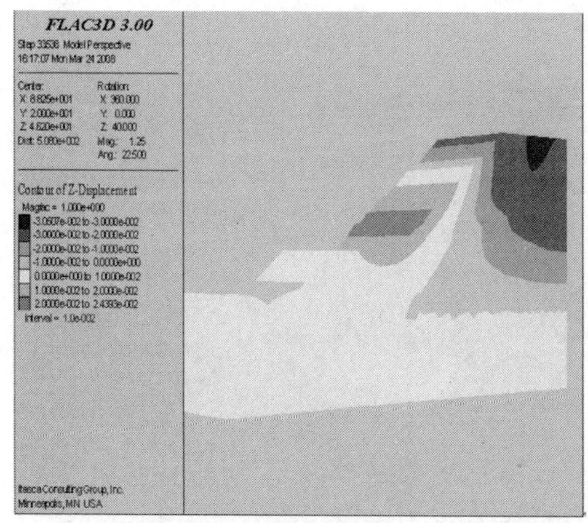

图 11.8-33　二级开挖后坡体竖向位移(m)

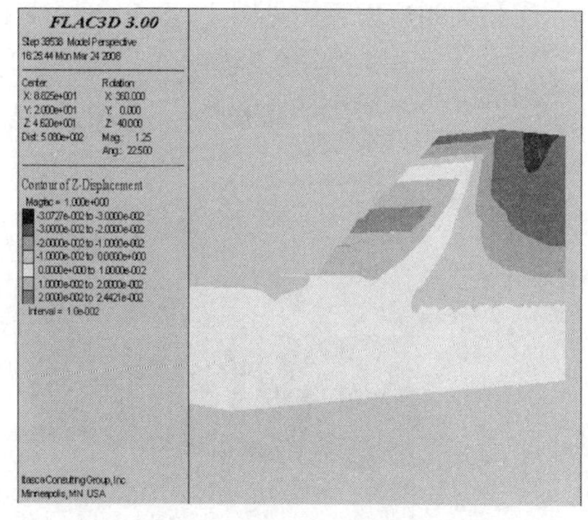

图 11.8-34　一级开挖后坡体竖向位移(m)

③总位移云图见图 11.8-35～图 11.8-39。

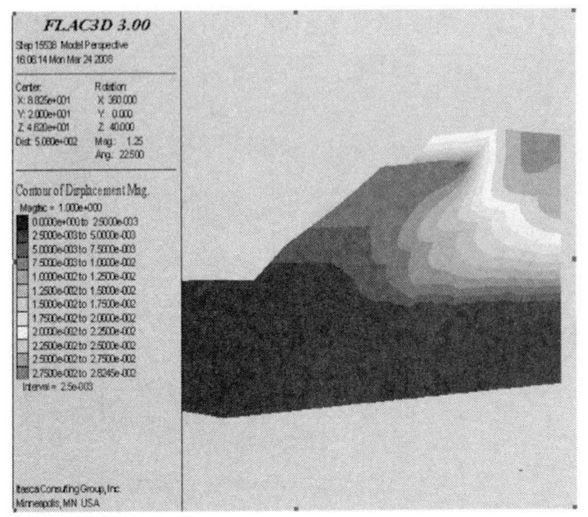

图 11.8-35　五级开挖后坡体总位移(m)

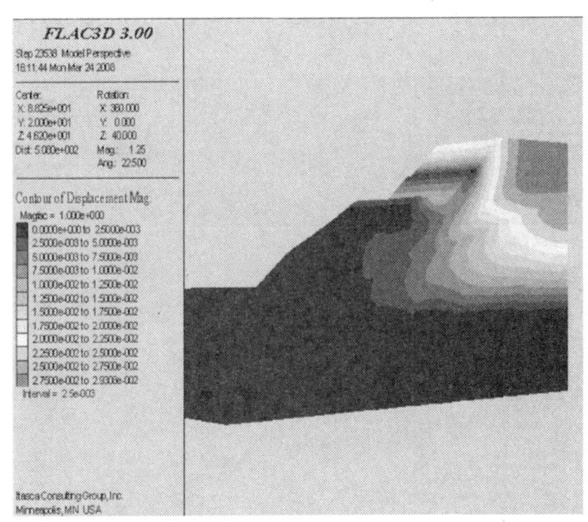

图 11.8-36　四级开挖后坡体总位移(m)

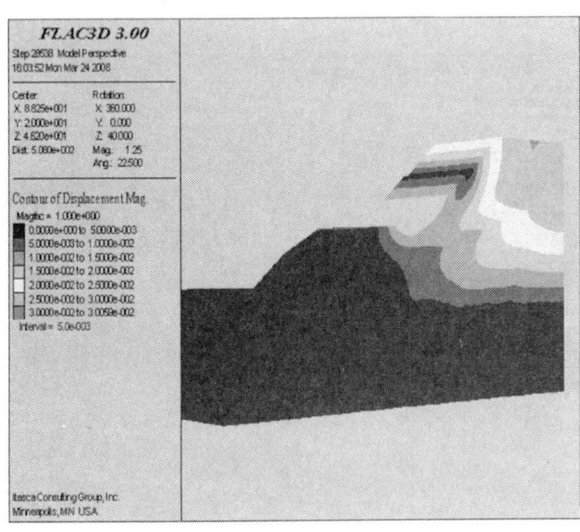

图 11.8-37　三级开挖后坡体总位移(m)

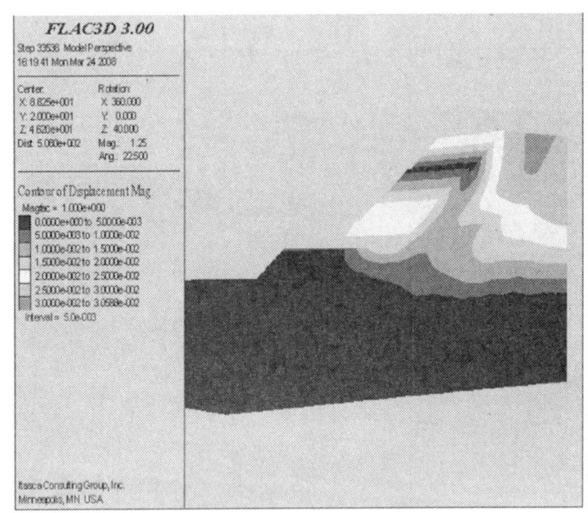

图 11.8-38　二级开挖后坡体总位移(m)

(2)应力扰动云图

①最大主应力云图见图 11.8-40～图 11.8-44。

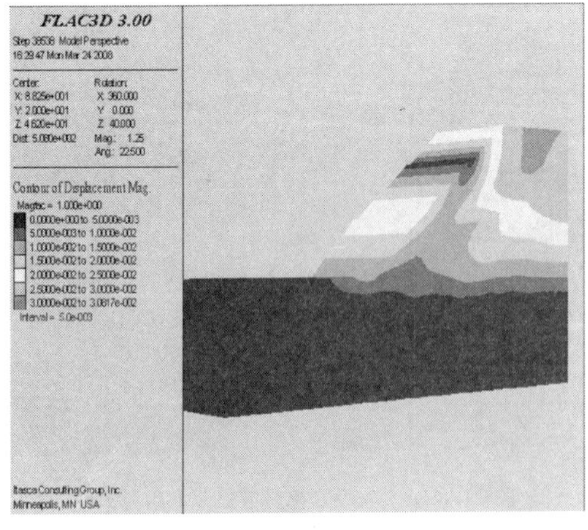

图 11.8-39　一级开挖后坡体总位移(m)

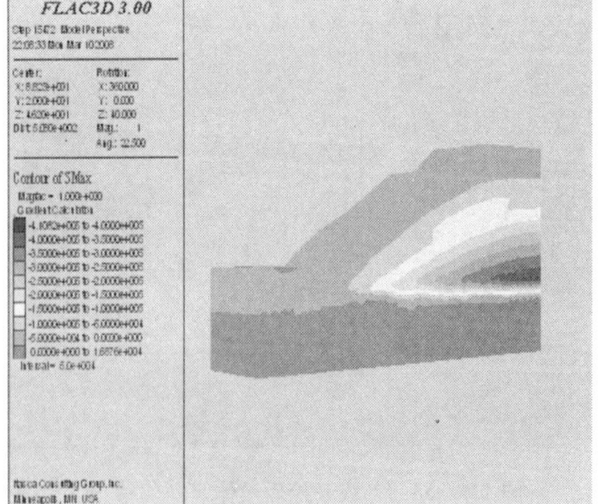

图 11.8-40　五级开挖后坡体最大主应力(Pa)

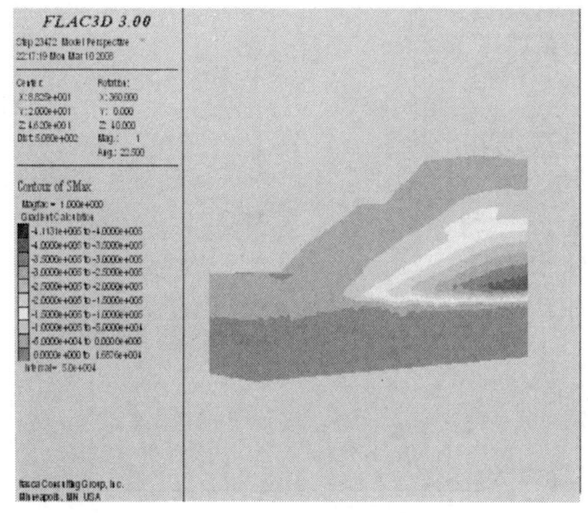

图 11.8-41　四级开挖后坡体最大主应力(Pa)

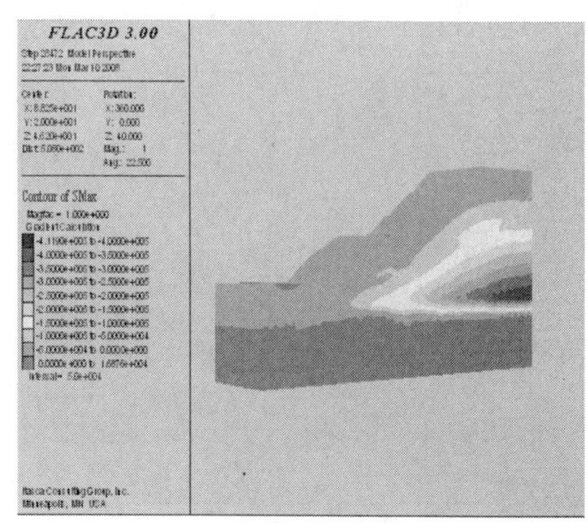

图 11.8-42　三级开挖后坡体最大主应力(Pa)

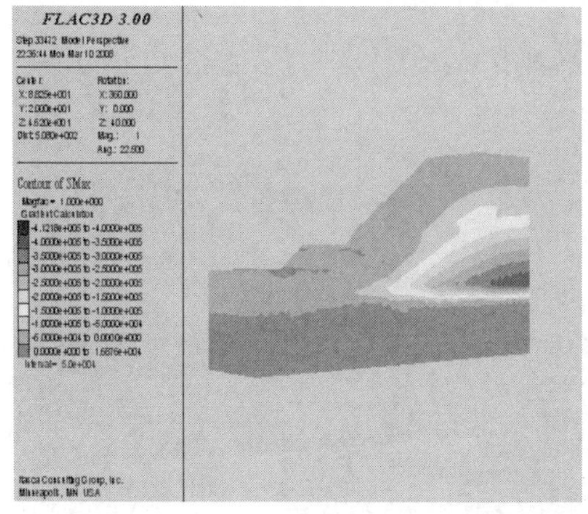

图 11.8-43　二级开挖后坡体最大主应力(Pa)

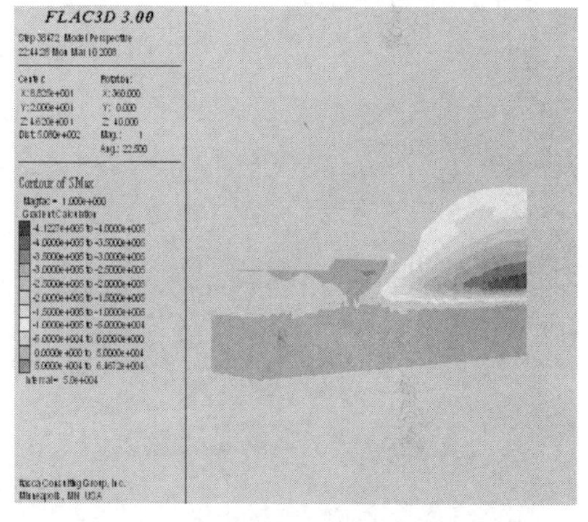

图 11.8-44　一级开挖后坡体最大主应力(Pa)

②最小主应力云图见图 11.8-45～图 11.8-49。

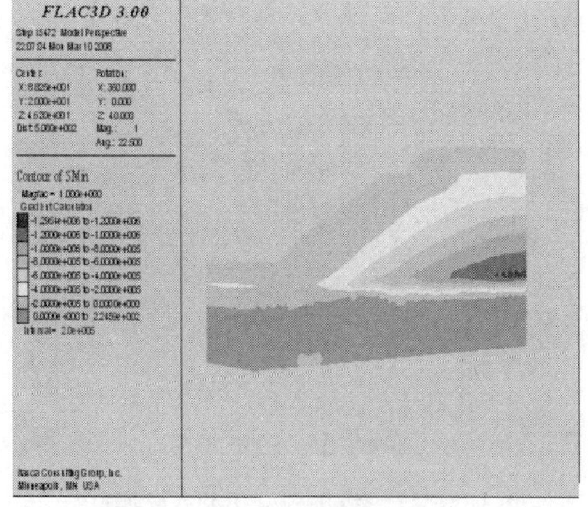

图 11.8-45　五级开挖后坡体最小主应力(Pa)

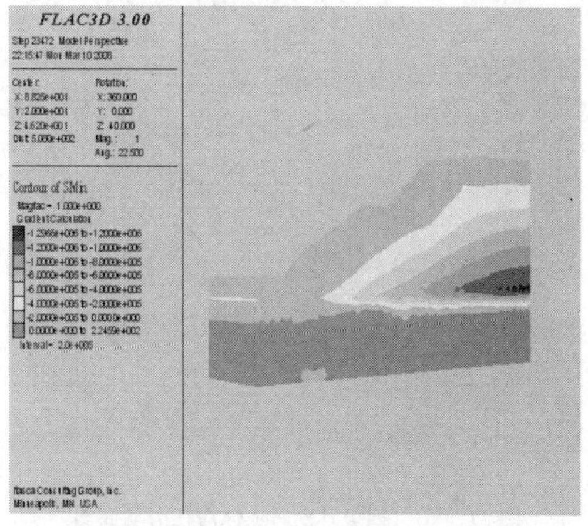

图 11.8-46　四级开挖后坡体最小主应力(Pa)

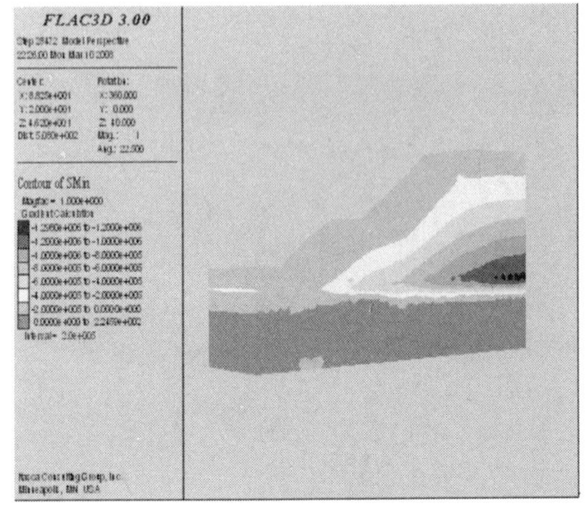

图 11.8-47　三级开挖后坡体最小主应力(Pa)

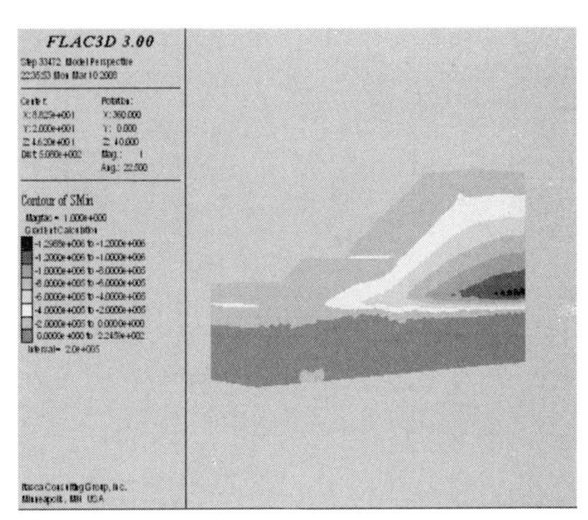

图 11.8-48　二级开挖后坡体最小主应力(Pa)

③潜在滑动面图见图 11.8-50～图 11.8-54。

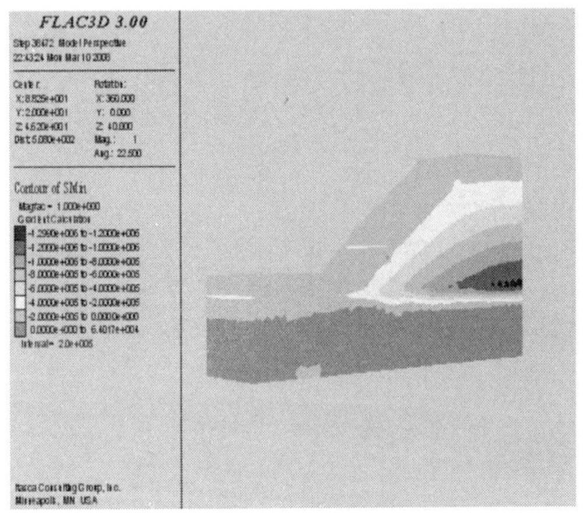

图 11.8-49　一级开挖后坡体最小主应力(Pa)

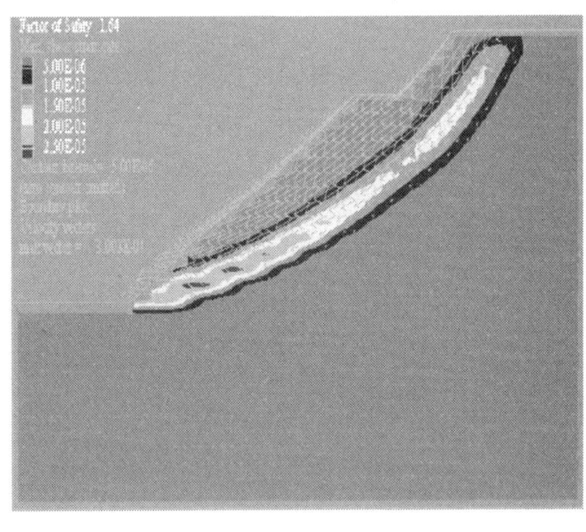

图 11.8-50　五级开挖后坡体潜在滑动面图

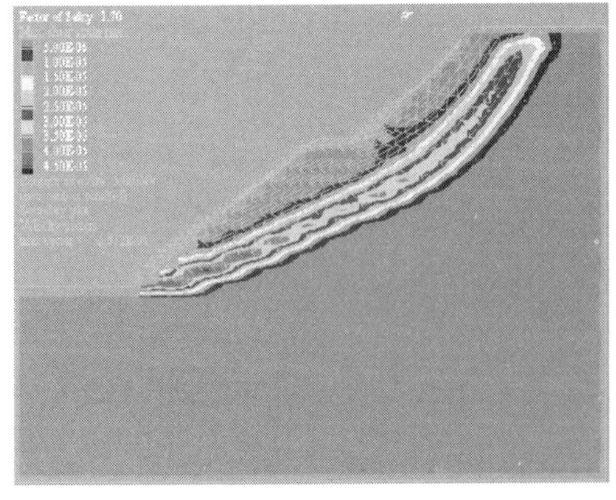

图 11.8-51　四级开挖后坡体潜在滑动面图

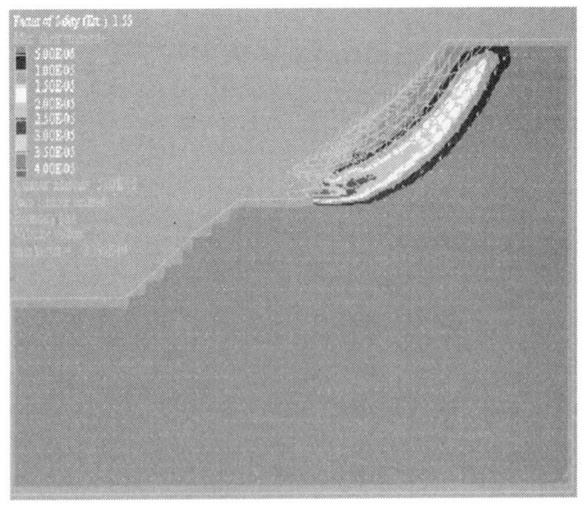

图 11.8-52　三级开挖后坡体潜在滑动面图

4)开挖扰动分析

开挖后位移、应力最大值、稳定系数见表 11.8-9。

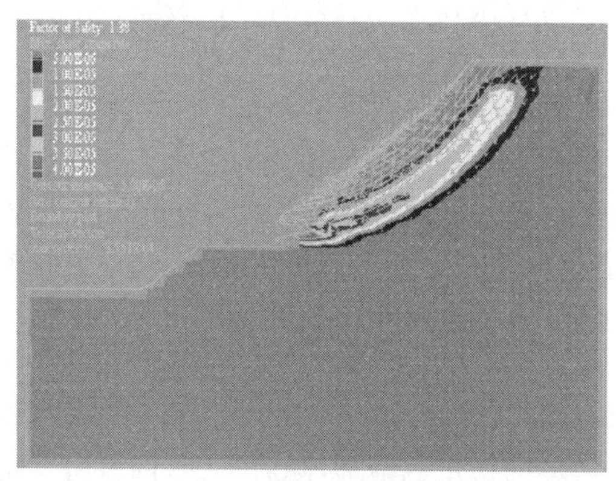

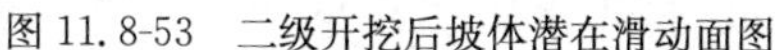

图 11.8-53　二级开挖后坡体潜在滑动面图

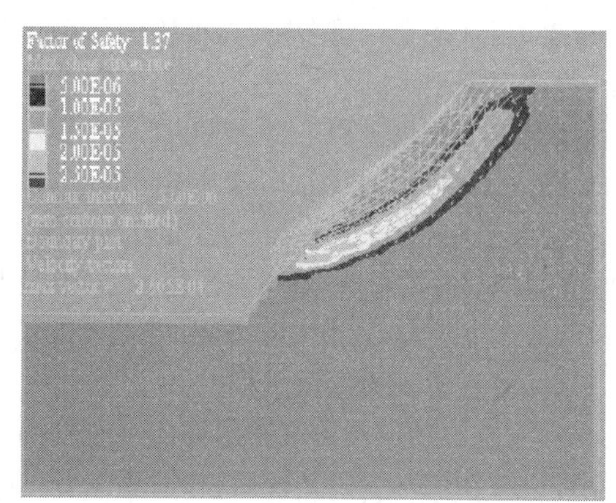

图 11.8-54　一级开挖后坡体潜在滑动面图

位移、应力最大值、稳定系数　　表 11.8-9

结果最大值 \ 开挖级数	未开挖状态	五级	四级	三级	二级	一级
坡体水平位移(负向)(mm)	12.554	9.803	13.483	15.294	15.997	16.313
坡面水平位移(负向)(mm)	6.0	6.0	6.0	6.0	5.0	5.0
坡体水平位移(正向)(mm)	0	4.116	2.670	3.023	4.764	2.577
坡面水平位移(正向)(mm)	0	4.116	2.670	3.023	4.764	2.577
坡体竖向位移(负向)(mm)	28.924	28.214	29.259	30.001	30.507	30.727
坡面竖向位移(负向)(mm)	25.0	25.0	20.0	20.0	20.0	20.0
坡体竖向位移(正向)(mm)	0	0	14.378	21.415	24.393	24.421
坡面竖向位移(正向)(mm)	0	0	14.378	21.415	24.393	24.421
总位移(mm)	29.032	28.245	29.308	30.059	30.588	30.817
坡体最大主应力(MPa)	−0.416	−0.411	−0.411 3	−0.412	−0.412(+0.017)	−0.412(+0.065)
坡面最大主应力(MPa)	−0.06	−0.06	−0.06	−0.06	−0.06(+0.017)	−0.06(+0.065)
最小主应力(MPa)	−1.308	−1.295	−1.297	−1.298	−1.299	−1.299
稳定系数	1.56	1.64	1.70	1.55	1.38	1.37

注:表中未开挖状态和开挖后的位移都已除去初始位移。

从开挖扰动位移、应力、应变云图可以看出,随着开挖的进行,坡体位移、应力、潜在滑动面都发生了较大的变化。

将分析得到的各种开挖步骤下坡体的位移最大值、应力最大值、安全系数(表 11.8-4)整理,结合各图进行分析,可以得出以下结论。

(1)位移变化过程

在含水率 17%(天然状态)下,在开挖的前期,坡体水平位移为 12.554mm,坡面水平位移为 6.0mm。随着开挖的进行,坡体出现向坡内的水平位移,四级台阶开挖后,边坡开始出现竖向拱起现象。五级台阶开挖后,边坡产生的位移较自然状态下小,因为坡体按 1∶1.25 削坡后坡体较自然状态下更为平缓。随着开挖深度的增加,坡面水平最大位移仍为 6.0mm 左右,但范围扩大,出现大范围的开挖扰动区。坡体的总位移随着开挖的进行而增加,但增长的趋势越来越缓，当开挖至二级台阶时，坡体位移趋于稳定，总位移达到 30mm 左右。在坡面台阶开挖处，边坡出现小范围开挖松动区域，但塑性区域未贯穿坡体，未构成破坏。

(2)应力变化过程

在人工开挖荷载作用下，岩体内的应力为荷载产生的应力与初始地应力之和。在全风化板岩边坡中，由于岩体风化严重，可将其归属为土质边坡，初始地应力简单考虑为自重产生，随着开挖的影响，应力释放，重新调整趋于平衡，应力的变化过程从表 11.8-11 中可看出：随着开挖的进行，最大主应力、最小主应力变化较小，在后两级台阶开挖后，坡体出现小范围的拉应力区域。

(3)潜在滑动面变化过程

从潜在滑动面图可以看出坡体准滑动面的变化，同时，通过计算所得的坡体稳定系数可以看出，边坡在前两台阶开挖后，相对于未开挖状态，坡体的稳定性增加；随着第三、四台阶开挖的进行，边坡的稳定性减小；当边坡开挖至坡脚时，坡体稳定系数基本不变，可见，第一级台阶的开挖对整个坡体扰动较小。

计算所得结果和极限平衡法计算所得结果变化趋势基本吻合，但由于计算原理的不同，计算结果存在着一定的出入。

11.8.7 计算结果与监测结果比较分析

1)监测结果

选用主滑剖面上一监测点(桩号 K18+380，坡顶处，钻孔深度 30m)的监测结果(表 11.8-10)，得到水平累计位移深度曲线，见图 11.8-55。

监测点水平累计位移(监测结果，mm)　　表 11.8-10

开挖状态 / 深度(m)	8月15日 未开挖	8月31日 五级开挖完毕	9月10日 四级开挖完毕	9月15日 三级开挖完毕	10月13日 二级开挖完毕	11月24日 一级开挖完毕
3	5.17	9.873 84	10.863 43	12.953 9	12.885 59	12.820 72
9.208	4.21	8.116 63	9.107 47	10.189 95	10.144 14	10.107 93
12.416	3.7	7.065 183	7.655 015	8.189 299	8.228 012	8.279 406
17.3	2.711 269	4.468 821	5.459 224	6.064 039	6.108 108	6.162 063
21.832	1.205 346	2.087 143	2.583 974	4.435 176	4.443 151	4.477 631
28.04	0.067 729	0.082 768	0.082 769	0.085 62	0.091 624	0.093 59

2)计算结果

提取坡体上监测点所对应的节点的计算结果，见表 11.8-11。

监测点水平位移(计算结果，mm)　　表 11.8-11

开挖状态 / 深度(m)	未开挖	五级开挖完毕	四级开挖完毕	三级开挖完毕	二级开挖完毕	一级开挖完毕
3	6.325	9.265	13.280	13.822	13.903	13.903
9	4.535	12.081	8.693	8.580	8.814	9.231
12	3.324	14.043	10.440	11.327	11.259	11.259
16	2.648	8.230	9.341	8.246	8.139	8.649

续上表

深度(m) \ 开挖状态	未开挖	五级开挖完毕	四级开挖完毕	三级开挖完毕	二级开挖完毕	一级开挖完毕
22	1.503	4.617	4.610	4.610	4.837	5.025
28	0.2	0.632	0.5	0.2	0.2	0.2

根据表11.8-11,得到计算结果的水平位移随深度变化趋势线,如图11.8-56所示。

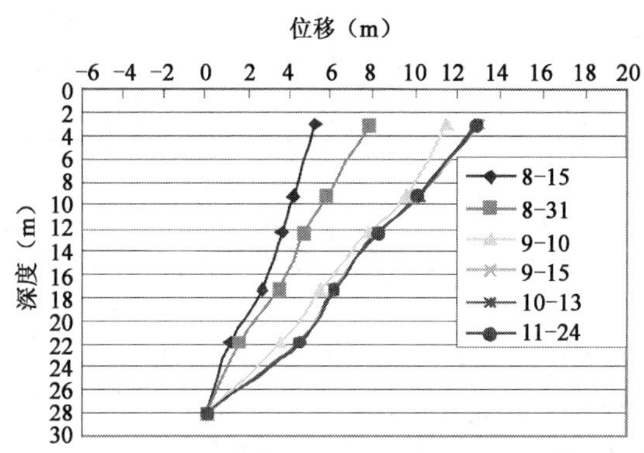

图11.8-55　水平累计位移深度曲线(监测结果)

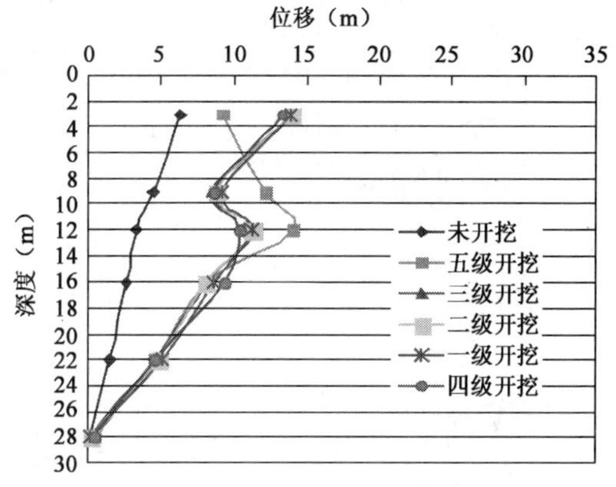

图11.8-56　水平位移深度曲线(计算结果)

根据监测结果和计算结果的 x 位移值,得到不同开挖状态下边坡内部变形过程曲线图,见图11.8-57。

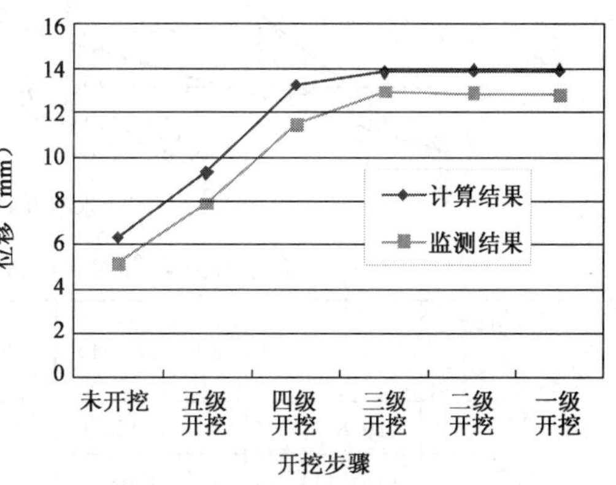

图11.8-57　边坡内部变形过程曲线图

综合图11.8-54～图11.8-56可以看出,五级台阶开挖和四级台阶开挖对监测点的水平位移影响最大,在开挖的后期,边坡内部变形变化较小,边坡趋向稳定。

由于计算方法的原因,造成边坡水平位移深度曲线有一定的出入:边坡内部变形趋势上是基本吻合,但计算结果比监测结果要大。造成的原因初步分析是由于计算过程中,计算参数选取的是天然含水率(17%)试样的参数,而17%的含水率是在大降雨过后现场试验所得,而实际在开挖过程中边坡的计算参数比计算中所采用的计算参数要高,所以,计算结果的数值比监测结果的数值要大。

通过对所取监测点的监测结果和数值计算结果进行比较分析,可以看出监测结果和计算结果是吻合的,也验证了有限差分法计算的正确性。

11.8.8　全风化板岩含水率对边坡稳定性的影响

1)含水率对边坡开挖扰动效应的影响理论解

根据室内试验所测得的全风化板岩在不同含水率下的物理、力学参数,通过理论分析计算,得出不同含水率(10%、15%、20%、25%、30%)时,全风化板岩高陡边坡各级开挖的松动区内边界点在各级开挖局部极坐标系中的坐标,坐标以 (r,θ) 的形式表示,其中 r 和 θ 的单位分别为 m 和(°),分别见表 11.8-12～表 11.8-16;各含水率情况下,边坡开挖松动区示意图,如图 11.8-58～图 11.8-62 所示。

含水率为 10%时,各级开挖中松动区内边界点的坐标 表 11.8-12

开挖级数＼编号	1+6×(i−1)	2+6×(i−1)	3+6×(i−1)	4+6×(i−1)	5+6×(i−1)	6+6×(i−1)
第一步开挖	(20.8,127°)	(10.8,120°)	(2,45°)	(2.7,0°)	(3,−45°)	(17.4,−85°)
第二步开挖	(16.2,117°)	(5,100°)	(3,45°)	(2.8,0°)	(3.2,−45°)	(19.4,−85°)
第三步开挖	(16.2,116°)	(6,100°)	(3,45°)	(3.5,0°)	(4,−45°)	(24.3,−85°)
第四步开挖	(13.6,118°)	(8,100°)	(4,45°)	(4.5,0°)	(5,−45°)	(30.3,−85°)
第五步开挖	(13.2,115°)	(10,100°)	(4.5,45°)	(4.5,0°)	(5,−45°)	(28,−90°)

注:表中 i=开挖步数。

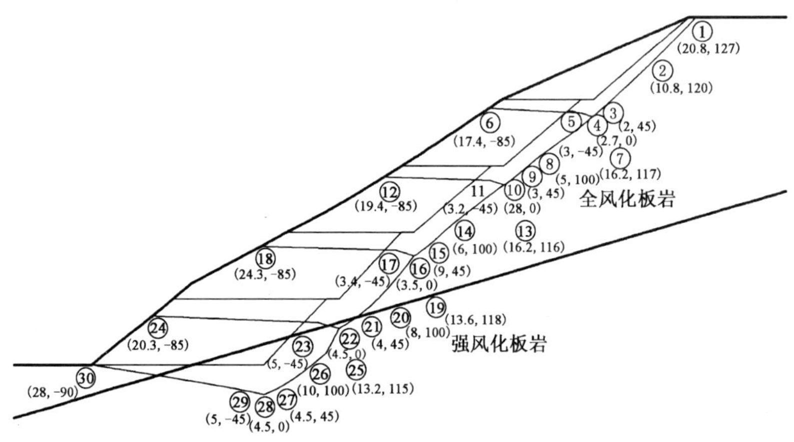

图 11.8-58 含水率为 10%时,边坡开挖松动区示意图

含水率为 15%时,各级开挖中松动区内边界点的坐标 表 11.8-13

开挖级数＼编号	1+6×(i−1)	2+6×(i−1)	3+6×(i−1)	4+6×(i−1)	5+6×(i−1)	6+6×(i−1)
第一步开挖	(20.8,127°)	(11.5,120°)	(2,45°)	(2.7,0°)	(3,−45°)	(17.4,−85°)
第二步开挖	(16.2,117°)	(5,100°)	(3,45°)	(2.8,0°)	(3.2,−45°)	(19.4,−85°)
第三步开挖	(16.2,116°)	(6,100°)	(3,45°)	(3.5,0°)	(4,−45°)	(24.3,−85°)
第四步开挖	(13.6,118°)	(8,100°)	(4,45°)	(4.5,0°)	(5,−45°)	(30.3,−85°)
第五步开挖	(13.2,115°)	(10,100°)	(4.5,45°)	(4.5,0°)	(5,−45°)	(28,−90°)

含水率为 20%时,各级开挖中松动区内边界点的坐标 表 11.8-14

开挖级数＼编号	1+6×(i−1)	2+6×(i−1)	3+6×(i−1)	4+6×(i−1)	5+6×(i−1)	6+6×(i−1)
第一步开挖	(20.8,127°)	(12.6,120°)	(2.5,45°)	(2.9,0°)	(3.5,−45°)	(17.4,−85°)
第二步开挖	(16.1,116°)	(5.3,100°)	(3.2,45°)	(3.1,0°)	(3.5,−45°)	(19.4,−85°)
第三步开挖	(16.0,115°)	(7,100°)	(3.5,45°)	(4,0°)	(5,−45°)	(24.3,−85°)
第四步开挖	(13.4,117°)	(8,100°)	(4.5,45°)	(4.5,0°)	(5,−45°)	(30.3,−85°)
第五步开挖	(13.2,115°)	(10,100°)	(4.5,45°)	(4.5,0°)	(5,−45°)	(28,−90°)

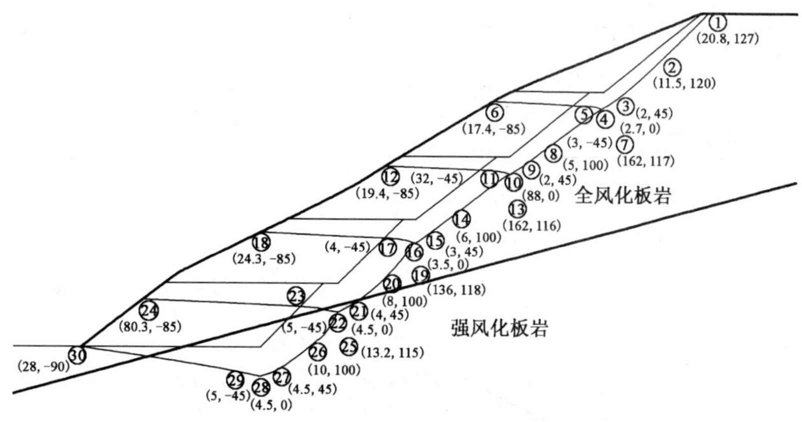

图 11.8-59　含水率为 15%时，边坡开挖松动区示意图

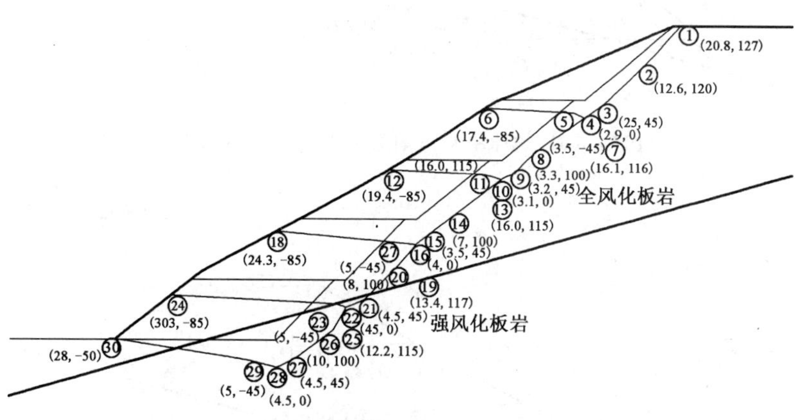

图 11.8-60　含水率为 20%时，边坡开挖松动区示意图

含水率为 25%时，各级开挖中松动区内边界点的坐标　　表 11.8-15

编号级数＼开挖	1+6×(i−1)	2+6×(i−1)	3+6×(i−1)	4+6×(i−1)	5+6×(i−1)	6+6×(i−1)
第一步开挖	(20.8,127°)	(15.1,120°)	(2.5,45°)	(2.9,0°)	(3.5,−45°)	(17.4,−85°)
第二步开挖	(16.1,116°)	(5.3,100°)	(3.2,45°)	(3.1,0°)	(3.5,−45°)	(19.4,−85°)
第三步开挖	(16.0,115°)	(7,100°)	(3.5,45°)	(4,0°)	(5,−45°)	(24.3,−85°)
第四步开挖	(13.4,117°)	(8,100°)	(4.5,45°)	(4.5,0°)	(5,−45°)	(30.3,−85°)
第五步开挖	(13.2,115°)	(10,100°)	(4.5,45°)	(4.5,0°)	(5,−45°)	(28,−90°)

含水率为 30%时，各级开挖中松动区内边界点的坐标　　表 11.8-16

编号级数＼开挖	1+6×(i−1)	2+6×(i−1)	3+6×(i−1)	4+6×(i−1)	5+6×(i−1)	6+6×(i−1)
第一步开挖	(20.8,127°)	(15.2,120°)	(2.5,45°)	(2.9,0°)	(3.5,−45°)	(17.4,−85°)
第二步开挖	(16.1,116°)	(5.3,100°)	(3.2,45°)	(3.1,0°)	(3.5,−45°)	(19.4,−85°)
第三步开挖	(16.0,115°)	(7,100°)	(3.5,45°)	(4,0°)	(5,−45°)	(24.3,−85°)
第四步开挖	(13.4,117°)	(8,100°)	(4.5,45°)	(4.5,0°)	(5,−45°)	(30.3,−85°)

续上表

开挖 编号级数	1+6×(i−1)	2+6×(i−1)	3+6×(i−1)	4+6×(i−1)	5+6×(i−1)	6+6×(i−1)
第五步开挖	(13.2,115°)	(10,100°)	(4.5,45°)	(4.5,0°)	(5,−45°)	(28,−90°)

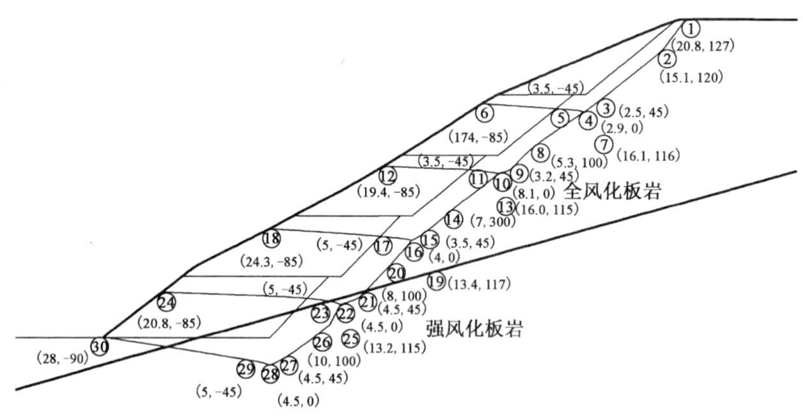

图 11.8-61　含水率为 25%时,边坡开挖松动区示意图

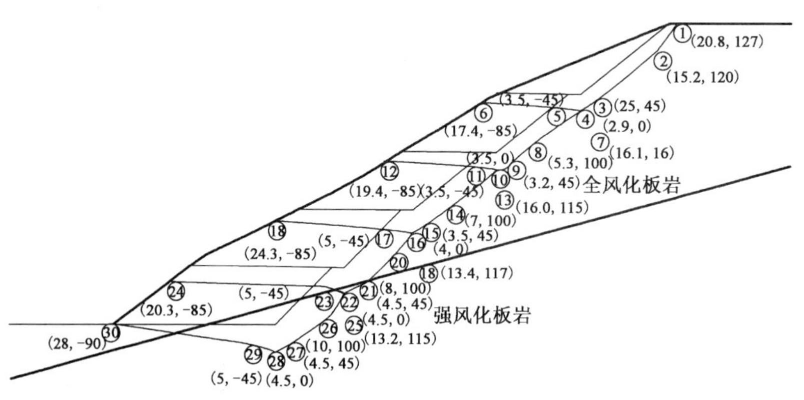

图 11.8-62　含水率为 30%时,边坡开挖松动区示意图

结合天然含水率下理论解结果(表 11.8-5 和图 11.8-13)和其他不同含水率(10%、15%、20%、25%、30%)理论解结果,可得出以下结论:

(1)全风化板岩随含水率增大,开挖松动区范围变大。说明若降雨使土体含水量增加,则可导致岩体开挖时松动范围变大。为保证高陡边坡的稳定,边坡应该开挖一级支护一级。

(2)全风化板岩的含水率增大到一定程度,开挖时边坡松动区范围随含水量的增大基本无变化。

(3)对于不同含水率的全风化板岩,在第一次开挖后均出现开挖裂缝和剪切破坏层,应对第一次开挖后的坡体进行即时支护。

(4)含水率的变化对上部开挖松动区影响较大,对下部开挖影响较小;全风化板岩中,随含水率的增大,一、二阶开挖松动区明显增大,三、四、五阶开挖松动区变化很小。

2)基于 FLAC3D 的含水率对边坡开挖扰动效应的影响分析

根据室内试验所测得的全风化板岩在不同含水率下的物理、力学参数,基于 FLAC3D 模拟分析全风化板岩路堑边坡开挖扰动效应和稳定性。

(1)不同含水率下边坡的水平方向位移开挖扰动效应见表 11.8-17～表 11.8-22。

未开挖状态下不同含水率的水平位移开挖扰动效应 表 11.8-17

含水率(%)	X 位移云图	坡体正位移最大值(mm)	坡体负位移最大值(mm)	坡面正位移最大值(mm)	坡面负位移最大值(mm)
10	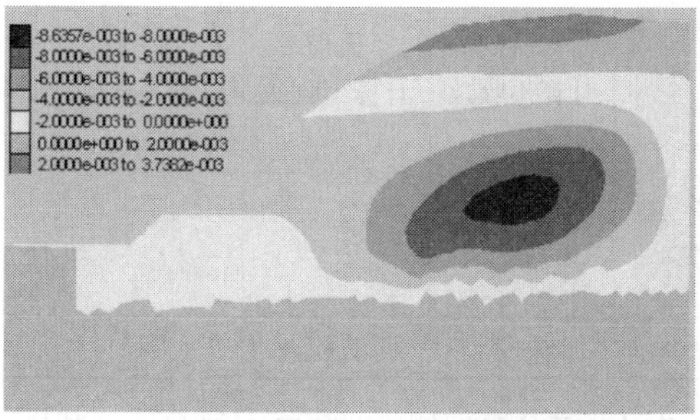	3.738	8.637	3.738	6.000
15	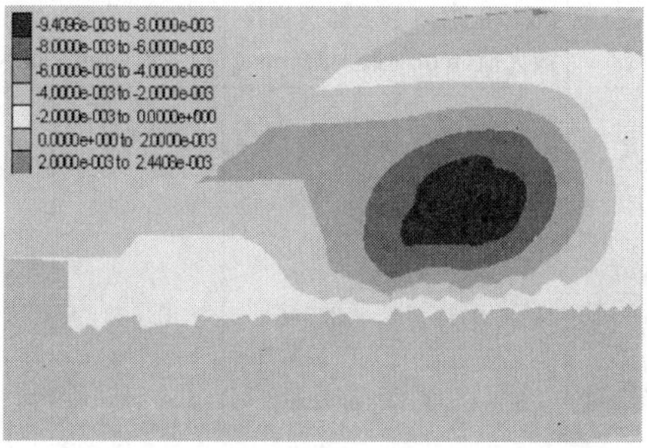	2.441	9.409	2.441	6.000
17	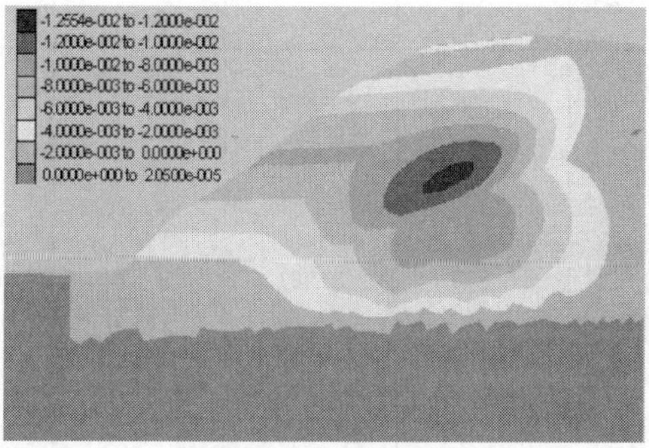	0	12.554	0	10.000
20	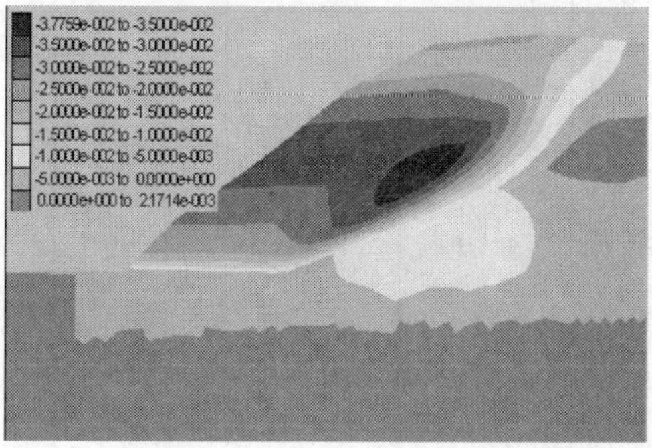	2.171	37.759	0	37.759

续上表

含水率（%）	X 位移云图	坡体正位移最大值（mm）	坡体负位移最大值（mm）	坡面正位移最大值（mm）	坡面负位移最大值（mm）
25		失稳 计算不收敛	失稳 计算不收敛	失稳 计算不收敛	失稳 计算不收敛
30		失稳	失稳	失稳	失稳

五级台阶开挖后不同含水率的水平位移开挖扰动效应 表 11.8-18

含水率（%）	X 位移云图	坡体正位移最大值（mm）	坡体负位移最大值（mm）	坡面正位移最大值（mm）	坡面负位移最大值（mm）
10		5.603	8.546	5.603	5.603
15		5.877	8.961	5.877	6.000
17		4.116	9.803	4.116	6.000

续上表

含水率（%）	X 位移云图	坡体正位移最大值(mm)	坡体负位移最大值(mm)	坡面正位移最大值(mm)	坡面负位移最大值(mm)
20	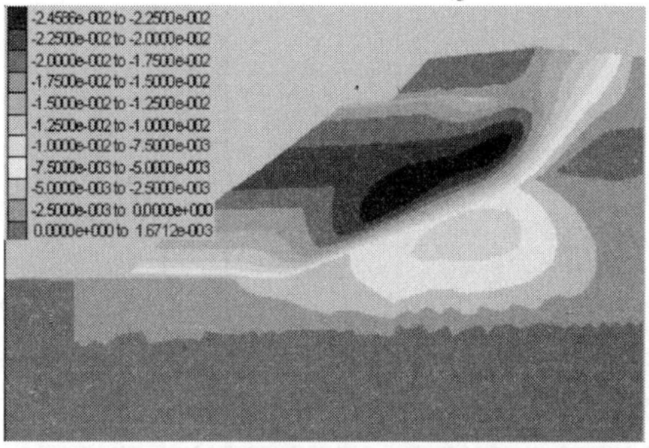	1.671	24.586	0	22.500
25		失稳 计算不收敛	失稳 计算不收敛	失稳 计算不收敛	失稳 计算不收敛
30		失稳	失稳	失稳	失稳

四级台阶开挖后不同含水率的水平位移开挖扰动效应 表 11.8-19

含水率（%）	X 位移云图	坡体正位移最大值(mm)	坡体负位移最大值(mm)	坡面正位移最大值(mm)	坡面负位移最大值(mm)
10	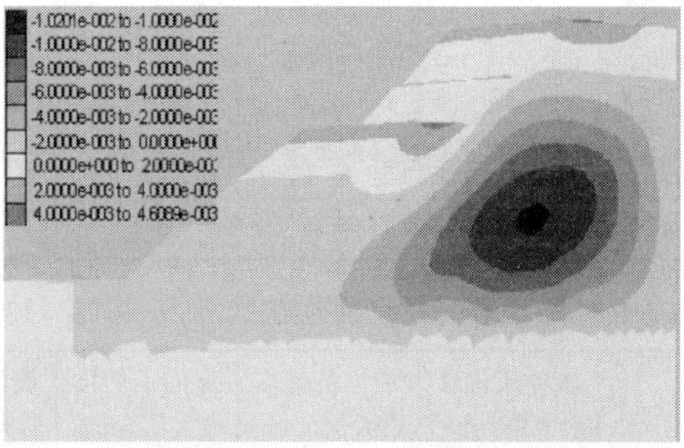	4.609	10.20	4.609	6.003
15	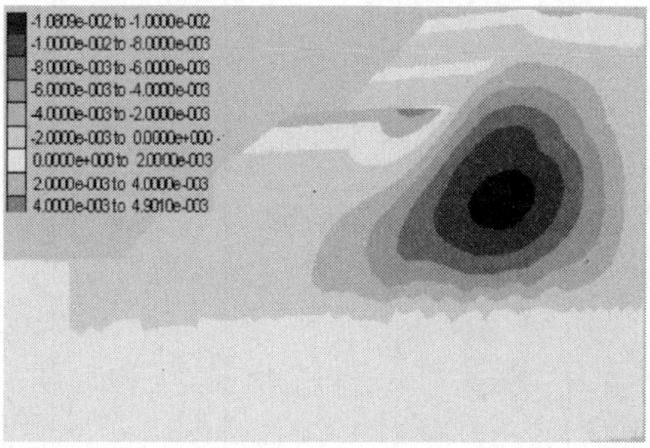	4.901	10.809	4.90	7.000

续上表

含水率(%)	X 位移云图	坡体正位移最大值(mm)	坡体负位移最大值(mm)	坡面正位移最大值(mm)	坡面负位移最大值(mm)
17		2.670	13.483	2.670	8.000
20		1.584	29.373	0	25.000
25		失稳 计算不收敛	失稳 计算不收敛	失稳 计算不收敛	失稳 计算不收敛
30		失稳	失稳	失稳	失稳

三级台阶开挖后不同含水率的水平位移开挖扰动效应 表 11.8-20

含水率(%)	X 位移云图	坡体正位移最大值(mm)	坡体负位移最大值(mm)	坡面正位移最大值(mm)	坡面负位移最大值(mm)
10		4.800	11.508	4.800	—

续上表

含水率（%）	X 位移云图	坡体正位移最大值(mm)	坡体负位移最大值(mm)	坡面正位移最大值(mm)	坡面负位移最大值(mm)
15	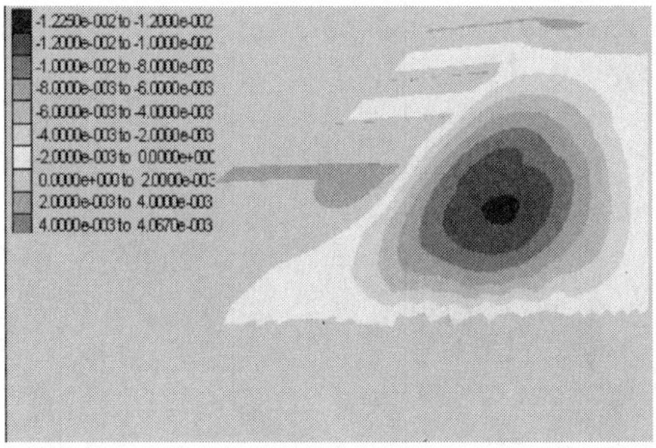	4.067	12.250	4.067	2.000
17	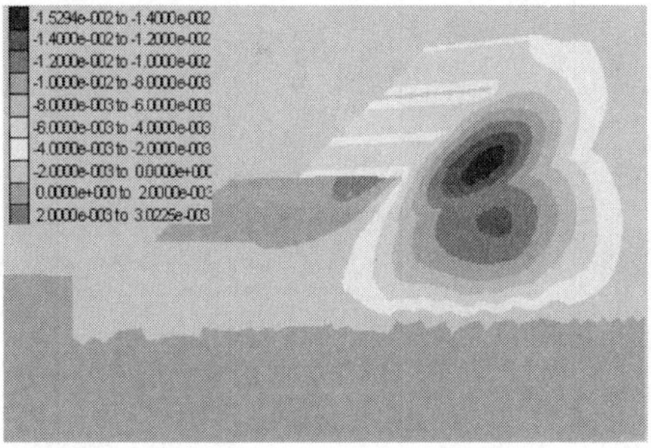	3.023	15.294	3.023	6.000
20		1.466	38.156	0	38.156
25	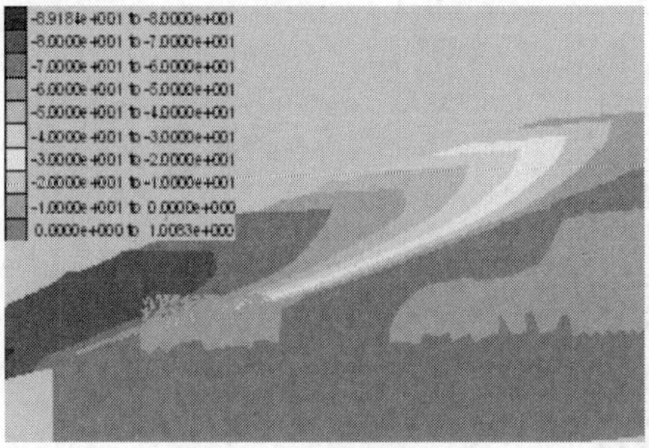	失稳 计算不收敛	失稳 计算不收敛	失稳 计算不收敛	失稳 计算不收敛
30		失稳	失稳	失稳	失稳

二级台阶开挖后不同含水率的水平位移开挖扰动效应　　表 11.8-21

含水率（%）	X 位移云图	坡体正位移最大值(mm)	坡体负位移最大值(mm)	坡面正位移最大值(mm)	坡面负位移最大值(mm)
10	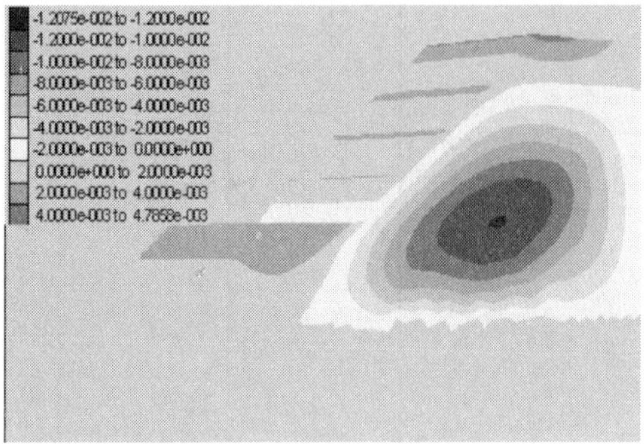	4.786	12.075	4.786	2.000
15	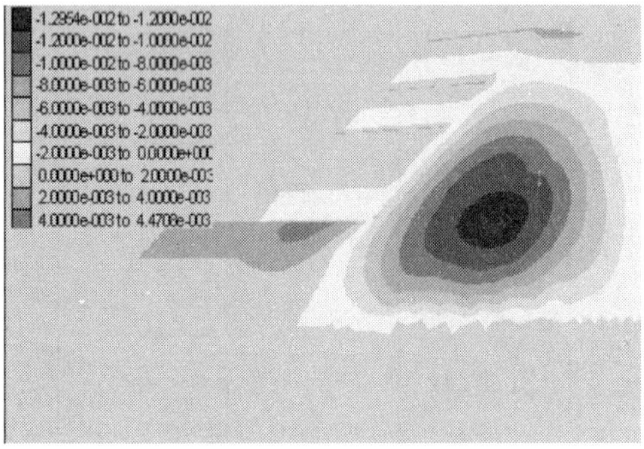	4.471	12.954	4.471	2.000
17	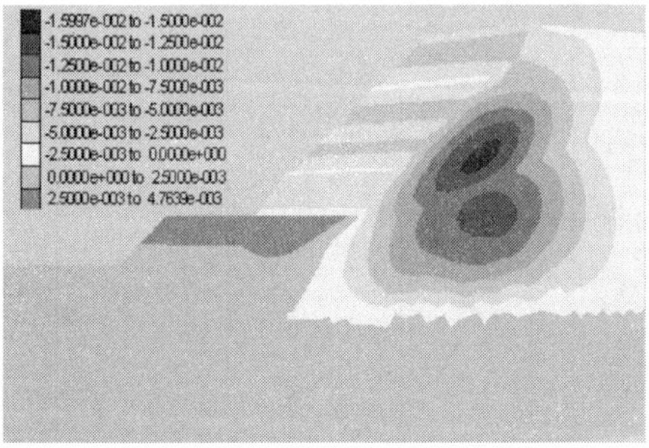	4.764	15.997	4.764	7.500
20	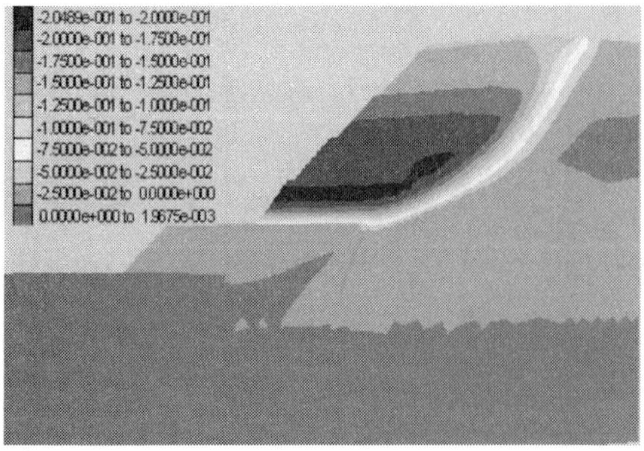	1.968	20.489	0	20.489

续上表

含水率（%）	X位移云图	坡体正位移最大值(mm)	坡体负位移最大值(mm)	坡面正位移最大值(mm)	坡面负位移最大值(mm)
25	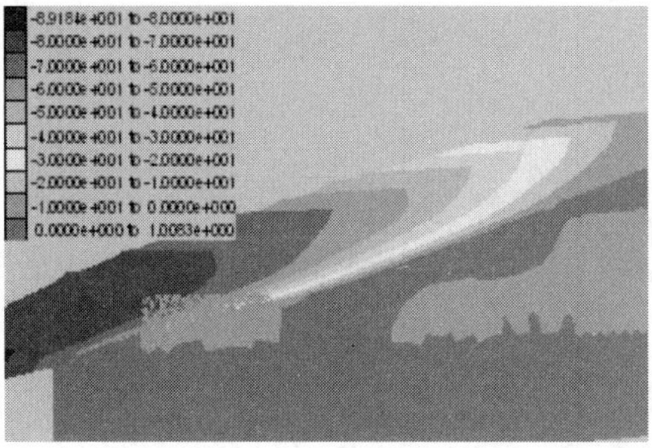	失稳 计算不收敛	失稳 计算不收敛	失稳 计算不收敛	失稳 计算不收敛
30		失稳	失稳	失稳	失稳

一级台阶开挖后不同含水率的水平位移开挖扰动效应 表 11.8-22

含水率（%）	X位移云图	坡体正位移最大值(mm)	坡体负位移最大值(mm)	坡面正位移最大值(mm)	坡面负位移最大值(mm)
10	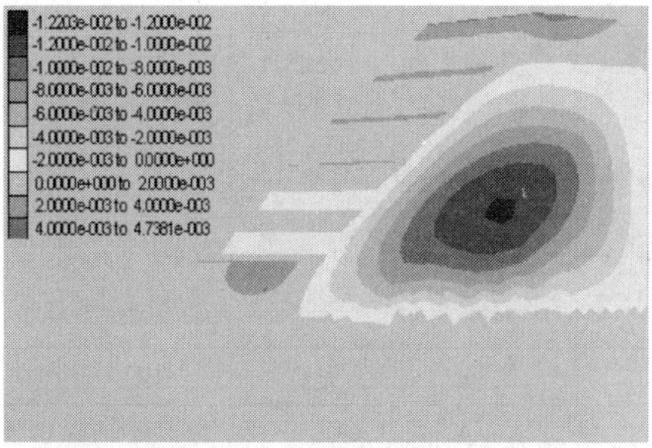	4.738	12.203	4.000	2.000
15	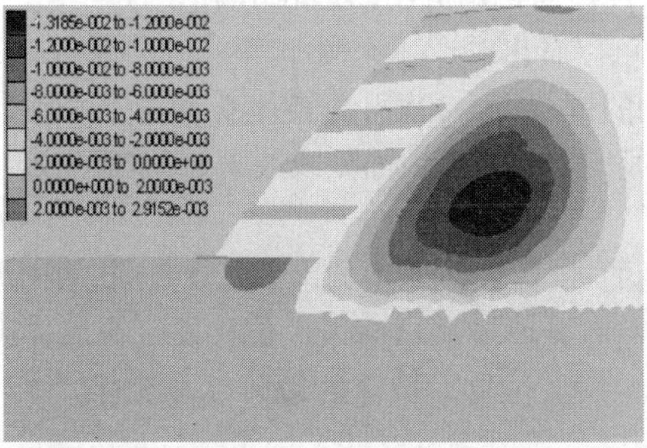	2.915	13.185	2.915	2.000
17	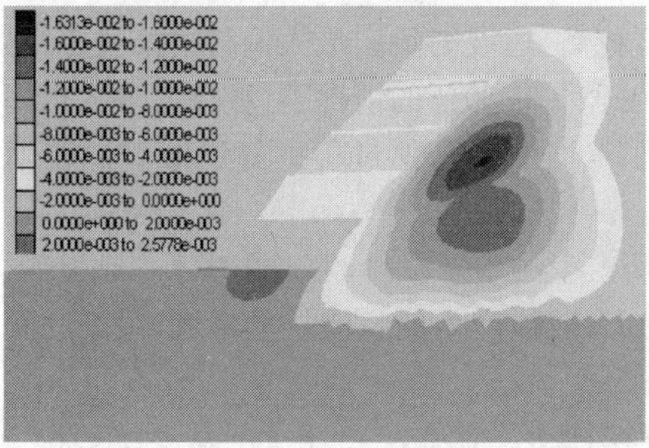	2.577	16.313	2.577	8.000

续上表

含水率(%)	X 位移云图	坡体正位移最大值(mm)	坡体负位移最大值(mm)	坡面正位移最大值(mm)	坡面负位移最大值(mm)
20	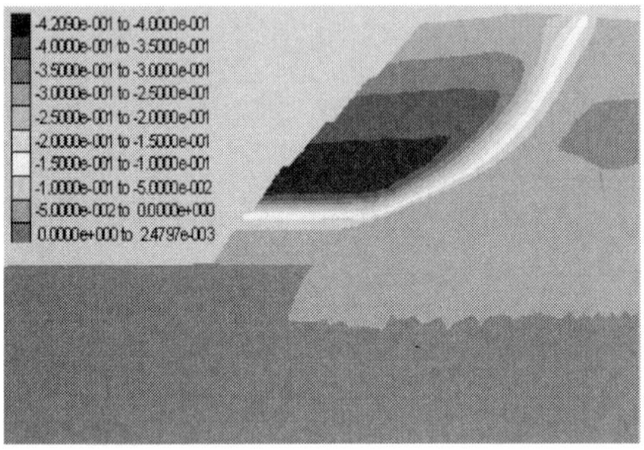	2.479	420.90	0	420.90
25	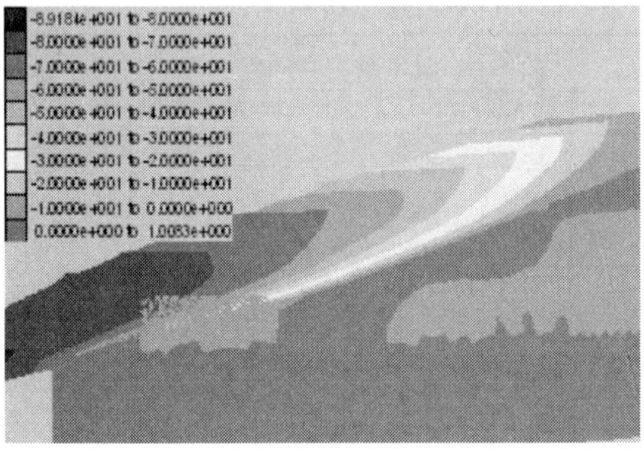	失稳 计算不收敛	失稳 计算不收敛	失稳 计算不收敛	失稳 计算不收敛
30		失稳	失稳	失稳	失稳

将表 11.8-17～表 11.8-22 中的坡体最大位移变化趋势用图形表示见图 11.8-63。

从表 11.8-17～表 11.8-22 和图 11.8-63 可以看出：

①在各个含水率的工况下，随着开挖活动的进行，第一次开挖产生扰动的水平正向(指向坡体外)位移最大，而且最大水平正向位移一般发生在开挖坡面处或坡脚处(坡面上)。最大水平正向位移达到 5.877mm。

②在各个含水率的工况下，随着开挖活动的进行，坡体产生的水平扰动负向(指向坡体内)位移增加，到五次开挖后，最大位移到 16mm 左右。坡体的负向最大位移发生在坡体内(含水率 20%除外)，坡面的最大位移远远小于坡体内最大位移。坡体的最大位移没有贯穿坡面，所以在此种情况下，边坡不会发生滑移坍塌。

③坡体在含水率为 20%时，在二级台阶开挖后，边坡的负向最大位移增长显著，第四次开挖和第五次开挖对坡体水平位移扰动显著。在含水率 20%的情况下，坡体的最大负向位移贯穿整个坡面，边坡出现开挖滑动区，此种情况下，坡体在开挖过程中如不做支护加固是很危险的。

④比较各个含水率在每一步开挖过程后所产生的水平位移，发现在含水率越低的情况下，坡体产生的正向扰动最大，而随着含水率的增大，坡体产生的负向扰动增大，边坡的安全系数也随着降低。

(2)不同含水率下边坡的竖向方向位移开挖扰动效应见表 11.8-23～表 11.8-28。

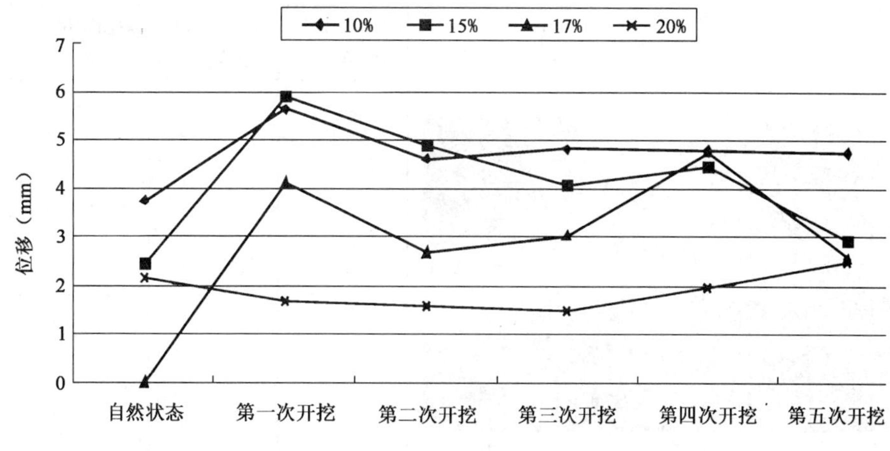

a)不同含水率下坡体开挖扰动下的水平位移（正向）

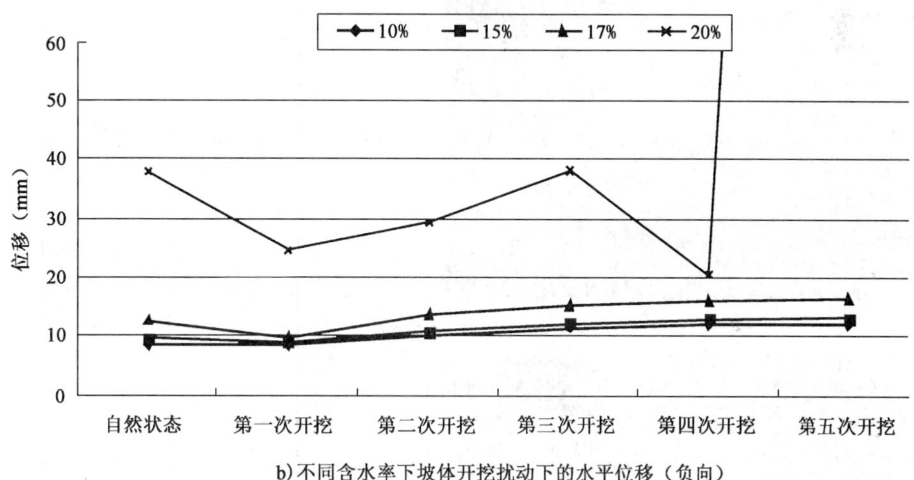

b)不同含水率下坡体开挖扰动下的水平位移（负向）

图 11.8-63　不同含水率下坡体开挖扰动下的水平位移

自然状态下不同含水率下边坡竖向位移开挖扰动效应　　　　表 11.8-23

含水率（%）	Y 位移云图	坡体正位移最大值(mm)	坡体负位移最大值(mm)	坡面正位移最大值(mm)	坡面负位移最大值(mm)
10	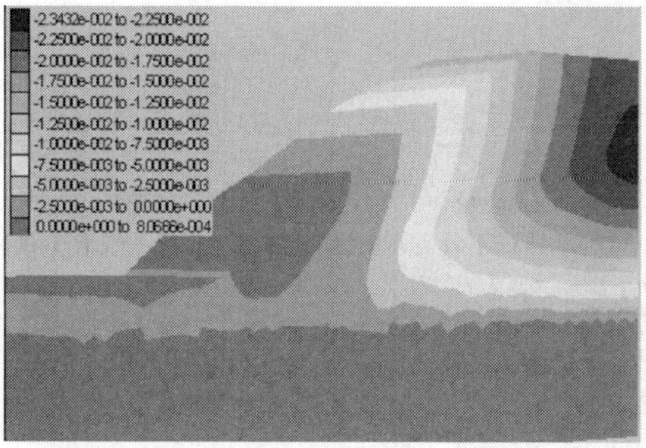 -2.3432e-002 to -2.2500e-002 -2.2500e-002 to -2.0000e-002 -2.0000e-002 to -1.7500e-002 -1.7500e-002 to -1.5000e-002 -1.5000e-002 to -1.2500e-002 -1.2500e-002 to -1.0000e-002 -1.0000e-002 to -7.5000e-003 -7.5000e-003 to -5.0000e-003 -5.0000e-003 to -2.5000e-003 -2.5000e-003 to 0.0000e+000 0.0000e+000 to 8.0666e-004	0	23.432	0	15.000

续上表

含水率（%）	Y 位移云图	坡体正位移最大值(mm)	坡体负位移最大值(mm)	坡面正位移最大值(mm)	坡面负位移最大值(mm)
15	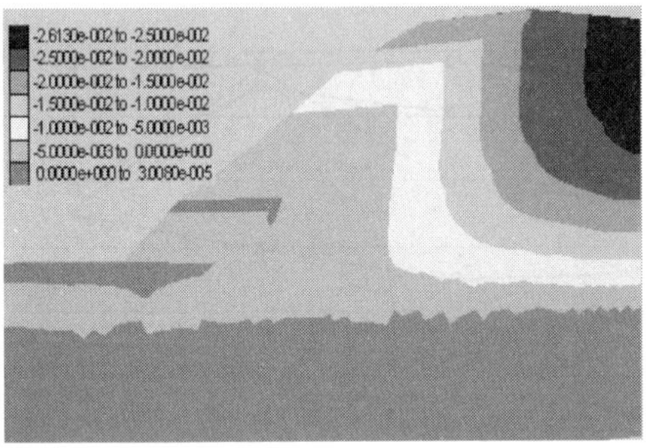	0	26.130	0	15.000
17	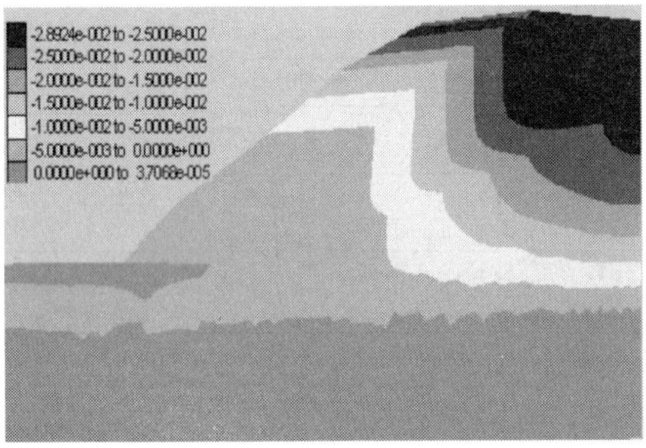	0	28.924	0	25.000
20	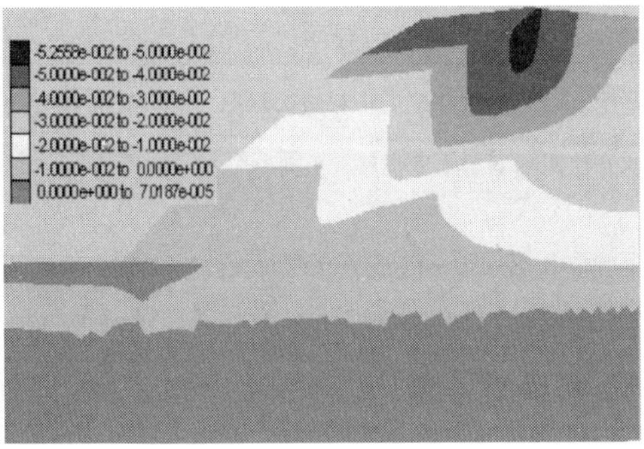	0	52.558	0	50.000
25	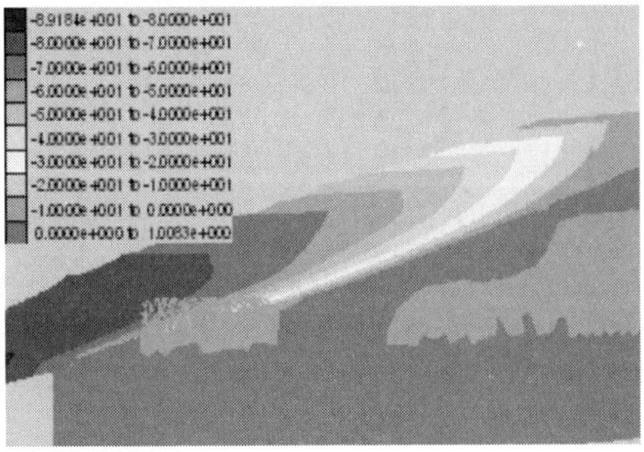	失稳 计算不收敛	失稳 计算不收敛	失稳 计算不收敛	失稳 计算不收敛
30		失稳	失稳	失稳	失稳

五级台阶开挖后表不同含水率下边坡竖向位移开挖扰动效应 表 11.8-24

含水率(%)	Y 位移云图	坡体正位移最大值(mm)	坡体负位移最大值(mm)	坡面正位移最大值(mm)	坡面负位移最大值(mm)
10	-2.3703e-002 to -2.2500e-002 -2.2500e-002 to -2.0000e-002 -2.0000e-002 to -1.7500e-002 -1.7500e-002 to -1.5000e-002 -1.5000e-002 to -1.2500e-002 -1.2500e-002 to -1.0000e-002 -1.0000e-002 to -7.5000e-003 -7.5000e-003 to -5.0000e-003 -5.0000e-003 to -2.5000e-003 -2.5000e-003 to 0.0000e+000 0.0000e+000 to 2.1933e-003	2.199	23.703	2.199	12.500
15	-2.6654e-002 to -2.5000e-002 -2.5000e-002 to -2.0000e-002 -2.0000e-002 to -1.5000e-002 -1.5000e-002 to -1.0000e-002 -1.0000e-002 to -5.0000e-003 -5.0000e-003 to 0.0000e+000 0.0000e+000 to 1.0207e-004	0	26.654	0	12.500
17	-2.8214e-002 to -2.5000e-002 -2.5000e-002 to -2.0000e-002 -2.0000e-002 to -1.5000e-002 -1.5000e-002 to -1.0000e-002 -1.0000e-002 to -5.0000e-003 -5.0000e-003 to 0.0000e+000 0.0000e+000 to 3.1575e-005	0	28.214	0	25.000
20	-4.4779e-002 to -4.0000e-002 -4.0000e-002 to -3.5000e-002 -3.5000e-002 to -3.0000e-002 -3.0000e-002 to -2.5000e-002 -2.5000e-002 to -2.0000e-002 -2.0000e-002 to -1.5000e-002 -1.5000e-002 to -1.0000e-002 -1.0000e-002 to -5.0000e-003 -5.0000e-003 to 0.0000e+000 0.0000e+000 to 6.2031e-005	0	44.779	0	44.779

续上表

含水率(%)	Y 位移云图	坡体正位移最大值(mm)	坡体负位移最大值(mm)	坡面正位移最大值(mm)	坡面负位移最大值(mm)
25		失稳 计算不收敛	失稳 计算不收敛	失稳 计算不收敛	失稳 计算不收敛
30		失稳	失稳	失稳	失稳

四级台阶开挖后表不同含水率下边坡竖向位移开挖扰动效应 表 11.8-25

含水率(%)	Y 位移云图	坡体正位移最大值(mm)	坡体负位移最大值(mm)	坡面正位移最大值(mm)	坡面负位移最大值(mm)
10	-2.4798e-002 to -2.0000e-002 -2.0000e-002 to -1.5000e-002 -1.5000e-002 to -1.0000e-002 -1.0000e-002 to -5.0000e-003 -5.0000e-003 to 0.0000e+000 0.0000e+000 to 5.0000e-003 5.0000e-003 to 1.0000e-002 1.0000e-002 to 1.3631e-002	13.631	24.798	13.631	15.000
15	-2.7854e-002 to -2.5000e-002 -2.5000e-002 to -2.0000e-002 -2.0000e-002 to -1.5000e-002 -1.5000e-002 to -1.0000e-002 -1.0000e-002 to -5.0000e-003 -5.0000e-003 to 0.0000e+000 0.0000e+000 to 5.0000e-003 5.0000e-003 to 1.0000e-002 1.0000e-002 to 1.4531e-002	14.531	27.854	14.531	20.000
17	-2.9259e-002 to -2.5000e-002 -2.5000e-002 to -2.0000e-002 -2.0000e-002 to -1.5000e-002 -1.5000e-002 to -1.0000e-002 -1.0000e-002 to -5.0000e-003 -5.0000e-003 to 0.0000e+000 0.0000e+000 to 5.0000e-003 5.0000e-003 to 1.0000e-002 1.0000e-002 to 1.4378e-002	14.378	29.259	14.378	25.000

续上表

含水率（%）	Y 位移云图	坡体正位移最大值（mm）	坡体负位移最大值（mm）	坡面正位移最大值（mm）	坡面负位移最大值（mm）
20		0	46.738	0	35.000
25		失稳 计算不收敛	失稳 计算不收敛	失稳 计算不收敛	失稳 计算不收敛
30		失稳	失稳	失稳	失稳

三级台阶开挖后表不同含水率下边坡竖向位移开挖扰动效应 表 11.8-26

含水率（%）	Y 位移云图	坡体正位移最大值（mm）	坡体负位移最大值（mm）	坡面正位移最大值（mm）	坡面负位移最大值（mm）
10		18.597	25.297	18.597	15.000
15		20.327	28.436	20.327	15.000

续上表

含水率（%）	Y 位移云图	坡体正位移最大值(mm)	坡体负位移最大值(mm)	坡面正位移最大值(mm)	坡面负位移最大值(mm)
17	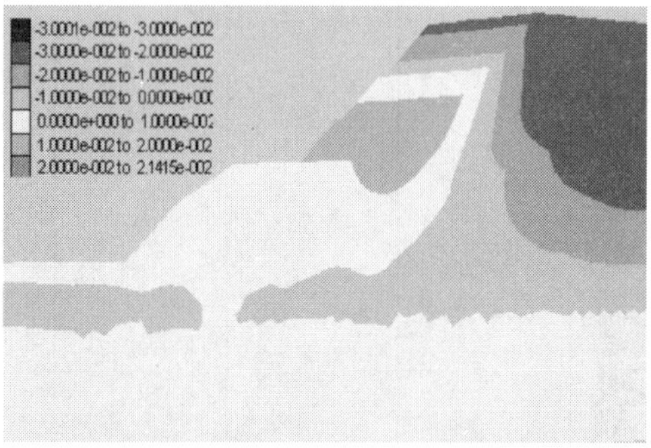	21.415	30.001	21.415	2.000
20	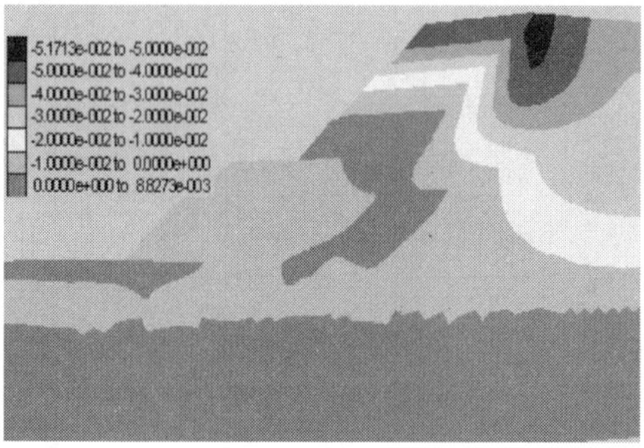	8.827	51.713	8.827	50.000
25	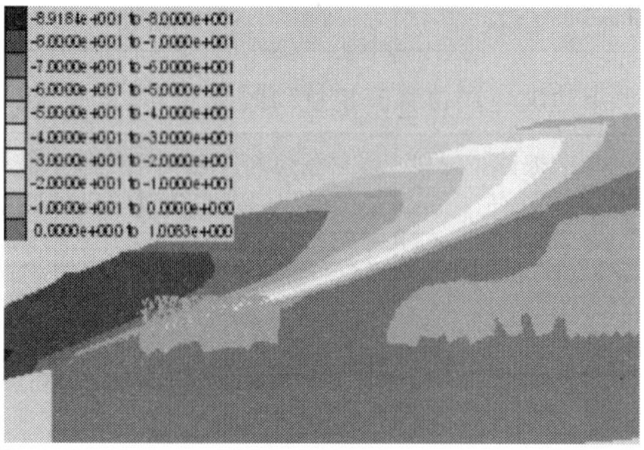	失稳 计算不收敛	失稳 计算不收敛	失稳 计算不收敛	失稳 计算不收敛
30		失稳	失稳	失稳	失稳

二级台阶开挖后表不同含水率下边坡竖向位移开挖扰动效应 表 11.8-27

含水率（%）	Y 位移云图	坡体正位移最大值(mm)	坡体负位移最大值(mm)	坡面正位移最大值(mm)	坡面负位移最大值(mm)
10	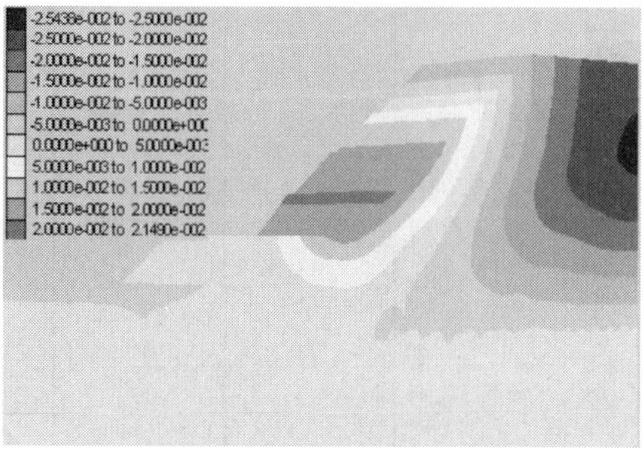	21.490	25.438	21.490	15.000

续上表

含水率（%）	Y 位移云图	坡体正位移最大值(mm)	坡体负位移最大值(mm)	坡面正位移最大值(mm)	坡面负位移最大值(mm)
15	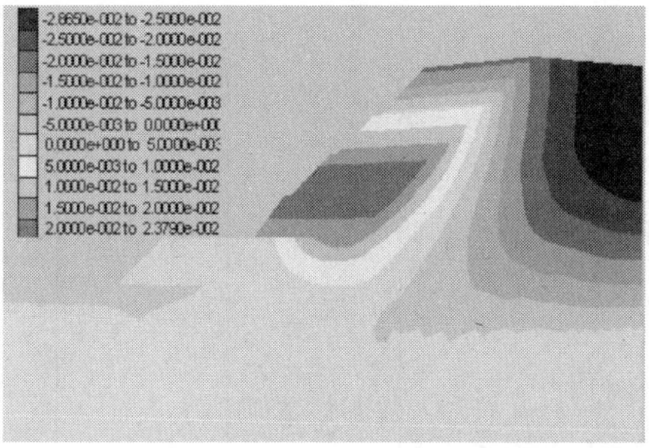	23.790	28.650	23.790	15.000
17	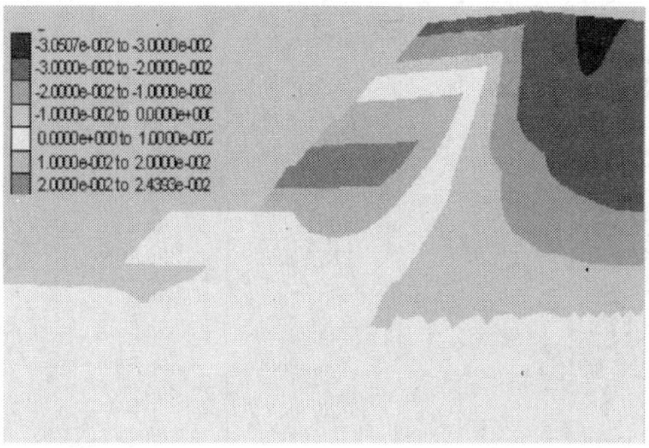	24.393	30.507	24.393	20.000
20	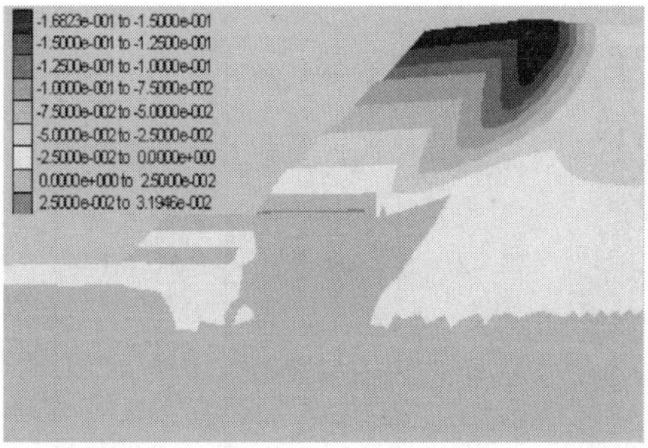	31.946	168.23	31.946	168.23
25	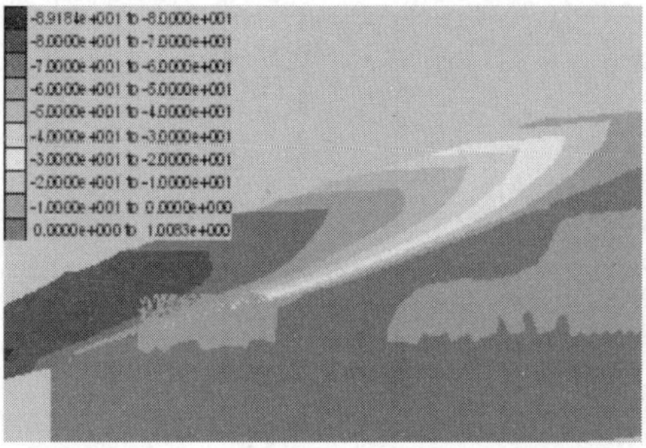	失稳 计算不收敛	失稳 计算不收敛	失稳 计算不收敛	失稳 计算不收敛
30		失稳	失稳	失稳	失稳

一级台阶开挖后表不同含水率下边坡竖向位移开挖扰动效应　　表 11.8-28

含水率（%）	Y位移云图	坡体正位移最大值(mm)	坡体负位移最大值(mm)	坡面正位移最大值(mm)	坡面负位移最大值(mm)
10		21.599	25.469	21.599	15.000
15		23.868	28.725	23.868	15.000
17		24.421	30.727	24.421	20.000
20		28.308	315.07	28.308	315.07

续上表

含水率(%)	Y 位移云图	坡体正位移最大值(mm)	坡体负位移最大值(mm)	坡面正位移最大值(mm)	坡面负位移最大值(mm)
25		失稳 计算不收敛	失稳 计算不收敛	失稳 计算不收敛	失稳 计算不收敛
30		失稳	失稳	失稳	失稳

将表 11.8-23～表 11.8-28 中的坡体最大位移变化趋势用图形表示见图 11.8-64。

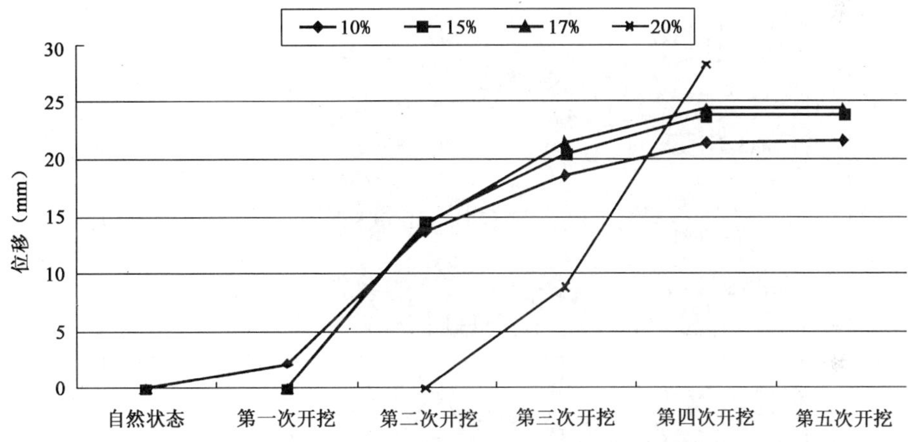

a) 不同含水率下坡体开挖扰动下的竖向位移（正向）

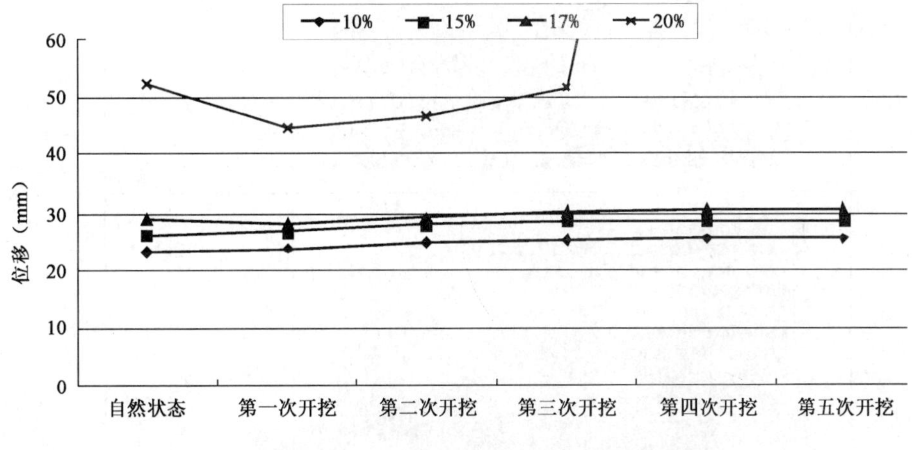

b) 不同含水率下坡体开挖扰动下的竖向位移（负向）

图 11.8-64　不同含水率下坡体开挖扰动下的竖向位移

从表 11.8-23～13.1-28 和图 11.8-64 可以得到以下结论：

①在各个含水率的工况下，随着开挖的进行，坡体出现拱起现象，出现拱起部位为坡面位置。第一次开挖产生的拱起扰动效应较小，第二次开挖后，出现的拱起位移达到 15mm 左右，拱起的部位为开挖台阶处。后三步开挖活动的进行，对坡体也产生拱起扰动效应，但扰动效应较第二步开挖小，扰动范围扩大到整个开挖坡面。

②当含水率为 17％或低于 17％时，坡体的最大沉降位移受开挖扰动较小，各个含水率在各个开挖步时的坡体最大沉降位移也区别不大。

③当含水率为 20％时，坡体出现的扰动效应显著，到第五次开挖后，坡体的竖直正向位移达到 28mm，沉降达到 315mm，变形超过边坡稳定的容许值，且竖向位移的最大值也贯穿整个坡面，边坡出现破坏。

(3)不同含水率下边坡的最小主应力开挖扰动效应见表 11.8-29～表 11.8-34。

自然状态下不同含水率下边坡最小主应力开挖扰动效应 表 11.8-29

含水率(％)	最小主应力云图	压应力(Pa)	拉应力(Pa)
10	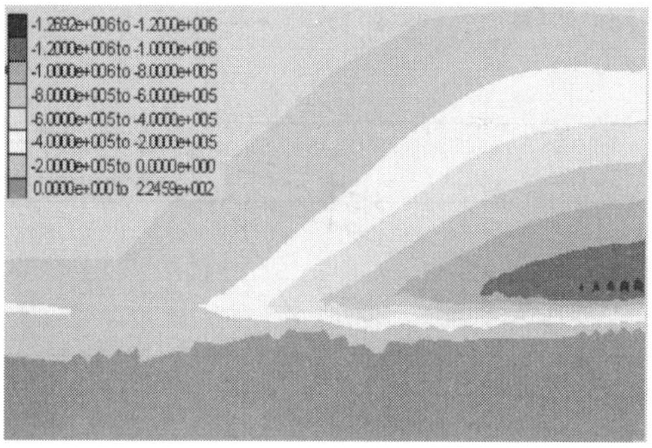	－1.269	0
15	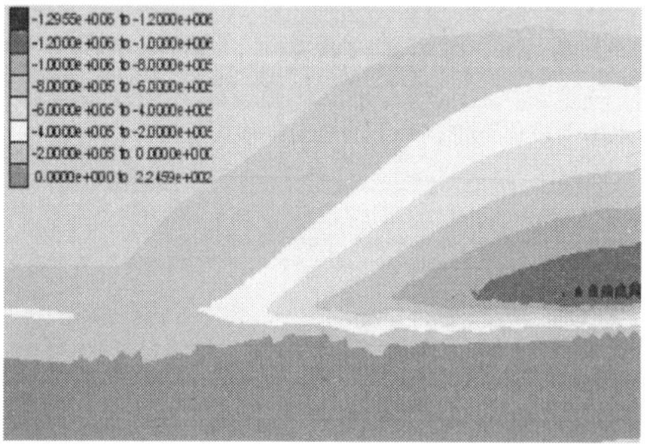	－1.296	0
17	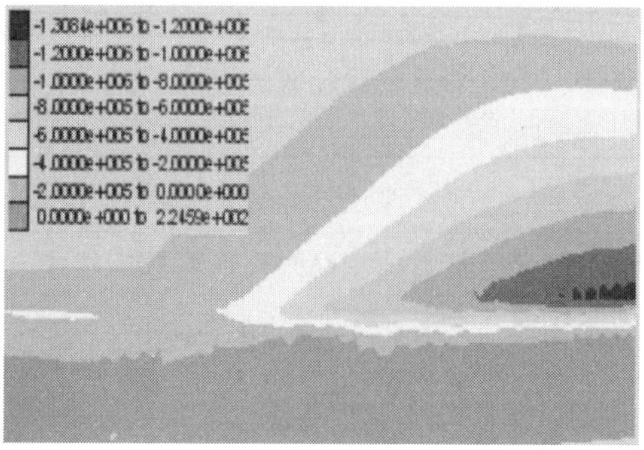	－1.308	0

续上表

含水率(%)	最小主应力云图	压应力(Pa)	拉应力(Pa)
20	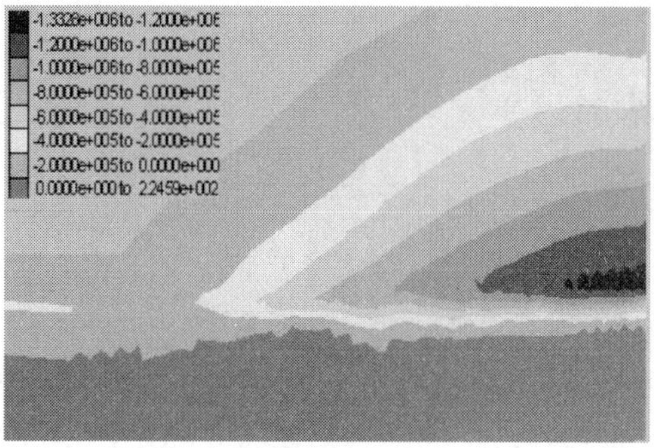	−1.333	0
25		失稳	失稳
30		失稳	失稳

五级台阶开挖后不同含水率下边坡最小主应力开挖扰动效应 表 11.8-30

含水率(%)	最小主应力云图	压应力(Pa)	拉应力(Pa)
10	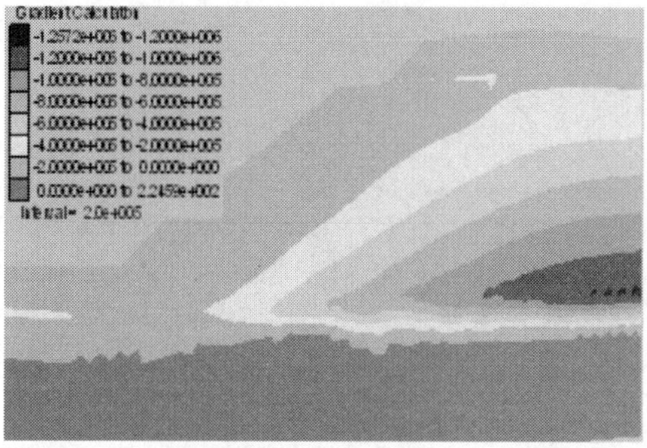	−1.257	0
15	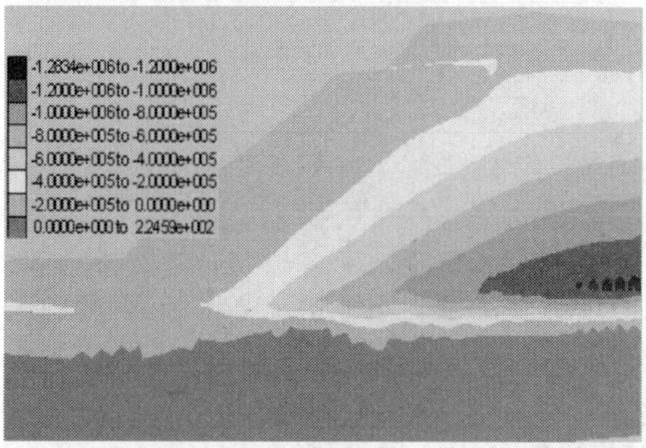	−1.283	0
17	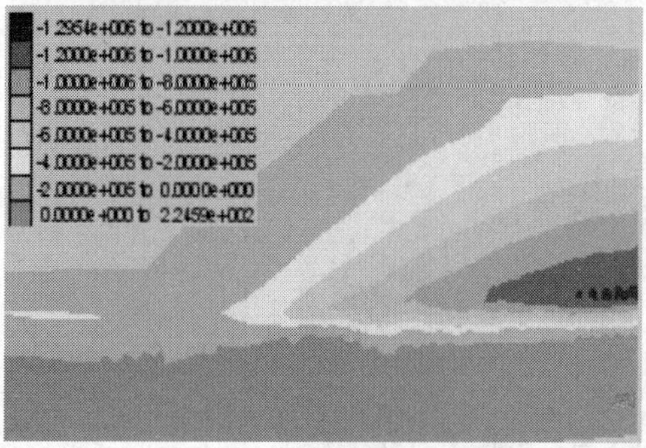	−1.295	0

续上表

含水率(%)	最小主应力云图	压应力(Pa)	拉应力(Pa)
20	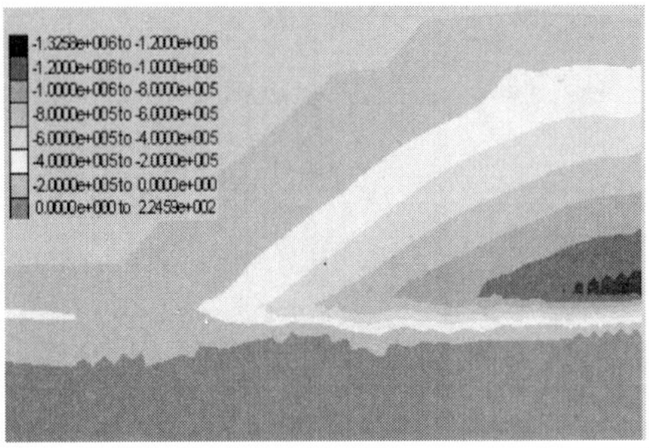	−1.326	0
25		失稳	失稳
30		失稳	失稳

四级台阶开挖后不同含水率下边坡最小主应力开挖扰动效应 表 11.8-31

含水率(%)	最小主应力云图	压应力(Pa)	拉应力(Pa)
10	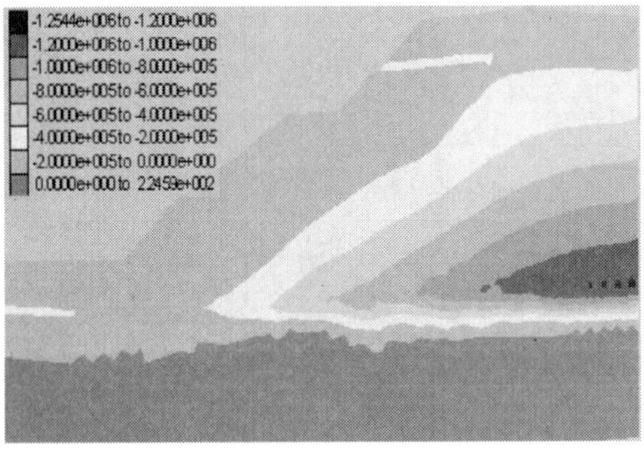	−1.256	0
15	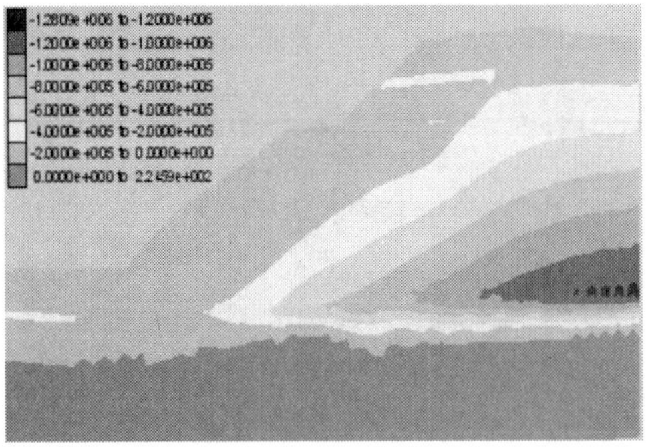	−1.281	0
17	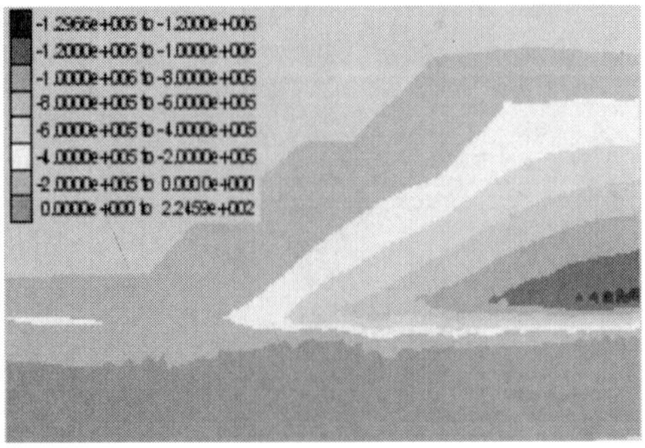	−1.297	0

续上表

含水率(%)	最小主应力云图	压应力(Pa)	拉应力(Pa)
20		－1.329	0
25		失稳	失稳
30		失稳	失稳

三级台阶开挖后不同含水率下边坡最小主应力开挖扰动效应 表 11.8-32

含水率(%)	最小主应力云图	压应力(Pa)	拉应力(Pa)
10		－1.256	0
15		－1.282	0
17		－1.296	0

续上表

含水率(%)	最小主应力云图	压应力(Pa)	拉应力(Pa)
20		−1.332	0
25		失稳	失稳
30		失稳	失稳

二级台阶开挖后不同含水率下边坡最小主应力开挖扰动效应 表 11.8-33

含水率(%)	最小主应力云图	压应力(Pa)	拉应力(Pa)
10		−1.257	0
15		−1.283	0
17		−1.299	0

续上表

含水率(%)	最小主应力云图	压应力(Pa)	拉应力(Pa)
20	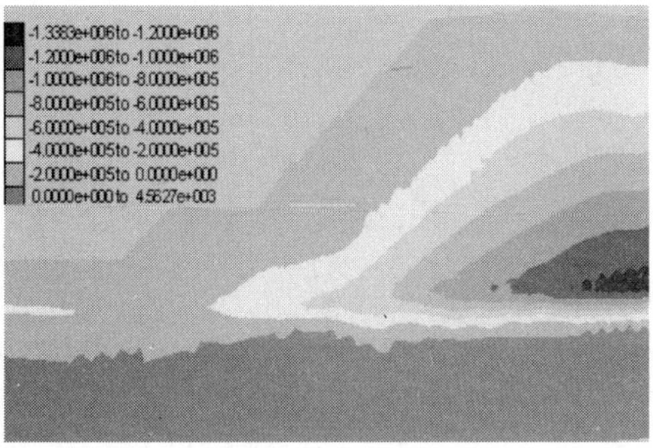	−1.338	0
25		失稳	失稳
30		失稳	失稳

一级台阶开挖后不同含水率下边坡最小主应力开挖扰动效应 表 11.8-34

含水率(%)	最小主应力云图	压应力(Pa)	拉应力(Pa)
10	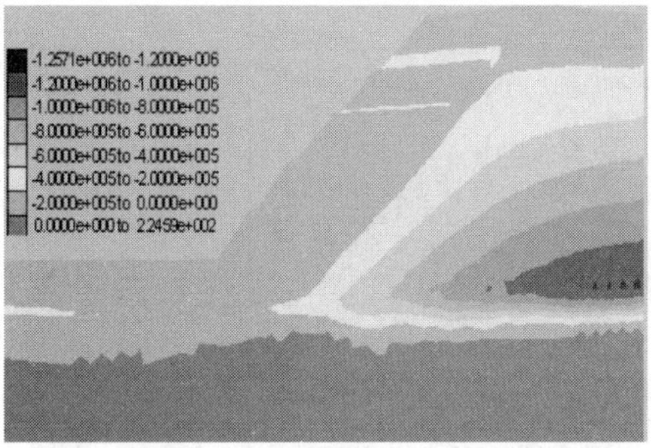	−1.257	0
15	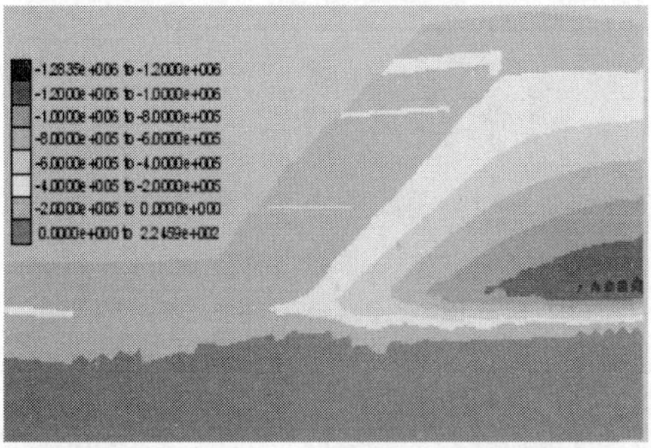	−1.284	0
17		−1.299	0.064

续上表

含水率(%)	最小主应力云图	压应力(Pa)	拉应力(Pa)
20	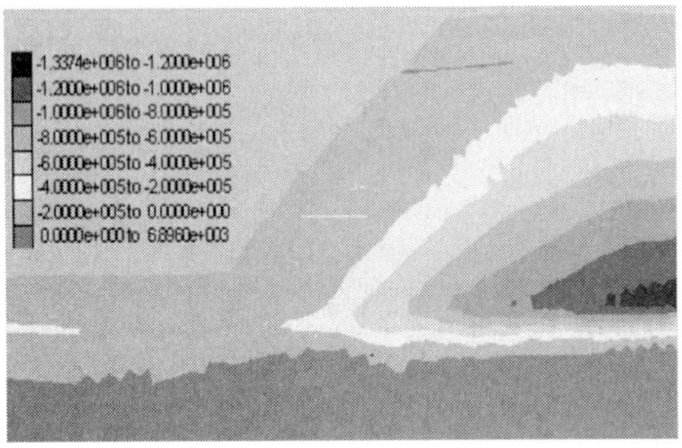	−1.337	0.064
25		失稳	失稳
30		失稳	失稳

(4)不同含水率下边坡的最大主应力开挖扰动效应见表 11.8-35～表 11.8-40。

自然状态下不同含水率下边坡最大主应力开挖扰动效应 表 11.8-35

含水率(%)	最大主应力云图	压应力(Pa)	拉应力(Pa)
10	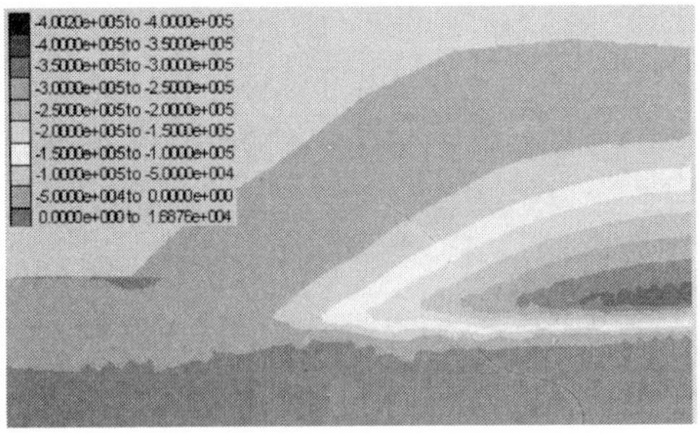	−0.400	0.017
15	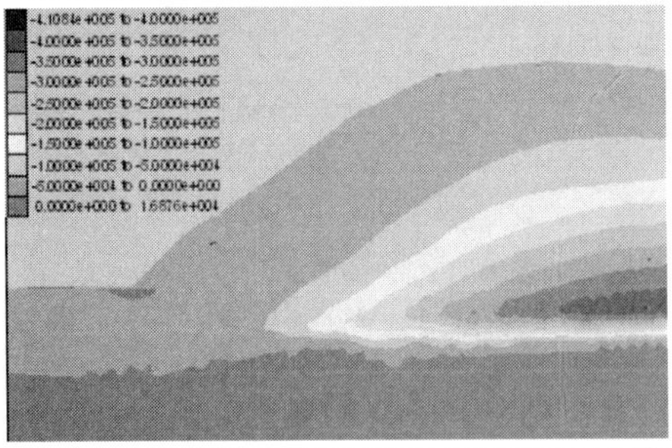	−0.411	0
17	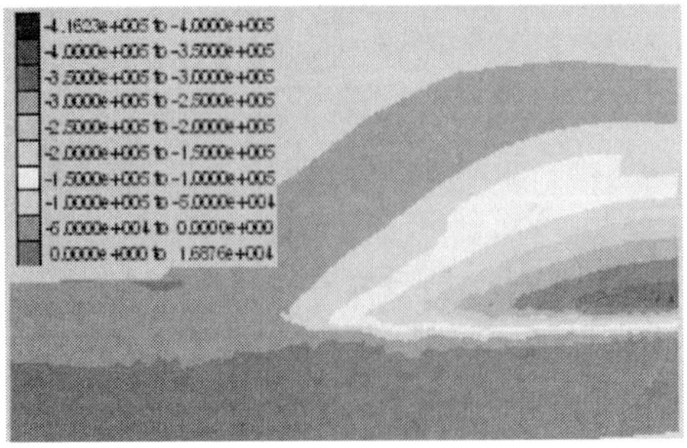	−0.416	0

续上表

含水率(%)	最小主应力云图	压应力(Pa)	拉应力(Pa)
20	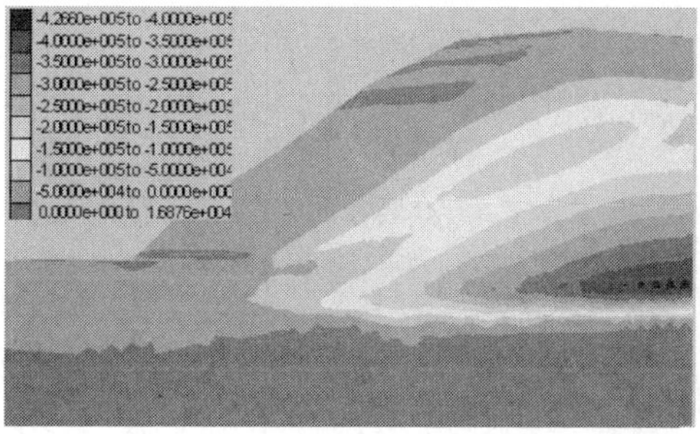	－0.427	0.170
25		失稳	失稳
30		失稳	失稳

五级台阶开挖后不同含水率下边坡最大主应力开挖扰动效应 表 11.8-36

含水率(%)	最大主应力云图	压应力(Pa)	拉应力(Pa)
10	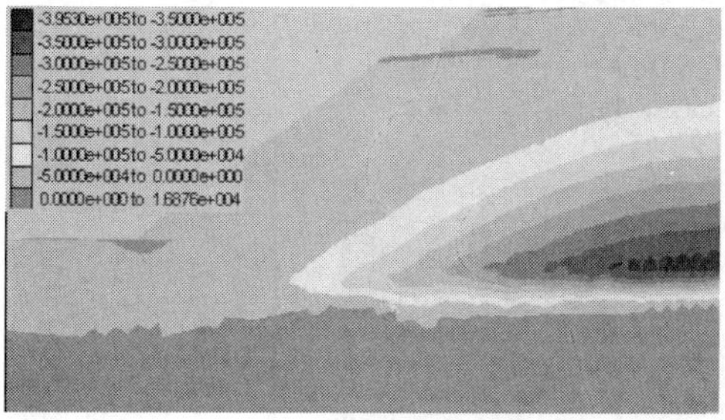	－0.395	0.017
15	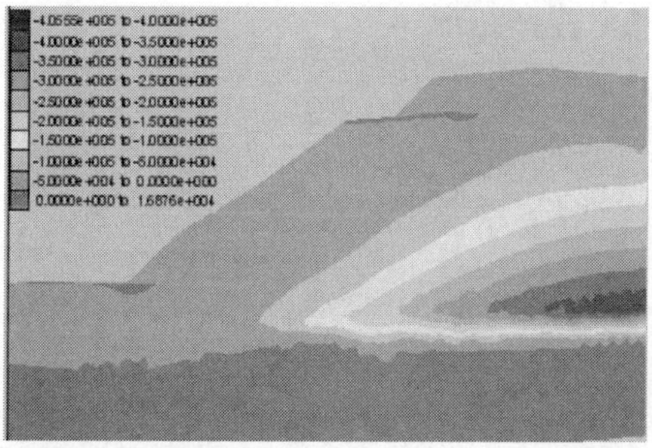	－0.406	0.017
17	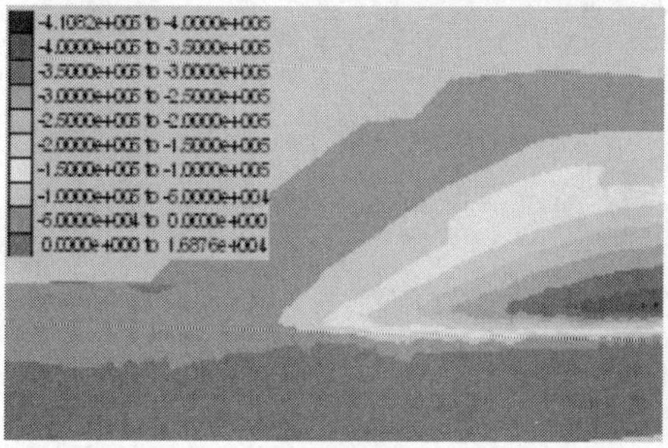	－0411	0.017

续上表

含水率(%)	最小主应力云图	压应力(Pa)	拉应力(Pa)
20	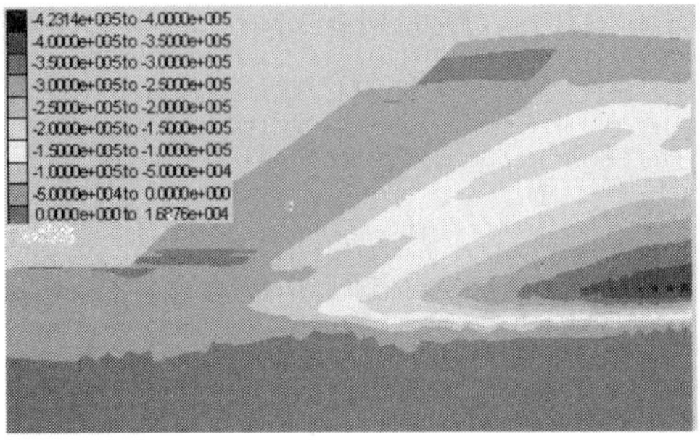	−0.423	0.017
25		失稳	失稳
30		失稳	失稳

四级台阶开挖后不同含水率下边坡最大主应力开挖扰动效应 表 11.8-37

含水率(%)	最大主应力云图	压应力(Pa)	拉应力(Pa)
10	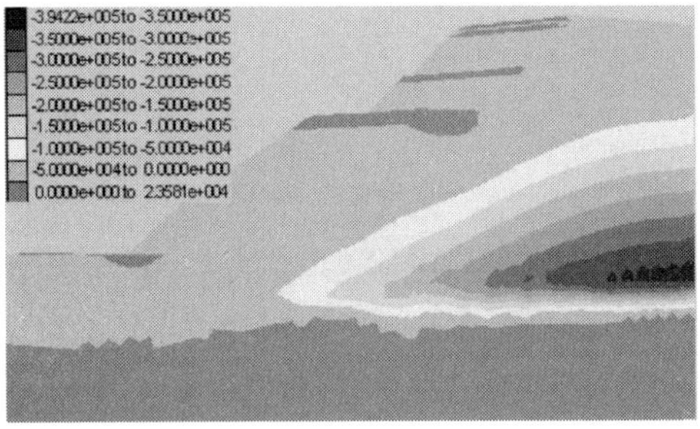	−0.394	0.023
15	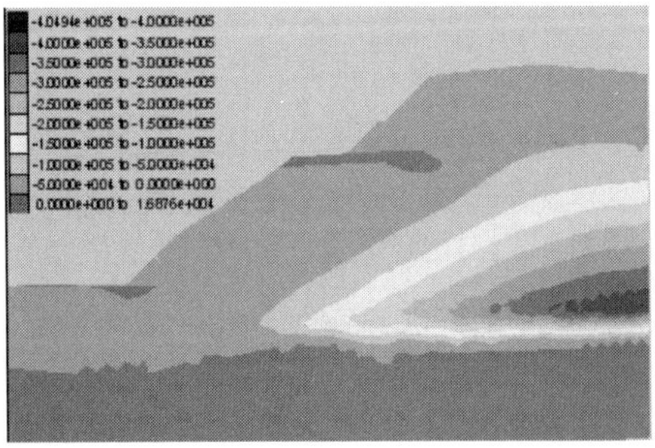	−0.405	0.017
17	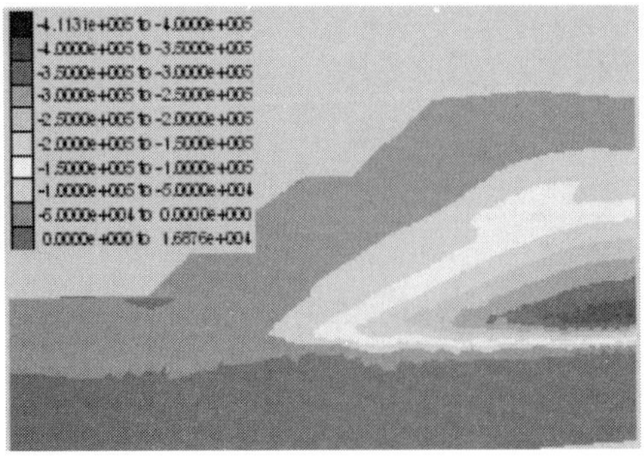	−0.411	0.017

续上表

含水率(%)	最小主应力云图	压应力(Pa)	拉应力(Pa)
20		−0.424	0.017
25		失稳	失稳
30		失稳	失稳

三级台阶开挖后不同含水率下边坡最大主应力开挖扰动效应 表 11.8-38

含水率(%)	最大主应力云图	压应力(Pa)	拉应力(Pa)
10		−0.395	0.038
15		−0.406	0.017
17		−0.412	0.017

续上表

含水率(%)	最小主应力云图	压应力(Pa)	拉应力(Pa)
20	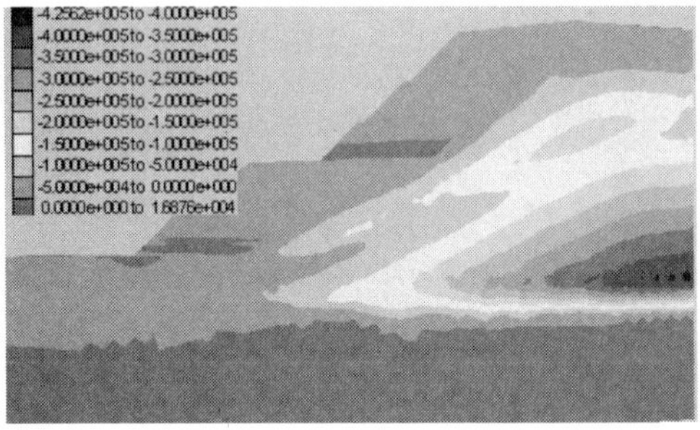	−0.426	0.017
25		失稳	失稳
30		失稳	失稳

二级台阶开挖后不同含水率下边坡最大主应力开挖扰动效应 表 11.8-39

含水率(%)	最大主应力云图	压应力(Pa)	拉应力(Pa)
10	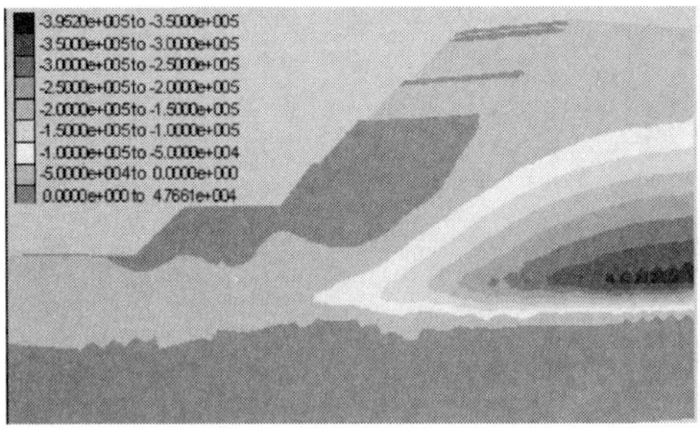	−0.395	0.048
15	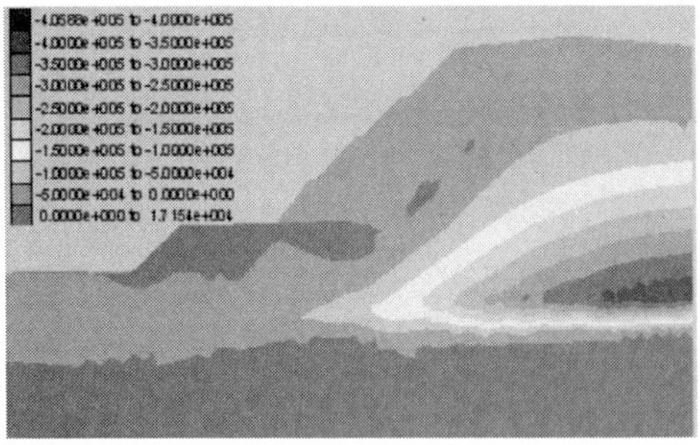	−0.406	0.017
17	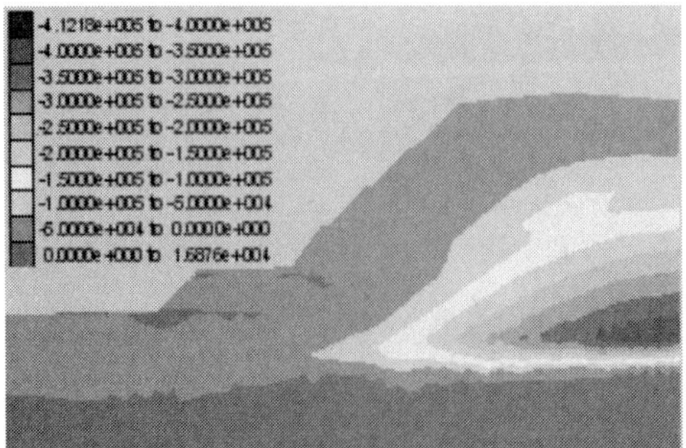	−0.412	0.017

续上表

含水率(%)	最小主应力云图	压应力(Pa)	拉应力(Pa)
20	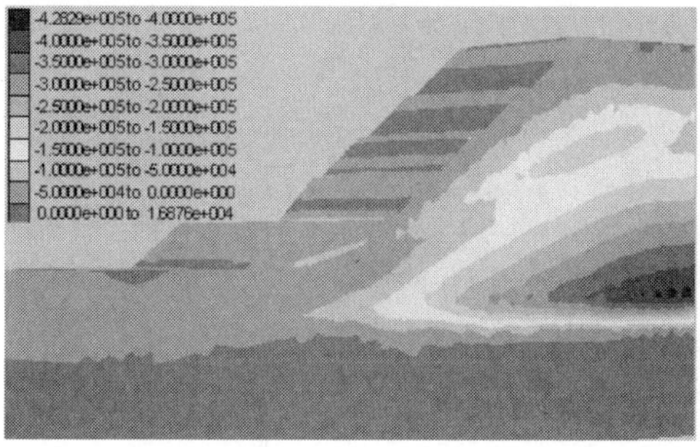	−0.428	0.017
25		失稳	失稳
30		失稳	失稳

一级台阶开挖后不同含水率下边坡最大主应力开挖扰动效应 表 11.8-40

含水率(%)	最大主应力云图	压应力(Pa)	拉应力(Pa)
10	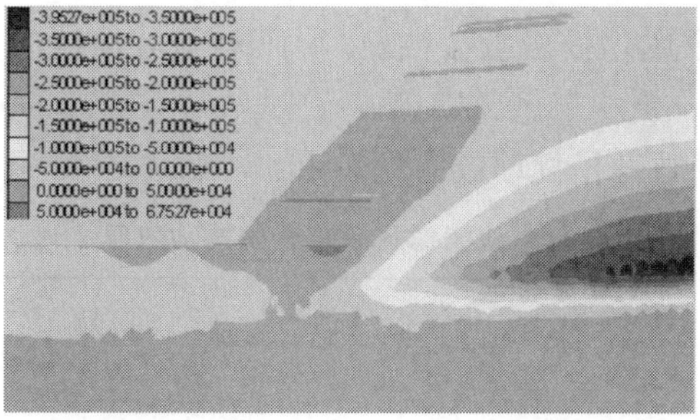	−0.396	0.068
15	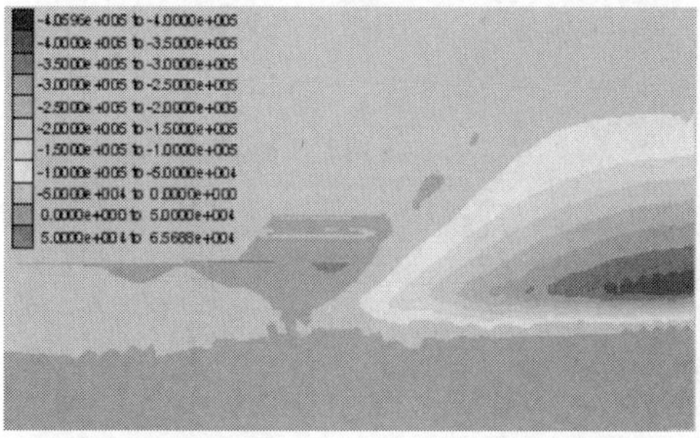	−0.406	0.065
17	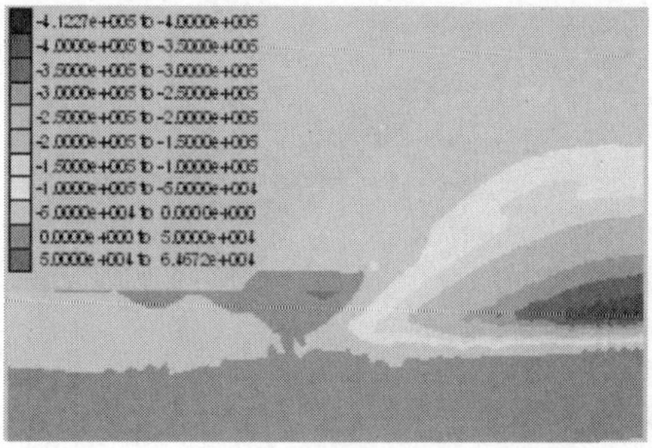	−0.412	0.065

续上表

含水率(%)	最小主应力云图	压应力(Pa)	拉应力(Pa)
20	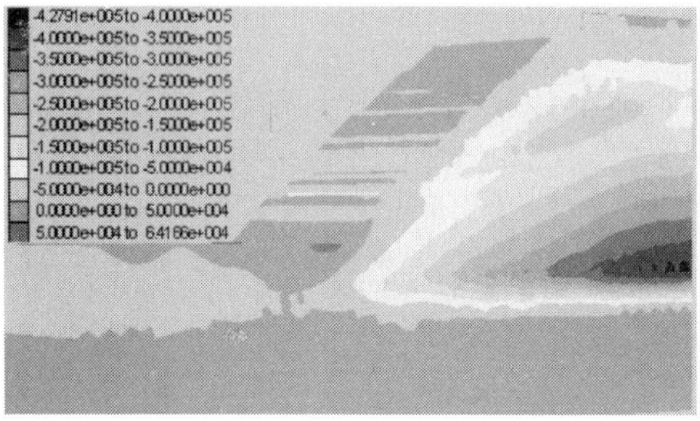	−0.428	0.064
25		失稳	失稳
30		失稳	失稳

从表 11.8-29～表 11.8-40 中各含水率下各级台阶开挖后坡体的主应力可以看出，开挖和含水率对坡体的主应力影响较小。随着开挖的进行，在坡面上出现了小范围的拉应力区域，含水率越低，出现的拉应力越大，在含水率为 10%的情况下，拉应力由五级台阶开挖后的 0.017MPa增加大 0.068MPa，由于全风化板岩抗拉性弱，所以对于坡面拉应力在施工中应引起注意。

(5)不同含水率下边坡的稳定系数开挖扰动效应见表 11.8-41。

不同开挖阶段不同含水率下边坡稳定系数开挖扰动效应 表 11.8-41

开挖状态	含水率(%)	滑面图	稳定系数	
			有限元法	极限平衡法
自然状态	10	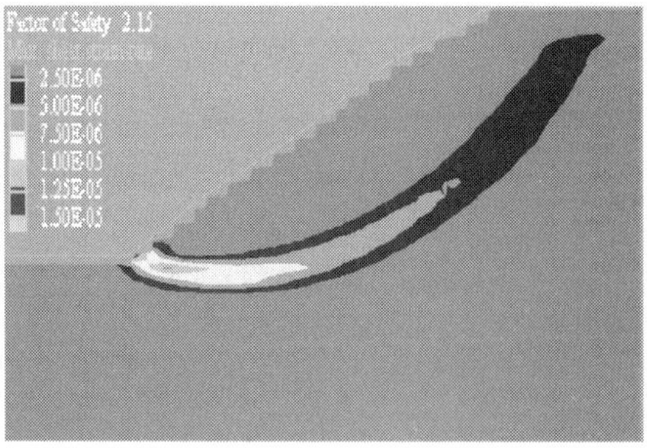	2.15	2.233
	15	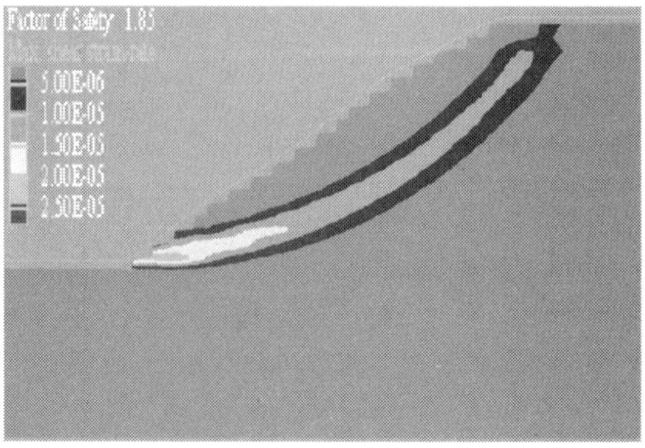	1.85	1.867

续上表

开挖状态	含水率(%)	滑面图	稳定系数	
			有限元法	极限平衡法
自然状态	17	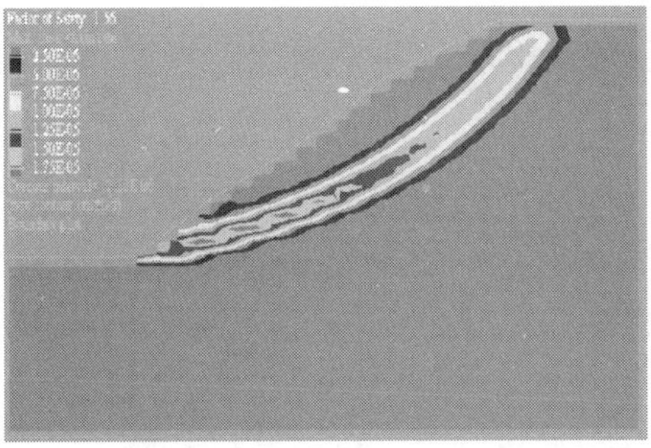	1.56	1.551
	20	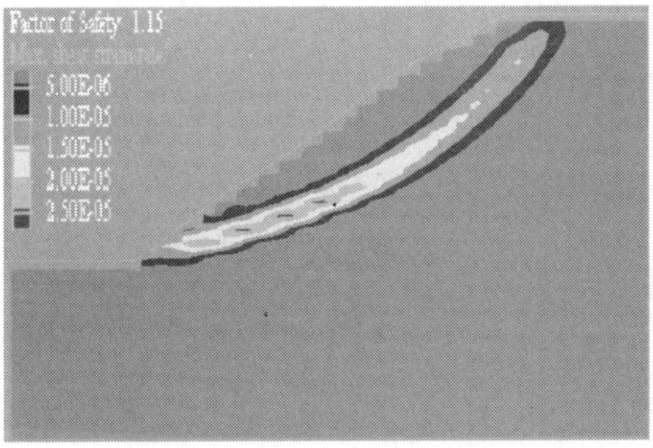	1.15	1.140
	25	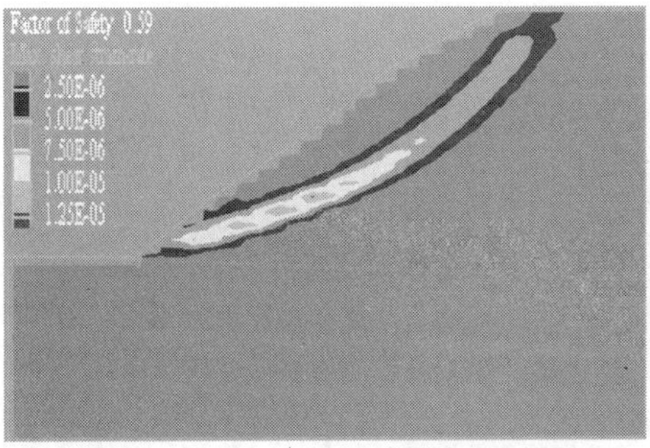	0.59	0.586
	30	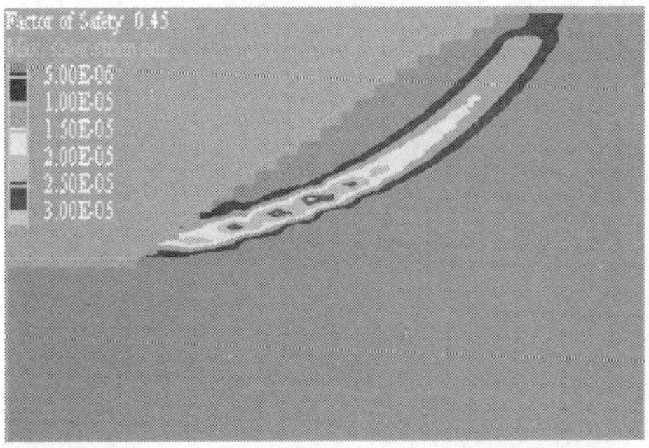	0.45	0.442

续上表

开挖状态	含水率(%)	滑 面 图	稳 定 系 数	
			有限元法	极限平衡法
五级台阶开挖后	10		2.20	2.328
	15	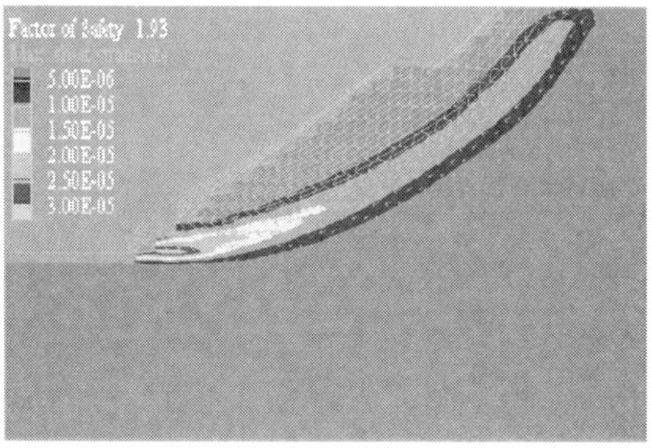	1.93	1.936
	17	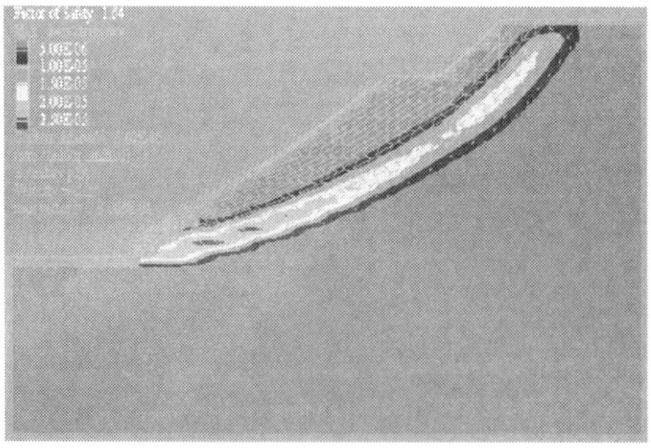	1.64	1.648
	20	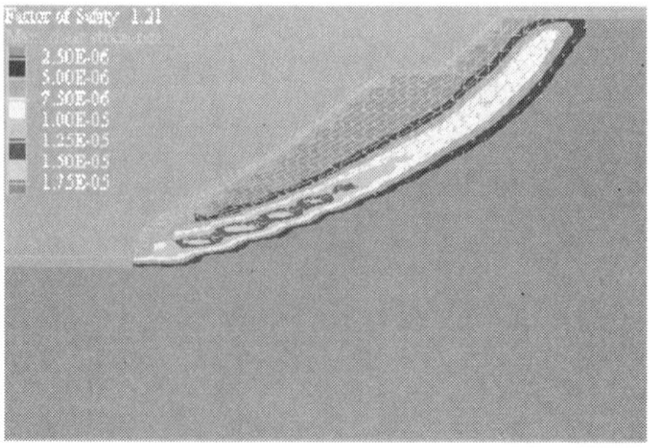	1.21	1.201

续上表

开挖状态	含水率(%)	滑　面　图	稳 定 系 数	
			有限元法	极限平衡法
五级台阶开挖后	25	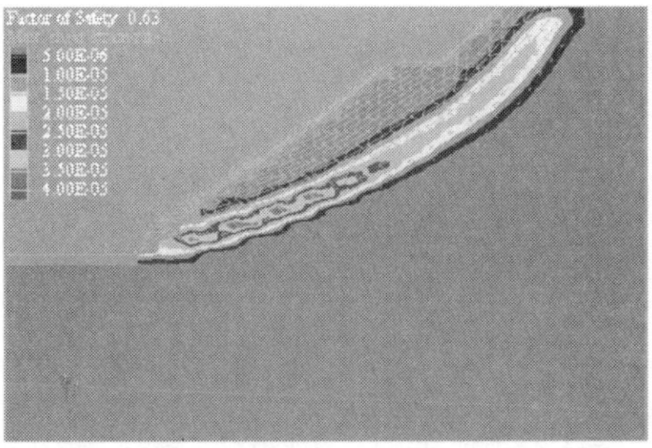	0.63	0.617
	30	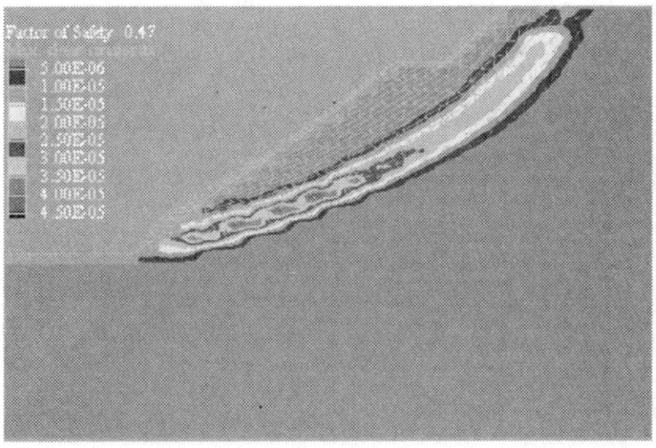	0.47	0.469
四级台阶开挖后	10	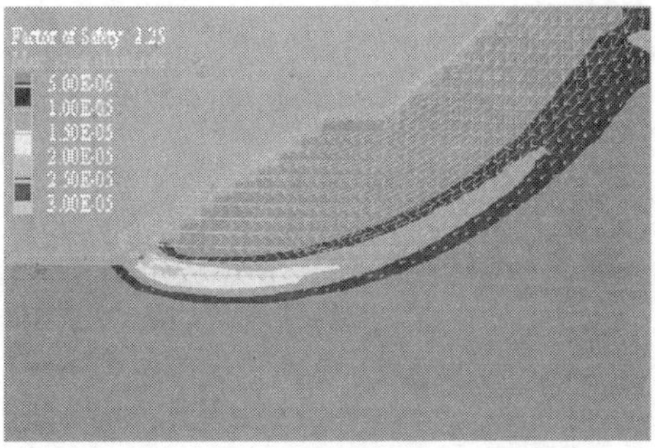	2.25	2.449
	15	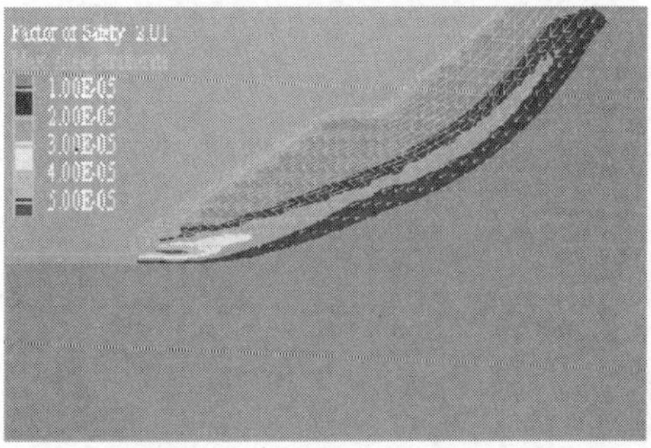	2.01	2.032

续上表

开挖状态	含水率(%)	滑面图	稳定系数	
			有限元法	极限平衡法
四级台阶开挖后	17	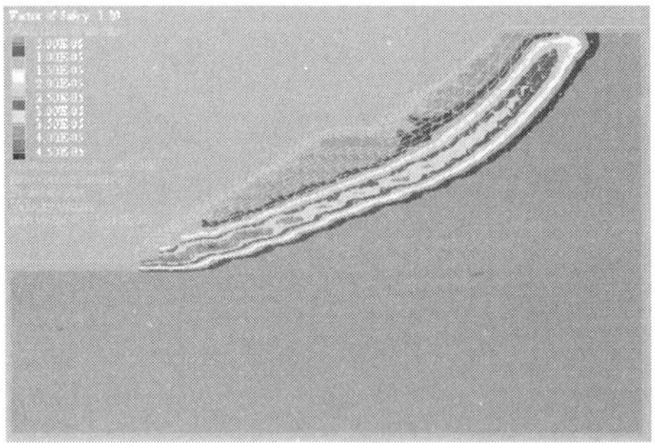	1.70	1.772
	20	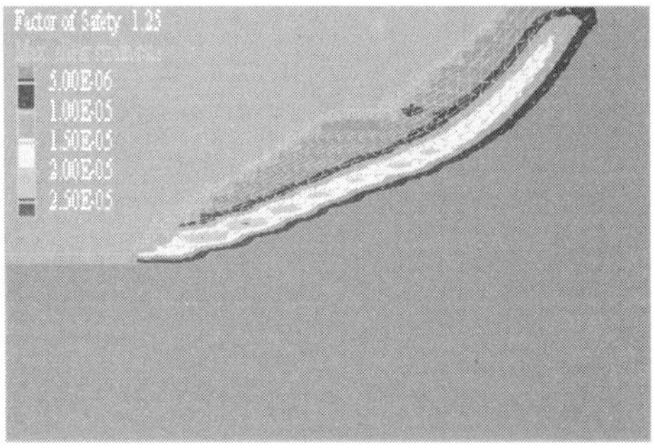	1.25	1.201
	25	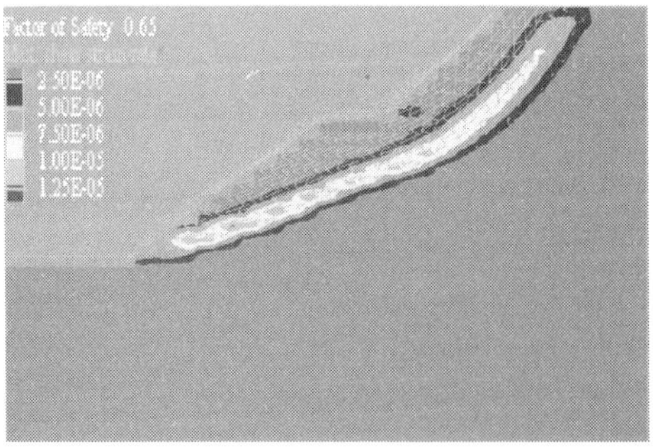	0.65	0.617
	30	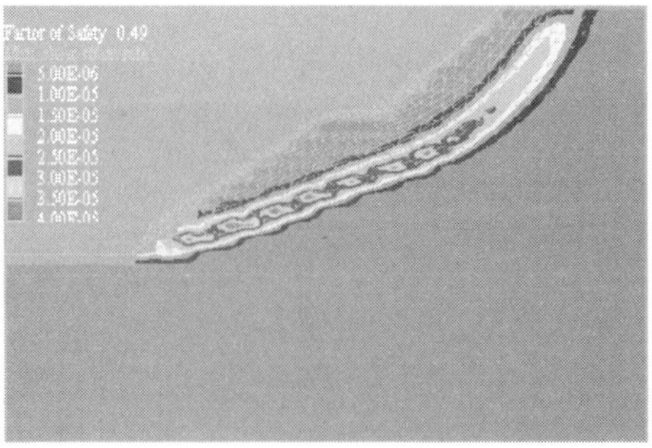	0.49	0.469

续上表

开挖状态	含水率(%)	滑　面　图	稳定系数	
			有限元法	极限平衡法
三级台阶开挖后	10	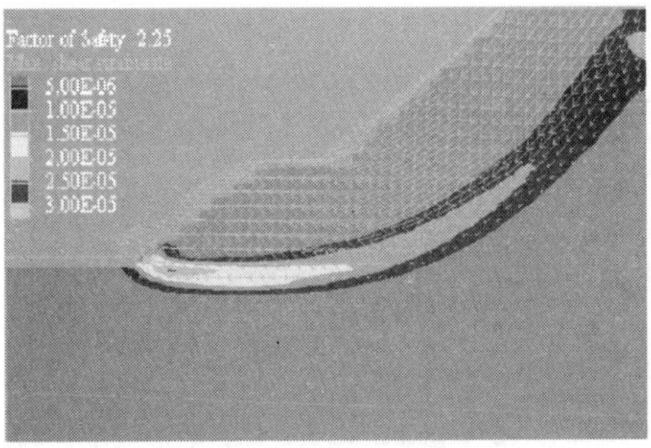	2.25	2.591
	15	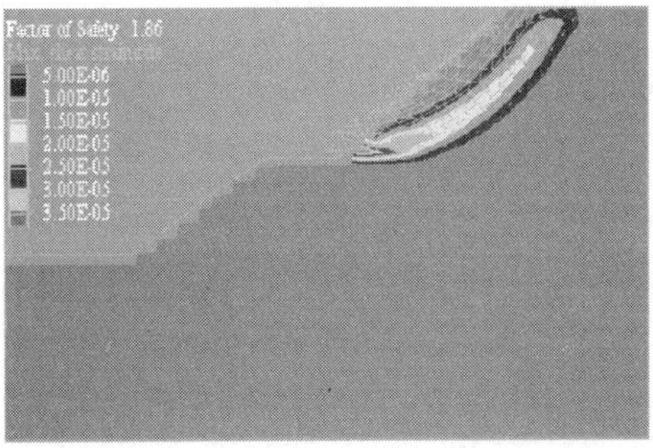	1.86	2.000
	17		1.55	1.613
	20		1.14	1.206

续上表

开挖状态	含水率(%)	滑　面　图	稳 定 系 数	
			有限元法	极限平衡法
三级台阶开挖后	25	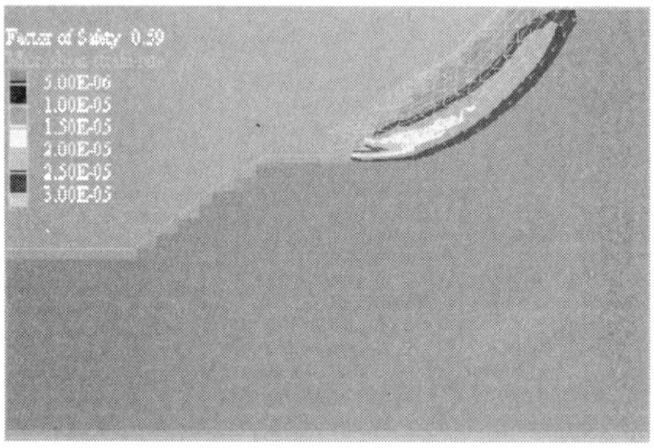	0.59	0.621
	30	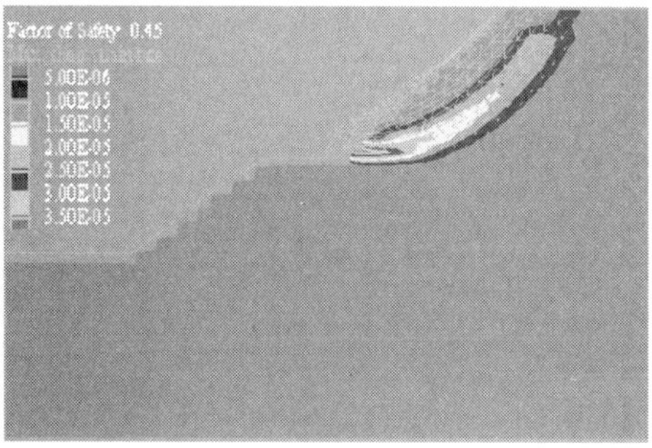	0.45	0.477
二级台阶开挖后	10	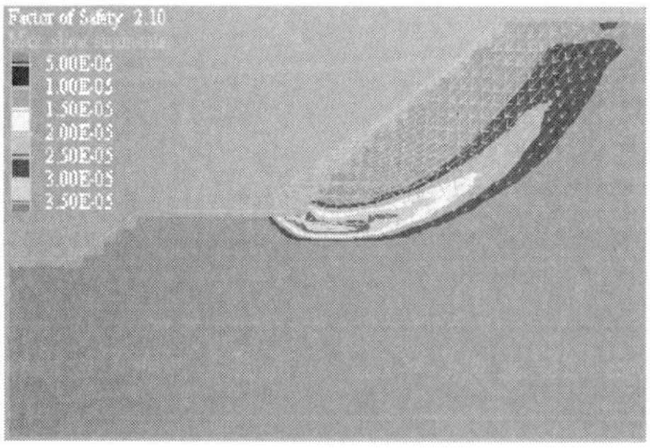	2.10	2.309
	15	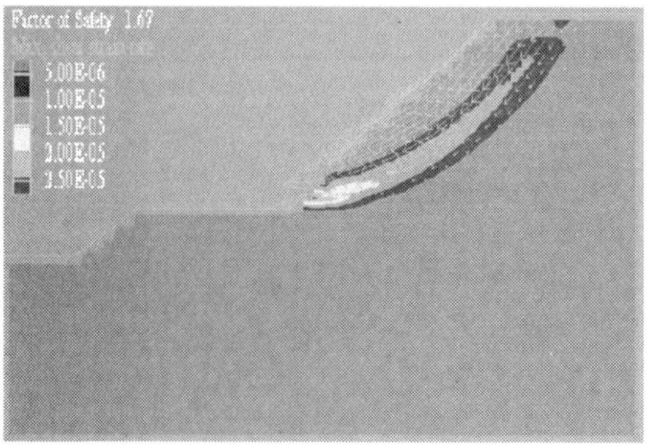	1.67	1.689

续上表

开挖状态	含水率(%)	滑面图	稳定系数	
			有限元法	极限平衡法
二级台阶开挖后	17	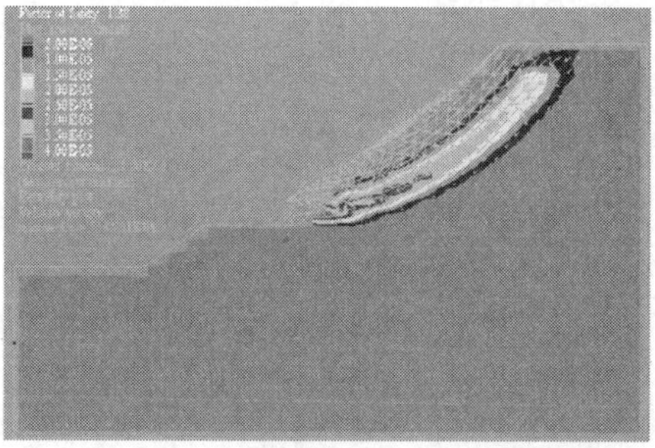	1.38	1.453
	20	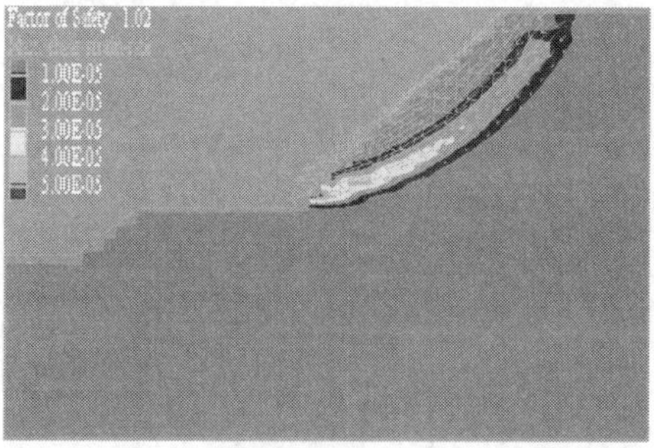	1.02	1.102
	25	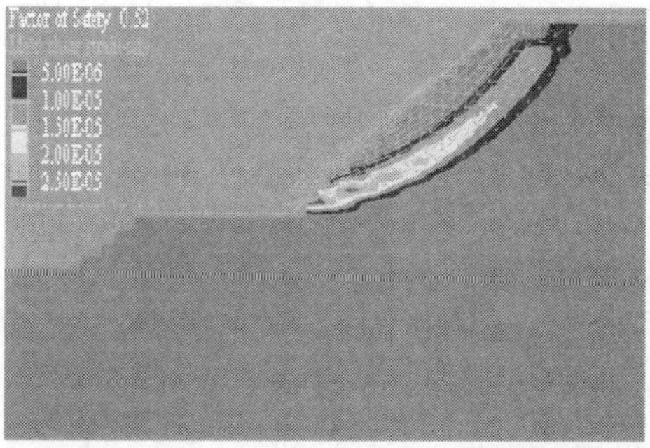	0.52	0.565
	30	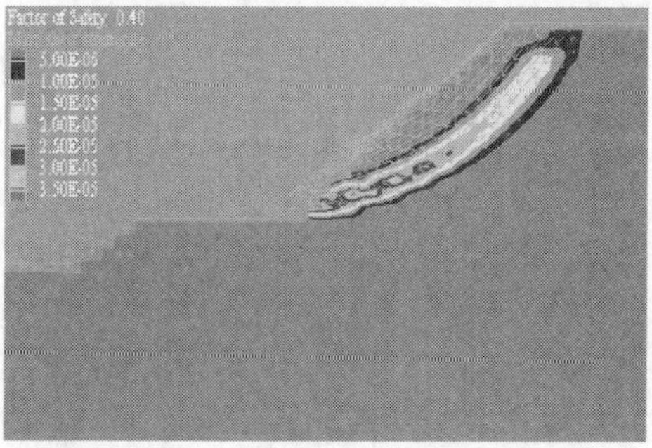	0.40	0.417

续上表

开挖状态	含水率(%)	滑面图	稳定系数	
			有限元法	极限平衡法
一级台阶开挖后	10	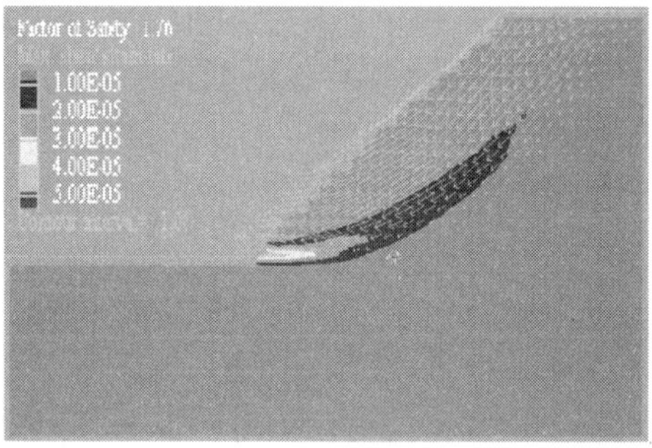	1.76	1.960
	15	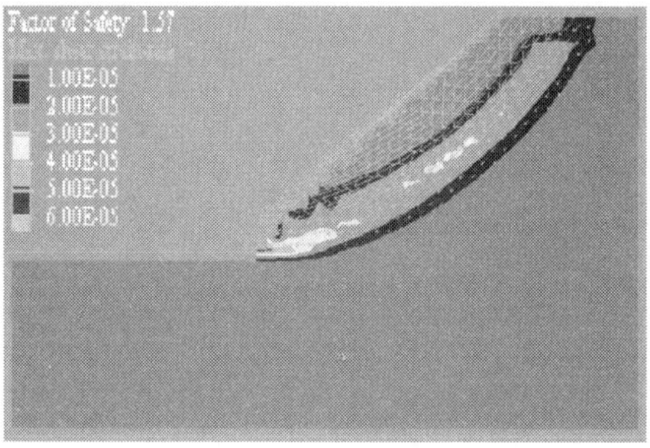	1.57	1.574
	17	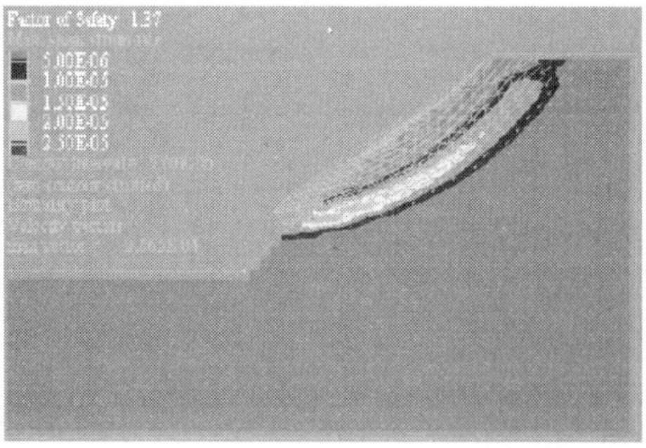	1.37	1.411
	20	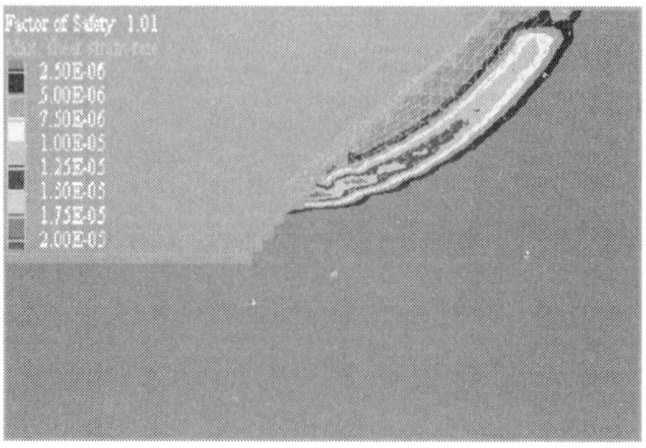	1.01	1.070

续上表

开挖状态	含水率(%)	滑　面　图	稳 定 系 数	
			有限元法	极限平衡法
一级台阶开挖后	25		0.52	0.549
	30		0.4	0.406

各个含水率各个开挖工况下坡体的稳定系数变化趋势见图 11.8-65 和图 11.8-66。

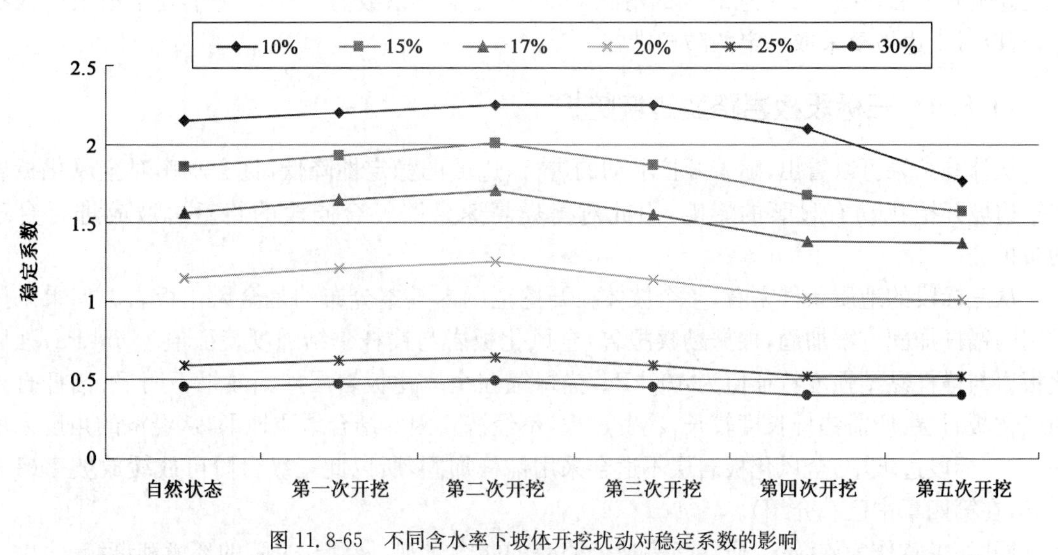

图 11.8-65　不同含水率下坡体开挖扰动对稳定系数的影响

从表 11.8-41 和图 11.8-65、图 11.8-66 可以看出：

①边坡在含水率<20%时，边坡的稳定系数>1.0，边坡处于稳定状态；在含水率为 20%时，边坡的稳定系数≈1.0，边坡处于极限平衡状态；在含水率>20%时，边坡的稳定系数<1.0，边坡发生滑移。

②边坡在第一次开挖、第二次开挖后，稳定系数增加，随着后三次开挖的进行，稳定系数减小。

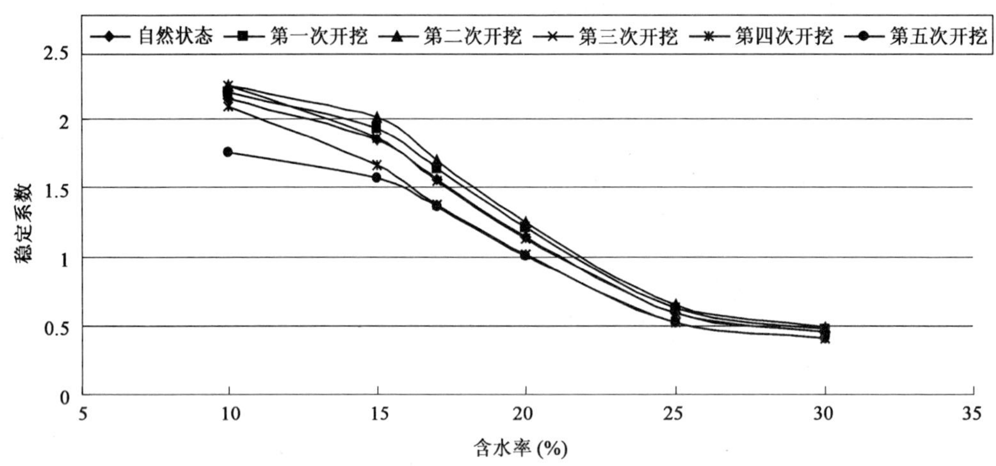

图 11.8-66　不同开挖步下含水率对坡体稳定系数的影响

③含水率增加，边坡的稳定系数减小，且含水率越靠近饱和含水率，稳定系数变化的趋势越缓。

综合板岩边坡在开挖活动中所产生的位移、应力、稳定系数的影响，可以得到：

①在含水率<20%时，从位移、应力和应变等方面分析，边坡在开挖过程中是处于稳定状态的。在含水率≥20%时，边坡处于不稳定状态。所以，在强降雨天气后，开挖施工中应注意对边坡采取一定的安全措施。

②在开挖过程中，形成了小范围内的拱起或拉应力，对于此类坡体位置在施工中应注意。

③全开挖后，在含水率为20%的情况下，边坡的安全系数为1.070，基本处于极限平衡状态，所以对于边坡要采取一定的防护措施。

11.8.9　三标段板岩路堑边坡防护

从计算结果可以看出，随着开挖活动的进行，边坡的稳定性降低，且含水率对全风化板岩路堑边坡开挖扰动有显著的影响，因此对衡炎高速公路三合同段的路堑边坡应进行合理的防护。

从三标段的地质条件来看，整个坡体在开挖范围内基本分布的是全风化板岩。如果采用常用的锚杆加固方案加固，根据勘察报告，全风化板岩与锚杆黏结强度特征值为45kPa，强风化板岩与锚杆黏结强度特征值为100kPa，锚杆锚在全风化板岩层加固效果不明显；锚杆打入强风化板岩层，所需锚杆长度较长，花费过大，不经济。因此结合地质地形，从经济的角度来考虑，在三标段边坡中，全风化板岩层不适合采用锚杆加固，所以此三级台阶可放缓放坡率(1∶1.25，在第四章中已有介绍)。

同时，炎陵作为旅游区，应注意高速公路旁的路容景观，做到与炎陵的环境和谐统一。

从边坡加固防护的目的和原则出发，根据各种防护技术的优缺点、适用条件，结合衡炎高速公路三合同段的降雨强度、地质、地形、气候、材料来源、施工方案、植物分布、区域人文景观等情况综合考虑，对三合同段的全风化板岩路堑边坡选择上三级台阶削坡(坡率1∶1.25)后采用拱形骨架＋人工植草的综合防护形式，下两级台阶削坡(坡率1∶1)后采用拱形骨架＋人工植草的综合防护形式。

拱形骨架护坡与植物相结合，可防止大量雨水进入孔窗，造成坡面破坏，同时将骨架处设计成凹槽，以排走大量雨水。采用拱形骨架＋人工植草的综合防护形式后，可防止大量雨水进入坡体造成坡体强度降低，从而不致使边坡在雨水影响下失稳。

11.8.10 小结

(1)衡炎三标 K18＋250～450 于 2007 年 4 月正式开挖，同时监测正式展开，根据数值模拟的计算结果和监测情况指导施工，确保了边坡的稳定。

(2)2007 年 7 月 13 日至今，课题组采用多种方法，对衡炎三标段 K18＋250～450 边坡整个过程的连续监测，主要取得了以下成果：

①建设了我国公路滑坡监测站，并实现了自动监测和数据远程传输。

②通过监测数据的对比分析，验证了 TDR 测试仪、固定式测斜仪自动监测结果与人工深部位移监测结果的一致性，说明这两种技术是可以推广使用的。

(3)根据课题组主要成员主持的其他项目——对晴隆滑坡监测，全过程跟踪分析了施工活动及降雨对边坡位移发展的影响，及时调整了施工组织，保证了施工安全和工程的顺利进行。通过综合分析，于 2006 年 6 月 13 日课题组以加密报告的形式对 CXK13、CXK14 号监测孔进行预警，6 月 15 日再次发出预警报告，实际情况是 2006 年 6 月 24 日发生了滑坡，各方面准备充分，未造成任何损失。用 Verhulst 反函数模型进行验证预测，CXK13 号监测孔时间为 2006 年 6 月 28 号左右，比实际滞后 4d；CXK14 号监测孔为 2006 年 6 月 21 号左右，比实际失稳时间提前 3d，从而验证了 Verhulst 反函数模型及预测预报程序可以在实践中应用。

11.9 四标段崩塌滑坡地质灾害预测与控制

11.9.1 四标段基本资料

1)工程概况

衡炎边坡四标段 K28＋560～K28＋720(图 11.9-1)沿中线挖方长度 160m，最大切深 40m (K28＋645 右侧)，路线在山腰上穿行，左侧挖方小，右侧切深大(图 11.9-2)，山坡坡度较陡，达 30°～35°，山坡上植被较茂盛，山顶上局部见全风化板岩出露，挖方区山坡上黄海高程 130～155m 不等。地层岩性由新到老分别为种植土、碎石土和板岩。岩石有构造挤压现象，节理类型发育。切方内部岩石节理裂隙发育，岩石风化强烈，岩质较软(图 11.9-3)。板岩产状为 295°～325°∠70°～85°，大致呈单斜构造。

2)四标段板岩路堑边坡破坏现象与变形破坏模式

岩石风化严重，岩体倾角较陡，产状为 295°～325°∠70°～85°，左边坡呈顺向坡，右边坡呈反向坡。由于该段边坡有三组节理较发育，产状为 290°∠75°、55°∠44°、30°∠80°。该三组节理将岩体切割成纵横交错的楔体，路基开挖后，边坡易形成临空面，产生坍塌；同时，还会使边坡出现较大的凸起位移，从而在坡面出现拉应力区，坡面会产生拉裂，裂缝向下发展，直至发展到滑动面，形成拉裂破坏断面。

图 11.9-1　衡炎高速四标段 K28＋560～K28＋720

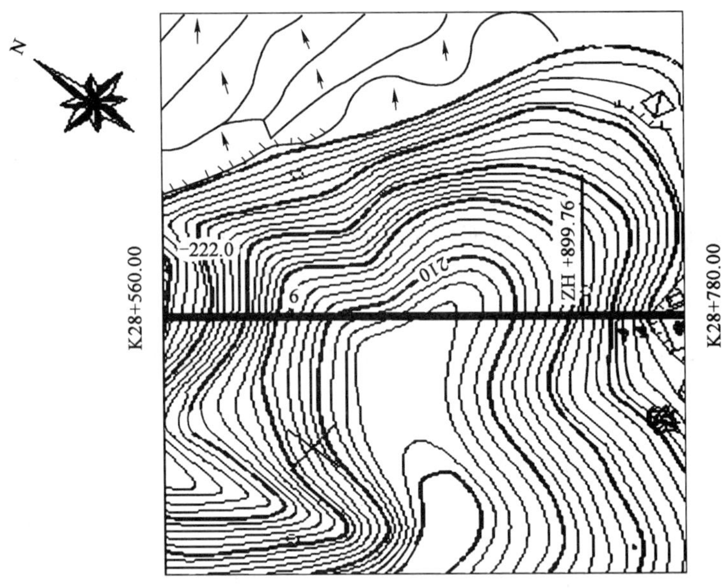

图 11.9-2　K28＋560～K28＋720 路堑工程地质平面图

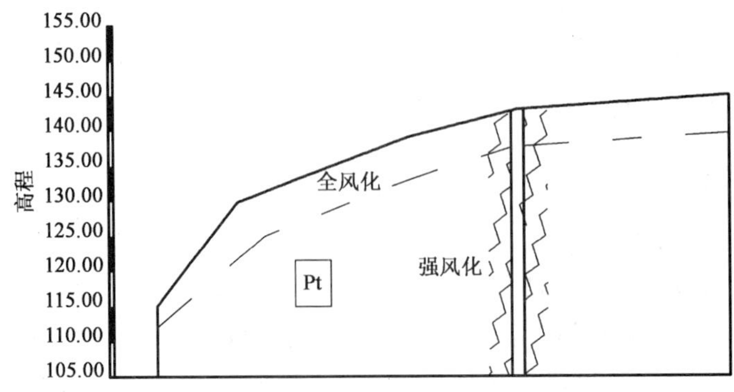

图 11.9-3　K28＋560～K28＋720 路堑工程地质断面图

11.9.2 基于FLAC2D的板岩边坡稳定分析

1)计算模型与边界条件

K28+560～K28+720段右边坡体计算参数见表11.9-1。

强风化板岩边坡计算参数　　表11.9-1

岩土名称	黏聚力(kPa)	摩擦角(°)	剪切模量(MPa)	体积模量(MPa)	结构面黏聚力(kPa)	结构面内摩擦角(°)	倾向Jdd(°)	倾角Jdip(°)
全风化板岩	43.58	24.94	37.39	81.01	10	22	135	70
强风化板岩	90	25	87.45	169.6				

模型以K18+560路面的中点为二维坐标的原点，Y方向计算范围为K28+580等高线105m至等高线145m内的部分；岩(土)层从上至下依次为全风化板岩层、强风化板岩层。为了实现计算，将每个岩(土)层设定为连续分布，直至延伸到边界。边坡侧向为法向约束，竖向上部自由，底部为固定约束。

边坡体的网格划分示意见图11.9-4。

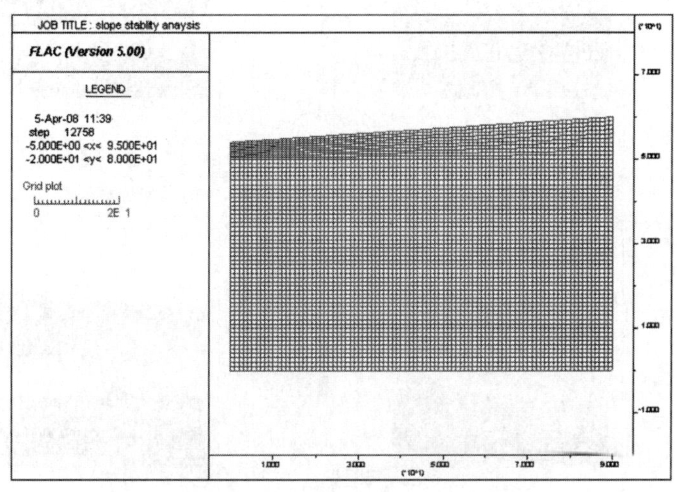

图11.9-4　四标段K28+580边坡体的网格划分示意图

给计算模型加上边界条件，各层岩土体赋予相应的强度、变形参数。本文中通过initial和apply对计算区域施加初始应力场，然后模拟开挖，计算达到平衡，最大初始不平衡力随计算时步的关系曲线见图11.9-5。

坡体位移、应力、应变场与稳定性的弹塑性非线性有限元数值分析结果包括以下三部分：

(1)位移场(单位m)：水平方向位移(向右为正)，竖直方向位移(向上为正)。

(2)应力场(单位Pa)：最大主应力σ_1，最小主应力σ_3(拉为正)，剪应力。

(3)滑坡体稳定性：边坡体的稳定系数，剪应变云图。

2)未开挖状态下计算结果分析

未开挖状态下边坡的计算结果见图11.9-6。

3)开挖状态下计算结果分析

(1)位移扰动云图

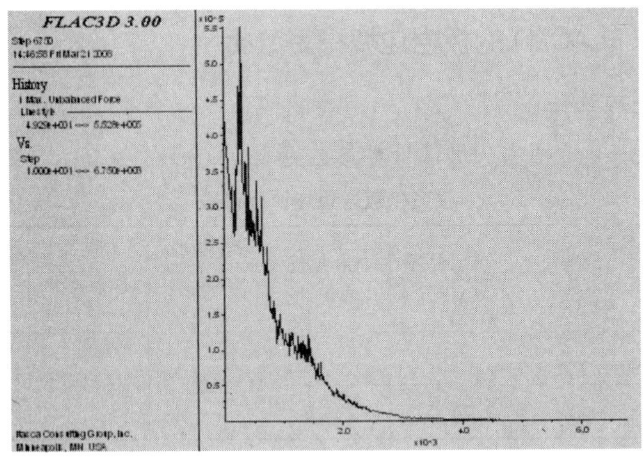

图 11.9-5　最大初始不平衡力随时步变化曲线

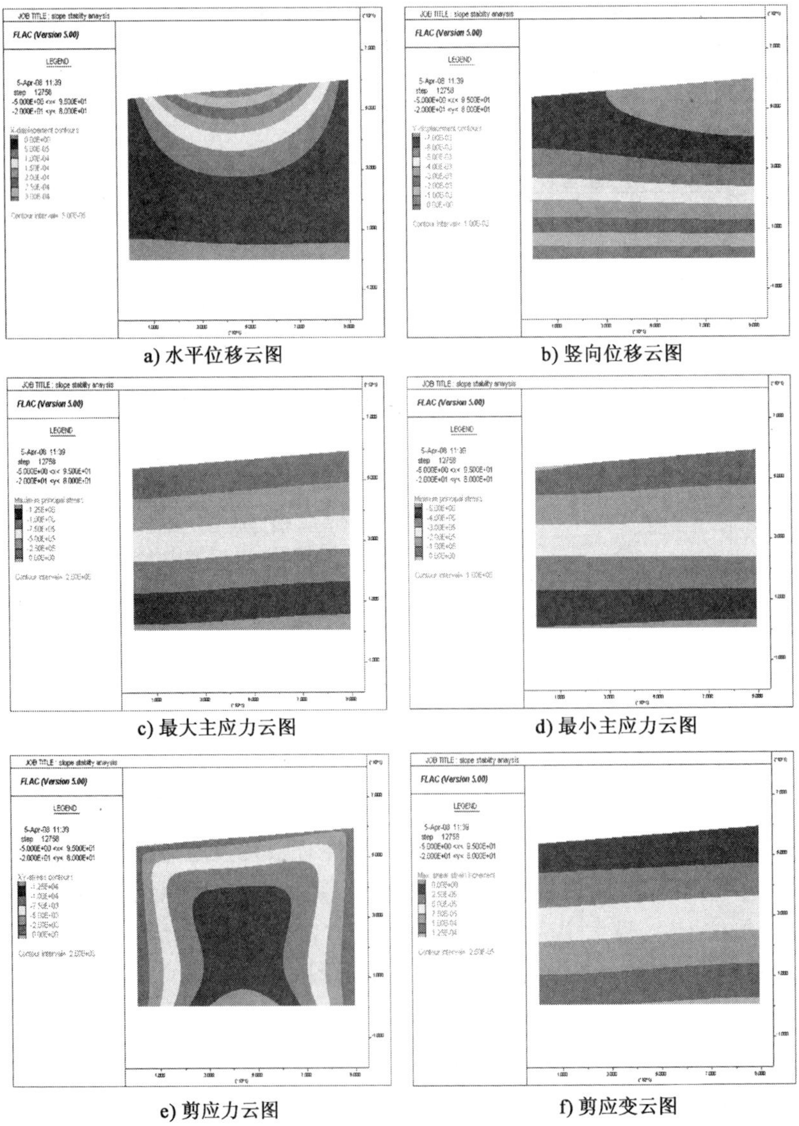

a) 水平位移云图

b) 竖向位移云图

c) 最大主应力云图

d) 最小主应力云图

e) 剪应力云图

f) 剪应变云图

图 11.9-6　未开挖状态下边坡的计算结果

①水平位移云图见图 11.9-7。

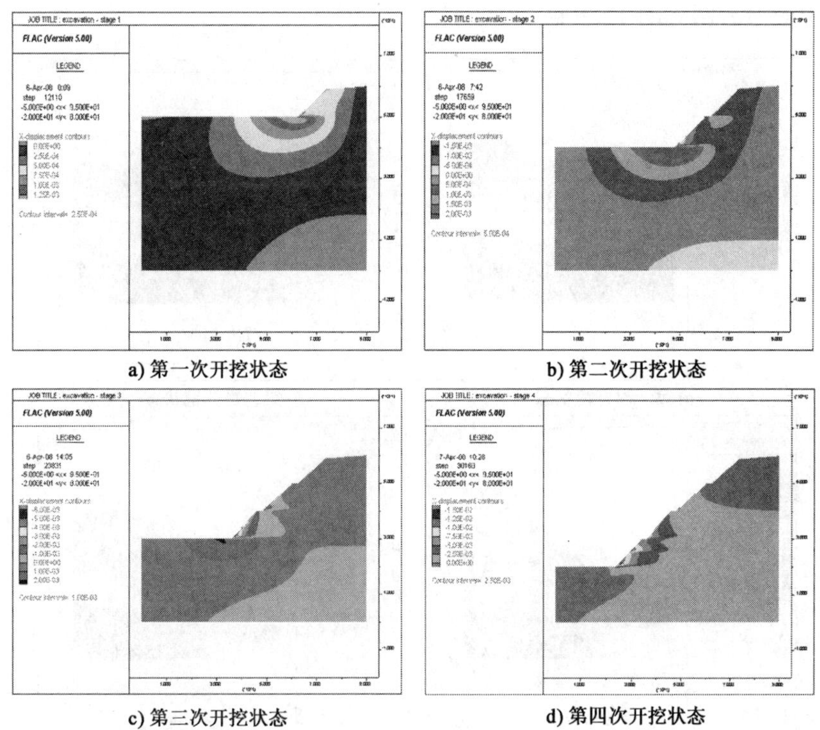

a) 第一次开挖状态　b) 第二次开挖状态

c) 第三次开挖状态　d) 第四次开挖状态

图 11.9-7　不同开挖状态下边坡的水平位移云图

②竖向位移云图见图 11.9-8。

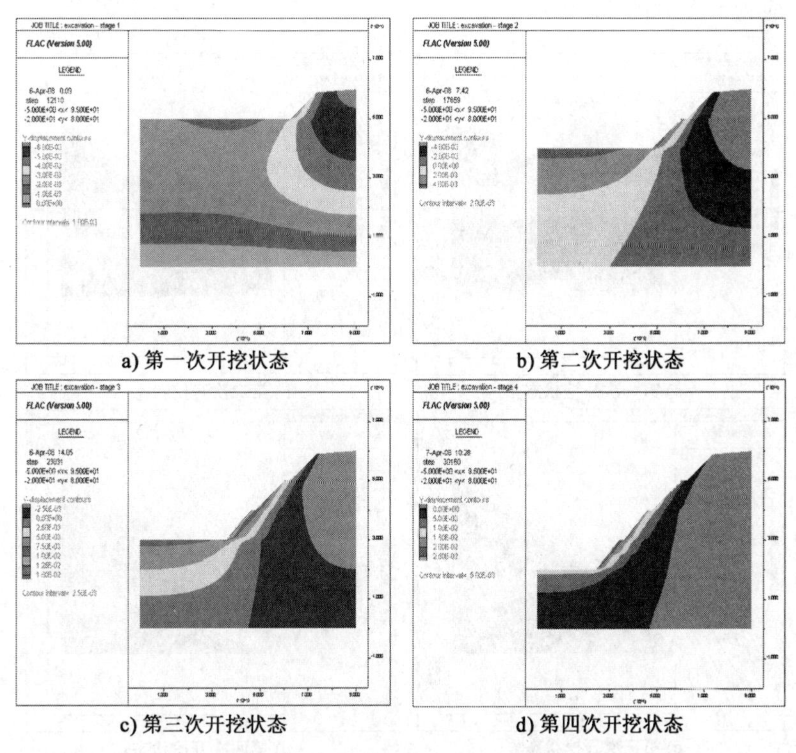

a) 第一次开挖状态　b) 第二次开挖状态

c) 第三次开挖状态　d) 第四次开挖状态

图 11.9-8　不同开挖状态下边坡的竖向位移云图

(2)应力扰动云图

①最大主应力云图见图 11.9-9。

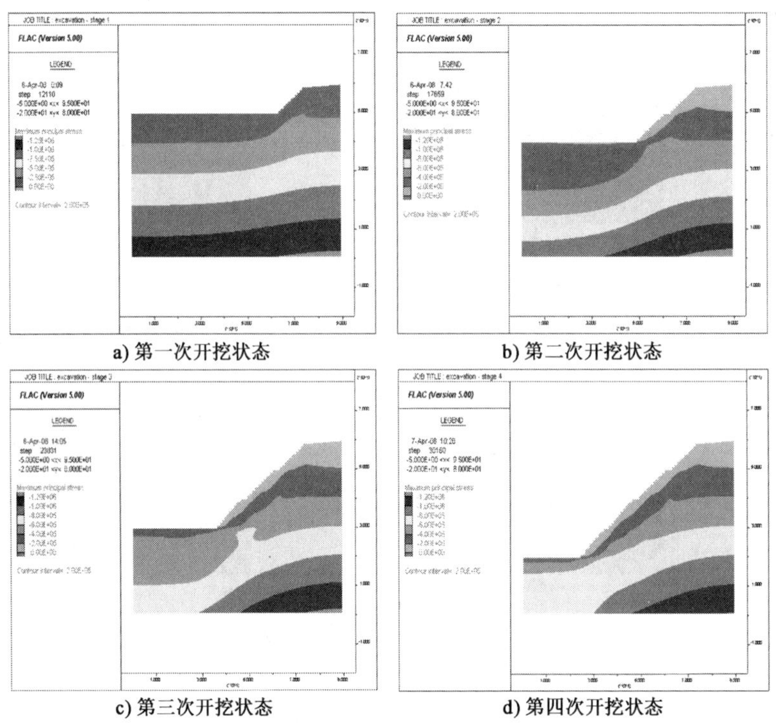

a) 第一次开挖状态　b) 第二次开挖状态

c) 第三次开挖状态　d) 第四次开挖状态

图 11.9-9　不同开挖状态下边坡的最大主应力云图

②最小主应力云图见图 11.9-10。

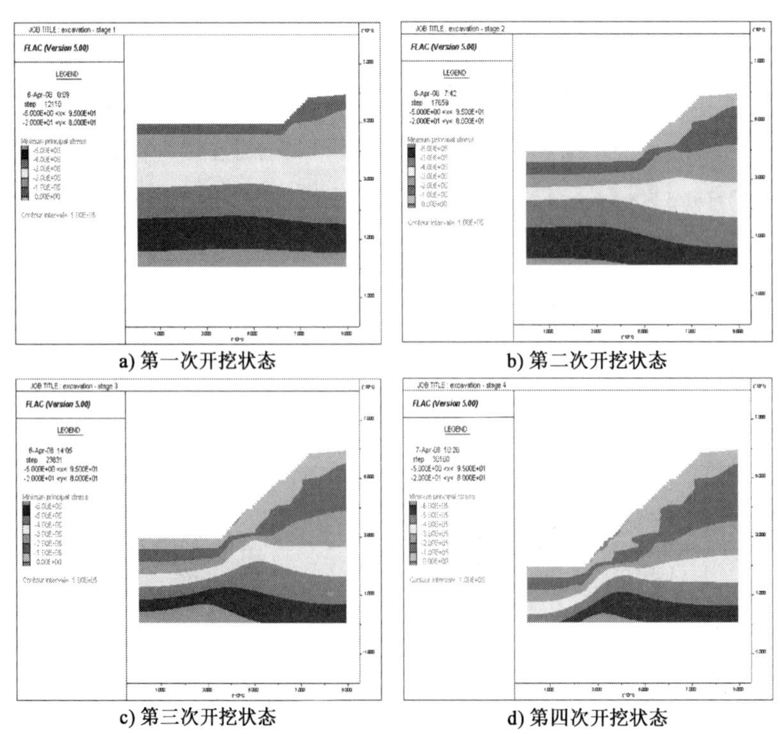

a) 第一次开挖状态　b) 第二次开挖状态

c) 第三次开挖状态　d) 第四次开挖状态

图 11.9-10　不同开挖状态下边坡的最小主应力云图

③剪应力云图见图 11.9-11。

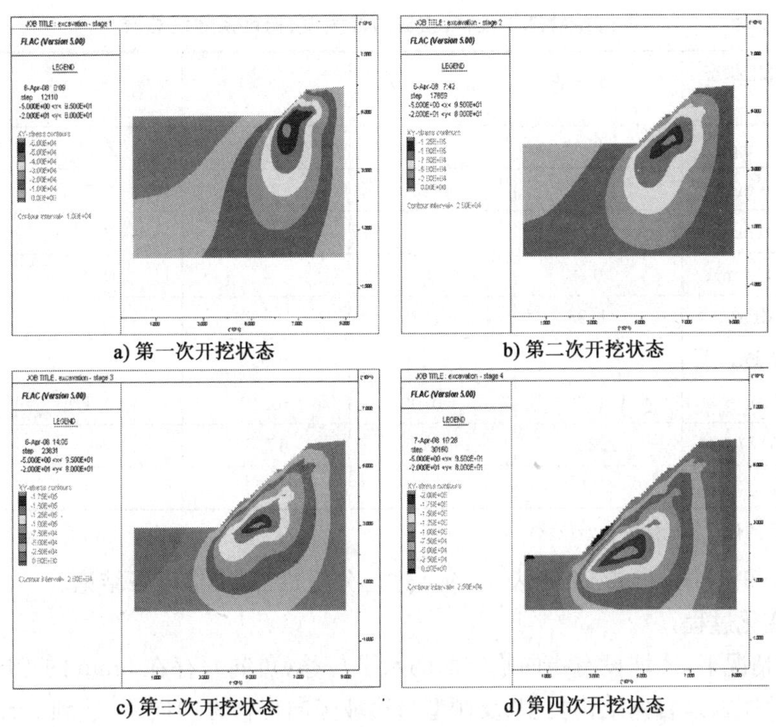

a) 第一次开挖状态　b) 第二次开挖状态

c) 第三次开挖状态　d) 第四次开挖状态

图 11.9-11　不同开挖状态下边坡的剪应力云图

(3)剪应变云图

不同开挖状态下边坡的剪应变云图见图 11.9-12。

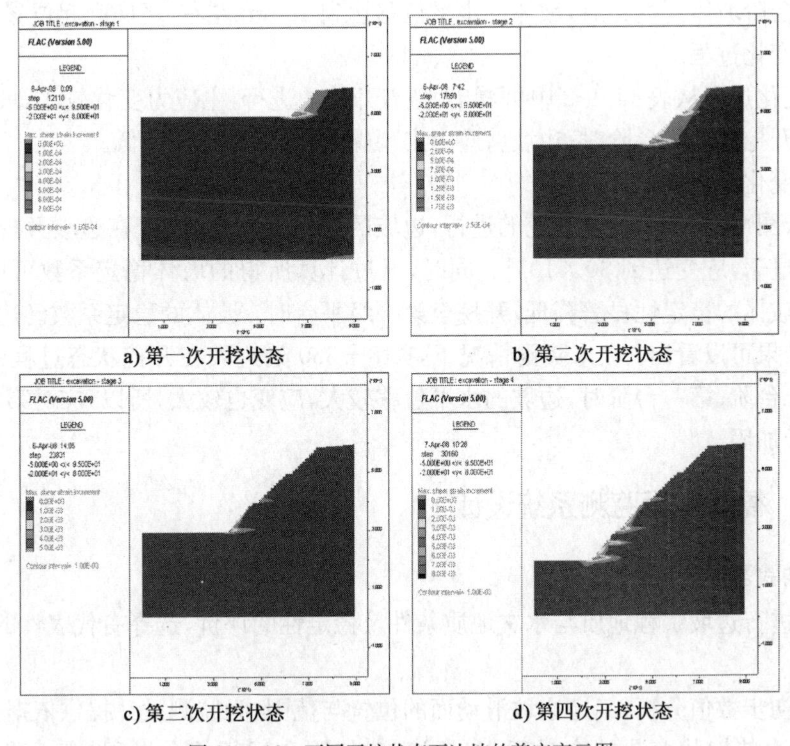

a) 第一次开挖状态　b) 第二次开挖状态

c) 第三次开挖状态　d) 第四次开挖状态

图 11.9-12　不同开挖状态下边坡的剪应变云图

将图 11.9-6～图 11.9-12 中坡体的位移、主应力最大值、稳定系数汇总于表 11.9-2 中。

不同开挖状态下位移、主应力最大值、稳定系数汇总表 表 11.9-2

开挖状态 / 坡体结果最大值	未开挖	第一次	第二次	第三次	第四次
水平位移(负向)(mm)	0	0	1.25	6.0	15.0
水平位移(正向)(mm)	0.3	1.25	2.0	2.0	0
垂直位移(负向)(mm)	7	6	4	2.5	0
垂直位移(正向)(mm)	0	0	4	15.0	25.0
最大主应力(MPa)	−1.25	−1.25	−1.26	−1.26	−1.26
最小主应力(MPa)	−0.5	−0.5	−0.6	−0.6	−0.6
剪应力(MPa)	0.013	−0.06	−0.125	−0.175	−0.2
剪应变($\times10^{-4}$)	1.25	7.0	17.5	50	80
稳定系数	8.60	2.41	1.83	1.5	1.25

注:表中开挖后的位移都已除去初始位移。

结合图 11.9-6～图 11.9-12 和表 11.9-2 进行分析,可以得出以下结论。

(1)位移变化过程

在未开挖情况下,边坡没有指向临空面的水平位移(负向),存在 3mm 的指向坡内的位移(正向),造成的原因是岩体结构类型(反倾型);边坡竖向位移方向向下,达到 7mm。随着开挖的进行,边坡的水平正向缓慢增加,竖向位移缓慢减小,当开挖进行到三级台阶时,坡体出现指向临空面的水平位移,竖向位移也出现了竖向拱起现象,随着开挖深度的继续增加,水平负向位移增大,坡体的凸起现象也越严重,边坡开挖至二级平台,水平负向位移和竖向正向位移变化迅速,一级台阶坡体开挖完后,坡体的水平位移达到 15mm 左右,竖向凸起位移达到 25mm。

(2)应力变化过程

应力的变化过程从表 11.9-2 中可看出:随着开挖的进行,主应力变化较小,坡体剪应力在增加,特别是开挖至三级台阶时,边坡剪应力出现骤变,边坡稳定性降低。

(3)应变变化过程

从应变云图可以看出:随着开挖的进行,边坡的剪应变增加,应变在边坡开挖至二级台阶处,变化最为显著,应变达到 80×10^{-4}。同时,通过计算所得的坡体稳定系数可以看出,随着开挖的进行,坡体的稳定性显著降低,开挖至第一级平台时, 坡体的稳定系数已达到 1.25。

从计算结果可以看出, 在未降雨情况下,K18+560 处边坡在开挖状态过程中是稳定的,但开挖至第二台阶、第一台阶时,边坡的水平位移较大,应变也较大,所以,应对第一级边坡、第二级边坡进行加固。

11.9.3 衡炎四标监测系统设计

1)监测试验基本原则

(1)通过进行边坡工程地质与水文地质条件及稳定性的评价,选择有代表性的地段进行研究与监测。

(2)基于初步数值分析,确定边坡滑动面的位置与范围,为监测设计提供依据。

(3)监测边坡性状变化的全过程,包括施工、加固和运行的全过程,直至稳定后 2 个月为止。

(4)安全监测以仪器监测为主,人工监测、巡视、宏观调查为辅,以最大限度地做到确保重点部位万无一失。

(5)考虑到滑坡体的特点,监测变量以边坡内部的位移为主,兼顾其他物理量。

2)主要监测内容

(1)自然环境(雨水、山洪等)监测与记录。

(2)边坡关键部位的内部位移监测,即利用钻孔倾斜仪对边坡深部位移进行监测。

(3)监测资料的分析方法:对监测物理量进行理论分析和计算,确定边坡稳定性状况、滑动范围及滑面位置。

3)监测断面的布置

权衡边坡范围长而高且监测经费有限,由设计、地质和科研三方共同拟定 4 个监测断面,如图 11.9-13 所示。

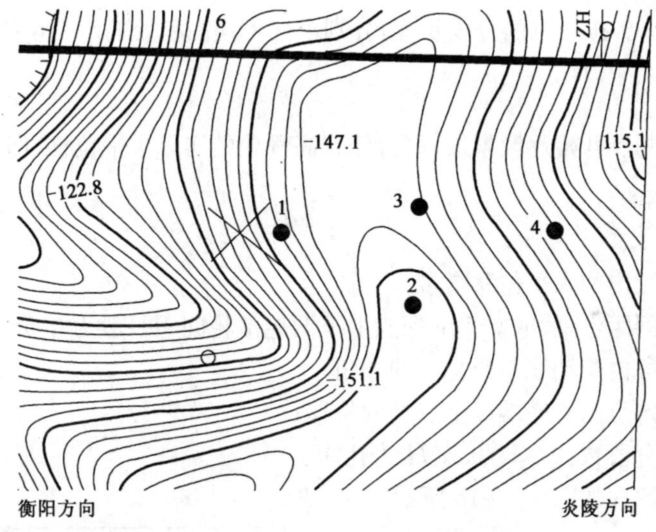

图 11.9-13　K28+570～K28+720 右坡体

各测点钻孔深度如表 11.9-3 所列。

第四合同段 K28+570～K28+720 右坡体地质钻孔深度　　表 11.9-3

钻 孔 编 号	坐　标　(m)	钻孔深度(m)
1	(508 606.33,2 985 793)	23
2	(508 612.25,2 985 757.28)	37
3	(508 632.34,2 985 773.67)	26.5
4	(508 648.99,2 985 745.9)	10

4)监测仪器的选择与安装

为了确保监测结果的准确与可靠,拟采用岩层内部位移量仪器的监测,即采用钻孔倾斜监测。考虑到试验研究经费的原因,采用国内半自动监测系统及进口的传感元件,对边坡体内部的位移进行监测。

(1)仪器的组成及其工作原理

整套仪器由数字仪、探头式倾角计和电缆等组成(图 11.9-14)。

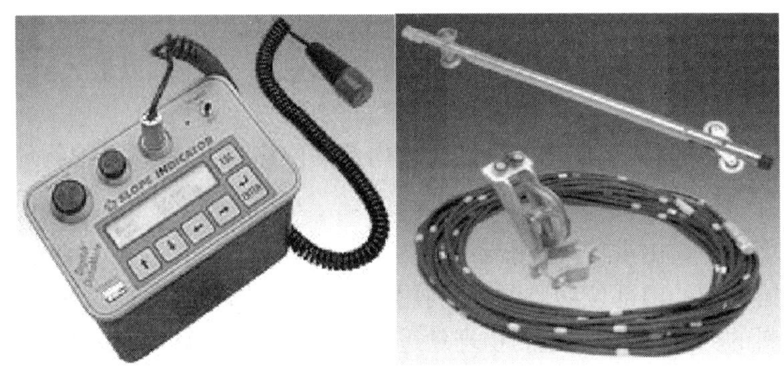

图 11.9-14　测斜仪的组成

测斜仪的工作原理是量测仪器轴线与铅垂线之间的夹角变化量，进而计算出岩土体不同高程处的水平位移。用适当的方法在岩土体内埋设一垂直并有四个导槽的测斜管，当测斜管受力发生变形时，测斜仪便能逐段（一般 50cm 设一个测点）显示变形后测斜管的轴线与垂直线的弧度偏移夹角 θ_i。按测点的分段长度，分别求出不同高程处的水平位移增量 Δd_i，即：

$$\Delta d_i = \sum L \cdot \sin\theta_i \tag{11.9-1}$$

由测斜管底部测点开始逐段累加，可得任意高程处的实际水平位移，即：

$$b_i = \sum_{i=1}^{n} \Delta d_i \tag{11.9-2}$$

式中：Δd_i——测量段内的水平位移增量；

L——测点间距，一般取 0.5m（探头上下两组滑轮间距一般为 0.5m）；

θ_i——测量段内管轴线与铅垂线的夹角；

b_i——自固定点的管底端以上点处的位移；

n——测孔分段数，$n=H/0.5$，H 为孔深。

测斜仪的工作原理如图 11.9-15 所示。

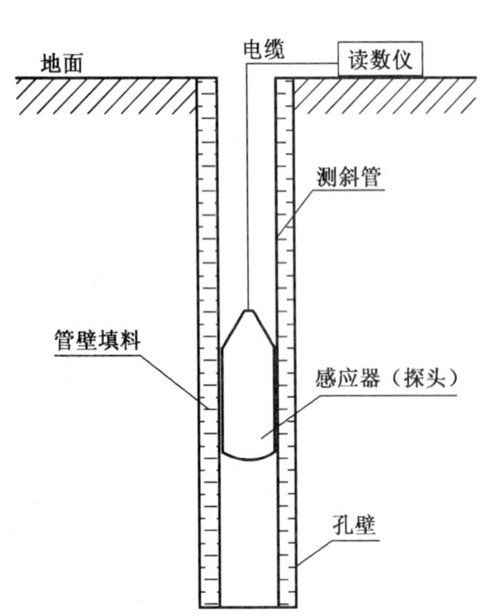

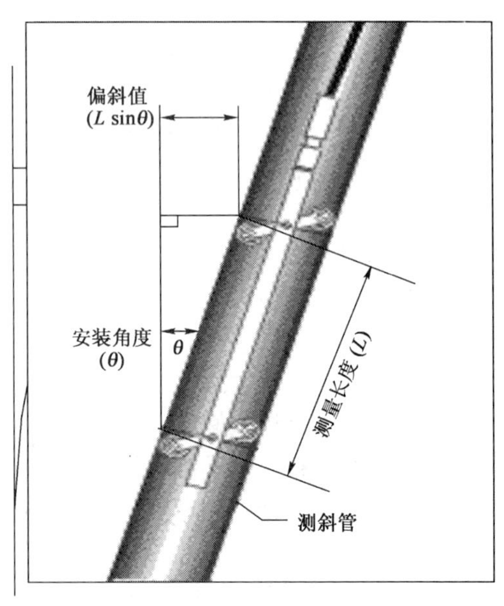

图 11.9-15　测斜仪工作原理图

利用测斜仪测读设备读取数据，进行位移、倾角的物理量量测。水平位移计算公式如下。

A_0 方向水平位移：

$$\Delta A_{0i} = L \cdot \left(\frac{A_{0i} - A_{180i}}{2}\right) / 25\,000 \tag{11.9-3}$$

B_0 方向水平位移：

$$\Delta B_{0i} = L \cdot \left(\frac{B_{0i} - B_{180i}}{2}\right) / 25\,000 \tag{11.9-4}$$

任意高程处实际总水平位移：

$$d_i = \sqrt{(\sum_{i=1}^{n} \Delta A_{0i})^2 + (\sum_{i=1}^{n} \Delta B_{0i})^2} \tag{11.9-5}$$

任意高程处实际水平位移：

$$A_{0i} = \sum_{i=1}^{n} \Delta A_{0i} \qquad B_{0i} = \sum_{i=1}^{n} \Delta B_{0i} \tag{11.9-6}$$

式中：$A_{0i}(B_{0i})$——各测点分段长度 A_0 方向（B_0 方向）水平实际位移，m。

(2)仪器的安装

①在所设地点，钻孔到测量全深。当采用钢管维护孔壁时，应在安装导管过程中将其全部回收为宜。

②安装导管前，应通过对岩芯或测孔的考察，确定该处的地质条件。应编制测孔的工程地质柱状图，特别注意易于产生地层移动的区段。

③导管是逐节组装起来的，每节管子正确定位后插入孔内。导管底端装有密封盖。若预计会发生地层的垂直移动时，所有管接头应均能自由伸缩，并且是密封的，以防灰浆渗入管内。假如测孔内有涌水或粉渣，或者已被灰浆充填时，则导管内可盛满清水，这样就易于将导管插入孔内。若在干燥的测孔内插导管时，可由一根钢绳来承载导管的重量，钢绳捆绑在导管的末端，并且每隔一段距离与导管绑在一起。

④导管插入孔内后，应记录导管凹槽的方位角。随后将导管锁紧定位。采用测定螺线探头，检查导管的螺线情况。

⑤灌浆充填导管和孔壁之间的间隙。在被水充满的孔内需采用下料管，以免水和灰浆混合。在深孔中必须使用这种下料管。使用活动灌浆阀更为方便，它能做到通过钻杆从导管内侧进行灌浆。灌浆之后，导管内部需用清水冲洗干净，此外还可进一步洗刷之。灰浆凝固之后，管内之水可以留在原地，也可将其抽干。

⑥在导管露头应装上防护顶盖或塞子，以防岩渣掉入管内，保护管子不受损坏。作为深度测量参考用的管接头位置和纵剖面图，应予以记载，其记录精度为±5mm。

11.9.4 监测成果及其分析

衡炎四标段的监测成果主要是利用便携式测斜仪监测得到的位移变形，各监测孔变形曲线主要包括位移深度曲线，即位移随深度的变化（分布）曲线。位移又有累计位移与相对位移之分。累计位移即计算机相对孔底不动点的位移。根据钻孔测斜仪的原理，将每次之测量值由孔底至计算点逐段累计得出的，称为累计位移。相对位移指计算点每次相对该点初始值的位移变化值。1 号监测孔的位移曲线如图 11.9-16～图 11.9-18 所示。

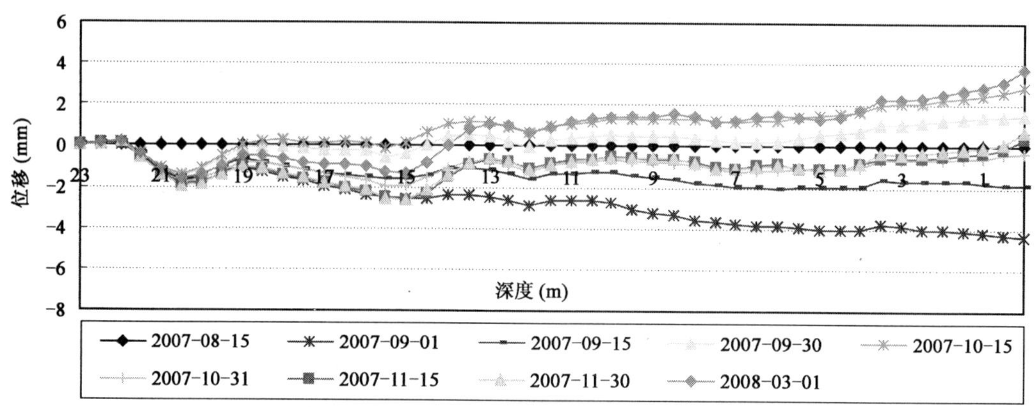

图 11.9-16 1 号监测孔 A_0 方向相对位移

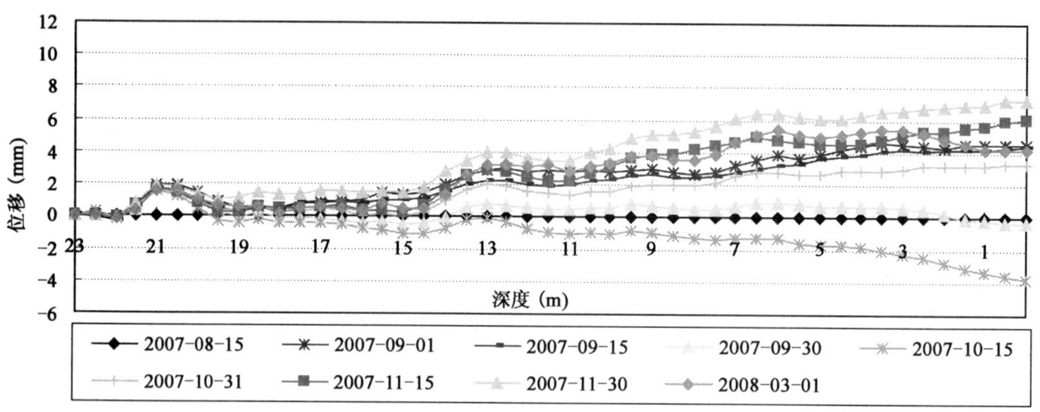

图 11.9-17 1 号监测孔 B_0 方向相对位移

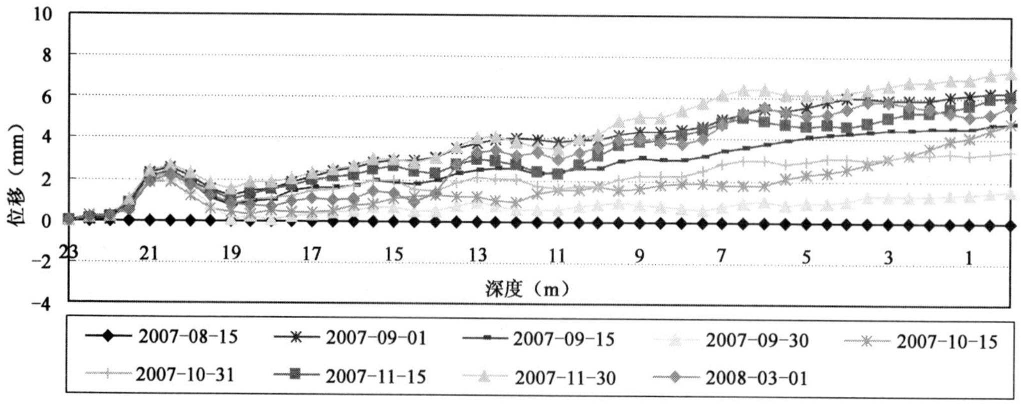

图 11.9-18 1 号监测孔合成相对位移

通过分析我们不难发现，1 号监测孔 A_0 方向相对位移最大只有 4mm 左右，B_0 方向相对位移不足 8mm，而合位移在 7mm 左右，实测结果与模拟计算结果基本相符，故可初步判定边坡目前处于稳定状态。

2 号监测孔监测位移曲线如图 11.9-19～图 11.9-21 所示。

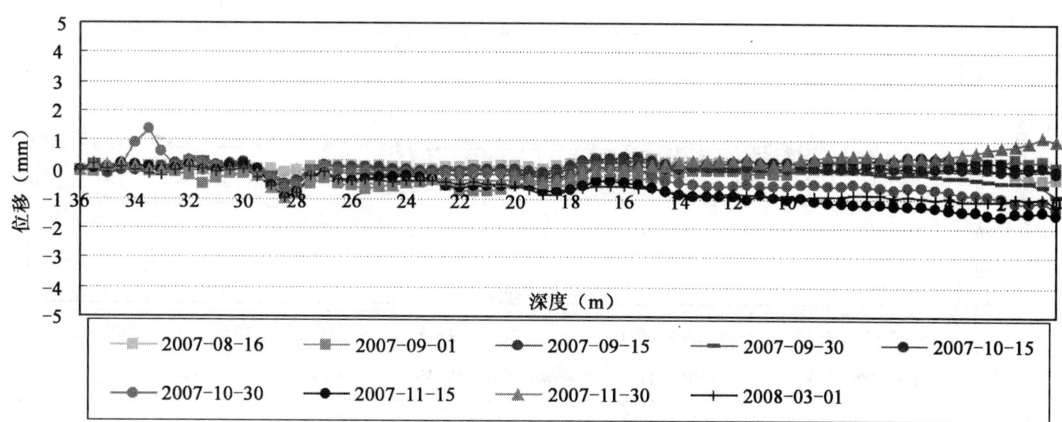

图 11.9-19　2 号监测孔 A_0 方向相对位移

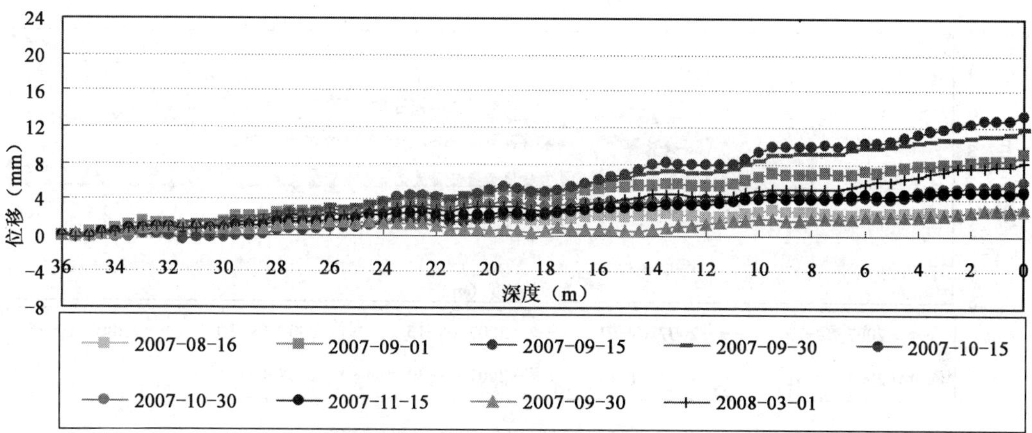

图 11.9-20　2 号监测孔 B_0 方向相对位移

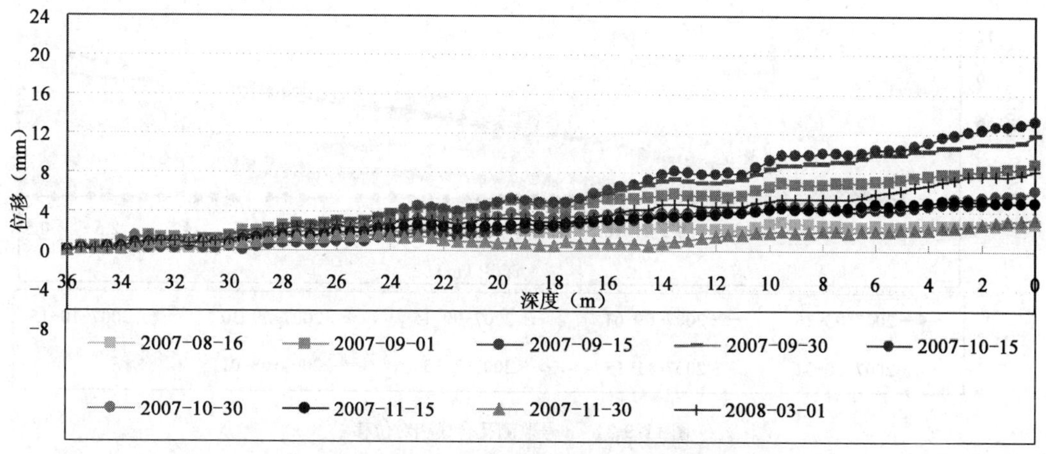

图 11.9-21　2 号监测孔合成相对位移

通过模拟计算与实测结果对比，2 号监测孔 A_0 方向相对位移为 1mm 左右，B_0 方向相对位移为 14mm 左右，合成相对位移为 14mm 左右，初步判定边坡形变较小，目前处于稳定阶段。

3 号、4 号监测孔位移曲线如图 11.9-22～图 11.9-27 所示。

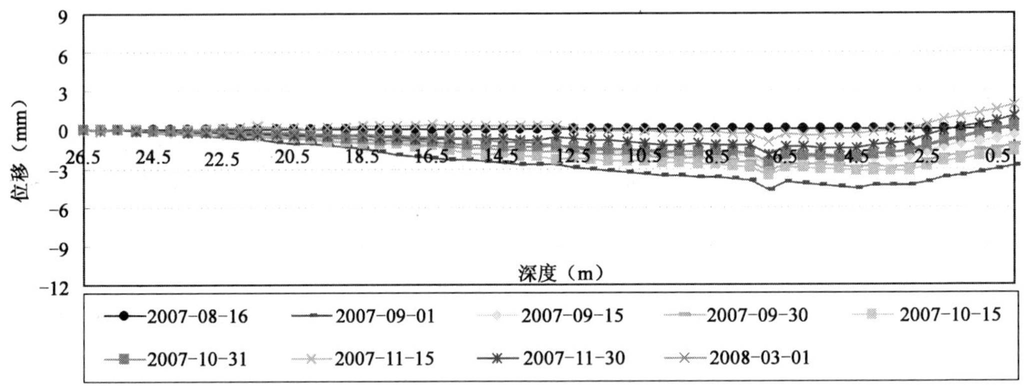

图 11.9-22　3 号监测孔 A_0 方向相对位移

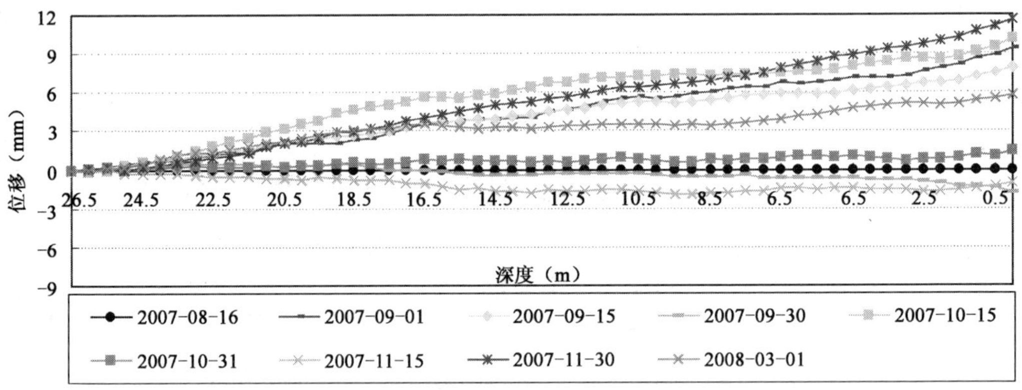

图 11.9-23　3 号监测孔 B_0 方向相对位移

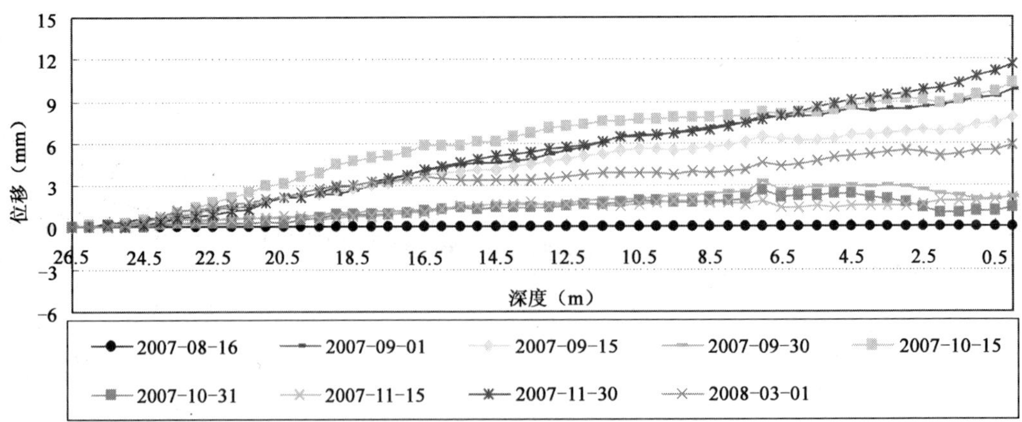

图 11.9-24　3 号监测孔合成相对位移

通过对 3 号、4 号监测孔的监测结果与模拟计算结果分析发现，两者基本吻合，3 号监测孔 A_0 方向相对位移最大为 3mm，B_0 方向相对位移最大为 12mm，合成相对位移不足 13mm；4 号监测孔 A_0、B_0 方向相对位移均不足 2mm，合成相对位移也控制在 2mm 左右，故初步判定边坡目前处于相对稳定状态。

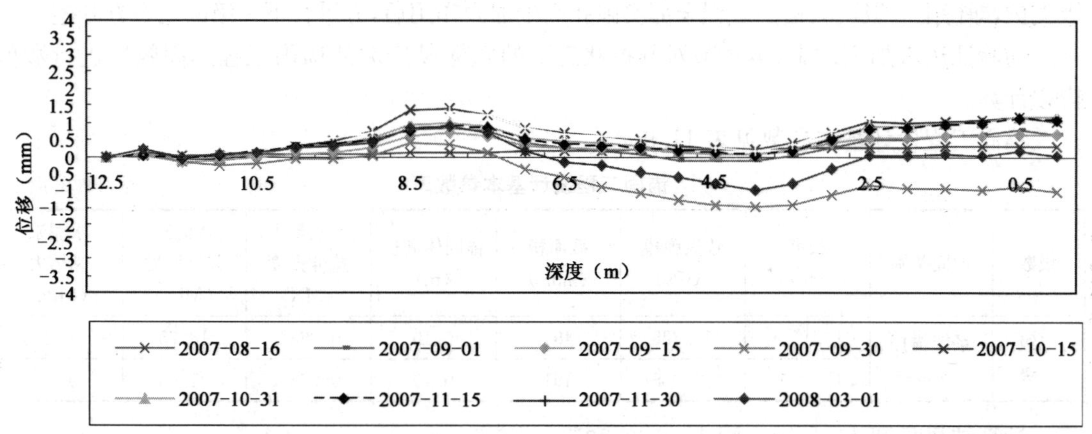

图 11.9-25　4 号监测孔 A_0 方向相对位移

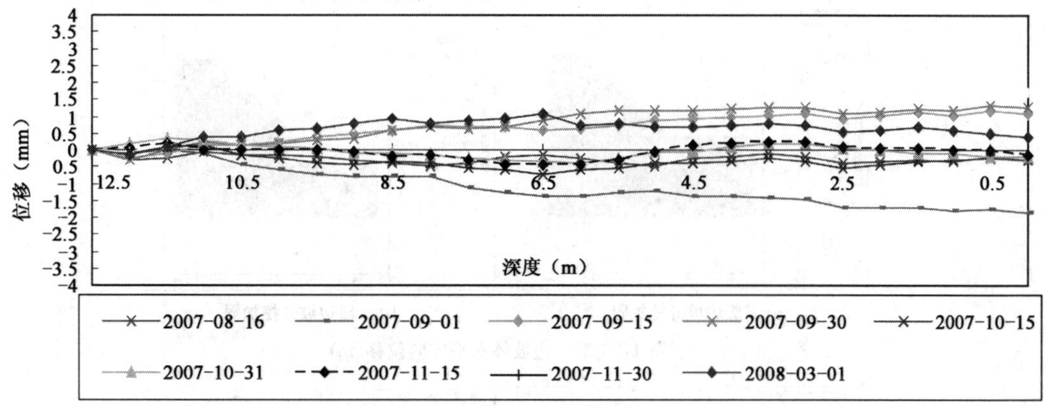

图 11.9-26　4 号监测孔 B_0 方向相对位移

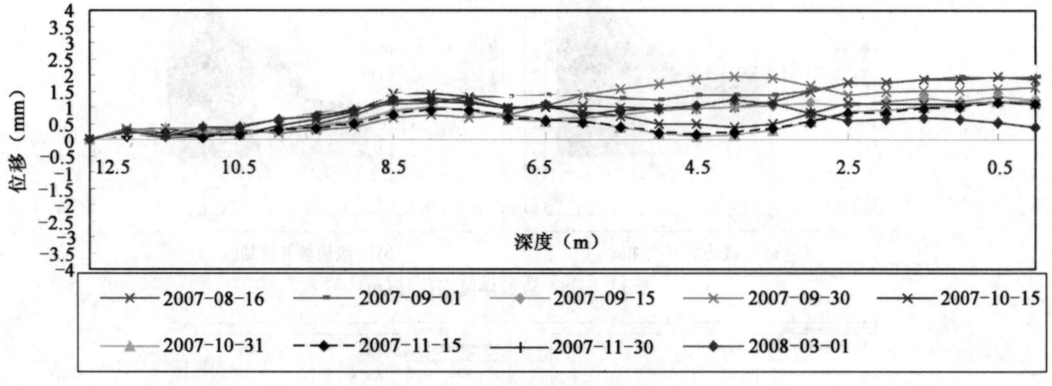

图 11.9-27　4 号监测孔合成相对位移

11.9.5　衡炎四标段边坡防护加固

通过对四标段各测孔的监测成果分析可以发现，目前边坡虽然处于稳定状态，但在某些测孔中存在相对较大的位移，比如 2 号监测孔相对合成位移已达到 14mm，虽暂不影响边坡稳定性，但为防止边坡因局部位移变形过大，需对边坡进行防护加固。

对四标段的板岩路堑边坡选择上两级台阶采用拱形骨架＋人工植草的综合防护形式(坡率 1∶1)，下两级台阶采用锚杆混凝土框架＋三维网植草加固(坡率 1∶1)，施工工艺为逐级开挖逐级支护，即待上一级边坡锚固工程全部实施并产生加固作用后，方进行下一级的土石方开挖。

为验证边坡加固效果，本章节对开挖状态下的四标段边坡的锚固工程加固效果进行数值模拟计算。

锚固工程设计基本参数见表 11.9-4。

锚固工程设计基本参数表 表 11.9-4

级数	加固类别	长度(m)		锚索弹模(GPa)	截面积(mm^2)	锚固体周长(m)	锚索最大拉伸强度(MN)	水泥浆黏结刚度(MPa)	水泥浆黏结力(MPa)
二级 一级	系统锚杆(ϕ25)	上	8	12.325	491	0.19	0.068 5	18.75	0.1
		下	7	14.086	491	0.19	0.078 3	21.43	0.14

计算结果见图 11.9-28～图 11.9-33 和表 11.9-5。

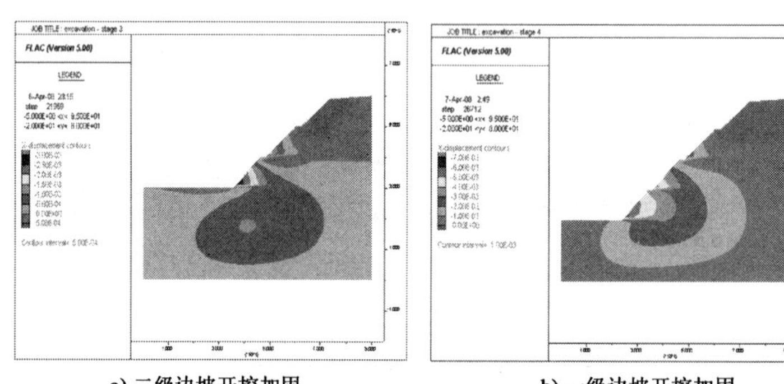

a) 二级边坡开挖加固 b) 一级边坡开挖加固

图 11.9-28 边坡体水平方向位移(m)

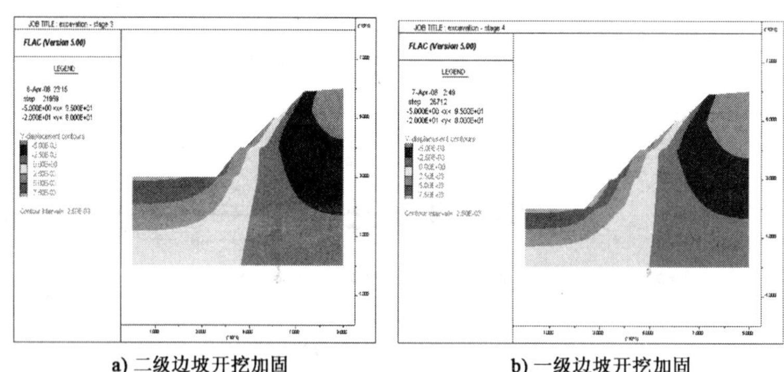

a) 二级边坡开挖加固 b) 一级边坡开挖加固

图 11.9-29 边坡体竖向位移(m)

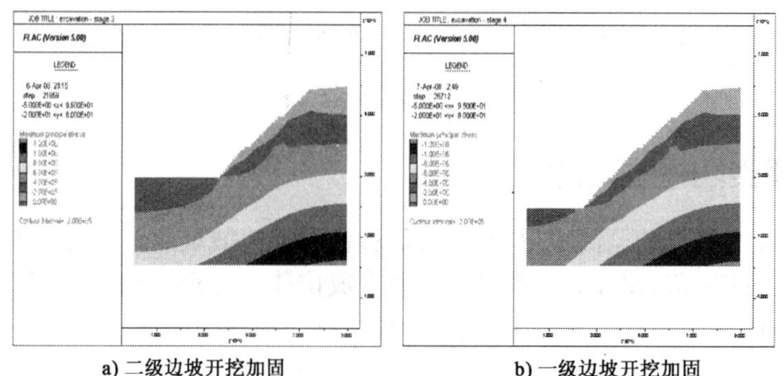

a) 二级边坡开挖加固 b) 一级边坡开挖加固

图 11.9-30 边坡体最大主应力(Pa)

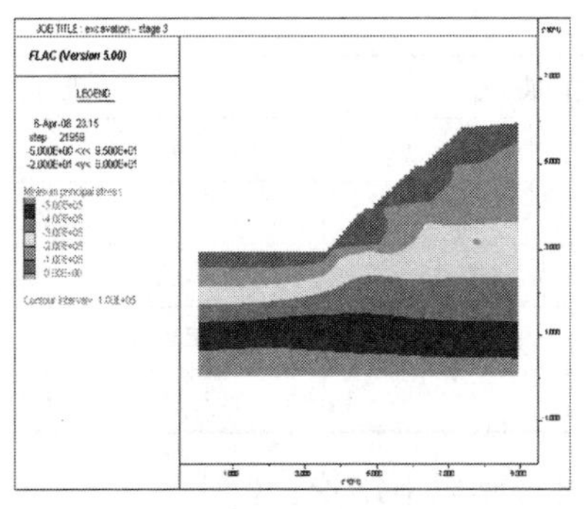

a) 二级边坡开挖加固

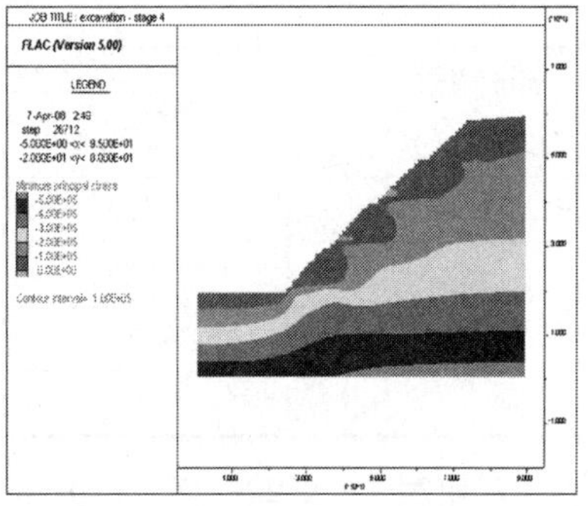

b) 一级边坡开挖加固

图 11.9-31　边坡体最小主应力(Pa)

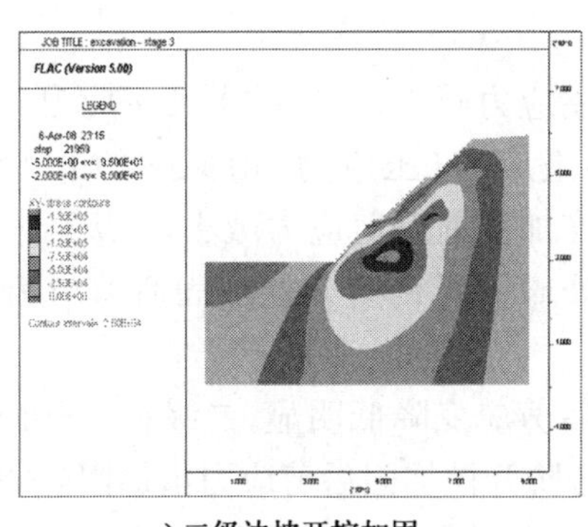

a) 二级边坡开挖加固

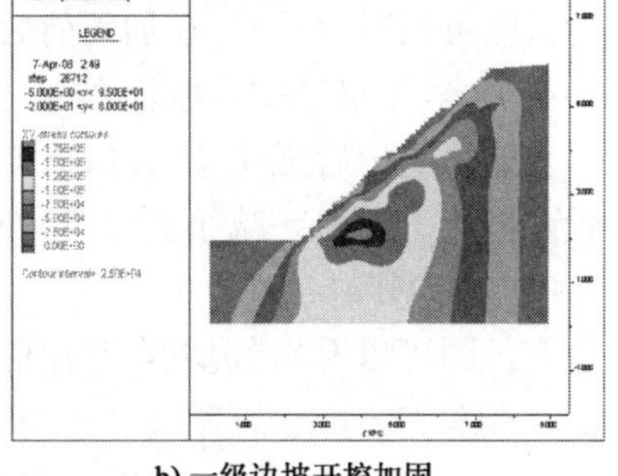

b) 一级边坡开挖加固

图 11.9-32　边坡体剪应力

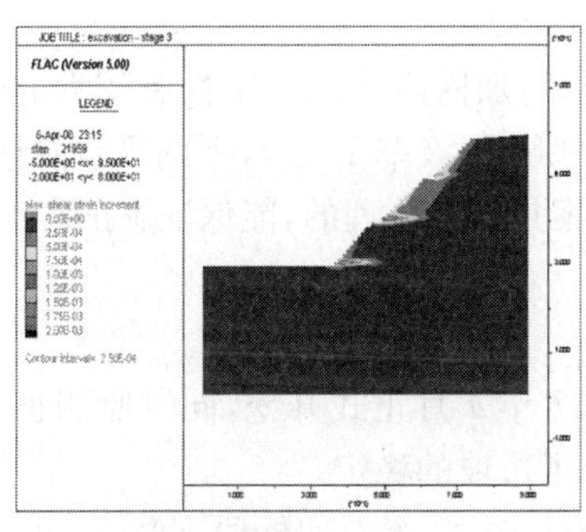

a) 二级边坡开挖加固

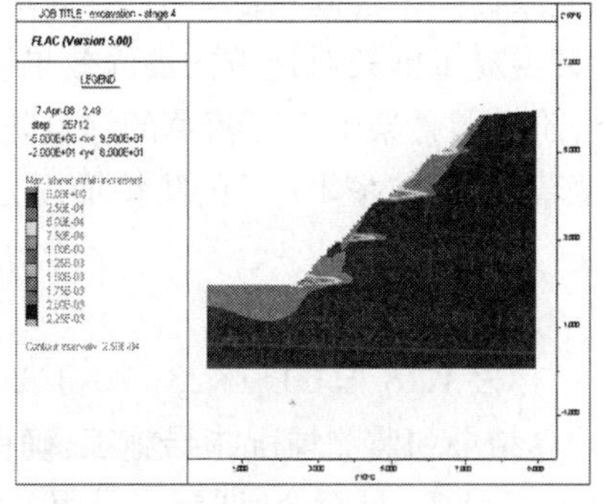

b) 一级边坡开挖加固

图 11.9-33　边坡体剪应变图

一二级边坡加固后边坡计算结果　　表 11.9-5

开挖级数 / 坡体结果最大值	二级边坡		一级边坡	
	加固前	加固后	加固前	加固后
水平位移(负向)(mm)	6.0	4.0	15.0	7.0
水平位移(正向)(mm)	2.0	0.5	0	0
竖向位移(负向)(mm)	2.5	5	0	5
竖向位移(正向)(mm)	15.0	7.5	25.0	7.5
最大主应力(MPa)	−1.26	−1.20	−1.26	−1.20

续上表

坡体结果最大值 \ 开挖级数	二级边坡		一级边坡	
	加固前	加固后	加固前	加固后
最小主应力(MPa)	−0.6	−0.5	−0.6	−0.5
剪应力(MPa)	−0.175	−0.15	−0.2	−0.175
剪应变($\times10^{-4}$)	50	20	80	22.5
稳定系数	1.50	2.25	1.25	2.09

结合表 11.9-5 和图 11.9-28～图 11.9-33,可得到以下结论:

(1)从位移云图可以看出,边坡二级台阶开挖加固前后,边坡的水平位移最大值(负向)由原来的 6mm 减小到 4.0mm;锚杆的加固使坡体的开挖拱起效应减小,凸起位移由加固前的 15mm 减小为 7.5mm,且凸起范围减小。

(2)从应力云图可以看出,边坡在加固前后主应力减小,边坡的最大主应力(压应力)由原来的 1.26MPa 减小至 1.20MPa,坡面的最小主应力(压应力)由原来的 0.6MPa 减小至 0.5MPa,同时,坡体在支护后无拉应力区;边坡在加固前后剪应力减小,二级台阶开挖加固后剪应力由加固前的 0.175MPa 减小到 0.150MPa,一级台阶开挖加固后剪应力由加固前的 0.20MPa减小到 0.175MPa。

(3)从剪应变云图可以看出,边坡在开挖前后剪应变降低明显,二级台阶开挖加固后剪应变由加固前的 50×10^{-4}减小到 20×10^{-4},一级台阶开挖加固后剪应力由加固前的 80×10^{-4}减小到 22.5×10^{-4},边坡稳定性增大;同时,通过稳定系数可以更直接地看出边坡稳定性的变化,二级台阶开挖支护后,坡体的稳定系数由未加固情况下的 1.50 增加至 2.25,一级台阶开挖支护后,稳定系数由未加固情况下的 1.25 增加至 2.09。

综上,锚杆混凝土框架对边坡的加固效果明显,加固后边坡稳定性有较大的改善,四标段采用上两级台阶拱形骨架+人工植草的综合防护形式(坡率 1∶1),下两级台阶锚杆混凝土框架+三维网植草加固(坡率 1∶1)的防护加固方案是极其合理的,能保证施工和工后的安全。

11.9.6 小结

(1)衡炎四标段 K18+560～K28-720 于 2007 年 4 月正式开挖,同时监测正式开展,根据数值模拟的计算结果和监测情况指导施工,确保了边坡的稳定。

(2)2007 年 7 月 13 日至今,课题组采用多种方法,对衡炎四标段 K18+250～450 边坡整个过程的连续监测,主要取得了以下成果:建设了我国公路滑坡监测站,并实现了自动监测和数据远程传输。通过监测数据的对比分析,验证了 TDR 测试仪、固定式测斜仪自动监测结果与人工深部位移监测结果的一致性,说明这两种技术是可以推广使用的。

(3)根据课题组主要成员主持的其他项目——晴隆滑坡监测,全过程跟踪分析了施工活动及降雨对边坡位移发展的影响,及时调整了施工组织,保证了施工安全和工程的顺利进行。

11.10 板岩的水理机理试验

衡炎高速公路是交通部规划的江西吉安至湖南邵阳国家重点公路在湖南境内的一段。2007 年 8 月以来,洣水河流域连续降雨 100～200mm,造成在建的衡炎高速公路多处出现滑坡，给工程造成重大的损失。沿线主要高陡边坡位于三合同段和四合同段，且边坡岩性主要为全风化、强风化、中风化和弱风化板岩。本文对三合同段和四合同段化板岩进行系统水理特性研究，为边坡的有效加固提供技术支持。

11.10.1　矿岩所含黏土矿物类型及含量测定

岩样取自衡炎高速公路三合同段K18＋250～K18＋450和四合同段K28＋570～K28＋720右坡体，包含全风化、强风化、中风化和弱风化板岩，具有一定代表性。经X光射线的衍射分析测定，岩样所含的黏土矿物主要是蒙托石、伊利石、高岭石、绿泥石和斜长石，且其含量超过60％，板岩呈黄红色，泥质成分为主，粉砂质成分次之，变余结构，板状构造，组织结构已大部分破坏，已风化为土状，风化裂隙很发育，岩体破碎，岩体被切割成碎块，含有少量的细小岩屑，干时可用手折断或捏碎，浸水或干湿交替时，可较快地软化及微弱崩解成泥状。由于滑坡点的矿岩主要由黏土矿物组成，而这些矿物遇水膨胀、崩解、软化异常强烈。

11.10.2　崩解特性试验

崩解是矿岩因浸水而发生的解体现象，该特性是矿岩水理性的重要特征之一。矿岩的崩解形式是多种多样的，有的呈均匀的碎屑状，有的呈粉泥状、破块状或颗粒状。崩解性的存在主要取决于矿物的组分、粒度的组成及胶结形式，也与风化程度、裂隙结构相关。通常采用如下指标对崩解特性进行评价：崩解时间，即一定体积的岩样完全崩解所需的时间；崩解特征，即岩样在崩解过程中的各种现象；崩解速度，即崩解过程中的质量损失与原岩样质量之比及与时间的关系；耐崩解指数，耐崩解指标可采用专用耐崩解仪测取。为能真实地反映程潮铁矿矿岩的崩解特性及崩解程度的差异，本研究采用了岩石直接入水崩解观察法和崩解仪定量评估法，但对于崩解不甚明显的矿岩则仅采用崩解直接观察法。

1)岩石直接入水崩解试验

现场取样后，按烘干、保持自然含水率、日晒或风干8h、14h、16h、20h、21h、66h等方式对岩样进行处理，然后放入水中跟踪观察崩解过程。本试验共采集了9个岩种共118件岩样，试验结果如表11.10-1所示。

岩样崩解试验结果　　　　表11.10-1

岩　种		采样地点		岩样处理方式		
				烘　干	自然含水率	自然风干8h
1	全风化板岩	三合同段	一级台阶	入水后20min完全崩解，呈泥状	轻微崩解	入水后8h完全崩解，呈泥状
2	强风化板岩		二级台阶	入水后45min完全崩解，呈碎屑状	部分崩解	入水后14h崩解，呈碎屑状
3	中风化板岩		三级台阶	入水后66min沿裂缝崩解为小块	大部分崩解	入水后20h崩解，呈碎块状

续上表

岩　种		采样地点		岩样处理方式		
				烘　干	自然含水率	自然风干 8h
1	全风化板岩	四合同段	一级台阶	入水后 25min 完全崩解，呈泥砂状	轻微崩解	入水后 8h 完全崩解，呈泥状
2	强风化板岩		一级台阶	入水后 43min 完全崩解，呈碎屑状	部分崩解	入水后 16h 崩解，呈碎屑状
3	中风化板岩		二级台阶	入水后 68min 沿裂缝崩解为小块	大部分崩解	入水后 21h 崩解，呈碎块状
4	弱风化板岩		二级台阶	入水后 2h 沿裂缝崩解为中风化块，有气泡生成	整体崩解	入水后 66h 崩解，呈大块状

2）耐崩解指数试验

该试验是用来评估岩石在经过干燥和湿润两个标准循环之后，岩石样品对软化和崩解作用所表现出来的抵抗能力。试验过程中，岩石试件被放入带有筛孔的转筒内，转筒进入水槽中，并以 20r/min 的速度旋转 10min 后，将试件烘干至质量稳定并测取其质量，然后再进行第二循环。第二循环后转筒内所剩试样烘干后的质量与原试件总质量之比，即为耐崩解指数，表示为：

$$I_{d2} = M_2/M \times 100\% \tag{11.10-1}$$

式中：I_{d2}——两个标准循环后的岩石耐崩解指数；

M_2——第二个标准循环后试验筒内残留岩样的干燥质量，g；

M——试件总的干燥质量，g。

试验用岩样取自三合同段 K18＋250～K18＋450 和四合同段 K28＋570～K28＋720 右坡体，包含全风化、强风化、中风化和弱风化板岩。

为测定试件含水率对崩解性的影响，对试件分烘干和自然含水两种情况进行试验，试验结果见表 11.10-2。

岩样崩解指数试验结果　　表 11.10-2

岩　种		采样地点		试验次数	耐崩解指数		崩解状况
					I_{d1}(%)	I_{d2}(%)	
1	全风化板岩	三合同段	一级台阶	3	10.8	7.6	完全崩解
2	强风化板岩		二级台阶	3	21.3	16.3	绝大部分崩解
3	中风化板岩		三级台阶	3	45.6	34.2	崩解强很烈
1	全风化板岩	四合同段	一级台阶	4	11.7	7.9	完全崩解
2	强风化板岩		一级台阶	3	24.7	18.6	绝大部分崩解
3	中风化板岩		二级台阶	3	56.7	41.2	崩解强烈
4	弱风化板岩		二级台阶	3	78.3	56.2	崩解强很烈

3）不同含水率条件下的崩解试验

将自然含水的试件放入水中，按浸泡时间不同进行崩解指数试验。在本次试验中，试件因只浸泡一个循环，故得到的是试件的耐崩解指数 I_{d1}，试验结果见表 11.10-3。

不同含水率条件下的崩解试验结果　　表 11.10-3

岩　种	浸泡时间(h)	含水率(%)	耐崩解指数 I_{d1}(%)
全风化板岩	0	5.6	20.3
	8	8.9	16.7
	16	11.3	14.3
	32	12.5	12.1
	64	12.9	7.6
强风化板岩	0	4.3	34.5
	8	6.7	30.1
	16	8.1	24.3
	32	9.5	21.9
	64	10.9	18.9
中风化板岩	0	3.9	45.9
	8	5.7	37.8
	16	7.3	34.6
	32	8.2	32.3
	64	9.1	21.2
弱风化板岩	0	2.6	80.3
	8	4.3	67.6
	16	5.6	54.9
	32	6.7	53.2
	64	8.2	47.8

注:鉴于三合同段板岩边坡为全线最高,这里仅对三合同段板岩进行了试验。

11.10.3　矿岩的软化性

岩石浸水后强度降低的现象称为软化性。大量试验表明,几乎所有的岩石都具有软化的性质,但软岩的软化性质表现尤为明显。在岩土工程中用“软化系数”来描述这一性质,其定义为岩石浸水后的抗压强度与干燥岩石的抗压强度之比,即:

$$\eta = R'/R \tag{11.10-2}$$

式中:η——软化系数;

R'——岩石浸水后的抗压强度;

R——岩石干燥时的抗压强度。

η 值越小则岩石的软化性越大,浸水后岩石强度的变化也越显著。当 η 值大于 0.75 时,认为软化性很小,当 η 值接近于 1 时,可认为岩石不软化。软化系数的测定有许多方法,但由于软岩标准试件在制取上存在一定的困难,同时为了防止试件在加工时受水的影响,采用了点荷试验法,通过测取不规则试件的浸水抗压强度和干燥抗压强度来求得软化系数。

本次试验对三合同段和四合同段全风化、强风化、中风化和弱风化板岩等岩种的 210 块试件,进行了干燥—浸水状态及自然含水状态下的软化试验,结果见表 11.10-4。由矿岩软化系数试验结果可看出,衡炎高速公路板岩的软化特性比较强烈,矿岩在自然含水状态下浸水后的软化系数比干燥状态下浸水后的软化系数大。这说明板岩越干燥，崩解效应越明显，大旱后突降雨，会导致板岩的强烈崩解，很容易诱发滑坡。

矿岩软化系数测定结果 表 11.10-4

岩种		采样地点		干燥后	浸水自然状态浸水
1	全风化板岩	三合同段	一级台阶	0.17	0.22
2	强风化板岩		二级台阶	0.24	0.28
3	中风化板岩		三级台阶	0.28	0.34
1	全风化板岩	四合同段	一级台阶	0.15	0.23
2	强风化板岩		一级台阶	0.27	0.32
3	中风化板岩		二级台阶	0.31	0.38
4	弱风化板岩		二级台阶	0.39	0.45

11.10.4 矿岩的渗透性

试验对三合同段和四合同段全风化、强风化、中风化和弱风化板岩等岩种的 21 块试件按照变水头渗透试验，确定了渗透系数，见表 11.10-5。

矿岩渗透系数测定结果 表 11.10-5

岩种		采样地点		渗透系数(10^{-7})	备注
1	全风化板岩	三合同段	一级台阶	3.57	孔隙渗流
2	强风化板岩		二级台阶	3.21	孔隙渗流
3	中风化板岩		三级台阶	1.77	孔隙渗流
1	全风化板岩	四合同段	一级台阶	4.62	孔隙渗流
2	强风化板岩		一级台阶	3.09	孔隙渗流
3	中风化板岩		二级台阶	1.32	孔隙渗流
4	弱风化板岩		二级台阶	4.51	裂隙渗流

11.10.5 力学参数试验

针对全风化板岩力学性能较差，对边坡稳定性影响较大的特点，对全风化板岩力学性能进行了室内力学试验。

1)不同含水率时，全风化板岩压缩试验

对含水率为 10%、15%、25%、30%的土样进行全风化板岩单轴压缩试验，不同含水率 w 的压缩系数和压缩模量，见表 11.10-6。

不同含水率 w 的压缩系数和压缩模量 表 11.10-6

力学参数＼含水率	10%	15%	17%	20%	25%	30%
压缩系数 a_{1-2}	0.084 3	0.101 5	0.119 3	0.116 9	0.202	0.243 3
压缩模量 E_{s1-2}(MPa)	19.413	15.289	13.086	14.324	7.869 4	6.106 7

2)不同含水率的全风化板岩抗剪强度

对含水率为 10%、15%、20%、25%、30%的土样进行固结快剪试验，试验结果见表11.10-7。

不同含水率全风化板岩的抗剪参数 表 11.10-7

力学参数＼含水率	10%	15%	17%	20%	25%	30%
黏聚力 c(kPa) *	79.07	56.19	43.58	35.66	19.40	17.99
内摩擦角 φ(°)	40.52	28.43	24.93	17.86	9.30	6.21

11.10.6 结论

通过对衡炎高速公路三合同段和四合同段板岩进行系统水理特性的研究，可得出如下结论：

(1) 三合同段和四合同段边坡岩性主要为全风化、强风化、中风化和弱风化板岩矿物，以黏土矿为主，具有较强的水理性特征。

(2) 矿岩的水理性强弱与所含黏土矿物有关，也与含水率的交替变化程度有关。一般保持天然含水率状态下浸水的矿岩，水理性显现程度较小，而经干燥失水的矿岩再浸水后，其水理性就变得极其强烈。依照水理性能强弱排序为：弱风化板岩＞中风化板岩＞强风化板岩＞全风化板岩。

(3)板岩具备强烈的崩解特性。崩解指数与风化程度直接相关，程度越高，崩解越强烈；板岩越干燥，崩解效应越明显；大旱后突降雨，会导致板岩的强烈崩解，很容易诱发滑坡。

11.11 主要结论

(1)牟珠洞滑坡于 2000 年发生，当年采用抗滑桩、锚索进行了治理，之后坡体上出现了裂缝，局部抗滑桩后面有隆起现象。为了查明原因，掌握其规律，进行了专项监测。监测表明，2005 年 4 月～2005 年 12 月有蠕动变形的迹象，之后趋于稳定，目前该滑坡未见异常。

(2)沙坪Ⅲ号滑坡于 1999 年发生，2000 年 9 月采用抗滑桩、挡墙治理完毕，之后在抗滑桩后面出现隆起，高约 15cm，挡墙出现了错缝。为了查明原因，保证运营安全，进行了专项监测。监测表明，2005 年 12 月前处于蠕动变形期，之后趋于稳定，目前该滑坡未见异常。

(3)平溪特大桥滑坡曾经发生过一起严重的地质灾害，死亡 35 人，经过施工阶段的监测，表明在抗滑桩施工期间坡体始终处于蠕动变形阶段，2005 年 3 月 15 日～5 月 20 日，CXK9 孔附近堆载了约 800m³ 的弃渣，在此期间滑坡变形速度明显加快(地表可见裂缝等异常)，经多次发出预警报告，施工单位予以清除，滑坡又逐步趋于稳定，目前该边坡稳定，治理效果良好，验证了滑坡治理是成功的。

(4)2005 年 8 月 2 日至今，课题组采用多种方法，对晴隆滑坡从勘察设计阶段到施工完毕整个过程的连续监测，主要取得了以下成果：

建设了我国第一个公路滑坡监测站，并实现了自动监测和数据远程传输。

通过监测数据的对比分析，验证了 TDR 测试仪、固定式测斜仪自动监测结果与人工深部位移监测结果的一致性，说明这两种技术是可以推广使用的。

根据晴隆滑坡监测结果，全过程跟踪分析了施工活动及降雨对边坡位移发展的影响，及时调整了施工组织，保证了施工安全和工程的顺利进行。

通过综合分析，于 2006 年 6 月 13 日课题组以加密报告的形式，对 CXK13、CXK14 号监测孔进行预警，6 月 15 日再次发出预警报告，实际情况是 2006 年 6 月 24 日发生了滑坡，各方面准备充分，未造成任何损失。用 Verhulst 反函数模型进行验证预测，CXK13 号监测孔时间为 2006 年 6 月 28 号左右，比实际滞后 4 天；CXK14 号监测孔为 2006 年 6 月 21 号左右，比实际失稳时间提前 3 天，从而验证了 Verhulst 反函数模型及预测预报程序可以在实践中应用。

(5)永宁滑坡原勘察的滑动面为 16m，设计采用 16 根抗滑桩进行治理，监测表明，滑坡有多层滑动面，最深为 6m，根据监测结果调整了设计，取消了原设计的 16 根抗滑桩，采用清方绿化结合挡墙进行成功治理。

(6)贵毕公路 K79＋380～K79＋500 右边坡岩体破碎，节理裂隙发育，有崩塌的可能。2004 年 3 月课题组布置了 24 个监测点，采用声发射仪进行监测，经过 6 个月的监测，未见任何异常，决定停止监测。目前未见异常。

(7)通过对普安堂崩塌山体的监测，成功地获取了崩塌的声发射信息，经过对声发射频次和山体实际崩塌情况进行对照综合分析，总结得出了破碎软质岩体声发射大事件频次为 $5<N\leqslant 10$ 时，崩塌体处于潜在不稳定阶段；当 $10<N$ 时，处于不稳定阶段。在相似情况下，可以据此进行崩塌预测；同时采用突变理论进行了预测分析，计算的预测结果与实际相符，表明突变理论可以在工程中应用。

(8)衡炎高速公路四合同段 K18＋250～450 于 2007 年 4 月正式开挖，同时监测正式开展，根据数值模拟的计算结果和监测情况指导施工，确保了边坡的稳定通过监测数据的对比分析，验证了 TDR 测试仪、固定式测斜仪自动监测结果与人工深部位移监测结果的一致性，说明这两种技术是可以推广使用的；同时对三合同段和四合同段板岩进行系统水理特性研究，为边坡的有效加固提供技术支持。

12 社会经济效益

公路是支撑经济运行和社会发展的基础。西部地区公路交通的快速发展，对保障西部地区经济社会持续健康发展、改善人民生活水平、加强各民族团结发挥了重要的基础性作用，在构建社会主义和谐社会中承担着重要职责。

西部地区土地辽阔，地形地貌复杂，人口、经济、产业布局相对分散，矿产资源、旅游资源分布广泛，受地形、地质条件、资源禀赋、历史条件等因素影响，公路交通在西部地区综合交通中占主导地位。截至2006年，西部地区公路里程达126万km(含村道)，约占全国公路总里程的36.5%，其中高速公路1.17万km，一级公路0.8万km，二级公路6.43万km，三级公路12.5万km，四级公路43.5万km，等外公路61.7万km，但是西部地区尚有1 855km国道主干线未建成通车，约占全国的83.7%，国道主干线建设任务主要集中在西部地区。西部地区已建成通车的公路和待建公路项目大多位于山岭或重丘地区，地形、地质条件复杂，为地质灾害的多发、易发地区。

在西部地区，地质灾害常常是延误公路建设工期、增加工程投资、造成线路改移、中断交通和危害施工安全、运营安全的主要因素。严重的地质灾害，发生在施工阶段，将造成重大设计变更，大大延误建设工期和追加工程投资，甚至造成施工机械毁坏及人员伤亡事故，如三凯公路平溪特大桥滑坡等；发生在运营阶段，将阻断交通，甚至毁坏桥梁、隧道、服务区等公路构造物，造成车毁人亡的严重事故。这些严重的事故，必将影响社会稳定和和谐，严重损坏党和政府的形象，给国家和人民造成重大损失。

随着我国社会经济的全面快速发展，特别是党的十六大以来，党中央坚持以邓小平理论和“三个代表”重要思想为指导，根据新的发展要求，提出了以人为本、全面协调可持续发展的科学发展观。在新的历史条件下，西部地区公路建设和公路管理工作要深入贯彻落实科学发展观，实现西部地区公路又好又快发展，为构建社会主义和谐社会发挥更大的作用。为此，西部地区公路必须努力预防或减少地质灾害的发生和危害，以提高公路服务保障水平，服务人民群众安全便捷出行。地质灾害的形成、发展、发生过程是极其复杂的动态过程，不采用科学有效的方法和手段进行全面、系统、长期的监测，要全面认识并掌握其规律，以达到减灾、防灾、治灾的目的是很困难的，这样的事例在西部地区公路建设和运营管理工作中屡见不鲜。但是，目前西部地区公路交通系统尚未形成科学的、规范的地质灾害监测预报技术体系，因此，开展西部地区公路地质灾害监测预报技术研究具有重大的现实意义。这一课题的研究成果将填补国内空白，为西部地区公路在勘察设计阶段、施工阶段和运营阶段地质灾害的预防和治理提供科学的指导。

西部地区公路地质灾害监测预报技术研究，建立了西部地区公路滑坡、崩塌、泥石流的危险性区划指标体系，提出了公路滑坡、崩塌、泥石流监测预报应用技术指南，建立了基于GIS平台的西部地区公路滑坡、崩塌、泥石流监测数据库管理与预警预报决策系统。这些研究成果通过依托示范工程的应用，已经发挥着巨大的社会效益，也产生了显著的经济效益。

利用西部地区公路滑坡、崩塌、泥石流的危险性区划资料，可以在公路勘察设计阶段合理选择线位，避免线位通过地质灾害集中地段或重特大地质灾害易发地段，有效地减少地质灾害治理工程投资，保护生态环境。根据我省高速公路建设经验，在工可和初步设计阶段，充分利用好了滑坡、崩塌、泥石流的危险性区划资料，合理选择线位，可以节省公路地质灾害治理投资50%以上。以一条100～200km的西部地区山岭或重丘地区高速公路为例，经特殊设计的地质灾害治理费用通常要达到数亿元，仅此一项便可以节约投资上亿元。

通过对待建或在建公路项目滑坡、崩塌、泥石流的监测预报，能准确地掌握它们的变形和运动规律，大大提高了勘察设计的精度和深度，优化了设计方案，实现了动态设计，信息化施工，很好地解决了治理措施过于保守或不到位问题，保证了治理措施的安全可靠和经济合理，有效地避免了发生重大设计变更问题，进而可以减少因变更引发的、社会极度关注的工程腐败现象，并可以避免因地质灾害造成的工程人员伤亡等悲惨事故。通过对贵州省多条高速公路的统计，经过监测的地质灾害治理工程一般可以节省投资20%以上。

通过对运营公路滑坡、崩塌、泥石流、高路堤、高边坡及潜在危险边坡等的监测预报，利用基于GIS平台的西部地区公路滑坡、崩塌、泥石流监测数据库管理与预警预报决策系统，能保证这些致灾点或潜在致灾点的状态时时刻刻在公路管理养护人员和专业技术人员的掌控之中，方便政府职能部门迅速作出决策，有效避免因地质灾害发生车毁人亡的重大事故，提高了公路运输服务保障水平，保证人民群众安全便捷出行，很好地维护了党和政府的形象，是“大力推进创新型交通行业建设”的具体体现。通过对西部地区公路滑坡、崩塌、泥石流长期、系统、规范地监测而积累的大量数据的科学分析研究，可以进一步掌握滑坡、崩塌、泥石流等地质灾害的客观规律，更好地实现防灾、减灾、治灾的目标。

项目成果除可在交通部门应用外，还可广泛地推广应用到国土、铁路、水利、采矿、城建等部门，必将发挥更大的社会效益，产生更大的经济效益。

13 结　　论

(1)降雨型滑坡的机理为:降雨使土体的含水量增加,并向坡脚汇集,大大降低了滑面的抗剪强度,同时在静水压力与动水压力作用下,触发了滑坡;开挖诱发滑坡的机理为:自然的山体在长期的各种营力作用下保持一定程度的平衡,由于开挖临空,打破了这种平衡,应力随之进行重分布。如果岩体抗滑指标小于应力调整过程中产生综合效应的致滑指标,加之由于重力的影响,产生了滑坡。

(2)通过对贵州残坡积层研究,得出边坡在动水压力作用下,其稳定系数比常规情况降低6%左右;人工降雨滑面强度指标 $c=12.5\text{kPa}$,$\varphi=9.2°$,开挖滑面强度指标 $c=8.3\text{kPa}$,$\varphi=17.7°$;人工降雨临界滑动速度 $v_{cr}=25.6\text{mm/d}$;开挖 $v_{cr}=13.3\text{mm/d}$;人工降雨滑坡的滑动面为 $R=367\text{m}$ 的圆弧,滑面较缓;开挖诱发滑坡的滑动面基本呈直线,滑面较陡。

(3)在相同地质条件下,开展人工降雨模拟试验和机械开挖模拟试验,揭示了触发因素对滑坡成灾机制和运动规律的影响,为滑坡的时间、空间和强度预报提供了可靠的理论依据,对指导工程实践具有十分重要的意义。

(4)土质边坡崩塌的发生,主要受坡度、土质、降雨量的影响。坡度提供了崩塌的能量(势能);土质决定土体的强度、渗透系数、孔隙率,从而影响土体的孔隙水压力;降雨量是触发因子,一般情况下,其大小决定崩塌的规模和起崩数量。

(5)岩石边坡的崩塌,是应力释放和摩擦运动的过程,并伴随着声音,其能率(大事件频次)的大小与岩体所处的状态有关。能率大,大事件频次多,发生崩塌的概率大。

(6)声发射仪应用于岩质滑坡、崩塌监测,具有直观有效、快捷等特点,是滑坡、崩塌启动的信号,据此可以进行准确预警。岩体结构面声发射事件、能率随时间变化的曲线可以分为4种类型,即上升型、单峰型、双峰型、多峰型,这4种曲线类型分别反映了不同岩体结构面变形或破坏时的声发射规律,可以指导崩塌现场声发射监测工作,作为崩塌预报的依据。

(7)通过野外判识,属于稳定状态的边坡可不监测;基本稳定状态的边坡宜进行地表巡视;潜在不稳定状态边坡和不稳定状态边坡应进行专业监测。通过计算滑坡、崩塌的稳定性系数 K,若 $K<0.95$,应重点跟踪监测;$0.95\leqslant K\leqslant 1.05$,应加强监测;$1.05<K\leqslant 1.25$,应进行地表巡视;$K>1.25$,可不监测。

(8)结合西部公路的特点,总结提出了公路滑坡、崩塌监测的必选方法为钻孔测斜法、条带测缝法、声发射,并分阶段提出了监测目的范围、监测网的布置、监测的频率,提出了公路地质灾害监测群策群防的体系构成,规定了各单位的工作内容和职责。

(9)开发了自动监测系统,数据采集仪自动采集监测仪器传感器的数据之后存储于数采仪的存储单元内,数采仪与DTU传输单元连接后借助于GSM卡GPRS功能将存储单元内的监测数据通过Internet网络远程传输到数据处理中心并存入计算机内,实现了实时监控的目的。

(10)总结提出了模型与判据确立的原则:应结合实际地质环境条件、主要触发因素、变形破坏机制、变形破坏阶段进行综合研究,进行多模型、多判据预报,并综合分析选择建立适宜的、有效的监测预报模型,不应单一地采用理论预报模型进行预测预报。提出了获得判据的方法为相似模拟试验和工程类比分析法。

(11)以实际滑坡的监测数据为依据，对多种模型的预报精度进行检验分析，总结了其优缺点和适用条件。

(12)通过对破碎软质岩体崩塌的监测，总结得出了破碎软质岩体声发射大事件频次为$5<N\leqslant10$时，崩塌体处于潜在不稳定阶段；当$10<N$时，处于不稳定阶段。在相似情况下，可以据此进行崩塌预测。同时采用突变理论进行了预测分析，计算的预测结果与实际相符，表明突变理论可以在工程中应用。

(13)提出了公路地质灾害监测预报机构的建设方案、预警系统实施要则和信息反馈机制。为了避免地质灾害的危害，必须在管理方面保证地质灾害监测预报系统有效高效地运行，真正做到“统一部署、集中管理、提高实效、确保安全”。

(14)提出了公路建设各阶段的运行模式为：在勘察设计阶段，应采用监测技术，准确、快速地查明滑坡的特征和性质，为治理设计提供可靠的基础资料，保证方案的经济合理，避免盲目性；在施工阶段，由业主、设计单位、监理单位、施工单位等联合组成“××公路地质灾害工作组”，明确各自职责，负责该公路建设期间的地质灾害排查、咨询、宣传、预警、应急处理和抢险勘察设计工作；在运营阶段，主要依托“贵州省公路地质灾害预测预报信息管理系统”，将野外调查、巡查获得的资料及勘察设计阶段、施工阶段相关资料按格式要求录入管理系统，并通过设计院(专业监测单位)将公路边坡划分为“一般边坡”和“重点边坡”两类。对“重点边坡”进行专业监测，对“一般边坡”则以群防群测为主，当“一般边坡”情况恶化，则上升为“重点边坡”，并进行相应的管理和专业监测。

参 考 文 献

[1] 中国山地研究与发展学术研讨会.迎接国际山地年,促进山区大发展[J].山地学报,2001,19 (1): 8.

[2] 中华人民共和国国家统计局.中国统计年鉴 2005 [M].北京:中国统计出版社,2005.

[3] 陈祖煜.土质边坡稳定分析——原理、方法、程序[M].北京:中国水利水电出版社,2003.

[4] 叶辛,罗晓松,杨河通.高速路上滚石砸死人,贵州省高管局一审赔 33 万.北京青年报,2001-10-27.

[5] 方舟,容忠.山上滚下八吨重的巨石——陕西发生突然事故,巨石砸坏大客车,8 名伤员中死 2 人.北京青年报,2001-8-20.

[6] 陈曙光,蔡青,谢先国.巨石砸中客车,十八死十四伤.北京青年报,2002-5-8.

[7] 王恭先.滑坡防治工程措施的国内外现状[J].中国地质灾害与防治学报,1998, 9 (1):1-9.

[8] 张悼元.滑坡防治工程的现状与发展展望[J].地质灾害与环境保护,2000, 11 (2): 89-97.

[9] 蒋忠信,等.中国山区道路灾害防治[M].重庆:重庆大学出版社,1994:1-149.

[10] Nash D. A coMParative review of limit equilibrium methods of stability analysis[M]. Slope stability Wiley, New York, 1987.

[11] Fellenius W. Erdstatisch Berechnungen[J]. Berlin W. Ernst and Sohn revised edition, 1927: 1939. (in German).

[12] Bishop A. W The use of the slip circle in the stability analysis of slopes[J]. Geotechnique, 1954, 5(1): 7-17.

[13] Janbu N. Earth pressure and bearing capcity calculations by generalized procedure of slices[J]. Proc. 4th Conf. soil mechanics and foundation engineering, London, Vol 2, 1957: 207-212.

[14] Lowe J Karaflath L. Stability of earth dams upon drawdown[M]. Proc. 1st Panamer. Conf. Soil Mech, Mexico City 1960: 537-552.

[15] Morgenstern N R, Price V The analysis of the stability of general slip surface[J]. Geotechnique. 1965,15(1):79-93.

[16] Spencer E. A method of analysis of embankments assuming parallel interstice forces [J]. Geotechnique. 1967 17(1):11-26.

[17] Janbu N. Slope stability computations[M]. Embankment Dam Engineering, New York, John Wiley and Sons 1973: 4786.

[18] Hoek E Bray J W, Boyd J M. The stability of a rock slope containing a wedge resting on two intersecting discontinuities[J]. Quarterly J. Engineering Geology 1973,6 (1): 211-231.

[19] Revilla J. Castillo E. The calculus of variation applied to stability of slope[J]. Geotechnique.

[20] Sarma S K. Stability analysis of embankments and slopes[J]. Geotechnique, 1973,23 (3):423-433.

[21] Sarma S K. Stability analysis of embankments and slopes[J]. J. Div. ASCE, 1979,105 (12):1511-1524.

[22] Duncan J M. State of the art: limit equilibrium and finite element analysis of slopes [J]. J. Geotech. Engrg. 1996. 122 (7): 577-596.

[23] Chen W F. Limit analysis and soil plasticity[M]. Amsterdam, Elsevier Scientific, 1975.

[24] Sloan S W. Upper bound limit analysis using finite elements and linear programming [J]. Int. J. Numer. Analyt. Meth. Geomech. 1989, 13 (3): 263-282.

[25] Michalowski R L. Slope stability analysis: a kinematical approach[J]. Geotechnique, 1995, 45 (2): 283-293.

[26] Michalowski R L. Stability charts for uniform slopes[J]. J. Geotech. Geoenviron. Eng. 2002, 128 (4). 351-355.

[27] Zhang X. Slope stability analysis based on the rigid finite element method [J]. Geotechnique, 1999, 49 (5):585-593.

[28] Yang X L, Yin J H. Slope stability analysis with nonlinear failure criterion[J]. J. Engrn. Mech. ASCE, 2003,130 (3):267-273.

[29] Zhang X J, Chen W F. Stability analysis of slopes with general nonlinear failure criterion[J]. Int. J. Numer. Analyt. Meth. Geomech. 1987, I1 (1), 33-50.

[30] 潘家铮.建筑物的抗滑稳定和滑坡分析[M].北京:水利出版社,1980.

[31] 陈祖煜.建筑物抗滑稳定分析中"潘家铮最大最小原理"的证明[J].清华大学学报(自然科学版),1998, 38(1):1-4.

[32] 孙君实.条分法的数值分析[J].岩土工程学报,1984,6 (2):1-12.

[33] Donald I B, Chen Z Y Slope stability analysis by the upper bound approach: fundamental and method[J]. Can. Geotech. J. 1997, 34 (6):853-862.

[34] 龚晓南,史美东.土工计算机分析 [M].北京:中国建筑工业出版社,2000.

[35] 沈珠江.理论土力学[M].北京:中国水利水电出版社,2000.

[36] 陈祖煜.岩质边坡稳定分析——原理、方法、程序[M].北京:中国水利水电出版社,2005.

[37] Wright S G, Kulhawy F H, Duncan J M. Accuracy of equilibrium slope stability analysis[J]. J. Soil Mech and FDIC Div, 1973. 99 (10):783-791.

[38] Yamagami T. Ueta Y Search for critical slip lines in finite element stress fields by dynamic promgramming[A]. Proc. 6 Int. Conf. On Numerical Methods in Geomechanics [C]. Innsbruck, Australia, 1988:1335-1339.

[39] Giam S K. Donald I B. Determination of critical slip surfaces for slopes via stress-strain calculations[A]. S. A. N. Z. Conf. Geomechanics[C]. Sydney, 1988: 461-464. 1977 27(1):1-11.

[40] Zou J Z Williams D J Xiong W L. Search for critical slip surfaces based on finite element method[J]. Canadian Geotechnical Joumal 1995 32:233-246.

[41] Zienkiewicz O C, Humpheson C, Lewis R W. Associated and nonassociated visco-plasticity and plasticity in soil mechanics[J]. Geotechnique 1975 25 (4):671-689.

[42] GrifJith D V, Lane PA. Slope stability analysis by finite elements[J]. Geotechnique 1999, 49 (3):387-403.

[43] 赵尚毅,等.有限元强度折减法求边坡稳定安全系数[J].岩土工程学报,2002,129 (3):343-346.

[44] Tan C P Donald I B. Finite element calculation of dam stability [A]. Proc. 11"′ Int. Conf. Soil Mech. and Fnd. Engr[C]. San Francisco,1985.

[45] 刘光代,于济民.实测滑坡推力及其变化规律[A].滑坡文集(第四集) [C].北京:中国铁道出版社,1984:105-115.

[46] 马骥.单根抗滑桩受力条件的实验研究[A].滑坡文集(第五集) [C].北京:中国铁道出版社,1986: 88-96.

[47] 徐良德,尹道成,刘惠明.排架桩与双排单桩的对比模型试验[A].滑坡文集(第六集) [C].京:中国铁道出版社,1988: 7883.

[48] 徐良德,尹道成,刘惠明.抗滑桩模型试验第一阶段报告——桩前滑体抗力分布研究[A].滑坡文集(第六集) [C].北京:中国铁道出版社,1988: 84-91.

[49] 徐良德,尹道成,刘惠明.抗滑桩模型试验第一阶段报告——滑体为黏性土时桩前滑体抗力的分布[A].滑坡文集(第七集) [C].北京:中国铁道出版社,1990: 92-99.

[50] 阂顺南,袁建国.悬臂式刚架抗滑桩试验研究[A].滑坡文集(第七集) [C].北京:中国铁道出版社,1990: 80-91.

[51] 徐峻龄.滑坡空间形态确定、动态监测及锚索抗滑桩技术[A].滑坡文集(第十一集) [C].北京:中国铁道出版社,1994:1-7.

[52] Franx C, Boonstra G C. Horizontal pressures on pile foundations[C]. Proc. 2 Int. Conf. on soil mech and Found. Eng. 1948,1:131-135.

[53] Heyman L, Boersma L. Bending moments in piles due to lateral earth pressures[C]. Proc. S"Int. Conf. on soil mech and Found. Eng, 1961,2: 425-429.

[54] Heyman L. Measurement of the influence of lateral earth pressure on pile foundations [C]. Proc. 6 Int. Conf. on soil mech and Found. Eng. 1965,2: 257-260.

[55] Leussink H} Wenz K P Storage yard foundations on soft cohesive soils[C]. Proc. 7 Int. Conf. on soil mech and Found. Eng, 1969.

[56] Nicu N D Antes D R Kessler R S. Field measurements on instrumented piles under an overpass abutment[J]. High Res. Rec. 1971.

[57] Marche R. Lacroix Y. Stabilite des Culees de poets establies sur des pieux traversant une couche molle[J]. Can. Geot. Jnl. 1972,9(1):1-24.

[58] Ito T Matsui T. Methods to estimate lateral force acting on stabilizing piles. Soil and foundations. 1975,15(4): 43-59.

[59] Ito T Matsui T. Hong W P Design methods for the stability analysis of the slope with landing pier[J]. Soil and foundations. 1979,19(4): 21-33.

[60] Ito T, Matsui T, Hong W P Design methods for stabilizing piles against landslide-one row of piles [J]. Soil and foundations, 1981,21(1): 21-37.

[61] Ito T. Matsui T. Hong W P Extended design method for multi-row piles against landslide[J]. Soil and foundations, 1982,22(1): 1-13.

[62] Maugeri M. Motta E. 加固滑坡时作用在桩上的应力[J]. 路基工程,1996. 6: 35-39.

[63] Viggiani C. Ultimate lateral load on piles used to stabilize landslides[C]. Proc. 10`} Eur. Conf. on soil mech and Found. Eng, 1981,3: 555-560.

[64] 铁道部第二勘测设计院,抗滑桩的设计与计算[M]. 北京:中国铁道出版社,1983.

[65] 戴自航. 非饱和土边坡稳定分析及抗滑桩优化设计研究[D]. 长沙:中南大学博士学位论文,2001.

[66] 刘小丽. 新型桩锚结构设计计算理论研究[D]. 成都:西南交通大学博士学位论文,2003.

[67] De Beer E, Carpentier R. Discussion of "Methods to estimate lateral force acting on stabilizing piles" by T. Ito and T. Matsui[J]. Soil and foundations 1977 ,17 (1): 68-82.

[68] 徐永年,匡尚富,李文斌,王力. 边坡形状与崩塌的关系. http://www. slope. cn/data/2006/0819/article_223. htm.

[69] 刘锦华,吕祖珩. 块体理论在工程岩体稳定分析中的应用. 北京:水利电力出版社,1988.